ŒUVRES
COMPLÈTES
DE BOSSUET

PUBLIÉES

D'APRÈS LES IMPRIMÉS ET LES MANUSCRITS ORIGINAUX

PURGÉES DES INTERPOLATIONS ET RENDUES A LEUR INTÉGRITÉ

PAR F. LACHAT

ÉDITION
RENFERMANT TOUS LES OUVRAGES ÉDITÉS ET PLUSIEURS INÉDITS

VOLUME XVI

PARIS

LIBRAIRIE DE LOUIS VIVÈS, ÉDITEUR

RUE DELAMBRE, 9

1864

ŒUVRES COMPLÈTES
DE BOSSUET.

Besançon, imprimerie d'Outhenin Chalandre fils.

ŒUVRES
COMPLÈTES
DE BOSSUET

PUBLIÉES

D'APRÈS LES IMPRIMÉS ET LES MANUSCRITS ORIGINAUX

PURGÉES DES INTERPOLATIONS ET RENDUES A LEUR INTÉGRITÉ

PAR F. LACHAT

ÉDITION

RENFERMANT TOUS LES OUVRAGES ÉDITÉS ET PLUSIEURS INÉDITS

VOLUME XVI

PARIS

LIBRAIRIE DE LOUIS VIVÈS, ÉDITEUR

RUE DELAMBRE, 9

1864

SIXIÈME ET DERNIER
AVERTISSEMENT AUX PROTESTANS.

TRAITÉ DE LA COMMUNION
SOUS LES DEUX ESPÈCES.

LA TRADITION DÉFENDUE
SUR LA MATIÈRE DE LA COMMUNION
SOUS UNE SEULE ESPÈCE.

REMARQUES HISTORIQUES.

Nous avons parlé, dans le précédent volume, du *Sixième et dernier avertissement aux protestans :* il nous reste à parler ici des deux ouvrages qui ont pour sujet la communion.

I.

La communion sous une ou sous deux espèces ne présente aucune difficulté. Saint Paul dit : « Jésus-Christ ressuscité des morts ne meurt plus [1] : » donc le sang de Jésus-Christ ne peut plus être séparé de son corps : donc en recevant son divin corps, on reçoit à la fois son sang adorable. Le même Apôtre suppose manifestement cette doctrine, lorsqu'il dit encore : « Celui qui mange ce pain ou boit le calice du Seigneur indignement, est coupable du corps et du sang du Seigneur [2]. » Dans les premiers siècles du christianisme, l'Eglise donnoit souvent aux fidèles la communion sous une seule espèce ; et plus tard, dans la crainte de l'effusion, elle refusa formellement aux laïques l'usage du vin consacré.

En attaquant l'Eglise, Luther n'attaqua pas sa discipline dans l'administration de la sainte Cène ; la communion sous une ou sous deux espèces lui paroissoit de peu d'importance ; il reléguoit cette controverse parmi *les choses de néant*, et chargeoit d'invectives Carlostadt *qui mettoit la réformation dans ces bagatelles*. Son indifférence sur ce point,

---

[1] *Rom.*, VI, 9. — [2] *I Cor.*, XI, 37.

tout ensemble et son entêtement contre l'Eglise, se révèle dans la singulière déclaration que voici : « Si un concile par hasard ordonnoit ou permettoit de sa propre autorité les deux espèces, nous ne voudrions pas les prendre; mais, en dépit du concile et de son ordonnance, nous n'en prendrions qu'une, ou nous ne prendrions ni l'une ni l'autre, et nous maudirions ceux qui prendroient les deux par l'autorité d'un tel concile et d'un tel décret. »

Autre réformateur, autre inspiration du Saint-Esprit. On avoit vu la controverse sur la communion agiter violemment, à la voix de Jean Huss, toute la Bohême; Calvin, aussi rusé que peu délicat dans le choix des moyens, s'empara de cette misérable chicane comme d'un levier puissant pour soulever les masses; il réclama l'usage de la coupe pour les laïques; il dit aux défenseurs de la foi de ses pères : En refusant aux fidèles une espèce eucharistique, vous leur refusez une partie essentielle du sacrement; en séparant le pain et le vin dans la communion, vous séparez de nouveau le corps et le sang de Jésus-Christ; vous commettez un attentat sacrilége.

Dans le dix-septième siècle, la controverse religieuse porta la lumière sur une foule de questions; les explications des théologiens, les instructions des évêques, surtout les écrits de Bossuet éclairèrent les peuples séduits par des imputations calomnieuses; les prédicans les plus emportés, craignant la censure de la conscience publique, retranchoient souvent de leur évangile les mots de *superstition catholique, d'idolâtrie romaine, de Pape antechrist*. Vaincus sur ce terrain, en rendant les armes d'une main, les ministres saisirent de l'autre la machine du réformateur de Genève; ils remirent en avant la communion sous une seule espèce, criant plus haut que jamais à la mutilation du plus saint des divins mystères. Ces déclamations, qui montroient pour ainsi dire un objet sensible aux yeux de la multitude, frappèrent vivement les esprits grossiers dans la Réforme; les simples protestans reprochoient aux défenseurs de l'Eglise, dans les discussions religieuses, le retranchement de la coupe [1], et ceux-là mêmes qui reconnoissoient la vérité catholique ne s'y soumettoient pas sans répugnance. Au milieu de ces plaintes et de ces clameurs, Jurieu renouvela dans un écrit sur l'Eucharistie, toutes les attaques de ses devanciers contre la communion sous une espèce. Alors Bossuet voulut arracher à la Réforme son arme la plus dangereuse; il publia le *Traité de la Communion sous les deux espèces*. C'est ici le commencement de ce long combat qui mit si souvent aux prises le plus zélé des évêques et l'hérétique le plus fougueux, la raison éclairée par la vérité divine et la passion surexcitée par l'erreur religieuse, le génie catholique et le fanatisme protestant.

---

[1] *Mémoire* de l'abbé Ledieu, 1682.

Dans son traité sur la communion, Bossuet parle du fait constant et de ses causes certaines, de la pratique de l'Eglise et des principes qui lui servent de fondement : d'où deux parties. Dans la première, il prouve que l'Eglise donnoit, dès les premiers siècles, l'Eucharistie sous une ou sous deux espèces, sans qu'on ait jamais songé que la soustraction de l'une ou de l'autre nuisît à l'intégrité du sacrement. Quatre coutumes incontestables établissent cette vérité : la communion des malades, la communion des enfans, la communion domestique, la communion publique et solennelle. Voilà le fait constant. Dans la deuxième partie, venant aux principes, l'auteur montre qu'il n'y a d'indispensable dans les sacremens que ce qui tient à leur substance ; qu'ainsi l'on n'est pas obligé de faire en les administrant tout ce qu'a fait le Sauveur en les instituant. Les protestans reconnoissent eux-mêmes ces principes : c'est pour cela qu'ils ne plongent pas dans l'eau ceux qu'ils baptisent, quoique Jésus-Christ ait dit : *Baptisez*, c'est-à-dire *plongez*, et qu'il ait reçu le baptême par immersion ; c'est pour cette raison qu'ils ne donnent la Cène ni à table ni dans un souper, encore bien que Jésus-Christ l'ait donnée de cette manière. Pourquoi donc veulent-ils que cette parole : *Buvez-en tous*, commande rigoureusement l'usage du calice? On essaieroit en vain de répondre à ces argumens. Les protestans de bonne foi rendirent hommage à la science, au talent, à la modération du théologien catholique : Le *Traité de la Communion*, dit Bayle, « m'a paru fort délicat, fort spirituel, et d'une honnêteté envers nous qui ne peut être assez louée; serré, judicieux, il est déchargé de tout ce qui ne fait pas à la question. »

Jurieu avoit donné son écrit contre la communion sous une espèce, en 1681 : Bossuet publia le *Traité de la Communion sous les deux espèces* en 1682, chez Marbre-Cramoisy, dans un petit volume in-12. La seconde édition, revue par l'auteur, parut en 1686, chez le même éditeur et sous le même format.

II.

Les ministres protestans ne voyoient pas sans alarme s'évanouir la dernière imputation calomnieuse qui éloignoit leurs dupes de l'Eglise catholique. Deux répondirent au *Traité de la Communion* : l'un, pasteur à Rouen, nommé Laroque, qui avoit déjà produit un ouvrage sur l'Eucharistie; l'autre, ardent zélateur, folliculaire inconnu, qui est resté caché sous le voile de l'anonyme.

Les deux tenans du protestantisme outragent, chacun à sa façon, le défenseur du catholicisme. « Le premier, dit Bossuet, me traite avec beaucoup plus de civilité en apparence, et l'autre affecte au contraire je ne sais quoi de chagrin et de rigoureux. Mais il n'importe pour le fond; car enfin avec des tons différents, ni l'un ni l'autre ne m'épargnent. » Quant à la doctrine, ils prouvent fort bien ce que tous les catholiques reconnoissent d'une voix unanime, que l'on communioit ordinairement dans l'ancienne Eglise sous les deux espèces; mais qu'on ne communiât pas souvent sous une seule, qu'on crût nécessaire de les recevoir les deux pour recevoir tout le sacrement : voilà le fond de la controverse, et voilà ce que ne prouvent pas les ministres. Ils cherchent partout à fourvoyer le lecteur hors de la question.

Bossuet reprit la plume, et composa la *Tradition défendue sur la matière de la communion sous une seule espèce*. Il divisa cet ouvrage en trois parties. Dans la première, il montre que les réformés, se trouvant dans l'impossibilité de déterminer par l'Evangile ce qui est essentiel à la communion, ne peuvent démêler cette matière que par l'autorité de l'Eglise et de la tradition; puis il fait voir dans la deuxième que la tradition de tous les siècles, dès l'origine du christianisme, établit la liberté d'user indifféremment d'une seule espèce ou des deux ensemble. En même temps qu'il fournit cette double démonstration, le redoutable polémiste poursuit ses adversaires dans tous leurs détours, il déjoue tous leurs stratagèmes et les force dans leur dernier retranchement.

Mais si la communion sous une ou sous deux espèces est indifférente, de quel droit l'Eglise ôte-t-elle aux fidèles une liberté qui leur est acquise par l'Evangile? Pour enlever aux protestans la possibilité de cette réponse, Bossuet vouloit montrer que l'Eglise a le pouvoir de déterminer les choses indifférentes, et que sa discipline dans l'administration de l'Eucharistie repose clairement sur la parole de Dieu. Il annonça donc le dessein d'ajouter à son ouvrage une troisième partie; mais il vit changer les circonstances qui en faisoient l'opportunité; d'ailleurs il méditoit déjà l'*Histoire des Variations*, et les gallicans lui demandoient la défense des quatre articles décrétés dans l'assemblée générale du clergé de France en 1682 : il n'écrivit point la dissertation sur le pouvoir et la pratique de l'Eglise dans l'administration de la sainte table. Cependant son ouvrage présente un tout complet.

Comme Bossuet n'avoit pas terminé complétement la défense du *Traité sur la Communion*, de même il ne la donna pas au public. Son neveu, l'évêque de Troyes, toujours occupé dans le monde de mille soins divers, n'eut pas le temps de sortir cet ouvrage, non plus que plusieurs autres, des rayons de sa bibliothèque : c'est l'abbé Leroy qui le publia pour la première fois dans le troisième volume des *Œuvres posthumes,* en 1753.

AVERTISSEMENS
AUX PROTESTANS

SUR

LES LETTRES DU MINISTRE JURIEU

CONTRE

L'HISTOIRE DES VARIATIONS.

L'ANTIQUITÉ ÉCLAIRCIE

SUR

L'IMMUTABILITÉ DE L'ÊTRE DIVIN

ET SUR

L'ÉGALITÉ DES TROIS PERSONNES.

L'ÉTAT PRÉSENT DES CONTROVERSES

ET DE LA RELIGION PROTESTANTE,

Contre la sixième, septième et huitième Lettre du Tableau
de M. Jurieu.

SIXIÈME ET DERNIER AVERTISSEMENT.

Mes chers Frères,

J'ai vu le *Tableau du socinianisme* de M. Jurieu ; et la sixième lettre, où ce ministre attaque ma personne, est tombée depuis peu de jours entre mes mains. Par la divine miséricorde, je ne me sens aucun besoin de répondre à des calomnies qu'il ne peut croire lui-même : mais l'embarras où il est pour défendre ses propositions sur le mystère de la Trinité, la mauvaise humeur où il entre, parce qu'il ne sait par où se tirer de ce labyrinthe, et

I. Exposition des emportemens et des calomnies du ministre.

l'état où il a mis nos controverses, en les tournant d'une manière si avantageuse aux sociniens dont il veut paroître le vainqueur, sont choses trop remarquables pour être dissimulées. Je ne lui dirai donc pas, comme on fait publiquement dans son parti [1], qu'il ne mérite plus qu'on lui réponde, parce qu'il ne raisonne plus et ne montre dans ses discours qu'une impuissante fureur. Sans songer à ce qu'il mérite et occupé seulement de ce que méritent les mystères qu'il a profanés, je les vengerai de ses attentats; et pour l'amour des infirmes que ses dangereuses nouveautés pourroient séduire, je les mettrai pour la dernière fois devant les yeux du public. On verra qu'en attaquant l'*Histoire des Variations,* ce ministre a fait triompher le socinianisme, pour ne point encore parler des autres erreurs; et que dans la *Sixième Lettre* de son *Tableau,* où il fait les derniers efforts pour se purger de ce reproche, il le mérite plus que jamais. Que je vais recevoir d'injures après ce dernier *Avertissement,* et que le nom de M. de Meaux va être flétri dans les écrits du ministre! Déjà on ne trouve dans sa *Sixième Lettre,* que les ignorances de ce prélat, ses vaines déclamations avec les comédies qu'il donne au public; et quand le style s'élève, ses fourberies, ses friponneries, son mauvais cœur, son esprit mal fait, baissé et affoibli par son grand âge qui passe soixante-dix ans, ses violences qui lui font mener les gens à la messe à coups de barre, sa vie qu'il passe à la Cour dans la mollesse et dans le crime [2]; car on pousse la calomnie à tous ces excès : et tout cela est couronné par son hypocrisie, c'est-à-dire, comme on l'explique, par un faux semblant de révérer des mystères qu'il ne croit pas dans son cœur. On me donne tous ces éloges sans aucune preuve; car aussi où les prendroit-on? Et je les reçois seulement pour avoir convaincu M. Jurieu de faire triompher l'erreur. Que n'aurai-je donc pas mérité aujourd'hui qu'il faudra pousser la conviction jusqu'à la dernière évidence, et effacer tout le faux éclat de ce *Tableau* dont le ministre a cru éblouir tout l'univers? La chose sera facile, puisque le témoignage de M. Jurieu me suffira contre lui-même.

[1] M. de Beauval, *Hist. des ouvrages des Savans.,* juil. 1690, art. 9, p. 501. —
[2] Jur., 287.

Je ne puis ici m'empêcher de retracer, en aussi peu de paroles qu'il sera possible, le sujet de notre dispute. Dans la préface de l'*Histoire des Variations* j'avois posé ce principe comme le fondement de tout l'ouvrage : « Que toute variation dans l'exposition de la foi est une marque de fausseté dans la doctrine exposée ; que les hérétiques ont toujours varié dans leurs symboles, dans leurs règles, dans leurs Confessions de foi, en ne cessant d'en dresser de nouvelles ; pendant que l'Eglise catholique donnoit toujours dans chaque dispute sur la foi une si pleine déclaration de la vérité [1], » qu'il n'y falloit après cela jamais retoucher ; d'où suivoit cette différence entre la vérité catholique et l'hérésie, « que la vérité catholique venue de Dieu a d'abord sa perfection, et l'hérésie au contraire comme une foible production de l'esprit humain, ne se peut faire que par pièces mal assorties [2] » et par de continuelles innovations.

II. État de cette dispute remis devant les yeux du lecteur. Division de ce discours en trois questions.

Par ces principes, l'*Histoire des Variations* n'étoit plus une simple histoire ou un simple récit de faits ; mais elle se tournoit en preuve contre la Réforme, puisqu'elle la convainquoit d'avoir varié, « non pas seulement en particulier, mais en corps d'église, dans les livres qu'elle appeloit symboliques, c'est-à-dire dans ceux qu'elle a faits pour exprimer le consentement de ses prétendues églises ; en un mot dans ses propres Confessions de foi [3], » dans les décisions de ses synodes et enfin dans ses actes les plus authentiques [4].

Les ministres ne pouvoient donc s'élever assez contre des principes si ruineux à la Réforme ; et le ministre Jurieu qui s'est mis en possession de défendre seul la cause commune, après avoir fait longtemps le dédaigneux selon sa coutume, et sur le livre des *Variations* et sur les *Avertissemens* qui le soutenoient comme sur des livres qui ne méritoient ni réponse ni même d'être lus, est enfin bénignement demeuré d'accord dans son *Tableau* [5], « qu'il étoit ici tout à fait de l'intérêt de la vérité de faire voir des variations considérables dans l'exposition de la doctrine des anciens, afin de ruiner ce faux principe de M. de Meaux, que la véritable

---

[1] *Préf. de l'Hist. des Var.*, n. 2, 3 et suiv. — [2] *Ibid.*, n. 7. — [3] *Ibid.*, n. 8. — [4] *Ibid.*, n. 19 et suiv. — [5] *Tab.*, lett. VI, p. 297.

religion ne peut jamais varier dans l'exposition de sa foi. » Enfin donc il confessera qu'il étoit important de répondre, et que c'étoit par foiblesse qu'il faisoit auparavant le dédaigneux.

On pourroit ici lui demander à qui donc il importoit tant de détruire ce faux principe. Est-ce à une église qui prétend ne varier pas? Point du tout. Qu'on écrive tant qu'on voudra que la foi ne souffre point de variation, nous ne nous en offenserons jamais, parce que nous ne prétendons point avoir varié ni varier à l'avenir dans la doctrine : au contraire nous applaudirons à cette maxime, et l'Eglise déclarera que sa règle est de croire ce qui a toujours été cru. Par une raison contraire, si la Réforme ne peut souffrir qu'on lui propose la même règle et qu'on lui demande une doctrine stable et invariable, c'est qu'elle a varié et ne veut pas se priver de la liberté de varier encore quand elle voudra : elle ne peut donc pas trouver mauvais qu'on ait fait l'*Histoire des Variations*, et cet ouvrage n'est plus si méprisable que le ministre disoit.

En effet, si on ne lui avoit montré aucune variation dans la foi de son église, ou si celles qu'on lui a montrées étoient seulement dans les paroles ou en tout cas peu essentielles, il n'avoit qu'à convenir du principe sans troubler les siècles passés et sans y ébranler jusqu'aux fondemens. Mais dès qu'il a ouï parler de variations, il a cru tout perdu pour la Réforme. Il a appelé tous les Pères à garants, sans épargner ceux des trois premiers siècles, encore qu'il les préférât à tous les autres sur la pureté de la doctrine; et il a cherché de tous côtés dans ces saints hommes qui ont fondé le christianisme après les apôtres, ou des défenseurs ou des complices.

Et remarquez, mes chers Frères, car ceci est tout à fait nécessaire pour établir l'état de notre question; remarquez, dis-je, qu'il ne s'agit pas d'accuser d'erreur quelques Pères en particulier, puisque mon principe qu'on vouloit combattre étoit que l'Eglise ne varie jamais. Il falloit donc pour le réfuter montrer des erreurs non dans les particuliers, mais dans le corps; et c'est pourquoi le ministre dès ses *Lettres* de 1689, marquoit les erreurs des Pères comme étant non d'un ni de deux, mais de tous : ce qui l'oblige à parler toujours de leur théologie comme étant celle de « l'Eglise et de leur siècle ¹. » Et pour ne laisser aucun doute de son sentiment il vient encore d'écrire, ce qu'il ne faut pas oublier et ce qu'on ne peut assez remarquer pour entendre notre dispute, que l'erreur qu'il attribue [aux trois premiers siècles « estoit la théologie de tous les anciens avant le concile de Nicée sans en excepter aucun ² : » sans quoi en effet il ne feroit rien contre ma proposition, et il ne prouveroit pas les variations de l'Eglise, comme il l'avoit entrepris.

Au surplus, il fait paroître tant de joie d'avoir trouvé « cette grande et notable variation dans la doctrine des Péres du deuxième, du troisième et mesme du quatrième siécle ³, » qu'il ne croit plus dorénavant avoir rien à craindre du coup que je lui portois ; et il s'en vante en ces termes : « Cet argument est un coup de foudre qui réduit à néant l'argument tiré contre nous de nos variations : c'est un argument si puissant, qu'il vaut tout seul tout ce qu'on peut dire pour anéantir ce grand principe de M. de Meaux, que la véritable Eglise ne sçauroit jamais varier dans l'exposition de sa foy. »

Pendant qu'il me foudroie de cette sorte, et que cherchant des variations dans les points les plus essentiels, il a poussé l'erreur des anciens jusqu'à leur faire nier l'égalité des trois Personnes divines, pour ne point encore parler des autres impiétés aussi capitales, on a vu dans son parti même les inconvéniens de sa doctrine. On a vu qu'il faisoit errer les trois premiers siècles sur les fondemens de la foi contre ses propres maximes qui en rendoient la croyance invariable dans tous les siècles : et ce qui est plus fâcheux pour lui, on a vu qu'il ne pouvoit plus refuser la tolérance aux sociniens ni les exclure du salut, puisqu'il étoit forcé d'avouer en termes exprès que ces étranges variations qu'il attribuoit aux anciens n'étoient pas essentielles et « fondamentales ⁴. » Les non tolérans se sont élevés contre lui d'une terrible manière. On a senti ses excès jusque dans son parti. On sait ce qu'a écrit M. de Beauval en abrégeant mes *Avertissemens* dans

---

¹ IIIe *Ann.*, lett. VI, p. 44, 45, etc. — ² *Tab.*, lett. v:, p. 251. — ³ *Ibid.*, p. 280. — ⁴ IIIe *Ann.*, lett. VI, p. 44.

son *Histoire des ouvrages des Savans*[1]. On a vu ses vigoureuses réponses contre les durs avis de M. Jurieu; et s'il se tait à présent pour n'avoir plus à combattre contre un homme qui ne se défend « qu'à coups de caillou, » c'est en lui remettant encore devant les yeux toutes ses erreurs[2]. On sait aussi qu'un ministre en a représenté la liste à tout un synode, et qu'il n'a rien moins reproché à M. Jurieu « que l'arianisme tout pur » dans cette inégalité des trois Personnes[3]. Mais pour montrer qu'il ne cède pas, M. Jurieu ajoute encore aujourd'hui dans la sixième *Lettre* de son *Tableau* que l'erreur des Pères, quoiqu'elle emporte en termes formels cette détestable « inégalité, ne ruine pas le fondement; » et non-seulement « n'est condamnée par aucun concile, » pas même « par celui de Nicée, » mais encore « qu'elle ne peut être réfutée par l'Ecriture, et qu'on ne peut en faire une hérésie[4]. »

On peut maintenant apercevoir pourquoi il prenoit tant son air de mépris, et déclaroit si hautement qu'il ne daigneroit me répondre[5]. Malgré ses fiertés affectées, il sentoit bien l'embarras où il s'étoit mis, et que pris dans ses propres lacets plus il feroit d'efforts pour se dégager, plus il redoubleroit les nœuds qui le serrent. Il n'entre donc que forcé dans cette dispute; et il est comme obligé de l'avouer, lorsqu'il dit dans son avis à M. de Beauval: « A cet endroit, » lorsqu'on en sera aux avantages que les sociniens et les tolérans tirent continuellement de ce qu'il a opposé à mes *Variations,* « il n'y aura pas moyen d'éviter M. de Meaux[6]. » Vous l'entendez, mes chers Frères; la rencontre de cet ennemi « qu'il n'y a plus moyen d'éviter, » lui paroît importune. Ce n'est pas moi qu'il redoute; c'est la vérité qui le presse par ma bouche: c'est qu'il falloit se dédire, comme on verra qu'il a fait, de ce qu'il avoit assuré en 1689, et bâtir un nouveau système qui ne se soutiendroit pas mieux que le premier. Comme il ne peut plus reculer, et que malgré lui il faut commencer un combat où son désordre ne peut manquer d'être sensible, il ne

---

[1] *Hist. des ouvrag. des Savans*, mai, 1690, art. 13, p. 396. — [2] *Ibid.*, juillet, 1690, art. 9, p. 501. — [3] *Rép. de M. de la Conseill.*, p. 6; *Fact. de M. de la Conseill.*, p. 37. — [4] *Tab.*, lett. VI, art. 3, p. 268, 271, 273. — [5] Jur., *Lett. sur M. Papin*, p. 16. — [6] P. 1.

se possède plus : de là ces exclamations, de là ces fureurs ; *l'ignorance, la fourberie, la friponnerie* lui paroissent encore trop foibles pour exprimer sa colère, et il n'y a calomnie ni outrage où il ne s'emporte.

Laissons là ses emportemens et examinons ses réponses, maintenant que le lecteur est au fait, et qu'il a devant les yeux avec la suite de notre dispute, l'état de la question dont il doit juger. Elle se partage en deux points. Le premier, si le ministre pourra soutenir les variations qu'il impute à l'ancienne Eglise, sans renverser en même temps ses propres principes et le fondement de la foi. Le second, s'il pourra se défendre des conséquences que les tolérans tireront de son aveu pour la tolérance universelle. Nous verrons après si cette querelle est seulement de M. Jurieu ou celle de tout le parti. Je ne crois pas qu'il y eût jamais une dispute plus essentielle à nos controverses.

PREMIÈRE PARTIE.

QUE LE MINISTRE RENVERSE SES PROPRES PRINCIPES ET LE FONDEMENT DE LA FOI PAR LES VARIATIONS QU'IL INTRODUIT DANS L'ANCIENNE ÉGLISE.

ARTICLE PREMIER.

Dénombrement de ses erreurs : la Trinité directement attaquée avec l'immutabilité, et la spiritualité ou simplicité de l'Etre divin.

Sur la première question le ministre nous promet d'abord « d'expliquer et de justifier contre l'évesque de Meaux la théologie des anciens sur le mystére de la Trinité et celuy de la génération du Fils de Dieu [1]. » Il n'en promet pas davantage dans cette *sixième Lettre* de son *Tableau*. Mais d'abord ce n'est pas là satisfaire « à l'évesque de Meaux. » Il est vrai que je l'accuse d'avoir reconnu et toléré dans les anciens une doctrine contraire

III. Que le ministre renonce à la solution de quinze ou vingt difficultés essentielles, et ne s'attache qu'à la

---

[1] *Tab.*, lett. vi, p. 225 ; art. 1-4 ; p. 227, 237, 252, 276.

dispute de la Trinité, où il tombe dans de nouvelles erreurs. à l'égalité, à la distinction et à la coéternité des trois Personnes divines; mais ce n'est pas là tout son crime. Selon lui, « les Péres du troisième siécle, et mesme ceux du quatriéme » n'ont pas mieux entendu l'Incarnation que la Trinité, « puisqu'ils nous ont fait un Dieu converti en chair selon l'hérésie qu'on a attribuée à Eutyche. » Leur erreur n'est pas moins extrême sur les autres points, puisque dans leurs sentimens « la bonté de Dieu n'est qu'un accident comme la couleur; la sagesse de Dieu n'est pas sa substance : c'estoit la théologie du siécle. On ne croyoit pas que Dieu fust partout, ni qu'il pust estre en mesme temps dans le ciel et dans la terre [1]. » Faut-il s'étonner après cela que la foi de la providence vacillât? Un Dieu qui n'étoit qu'au ciel ne pouvoit pas également prendre garde à tout; aussi étoit-ce « l'opinion CONSTANTE ET RÉGNANTE que Dieu avoit abondonné le soin de toutes les choses qui sont au-dessous du ciel, *sans en excepter mesme les hommes*, et ne s'estoit réservé la providence immédiate que des choses qui sont dans les cieux [2]. » La grace n'étoit pas mieux traitée. « On la regarde aujourd'huy (remarquez que c'est toujours la foi d'aujourd'hui que le ministre reçoit, et vous en verrez d'autres exemples); la grace donc qu'on regarde aujourd'huy avec raison comme un des plus importans articles de la religion, jusqu'au temps de saint Augustin estoit entiérement informe. » Ce mot d'*informe* lui plaît, puisque même il l'attribue à la Trinité, et l'on verra comme il s'embarrasse en tâchant de se démêler de cette expression insensée. Mais peut-être que les erreurs qu'on avoit sur la matière de la grace avant le temps de saint Augustin étoient médiocres? Point du tout : « Les uns estoient stoïciens et manichéens : d'autres estoient purs pélagiens; *les plus orthodoxes* ont esté semi-pélagiens : » ils sont tous par conséquent convaincus d'erreurs sur des matières si essentielles. Il en dit autant du péché originel. Quoi plus? « La satisfaction de Jésus-Christ, ce dogme si important, si fondamental et si clairement révélé par l'Ecriture, est demeuré *si informe* jusqu'au quatriéme siécle, qu'à peine peut-on rencontrer un ou deux passages qui l'expliquent bien [3]. » On trouve même dans saint Cyprien « des

---

[1] *Tab.*, lett. VI, p. 225, etc. — [2] Lett. V, p. 49. — [3] *Ibid.*

choses très-injurieuses à cette doctrine : et pour la justification, les Péres *n'en disent rien*, ou ce qu'ils disent *est faux*, mal digéré et imparfait [1]. » Prenez garde : ce ne sont pas ici des sentimens particuliers, mais partout les *opinions régnantes et la théologie du temps*. Il ne dit pas quelques-uns, mais tous, et *les Péres* en général. Il ne dit pas : On s'expliquoit mal, ou l'on parloit avant les disputes avec moins de précaution; mais : « On croyoit, on [ne] croyoit pas; » et il s'agit de la foi. Enfin l'ignorance de l'ancienne Eglise alloit jusqu'aux premiers principes; et la foi n'étoit pas même arrivée à sa perfection « dans le dogme d'un Dieu unique, tout-puissant, tout sage, tout bon, infini et infiniment parfait [2]. » On a varié sur des points si essentiels et si connus, comme sur tous les autres, quoiqu'il n'y ait « point d'endroit où les Péres de l'Eglise auroient deù estre plus uniformes et plus exempts de variations que celuy-là, s'y exerçant perpétuellement, dans leurs disputes contre les païens. » Tous les savans sont d'accord qu'on a parlé plus correctement et avec plus de précision des choses dont on avoit à disputer que des autres, parce que la dispute même excitoit l'esprit; mais il n'y a que pour les Pères des trois premiers siècles que cette règle trompe; et ils avoient l'esprit si bouché même dans les choses de Dieu, qu'ils ignoroient jusqu'à celles qu'ils avoient tous les jours à traiter avec les païens, et même son unité et sa perfection infinie : nous le verrons mieux tout à l'heure, puisqu'on nous dira nettement qu'ils ne le croyoient ni immuable, ni indivisible. Je ne m'étonne donc pas si en parlant des Pères de ces premiers siècles, le ministre les a appelés « de pauvres théologiens qui ne voloient que rez-pied rez-terre. » Quand il voudra néanmoins, ce seront des aigles et les plus purs de tous les docteurs; mais on voit en tous ces endroits-là comme il les abîme : et comment auroient-ils pu s'en sauver, puisqu'ils n'étudioient pas l'Ecriture sur les matières les plus importantes, comme sont celles de la grace [3], et qu'en général « il ne paroist pas qu'ils se soient beaucoup attachez à cette lecture [4], » se remplissant seulement de celle des platoniciens? Que de redites im-

---

[1] Lett. v, p. 49. — [2] Lett. vi, p. 46. — [3] *Ibid.*, p. 50; I *Avert.*, n 15. — [4] I *Avert.*, n. 16.

portunes! dira M. Jurieu. Il est vrai, ce sont des redites. J'ai relevé toutes ces erreurs de M. Jurieu dans mon premier *Avertissement* : mais je ne vois pas qu'on puisse, sans les répéter, lui faire voir qu'il ne songe seulement pas à y faire la moindre réponse dans l'ouvrage qu'il vient de donner pour sa défense. Pourquoi? Est-ce peut-être que ces matières ne regardent pas d'assez près l'essence de la religion? Mais c'en sont les fondemens. Ou bien est-ce qu'elles ne regardent pas le socinianisme dont M. Jurieu fait le *Tableau?* Mais il sait bien le contraire : et dans ce même *Tableau* il reproche aux sociniens toutes ces erreurs [1]. Pourquoi donc se tait-il sur tous ces points, si ce n'est qu'il évite encore autant qu'il peut M. de Meaux? Ce lui seroit trop d'affaires de chercher des faux-fuyans à tous les mauvais pas où il s'engage; il ne s'attache qu'à la Trinité et il espère se sauver mieux parmi les ténèbres d'un mystère si impénétrable. Il reste donc à lui faire voir qu'il s'y abîme plus visiblement que dans les autres articles, et que ses excuses sont de nouveaux crimes. Rendez-vous attentifs : voici le nœud. La matière est haute; et quelque ordre qu'on y apporte, elle échappe si on ne la suit : mais pour abréger la dispute, on convaincra le ministre par ses propres paroles.

IV. Ancienne et nouvelle doctrine du ministre également pleine de blasphèmes.

Il demeure d'accord d'avoir dit dans ses *Lettres* de 1689 que selon la doctrine des anciens qu'il trouve du moins tolérable, « l'effusion de la sagesse, qui se fit au commencement du monde, fut ce qui donna la dernière perfection, et pour ainsi dire la parfaite existence au Verbe et à la seconde Personne de la Trinité [2]. » Il n'en faut pas davantage. Le Verbe avoit donc manqué dans l'éternité toute entière de sa dernière perfection. Or ce qui manque de sa perfection, visiblement n'est pas Dieu. Quand il la recevroit dans la suite, il ne le seroit non plus, puisqu'il seroit muable et changeant. Le Fils de Dieu n'est donc Dieu dans cette supposition que le ministre tolère, ni avant la création, puisqu'il n'avoit pas sa dernière perfection; ni depuis, puisqu'il l'a reçue alors de nouveau. N'est-ce pas assez blasphémer que d'enseigner ou de tolérer de pareils sentimens?

[1] *Tab.*, lett. I, II, etc. — [2] *Tab.*, lett. VI, p. 238.

Il s'excuse d'un autre blasphème en cette sorte. Voici ses paroles : « J'ai dit dans la sixiéme *Lettre* pastorale de 1689 que selon Tertullien, » avec qui il veut que les autres anciens soient d'accord, « le Fils de Dieu n'a esté personne distincte de celle du Pére qu'un peu avant la création [1]. » Voilà un second blasphème assez évident : mais voici comme il s'en tire : Personne distincte, dit-il [2], c'est-à-dire personne « développée et parfaitement née. » Mais pour lui ôter ce dernier refuge et ne lui laisser aucune évasion, je lui réponds en deux mots : premièrement, que ce n'est pas là ce qu'il avoit dit : secondement, que ce qu'il veut avoir dit ne vaut pas mieux.

Premièrement donc, ce n'est pas là ce qu'il avoit dit dans ses *Lettres* de 1689, puisqu'il avoit dit en termes exprès : « Que le Verbe n'est pas éternel en tant que Fils; qu'il n'estoit pas une personne; que la génération du Verbe n'est pas éternelle; que la génération de la personne du Verbe fut faite au commencement du monde; que la Trinité des Personnes ne commença qu'alors, et qu'il y avoit trois Personnes distinctes » *à la verité*, « mais engendrées et produites dans le temps, » *en sorte* « qu'elles en venoient à une éxistence actuelle [3] : » après quoi il ne faut plus s'étonner qu'on les ait fait « inégales : » comment eussent-elles pu être égales, puisqu'elles n'étoient pas coéternelles? M. Jurieu fait dire tout cela aux anciens [4] : M. Jurieu soutient qu'il n'y a là rien « d'essentiel, ni de fondamental [5]. » Il faut être bien assuré de faire passer tout ce qu'on veut, pour croire qu'on puisse réduire tant d'impiétés à un bon sens.

v. Que le ministre a changé son système de 1689 : les vaines distinctions qu'il a lâché d'introduire : son prétendu du développement du Verbe divin.

Il distingue néanmoins : « La personne du Fils de Dieu n'estoit pas » encore; et pour parler plus généralement, « la Trinité des personnes n'estoit pas encore : » la Trinité des personnes « développées, » il l'accorde : la Trinité des personnes véritablement distinguées en elles-mêmes, mais non encore enfantées ni développées; il le nie.

Nous verrons bientôt l'impiété de cette doctrine dans son fond : mais maintenant pour nous attacher seulement aux termes, je

---

[1] Lett. vi, de 1689, p. 44; *Tabl.*, lett. vi, p. 260. — [2] *Ibid.* — [3] Lett. vi, de 1689, p. 44-46. — [4] I *Avert.*, n. 10. — [5] P. 44.

lui demande en un mot si *distincte* ne vouloit dire que *développée*, que n'usoit-il de ce dernier terme? que ne disoit-il clairement que dans l'opinion des anciens la personne du Fils et celle du Saint-Esprit n'étoient pas encore développées, ce qui lui paroît innocent; au lieu de dire *distinctes*, qui lui paroît criminel et insoutenable?

C'est, dit-il, que « j'avois à expliquer briévement ce sentiment des Péres, n'ayant aucun intérest alors à l'expliquer plus au long [1]. » Il n'y avoit aucun intérêt! C'est tout le contraire car une des choses qu'il s'étoit le plus proposées dans les *Lettres* dont nous parlons, étoit de faire voir aux sociniens et à ceux qui les tolèrent, qu'il ne leur donnoit aucun avantage en tolérant les Pères des trois premiers siècles : et puisqu'il mettoit le dénouement à leur faire dire que la personne du Verbe étoit dans le sein de son Père comme un enfant dans celui de sa mère, « formé et distinct, mais non encore enfanté ni développé : » lui eût-il coûté davantage de dire *développé* que de dire *distingué?* Et pourquoi n'avoir pas donné d'abord à une si grande difficulté une solution si facile, où il n'eût fallu que trois mots?

VI. Qu'en 1689 le ministre ne faisoit du Fils de Dieu qu'un germe imparfait, et non une personne.

Mais, ajoute votre ministre, je m'étois assez expliqué, puisque j'avois dit que « le Verbe estoit caché dans le sein de son Père comme sapience : et, poursuit-il, ce qui est caché est pourtant et existe comme une personne [2]. » Il dissimule ce qu'il avoit dit, que ce Verbe qui « estoit caché dans le sein du Père comme sapience, » étoit seulement « son Fils et son Verbe en germe et en semence. » Or ce qui est « un germe et une semence, » visiblement n'est pas une personne; le Fils de Dieu n'étoit donc pas une personne selon M. Jurieu. Il tronque et il falsifie ses propres paroles : que faut-il donc espérer qu'il laisse dorénavant en son entier ?

On voit plus clair que le jour qu'il ne lui reste aucune défense : car pour entrer dans le fond de son raisonnement, il sait bien qu'une chose peut être dans une autre ou en acte et selon sa forme, ou en puissance et selon ses principes, comme l'épi dans le grain, l'arbre dans son pepin ou dans son noyau, un animal

[1] *Tab.*, lett. VI, p. 238. — [2] *Tab.*, p. 260 ; lett. VI, de 1689, p. 44.

dans son germe, tous les ouvrages dont l'univers est composé dans leurs principes primordiaux. Ce n'étoit donc pas assez à M. Jurieu de dire que le Fils de Dieu fût caché dans le sein de son Père ; les ariens même disoient selon lui, qu'il y étoit caché « en puissance [1] : » et pour fermer la bouche aux sociniens et aux tolérans leurs amis, il falloit avoir expliqué que si le Verbe étoit caché dans le sein du Père, ce n'étoit pas en puissance, comme l'enfant est dans le germe et dans l'embryon ; mais en effet et en acte, comme il est après sa conception ou sa naissance. Mais loin de le dire ainsi, ou plutôt de le faire dire aux anciens, M. Jurieu dit tout le contraire dans l'endroit même qu'il cite pour se justifier : et il en conclut un peu après « qu'on devoit se représenter Dieu comme muable et divisible, *changeant ce germe de son Fils* » en une personne [2]. Ainsi selon les anciens approuvés ou tolérés par M. Jurieu, il ne m'importe, le Fils de Dieu étoit éternellement dans le sein de son Père comme « un germe, » comme « une semence, » et non pas comme une personne ; et ce germe ne fut changé en une personne que dans le temps. Qui ne voit manifestement que faire parler ainsi les anciens, c'est les faire blasphémer ; et qu'approuver ou tolérer ces expositions de la foi, comme M. Jurieu les veut appeler, c'est blasphémer soi-même ?

Il en est de même des autres pensées que le ministre attribue aux Pères. Par exemple, il leur faisoit nier l'éternité de la génération du Fils ; il s'explique : l'éternité de la seconde génération, il l'avoue : de la première, il le nie [3]. Il falloit donc deviner ces deux générations dont il ne disoit pas un seul mot ; reconnoître dans une seule personne selon la divinité deux générations proprement dites, et croire que le Père éternel avoit engendré son Fils à deux fois.

VII. Que le ministre se dédit, et que ce qu'il dit de nouveau ne vaut pas mieux : sa double génération attribuée au Verbe divin.

Les autres opinions que le ministre avoit imputées aux saints docteurs ne sont pas mieux excusées : et il n'y a personne qui ne voie que ce qu'il dit aujourd'hui dans son *Tableau* est une réformation, et non pas une explication de son système. Pitoyable réformation, puisque loin de le relever du blasphème dont il

---

[1] *Tab.*, lett. vi, p. 275. — [2] *Tab.*, lett. vi, p. 46 ; I *Avert.*, n. 14. — [3] Lett. vi, de 1689 ; *Tab.*, lett. vi.

a été convaincu, elle l'y enfonce de nouveau, comme on va voir!

VIII. Le Fils de Dieu dans le sein du Père comme un enfant avant sa naissance : que le ministre entend cela au pied de la lettre : que sa doctrine est contraire selon lui-même à l'immutabilité de Dieu.

Il faut donc ici expliquer le nouveau mystère de cet enveloppement et développement du Verbe, de sa conception et de sa sortie hors des entrailles de son Père, et de sa double nativité : l'une éternelle, mais imparfaite ; l'autre parfaite, mais temporelle et arrivée seulement un peu avant la création du monde : car c'est là tout le dénouement que donne M. Jurieu à la théologie des anciens, et il est temps d'en démontrer la visible absurdité selon lui-même.

En effet voici comme il parle [1] : « Cette pensée des anciens, » cette double nativité et ce nouveau développement du Verbe, « dans le sens métaphorique est belle et bonne ; mais dans le sens propre, comme ces anciens le prenoient, elle ne s'accorde pas avec l'idée de la parfaite immutabilité de Dieu. »

Il n'y a ici qu'à ouvrir les yeux pour voir l'égarement de notre ministre. Cette double génération ou ce développement du Verbe, à le prendre proprement, est si absurde qu'il n'entrera jamais dans les esprits. Car qui pourroit croire qu'un Dieu s'enveloppe et se développe selon sa nature divine, ou que le Père engendre son Verbe à deux fois? Il ne faut qu'ouvrir seulement l'Evangile de saint Jean, pour y remarquer que s'il est engendré deux fois, l'une de ces générations le regardoit dans l'éternité comme Dieu, et l'autre dans le temps en tant qu'homme. Mais que comme Verbe il ait pu être engendré deux fois, et qu'il fallût au pied de la lettre le développer du sein paternel comme un enfant de celui de sa mère, c'étoit dans cette divine et immuable génération une imperfection si visible et si indigne de Dieu, qu'il faudroit être insensé pour le dire ainsi dans le sens propre.

C'est pourquoi le docteur Bullus, le plus savant des protestans dans cette matière, lorsqu'il a vu dans cinq ou six Pères (car il n'en met pas davantage) cette double génération, avoit entendu la seconde « d'une génération métaphorique, » qui ne signifie autre chose que son opération extérieure et la manifestation de ses desseins éternels par la création de l'univers, à la manière que nous verrons si clairement dans la suite, qu'il n'y aura pas moyen

---

[1] *Tab.*, lett. VI, p. 266.

d'en disconvenir. Aussi M. Jurieu est-il déjà d'accord avec nous, que cette pensée des anciens est irréprochable en ce sens. Cependant il refuse de la suivre ; et obstiné à trouver dans les anciens l'erreur dont un si savant protestant les avoit si clairement justifiés : « Pour moy, dit-il, je tiens pour certain qu'il n'y a point là de métaphore [1]. » Et un peu plus haut : « J'entends tout cela sans figure ; et je comprends que ces théologiens (ce sont les Pères des trois premiers siècles) ont cru que les deux Personnes divines, le Fils et le Saint-Esprit, estoient renfermez dans le sein de la première, comme un enfant est enfermé dans le sein de sa mére, parfait de tous ses membres, ayant vie, estre, mouvement et action ; mais n'estant pas encore développé et séparé de la mère [2]. »

Mais s'il faut prendre au pied de la lettre et sans figure, comme le ministre nous y veut contraindre, tout ce qu'il vient de raconter, il y a donc, comme dans la mère et dans son enfant lorsqu'il vient au monde, un double changement en Dieu : un dans le Père qui développe ce qui étoit enfermé dans ses entrailles ; un dans le Fils qui est séparé et développé de ces entrailles paternelles : et on ôte également au Père et au Fils la parfaite simplicité et immutabilité de leur être.

Après ces extravagances qu'on nous débite comme des oracles, le ministre m'avertit sérieusement « de ne continuer pas à harceler la théologie des Péres par des conséquences, en disant que selon le sentiment que je leur attribuë, il faut que la Trinité soit nouvelle et non éternelle ; que Dieu soit muable ; qu'il faut que Dieu puisse s'étendre et se resserrer [3]. » Voilà des objections contre sa doctrine qui sans doute sont considérables ; mais il les résout en un mot. « Tout cela est chicane, » dit-il. C'en est fait, l'oracle a parlé. Mais est-ce chicane de dire que celui qui ouvre son sein et qui développe ce qu'il y tenoit enfermé, et celui qui sort de ce sein où il étoit auparavant, aient ce double défaut d'être muables et divisibles ? Je le demande à tout homme qui a les premiers principes de l'intelligence.

IX. Que le ministre introduit un Dieu muable et corporel.

Pour la mutabilité, la chose est claire. Le ministre demeure d'accord que dans la supposition qu'il attribue aux anciens, « l'ef-

X. Démonstration que Dieu et le

[1] *Tab.*, lett. VI, p. 266. — [2] P. 255. — [3] P. 269.

Verbe dès les trois premiers siècles sont muables, imparfaits et corporels, selon la supposition du ministre. fusion faite dans le temps de la sagesse divine *donna la dernière perfection*, et pour ainsi dire la parfaite existence au Verbe et à la seconde personne de la divinité. » Sur ce fondement je raisonne ainsi : Ce qui reçoit de nouveau sa dernière perfection, en termes formels est changé : or dans la supposition de M. Jurieu [1] la seconde Personne reçoit de nouveau sa dernière perfection; donc dans cette supposition la seconde Personne en termes formels est changée. Vous le voyez, mes chers Frères. J'aime mieux tomber dans la sécheresse d'un argument en forme que de donner lieu, quoique sans sujet, à votre ministre de dire que j'exagère et que je fais le déclamateur.

Voulez-vous ouïr un autre argument également clair ? Ecoutez ce qu'on attribue à Tertullien et aux autres Pères [2]. « Dieu dit : *Que la lumière soit :* voilà la seconde génération du Fils : ce que Tertullien appelle la parfaite naissance du Verbe, et qui fait voir qu'il en reconnoissoit une autre IMPARFAITE en comparaison de celle-cy : c'estoit la génération éternelle par laquelle le Verbe en tant qu'entendement et raison divine estoit en Dieu éternellement, bien distingué à la vérité de la personne du Père, mais encore enveloppé. » Demeurons-en là, et disons : Ce qui passe d'un état imparfait à un état parfait, change d'état : mais dans cette supposition le Fils de Dieu passe d'un état imparfait à un état parfait; par conséquent le Fils de Dieu change d'état. Il passe manifestement de l'imparfait au parfait; qui est, non par conséquence, mais précisément et selon la définition ce qu'on appelle changer.

Et remarquez que son état imparfait est celui où il étoit mis par sa naissance éternelle : c'est cet état qu'on regarde comme imparfait à comparaison de celui où il est élevé dans le temps et au commencement du monde. Dieu donc dans l'éternité a engendré un Fils imparfait, qui a acquis sa perfection avec le temps. Si ce n'est pas là blasphémer en termes formels contre le Père et le Fils, je ne sais plus ce que c'est.

Enfin c'est trop disputer; et il n'y a qu'à répéter au ministre ce qu'il écrivoit en 1689, que « les anciens représentoient Dieu comme muable et divisible, changeant ce germe de son Fils en une per-

---

[1] *Tab.*, lett. VI, p. 259. — [2] P. 259.

sonne, et donnant une portion de sa substance pour son Fils sans la détacher de soy¹. » Qu'y a-t-il de plus scandaleux et de plus impie tout ensemble, que de réduire le Fils de Dieu à l'imperfection « d'un germe et d'une semence, » comme il parle? Mais n'est-ce pas assez clairement et en termes assez formels le reconnoître muable, et faire un Dieu changeant et un Dieu changé? Mais que falloit-il davantage pour faire un Dieu corporel, que de l'avouer divisible et de lui attribuer des divisions et des portions de substance? Où réduit-on le christianisme? et ose-t-on se vanter de confondre les sociniens, lorsqu'on dit que de semblables blasphèmes ne ruinent pas le fondement de la foi?

Voilà ce qu'il écrivoit en 1689; et loin de corriger ces blasphèmes dans une Lettre qu'il compose exprès pour s'en justifier, il y assure de nouveau que la seconde nativité du Verbe est sa « parfaite nativité², » et que la première est plutôt « une conception » qu'un enfantement parfait³. Ce n'est pas tout : par cette seconde nativité, de « sagesse il est devenu Verbe et personne parfaitement née⁴ : » par conséquent quelque chose de plus fait et de plus formé qu'il n'étoit auparavant : en sorte « que la Trinité a pris dans cette naissance son estre développé et parfait : ce qui a fait croire aux docteurs des trois premiers siècles qu'ils estoient en droit de compter la naissance de la Trinité de ce qu'ils appeloient sa parfaite nativité⁵. » Non content d'avoir proféré tant d'impiétés, il y met le comble en cette sorte : « A Dieu ne plaise, dit-il, que je voulusse porter ma complaisance pour cette théologie des anciens jusqu'à l'adopter ni mesme la tolérer *aujourd'huy!* On doit pourtant bien remarquer que l'on ne sçauroit réfuter par l'Ecriture cette théologie bizarre des anciens, et c'est une raison pourquoy on ne leur en sçauroit faire une hérésie. Il n'y a que la seule idée que nous avons aujourd'huy de la parfaite immutabilité de Dieu, qui nous fasse voir la fausseté de cette hypothèse : or nous n'avons cette idée de la parfaite et entière immutabilité de Dieu que des lumières naturelles qu'une mauvaise philosophie peut obscurcir⁶. »

XI. Que le ministre, en s'expliquant en 1690 et dans son *Tableau*, met le comble à ses erreurs : passage plein d'impiété et d'absurdité.

¹ Lett. VI, 1689; I *Avert.*, n. 14. — ² *Tab.*, lett. VI, p. 259, 261. — ³ *Ibid.*, 263, 362. — ⁴ *Ibid.*, 233, 235. — ⁵ *Ibid.*, 260, 261. — ⁶ *Ibid.*, 268.

XII. Étrange idée du ministre sur l'immutabilité de Dieu : que la foi en est nouvelle dans l'Église, et que nous ne l'avons point par les Écritures, mais par la seule philosophie.

On ne sait en vérité par où commencer pour démontrer l'impiété de ce discours. Mais ce qui frappe d'abord, c'est que les anciens croyoient Dieu véritablement muable ; et ce qui passe toute absurdité, que la parfaite immutabilité de Dieu est une idée « d'aujourd'hui. » Elle n'étoit pas hier : elle est nouvelle dans l'Eglise, et ne doit pas être rangée au nombre de ces vérités qui ont toujours été crues, et partout : *Quod ubique, quod semper.* Mais ce qu'il y a de plus absurde et de plus impie, c'est qu'elle est nouvelle non-seulement à l'Eglise primitive, mais encore aux prophètes et aux apôtres, puisque, selon M. Jurieu, « on ne peut réfuter par l'Ecriture » cette bizarre théologie des anciens. Ce n'est que des philosophes que nous prenons cette idée que nous avons « aujourd'huy » de la parfaite immutabilité de Dieu : sans la philosophie, la doctrine des chrétiens sur un attribut aussi essentiel à Dieu seroit imparfaite. Croire ce premier Etre muable, ce n'est pas une erreur contre la foi, c'est, si l'on veut, une erreur ou une hérésie philosophique, laquelle n'est point contraire à la révélation : les philosophes ont mieux connu Dieu que les chrétiens, et mieux que Dieu lui-même ne s'est fait connoître par son Ecriture.

ARTICLE II.

Erreur du ministre, qui ne veut voir la parfaite immutabilité de Dieu ni dans les Pères ni dans l'Ecriture même.

XIII. Passages des trois premiers siècles sur la parfaite immutabilité de Dieu : que le ministre ne connoît rien dans l'antiquité.

C'est bien là en vérité le discours d'un homme qui ne sait plus ce qu'il dit, et qui en faisant le savant n'a rien lu de l'antiquité qu'en courant et dans un esprit de dispute. Car s'il avoit lu posément le seul livre de Tertullien *Contre Praxéas*, il y auroit trouvé ces paroles sur la personne du Fils de Dieu : « Etant Dieu, il le faut croire immuable et incapable de recevoir une nouvelle forme, parce qu'il est éternel [1]. » Mais qu'est-ce encore selon cet auteur, que d'être immuable et éternel ? « C'est ne pouvoir être transfiguré ou changé en une autre forme, parce que toute transfiguration est la mort de ce qui étoit auparavant. Car, poursuit-il, tout ce qui est transformé cesse d'être ce qu'il étoit, et commence

[1] Tertull., *Adv. Prax.*, n. 26.

d'être ce qu'il n'étoit pas : mais Dieu ne cesse point d'être ni ne peut être autre chose que ce qu'il étoit. » Je voudrois bien demander à M. Jurieu si ses métaphysiciens d'*aujourd'huy* dont il veut tenir cette belle idée de la parfaite immutabilité de Dieu, plutôt que de l'Ecriture et de l'ancienne et constante tradition de l'Eglise, lui en ont parlé plus précisément que ne vient de faire cet ancien auteur? Et si ce n'est pas assez, il ajoute encore «que la parole qui est Dieu, et la parole de Dieu demeure éternellement, et persévère toujours dans sa propre forme. » Voilà celui qui selon M. Jurieu introduit un Verbe qui achève de se former avec le temps : voilà comme il ignoroit l'immutabilité de Dieu, et en particulier celle de son Fils. Il conclut l'immutabilité de ce qu'il est, par l'immutabilité de ce qu'il dit. L'auteur du livre de la *Trinité*, qu'on croit être Novatien, suit les idées de Tertullien, et déclare comme lui que « tout ce qui change est mortel par cet endroit-là [1]. » Il faudroit donc ôter aux anciens avec l'idée de l'immutabilité celle de l'éternité de Dieu dont la racine, pour ainsi parler, est son Etre toujours immuable. De là vient qu'en disputant contre ceux qui mettoient la matière éternelle, ces graves théologiens leur démontroient qu'elle ne pouvoit l'être, parce qu'elle étoit sujette aux changemens. Tertullien soutient *Contre Hermogène*, « que si la matière est éternelle, elle est immuable et inconvertible, incapable de tout changement; parce que ce qui est éternel perdroit son éternité, s'il devenoit autre chose que ce qu'il étoit. Ce qui fait Dieu, poursuit-il, c'est qu'il est toujours ce qu'il est; de sorte que si la matière reçoit quelque changement, la forme qu'elle avoit est morte : ainsi elle auroit perdu son éternité : mais l'éternité ne se peut perdre [2]. » Remarquez qu'il ne s'agit pas de changer quant à la substance et à l'être, mais quant aux manières d'être, puisque c'est en présupposant que la matière n'étoit point muable dans le fond de son être, qu'on procède à faire voir qu'elle ne peut l'être en rien, et qu'on ne lui peut rien ajouter. Théophile d'Antioche procède de même : « Parce que Dieu est ingénérable, c'est-à-dire éternel, il est aussi inaltérable. Si donc la matière étoit éternelle, comme le disent les platoniciens, elle ne pourroit recevoir aucune altération et seroit

[1] *De Trin.*, cap. IV. — [2] *Cont. Herm.*, cap. XII.

égale à Dieu ; car ce qui se fait et ce qui commence est capable de changement et d'altération : mais ce qui est éternel est incapable de l'un et de l'autre [1]. » Athénagore dit aussi que « la Divinité est immortelle, incapable de mouvement et d'altération [2] ; » ce qui emporte, non-seulement l'immutabilité dans le fond de l'être, mais encore dans les qualités et universellement en tout : d'où il conclut que le monde ne peut être Dieu, parce qu'il n'a rien de tout cela. Il ne faut pas oublier que ces passages sont tirés des mêmes endroits d'où le ministre conclut ces prétendus changemens dans Dieu et dans son Verbe. Pour se former une idée parfaite de l'immutabilité de Dieu, il ne faut que ce petit mot de saint Justin [3] : « Qu'est-ce que Dieu ? » et il répond : « C'est celui qui est toujours le même, et toujours de même façon, et qui est la cause de tout ; » ce qui exclut tout changement, et dans le fond et dans les manières ; et cela est tellement l'essence de Dieu, qu'on en compose sa définition. Les autres anciens ne parlent pas moins clairement ; et si occupé de toute autre chose que de l'amour de la vérité, le ministre ne veut pas se donner la peine de la chercher où elle est à toutes les pages, Bullus et son Scultet lui auroient montré dans tous les auteurs qu'il allègue, dans saint Hippolyte, dans saint Justin, dans Athénagore, dans saint Théophile d'Antioche et dans saint Clément d'Alexandrie, que non-seulement le Père, mais encore nommément le Fils, « est inaltérable, immuable, impassible, incapable de nouveauté, sans commencement [4] : » et quand ils disent sans commencement, ils ne disent pas seulement que lui-même ne commence pas, mais encore que rien ne commence en lui, comme ils viennent de nous l'expliquer ; et c'est pourquoi ils joignent ordinairement à cette idée celle de tout parfait, $\pi\alpha\nu\tau\epsilon\lambda\dot{\eta}\varsigma$, pour montrer qu'on ne peut rien ajouter ni diminuer en Dieu : ce qui enferme la très-parfaite immutabilité de son Etre. La voilà donc dans les plus anciens auteurs cette parfaite immutabilité, que le ministre ne veut savoir que d'aujourd'hui ; et la voilà dans tous ceux où il croit trouver le contraire, sans même qu'on puisse ré-

---

[1] Lib. II, *ad Autol.* — [2] *Legat. pro Christ.*, ad calc. — [3] *Dial. cum Tryph.*, p. 405. — [4] Scult. *Medul. PP.*, 1 part., p. 7, 107, 114, 198, etc.; Just., *Apol.*, 1, n. 6, p. 45; *Dial. cum Tryph.*, supra; Athen., apud Just.; Clem. Alex., *Strom.* 4, 7, p. 703; Hip., *Collect. Anast.*

futer par l'Ecriture leur bizarre théologie, comme il l'appelle.

XIV.
Que les anciens ont vu dans l'Ecriture la parfaite immutabilité de Dieu.

Il ne veut donc pas que Tertullien, lorsqu'il a dit avec tant de force que « Dieu ne change jamais, ni ne peut être autre chose que ce qu'il étoit à cause qu'il est éternel, » ait puisé cette belle idée de l'endroit où Dieu se nomme lui-même *Celui qui est*[1] ; c'est-à-dire, non-seulement celui qui est de lui-même, et celui qui est éternellement, mais encore celui qui est éternellement tout ce qu'il est ; qui n'est point aujourd'hui une chose et demain une autre, mais qui est toujours parfaitement le même. Il ne veut pas que les anciens aient entendu la belle interprétation que le prophète Malachie a donnée à cette parole : *Celui qui est*, lorsqu'il fait encore dire à Dieu : « Je suis le Seigneur, le Jehovah, » et celui qui est, « et je ne change point[2], » c'est-à-dire manifestement : Je ne change en rien, parce que je suis celui qui est ; ce que je ne serois plus si je cessois un seul moment d'être ce que j'ai toujours été ; ou, ce qui est la même chose, si je commençois à être ce que je n'étois pas.

Si on veut dire que l'antiquité n'ait pas vu un sens si clair dans les deux passages qu'on vient de citer, il faut donc encore les effacer du livre de Novatien[3], qui en conclut que Dieu conserve toujours son état, sa qualité et en un mot tout ce qu'il est : il faudra dire encore que les saints docteurs n'auront pas vu dans saint Jacques, que « le Père des lumières ne reçoit ni de mutation, ni d'ombre de changement[4] : » ou il faudra que saint Jacques, à cause qu'il n'avoit pas ouï ces philosophes « d'aujourd'hui, » qui ont appris à M. Jurieu de si belles choses sur la perfection de Dieu, n'ait pu nous donner comme eux une exacte idée de la parfaite exemption de tout changement, pendant que par ses paroles il en exclut jusqu'à l'ombre, et qu'il ne peut souffrir dans l'immutabilité de Dieu la moindre tache de nouveauté qui en ternisse l'éclat. Voilà ce qu'il faut penser pour écrire ce qu'a écrit votre ministre. Peut-on dans un docteur, pour ne pas dire dans un prophète, un plus profond étourdissement ?

XV.
Que l'immutabilité du Fils de Dieu pa-

Dira-t-il qu'on démontre bien dans les Ecritures la parfaite immutabilité de Dieu, mais non pas celle de son Fils ? Le Fils n'est

[1] *Exod.*, III, 14. — [2] *Malach.*, III, 6. — [3] *De Trinit.*, cap. IV. — [4] *Jacob.*, I, 17.

roit aussi dans l'Ecriture. donc pas Dieu, ou il est un autre Dieu que le Père; et il faudra reconnoître un Dieu qui sera parfaitement immuable, et un Dieu qui ne le sera qu'imparfaitement? Mais que veut donc dire ce verset du Psaume, que saint Paul, assurément très-bon interprète, applique directement à la personne du Fils de Dieu : « Pour vous, Seigneur, vous êtes toujours le même[1] : » et toujours ce que vous êtes? Par où il nous fait entendre ce qu'il avoit dit au commencement de l'*Epître,* « qu'il étoit l'éclat de la gloire, et l'empreinte de la substance de son Père[2] : » par conséquent également grand, également éternel, également immuable en tout ce qu'il est.

XVI. Que le ministre rejette sa propre confession de foi, lorsqu'il ne veut pas reconnoître l'immutabilité de Dieu dans l'Ecriture. Le ministre veut-il renoncer à convaincre les sociniens par tous ces passages de l'Ecriture? Mais veut-il renoncer encore à prouver par l'Ecriture ses propres articles de foi? Lisons la Confession des prétendus réformés, nous y trouverons à la tête que « Dieu est une seule et simple essence, spirituelle, éternelle, immuable[3]. » Il n'en faut pas davantage : fermons le livre. Le ministre veut-il se dédire de la maxime constante de sa religion, que tous les articles de foi, principalement les articles aussi essentiels que celui-ci, sont prouvés, et clairement prouvés par l'Ecriture? Il doit donc, selon lui-même, être bien prouvé par l'Ecriture que Dieu est parfaitement immuable; et si cette vérité y est claire contre M. Jurieu, les Pères à qui il la fait nier sont bien réfutés.

XVII. Que les passages qui prouvent l'immutabilité de Dieu, la prouvent parfaite : chicane du ministre. Il lui reste pourtant encore une échappatoire : car il est vrai qu'il ne s'est pas engagé à nier qu'on puisse prouver par l'Ecriture l'immutabilité en général, mais la parfaite immutabilité[4]. Basse et pitoyable chicane s'il en fut jamais, puisque ce nom d'*immuable,* exclusif de tout changement, consiste dans l'indivisible comme celui d'*éternel;* et ainsi de tous les noms divins il n'y en a point qui porte en lui-même plus sensiblement le caractère de perfection que celui-ci, où l'on voudroit mettre du plus ou du moins. On pourroit dire de même, et à plus forte raison, qu'on prouvera bien par l'Ecriture que Dieu est bon, mais non pas parfaitement bon; sage, mais non pas parfaitement sage; heureux, mais non pas parfaitement heureux; et pour ne rien oublier,

[1] *Psal.* CI, 26; *Hebr.,* I, 10, 11. — [2] *Ibid.,* I, 3. — [3] *Conf. de foi,* art. 1. — [4] *Tab.,* lett. VI, p. 263.

parfait, mais non pas parfaitement parfait : et au lieu que nous concevons qu'il faut étendre naturellement tout ce qui se dit de Dieu et toujours l'élever au sens le plus haut, parce que quoi qu'on puisse dire ou penser de sa perfection, l'on demeure toujours infiniment au-dessous de ce qu'il est ; ce nouveau docteur nous apprend à l'exemple des sociniens à tout ravilir et à tout restreindre ; en sorte que par les idées que Dieu nous donne de lui-même dans son Ecriture, nous ne puissions pas même comprendre sa parfaite immutabilité, c'est-à-dire celui de ses attributs dont on le peut le moins dépouiller, et sans lequel on ne sait plus ce que Dieu seroit, puisque même il ne seroit pas véritablement éternel.

Le ministre en revient toujours à l'enfant, « qui sortant parfait du sein de sa mère n'acquiert pas par sa naissance un nouvel estre, » mais une « nouvelle manière d'estre ; » et il croit satisfaire à tout en disant que la « seconde naissance du Fils de Dieu » lui donne aussi comme à cet enfant « non un nouvel estre, » mais « une nouvelle manière d'estre [1]. » Aveugle, qui ne voit pas que nous-mêmes quand nous changeons de pensées et de sentimens, nous ne changeons pas autrement que dans des manières d'être ! N'est-ce donc pas une erreur d'attribuer à Dieu de tels changemens ? Ou bien sera-ce une erreur légère que l'Ecriture ne rejette pas ? Et nous faudra-t-il endurer cette tache et cette ombre en Dieu malgré la parole de saint Jacques ? Il faudra donc encore de ce côté-là donner gain de cause aux sociniens, puisque lorsqu'ils font changer Dieu de situation ou de sentiment et de pensée, ce que M. Jurieu trouve si mauvais avec raison [2], ils répondront qu'après tout ils ne font point changer Dieu, en lui donnant ni un nouvel être ni une nouvelle substance ; mais en lui donnant seulement de nouvelles manières d'être, c'est-à-dire des mouvemens, des sentimens et des pensées ; ce qui ne dérogeroit pas, selon le ministre Jurieu, à l'immutabilité que l'Ecriture nous a révélée. Mais tout cela est pitoyable, puisqu'enfin ces manières d'être qu'on supposeroit de nouveau en Dieu, ou seroient peu dignes de sa nature, et en ce cas pourquoi les y mettre ? ou si elles en sont dignes, elles sont par conséquent infinies, immenses et en un mot vraiment

XVIII. Si c'est faire Dieu immuable, que de ne le faire changer que dans les manières d'être : que le ministre tombe dans les mêmes erreurs qu'il reprend dans les sociniens.

[1] P. 256. — [2] *Tabl. du Socin.*, lett. I, II, etc.

divines, dignes de toute adoration et de tout honneur : auquel cas Dieu n'est plus Dieu, si elles lui manquent un seul moment, comme il le faudroit supposer dans la doctrine que le ministre attribue aux saints. Car le Fils de Dieu seroit-il, comme dit saint Paul, « au-dessus de tout, Dieu éternellement béni [1] » et par conséquent très-parfait, s'il attendoit du temps sa dernière perfection et quelque chose au-dessus de ce qu'il est dans l'éternité ? Mais seroit-il heureux, s'il avoit encore à attendre et à désirer quelque chose ? Son Père le seroit-il, s'il étoit lui-même sujet au changement, ou si son Fils en qui il a mis ses complaisances devoit changer dans son sein, et qu'en attendant il manquât de sa dernière perfection et de son bonheur accompli ? Et l'un et l'autre seroient-ils le Dieu tout-puissant et créateur, s'ils ne pouvoient rien créer, ni changer le non-être en être, sans se changer et s'altérer eux-mêmes ? Et si ces absurdités ne peuvent être réfutées par les Ecritures, comme l'assure M. Jurieu, quels secours laissera-t-il donc à notre ignorance ? Les catholiques auroient encore la tradition; et il est vrai que pour expliquer et déterminer le sens de l'Ecriture, même les savans protestans se servent souvent de la manière dont elle a toujours été entendue dans l'Eglise chrétienne ; mais ce refuge leur est ôté comme tous les autres, puisqu'on ravit aujourd'hui aux trois premiers siècles la connoissance d'un Dieu parfaitement immuable. Si donc on ne connoît Dieu et la perfection de ses principaux attributs, ni par les termes de l'Ecriture, ni par la foi de l'Eglise et de ses docteurs, où est cette perfection du christianisme que le ministre veut porter si haut ? Et que devient le reproche qu'il fait aux sociniens d'en anéantir les grandeurs [2] ? Mais que sert à ce ministre de leur reprocher qu'ils nous font un Dieu dont Platon et les philosophes ne s'accommoderoient pas, et qu'ils trouveroient au-dessous de leurs idées, s'il en vient à la fin lui-même à la même erreur; et si pour connoître Dieu, il est contraint de nous renvoyer « à nos lumiéres naturelles qu'une mauvaise philosophie peut obscurcir [3] ? » C'est donc enfin la philosophie qui doit redresser nos idées, et la foi ne nous suffit pas pour savoir ce qu'il faut croire de la perfection de la nature divine.

[1] *Rom.*, IX, 5. — [2] *Tabl.*, lett. II, III, etc. — [3] Lett. VI, p. 268.

Il se dit maître en Israël, et il ignore ces choses ; et pendant qu'il marche à tâtons se heurtant à chaque pas et contre tous les principes de la religion, il triomphe, et il ose dire : « Je ne me pique de rien que d'avoir des principes bien concertez [1]. » Qu'il est modeste ! Il ne se pique de rien que de raisonner toujours parfaitement juste. Si vous en doutez, il est prêt « à coucher en jeu quelque chose qui vaille la peine. » Dans les affaires du monde le serment fait la décision ; en matière de théologie dorénavant ce sera la gageure ; et enfin, qui que vous soyez qui accusez M. Jurieu de contradiction, catholiques et « M. de Meaux, » ou protestans (car on s'en mêle aussi parmi vous ; et, dit M. Jurieu, « cela devient fort à la mode ; ») mais enfin, qui que vous soyez, « auteur de la Lettre de l'an passé, auteur de l'*Avis* venu de Suisse, auteur de l'*Avis aux Réfugiez ;* » M. de Beauval qui vous déclarez, et cent autres qui n'osez vous nommer, « il s'engage à vous confondre » au jugement « de six témoins. » Peut-être, s'il les choisit, si ce n'est qu'il se confonde lui-même comme il fait à chaque page de ses écrits. Où rêve-t-on ces manières de défendre ses contradictions ? Est-ce là comme on traite la théologie ?

XIX. Vanteries du ministre, qui défie ses adversaires de gager contre lui.

ARTICLE III.

Que le ministre détruit, non-seulement l'immutabilité, mais encore la spiritualité de Dieu.

Le ministre n'est pas moins clairement convaincu dans la seconde accusation dont il a voulu se défendre ; c'est d'avoir fait dire aux anciens, non-seulement que Dieu étoit muable, mais encore qu'il étoit divisible, et « qu'il pouvoit s'étendre et se resserrer [2]. » Car qui peut douter de son sentiment, après ce qu'on vient d'entendre des divisions et des portions de substance qu'il fait admettre aux anciens, dont il déclare néanmoins la doctrine pure de toutes erreurs contre les fondemens de la foi ? C'est ce qu'il disoit en 1689 ; et s'il vouloit s'en dédire, il falloit donc sans faire le fier, avouer son aveuglement : mais au contraire il y persiste, puisqu'il nous dit encore aujourd'hui dans cette *sixième Lettre*

XX. Que le Dieu des premiers siècles étoit, selon le ministre, un Dieu qui s'étendoit et se resserroit, et véritablement un corps.

[1] *Tabl.*, lett. VI, p. 309. — [2] P. 269.

du Tableau, où il prétend s'expliquer à fond et lever toutes les difficultés de son système, que cette naissance temporelle qu'il fait attribuer au Verbe par les anciens, selon eux, se fait « par voye d'expulsion, Dieu ayant poussé au dehors ce qui estoit auparavant enveloppé dans son sein [1]; » qu'elle se fait « par un simple développement et une extension de la substance divine, laquelle s'est étendue comme les rayons du soleil s'étendent quand il se léve aprés avoir esté caché [2]. » J'avoue qu'en quelques endroits par une secrète honte il tempère la dureté de ces expressions, en y ajoutant des *pour ainsi dire,* dont nous parlerons ailleurs; mais s'il vouloit dire par là que ces expressions et les autres de même nature, si on les trouvoit dans quelques Pères se devroient prendre figurément et comme un foible bégaiement du langage humain, il ne falloit pas rejeter le dénouement de Bullus et les figures qu'il reconnoît dans ces discours. Que s'il persiste toujours et à quelque prix que ce soit, à vouloir trouver dans les premiers siècles des variations effectives, et que pour cela il s'attache opiniâtrément à prendre ses expressions sans figure et sans métaphore, il demeurera convaincu par son propre aveu, au lieu de se corriger de ses premières idées qui lui faisoient dire en 1689 que les Pères faisoient Dieu corporel, de les avoir confirmées en leur faisant reconnoître encore aujourd'hui, non-seulement un Dieu muable et changeant, mais encore un Dieu divisible, un Dieu qui s'étend et se resserre, en un mot un Dieu qui est un corps.

XXI. Suite de cette matière.
Il ne devoit pas espérer de résoudre ces difficultés, en répondant que ce ne sont que « des chicanes, » et ensuite nous renvoyant « à la révélation et à la foy comme à la seule barrière qu'on peut opposer au raisonnement humain [3]. » Car la foi ne nous apprend pas à dire qu'une substance qui s'étend, qui se divise, qui se resserre et se développe, proprement et dans le sens littéral ne soit pas un corps, ou que tout ce qui reçoit tous ces changemens ne soit pas muable. La foi épure nos idées : la foi nous apprend à éloigner de la génération du Verbe tout ce qu'il y a de bas et de corporel dans les générations vulgaires : la foi nous

---

[1] P. 257. — [2] P. 258, 261. — [3] P. 269.

apprend à dire que si par la foiblesse du langage humain on est contraint quelquefois de se servir d'expressions peu proportionnées à la grandeur du sujet, c'est une erreur de les prendre au pied de la lettre. Puisque M. Jurieu ne veut pas suivre ces belles lumières, son sang est sur lui et son crime est inexcusable.

Il ne falloit non plus nous objecter que nous « harcelons la théologie des Pères, » et que toutes ces difficultés que nous faisons « n'en sont que des conséquences qu'ils n'ont pas veuës, et qu'ils auroient niées [1]. » Car il s'agit de savoir, non pas si nous tirons bien les conséquences de la doctrine des Pères, mais si les Pères ont pu dire au sens littéral, comme veut M. Jurieu, que Dieu « se développât et s'étendît » sans en faire formellement un corps, et qu'il devînt au dedans ce qu'un peu auparavant il n'étoit pas sans le faire formellement changeant et muable. Le ministre, qui semble ici vouloir le nier, nous a déclaré tant de fois que les anciens faisoient Dieu muable et divisible, qu'il ne peut plus s'excuser que par un exprès désaveu de ses sentimens. Ce ne sont donc pas ici des conséquences, et ce n'est pas moi qui harcelle la théologie des anciens; c'est lui qui la fait absurde et impie.

XXII. Que les erreurs que le ministre attribue aux Pères ne sont pas des conséquences qu'il tire de leur doctrine, mais leurs propres propositions selon lui-même.

Au reste, à entendre le ministre, on pourroit penser que ces enveloppemens et ces développemens, cette conception, ce sein paternel où le Verbe est renfermé pendant une éternité comme un enfant, et les autres expressions semblables, se trouvent à toutes les pages dans les écrits des anciens. Mais, mes Frères, il ne faut pas vous laisser plus longtemps dans cette erreur. Je réponds à votre ministre selon ses pensées : mais dans le fond il faut vous dire que ces enveloppemens et ces développemens, qui font tant de bruit dans son système, sont termes qu'il prête aux Pères; et vous verrez bientôt que leurs expressions prises dans leur naturel, ne portent pas dans l'esprit les basses idées que le ministre veut y trouver. Pour ce qui est de la conception, et de ces entrailles d'où le Verbe se doit éclore, on les tire d'un seul petit mot de Tertullien, à qui vous verrez aussi qu'on en fait beaucoup accroire; et vous serez étonnés qu'on attribue aux trois

XXIII. Que les enveloppemens et développemens que le ministre attribue aux Pères, ne se trouvent point dans leurs écrits.

---

[1] *Tabl.*, lett. vi, p. 269, 285.

premiers siècles, non par conséquence, mais directement, des absurdités si étranges sur un fondement si léger.

ARTICLE IV.

Suite des blasphèmes du ministre, et qu'il fait la Trinité véritablement informe en toutes façons.

XXIV. Que la foi de la Trinité a été informe, selon le ministre, durant plus de trois siècles entiers : et que ses propres excuses achèvent de l'abimer.

Ce n'est pas non plus une conséquence, mais un dogme exprès de M. Jurieu, de dire « qu'au troisième siècle, » et bien avant « dans le quatrième, la Trinité estoit encore informe, » et que les Personnes divines y passoient véritablement pour inégales. C'est sur cela qu'il me reproche de m'être emporté à des « invectives, des déclamations, des exclamations et des pauvretez qui font honte à la raison humaine[1]. » Mais ici comme dans le reste, vous allez voir que plus il s'échauffe, plus visiblement il a tort. « L'évesque de Meaux se récrie, continue-t-il, sur ce que j'ay dit que ce mystére demeura informe jusqu'au premier concile de Nicée, et même jusqu'à celui de Constantinople. Mais, ajoute-t-il, un enfant auroit entendu cela, et tout le monde comprend que tout cela signifie que l'explication du mystére de la Trinité et de l'Incarnation demeura imparfaite et informe jusqu'au concile de Constantinople. » C'est aussi ce que j'entendois, et je suis content de cet aveu. Il poursuit : « Car pour le mystére en soy-mesme, ou tel qu'il est dans l'Ecriture sainte, il a toujours esté tel qu'il doit estre et dans sa perfection. » Vous le voyez, mes chers Frères ; ce docteur fait semblant de croire qu'on lui objecte que la Trinité ne fut formée qu'au concile de Constantinople, et que ce concile y a mis la dernière main. Mais pour me servir de ses paroles, « un enfant » verroit que c'est de la foi de la Trinité que je lui parle : c'est cette foi que je lui reproche de laisser informe jusqu'au concile de Constantinople ; et il demeure d'accord qu'elle l'étoit. « L'explication de la Trinité estoit, dit-il, imparfaite et informe » jusqu'à ce temps. On n'y connoissoit rien, on n'y voyoit rien ; car c'est ce que veut dire *informe : imparfait* ne vaut pas mieux, car la foi est toujours parfaite dans l'Eglise. Ce n'est pas assez de dire avec

[1] *Tabl.*, lett. VI, p. 264, 282.

le ministre que le mystère est parfait dans l'Ecriture, car il faut que cette Ecriture soit entendue. Par qui, sinon par l'Eglise ? L'Eglise a donc toujours très-bien entendu ce qu'il faut croire de ce mystère. Si la preuve en est plus claire après les disputes, la déclaration plus solennelle, l'explication plus expresse, il ne s'ensuit pas qu'auparavant la foi des chrétiens ne soit pas formée sur un mystère qui en fait le fondement, ou ce qui est encore pis, qu'elle soit informe. Elle est formée dans son fond, dira-t-il ; et je lui réponds : Que lui manquoit-il donc? Des accidens? Est-ce assez pour dire qu'elle étoit informe; ou, comme il parle du mystère de la grace, « entièrement informe? » Il n'y a que lui qui parle ainsi, parce qu'il espère toujours sortir par subtilité de toutes les absurdités où il s'engage, et faire croire au monde tout ce qu'il voudra. Mais il se trompe. Tout le monde voit que la foi de la Trinité n'étoit pas même formée selon lui dans son fond, lorsqu'on reconnoissoit de l'imperfection, de la divisibilité, du changement, une véritable inégalité dans les Personnes divines. Car le ministre ne peut pas nier que le contraire n'appartienne au fond de la foi : or le contraire, selon lui, n'étoit pas connu dans les trois premiers siècles ; donc la foi de la Trinité n'étoit pas même alors formée dans son fond. Elle ne l'étoit même pas dans l'Ecriture, puisque selon le ministre, encore à présent on ne peut pas réfuter par l'Ecriture l'erreur qu'il attribue aux Pères. Il ne sait donc ce qu'il dit, et il contredit en tout point sa propre doctrine.

Mais lorsqu'il se glorifie d'avoir du moins reconnu que le mystère de la Trinité a toujours eu en lui-même la perfection qu'il devoit avoir, il s'embrouille plus que jamais, puisque selon la doctrine qu'il tolère dans les saints Pères et qu'il ne croit pas pouvoir réfuter, il devoit avec le temps survenir au Fils une seconde naissance plus parfaite que la première, et un dernier développement qui fît la perfection de son Etre. Ce n'est donc pas seulement l'explication : c'est le mystère en lui-même qui est imparfait durant toute l'éternité et jusqu'au commencement de la création, et qui est tel selon des principes qu'on ne peut réfuter. C'est ce que dit le ministre, et il demeure plus que jamais dans le blasphème qu'il avoit cru éviter.

XXV. Que la Trinité est informe en elle-même, selon le ministre, et ne s'est formée qu'avec le temps.

ARTICLE V.

Autre blasphème du ministre : l'inégalité dans les Personnes divines : principes pour expliquer les passages dont il abuse.

XXVI. *Que le ministre rend les Personnes divines véritablement inégales.*

Il se débarrasse encore plus mal du crime de rendre inégales les trois Personnes divines, qui est le plus manifeste de tous les blasphèmes, puisque *les anciens*, qu'il tolère, et qui n'ont pas renversé le fondement de la foi : car il faut toujours se souvenir que c'est là son sentiment et même qu'on ne les peut réfuter, ces « anciens, dis-je, ont eu, » selon lui, « jusqu'au quatrième siècle, une autre fausse pensée sur le sujet des personnes de la Trinité : c'est qu'ils y ont mis de l'inégalité [1]. » Voilà ce qu'il enseignoit en 1689 ; et loin de le révoquer, il enchérit au-dessus dans la *sixième Lettre* de son *Tableau* en soutenant, non-seulement que ces saints docteurs ont mis *cette inégalité* entre les Personnes divines, mais encore qu'*ils l'y ont dû mettre* [2]. J'entends bien qu'il expliquera qu'ils l'y ont dû mettre selon leur théologie : et c'est le comble de l'impiété, puisqu'en mettant, comme il a fait, leur théologie au-dessus de toute attaque, il a rendu l'erreur invincible. Mais si les Personnes divines sont inégales dans leur perfection, le culte qu'on leur rend le doit être aussi : on ne leur rend donc pas le même culte, puisqu'il n'y a point d'inégalité dans ce qui est un : quel autre que M. Jurieu peut concilier ce sentiment avec le fondement de la religion ?

XXVII. *Que leur inégalité est une inégalité en perfection et en opération.*

Mais voyons encore comment il le fait : « Cette inégalité, dit-il, ne consiste point dans la diversité de la substance, mais premièrement dans l'ordre, parce que le Père est la première Personne et la source [3]. » C'est ce que nous croyons autant que les Pères, et ce n'est pas là une véritable inégalité : mais en voici de plus essentielles : « En second lieu, poursuit-il, l'inégalité est dans les temps et les momens, parce que le Père estoit éternel absolument ; au lieu que le Fils n'estoit éternel qu'à l'égard de sa première génération, et non à l'égard de cette manière d'estre développé, qu'il acquit avant la création. » Il est donc véritable-

[1] Lett. VI, de 1689, p. 45; I *Avert.*, n. 10. — [2] P. 264. — [3] *Ibid.*

ment et réellement inégal d'une inégalité proprement dite et d'une inégalité de perfection, puisqu'il n'est pas éternel en tout comme le Père. Il continue : « En troisiéme lieu l'inégalité se trouvoit à l'égard des opérations ; car les anciens croyoient que Dieu se servoit de son Verbe et de son Fils comme de ses ministres. » Leur opération n'est donc pas une, puisque celle du Père et celle du Fils sont inégales, et que la seconde est ministérielle. « Enfin, en quatriéme lieu, ils ont mis cette différence entre le Pére et les autres deux Personnes, qu'elles ont esté produites librement : en sorte que le Fils et le Saint-Esprit sont des estres nécessaires comme Dieu à l'égard de leur substance et de l'estre coéternel et enveloppé qu'ils avoient en Dieu ; mais à l'égard de cette manière d'estre développé, Dieu les a produits librement, comme il a produit les créatures. » Selon cette supposition, il y a quelque chose en Dieu qui n'est pas digne de Dieu, puisque Dieu s'en peut passer, comme il se peut passer des créatures. Telle est la théologie que le ministre appelle *bizarre,* mais en même temps invincible, puisqu'il n'y a pas moyen de la réfuter, encore moins de la condamner et de lui refuser de la tolérance.

Il ne veut pas que nous disions que c'est là parmi les chrétiens un prodige de doctrine, une impiété, un blasphème, qui par l'inégalité de la perfection introduit l'inégalité dans l'adoration des trois Personnes. Je l'appelle encore ici à sa propre Confession de foi, où il est expressément porté que toutes les trois Personnes « sont d'une même essence, éternité, puissance et égalité [1]. » Cet article n'est-il pas de ceux qu'on appelle fondamentaux, et qui ont toujours été crus ? Comment donc en a-t-il pu ôter la foi aux trois premiers siècles de l'Eglise ?

XXVIII. Que le ministre renverse sa propre Confession de foi.

Il s'imagine sauver tout cela par les souplesses de son esprit ; et il croit avoir résolu la difficulté, en disant que cette inégalité ne suppose pas « la diversité de substance [2]. » Mais en quoi donc sera l'inégalité? Dans des accidens, des qualités, des manières d'être, et en un mot dans quelques choses survenues à l'Etre divin ? En sommes-nous réduits à reconnoître en Dieu de telles choses, et à nier la parfaite simplicité de son être ? L'inégalité

[1] Art. VI. — [2] P. 264.

sera donc peut-être dans les propriétés personnelles, et ce sera quelque chose de plus d'être Père que d'être Fils ou Saint-Esprit ? Où est la foi de la Trinité, si cela est ? Que le ministre nous dise si l'égalité reconnue dans sa propre Confession de foi n'est pas une égalité en tout et partout, et si cette égalité n'est pas un des fondemens de la religion et de ceux qui ont toujours été crus dans l'Eglise ? Ce n'est donc pas secourir, mais achever d'abîmer l'Eglise des trois premiers siècles, si en lui faisant admettre une véritable inégalité entre les Personnes divines, on ne trouve d'autre excuse à son erreur que de lui faire penser que cette inégalité n'est pas dans la même substance.

XXIX. *Que selon lui l'inégalité de trois Personnes divines ne peut être réfutée par l'Ecriture.* Mais poussons encore plus loin le ministre, et demandons-lui si cette erreur de l'ancienne Eglise n'est pas du nombre de celles qu'on ne peut pas réfuter, selon lui, par l'Ecriture ? Sans doute elle est de ce nombre ; car nous avons vu que cette inégalité est fondée sur cette double naissance et sur ce que le Fils, quoique éternel, ne l'est pas en tout comme son Père : d'où il s'ensuit qu'à cet égard il lui cède en perfection : et c'est pourquoi le ministre avoue, non-seulement que l'Eglise des trois premiers siècles a dit que les Personnes étoient inégales, mais encore « qu'elle l'a dû dire » selon ces principes invincibles et irréfutables qu'il reconnoît. Mais si cela est, il faut donc encore affoiblir, comme tous les autres passages, celui où saint Paul a dit que le Fils de Dieu « n'a point réputé rapine d'être égal à Dieu[1] : » et il faudra expliquer *égal à Dieu en son essence*, mais non pas dans sa personne ; *égal à Dieu dans le fond de l'Etre divin*, mais non pas dans toutes ses suites. Il sera donc permis de dire encore, sans crainte d'être réfuté, que le Fils est inégal en opération et en perfection à son Père ; et tellement permis, que le ministre qui ne peut donner de bornes à ses erreurs, nous dira bientôt que cette inégalité a été plutôt approuvée que condamnée dans le concile de Nicée. En vérité c'en est trop ; et on ne sait plus que penser d'un homme que ni la raison, ni l'autorité, ni sa propre Confession de foi ne peuvent retenir.

XXX. *Que, se-* Il seroit donc temps d'ouvrir les yeux à de si étranges égare-

[1] *Philip.*, II, 6.

mens de votre ministre ; et au lieu de lui permettre de pousser à bout les principes pleins d'ignorance et d'impiété qu'il attribue à l'ancienne Eglise, il faudroit entendre au contraire que l'inégalité improprement dite et dans la façon de parler, est la seule qu'on puisse souffrir en Dieu : encore est-il bien certain que les Pères ne se servoient pas de ce terme, que l'expresse condamnation de saint Paul auroit rendu odieux et insoutenable. Que s'ils parlent d'une manière qui semble quelquefois viser là, le dénouement y est naturel. Qui met la bonté de Dieu en un certain sens et à notre manière d'entendre au-dessus de ses autres attributs, comme David a mis « ses miséricordes au-dessus de tous ses ouvrages[1], » parle bien en quelque façon par rapport à nous, mais non pas en toute rigueur. Ainsi l'inégalité que quelques Pères auront semblé mettre dans la façon de parler entre les Personnes divines, à cause de leur origine et de leur ordre, qui est la première raison que le ministre nous a alléguée, est supportable en ce sens, puisque le Père est et sera toujours le premier, le Fils toujours le second et le Saint-Esprit toujours le troisième. Mais parce que cet ordre, quoique immuable, n'emporte point d'inégalité de perfection ni de culte, saint Clément d'Alexandrie le change dans cette belle hymne qu'il adresse au Fils de Dieu, puisqu'il dit : « Louange et action de graces au Père et au Fils, au Fils et au Père[2] : » ce qu'il fait exprès pour nous marquer que si cet ordre est toujours fixe entre les Personnes à raison de leur origine, il est indifférent à le regarder par rapport à leur perfection et à leur culte : et c'est pourquoi il avoit dit un peu au-dessus : « Père, qui êtes le conducteur d'Israël : Fils et Père, qui n'êtes tous deux qu'une même chose : Seigneur, » et non pas Seigneurs, pour nous faire entendre dans les Personnes divines une même perfection, un même empire et un même culte. Au reste ces sortes d'inégalités que l'on trouve en Dieu dans notre foible et imparfaite manière de nous exprimer, sôit entre ses attributs, ou même entre les Personnes divines, sont tellement compensées par d'autres endroits, qu'à la fin tout se trouve égal. Qu'il y ait, si vous voulez, dans le nom de *Père* quelque chose de plus majestueux que dans celui de *Fils* ; ce qui

---

[1] *Psal.* CXLIV, 9. — [2] *Pædag.*, III, cap. ult., in fine.

a fait que saint Athanase et les autres n'ont pas craint d'entendre du Verbe même selon la génération éternelle ces paroles : « Mon Père est plus grand que moi [1] : » mais il y a d'autres côtés, c'est-à-dire, d'autres manières d'entendre ou d'envisager la même vérité, où l'égalité se répare. L'autorité de principe, comme l'appelle saint Augustin [2], semble attribuer au Père quelque chose de principal et en quelque sorte plus grand : mais si l'on regarde le Fils comme la Sagesse du Père, le Père sera-t-il plus grand que sa Sagesse, que sa Raison, que son Verbe et son éternelle Pensée ? Et tout ce qui est en Dieu n'est-il pas égal, puisque tout ce qui est en Dieu est Dieu ; et que s'il y avoit quelque chose en Dieu qui fût moindre que Dieu même, il corromproit la perfection et la pureté de son être ?

XXXI. *En quel sens le Fils de Dieu est la sagesse et la raison de son Père, et que ce sens exclut l'inégalité.* Je sais qu'il ne faut pas croire que le Père tire sa sagesse du Fils, ou qu'il n'y ait de sagesse en Dieu que celle qui prend naissance éternellement dans son sein : au contraire cette sagesse engendrée, comme l'appellent les Pères, ne naîtroit pas dans le sein de Dieu, s'il n'y avoit primitivement dans la nature divine une sagesse infinie, d'où vient par surabondance la sagesse qui est le Fils de Dieu ; car nous-mêmes nous ne formons dans notre esprit nos raisonnemens et nos pensées, ou ces paroles cacheés et intérieures par lesquelles nous nous parlons à nous-mêmes, de nous-mêmes et de toutes choses, qu'à cause qu'il y a en nous une raison primitive et un principe d'intelligence, d'où naissent continuellement et inépuisablement toutes nos pensées. A plus forte raison faut-il croire en Dieu une intelligence primitive et essentielle, qui résidant dans le Père comme dans la source, fait continuellement et inépuisablement naître dans son sein son Verbe qui est son Fils, sa pensée éternellement subsistante, qui pour la même raison est aussi très-bien appelée son intelligence et sa sagesse. C'est là du moins l'idée la moins imparfaite que nous pouvons nous former après les saints Pères et après l'Ecriture même, de la génération du Fils de Dieu. Mais en même temps cette pensée et cette parole intérieure conçue dans l'esprit de Dieu, qui fait son perpétuel et inséparable entretien, ne peut lui être inégale, puisqu'elle le comprend tout entier et embrasse en

---

[1] *Joan.*, XIV, 28. — [2] *Tract.*, XXXI, *in Joan.*, n. 1 et seq.

elle-même toute la vérité qui est en lui : par conséquent est autant immense, autant infinie et autant parfaite, comme elle est autant éternelle que le principe d'où elle sort, et ne dégénère point de sa plénitude.

Il en faut dire autant du Saint-Esprit ; et on voit par cet endroit-là une égalité toute entière, à regarder même le Fils et le Saint-Esprit du côté de leur origine, qui est celui qui peut donner le plus de lieu à l'infériorité. Si on sait épurer ses vues, on connoîtra qu'en Dieu il n'y a pas plus de perfection à être le premier qu'à être le second et le troisième ; car il est d'une même dignité d'être comme le Saint-Esprit le terme dernier et le parfait accomplissement des émanations divines, que d'en être le commencement et le principe, puisque c'est faire dégénérer ces divines émanations que de faire qu'elles se terminent à quelque chose de moins que le principe d'où elles dérivent. Ainsi le Père et le Saint-Esprit, le premier principe et le terme, la première et la troisième Personne, c'est-à-dire celle qui produit et celle qui ne produit pas à cause qu'elle conclut et qu'elle termine, étant d'une parfaite égalité, le Fils qui est au milieu à cause qu'il tire de l'un et qu'il donne à l'autre, ne peut pas leur être inégal ; et en quelque endroit qu'on porte sa vue, soit au Père qui est le principe, soit au Fils qui tient le milieu, soit au Saint-Esprit qui est le terme, on trouve tout également parfait, comme par la communication de la même essence on trouve tout également un. Que si dans une autre vue saint Athanase et les autres saints ont reconnu dans le Père, même après le concile de Nicée, une espèce de prééminence, dira-t-on qu'ils aient affoibli la Trinité ? On sait bien que non. Venons aux expressions formelles de l'Ecriture. Le Fils est envoyé par le Père, le Saint-Esprit par l'un et par l'autre ; et il n'y a que le Père seul qui jamais ne soit envoyé. Dans notre façon de parler il y a là quelque dignité et quelque autorité particulière : mais si vous y en admettez une autre que celle d'auteur et de principe, vous errez. Prenez de la même sorte tout le reste qui se dit du Père et du Fils, vos sentimens seront justes.

En parlant même des créatures, encore que notre langage soit plus proportionné à leur état, nous ne savons pas toujours adju-

Idées ne concluent pas l'inégalité dans leur objet.

ger bien juste la perfection. La racine par sa vertu vaut mieux que les branches; dans la beauté, les branches l'emportent; dans une certaine vue l'arbre est plus noble que le fruit qu'il porte; dans une autre vue le fruit prévaut, puisqu'il fait l'honneur de l'arbre. Pour nous servir de la comparaison la plus ordinaire des saints Pères et de celle dont le ministre abuse le plus, comme on verra, le soleil nous paroîtra d'un côté plus parfait que son rayon : mais d'un autre côté, sans le rayon qui connoîtroit le soleil? Qui porteroit dans tout l'univers sa lumière et sa vertu? Une même chose à divers regards est plus parfaite ou moins parfaite qu'elle-même. On est contraint de parler ainsi tant qu'on n'entend pas la vérité parfaitement et par son fond, c'est-à-dire dans tout le cours de cette vie. Jusqu'à tant que nous voyions Dieu tel qu'il est, en voyant par une seule pensée, si l'on peut parler de la sorte, celui dont l'essence est l'unité, et jusqu'à tant que nous voyions les trois Personnes divines dans le centre de cette unité incompréhensible, contraints pour ainsi dire de la partager en conceptions différentes tirées des choses humaines, nous ne parviendrons jamais à comprendre cette égalité du tout. Nommer seulement l'égalité, nommer la grandeur qui en est le fondement, c'est déjà dégénérer de la sublimité de ce premier Etre; et le seul moyen qui nous reste de rectifier nos pensées, quand nous croyons apercevoir du plus et du moins en Dieu et dans les Personnes divines, c'est de faire toujours retomber ce plus et ce moins sur nos pensées et jamais sur l'objet.

XXXIV. *Si l'on a pu dire que le Fils étoit engendré par le conseil et la volonté de son Père, sans détruire l'égalité de l'un et de l'autre.*

Vous paroissez étonné de ce que saint Justin a dit que le Fils de Dieu est engendré par le conseil et la volonté de son Père[1] : ne parlez point de Dieu, ou avant que de lui appliquer les termes vulgaires, dépouillez-les auparavant de toute imperfection. Vous dites que Dieu se repent, qu'il est en colère; vous lui donnez des bras et des mains; si vous n'ôtez de ces expressions tout ce qui se ressent de l'humanité, en sorte qu'il ne vous reste dans les bras et dans les mains que l'action et la force, dans la colère qu'une puissante et efficace volonté de punir les crimes, et ainsi du reste, vous errez. A cet exemple, si vous ôtez du mot de *conseil*

[1] Jur., *Tabl*, lett. VI, p. 229.

l'incertitude et l'indétermination, que vous y restera-t-il, si ce n'est la raison et l'intelligence ? Vous direz donc que le Fils de Dieu ne procède pas de son Père par une effusion aveugle, comme le rayon procède du soleil et le fleuve de sa source, mais par intelligence ; et si vous appelez ici la volonté du Père pour exclure la nécessité, cette nécessité, que vous voulez exclure, est une nécessité aveugle et fatale qui ne convient point à Dieu. Il ne faut point souffrir en Dieu une nécessité qui soit hors de lui, qui lui soit supérieure, qui le domine ; une telle nécessité n'est point en Dieu ; il est lui-même sa nécessité ; il veut sa nécessité comme il veut son être propre ; il n'y a rien en Dieu que Dieu ne veuille : ainsi il veut produire son Fils en la même manière qu'il veut être : c'est ainsi qu'il le produit volontairement ; c'est ainsi qu'il le produit par conseil. Si vous entendez par ces expressions qu'il produise quelque chose en lui-même qu'il puisse ne pas produire, comme il peut ne pas produire les créatures, vous renversez le fondement ; si vous le faites dire aux anciens, vous le leur faites renverser : et si vous dites encore, avec M. Jurieu [1], qu'on ne peut réfuter cette erreur, vous y participez visiblement.

Il en est de même du terme de *ministre.* On l'attribue sans difficulté au Fils de Dieu comme incarné ; mais avant que de s'incarner, les anciens ont cru qu'il s'incarnoit par avance en quelque façon, et s'accoutumoit pour ainsi dire à être homme lorsqu'il apparoissoit aux patriarches sous une figure humaine. Accoutumés peut-être à lui donner ce titre de ministre à raison de la nature humaine qu'il avoit prise ou qu'il devoit prendre, et dont il prenoit si souvent la forme extérieure, ils l'ont étendu jusqu'à l'origine du monde lorsque Dieu a tout fait par son Verbe ; c'est de même que lorsqu'ils ont dit que le Fils de Dieu étoit dans la création de l'univers le conseiller de son Père, ou, comme ils parlent, son conseil et sa sagesse. Ces expressions visiblement sont fondées en partie sur les paroles de Salomon et des autres auteurs sacrés, qui donnent à Dieu à son exemple une sagesse assistante et enfantée de son sein, avec laquelle il résout et il fait tout [2] : et en partie aussi sur Moïse lorsqu'il fait dire à Dieu :

XXXV. Si l'on a pu dire que le Fils de Dieu est le conseiller et le ministre de son Père, sans le faire inférieur et inégal.

[1] Jur., *ibid.* — [2] *Prov.*, VIII ; *Sapient.*, VIII ; *Eccli.*, I.

« Faisons l'homme [1] ; » car c'est aussi ce qui a fait dire à tous les Saints que Dieu tient conseil, mais avec ses égaux, puisqu'il dit : « Faisons; » par où il montre qu'il entend parler, non à ce qui est fait, mais à ce qui fait avec lui. Sur ces paroles de Salomon et de Moïse, les Pères ont dit que Dieu tenoit conseil avec son Fils, que son Fils étoit son conseiller, qu'il déterminoit et arrangeoit toutes choses avec lui. A la rigueur ces expressions tournent plutôt contre le Père que contre le Fils ; car celui dont on demande les conseils, à cet égard est supérieur à celui qui les demande. Mais en Dieu il faut entendre autrement les choses. Le Verbe est le conseil du Père, mais un conseil qu'il tire de son sein : il tient conseil avec lui, parce qu'il fait tout avec sa sagesse, qui est son Verbe, sa parole et sa pensée. C'est en ce sens qu'on l'appelle le conseiller de son Père. On voit bien qu'on l'appelle aussi dans le même sens son ministre ; c'est pourquoi on fait marcher ces expressions d'un pas égal. Tertullien, par exemple, sur ces paroles : « Faisons l'homme, » dit que « Dieu par l'unité de la Trinité parloit avec le Fils et le Saint-Esprit comme avec ses ministres et ses conseillers : » *Quasi cum ministris et arbitris*[2]. Prenez ce terme à la rigueur, je dis même celui de *ministre*, vous nuisez autant au Père qu'au Fils ; car il aura donc besoin de ministres comme les hommes, et il faudra qu'il emprunte une force étrangère. Reconnoissez donc qu'il faut adoucir ce mot, et en ôter quelque chose même à l'égard du Père éternel. Otez-en donc le besoin, ôtez-en l'emprunt ; vous trouverez que le Père se sert de son Fils, non pas comme il se sert de ses anges, peuple naturellement sujet et créé ; mais il se sert de son Fils comme on se sert de sa raison et de sa sagesse. Voilà un beau ministère qu'il trouve toujours en lui-même et dans son sein, où il n'y a rien d'étranger ni d'emprunté ; et qu'il emploie aussi non point par besoin, mais parce qu'il lui est toujours inséparablement uni.

XXXVI. Ce que signifie le nom de *ministre* attribué au Fils de Dieu.

Après avoir ôté du côté du Père ce qui blesseroit sa divinité dans le terme de *ministre*, faites-en autant du côté du Fils. Otez du nom de *ministre* l'infériorité et la sujétion ; il ne restera dans le Fils qu'une personne subsistante, une personne distinguée,

---

[1] *Genes.*, I, 26. — [2] Tertull., *Adv. Prax.*, n. 12.

une personne envoyée, qui reçoit tout de son Père dans lequel réside la source de l'autorité, parce qu'il est en effet l'auteur et le principe de son Verbe, d'où vient aussi le mot d'*autorité :* en un mot, il restera une personne par qui le Père fait tout à même titre qu'il fait tout par sa raison. Tout cela est une suite naturelle de la foi, qui nous apprend qu'il y a en Dieu une raison et une sagesse engendrée, en laquelle nous découvrons la fécondité et la plénitude infinie de l'être divin. Voilà enfin ce qui restera dans le titre de *ministre*, à en ôter tout le reste comme le marc et la lie; et après cet épurement il n'y aura rien en ce terme que de véritable, et qui ne convienne parfaitement à la dignité du Père et du Fils.

C'est donc ainsi que les anciens ont quelquefois donné au Fils de Dieu et au Saint-Esprit le nom de *ministres du Père*, et non pas pour leur attribuer, comme fait M. Jurieu [1], une opération inégale; car cela est de la crasse du langage humain, et de cette rouille dont il faut purifier ses lèvres lorsqu'on veut parler de Dieu. Et c'est pourquoi ces saints docteurs, qu'on veut faire passer pour si ignorans, ont bien à la vérité employé quelquefois le mot de *ministre* en l'épurant à la manière qu'on vient de voir; mais si d'autres fois ils l'ont regardé avec cette imperfection naturelle au langage humain, ils l'ont aussi pour cette raison exclu des discours où ils parloient du Fils de Dieu, puisqu'ils ont dit « que Dieu nous a envoyé pour nous sauver, non pas comme on pourroit croire, un de ses ministres, ou quelque ange, ou quelque puissance du ciel qui soit préposée au gouvernement de la terre, mais le Créateur lui-même et l'ouvrier de toutes choses,... comme un roi qui envoie son fils roi comme lui, et comme un dieu qui envoie un dieu [2]. »

XXXVII. Que les Pères qui se sont servis du mot de ministre ont bien su en bannir l'imperfection qui l'accompagne naturellement.

Au reste on ne se sert plus maintenant de ce terme de *ministre*, parce que les ariens en ont abusé; mais il a eu son usage en son temps. Les noétiens et les sabelliens vouloient croire que Dieu agissoit par son Verbe, comme un architecte agit par son art : mais comme l'art dans un architecte n'est pas une personne subsistante et n'est qu'un mode, ou un accident, ou une annexe de

XXXVIII. Pourquoi on ne se sert plus de ce terme, et quel en a été l'usage contre ceux qui nioient que

[1] P. 264, 265. — [2] Just., *Ep. ad Diog.*, n. 7.

l'ame, comme on voudra l'appeler, ces hérétiques croyoient que le Verbe étoit la sagesse, ou l'idée et l'art de Dieu, de la même sorte, sans être une personne distinguée. Les orthodoxes les rejetoient, en faisant de cette sagesse divine un ministre, qui étoit par conséquent une personne distinguée du Père. Mais telle est la hauteur et pour ainsi dire la délicatesse de la vérité de Dieu, que le langage humain n'y peut toucher sans la blesser par quelque endroit; c'est ainsi qu'en expliquant la distinction et l'origine du Fils, il est à craindre que vous n'y mettiez quelque chose qui se ressente de l'inférieur. Mais après tout si vous attendez à parler de Dieu que vous ayez trouvé des paroles dignes de lui, vous n'en parlerez jamais. Parlez-en donc en attendant comme vous pourrez, et résolvez-vous à dire toujours quelque chose qui ne porte pas où vous tendez, c'est-à-dire au plus parfait. Dans cette foiblesse de votre discours, vous vous sauvez, en songeant que vous aurez toujours à vous élever au-dessus des termes où vous ressentirez de l'imperfection, puisque dans l'extrême pauvreté de notre langage, il faudra même s'élever au-dessus de ceux que vous trouverez les plus parfaits.

XXXIX. Il faut dans le même esprit épurer encore le terme de *commandement*. Le Fils a tout fait, et il s'est fait homme par le commandement de son Père; le Père a commandé à sa parole qui est son Fils. Quoi? par une autre parole? Illusion. Le Fils est lui-même le commandement du Père, ou pour parler avec saint Clément d'Alexandrie, « sa volonté toute-puissante[1]; » il est, dis-je, son commandement à même titre qu'il est sa parole; quand il agit par commandement, c'est qu'il agit en même temps par la volonté de son Père et par la sienne; car si Dieu agit par son Verbe ou par sa parole, cette parole ou ce Verbe agit aussi, parce qu'il est une personne; autrement le Fils de Dieu ne diroit pas : « Mon Père agit, et moi j'agis aussi[2]; » et si en recevant la vie du Père, il n'avoit pas la vie en lui-même, il ne diroit pas : « Comme mon Père a la vie en lui-même, ainsi il a donné à son Fils d'avoir la vie en lui-même[3]. » Le Père lui commande donc, non par une autre parole, autrement il faudroit aller à l'infini; mais par la

[1] Clém., *Strom.*, v. — [2] *Joan.*, v, 17. — [3] *Ibid.*, 26.

parole qui est le Fils lui-même : et il reçoit le commandement, comme il reçoit de son Père d'être sa parole. Ténèbres impénétrables pour les incrédules ; mais à nous, qui sommes ravis de croire sans voir ce que nous espérons de voir un jour, tout cela est esprit et vie.

Mais que dirons-nous de ces portions et de ces parties de substance que quelques Pères attribuent au Fils de Dieu ? Car c'est là que M. Jurieu met son fort pour conclure l'inégalité [1]. Que ce ministre est injuste ! Il a bien osé se permettre de dire que le Fils de Dieu n'étoit pas toute la Divinité ; et il veut que nous excusions par une bénigne interprétation une expression si étrange, pendant qu'*il tient à la gorge* ses conserviteurs, pour ne pas dire ses maîtres et les saints docteurs de l'Eglise ; et *jusqu'à les étrangler* [2], il les presse en leur disant : Tu as dit *portion,* tu as dit *partie;* tu as mis l'*inégalité*. Mais, encore un coup, qu'il est injuste par un autre endroit, puisqu'il avoue que ces mots de *portion* et de *partie* ne sont employés que dans des comparaisons, telles que sont celles du soleil et de ses rayons, de la source et de ses ruisseaux ! Mais quoi ! vous oubliez donc que c'étoit une comparaison, et non pas une identité, qu'on vouloit vous proposer ! Vous ne songez même pas que toute comparaison, surtout lorsqu'il s'agit de Dieu, est d'une nature imparfaite et dégénérante ! Mais laissons là le ministre qui se permet tout, et qui est inexorable envers tout le monde. Répondons aux gens équitables qui nous demandent de bonne foi si ces termes de *portion* et de *partie* peuvent s'épurer comme les autres. Aisément, en les rapportant à l'origine des Personnes divines ; car le Père communique tout à son Fils excepté d'être Père, qui est quelque chose de substantiel, puisque c'est quelque chose de subsistant. C'est comme dans une source dont le ruisseau n'a rien de moins qu'elle, puisque toutes les eaux de la source passent continuellement et inépuisablement au ruisseau, qui, à vrai dire, n'est autre chose que la source continuée dans toute sa plénitude : mais la source, en répandant tout, se réserve d'être la source ; et s'il est permis en tremblant d'en faire l'application, le Père en communiquant tout à son Fils et se ver-

XL. En quel sens on a pu dire que le Fils de Dieu étoit une portion de la substance de son Père, et si ce terme induisoit l'inégalité. Comment et en quel sens le Père est le tout.

[1] Lett. vi, 1689, 45 ; *Tabl.,* lett. vi, p. 264. — [2] *Matth.,* xviii, 28.

sant tout entier pour ainsi dire dans son sein, se réserve d'être le Père. En ce sens donc et avec ces restrictions, on dira dans la pauvreté de notre langage qu'il n'y aura dans le Fils qu'une partie de l'être du Père, puisque l'être du Père n'y sera pas. Mais nous pouvons encore en invoquant Dieu, et par le souffle de son Saint-Esprit, nous laisser élever plus haut; et dans une plus sublime contemplation, nous dirons que comme principe et source de la Trinité le Père contient en lui-même le Fils et le Saint-Esprit d'une manière bien plus parfaite que l'arbre ne contient son fruit, et le soleil tous ses rayons : qu'en ce sens le Père est le tout, et que le Fils et le Saint-Esprit étant aussi le tout en un autre sens et dans le fond, parce que rien ne se partage dans un être parfaitement simple et indivisible, le Père demeure le tout en cette façon particulière et en qualité de principe, qui à notre façon de parler, est en lui la seule chose incommunicable.

XLI. *Puissance de l'unité, et que les Personnes divines devoient toutes se rapporter à un seul principe. Sublime théologie de saint Athanase.*
Par là se voit la puissance et la force de l'unité à laquelle tout se réduit naturellement, puisque selon la remarque de saint Athanase[1], non-seulement Dieu est un par l'unité de son essence; mais encore que la distinction qui se trouve entre les Personnes se rapporte à un seul principe qui est le Père, et même de ce côté-là se résout finalement à l'unité pure. De là vient que ce sublime théologien conclut l'unité parfaite de Dieu, non-seulement de l'essence qui est une, mais encore des Personnes qui se rapportent naturellement à un seul principe; car s'il y avoit en Dieu deux premiers principes, au lieu qu'il n'y en a qu'un qui est le Père, l'unité n'y régneroit pas dans toute sa perfection possible, puisque tout se rapporteroit à deux, et non pas à un. Mais comme la fécondité de la nature divine en multipliant les Personnes, rapporte enfin au Père seul le Fils et le Saint-Esprit qui en procèdent, tout se trouve primitivement renfermé dans le Père comme dans le tout, à la manière qui a été dite, et la force de l'unité inséparable de la perfection se fait voir infiniment.

XLII. *Pourquoi le Père est appelé Dieu avec*
Je ne me jette pas sans nécessité dans cette haute théologie, puisque c'est elle qui nous fait entendre d'où vient que dans l'Ecriture, et ensuite dans les saints docteurs qui ont formé leur

[1] Athan., *Orat.* V, nunc IV *in Arian.*, I, n. 1.

langage sur ce modèle, le nom de *Dieu* est donné ordinairement au Père seul avec une attribution particulière; ce qui se fait sans exclusion du Fils et du Saint-Esprit, puisqu'au contraire cela se fait en les regardant comme originairement contenus dans leur principe. De là vient, pour pousser plus loin cette divine contemplation, que la prière et l'adoration s'est adressée de tout temps, selon la coutume de l'Eglise, ordinairement au Père seul par le Fils dans l'unité du Saint-Esprit; non qu'on ne les puisse invoquer directement, puisque Jésus-Christ lui-même nous a appris à le faire dans l'invocation la plus authentique qui se fasse parmi nous, qui est celle du baptême et de la consécration du nouvel homme; mais parce qu'il a plu au Saint-Esprit qui dicte les prières de l'Eglise, qu'en éternelle recommandation de l'unité du principe on adressât ordinairement l'invocation au Père, dans lequel on adore ensemble et le Fils et le Saint-Esprit comme dans leur source, afin que par ce moyen l'adoration suivît l'ordre des émanations divines, et prît, pour ainsi parler, le même cours; ce qui faisoit dire à saint Paul : « Je fléchis mes genoux devant le Père de Notre-Seigneur Jésus-Christ [1], » sans exclure de cette adoration ni Jésus-Christ, « Dieu béni au-dessus de tout [2]; » ni le Saint-Esprit inséparable des deux, mais regardant et le Fils et le Saint-Esprit dans le Père qui est leur principe ; d'où vient aussi primitivement la grace de l'adoption, et « toute paternité, » toute consanguinité, toute alliance, « dans le ciel et dans la terre [3]. »

Toutes les fois donc qu'on voit dans les anciens le Fils et le Saint-Esprit comme rangés après Dieu, il faut toujours se souvenir que c'est selon l'ordre de leur procession, les regarder dans le principe de leur être d'où ils sortent sans diminution, puisque c'est sans dégénérer d'une si haute origine; et ceux qui entendront bien ce divin langage, surmonteront aisément les difficultés que la profondeur d'un si haut mystère nous fait trouver quelquefois dans les explications des saints docteurs.

Pour ce qui regarde les similitudes tirées des choses humaines, si on s'étonne de les trouver si fréquemment usitées en cette matière, puisqu'on avoue qu'elles sont si défectueuses, il faut en-

[1] *Ephes.*, III, 14. — [2] *Rom.*, IX, 5. — [3] *Ephes.*, III, 15.

sert de si-militudes tirées des choses humaines.
tendre que la foiblesse de notre discours ne peut soutenir longtemps la simplicité si abstraite des choses spirituelles. Le langage humain commence par les sens. Lorsque l'homme s'élève à l'esprit comme à la seconde région, il y transporte quelque chose de son premier langage; ainsi l'attention de l'esprit est tirée d'un arc tendu; ainsi la compréhension est tirée d'une main qui serre et qui embrasse ce qu'elle tient. Quand de cette seconde région nous passons à la suprême, qui est celle des choses divines, d'autant plus qu'elle est épurée et que notre esprit est embarrassé à y trouver prise, d'autant plus est-il contraint d'y porter le foible langage des sens pour se soutenir, et c'est pourquoi les expressions tirées des choses sensibles y sont plus fréquentes.

XLIV. Comment il faut prendre les comparaisons tirées des choses créées : deux excellentes comparaisons des saints Pères sur la génération du Fils de Dieu.
L'intelligence en sera aisée à ceux qui sauront comprendre ce que le ministre a tâché cent fois de dérober à notre vue; c'est, comme nous l'avons dit, que toutes les comparaisons tirées des choses humaines sont les effets comme nécessaires de l'effort que fait notre esprit, lorsque prenant son vol vers le ciel et retombant par son propre poids dans la matière d'où il veut sortir, il se prend comme à des branches à ce qu'elle a de plus élevé et de moins impur pour s'empêcher d'y être tout à fait replongé. Lorsque poussés par la foi, nous osons porter nos yeux jusqu'à la naissance éternelle du Verbe, de peur que nous replongeant dans les images des sens qui nous environnent et pour ainsi dire nous obsèdent, nous n'allions nous représenter dans les Personnes divines et la différence des âges et l'imperfection d'un enfant venant au monde, et toutes les autres bassesses des générations vulgaires; le Saint-Esprit nous présente ce que la nature a de plus beau et de plus pur, la lumière dans le soleil comme dans sa source, et la lumière dans le rayon comme dans son fruit. Là on entend aussitôt une naissance sans imperfection, et le soleil aussitôt fécond qu'il commence d'être, comme l'image la plus parfaite de celui qui, étant toujours, est aussi toujours fécond. Arrêtés dans notre chute sur ce bel objet, nous recommençons de là un vol plus heureux, en nous disant à nous-mêmes que si l'on voit dans les corps et dans la matière une si belle naissance, à plus forte raison devons-nous croire que le Fils de Dieu sort de son

Père comme « l'éclat rejaillissant de son éternelle lumière; » comme « une douce exhalaison et émanation de sa clarté infinie ; » comme « le miroir sans tache de sa majesté et l'image de sa bonté parfaite. » C'est ce que nous dit le *Livre de la Sagesse*[1]. Et si nos prétendus réformés ne veulent pas recevoir de là ces belles expressions, saint Paul les leur ramasse en un seul mot, lorsqu'il appelle le Fils de Dieu « l'éclat de la gloire et l'empreinte de la substance de son Père[2]. » Il n'y a rien qui démontre mieux dans le Père et dans le Fils la même nature, la même éternité, la même puissance, que cette belle comparaison du soleil et de ses rayons, qui portés à des espaces immenses, font toujours un même corps avec le soleil et en contiennent toute la vertu. Mais qui ne sent toutefois que cette comparaison, quoique la plus belle de toutes, dégénère nécessairement comme les autres? Et si l'on vouloit chicaner, ne diroit-on pas que le rayon, sans se détacher du corps du soleil, souffre diverses dégradations, ou, comme parlent les peintres, que les teintes de la lumière ne sont pas également vives? Pour ne point laisser prendre aux hommes une idée semblable du Fils de Dieu, saint Justin, le premier de tous, présente à l'esprit un autre soutien : c'est dans la nature du feu, si vive et si agissante, la prompte naissance de la flamme d'un flambeau soudainement allumé à un autre[3]. Là se répare parfaitement l'inégalité que le rayon sembloit laisser entre le Père et le Fils; car on voit dans les deux flambeaux une flamme égale, et l'un allumé sans diminution de l'autre : ces portions et ces divisions, qui nous offensoient dans la comparaison du rayon, ne paroissent plus. Saint Justin observe expressément qu'il n'y a ici, « ni dégradation ou diminution, ni partage; » et M. Jurieu remarque lui-même[4] que ce martyr satisfait parfaitement à ce que demandoit l'égalité. Il est donc à cet égard content de lui, et peu content de Tertullien avec ses portions et ses parties. Mais s'il n'étoit point entêté des erreurs qu'il cherche dans les Pères, il n'y auroit qu'à lui dire que tout tend à la même fin; qu'il faut prendre des comparaisons, non, comme il fait, le grossier et le bas; autrement le

---

[1] *Sapient.*, VII, 25, 26. — [2] *Hebr.*, I, 3. — [3] *Just.*, *adv. Tryph.*, n. 61. — [4] *Tabl.*, lett. VI, p. 229.

flambeau allumé de saint Justin ne seroit pas moins fatal à l'union inséparable du Père et du Fils, que le rayon de Tertullien sembloit l'être à leur égalité; car ces deux flambeaux se séparent : on en voit l'un brûler quand l'autre s'éteint; et nous sommes bien loin du rayon qui demeure toujours attaché au corps du soleil. C'est donc à dire, en un mot, que de chaque comparaison, il ne falloit prendre que le beau et le parfait : et ainsi on trouveroit le Fils de Dieu plus inséparablement uni à son Père, que tous les rayons ne le sont au soleil, et plus égal avec lui que tous les flambeaux ne le sont avec celui où on les allume, puisqu'il n'est pas seulement un Dieu sorti d'un Dieu, mais, ce qui n'a aucun exemple dans les créatures, un seul Dieu avec celui d'où il est sorti [1].

XLV. *Qu'en se servant des comparaisons tirées des choses corporelles, les Pères ont toujours présupposé que Dieu étoit un pur esprit.* Et ce qui rend cette doctrine sans difficulté, c'est que tous les Pères font Dieu immuable, comme on a vu dans une évidence à ne laisser aucun doute. Ils ne le font pas moins spirituel et indivisible dans son être, « sans grandeur, sans division, sans couleur, sans tout ce qui touche les sens, et inapercevable à toute autre chose qu'à l'esprit [2]. » Car aussi est-il immuable s'il est divisible, s'il se diminue, s'il se partage? Qui est donc Dieu, est Dieu tout entier, ou il ne l'est point du tout : et qui est Dieu tout entier ne dégénère de Dieu par aucun endroit. Tous les Pères sont uniformes sur la parfaite simplicité de l'être divin; et Tertullien lui-même, qui à parler franchement, corporalise trop les choses divines parce qu'aussi dans son langage inculquant, le mot de *corps* peut-être signifie substance, ne laisse pas, en écrivant contre Hermogène, de convenir d'abord avec lui comme d'un principe commun, que « Dieu n'a point de parties, et qu'il est indivisible [3]; » de sorte qu'en élevant leurs idées par les principes qu'ils nous ont donnés eux-mêmes, il ne nous demeurera plus dans ces rayons, dans ces extensions, dans ces portions de lumière et de substance, que l'origine commune du Fils et du Saint-Esprit, d'un principe infiniment communicatif; et à vrai dire ce qu'a dit le Fils en parlant du Saint-Esprit, « Il prendra du mien, »

[1] Tertull., *adv. Prax.*, n. 12. — [2] Just., *adv. Tryph.*, etc., sup. Athenag., *Leg. pro Christ.*, sup., etc. — [3] Cap. II, etc.

ou « de ce que j'ai, » *de meo*[1], comme je prends de mon Père avec qui tout m'est commun.

Il ne falloit donc pas imaginer dans la doctrine des Pères ce monstre d'inégalité sous prétexte de ces expressions qu'ils ont bien su épurer, et bien su dire avec tout cela que le Fils de Dieu « étoit sorti parfait du parfait, éternel de l'éternel, Dieu de Dieu; » c'est ce que disoit saint Grégoire, appelé par excellence le *Faiseur de miracles*[2] : et saint Clément d'Alexandrie disoit aussi « qu'il étoit le Verbe, né parfait d'un Père parfait[3]; » il ne lui fait pas attendre sa perfection d'une seconde naissance, et son Père le produit parfait comme lui-même; c'est pourquoi non-seulement le Père, mais encore en particulier « le Fils est tout bon et tout beau[4], » par conséquent tout parfait : « il n'est pas parole comme la parole qu'on profère de la bouche; mais il est la sagesse et la bonté très-manifeste de Dieu, sa force toute-puissante et véritablement divine[5] : en lui on possède tout, parce qu'il est tout-puissant, et lui-même la possession à laquelle rien ne manque[6]. » Il est donc plus clair que le jour que l'idée d'inégalité n'entra jamais dans l'esprit des Pères; au contraire nous venons de voir que pour l'éviter, après avoir nommé selon l'ordre le Père et le Fils, ils disoient exprès, contre l'ordre, *le Fils et le Père*, dans le dessein de montrer que si le Fils est le second, ce n'est pas en perfection, en dignité ni en honneur. Loin de le faire inégal, ils le faisoient « en tout et partout un avec lui aussi bien que le Saint-Esprit[7] : » et afin qu'on prît l'unité dans sa perfection, comme on doit prendre tout ce qui est attribué à Dieu, ils déclaroient que « Dieu étoit une seule et même chose, une chose parfaitement une, au delà de tout ce qui est un et au-dessus de l'unité même[8]. »

XLVI. Que les Pères ont su épurer toutes les expressions tirées des choses humaines, et établir l'égalité du Père et du Fils.

---

[1] *Joan.*, XVI, 15. — [2] Ap. Greg. Nyss., *de vit. Greg. Neoc.* — [3] Clem., *Pædag.*, I, 5, 6. — [4] *Ibid.*, III, cap. ult. — [5] *Strom.* V. — [6] *Pædag.*, III, 7. — [7] *Ibid.*, cap. ult. — [8] *Ibid.*, I, 8.

ARTICLE VI.

Prodige d'égarement dans le ministre, qui veut trouver l'inégalité des trois Personnes divines jusque dans le concile de Nicée.

XLVII. Que le ministre prétend trouver l'inégalité du Père et du Fils dans ces paroles du symbole de Nicée : « Dieu de Dieu, lumière de lumière. »

Loin de vouloir ouvrir les yeux pour apercevoir dans les anciens cette parfaite égalité du Père et du Fils, le ministre ne la veut pas voir dans le concile de Nicée : « Et, dit-il [1], ce qu'on y appelle le Fils de Dieu, lumière de lumière, est une preuve que le concile n'a pas condamné l'inégalité que les docteurs anciens ont mise entre le Père et le Fils ; » c'est-à-dire, comme on a vu, que ce concile n'a pas condamné une véritable et réelle inégalité en perfection et en opération, en sorte que celle du Fils soit vraiment et à la rigueur inférieure et ministérielle. Voilà, selon le ministre Jurieu, ce que le concile n'a pas voulu condamner ; et cela parce qu'il est dit dans le Symbole de cette sainte assemblée, que le Fils de Dieu est « lumière de lumière. » Tout autre que ce ministre auroit cru qu'on avoit choisi ces paroles pour établir la parfaite égalité, puisque même elles étoient jointes avec celles-ci : « Dieu de Dieu, vrai Dieu de vrai Dieu, » n'y ayant rien au-dessus de ces expressions dans tout le langage humain, et rien par conséquent ne paroissant plus égal que d'appeler l'un Dieu et l'autre Dieu, l'un lumière et l'autre lumière, l'un vrai Dieu et l'autre vrai Dieu. Par la règle que nous avons souvent posée, de prendre ce qu'on dit de Dieu dans le sens le plus élevé, il faut entendre par cette lumière une lumière parfaitement pure, « où il n'y ait point de ténèbres, » comme dit saint Jean [2] ; une lumière d'intelligence et de vérité simple, éternelle, infinie ; une lumière qui soit Dieu et qui soit vrai Dieu : c'est ce qu'on dit du Père et du Fils sans restriction et en parfaite égalité, dans un symbole où le ministre nous assure que l'inégalité n'est pas condamnée.

XLVIII. Combien le ministre abuse de Tertullien, et combien son

Voyons sur quoi il se fonde. C'est, dit-il, que ces expressions sont prises de Tertullien qui a dit dans son *Apologétique* que le Verbe « est un esprit né d'un esprit, un Dieu sorti d'un Dieu, et une lumière allumée à une lumière [3] ; » et tout cela veut dire

---

[1] P. 71. — [2] I *Joan.*, I, 5. — [3] Tertull, *Apolog.*, n. 21.

inégalité, parce que cet auteur ajoute que « le Fils est le rayon, c'est-à-dire une portion tirée du tout; le Père est toute la substance, et le Fils est la portion dérivée de tout[1]; » ce qui emporte, dit le ministre[2], inégalité manifeste. Que de chemin il faut faire pour venir de là au concile de Nicée, et à cette inégalité que le ministre y veut trouver à quelque prix que ce soit ! Il faut premièrement, qu'il soit bien constant que le ministre ait bien entendu Tertullien. Je n'en crois rien ; je crois qu'il se trompe : je crois que Tertullien a passé d'une comparaison à une autre, de celle du rayon à celle du flambeau allumé; je crois, dis-je, que cette parole : *Lumière allumée à une lumière*, LUMEN *de lumine accensum*[3], ne convient pas au rayon qu'on ne va pas allumer au soleil, mais qui en sort comme de lui-même par une émanation naturelle; mais qu'elle s'entend d'un flambeau qu'on allume à un flambeau déjà allumé, ou d'un feu que l'on continue et que l'on étend en lui approchant de la matière. C'est le sens de Tertullien, je le maintiens : la suite le fait paroître, puisqu'il ajoute : « Le fond de la matière demeure le même; » la flamme ne diminue pas, « encore que vous l'attiriez sur plusieurs matières qui en empruntent les qualités. » Voilà une matière allumée, d'où il s'en allume une autre; voilà la comparaison de saint Justin, où le ministre avoit reconnu une égalité si parfaite. Tertullien emploie cette double comparaison pour prendre de l'une et de l'autre ce qu'elles avoient de meilleur, et soulager par ce moyen le plus qu'il pouvoit les païens qu'il tâchoit d'élever à la pureté de nos mystères. Que s'il est ainsi, s'il est vrai que le concile en disant : *Lumière de lumière*, ait eu Tertullien en vue, bien éloigné d'avoir établi l'inégalité, il aura plutôt établi l'unité et l'égalité parfaite, ainsi que nous avons vu. Mais laissons là cette explication ; n'incidentons pas avec un homme qui ne cherche qu'à tout embrouiller, et à s'arrêter en beau chemin. Je vous accorde, si vous le voulez, M. Jurieu, que Tertullien parle ici du rayon : vous êtes encore bien loin de votre compte ; car pour venir à votre prétendue inégalité, il faut que Tertullien soit inexorablement obligé à soutenir sa comparaison en toute rigueur, et qu'il s'engage à trouver

[1] Tertull., *adv. Prax.*, n. 9. — [2] Lett. VI de 1689. — [3] Tertull., *apol.*, n. 21.

dans la nature matérielle et dans le corps du soleil une image entière et parfaite de ce qui convient à Dieu. Il faut aussi le forcer à soutenir dans la signification la plus rigoureuse son terme de portion et de partie, encore qu'il ait dit ailleurs, comme on a vu [1], que Dieu n'a point de parties et ne se divise pas. Et quand on aura fait voir contre ce que nous avons démontré ailleurs, que Tertullien ait mis tous ces termes dans leur dernière et plus basse grossièreté, il faudra encore que le concile de Nicée ait pris ces expressions : *Lumière de lumière,* non pas de saint Paul, comme nous verrons qu'il a fait, ni de la commune tradition qui les lui avoit apportées, mais de Tertullien tout seul; et encore qu'en les prenant de lui, ce saint concile n'y ait rien osé rectifier : en sorte que le Fils de Dieu dans l'intention du concile ne soit au pied de la lettre qu'une partie de la substance divine, pendant que le Père en est le tout. Mais si cela est, nous allons bien loin; car tout à l'heure [2] le ministre nous accordoit du moins que cette inégalité, que les anciens et Tertullien admettoient entre le Père et le Fils, n'emportoient aucune « diversité de substance : » mais ses idées sont changées, et il faut qu'entre le Père et le Fils il y ait en ce qui regarde la substance la même diversité qui se trouve entre le tout et la partie; en sorte que le consubstantiel de Nicée, qui a fait tant de bruit dans le monde, ne soit plus qu'un consubstantiel en partie, et que le Fils de Dieu n'ait reçu qu'une partie de la substance de son Père. Nous voilà bien loin de notre route. Nous croyions sur cette matière n'avoir à soutenir de variations que dans les Pères qui ont précédé le concile de Nicée ; mais ce concile même n'en est pas exempt, et il a voulu expressément marquer qu'il ne vouloit pas condamner la prétendue erreur de Tertullien, qui aura fait le Fils inégal au Père jusqu'à n'être qu'une portion de sa substance.

XLIX. Le ministre veut trouver dans le concile de Nicée tout le contraire de ce

Voici bien un autre prodige : c'est que depuis le temps du concile jusqu'à M. Jurieu, personne n'en aura entendu le sens, puisque tous les Pères, sans en excepter aucun, y ont cru voir toute sorte d'inégalité entre le Père et le Fils si parfaitement exclue, que depuis il n'en a jamais été parlé ; ainsi les Pères

---

[1] Ci-dessus, n. 45. — [2] Ci-dessus, n. 27.

mêmes qui ont assisté au concile de Nicée n'y auront rien compris : car distinctement ils excluent cette portion de substance et de lumière que le ministre veut qu'on y ait pris de Tertullien. Saint Athanase a composé un traité exprès pour expliquer le Symbole de Nicée ; mais au lieu de ces portions de lumière ou de substance, il reconnoît dans le Fils la même « impassibilité et impartibilité, ou indivisibilité, » que dans le Père, τό ἀμερές [1] : ce qu'il explique ailleurs, en disant que « le Verbe n'est pas une portion de la substance du Père [2]. » Il loue aussi Théognoste, un ancien auteur, pour avoir dit « que le Fils n'étoit pas une portion de la substance paternelle [3] ; » ce que cet auteur dit expressément pour expliquer la comparaison de la lumière. Et ce qui se dit de la lumière, se dit aussi de la substance, selon saint Athanase, puisqu'il assure « que la lumière » en cette occasion « n'est autre chose que la substance même [4] : » et loin d'admettre dans le Fils de Dieu cette prétendue portion de lumière de Tertullien, il pousse les ariens par la comparaison de la lumière en cette sorte : S'ils veulent dire que le Fils de Dieu « n'a pas toujours été, ou qu'il n'a pas toute la substance de son Père, qu'ils disent donc que le soleil n'a pas toujours eu son éclat, » ou sa splendeur et son rayon, « ou que cet éclat n'est pas de la propre substance de la lumière ; ou s'il en est, que ce n'en est qu'une portion et une division [5]. » Donc ou les Pères de Nicée ne songeoient point à Tertullien, ou Tertullien ne prenoit pas ce terme de portion à la rigueur ; ou saint Athanase, qui a tant aidé à composer le Symbole de Nicée, ne savoit pas qu'on y avoit mis cette pensée de Tertullien dans le dessein d'en faire un asile à l'erreur de l'inégalité.

Saint Hilaire, son contemporain et un si docte interprète du Symbole de Nicée, rejette aussi en termes formels et avec horreur ce que les ariens imputoient au concile de Nicée, « que le Fils étoit une portion détachée du tout [6] ; » c'est pourquoi en expliquant dans la suite l'endroit du Symbole de Nicée dont nous par-

que les Pères qui y ont assisté y ont compris : passages de saint Athanase, de saint Hilaire, d'Eusèbe de Césarée

---

[1] Athan., *De decr. Nic. syn.*, n. 23.— [2] Or. II, nunc Or. I, *in Arian.*— [3] Or. III, nunc or. II *in Arian.*, n. 33. — [4] *De Decr. Nic. syn.*, n. 28. — [5] Or. III, nunc II *in Arian.*, n. 33. — [6] Hilar., lib. IV, *de Trin.*, n. 10.

lons et cette comparaison de la lumière, il en exclut positivement « cette portion de substance [1] ; » d'où il conclut « que l'Eglise ne connoît point cette portion dans le Fils, mais qu'elle sait qu'un Dieu tout entier est sorti d'un Dieu tout entier : » qu'au reste, « comme il n'y a rien en Dieu de corporel, qui dit Dieu le dit dans sa totalité ; » en sorte qu'en mettre « une portion, » c'est en mettre « la plénitude : » et ainsi qu'en disant de Jésus-Christ « qu'il est Dieu de Dieu, comme il est lumière de lumière, » on fait voir que « rien ne se perd dans cette génération ; » c'est-à-dire que tout s'y donne sans diminution et sans partage, parce que le Fils n'est pas « une extension » de la substance du Père, mais « une seule et même chose » avec lui.

Eusèbe de Césarée, qui étoit présent au concile, dans la lettre qu'il écrivit à son Eglise sur le mot de *consubstantiel,* raconte qu'en proposant les difficultés qu'il trouvoit dans cette expression et dans celle de *substance* [2], on lui avoit répondu que « sortir de la substance du Père ne signifioit autre chose que sortir de lui en telle sorte qu'on n'en soit pas une portion ; » si bien qu'en tout et partout ce fondement d'inégalité qu'on tire de Tertullien étoit banni du Symbole.

I.
Que la comparaison du soleil et du rayon vient originairement de saint Paul, qui a expressément établi l'égalité.

Mais sans nous arrêter davantage au passage de Tertullien, à qui il ne paroît pas que le concile ait songé plutôt qu'à saint Hippolyte où l'on trouve la même expression [3], ou aux autres anciens docteurs et à la commune tradition, il falloit aller à la source d'où le concile et tous les auteurs avoient puisé cette belle comparaison de la lumière ; et c'est l'apôtre saint Paul, qui dit dans la divine *Epître aux Hébreux* que le Fils est « la splendeur et l'éclat de la gloire de son Père [4] ; » car c'est en effet à ce passage que saint Athanase et les autres ont perpétuellement recours pour expliquer cette comparaison. Vouloir donc que cette expression : *Lumière de lumière,* emporte inégalité, c'est s'en prendre, non point aux Pères et à Tertullien, mais à l'Apôtre même d'où elle est venue ; ainsi rien n'empêche plus que toute inégalité entre le Père et le Fils ne soit condamnée dans le symbole de Nicée.

[1] Hilar., lib. VI, *de Trin.*, n. 10. — [2] Euseb., *Soc.*, lib. I, cap. v. — [3] Hipp., hom., *de Deo uno et trin.*, passim. — [4] *Hebr.*, I, 3.

Car aussi pourquoi hésiter à condamner une erreur que saint Paul avoit proscrite, en faisant le Fils « chose égale à Dieu, non par usurpation[1] » ou par attentat, mais en vérité et par son droit ? Et quelle honte au ministre de n'employer son esprit qu'à embrouiller les matières les plus claires, et à s'aveugler lui-même !

ARTICLE VII.

Autre égarement du ministre sur le concile de Nicée, où il veut trouver ses deux prétendues nativités du Verbe.

Mais ses erreurs vont croissant à mesure qu'il avance ; car après avoir assuré que le décret du concile laisse en son entier cette criminelle inégalité, il passe outre et il soutient que cette seconde génération, qui rend le Verbe parfait d'imparfait qu'il étoit auparavant, loin d'avoir été condamnée par cette sainte assemblée, « est confirmée par ses anathèmes [2]. »

LI. Anathématisme du concile de Nicée, où le ministre prétend trouver deux nativités dans le Verbe.

C'est encore ici un nouveau prodige, et dans le concile de Nicée une découverte que personne jusqu'au ministre n'avoit jamais faite. Mais pour voir jusqu'où peut aller le travers d'une tête qui ne sait pas modérer son feu, il faut encore considérer sur quoi il se fonde. C'est sur cet anathème du concile : « Si quelqu'un dit qu'il fut un temps que le Fils de Dieu n'étoit pas, ou qu'il n'étoit pas avant que de naître, et qu'il a été fait du néant, l'Eglise catholique et apostolique le déclare anathème[3]. » Voici donc comme le ministre raisonne[4]. La seconde proposition arienne étoit celle-ci : « Le Fils de Dieu n'étoit pas avant que de naître. » L'opposite très-catholique étoit donc qu'il étoit avant que de naître : or cela ne pouvoit s'entendre de sa première génération, puisque celle-là étant éternelle, il n'y avoit rien devant ; il en faut donc reconnoître une autre postérieure et dans le temps, qui est celle que le ministre attribue aux Pères, et à raison de laquelle le Fils de Dieu qui est éternel étoit avant que de naître.

C'est bien ici s'égarer dans le grand chemin, et à force de raffiner, laisser échapper les vérités les plus palpables. Ces trois pro-

LII. Comment saint Atha-

---

[1] *Phil.*, II, 6. — [2] P. 273. — [3] *Symb. Nic., Anath.* in Ep. Euseb. Cæsar., n. 4, in fine Op. S. Athanas., *de Decr. Nic. syn.* — [4] P. 277.

nase et saint Hilaire ont entendu l'anathématisme du concile de Nicée, dont le ministre abuse.

positions des ariens : *Il fut un temps que le Fils de Dieu n'étoit pas; et il n'étoit pas avant de naître; et il a été tiré du néant;* visiblement ne signifioient que la même chose en termes un peu différens. Saint Athanase en parlant aux ariens : « Lors, dit-il, que vous avez dit : *Le Fils n'étoit pas avant que de naître*, cela signifie la même chose que ce que vous avez dit aussi : *Il fut un temps que le Fils n'étoit pas;* et l'une et l'autre de ces expressions signifie qu'il y a eu un temps devant que le Verbe fût [1]. » La raison en est bien claire. Le but des ariens étoit de dire que tout ce qui naissoit avoit un commencement; et par conséquent que si le Fils de Dieu naissoit, comme on en étoit d'accord, sa naissance étoit précédée par quelque temps. Et le but des catholiques étoit au contraire de dire que le Fils de Dieu naissoit à la vérité, mais de toute éternité, d'un Père qui n'étoit jamais sans Fils, et par conséquent que le temps n'avoit point précédé cette naissance. C'est la perpétuelle explication que donne saint Athanase à cette proposition des ariens. Saint Hilaire dit aussi qu'ils se servoient des trois expressions : « Il fut un temps qu'il n'étoit pas : Il n'étoit pas avant que de naître : Et il a été fait du néant; parce que la nativité semblant apporter avec elle cette condition, que celui qui n'étoit pas commençât à être, et qu'il naquît n'étant pas auparavant, ces hérétiques se servoient de cela pour assujettir au temps le Fils unique de Dieu [2]. » Ainsi vouloir trouver un autre sens dans ces anathématismes du concile, c'est y vouloir trouver un sens que les Pères de ce temps-là et ceux-mêmes qui y ont été présens, pour ne pas ici parler de la postérité, n'ont pas connu. Et pour comble de conviction, quoique je n'en aie peut-être que trop dit sur une si visible absurdité, je veux bien ajouter encore que les anathématismes du concile n'y ont été prononcés après le Symbole, que pour proscrire les erreurs contraires à la doctrine que le concile venoit d'y établir. Le concile venoit d'établir dans le Symbole « que le Fils de Dieu étoit né devant tous les siècles. » On convient qu'il vouloit dire par là que sa naissance étoit éternelle, puisque dès que vous sortez de la mesure du temps, vous ne voyez plus devant vous que l'éternité. Que restoit-il

---

[1] Athan., or. II *Adv. Ar.*, nunc or. I, n. 1. — [2] Hilar., lib. II, *de Trin.*, n. 11, et alibi.

donc au concile, après avoir établi l'éternité de la naissance du Fils, que de frapper d'anathème ceux qui disoient que sa naissance fut précédée par le temps, ou, ce qui est la même chose, « qu'il n'étoit pas avant que de naître? » Et si, comme le ministre le prétend, l'intention du concile eût été de dire que « le Fils de Dieu étoit effectivement avant que de naître, » puisqu'il a mis, comme on vient de voir, sa naissance dans l'éternité, il faudroit qu'il eût voulu dire qu'il étoit devant l'éternité, et que son être précédât l'éternité même, puisqu'il précédoit sa naissance qu'on supposoit éternelle.

Voilà des absurdités dont je puis dire, sans exagérer, que ce ministre est seul capable. Mais encore que ce qu'il pense soit si insensé qu'il ne mériteroit pas de réponse, comme j'ai affaire à un homme qui croit pouvoir soutenir et persuader au monde tout ce qui lui plaît, il faut une fois lui fermer la bouche, et faire voir au public jusqu'où il est capable de s'égarer. Si le concile de Nicée a connu et « confirmé, » comme il le prétend, ces deux prétendues naissances du Fils de Dieu, il faut faire dire à ce concile deux choses également absurdes et également opposées à ses décisions : la première que le Fils de Dieu est né muable; la seconde qu'il est né trois fois, au lieu de ces deux nativités connues de tous les fidèles, l'une éternelle comme Dieu, l'autre temporelle comme homme.

LIII. *Pourquoi on s'attache ici à réfuter des absurdités qui ne mériteroient que du mépris.*

Que le Fils de Dieu soit muable dans la supposition de cette seconde nativité de M. Jurieu, on l'a vu [1] et la chose parle d'elle-même, puisque par cette seconde nativité, qui est la « parfaite, » à comparaison de laquelle la première est une imparfaite « conception, » le Fils de Dieu « est devenu Verbe et Personne parfaitement née; » ce qu'il n'étoit pas auparavant. Voilà donc ce qu'il faut trouver, non-seulement dans les anciens docteurs, mais encore dans le concile de Nicée, puisque loin de condamner cette doctrine, on soutient qu'il « la confirme par ses anathèmes. » Mais c'est dans ces anathèmes que je trouve tout le contraire, puisqu'il y est expressément porté : « Si quelqu'un dit que le Fils de Dieu soit capable de changement ou de mutation, la sainte Eglise ca-

LIV. *Que le ministre fait dire au concile de Nicée que le Fils de Dieu est muable et que le concile dit formellement tout le contraire.*

[1] Ci-dessus, n. 11.

tholique et apostolique lui dénonce qu'il est anathème [1]; car il faut savoir que les ariens en tirant le Fils de Dieu du néant, concluoient de là que n'étant pas immuable dans sa substance non plus que nous, il pouvoit aussi comme nous recevoir quelque changement dans ses qualités; et en un mot, qu'il étoit « d'une nature changeante. » Par une raison contraire les Pères de Nicée concluoient que n'étant pas tiré du « néant, » mais « de la substance de son Père, » il étoit en tout et partout « immuable et inaltérable » comme lui [2]; ce qui condamne directement la prétention du ministre.

LV. Que saint Athanase dit aussi très-formellement que le Fils de Dieu est immuable comme son Père.

Et ce seroit en vérité pousser trop loin l'ignorance et la témérité, que de dire qu'on ne connut pas même alors la parfaite immutabilité de Dieu, qu'on trouve à toutes les pages dans saint Athanase. Car il la fait consister en ce qu'on ne peut rien ajouter à la substance de Dieu. « Si l'on pouvoit, dit-il, ajouter à Dieu d'être Père, il seroit muable, » c'est-à-dire il ne seroit pas Dieu; « car, poursuit-il, si c'étoit un bien d'être Père et qu'il ne fût pas toujours en Dieu, donc le bien n'y seroit pas toujours [3]. » Concluez de même : Si c'est un bien au Fils d'être Verbe, d'être personne parfaitement née et développée, d'acquérir cette nouvelle manière d'être qui fait la perfection de sa naissance, et que ce bien ne soit pas toujours en lui, le bien n'y est donc pas toujours; d'où saint Athanase conclura qu'il n'est point l'image du Père, s'il ne lui est pas semblable et égal, en ce « qu'il est immuable et invariable; » car, poursuit-il, comment « celui qui est changeant sera-t-il semblable à celui qui ne l'est pas [4]? » Il n'avoit donc garde de s'imaginer que son Père l'eût engendré à deux fois, ou que le Fils pût acquérir quelque perfection, puisqu'il assure au contraire qu'il est sorti d'abord « parfait du parfait, immuable de l'immuable, » et qu'en naissant il tire de lui « son invariabilité toute entière [5]. » Et la racine de tout cela, c'est qu'il ne vient pas du néant; car, dit-il, « ce qui fait que les créatures sont d'une nature muable et capable d'altération, c'est qu'elles sont tirées du néant et passent

---

[1] *Symb. Nicæn.*, ubi sup. — [2] *Epist. Alex. ad omnes ep.* ap. Soc., I, 4. — [3] Athan., orat. II, *cont. Arian.*, nunc or. I, n. 28. — [4] *Ibid.* — [5] Athan., *Exp. et de Dec. fid. Nic.*, ubi sup.

du non-être à l'être [1]; » ce qui fait qu'ayant changé dans leur fond, elles peuvent anssi changer dans tout le reste. « Mais au contraire, poursuit-il, le Fils de Dieu étant né de la substance de son Père, comme on ne peut dire sans impiété que d'une substance immuable il se tire un Verbe changeant, il faut que le Fils de Dieu soit autant inaltérable que son Père même, » à cause visiblement qu'il ne pouvoit rien naître que de parfait d'une substance aussi parfaite que celle de Dieu ; et que s'il y naissoit quelque chose d'imparfait ou de muable, comme on suppose que seroit son Fils, il porteroit son imperfection et sa mutabilité dans la substance de Dieu où il seroit reçu.

Qu'un homme qui raisonne ainsi et qui pose de tels principes, ait pu étant à Nicée y avoir appris, comme le veut M. Jurieu, qu'il faille faire naître deux fois le Fils de Dieu comme Dieu, afin qu'à sa seconde naissance il acquît ce qui manqueroit à la première, ce seroit un prodige de le penser. Au contraire, si ce grand homme étoit encore au monde, il diroit à notre ministre : Si le Verbe venoit du néant, les ariens auroient raison de le faire « changeant et flexible » comme nous le sommes [2], et de conclure les changemens accidentels de celui qui lui seroit arrivé dans sa substance : si donc vous lui attribuez un changement quel qu'il soit, vous le faites, comme eux, sortir du néant. Que si vous dites qu'il a pu changer une seule fois à la création du monde, et que sa nature ne résiste pas universellement à toute altération pour petite qu'on l'imagine, saint Athanase vous demandera comme il demandoit aux ariens, « quelles bornes vous voulez donner à ces changemens ; » s'il a changé une fois, quelle raison trouvez-vous de ne le pas faire muable jusqu'à l'infini ? C'est donc, continue ce Père, « une impiété et un blasphème » d'admettre dans le Fils de Dieu la moindre mutation, puisque la moindre qui seroit déjà en elle-même un grand mal, auroit encore celui de lui en attirer d'infinies.

LVI. Suite du raisonnement de saint Athanase, et combien il est ruineux aux prétentions du ministre.

Et c'est aussi en cela, poursuit ce grand homme, qu'il est égal à Dieu, comme dit saint Paul, et en tout semblable à son Père. Car ce que dit le même Apôtre dans le même lieu, que le Fils de Dieu

LVII. Que le Fils de Dieu comme Dieu est

[1] Athan., or. II, adv. Arian., n. 29. — [2] Ibid.

« sera exalté [1], » ne peut pas lui convenir en tant qu'il est Fils de Dieu, puisqu'à cet égard rien ne lui manque. « Il est parfait, dit saint Athanase; il n'a besoin de rien; il est si haut et si semblable à son Père, qu'on ne peut rien lui ajouter. » C'est donc selon la nature humaine seulement qu'il peut être élevé plus haut; et dire qu'il puisse être élevé comme Fils de Dieu, « c'est une diminution de la substance du Verbe. » Voilà les idées des Pères qui ont assisté au concile de Nicée, et celles de saint Athanase qui en étoit l'ame. Mais s'ils se représentoient le Fils de Dieu comme attendant avec le temps et dans une seconde nativité sa dernière perfection, il ne seroit pas par sa nature incapable d'être mis plus haut, même comme Dieu, ni sans besoin et sans défaut de toute éternité, puisqu'il auroit eu encore à devenir Verbe de sagesse qu'il étoit auparavant, c'est-à-dire sans difficulté, à devenir quelque chose de plus parfait et de plus formé qu'il n'avoit été jusqu'alors. Que dira M. Jurieu? Il faudra dire que c'étoit là le sentiment de saint Athanase, mais non pas celui du concile de Nicée; et que ce Père n'a pas entendu les définitions qu'on y faisoit avec lui et par ses lumières.

LVIII. Saint Alexandre d'Alexandrie, autre Père du concile de Nicée, raisonne sur les mêmes fondemens que saint Athanase.

Mais voici encore un autre Père de ce saint concile : c'est saint Alexandre d'Alexandrie, l'évêque de saint Athanase, celui qui excommunia Arius et ses sectateurs. « Comme le Père est parfait, dit-il, sans que rien puisse manquer à sa perfection, » il ne faut pas « dégrader ou diminuer le Verbe, » ni dire que rien lui manque, ou que rien lui puisse manquer en quelque état qu'on le considère, car le mot grec signifie tout cela, « puisqu'étant d'une nature immuable, il est parfait et en toutes façons sans défaut et sans besoin [2]. » C'est ce que dit ce grand personnage; et comme saint Athanase, il fonde son raisonnement sur ce que le Fils de Dieu n'est point tiré du néant, mais de la substance de son Père; d'où ce grand évêque conclut qu'on ne peut lui rien ajouter; et finit son raisonnement par cette demande : « Que peut-on donc ajouter à sa filiation, et que peut-on ajouter à sa sagesse? » Mais M. Jurieu lui répondroit selon la doctrine que ce ministre veut attribuer au concile de Nicée, qu'on peut ajouter à sa sagesse de

---

[1] *Phil.*, II, 9. — [2] Alex. Alexandrin., *Ep. ad Alexand. Constantinop.*

le faire devenir Verbe, qui est quelque chose de plus formé ; et qu'on peut ajouter « à sa filiation » ce dernier trait, qui le fait une personne *parfaitement née* et parvenue à son *être parfait*.

Telle est la doctrine que ces grands personnages, saint Alexandre d'Alexandrie et saint Athanase alors son diacre et depuis son successeur, portèrent au concile de Nicée. Saint Hilaire n'en dit pas moins qu'eux, puisque partout il conclut pour l'immutabilité du Verbe, égale à celle du Père : et on veut après cela que nous croyions qu'on a confirmé à Nicée ces deux nativités qui mettent un changement dans sa personne, et que les Pères de ce saint concile n'aient pas eu, non plus que les autres, cette idée parfaite de l'immutabilité que nous avons aujourd'hui.

ARTICLE VIII.

Suite des égaremens du ministre, qui fait établir au concile trois naissances du Fils de Dieu, au lieu des deux qu'il confesse : l'une du Fils comme Dieu, et l'autre comme homme.

LIX. Que le concile de Nicée a suivi saint Jean, et n'a reconnu en Jésus-Christ que deux naissances suivant ses deux natures.

Quand il n'y auroit que ces trois naissances qu'il faudroit faire attribuer à Jésus-Christ par le concile, c'en seroit assez et trop pour confondre le ministre : car il faudroit dire au pied de la lettre que Jésus-Christ est né trois fois, deux fois comme Dieu, et une fois comme homme. Mais où les Pères de Nicée auroient-ils pris ces trois naissances? Lorsqu'ils firent leur symbole, ils avoient devant les yeux le commencement de l'Evangile de saint Jean, où ils rencontroient d'abord cette naissance éternelle que les ariens contestoient au Fils de Dieu : « Au commencement le Verbe étoit, et le Verbe étoit en Dieu, et le Verbe étoit Dieu [1]. » Le voilà Dieu, « Fils unique de Dieu; » toujours « dans le sein de son Père [2], » comme il est expliqué un peu au-dessous. Après cette première et éternelle naissance, ils ne trouvoient que celle où il s'est fait homme : « Et le Verbe a été fait chair [3]; » ils n'avoient donc garde de penser à une troisième naissance également réelle; et c'est pourquoi en suivant le même ordre et le même progrès que saint Jean, ils disent du Fils de Dieu à son exemple, « qu'il est né avant

[1] *Joan.*, I, 1. — [2] *Ibid.*, 14, 18. — [3] *Ibid.*, 14.

tous les siècles, de la substance de son Père : » d'où ils passent incontinent à la seconde naissance : « Et il a été fait homme, » sans songer seulement à cette troisième qu'on voudroit aujourd'hui leur faire confirmer.

LX. *Prophétie de Michée, qui s'accorde avec saint Jean: que le Fils de Dieu seroit imparfait, s'il naissoit deux fois comme Dieu.* — Un prophète avant l'évangéliste avoit prédit ces deux nativités. Michée dans cette admirable prophétie qui étant rapportée dans saint Matthieu [1], étoit continuellement à la bouche et devant les yeux de tous les fidèles, avoit dit : « Et toi, Bethléem, le conducteur d'Israël sortira de toi : » mais de peur qu'on ne s'arrêtât à cette naissance humaine sans vouloir croire que le Sauveur sortît de plus haut, il ajoute : « Et sa sortie est dès le commencement, dès les jours éternels [2]. » L'évangéliste et le prophète s'accordent à raconter comme d'une voix ces deux nativités du Sauveur : l'une dans l'éternité, et l'autre dans le temps; l'une comme Dieu et l'autre comme homme; et la seule différence qu'il y a entre eux, c'est que l'un comme historien commence par la naissance éternelle, d'où il descend à la temporelle; et l'autre conduit d'abord par le Saint-Esprit à la crèche de Bethléem, où il contemple Jésus-Christ nouvellement né du sein de sa Mère, s'élève jusqu'au sein du Père éternel où il étoit engendré devant tous les temps. Mais dans ce progrès admirable, ni l'un ni l'autre ne trouve, pour ainsi parler, en son chemin cette troisième nativité qu'on veut être si parfaite; et le concile de Nicée, qui les suit tous deux, n'en fait non plus nulle mention, mais passe seulement comme eux de la naissance éternelle à la temporelle. Car aussi n'y ayant en Jésus-Christ que deux natures, il pouvoit bien naître deux fois, mais non pas davantage; et le faire naître deux fois selon sa nature divine, comme si le Père éternel n'avoit pas pu tout d'un coup l'engendrer parfait, c'est attribuer au Père et au Fils tant de changement et tout ensemble tant d'imperfection et tant de foiblesse, qu'une telle absurdité n'a pu entrer dans l'esprit d'aucun homme de bon sens, pour ne pas dire d'un si grand concile.

LXI. *Que la doctrine des deux naissances* — Il est vrai que nous trouvons dans la lettre d'Arius à saint Alexandre son évêque que quelques-uns, dont les noms ne sont pas venus jusqu'à nous, furent assez insensés pour avoir dit en

[1] *Matth.*, II, 6. — [2] *Mich.*, v, 2.

parlant du Fils de Dieu « qu'étant auparavant, il avoit été dans la suite engendré et créé pour être Fils ; » mais nous lisons dans le même endroit « qu'Alexandre les rejeta en pleine Eglise [1] : » et maintenant M. Jurieu prétend qu'une si ridicule imagination que saint Alexandre avoit rejetée en pleine église, ait été confirmée en plein concile, le même Alexandre présent et ayant dans ce saint concile une autorité si éminente.

est formellement rejetée par saint Alexandre d'Alexandrie.

Le ministre est donc convaincu d'avoir calomnié, non plus des docteurs particuliers, mais tout un concile œcuménique ; et encore quel concile? Celui que les chrétiens ont toujours le plus révéré, et celui qu'on reçoit expressément dans la profession de foi des prétendus réformés, puisqu'on y lit ces paroles : Nous avouons les trois Symboles, « des Apôtres, de Nicée et d'Athanase, pour ce qu'ils sont conformes à la parole de Dieu [2]. » Mais aujourd'hui un ministre de cette société, et celui à qui on remet d'un commun accord la défense de la cause, entreprend de convaincre le Symbole de Nicée d'avoir pris le prétendu sens de Tertullien, pour induire l'inégalité des Personnes ; et afin qu'il ne restât rien d'entier dans ce saint concile, il veut que ses anathèmes « aient confirmé » une seconde naissance du Fils de Dieu comme Dieu, pour suppléer au défaut et à l'imperfection qu'il reconnoît dans la première ; c'est ainsi qu'il reçoit la foi de Nicée comme conforme à l'Ecriture.

LXII. *Que le ministre rejette sa propre confession de foi, en accusant d'erreur le concile de Nicée.*

Il ne faut donc pas s'étonner si la foi de Nicée lui paroît informe, puisqu'on y trouve encore tant d'arianisme. Mais celle des autres conciles ne lui paroîtra pas plus parfaite, puisqu'on les commence toujours par y confirmer la foi de Nicée, et à la poser pour fondement. Ne lui parlons pas davantage sur cette matière. Car enfin après avoir fait arianiser, non-seulement les saints Pères et l'Eglise des trois premiers siècles, mais encore le concile de Nicée, entêté comme il est de sa seconde naissance, il la trouvera partout. Il soutiendra à David que c'étoit de cette naissance qu'il vouloit parler, lorsqu'il faisoit dire au Père éternel : « Je t'ai engendré devant l'aurore [3] : » car la première naissance n'étoit qu'une conception et un vain effort du Père qui n'avoit pu tout à fait enfanter son Fils. Saint Jean ne s'en sauvera pas ; et lorsqu'il a

LXIII. *Que le ministre s'emporte sans aucunes bornes.*

---

[1] Ap. Ath., *de Syn.*, et Hil., lib. IV, *de Trin.* — [2] Art. 5. — [3] *Psal.* CIX, 3.

dit : « Au commencement le Verbe étoit, » il faudra encore l'entendre de la seconde nativité, puisque dans la première il n'étoit pas Verbe, et qu'il n'étoit qu'une sapience qui attendoit à devenir Verbe avec le temps. Et sans exagération il faut bien qu'il trouve en son cœur ces interprétations soutenables, puisqu'il veut que ces prétendus arianisans ne puissent pas être réfutés par l'Ecriture ; ou c'est qu'il ne pense pas à ce qu'il écrit, et qu'il ne faut plus prendre garde à ses vains discours.

ARTICLE IX.

Sur la distinction que fait le ministre entre la foi de l'Eglise et la théologie des Pères.

LXIV. Qu'en l'état où le ministre représente la théologie des Pères, la foi de l'Eglise ne pouvoit subsister.

Il est maintenant aisé de voir combien il impose au monde par sa belle distinction de théologie et de foi, dont il fait tout le dénouement de son système. Il n'ose dire que l'Eglise ait varié dans sa foi, du moins sur des articles si fondamentaux ; et il impute les erreurs des Pères, non pas à leur foi qui ne changeoit pas, mais à leur théologie toujours variable. Il voudroit me faire accroire que cette rare distinction de théologie et de foi m'est inconnue. « Il faut, dit-il, avoir le cœur fait comme l'évesque de Meaux, pour se moquer comme il fait de la distinction que j'ay dit qui est entre la foy de l'Eglise et la théologie de ses docteurs [1]. » Visiblement il donne le change. Où a-t-il pris que je me moquasse d'une distinction si reçue ? Je la reçois comme tout le monde ; je reconnois de la différence entre la foi qui propose aux fidèles des vérités révélées, et la théologie qui tâche de les expliquer ; et je sais (car aussi qui ne le sait pas ?) que ces explications ne sont pas de foi. Ce que j'ai dit à M. Jurieu, ce que je lui dis encore, et ce qu'il fait semblant de ne pas entendre, c'est que cette distinction ne lui sert de rien. Car je lui demande encore un coup, comme j'ai fait dans le premier *Avertissement* [2], si ce qu'il appelle *théologie des anciens*, « étoit une explication qui laissât en son entier le fond des mystères, ou bien une explication qui les détruisît en termes formels. Ce n'étoit pas, poursuivois-je, une explication

[1] N. 9, p. 289. — [2] 1 *Avert.*, n. 21.

qui laissât en son entier le fond des mystères, puisqu'on lui a démontré que selon lui c'étoient les choses les plus essentielles que les anciens ignoroient ; » comme sont dans les *Lettres* de l'année passée la distinction éternelle des trois Personnes divines, et encore dans celle-ci leur égalité parfaite et l'immutabilité de l'Etre de Dieu. C'est donc le fond des mystères et des vérités catholiques que le ministre fait nier aux anciens : et il faut ou ne prouver rien, ou attribuer ces explications, c'est-à-dire ces ignorances et des erreurs si grossières, non point aux particuliers, mais à l'Eglise elle-même, puisque c'étoient des variations non pas des particuliers, mais de l'Eglise en corps dont il s'agissoit entre nous.

C'est à quoi il faudroit répondre, et non pas soutenir toujours que la foi de l'Eglise étoit entière, pendant que la théologie du siècle y étoit directement opposée. Encore s'il n'attribuoit cette fausse théologie qu'à quelques Pères : « Mais, dit-il, je n'en excepte aucun ; c'estoit la théologie de tous les anciens avant le concile de Nicée[1] ; » et c'étoit la théologie même du concile de Nicée, puisque loin de la condamner, ce grand concile la confirme par ses anathèmes.

ARTICLE X.

La mauvaise foi du ministre dans les passages qu'il produit des saints docteurs des trois premiers siècles.

Une si visible calomnie faite en matière si grave au plus saint concile qu'ait vu la chrétienté depuis les apôtres et à toute l'Eglise catholique qu'il représentoit, vous peut faire juger, mes Frères, de celles qu'il aura faites aux saints docteurs du troisième siècle. Il voudroit ici m'obliger à lui répondre passage à passage, « et à reprendre les textes des Pères qu'il a produits » contre moi[2] : mais pourquoi ce long examen ? Pour réfuter ce qu'il disoit, que les Personnes n'étoient pas distinctes de toute éternité, ou que le Verbe n'étoit qu'un germe et une semence qui devoit s'avancer avec le temps à une existence actuelle ? Mais il le réfute

LXV. Qu'il y a de la mauvaise foi à nous obliger à la discussion de ces passages.

---

[1] *Tabl.*, lett. VI, p. 25. — [2] *Ibid.*, p. 284, 288.

lui-même à présent, et il se dédit de ses absurdités. Que veut-il donc que je réfute? Son « développement, » qui ne vaut pas mieux et dont il se dédira quand cet écrit lui en aura fait voir l'extravagance, s'il peut trouver quelque autre moyen de sauver les variations de l'ancienne Eglise? Quand il saura bien ce qu'il veut dire et que son système aura pris sa dernière forme, il sera temps de le réfuter si le cas le demande; mais après tout je lui soutiens que cette discussion n'est pas nécessaire entre nous. Il impute mon silence à foiblesse; et il me reproche qu'au lieu de répondre à ses passages et à toutes ses conséquences qu'il a réfutées lui-même, je n'en sors que par un *hélas*[1]! en vous disant d'un ton plaintif: « Hélas! où en êtes-vous, si vous avez besoin qu'on vous prouve que les articles les plus essentiels, et même la Trinité et l'Incarnation, ont toujours été reconnus par l'Eglise chrétienne! » Il est vrai, voilà mes paroles[2] : voilà cet *hélas!* dont il se moque. Il ne veut pas qu'il me soit permis de déplorer les tristes effets de la Réforme, qui ouvre tellement son sein à toutes sortes d'erreurs, qu'elle a besoin qu'on lui prouve les premiers principes. Mais si l'*hélas* lui déplaît, voyons comme il répondra au raisonnement.

LXVI. Vraie méthode de la dispute, où l'on ne doit jamais s'obliger à prouver les vérités dont on est d'accord.

En vérité étois-je obligé à prouver à M. Jurieu et aux prétendus réformés ce qu'ils supposent avec moi comme indubitable? Le ministre ne le dira pas. Je ne suis pas obligé de prouver aux luthériens la présence réelle, ni aux sociniens la venue et la mission de Jésus-Christ, ni aux calvinistes la Trinité et l'Incarnation : autrement ce seroit vouloir disputer sans fin contre le précepte de l'Apôtre, et renverser les fondemens qu'on a posés. Cela est clair : passons outre. Le mystère de la Trinité étant, comme il est, le fondement de la foi, par conséquent il est un de ceux qu'on a toujours crus. M. Jurieu en convient. « C'est, dit-il, une calomnie que le ministre Jurieu ait nié que les mystères de la Trinité et de l'Incarnation fussent connus aux Pères[3]. » Et il ajoute « qu'il s'agit uniquement de sçavoir comment les anciens ont expliqué la manière de la génération du Fils. » Voilà donc sa résolution : que les Pères ont connu le fond du mystère, en sorte que

[1] *Tabl.*, lett. VI, p. 288. — [2] I *Avert.*, n. 24. — [3] P. 209.

leur erreur ne tombe que sur les manières de l'expliquer. Et si je montre au ministre que l'erreur qu'il leur attribue ne regarde pas les manières, mais le fond, il ne faudra pour le réfuter sans autre discussion que l'opposer à lui-même : mais la chose est déjà faite et incontestable. Le mystère de la Trinité, c'est l'éternelle co-existence de trois Personnes distinctes, égales et consubstantielles; et quelque partie qu'on rejette de cette définition, on nie le fond du mystère : or est-il que le ministre Jurieu a fait nier clairement aux Pères des trois premiers siècles la distinction, la co-existence et l'égalité des trois Personnes divines, comme on a vu; par conséquent il leur fait nier le fond du mystère.

Dites-moi, qu'y a-t-il de foible dans ce raisonnement? Est-ce qu'il faut toujours tout prouver à tout le monde, et même tout ce dont on convient? C'est s'opposer directement à saint Paul, qui ne veut pas que les disputes soient « interminables, mal entendues et sans règle : » mais qui ordonne en termes exprès que « nous persistions dans les mêmes sentimens [1], » et que nous marchions ensemble dans les mêmes choses « où nous sommes déjà parvenus, demeurant fermes dans la même règle en attendant que Dieu révèle le reste [2] » à ceux qui ne l'ont pas encore connu. J'ai donc dû, mes très-chers Frères, marcher avec vous dans la foi de la distinction, de l'égalité, de l'éternelle co-existence des trois Personnes divines, comme dans la foi d'un mystère toujours confessé dans l'Eglise : et m'obliger à vous prouver la perpétuité de cette foi, c'est m'obliger à vous traiter comme si vous étiez sociniens : c'est contre le même saint Paul « vous ramener au commencement de Jésus-Christ, et jeter de nouveau le fondement que nous avions posé ensemble [3]. »

LXVII. Que cette méthode de supposer dans les disputes les choses dont on convient, est celle de l'Apôtre.

C'est encore la même erreur à M. Jurieu de vouloir me faire prouver que Dieu soit spirituel, qu'il soit immuable, et que ces divins attributs aient toujours été crus comme essentiels à la religion : car par sa confession de foi il doit le croire autant que nous, comme on a vu [4]. La même confession de foi reconnoît aussi « l'égalité des trois Personnes [5]; » et c'est là encore un de

---

[1] I *Timoth.*, I, 4; II, 23. — [2] *Phil.*, III, 15, 16. — [3] *Hebr.*, VI, 1. — [4] Jur., *Conf.*, art. 1. — [5] Art. 6.

ces fondemens dont le ministre suppose avec moi que l'Eglise n'a jamais douté. S'il le fait aujourd'hui révoquer en doute, non par deux ou trois docteurs, mais par tous ceux des trois premiers siècles, et même par le concile de Nicée, et qu'il ébranle tous les fondemens que nous avions posés jusqu'à présent ensemble, je suis en droit de le rappeler à nos principes communs. Qu'il prenne donc son parti; qu'il se déclare ouvertement contre la perpétuité de la foi, de l'immutabilité, de la spiritualité, de la perfection toujours égale de trois Personnes divines, alors je le combattrai comme socinien : mais tant qu'il sera calviniste, je ne suis obligé à lui opposer que sa propre confession de foi; si j'en ai fait davantage, c'est par abondance de droit et pour l'instruction de ceux qui cherchent la vérité de bonne foi.

LXVIII. *Passage de saint Hippolyte, évêque et martyr, objecté par le ministre mais qui sert de dénouement à tous les autres qu'il produit.*

C'est néanmoins sur ce fondement, et parce que je n'ai pas voulu faire un volume pour prouver par tous les anciens ce qui devoit être constant entre nous, que le ministre me reproche mon ignorance [1]. Mais puisqu'il me force à entrer dans cette carrière, sans m'engager à une trop longue discussion, j'espère trouver le moyen de faire toucher au doigt sa mauvaise foi. Qu'ainsi ne soit : il nous vante saint Hippolyte : et non-seulement il n'est pas pour lui, mais encore il lui fera perdre tous ceux qu'il croyoit avoir, puisqu'il nous donne le dénouement pour les expliquer. Il en produit ces paroles de l'*Homélie* qu'il a composée, *De Deo uno et trino :* « Quand Dieu voulut et de la manière qu'il voulut, il fit paroître dans le temps qu'il avoit défini son Verbe, par lequel il a fait toutes choses : » en entendant ces paroles suivant la nouvelle idée d'une seconde naissance, le ministre présuppose le Verbe déjà né pour la première fois et actuellement existant de toute éternité : il ne faut donc pas lui prouver ce qu'il avoue avec nous; et il n'y a qu'à lui faire voir que cette seconde naissance n'est que la manifestation au dehors du Verbe divin, et précisément la même chose que nous appelons aujourd'hui l'opération au dehors, par laquelle Dieu manifeste au dehors et lui et son Verbe. La preuve en est sensible par ces paroles : « Quand Dieu voulut et de la manière qu'il voulut, il fit paroître son Verbe : » et s'il reste quelque équi-

[1] *Tabl.,* lett. VI, p. 265.

voque dans le mot de *faire paroître,* qui dans le grec quelquefois signifie *produire,* elle est ôtée par toute la suite; car le martyr continue : « Celui qui fait ce qu'il veut, quand il pense, il accomplit *son dessein ;* quand il parle, il le montre; quand il forme *son ouvrage*, il met au jour sa sagesse; » et un peu après : « Il engendroit donc le Verbe ; et comme il l'avoit en lui-même où il étoit invisible, il l'a fait visible en créant le monde. » L'engendrer en cet endroit n'est donc autre chose que le faire paroître au dehors : ce n'est là ni un nouvel être ni rien de nouveau dans le Verbe : c'est de même qu'un architecte, qui ayant en son esprit son idée comme le plan intérieur de son bâtiment que personne ne voyoit que lui dans sa pensée, le rend visible à tout le monde, l'enfante pour ainsi dire, et le met au jour quand il commence à élever son édifice. Tel est cet enfantement et cette génération du Verbe. Tout y regarde la créature à qui il devient visible, de la même manière que « les perfections invisibles de Dieu sont vues dans ses œuvres[1]. » Le Verbe ne change non plus que son Père même dans cette manifestation ; et cette manifestation est attribuée spécialement au Verbe divin, parce qu'il est l'idée éternelle de cet architecte invisible : à quoi il faut ajouter en suivant la comparaison, que comme l'architecte parle et ordonne, et que tout se range à sa voix qui n'est que l'expression et comme la production au dehors de sa pensée : ainsi Dieu est représenté dans l'Ecriture comme proférant une parole, qui n'est autre chose que son Verbe manifesté et exprimé au dehors. C'est aussi ce qui fait dire à saint Hippolyte que Dieu en prononçant cette parole, qui fut la première qu'il ait proférée : « Que la lumière soit, engendra de sa lumière ; » qui étoit le fond de son essence, « la lumière » qui étoit son Verbe, c'est-à-dire comme on vient de voir, le produisit au dehors; et pour user de ses propres termes, « produisit à la créature son Seigneur ; » car sans doute il n'en étoit le Seigneur qu'après qu'elle fut ; et à parler proprement, le rien n'a pas de Seigneur. Par là, continue le Saint, « Dieu rendit visible au monde celui qui n'étoit visible qu'à lui et que le monde ne pouvoit pas voir, afin qu'en le voyant après qu'il est apparu, il

[1] *Rom.,* I, 20.

fût sauvé. » Voilà donc le dénouement que j'avois promis : toute cette production n'est que la manifestation du Verbe ; c'est la manière dont on expliquoit alors ce que nous appelons à présent l'*opération au dehors*, sans altération et sans changement de ce qui étoit au dedans. Et lorsque le martyr ajoute après « que Dieu par ce moyen eut un assesseur distingué de lui, » il fait une allusion manifeste à cette Sagesse dont avoit parlé Salomon, qui fut « son inséparable assistante quand il préparoit les cieux et qu'il arrangeoit le monde qu'elle composoit avec lui [1] : » non que ce Verbe ou cette Sagesse commençât alors ; c'est ce qu'on ne voit nulle part : elle commença seulement d'être « l'assistante » du Père, c'est-à-dire d'être associée à son opération extérieure, que le Saint appelle toujours *manifestation*, en disant que ce Verbe qui est au dedans « la pensée et le sens de Dieu, » à la manière qu'on a expliquée [2], « en se produisant au monde avoit été montré le Fils de Dieu ; » c'est par où conclut le martyr : où il est infiniment éloigné de ce nouvel être qu'on veut lui faire donner au Verbe, puisque tout son discours aboutit non à le faire être ou à le faire changer en quelque sorte que ce soit, mais à montrer qu'il avoit paru tel qu'il étoit, comme étant cette Sagesse « qui renouvelle toutes choses en demeurant toujours la même [3] : » et afin de nous en tenir aux expressions de notre martyr, comme étant ce Verbe toujours parfait, dont avant comme après son incarnation, « la divinité est infinie, incompréhensible, impassible, inaltérable, immuable, puissante par elle-même et le seul bien d'une perfection et d'une puissance infinie [4] : » à qui pour cette raison il adresse en un autre endroit cette parole : « Vous êtes celui qui êtes toujours : vous êtes comme votre Père sans commencement et co-éternel au Saint-Esprit [5]. » Faites-lui dire après cela que le Verbe change, ou que comme un germe imparfait il attend sa perfection d'une seconde naissance.

LXIX. Passage d'Athéna-

Voilà donc déjà un passage dont le ministre abusoit, qui devient un dénouement de la question : en voici un autre dont il

---

[1] *Prov.*, VIII, 27, 30. — [2] Ci-dessus, n. 31. — [3] *Sapient.*, VII, 27. — [4] Hipp., cont. Ber. et Hel., in collect. Anast. — [5] *De Antich.*, Bibl. PP., tom. III, p. 259.

abuse encore davantage [1], et dont néanmoins nous tirerons une nouvelle lumière. C'est celui d'Athénagore, philosophe athénien et l'auteur d'une des plus belles et des plus anciennes Apologies de la religion chrétienne. Pour l'entendre il faut supposer que ce philosophe chrétien ayant à répondre au reproche de l'athéisme qu'on faisoit alors aux fidèles, donne aux païens une idée du Dieu parfaitement un que les chrétiens servoient en trois Personnes et leur expose sur le mystère de la Trinité ce qu'ils en pouvoient porter d'abord. Son discours a trois parties. Il commence à exposer dans la première qu'il n'y a point d'inconvénient que Dieu ait un Fils, parce qu'il ne faut pas s'en imaginer la naissance à la manière de celle des enfans des dieux dans les fables : « Mais le Fils de Dieu, dit cet auteur, est le Verbe ou la raison du Père en idée, en opération, ou en efficace : car par ce Verbe ont été créées toutes choses : le Père et le Fils n'étant qu'un et le Fils étant dans le Père comme le Père est dans le Fils par l'unité et par la vertu de l'Esprit : c'est ainsi que l'intelligence ou la pensée et la parole du Père est le Fils de Dieu [2]. » Voilà une belle génération que ce docte Athénien nous représente dans la première partie de ce passage. Si l'on veut voir maintenant la traduction du ministre dans sa *Lettre* de 1689 [3], tout y paroîtra défiguré : on y verra l'unité du Père et du Fils supprimée, et ce qui regarde le Saint-Esprit tellement déguisé qu'on ne l'y reconnoît plus. Mais comme il s'est réveillé et qu'il a réformé sa version dans son *Tableau* [4], pardonnons-lui cette faute, qui demeure seulement en témoignage de la négligence extrême avec laquelle il avoit d'abord jeté ce passage sur le papier. Voici la suite et la seconde partie du discours d'Athénagore, qui après avoir parlé plus en général de la personne du Fils et de la manière dont le monde avoit été créé par lui, achève d'en donner l'idée autant qu'il falloit en ce lieu par des paroles que le ministre traduit en cette sorte : « Que si par la pénétration de vostre esprit vous croyez estre capables de contempler ce que c'est que le Fils, je vous le diray en peu de paroles. La première génération est au Pére, qui n'est point engendré. Car dès le commencement

[1] Lett. VI, de 1689, p. 43. — [2] Athen., *Leg. pro Christ.*, n. 10. — [3] Lett. VI, p. 43. — [4] *Tabl.*, lett. VI, p. 130.

Dieu estant un entendement éternel, a eu son Verbe en soi-mesme, parce qu'il estoit toujours raisonnable. Mais il estoit (ce Verbe) comme couché et courbé sur les choses matérielles destituées de forme : quand il a meslé les choses spirituelles avec les plus grossières, s'avançant en forme et en acte, c'est-à-dire, ajoute le traducteur, en venant à une existence actuelle. » Telle est la traduction du ministre. Il n'y a point de difficulté dans la première période, mais le reste n'a ni sens ni construction : jamais philosophe n'avoit tenu de discours si peu suivi, et jamais pour un Athénien rien n'avoit été plus obscur. Car que veut dire « ce Verbe couché et courbé » sur la matière, dont aussi il n'y a nulle mention dans l'auteur ? Pourquoi au lieu « des choses légères, » mettre les choses « spirituelles » dont il n'étoit pas question ? Et que signifie ce mélange « des choses spirituelles avec les grossières ? » Que veut dire aussi cette belle phrase : « La première génération est au Père qui n'est point engendré ? » Il est encore bien certain que l'original n'a point *engendré*, mais *fait :* ce que je ne prouve pas, parce que le ministre en convient et qu'il a encore réformé cette fausseté dans son *Tableau* [1]. Mais le reste, à quoi il n'a pas touché, est inexcusable, comme on le va découvrir dans notre version que voici : « Si vous croyez pouvoir comprendre ce que c'est que le Fils, je vous dirai qu'il est la première production de son Père ; non pas qu'il ait été fait, puisque dès le commencement Dieu étant une intelligence éternelle, et étant toujours raisonnable, il avoit toujours en lui-même sa raison, (ou son Verbe;) mais à cause que ce Verbe ayant sous lui, à la manière d'un chariot (qu'il devoit conduire) toutes les choses matérielles, la nature informe et la terre, les choses légères étant mêlées avec les épaisses (et la nature étant encore en confusion), il s'étoit avancé pour en être l'acte et la forme. » Il n'y a rien là que de suivi : car après avoir observé que le Fils étoit la production de son Père, il étoit naturel d'ajouter qu'il en étoit la production, non pas comme une chose faite, γινόμενον, ce que le ministre avoit supprimé d'abord, mais comme étant toujours naturellement en qualité de raison en Dieu qui est tout intelligence. Le reste ne

[1] P. 130.

suit pas moins bien. La matière ou les premiers élémens, comme un chariot encore mal attelé et sans conducteur, étoient soumis au Verbe de Dieu qui en alloit prendre les rênes : et « toutes choses étant mêlées, » le Verbe s'étoit avancé non pour acquérir « l'existence actuelle, » que le ministre à toute force vouloit lui donner (car il l'avoit éternelle et parfaite dans le sein de Dieu comme la raison et le Verbe de cette éternelle intelligence); mais pour « être l'acte et la forme, » le moteur, le conducteur et l'ame, pour ainsi parler, de la nature confuse. Rien ne se dément là dedans : c'est une allusion manifeste au commencement de la *Genèse*, où nous voyons pêle-mêle le ciel et la terre avec le souffle porté dessus ; ce qu'Athénagore exprimoit par le mélange confus des choses légères et épaisses. Quand le Verbe s'avance ensuite pour débrouiller ce mélange, c'est encore une allusion à la parole que Dieu prononça pour faire naître la lumière, le firmament et le reste : car tous les anciens sont d'accord que cette parole est le Verbe même comme exprimé au dehors par son opération extérieure, ainsi qu'on a vu. De cette sorte tout étoit confus avant que le Verbe parût, et tout se range en son lieu à sa présence. C'est donc lui qui étant déjà le Verbe de Dieu comme « son idée et son efficace, » ainsi qu'Athénagore le venoit de dire, devient « l'idée ou la forme et l'acte » de cette matière confuse vers laquelle il s'avance pour l'arranger : ce qui est infiniment éloigné de cette existence actuelle qu'on lui veut donner à lui-même.

On voit dans ces expressions ce qu'on a vu dans celles de saint Hippolyte, c'est-à-dire cette opération au dehors qui est spécialement attribuée au Verbe, pour montrer que Dieu n'agit point par une aveugle puissance, mais toujours par intelligence et par sagesse ; et c'est ce qui est encore exprimé dans les paroles suivantes qui font la troisième partie du passage d'Athénagore. Après avoir exposé comme le Verbe s'avance par son opération vers la matière confuse pour la former, il prouve son exposition par l'Ecriture en cette sorte : « Et, dit-il, l'esprit prophétique s'accorde avec mon discours, lorsqu'il dit (ou lorsqu'il fait dire au Verbe dans les *Proverbes* de Salomon) : Le Seigneur m'a créé le commence-

LXX. Suite du passage d'Athénagore qui en fait tout le dénouement, et que le ministre supprime.

ment de ses voies [1]. » Le ministre traduit cet endroit, dont il croit se pouvoir servir pour son dessein, à cause du terme de *création* qui sembloit induire dans le Verbe une nouvelle existence au commencement de l'univers, ainsi que le ministre le pensoit alors; mais il supprime le reste du passage d'Athénagore qui auroit fait voir le contraire. Cet auteur poursuit donc ainsi : « L'esprit prophétique s'accorde avec mon discours, lorsqu'il dit : Dieu m'a créé..... Et quant à ce qui regarde ce même esprit prophétique qui agit dans les hommes inspirés, nous disons qu'il est une émanation de Dieu, et qu'en découlant de lui (sur les prophètes qu'il inspire), il retourne à lui par réflexion comme le rayon du soleil. » C'est en effet le propre de l'inspiration de nous ramener à Dieu qui en est la source comme de l'Esprit qui la donne ; par où l'on voit clairement que sans parler de l'émanation éternelle du Saint-Esprit, où les païens à qui il écrit n'auroient rien compris, Athénagore fait connoître cette Personne divine par son émanation et son effusion temporelle sur les prophètes, c'est-à-dire par l'opération qu'elle y exerce comme il venoit de faire connoître le Verbe par celle qu'il exerçoit dans la création de l'univers ; ce qu'il finit en disant : « Qui ne sera donc étonné qu'on nous fasse passer pour athées, nous qui reconnoissons Dieu le Père, Dieu le Fils et le Saint-Esprit ? »

Le ministre n'a qu'à dire maintenant que le Saint-Esprit n'étoit pas, ou qu'il n'étoit pas parfait avant qu'il inspirât les prophètes, ou que par cette inspiration qui n'est qu'une effusion du Saint-Esprit au dehors, il acquiert quelque nouvel être ou quelque nouvelle manière d'être : et s'il a honte de le penser et de faire changer le Saint-Esprit à cause qu'il change en mieux les prophètes qu'il inspire, il doit entendre de la même sorte cette création, c'est-à-dire cette production au dehors du Verbe qui étoit toujours, et qui sans changer lui-même a changé toute la nature en mieux.

LXXI. Dessein d'Athénagore dans ce passage. On voit maintenant assez clairement tout le dessein d'Athénagore, qui pour empêcher les païens de nous mettre au rang des athées, entreprend de leur donner quelque idée du Dieu que nous

[1] *Prov.*, VIII, 21.

servons en trois Personnes, dont il ajoute qu'il falloit connoître <small>qui fait un nouveau dénouement de la doctrine des Pères.</small>
« l'unité et les différences : » et comme ils ne pouvoient pas
entrer dans le fond d'un si haut mystère, ni dans l'éternelle émanation du Fils et du Saint-Esprit, il se contente de faire connoître
ces deux divines Personnes par les opérations que l'Ecriture leur
attribue au dehors, c'est-à-dire le Fils par la création, et le Saint-
Esprit par l'inspiration prophétique.

C'étoient là deux grands caractères du Fils et du Saint-Esprit :
l'un comme sagesse du Père est reconnu pour l'auteur de la création, qui est un ouvrage de sagesse; et l'autre comme son esprit
est reconnu pour l'auteur de l'inspiration prophétique, qui est aussi
le caractère qu'on lui donne partout et même dans le Symbole de
Constantinople, où sa divinité est définie : « Je crois, dit-on, au
Saint-Esprit, qui a parlé par les Prophètes : » et c'est pourquoi
Athénagore le caractérise, comme font aussi les autres Pères, par
le titre d'Esprit prophétique. Il ne pouvoit donc rien faire de plus
convenable que de désigner ces deux Personnes par leurs opérations extérieures, ni parmi ces opérations en choisir deux plus
marquées que la création de l'univers et l'inspiration des prophètes : ce qui fait voir plus clair que le jour que cette production
du Verbe divin n'est en ce lieu que l'opération par laquelle il se
déclare au dehors, et c'est encore ici un dénouement de la doctrine des Pères.

Je ne m'arrêterai point au défaut de la version des Septante, <small>LXXII. Comment le Fils de Dieu est créé selon quelques Pères : autre dénouement de leur doctrine.</small>
qui font dire à la Sagesse divine dans cet endroit des *Proverbes* de
Salomon : « Dieu m'a créée. » On sait qu'il ne s'agissoit, comme
Eusèbe de Césarée l'a bien remarqué, que d'une lettre pour une
autre, d'un iota pour un êta, ι pour η; et d'un ἔκτισε, qui signifie
m'a créée, pour un ἔκτησε, qui signifie *m'a possédée*. L'hébreu
porte, comme saint Jérôme l'a rétabli dans notre *Vulgate* : « Le
Seigneur m'a possédée, » c'est-à-dire selon la phrase de la langue
sainte : « M'a engendrée : » ce qui convenoit parfaitement à la Sagesse engendrée, qui étoit le Fils de Dieu; qui dit aussi dans la
suite : « Les abîmes n'étoient pas encore quand j'ai été conçue »
dans le sein de Dieu; « et j'ai été enfantée devant les collines, devant que la terre eût été formée et que Dieu l'eût posée sur ses

fondemens[1]. » La génération du Fils de Dieu se présentoit clairement dans ces paroles, et redressoit les idées que le terme de *création* auroit pu donner : et c'est pourquoi les anciens n'hésitoient pas à appeler constamment le Fils de Dieu, non pas un ouvrage, mais un Fils ; non pas une créature, mais une personne engendrée avant tous les siècles. Mais l'ἔκτισε, le *créé* de l'ancienne version en engagea quelques-uns, non à mettre le Fils de Dieu au rang des créatures, mais à dire que la Sagesse éternellement conçue dans le sein de Dieu, avoit été créée en quelque façon, lorsqu'elle s'étoit imprimée et pour ainsi dire figurée elle-même dans son ouvrage, à la manière qu'un architecte forme dans son édifice une image de la sagesse et de l'art qui le fait agir : car c'est en cette manière qu'en contemplant attentivement une architecture bien entendue, nous disons que cet ouvrage est sage ; qu'il y a là de la sagesse, c'est-à-dire de la justesse, de la proportion, et dans la parfaite convenance des parties une belle et sage simplicité. En cette sorte, outre la sagesse créatrice, on reconnoît dans l'univers une sagesse créée et une expression si vive du Verbe de Dieu, qu'on diroit qu'il s'est transmis lui-même tout entier dans son ouvrage, ou que cet ouvrage n'est autre chose que le Verbe produit au dehors.

On voit donc en toutes manières que la doctrine des anciens docteurs n'est au fond que la même chose que la nôtre, puisque ce qu'on appelle parmi nous l'opération extérieure de Dieu agissant par son Verbe, c'est ce qu'ils appeloient dans leur langage la sortie du Verbe, son progrès, son avancement vers la créature, sa création au dehors à la manière qu'on vient de voir : et en ce sens une espèce de génération et de production, qui n'est en effet que sa manifestation, et précisément la même chose que saint Athanase a depuis si divinement expliquée dans sa cinquième *Oraison* contre les ariens [2].

LXXIII. *Témérité du ministre qui accuse les* Si je n'avois autre chose à faire, je montrerois au ministre sa témérité, lorsqu'il accuse Athénagore et les autres Pères « d'être sortis de la simplicité de l'Ecriture en tentant d'expliquer le mys-

---

[1] *Prov.*, VIII, 24, 25. — [2] Athan., orat. V, *in Arian.*, nunc orat. IV n. 12.

tère ¹. » Car on peut voir aisément qu'ils n'ont fait que suivre les *Proverbes* de Salomon, et les *Livres Sapientiaux*, comme on les appelle, dont saint Jean avoit ramassé toute la théologie en un seul mot lorsqu'il avoit dit : « Au commencement la Parole étoit. » Je pourrois aussi remarquer contre ceux qui les font tant platoniser qu'en ce qui regarde le Verbe ils en trouvent plus dans un chapitre de ces livres divins qu'on n'en pourroit recueillir de tous les endroits dispersés dans les dialogues de Platon ; ce que je dis non pas pour nier qu'il ne convînt à ces saints docteurs de présenter aux païens des idées qui paroissoient assez convenables à une philosophie qui tenoit le premier rang parmi eux, mais pour montrer au ministre qu'ils avoient de meilleurs originaux devant les yeux.

anciens Pères de sortir de la simplicité de l'Ecriture : quel a été le platonisme de ces saints docteurs.

Au reste pour en revenir aux passages qu'il a cités des saints docteurs, on peut juger par les deux qu'on a vus avec quelle témérité il a produit tous les autres. Une autre marque de son imprudence, pour ne rien dire de pis, est qu'en nommant les défenseurs de sa double nativité, il déclare « qu'il n'en excepte aucun » des Pères ², jusqu'à citer pour cette doctrine saint Irénée, où il ne s'en trouve pas le moindre vestige, et saint Justin qui n'en dit non plus un seul mot ³. Ce n'est pas que je veuille dire qu'il soit sans difficulté. Il y a des difficultés aisées à résoudre par les principes qu'on a posés, ou par d'autres qui ne sont pas de ce lieu ; des difficultés en tout cas qui regardent M. Jurieu et les prétendus réformés aussi bien que nous ; en sorte qu'ils n'ont pas droit d'exiger de nous que nous ayons à les leur résoudre. Mais pour cette difficulté de M. Jurieu qui regarde les deux naissances, lui-même il ne produit aucun passage de ce Saint. Il est vrai qu'il cite pour cette doctrine, quoiqu'à tort, Tatien disciple de ce martyr, « et il dit qu'il l'avoit apprise de son maître ⁴. » Mais s'il avoit tout appris d'un si excellent docteur, il en auroit donc appris la détestable hérésie des encratites, dont ce malheureux disciple a été le chef depuis le martyre de son maître ⁵.

LXXIV. *Mauvaise foi du ministre, qui attribue sa double nativité à des auteurs d'où il n'a pu tirer aucun passage : saint Justin, saint Irénée, saint Hippolyte.*

Il m'insulte néanmoins par ces grands noms ; et lorsque je lui

¹ Lett. VI, de 1689, p. 43. — ² P. 251. — ³ *Tabl.*, lett. VI, p. 283. — ⁴ Jur., lett. VI, de 1689. — ⁵ Epiph., hær. 46.

reproche qu'il a corrompu la foi de la Trinité : « M. de Meaux doit savoir, dit-il, que ces éloges ne tombent pas sur moi, mais sur ses saints et sur ses martyrs[1]. » Il les appelle mes martyrs, comme il a coutume de me dire avec le même dédain : « Son Père Pétau[2]; » mais en quelque sorte qu'il me les donne, en colère ou autrement, je les reçois. Il nomme ensuite parmi mes saints et mes martyrs saint Justin, saint Irénée, saint Hippolyte, dont on a vu que les deux premiers ne disent rien de ce qu'il prétend, et le troisième en dit ce qu'on vient d'entendre, c'est-à-dire ce qui doit confondre le ministre.

LXXV. Mauvaise foi du ministre sur le sujet de saint Cyprien.

Venons à saint Cyprien. Le ministre le comprendra-t-il parmi les auteurs de cette double nativité? Oui et non. Il l'y comprendra; car il dit : Et moi « je n'en excepte aucun. » Il ne l'y comprendra pas; car il est forcé d'avouer « qu'il y a d'autres auteurs, comme par exemple saint Cyprien, où cette théologie ne se trouve pas; » mais il ne les exempte pas pour cela de cette double génération, puisque « cela vient, dit-il, de ce qu'ils n'ont pas eu l'occasion d'en parler. » Mais saint Cyprien a eu la même occasion d'en parler que les autres, puisque comme les autres il a expliqué de Jésus-Christ cette parole des *Proverbes* : « Dieu m'a créé, » qu'il traduisoit de même manière qu'on le faisoit en son temps[3]. Il n'en a pourtant pas conclu cette double génération de Jésus-Christ comme Dieu; et s'il le fait naître deux fois, c'est à cause « qu'ayant été dès le commencement le Fils de Dieu, il devoit naître encore une fois selon la chair[4]; » par où il s'arrête manifestement à le faire naître deux fois : une fois comme Fils de Dieu, et une autre fois comme Fils de l'homme; et s'il n'a jamais parlé de cette troisième naissance, que le ministre tout seul veut imaginer comme véritable dans le sens littéral, ce n'est pas manque d'occasion, mais c'est que ni lui ni les autres ne songeoient seulement pas à cette chimère.

LXXVI. Mauvaise foi du ministre sur le sujet

Il nous allègue une autre raison du silence de quelques Pères sur cette double génération : Ou « c'est peut-être, dit-il, qu'ils étoient plus modérés que les autres. » Mais si à titre de modéra-

[1] P. 285. — [2] P. 284, 296. — [3] Cypr., lib. II, *Test. ad Quir.*, cap. I. — [4] *Ibid.*, cap. VIII.

tion ou autrement, il n'ose pas se promettre de trouver dans tous les anciens sa seconde nativité, il ne falloit donc pas trancher si net : « Et moi je n'en excepte aucun ; » car c'est là trop visiblement assurer ce qu'on avoue qu'on ne sait pas, et contre sa propre conscience vouloir trouver des erreurs qu'on puisse imputer à l'Eglise. *des autres Pères.*

C'est ce qui lui fait ajouter qu'il ne faut pas faire deux classes des anciens auteurs, parce « qu'on ne lit rien chez ceux qui se taisent » de cette double génération, « qui condamne directement, ou indirectement ce que les autres ont écrit là-dessus [1]. » Quelle erreur ! Tous ceux qui font Dieu spirituel et immuable, et qui en particulier font le Fils de Dieu incapable de changement, s'opposent directement à cette double génération, qui le fait une portion inégale de la substance du Père ; un fils engendré à deux fois, formellement imparfait et venant avec le temps à sa perfection à la manière d'un fruit qui a besoin de mûrir. Mais où ne trouve-t-on pas cette immutabilité et indivisibilité, puisque nous l'avons montrée partout, et même dans les auteurs à qui on veut attribuer cette naissance imparfaite ? C'est donc qu'eux-mêmes ne la croyoient pas; personne ne la croyoit parmi les Pères : cette seconde nativité n'est qu'une similitude qu'on prend trop grossièrement au pied de la lettre. Il ne faut donc pas demander qu'on montre dans les trois premiers siècles une réfutation expresse d'une chimère qui n'y fut jamais : on ne l'a non plus réfutée dans les siècles suivans; car on n'y songeoit seulement pas, parce qu'on ne trouvoit tout au plus une erreur si insensée que dans quelques extravagans qu'on ne connoît point, et que jamais on n'a crus dignes d'être réfutés. Si le raisonnement du ministre avoit lieu, il n'y auroit donc qu'à imaginer dans la suite toutes sortes d'extravagances, et à leur donner du crédit sous prétexte qu'on ne pourroit démontrer qu'elle eût été réfutée. C'est donc une erreur grossière de parler ici de réfutation ; et c'est assez que nous montrions à notre ministre que ses idées ridicules répugnent directement à celles des Pères dès l'origine du christianisme. *LXXVII. Injustice du ministre, qui veut qu'on lui montre dans les premiers siècles la réfutation expresse d'une chimère qui n'y fut jamais.*

Il revient à saint Cyprien : « Et il n'est pas apparent, dit-il, *LXXVIII. Autre faux*

[1] P. 252.

78 SIXIÈME AVERTISSEMENT.

<small>raisonnement du ministre sur Tertullien et saint Cyprien.</small> que saint Cyprien, par exemple, qui vénéroit si fort Tertullien et qui l'appeloit son maistre, le regardast comme un ennemi de la divinité de Jésus-Christ [1]. » Mais trouve-t-il bien plus apparent que saint Cyprien regardât son maître comme un ennemi déclaré de la perfection et de l'immutabilité du Fils de Dieu, ou qu'il trouvât bon qu'on l'appelât Dieu en le faisant imparfait, et en lui faisant attendre du temps sa dernière perfection ? Il faut donc dire que saint Cyprien n'y aura pas vu ces erreurs non plus que les autres, et qu'il n'aura pas fait à Tertullien un crime d'une métaphore ou d'une similitude. Ainsi nous pouvons conclure sans crainte, que le ministre n'entend pas les Pères qu'il a cités, et que c'est par un aveugle entêtement de trouver des variations qu'il les implique dans l'erreur.

<small>LXXIX. Avec quelle mauvaise foi le ministre a rangé parmi les errans saint Clément d'Alexandrie : passages de ce saint prêtre.</small> Il met au rang de ses partisans sur la double génération *saint Clément d'Alexandrie* [2], où il n'y en a pas un trait. Il cite le Père Pétau [3], qui trouve bien dans ce Père des locutions incommodes, mais non pas sur le sujet que nous traitons. Mais je demande à M. Jurieu : Osera-t-il mettre cet auteur parmi ceux qui ne combattent ni directement ni indirectement la prétendue erreur des anciens? Quoi donc! ne combat-il pas l'inégalité et l'imperfection du Fils, lui qui l'appelle en un endroit « vraiment Dieu et égal au Seigneur de toutes choses [4]; » et en d'autres, « toujours parfait et parfaitement un avec son Père ? » Mais poussons à bout cet article de Clément Alexandrin. Après tout que blâmera-t-on dans cet auteur ? Ce qu'on y blâme le plus en cette matière, c'est d'avoir appelé le Fils « une nature très-proche du seul Tout-Puissant. » Mais pesons toutes ces paroles : « une nature; une chose née : » d'où vient le mot de *nature* en grec comme en latin, φύσις, une chose naturelle à Dieu : qu'y a-t-il là de mauvais? Le Fils de Dieu n'est-il pas de ce caractère, c'est-à-dire Fils par nature, et non par adoption? Ce qui fait dire à saint Athanase que le Père n'engendre pas son Verbe par volonté et par libre arbitre, mais par nature [5]; et que la fécondité « est naturelle » dans Dieu [6],

---

[1] P. 252. — [2] P. 251. — [3] Lib. I, *de Trin.*, cap. IV, n. 1 ; *ibid.*, cap. V, n. 7. — [4] Clem., *in Protrep.*, vide sup., n. 30, 46.— [5] Athan., orat. IV, *in Arian.*, nunc orat. III, n. 61 et seq. — [6] Orat. III, *ibid.*

quoiqu'elle soit dans une autre vue propre et personnelle dans le Père. On a donc pu et on a dû regarder dans le Fils de Dieu sa naissance comme lui étant naturelle. Le mal seroit si l'on vouloit dire qu'il est d'une autre nature, c'est-à-dire, d'une autre essence, ou d'une autre substance que son Père; mais ce saint prêtre d'Alexandrie a exclu formellement cette idée, et surtout dans les endroits où il a dit, comme on a vu, que le Père et le Fils sont un, et un de l'unité la plus parfaite. Pendant qu'il pense comme nous, est-ce un crime de ne parler pas toujours de même? Mais il a dit que le Verbe est une nature, ou, comme nous l'entendons, une chose naturelle en Dieu, « et très-proche du seul Tout-puissant, » προσεχεςάτη. Où est le mal de cette expression? C'est qu'au lieu de dire « très-proche, » il falloit dire un avec lui. Il l'a dit aussi, comme on a vu : regardez-le selon la substance, il est un : regardez-le comme distingué, il est très-proche; et remarquez que ce *très-proche* doit être traduit *très-uni à Dieu*, et une chose qui lui convient très-parfaitement; car tout cela est renfermé dans le terme προσεχεςάτη. Ce n'est rien d'étranger au Père, puisqu'il est son Fils, et son Fils qui ne sort jamais du sein paternel, qui est toujours dans le Père, comme le Père est toujours dans le Fils. Q'y a-t-il là que de vrai? Et pouvoit-on mieux exprimer cet *apud Deum* de saint Jean, qui signifie tout ensemble, et en grec comme en latin, être en Dieu, être avec Dieu, être auprès de Dieu ou chez Dieu; c'est-à-dire être quelque chose qui lui soit très-proche et très-inséparablement uni? Et pour ce qui est d'avoir appelé le Père *le seul Tout-Puissant*, les moindres théologiens savent que ce n'est rien, puisque Jésus-Christ a dit lui-même : « Or c'est la vie éternelle de vous connoître, ô mon Père, vous qui êtes le seul vrai Dieu, et Jésus-Christ que vous avez envoyé [1] : » où il ne craint point d'appeler son Père le seul vrai Dieu, avec autant d'énergie que ce savant prêtre l'appelle *le seul Tout-Puissant*. Je n'ai pas besoin ici de rappeler cette doctrine commune, qu'en parlant du Père ou du Fils ou du Saint-Esprit, *le seul* n'est pas exclusif des personnes inséparables de Dieu, mais de celles qui lui sont étrangères; c'est pourquoi saint

[1] *Joan.*, XVII, 3.

Clément d'Alexandrie, qui appelle ici le Père *le seul Tout-Puissant,* reconnoît ailleurs, comme on a vu [1], la toute-puissance du Fils et l'appelle même formellement *le seul Dieu,* comme le ministre l'avoue [2] : « Hommes, dit-il, croyez en celuy qui est Dieu et homme; mortels, croyez en celuy qui est mort, et qui est le seul Dieu de tous les hommes [3]. » Le Père n'en est pas moins Dieu, comme le Fils n'en est pas moins tout-puissant.

Après que ces difficultés sont dissipées, la divinité de Jésus-Christ va luire comme le soleil dans saint Clément d'Alexandrie [4] : « La très-parfaite, très-souveraine, très-dominante et très-bienfaisante nature du Verbe est très-proche, très-convenante, très-intimement unie au seul Tout-Puissant. C'est la souveraine excellence qui dispose tout selon la volonté de son Père; en sorte que l'univers est parfaitement gouverné, parce que celui qui le gouverne agissant par une indomptable et inépuisable puissance, regarde toujours les raisons cachées, » et les secrets desseins de Dieu. « Car le Fils de Dieu ne quitte jamais la hauteur d'où il contemple toutes choses; il ne se divise, ni ne se partage, ni ne passe d'un lieu à un autre : il est partout tout entier sans que rien le puisse contenir, tout pensée, tout œil, tout plein de la lumière paternelle, et tout lumière lui-même; voyant tout, écoutant tout, sachant tout; » c'est-à-dire sans difficulté, le sachant toujours, « et pénétrant par puissance toutes les puissances; à qui tous les anges et tous les dieux sont soumis. » Si le ministre avoit vu cinq cents endroits qu'on trouve dans cet excellent auteur, de cette élévation et de cette force, il n'en mépriseroit pas comme il fait la théologie [5]. Elle renverse son système par les fondemens. Si le Fils de Dieu est une chose naturellement très-parfaite et toujours immuable, il n'a donc pas eu besoin de naître deux fois pour arriver à sa perfection. Si son immutabilité exclut jusqu'au moindre changement quant aux lieux et quant aux pensées, c'est en vain qu'on lui veut faire acquérir de nouvelles manières d'être. L'inégalité n'est pas moins exclue, puisque saint Clément Alexandrin vient de le faire si pénétrant, si puissant, et s'il est permis de

---

[1] Ci-dessus, n. 30, 46. — [2] Jur., p. 233. — [3] Clem., *in Protrep.* — [4] *Strom.* vii, init. — [5] P. 233.

parler en cette sorte, si immense que le Père ne peut l'être davantage. Le ministre a donc cité témérairement cet auteur comme tant d'autres, et il ne veut qu'éblouir le monde par de grands noms.

Sans entrer dans tout ce détail, qui ne m'étoit pas nécessaire, dès mon premier *Avertissement* je lui ôtois en un mot tous les anciens en le renvoyant à Bullus, de qui il pouvoit apprendre le véritable dénouement de tous leurs passages. Mais sa mauvaise foi paroît ici comme partout ailleurs. D'abord il n'a pas osé avouer que Bullus me favorisât, ni qu'un si savant protestant lui enlevât tout d'un coup tous ses auteurs sans lui en laisser un seul : et c'est pourquoi il dit d'abord dans son *Avis* à M. de Beauval[1] : « Un œuf n'est pas plus semblable à un œuf, que les observations de Bullus le sont aux miennes. » On ne peut pas porter plus loin le mensonge : et pour le voir en un mot, il ne faut que considérer que cette seconde nativité de quelques anciens se doit entendre selon Bullus[2], « non d'une nativité véritable et proprement dite, mais d'une nativité figurée et métaphorique, » qui ne signifioit autre chose que « sa manifestation et sa sortie au dehors par son opération : » ce que Bullus met en thèse positivement, et ce qu'il répète à toutes les pages[3], comme le parfait dénouement de la théologie de ces siècles. Or comme cette solution renverse tout le système du ministre, il s'y oppose de toute sa force; en sorte que Bullus disant que tout cela s'entend en figure, le ministre Jurieu dit au contraire et entreprend de prouver que tout cela s'entend à la lettre[4] : et voilà comme ces deux auteurs se ressemblent.

Par la même raison on pourroit dire que le catholique et le calviniste ont le même sentiment sur la présence de Jésus-Christ dans l'Eucharistie, parce que si l'un la met en vérité, l'autre la met en figure. Les sociniens seront aussi de même doctrine que nous, parce que Jésus-Christ est figurément selon eux ce qu'il est proprement selon nous, « Dieu béni aux siècles des siècles[5] : »

LXXX.
Mauvaise foi du ministre sur le sujet de Bullus, protestant anglois, qu'on lui avoit objecté dans le premier *Avertissement*.

---

[1] P. 2. — [2] *Def. fid. Nic.*, sect. III, cap. V, § 3, p. 337. — [3] Sect. II, cap. V, § 1, 7; cap. V, § 5, etc. — [4] Jur., *Tabl.*, lett. VI, p. 248, 255, 266. — [5] *Rom.*, IX, 3.

l'affirmation et la négation, les lumières et les ténèbres ne seront plus qu'un; et le ministre trouvera tout en toutes choses.

LXXXI. Prodigieuse différence entre la doctrine de Bullus et celle de M. Jurieu, qui veut lui être semblable.

Il a bien fallu se dédire d'une si visible absurdité, mais c'est toujours de mauvaise foi; car au lieu que, dans l'*Avis* à M. de Beauval, Bullus et Jurieu étoient *deux œufs* si semblables qu'il n'y avoit nulle différence, dans la *sixième lettre* du *Tableau* M. Jurieu se contente « qu'il n'y ait pas dans le fond grande différence [1]. » Mais quelle plus grande différence veut-il trouver que celle du sens figuré au sens propre; que celle qui met en Dieu de l'imperfection et du changement et celle qui n'y en met pas; que celle qui introduit des variations dans les sentimens et celle qui n'en reconnoît que dans les expressions; que celle qui donne au christianisme une suite toujours uniforme et celle qui commet les pères avec les enfans, les premiers siècles avec la postérité, qui donne enfin une face hideuse au commencement de la religion et à toute l'Eglise chrétienne?

ARTICLE XI.

Que selon ses propres principes le ministre devoit recevoir le dénouement de Bullus, et qu'il tombe manifestement dans l'extravagance.

LXXXII. Que le caractère de comparaison qui se trouve dans les passages dont le ministre abusoit, ne lui permettoit pas de les prendre au pied de la lettre.

Mais pourquoi vouloir obliger le ministre Jurieu, un si grand original en matière de théologie, à suivre les sentimens de Bullus? Je le dirai en un mot : c'est qu'il s'y devoit obliger lui-même, pour n'avoir point à dire cent absurdités qu'on vient d'entendre, avec cent autres qu'on découvrira dans la suite; et si l'on veut parler plus à fond, c'est que le sentiment de Bullus portoit, surtout dans un homme qui comme M. Jurieu fait profession de reconnoître la divinité de Jésus-Christ, un caractère manifeste de vérité qu'on ne pouvoit rejeter sans extravagance. Car d'abord tous les endroits dont le ministre abuse étoient constamment des comparaisons, des similitudes, ou si vous voulez, des métaphores, puisque les métaphores ne sont autre chose que des similitudes abrégées, et encore des similitudes tirées des choses sensibles pour les transporter aux divines. De là venoient ces extensions,

[1] P. 241, 265.

ces portions de lumière et les autres choses semblables que nous avons observées : c'étoit si peu des expressions précises et littérales, qu'on en cherchoit d'autres pour redresser ce qu'elles pouvoient avoir de défectueux; et le caractère de similitude y étoit si marqué, qu'il n'y a rien, comme on a vu, de si ridicule à notre ministre que d'avoir voulu pousser à bout ces comparaisons.

Celles qu'on tire de l'ame, qui est un esprit que Dieu a fait à son image, sont plus pures, mais toujours infiniment disproportionnées à la nature divine. L'architecte, avons-nous dit, répand son idée et tout son art sur son ouvrage : ce qu'il a mis au dehors est en quelque façon ce qu'il avoit conçu au dedans : tout cela se peut appliquer à Dieu lorsqu'il produit le monde par son Verbe; mais il faut y apporter les distinctions nécessaires : car tout cela dans le fond n'est que similitude et métaphore même à l'égard de l'architecte mortel, qui à la rigueur garde toujours sa pensée, et ne la met pas hors de lui quand il bâtit : à plus forte raison tout cela n'est que bégaiement et imperfection à l'égard de Dieu.

LXXXIII. Que visiblement les comparaisons tirées des opérations de notre ame n'étoient sencore qu'un bégaiement en les comparant à la naissance du Verbe.

Mais la comparaison que les Pères pressent le plus est celle de notre pensée et de notre parole, ou comme parle la théologie, de nos deux paroles : l'intérieure par laquelle nous nous entretenons en nous-mêmes, et l'extérieure par laquelle nous nous exprimons au dehors. Tous les Pères ont entendu après l'Ecriture que le Fils de Dieu étoit son Verbe, sa parole intérieure, son éternelle pensée et sa raison subsistante, parce que verbe, parole et raison, c'est la même chose; et pour la parole extérieure ils la trouvoient attribuée à Dieu au commencement de la *Genèse*, lorsqu'il dit : « Que la lumière soit, et la lumière fut : qu'il se fasse une étendue, » ou « un firmament, et il se fit une étendue, » ou « un firmament [1]; » et ainsi du reste. Il est bien clair que cette expression de la *Genèse*, qui fait prononcer à Dieu une parole extérieure, est une similitude qui nous représente en Dieu la plus parfaite, la plus efficace et pour ainsi dire la plus royale, et en même temps la plus vive et la plus intellectuelle manière de faire

LXXXIV. Que toute la suite du discours des Pères conduisoit naturellement l'esprit au sens figuré et métaphorique.

[1] *Gen.*, I, 3 et seq.

les choses, lorsqu'il n'en coûte que de commander et qu'à la voix du souverain, qui demeure tranquille dans son trône, tout un grand empire se remue. Ainsi Dieu commande par son Verbe ; et non-seulement toute la nature, et autant l'insensible que la raisonnable, mais encore le néant même obéit. Une si belle similitude méritoit bien d'être continuée ; mais en la continuant il falloit toujours se souvenir de son origine. On a suivi la comparaison en disant que cette parole : « Que la lumière soit, » et les autres de même nature, étoient en Dieu comme en nous l'image de la pensée ; qu'en disant : « Que la lumière soit, » Dieu avoit produit au dehors ce qu'il avoit au dedans, son idée, son intelligence, son Verbe en un mot qui est son Fils : qu'il l'avoit « proféré, prononcé, manifesté au dehors, » à la manière que nous l'avons vu [1] : qu'alors il l'avoit créé, engendré, enfanté en quelque façon, comme un discours que nous prononçons après l'avoir médité, est en quelque sorte la production et l'enfantement de notre esprit. On sent bien naturellement que tout cela est la suite d'une comparaison ; mais le ministre veut tout prendre rigoureusement. En poussant la comparaison, Tertullien dit que cette prononciation extérieure où Dieu profère ce qu'il pensoit, en disant : « Que la lumière soit faite, » et le reste, est la parfaite nativité du Verbe [2] : le ministre conclut de là que le Verbe en toute rigueur est vraiment enfanté. Mais comme Tertullien attribue la perfection à cette seconde nativité, à cause qu'en un certain sens et à notre manière d'entendre, une chose est regardée comme plus parfaite, lorsqu'elle se manifeste par son action : le ministre s'obstine encore à dire au pied de la lettre que le Verbe change, et acquiert sa perfection par cette seconde naissance ; et parce que le même auteur ajoute après, que le Verbe par ce moyen est sorti du sein de son Père, ou pour mettre ses propres paroles (car il ne faut point obscurcir les choses par trop de délicatesse), « qu'il est sorti de la matrice de son cœur [3], » le ministre conclut encore qu'avant que Dieu eût parlé, le Verbe étoit dans son sein, mais seulement comme conçu, au lieu que par sa parole il a été vraiment engendré et mis au jour. Voilà dans Tertullien

---

[1] Ci-dessus, n. 60 et suiv. — [2] Tertul., *Adv. Prax.*, n. 5-7. — [3] *Ibid.*

tout le fondement de ces enveloppemens et développemens tant vantés, et de cette double naissance qu'on veut prendre au pied de la lettre : et parce que cet auteur a entassé comparaison sur comparaison, et métaphore sur métaphore, pour trouver parmi les anciens des variations plus que dans les termes, il faudra leur faire tout dire à la lettre et embrouiller toute leur théologie. Ne voilà-t-il pas une rare imagination et une chose bien difficile à entendre, que le dénouement de Bullus qui rejette ces idées ?

Mais enfin je vais vous forcer à le recevoir ; car cette parfaite nativité de Tertullien n'arrive qu'à ces paroles : « Que la lumière soit faite : » ce fut alors et à cette voix que, dit Tertullien, le Verbe « reçut son ornement et sa parfaite nativité [1]. » Ce sont les mots de cet auteur. Mais cette parole : « Que la lumière soit, » ne se fait entendre qu'après qu'il a été dit : « Au commencement Dieu créa le ciel et la terre [2] : » Le ciel et la terre étoient donc que le Verbe n'étoit pas encore ; ou en tout cas il n'avoit pas son être distinct, comme vous le vouliez en 1689, ou son être développé, comme vous l'avez mieux aimé en 1690. Le Verbe étoit donc alors aussi informe que le monde. Mais par qui donc avoient été faits le ciel et la terre ? N'est-ce pas encore par le Verbe ? Et saint Jean en a-t-il trop dit lorsqu'il a prononcé : « Toutes choses ont été faites par lui ; » et pour appuyer davantage : « Sans lui rien n'a été fait de ce qui a été fait [3] ? » Mais si vous êtes forcé par cette parole de saint Jean, à dire que dès ce premier commencement le ciel et la terre ont eu par le Verbe tout ce qu'ils avoient d'existence, le Verbe les a-t-il faits avant que d'être lui-même, ou avant que d'être parfait ou formé et développé, comme vous parlez ? Est-ce qu'il s'élevoit à sa perfection, à mesure qu'il perfectionnoit son ouvrage ? Ou bien est-ce qu'il est venu à trois fois et non plus à deux : une fois dans l'éternité, foible embryon qui avoit besoin du sein de son Père, d'où par un premier effort il commença à le produire lorsqu'il créa en confusion le ciel et la terre, pour l'enfanter tout à fait lorsqu'il produisit la lumière ? Quoi ! vous n'ouvrez pas encore les yeux, et vous n'apercevez pas qu'en toutes ces choses il n'y a point d'autre dénouement que

LXXXV. Démonstration manifeste que tout ici se devoit entendre par similitude.

---

[1] Tertull., *Adv. Prax.*, n. 7. — [2] *Gen.*, I, 1. — [3] *Joan.*, I, 3.

des significations mystiques, c'est-à-dire des similitudes? En vérité vous êtes outré, et on ne peut plus raisonner avec vous.

LXXXVI. *S'il est possible que Tertullien et les autres Pères aient pensé les extravagances que le ministre leur impute.*

Mais pourquoi, me dira-t-on, ne voulez-vous pas que Tertullien ait pu penser des extravagances? Si c'étoit Tertullien tout seul, quoiqu'il n'y ait aucune apparence qu'il en ait pensé de si énormes, ce ne seroit pas la peine de disputer pour ce seul auteur. Mais puisque vous ne voulez excepter de ces folles imaginations aucun auteur des trois premiers siècles, vous mettez en vérité trop d'insensés à la tête de l'Eglise chrétienne, et vous donnez à la religion un trop foible commencement.

LXXXVII. *Que l'explication qu'on a donnée à Tertullien sert à plus forte raison pour les autres Pères.*

Au surplus il ne faut pas s'imaginer que le dénouement qu'on vient de voir ne serve que pour Tertullien; au contraire je n'ai choisi cet auteur qu'à cause que c'est lui qui par son style ou ferme ou dur, comme on voudra l'appeler, enfonce le plus ses traits et appuie le plus fortement sur ces deux naissances, étant même le seul qui nous a nommé cette parfaite nativité qu'on vient d'entendre; de sorte qu'on ne peut douter que le dénouement qu'on emploie pour Tertullien, à plus forte raison ne serve aux autres, au nombre de cinq ou six qui ont eu à peu près la même pensée; et en voici une raison qui ne laissera aucune réplique au ministre.

LXXXVIII *Aveu du ministre, qu'on ne peut entendre Tertullien et les autres Pères sans avoir recours au sens figuré*

Le même Tertullien, lorsque Dieu proféra ces mots : « Que la lumière soit faite, » dit « qu'il proféra une parole sonore, » comme le traduit M. Jurieu [1], *vox et sonus oris, aër offensus intelligibili auditu* [2]. Le ministre croit trouver la même chose dans Lactance, dans saint Hippolyte et dans Théophile d'Antioche, qui selon lui ont admis cette parole « sonore, » c'est-à-dire sans difficulté, comme il en convient, « une parole externe et proférée à l'extérieur. » Mais a-t-il pris au pied de la lettre les expressions de ces Pères? Point du tout; il a bien su dire qu'on voit bien que « cela ne se doit pas prendre à la rigueur, comme a fait le Père Pétau ; » on le voit bien par l'absurdité excessive de ce sentiment, qui ne peut jamais être tombé dans une tête sensée. Pourquoi donc n'ouvrir pas les yeux à de semblables absurdités qu'il attribue lui-même à ces Pères? Pourquoi ne pas recourir à une

---

[1] *Tabl.*, lett. VI, p. 260. — [2] Tertull., *adv. Prax.*, n. 7.

figure qu'il a déjà reconnue en cette même occasion dans ces auteurs? Et pourquoi s'obstiner toujours à leur faire dire au sens littéral, que le Verbe naisse imparfait dans le sein de Dieu, que son Père ou n'ait pas pu ou n'ait pas voulu lui donner sa perfection d'abord?

La suite même des choses excluoit ce dernier sens. Les mêmes qui ont employé dans leurs interprétations cette parole résonnante, l'ont considérée comme un corps et un revêtissement que Dieu donnoit à son Verbe ; de même que nos paroles sont une espèce de corps et de revêtissement que nous donnons à nos pensées. En suivant la comparaison et pour donner plus de substance ou, si l'on veut, plus de corps à cette parole résonnante par laquelle on veut que Dieu ait créé la lumière, quelques-uns de ces auteurs lui ont attribué une subsistance durable, semblable à celle que nous donnons à nos pensées et à nos paroles, lorsque nous les mettons par écrit. Tout cela est-il vrai à la rigueur? Dieu a-t-il écrit ce qu'il disoit? Mais a-t-il effectivement parlé? A qui et en quelle langue? A la matière qui étoit muette et sourde? Ou aux hommes qui n'étoient pas? Ou aux anges à qui il ait donné pour cela des oreilles comme à nous? Forcé par l'absurdité d'une telle imagination, le ministre reconnoît ici une figure dont l'esprit est en deux mots, que Dieu agit au dehors par son Verbe qui est son Fils; qu'il agit en commandant, c'est-à-dire avec un pouvoir absolu; que le Verbe par qui il commande, et qui est lui-même son commandement ainsi qu'il est sa parole, est une personne [1] ; et que la même vertu par laquelle il a une fois créé le monde, subsiste éternellement pour le conserver.

LXXXIX. Que toutes les locutions des Pères déterminoient l'esprit au sens figuré

Pour pousser à bout le ministre par ses propres principes, voici en 1690 comme il prouve que les anciens ont reconnu le Fils de Dieu éternel, non plus « en germe et en semence, » comme il disoit en 1689, car il ne l'a plus osé dire depuis, mais en existence et en personne : « Ce seroit, dit-il, une erreur folle de croire comme ils ont cru qu'il est engendré de la substance du Père sans croire qu'il soit éternel [2]. » Il a raison ; car pour en venir à cette folie, il faudroit croire que la substance de Dieu ne seroit pas

XC. Principe du ministre, qui ne veut pas qu'on prenne les Pères pour des insensés : qu'avec sa double génération il les fait plus insen-

---

[1] Ci-dessus, n. 39. — [2] P. 239.

éternelle, ou qu'on en pourroit séparer son éternité. Passons outre : cela est trop clair pour nous arrêter davantage. Le ministre ajoute ailleurs en parlant des mêmes Pères [1], « qu'il faut croire que ceux qui errent ne sont pas fous ; et que ce seroit l'être et se contredire d'une manière folle, que de dire absolument d'une part, que le Fils est une même substance et qu'il est coéternel au Père, et dire cependant qu'il aura commencé. » A la bonne heure : il ne veut donc pas que les anciens soient fous, ni qu'ils se contredisent d'une manière folle ; mais si c'est une absurdité de croire qu'on soit de même substance sans être coéternel, ou qu'on soit coéternel, et que cependant on ait commencé : ce n'en est pas une moindre ni moins sensible que de croire qu'on soit de même substance, sans croire qu'on soit aussi en tout et partout de même perfection ; que de croire qu'on soit éternel, sans croire qu'on le soit aussi en tout ce qu'on est ; que de croire avec tous les Pères qu'on soit immuable, et qu'on change cependant ; que la substance soit indivisible, et qu'on n'en tire au pied de la lettre qu'une portion ; ou qu'on s'enveloppe et se développe l'un de l'autre, sans être des corps et sans changer ; que de croire enfin qu'on soit Dieu sans être parfait, ou qu'on soit parfait ou heureux lorsqu'on manque de quelque chose ; ou qu'il n'arrive point de changement dans la substance du Père, lorsqu'il survient quelque chose à son Fils qui est dans son sein ; ou que le Père ne soit pas d'abord parfaitement Père, et qu'il laisse mûrir son fruit dans ses entrailles, comme une mère impuissante ; et toutes les extravagances aussi brutales qu'impies que nous avons vues.

XCI. Je maintiens que les ariens et les sociniens n'ont rien de si insensé que cette doctrine ; car on peut bien avoir cru, ou avec les orthodoxes que le Fils de Dieu fût né de toute éternité par une seule et même naissance, ou qu'il fût né tout à fait et tout entier dans le temps, et vraiment tiré du néant : voilà deux extrémités infiniment opposées, mais qu'on peut tenir séparément l'une et l'autre, sinon avec vérité, du moins avec des principes en quelque sorte suivis ; mais qu'en supposant le Fils de Dieu éternel et de même substance que Dieu, on le supposât en même temps si

[1] P. 261.

imparfait qu'il ne pût venir d'abord tout entier et qu'il lui fallût du temps pour le mettre à terme, ou que son Père le changeât lui-même volontairement dans son sein, et l'avançât à sa perfection avec le temps : c'est attribuer au Père et au Fils tant d'impuissance, tant d'imperfection et un si pitoyable changement, qu'on ne peut l'avoir pensé de cette sorte, comme le ministre le fait penser non à trois ou à quatre inconnus, mais à tous les Pères des trois premiers siècles, sans une folie consommée.

rien à comparaison.

Et sans tant de raisonnemens, qui obligeoit à prendre toujours à la lettre Tertullien [1], le plus figuré, pour ne pas dire le plus outré de tous les auteurs? Car peut-on en expliquer seulement six lignes dans les endroits dont il s'agit, sans avoir cent fois recours à la figure? Cette parole sonore que nous avons vue, n'est-ce pas une inévitable figure, de l'aveu du ministre Jurieu? « Dieu s'agitoit en lui-même, » comme Tertullien le répète par deux fois [2], « et il travailloit en pensant » à faire le monde : le peut-il dire à la lettre, lui qui dit dans les mêmes lieux, « que rien n'est difficile à Dieu, et qu'à lui vouloir et pouvoir c'est la même chose? Avant que Dieu eût parlé, » dit encore Tertullien, « il médita ce qu'il alloit faire [3]. » N'y pensoit-il pas auparavant et de toute éternité? « Aussitôt que Dieu voulut mettre au jour ce qu'il avoit disposé, il proféra son Verbe. » Ne pensa-t-il donc encore un coup à son ouvrage que lorsqu'il donna ses ordres pour l'exécuter? Qui ne voit manifestement les mêmes façons de parler, qui font dire que Dieu se repent ou qu'il se fâche? Mais si pour conserver dans ces expressions la majesté infinie du Père céleste, il faut nécessairement sortir du sens littéral et rigoureux, quelle peine peut-on avoir à les adoucir pour l'amour du Fils de Dieu? Mais en les adoucissant, tout vous échappe : vos deux nativités s'en vont, puisque Tertullien est le seul où vous trouvez la parfaite nativité et la conception du Verbe, et qu'enfin vous n'avez point de plus ferme appui de votre cause.

XCII. *Que dans les passages de Tertullien, objectés par le ministre, la métaphore saute aux yeux à toutes les lignes.*

Mais il objecte que Tertullien a dit des choses encore plus dures,

XCIII. *Mauvaise*

---

[1] Tertull., *Adv. Prax.*, n. 7. — [2] *Cont. Hermog.*, n. 18; *ibid.*, 45. — [3] *Adv. Prax.*, n. 10.

90   SIXIÈME AVERTISSEMENT.

foi du ministre qui objecte des passages de Tertullien, que lui-même il ne peut prendre au pied de la lettre.
puisqu'il y a des passages où il dit que « le Père seul étoit éternel, » et que le Fils a eu un commencement [1].

Sans entrer dans la discussion de ces passages, on voit bien que le ministre les allègue à tort, puisque c'est évidemment contre lui-même; car constamment ce qu'ils contiennent est si excessif, qu'on ne le peut soutenir au pied de la lettre que dans le sens des ariens, qui nient l'éternité du Fils de Dieu. Il faut donc ou les abandonner à ces hérétiques, ce que le ministre ne veut pas; ou bien les tempérer par quelque figure, qui est pourtant précisément ce qu'il nous conteste.

XCIV. *Mauvaise foi du ministre, évidemment démontrée par la réponse qu'il fait lui-même à Tertullien.*
Et pour montrer qu'il ne veut qu'amuser le monde, il ne faut qu'entendre ce qu'il dit lui-même sur ces passages de Tertullien : « C'estoit, dit-il, un esprit de feu qui ne sçavoit garder de mesure en rien, et qui outroit tout. En disputant avec sa chaleur ordinaire contre Hermogène, qui faisoit la matière éternelle, il a poussé sans borne la théologie de son siécle sur la seconde génération du Fils, pour montrer que rien n'estoit, à parler proprement, éternel que le Père; mais il ne faut pas s'imaginer qu'il ait eû dessein de nier cette existence éternelle qu'il donnoit au Verbe dans le sein et dans le cœur de Dieu [2]. » Tout ce discours aboutit à vouloir trouver de la justesse dans les mouvemens d'une imagination qu'on suppose si échauffée. Mais après tout, pour faire sentir au ministre la bizarrerie de ses pensées, demandons-lui ce qu'il prétend faire de Tertullien? Un arien qui ne veuille pas que le Fils soit de même substance que son Père? Cet auteur a dit cent fois le contraire : et le ministre en convient. Quoi donc? un fou qui ne crût pas que l'éternité fût de la substance de Dieu, ou qui crût qu'on pût être Dieu sans être éternel? Il a dit tout le contraire dans le propre livre d'où est tiré le passage dont nous disputons. « Par où, dit-il, connoît-on Dieu et le met-on dans son rang, que par son éternité [3]? » Et ailleurs : « La substance de la Divinité c'est l'éternité, qui est sans commencement et sans fin [4]. » Donc le Fils de Dieu étant Dieu, de même substance que Dieu, il faut qu'il soit éternel. Enfin que voulez-vous donc que Tertullien

---

[1] P. 240. — [2] Jur., *Tabl.*, lett. VI, p. 262. — [3] Tertull., *Cont. Herm.*, n. 4. — [4] *Ad Nat.*, lib. II, cap. III.

ait pensé, lorsqu'il a dit que le Fils de Dieu n'étoit pas sans commencement? C'est, dites-vous, qu'il n'étoit pas sans commencement selon une manière d'être et en qualité de Verbe, quoiqu'il fût sans commencement dans le fond de sa personne et en qualité de Sagesse. D'abord cela est absurde, et à le prendre au pied de la lettre, contre toutes les idées des chrétiens. Mais passons tout au ministre. Supposé que Tertullien contre ses propres principes et contre tout ce qu'il a dit dans les endroits qu'on a vus, ait voulu faire le Fils de Dieu muable et né deux fois à la rigueur, aura-t-il du moins raisonné juste? Point du tout, dit M. Jurieu, il aura toujours « poussé sans borne la théologie de son siècle [1]; » et il demeurera pour certain qu'il n'a pas dû dire que le Fils de Dieu eût commencé d'être, puisqu'il a, selon lui-même, une subsistance éternelle. Mais poussons encore plus avant. Cet auteur n'a-t-il pas dit clairement en plusieurs endroits, et même *Contre Hermogène*, qui est le livre dont il s'agit, que ce qui est éternel ne change en rien, ni en substance, ni en qualité, ni en accident, ni enfin en quoi que ce soit? Nous en avons vu les passages qui ne souffrent point de réplique [2]. Mettez qu'avec ces principes un homme entreprenne de dire que celui qui est éternel naisse deux fois au pied de la lettre, et qu'une seconde naissance lui ôte ce qu'il avoit, ou lui ajoute ce qu'il n'avoit pas, cela ne se peut, et l'humanité y résiste. On ne peut pas si ouvertement se contredire soi-même, ni oublier à l'instant ce qu'on vient d'écrire. En tout cas Tertullien se sera donc contredit; il se sera donc oublié : il faudroit donc pour cette fois laisser là ce dur Africain, sans faire un crime à toute l'Eglise des obscurités de son style et des irrégularités de ses pensées.

XCV. On indique le vrai dénouement du passage de Tertullien contre Hermogène, et on démontre manifestement la mauvaise

Je ne parle pas en cette sorte de Tertullien dans l'opinion de ceux qui s'imaginent avoir droit de le mépriser, à cause que son style est forcé, et qu'il s'abandonne souvent à sa vive et trop ardente imagination; car il faut avoir perdu tout le goût de la vérité, pour ne sentir pas dans la plus grande partie de ses ouvrages, au milieu de tous ses défauts, une force de raisonnement qui nous enlève : et sans sa triste sévérité, qui à la fin lui fit préférer les

[1] Jur., *Tabl.*, lett. VI, p. 162. — [2] Ci-dessus, n. 31.

foi du ministre.

rêveries du faux prophète Montan à l'Eglise catholique, le christianisme n'auroit guère eu de lumière plus éclatante. Je ne l'abandonne donc pas en cet endroit; et je croirois au contraire pouvoir faire voir, s'il en étoit question, que tout ce qu'il a de dur dans son livre *Contre Hermogène*, il ne le dit pas selon sa croyance, mais en poussant son adversaire selon ses propres principes. Maintenant il me suffit de démontrer l'injustice de notre ministre, qui ne cite de bonne foi aucun des Pères qu'il produit, et qui renverse lui-même le témoignage qu'il tire de Tertullien, en voulant le prendre à la lettre dans un endroit où il avoue qu'il est outré au delà de toute mesure.

XCVI. *Raisons du ministre pour exclure la métaphore de Bullus: absurdité manifeste de la première.*

On a honte des pitoyables raisons qu'il oppose à Bullus, qui lui montroit le grand chemin : les voici. La première : « On ne prouve pas les métaphores, » comme les anciens ont prouvé cette seconde naissance et ce développement du Verbe; « car les métaphores sont des faussetez prises et prouvées dans le sens littéral [1]. » Voilà de ces faux principes qu'on jette en l'air, quand on ne sait ce qu'on dit, et qu'on ne veut qu'étourdir un lecteur; car le contraire de ce qu'il avance est incontestable. On prouve les similitudes et les comparaisons, soit qu'elles soient étendues, soit qu'elles soient abrégées et réduites en métaphores, quand on les explique et qu'on en montre les convenances. On prouve tous les jours aux Juifs que Jésus-Christ est cette étoile de Jacob que vit Balaam [2], cette fleur de la tige de Jessé que vit Isaïe [3], cette pierre rejetée d'abord, et puis mise à l'angle que chanta David [4]. Nous prouvons très-bien aux protestans que l'Eglise « est la maison bâtie sur la pierre [5]; » c'est-à-dire qu'elle est inébranlable, « et la cité élevée sur une montagne [6], » c'est-à-dire qu'elle est toujours visible : les protestans eux-mêmes prouvent tous les jours que les sacremens sont des sceaux de la grace et de l'alliance, contre ceux qui n'y reconnoissent que de simples signes de confédération entre les fidèles. On prouve donc une métaphore et une figure, lorsqu'on prouve qu'une figure explique parfaitement bien une vérité et qu'elle épuise tout le sens d'un discours; ainsi les Pères ont très-

---

[1] *Tabl.*, lett. VI, p. 248. — [2] *Num.*, XXIV, 17. — [3] *Isa.*, XI, 1. — [4] *Psal.* CXVII, 22. — [5] *Matth.*, VII, 24, 25. — [6] *Ibid.*, V, 14.

bien prouvé, non pas que le Verbe, qui est né de toute éternité, naisse de nouveau au commencement des temps, car cela porte son absurdité dans ses propres termes; mais que le Verbe qui étoit caché dans le sein de son Père a opéré au dehors, et qu'il a été manifesté lorsque Dieu a commandé à l'univers de paroître : ce qui étoit en un certain sens produire son Verbe et mettre au jour sa pensée, comme il a été expliqué souvent.

La seconde raison n'est pas meilleure : « En disputant contre les hérétiques, ou contre les païens ennemis du mystére de la Trinité, parler métaphoriquement ce seroit la derniére imprudence et une inexactitude qui ne pourroit se supporter [1]. » Au contraire c'est précisément les esprits grossiers des païens qu'il falloit tâcher d'élever aux vérités intellectuelles par des expressions tirées des sens : aussi tout est-il rempli de ces expressions dans les livres qu'on a faits pour les instruire; et il faut n'avoir rien lu, ou n'avoir rien digéré pour le nier. J'en dis autant des hérétiques. On a si peu évité les similitudes ou, si l'on veut, les métaphores dans les écrits qu'on a faits pour les confondre, qu'on en a même inséré dans les symboles où on les condamne; puisqu'on a dit dans celui de Nicée : « Dieu de Dieu, lumière de lumière. » Les hérétiques sont grossiers à leur manière, quoiqu'ils soient encore plus opiniâtres. Comme opiniâtres on les abat par la parole de Dieu; comme grossiers, on se sert de tous les moyens par où on tâche d'élever les esprits infirmes à la sublimité des mystères. Il n'y a donc rien de plus pitoyable que de raisonner en cette sorte : « Tertullien disputoit contre Praxéas et contre des hérétiques qui nioient la Trinité; Théophile disputoit contre des païens [2] : » donc ils ne devoient point user de métaphores. Mais au contraire tout en est plein dans ces ouvrages, et entre autres on y voit en termes précis celle dont nous disputons. C'est dans le livre *Contre Praxéas* que Tertullien attribue la seconde naissance du Fils à cette « parole sonore et extérieure » dont nous venons de parler. Le ministre en produit lui-même le passage [3], et le traduit en ces termes : « Alors, dit Tertullien [4], la parole receut sa beauté et son ornement, sçavoir la voix et le son, quand Dieu

XCVII.
Faux axiome du ministre, qui dit qu'on ne se sert pas de métaphores avec les païens ni avec les hérétiques; il détruit lui-même ce faux principe.

[1] *Tabl.*, lettr. VI. p. 248. — [2] *Ibid.* — [3] P. 245. — [4] Tert., *Adv. Prax.*, cap. VI, VII.

dit : Que la lumière soit; et c'est là la parfaite naissance de la parole. » Or c'est précisément de cette expression de Tertullien que le ministre a prononcé, comme on a vu, qu'il ne la faut pas entendre à la rigueur [1]. Il trouve la même expression dans le livre de Théophile contre les païens [2]. Ainsi dans ces deux auteurs cette seconde naissance est visiblement exprimée par une similitude : et le ministre songe si peu à ce qu'il dit, qu'il exclut cette figure, non-seulement des mêmes ouvrages, mais encore des mêmes passages où il l'admet.

XCVIII. Que le ministre, pour éviter de faire dire des absurdités aux anciens, leur en fait dire de plus outrées.

La troisième et la dernière raison a déjà été touchée : c'est, dit le ministre, « que sur une simple métaphore, les anciens ne se seroient pas emportez à dire des choses si dures, en disputant contre l'éternité de la matiére [3]. » Ces anciens, qui ont dit ces duretés au sujet de l'éternité de la matière, se réduisent à Tertullien, qui semble dire que le Fils de Dieu « a eu un commencement, et qu'il n'y a que le Père qui soit éternel; » et le ministre prétend que pour sauver cet esprit outré, comme il l'appelle, et couvrir les absurdités vraies ou apparentes de son discours, il faut lui en faire dire de plus excessives, n'y en ayant point de pareilles à celles de ces deux naissances, ni qui soient pleines d'ignorances, de contradictions et d'erreurs plus insensées.

XCIX. Le ministre a senti lui-même que ses sentimens étoient outrés.

On voit donc qu'il n'y avoit rien de plus naturel que le sentiment de Bullus, et que le ministre y étoit entré en quelque façon. J'ai même remarqué qu'en attribuant à l'ancienne Église les absurdités de ces deux naissances, il n'a pu s'empêcher d'en faire paroître une secrète peine [4]; c'est pourquoi bien qu'il eût dit et redit qu'il vouloit prendre à la lettre et sans figure ces portions et ces extensions de la nature divine, il a fallu y ajouter des *pour ainsi dire,* qui adoucissoient la rigueur d'un dogme affreux. Cette seconde naissance s'est faite « par voie d'expulsion, pour ainsi dire [5]; Dieu, pour ainsi dire, développant ce qui étoit renfermé dans ses entrailles [6]. » Et encore qu'il se propose dans tout son ouvrage de faire voir des changemens véritables et de nouvelles manières d'être réellement attribuées à Dieu par les saints Pères (au-

[1] P. 260. — [2] *Ibid.* — [3] *Tabl.,* lett. VI, p. 248. — [4] Ci-dessus, n. 88. — [5] P. 257. — [6] P. 258.

trement ses variations prétendues de l'ancienne Eglise s'en iroient à rien), il a fallu dire que ces manières d'être « sont en quelque sorte nouvelles ¹ : » c'est-à-dire qu'il a senti que son lecteur seroit offensé des imperfections et des nouveautés qu'il faisoit attribuer à Dieu par les anciens Pères. A la bonne heure; qu'il achève donc de se corriger, et qu'il laisse en repos les premiers siècles qui font l'honneur du christianisme. On voit bien qu'il le faudroit faire, et donner gloire à Dieu en se rétractant; mais il faudroit donc se résoudre à ne plus parler des variations de l'ancienne Eglise; et ce dangereux principe de M. de Meaux, que la religion ne varie jamais, demeureroit inébranlable.

Il s'élève ici contre moi une accusation dont voici le titre à la tête de l'article IV : *Fourberies de l'évesque de Meaux* ². Mais quelque rude que soit ce reproche, le ministre n'est pas encore content de lui-même; et examinant la conduite que j'ai tenue avec lui dans mon premier *Avertissement :* « On a peine, dit-il, à nommer une telle conduite; mais il s'y faut résoudre : on ne sçauroit donc l'appeler autrement qu'une friponnerie insigne ³. » Vous le voyez; il a peine à lâcher ce mot, tant les injures lui coûtent à prononcer : mais après qu'il a surmonté cette répugnance, il répète plus aisément la seconde fois : *La friponnerie de l'évesque de Meaux;* et on voit qu'il a de la complaisance pour cette noble expression. Le fondement de son discours est d'abord que je le renvoie au Père Pétau et à Bullus tout ensemble, pour apprendre les vrais sentimens des Pères des trois premiers siècles : « Pour achever son portrait, dit-il, M. de Meaux ne pouvoit mieux faire que de joindre, comme il a fait, Bullus à Pétau comme travaillant à la mesme chose, puisque Bullus s'est occupé presque uniquement à réfuter Pétau pied à pied ⁴. Ceux qui ont leû ces deux auteurs sont épouvantez d'une telle hardiesse ⁵, » de faire aller ensemble deux auteurs si directement opposés.

C. Le ministre, en accusant l'évêque de Meaux de fourberie et de friponnerie, trompe visiblement son lecteur, et lui dissimule ce qui ôteroit d'abord toute la difficulté.

Il dissimule que ce que j'allègue du Père Pétau n'est pas son second tome que Bullus réfute, mais une préface postérieure dont Bullus ne parle qu'une seule fois et en passant : et si j'avois à me plaindre de la candeur de Bullus, ce seroit pour avoir poussé le

¹ P. 266. — ² *Tabl.*, lett. VI. — ³ *Ibid.*, p. 292. — ⁴ P. 293. — ⁵ P. 290.

Père Pétau, sans presque faire mention de cette préface où il s'explique, où il s'adoucit, où il se rétracte, si l'on veut; en un mot, où il enseigne la vérité à pleine bouche.

CI. *Que le ministre objecte en vain le P. Pétau, qui s'est parfaitement expliqué dans la préface de son second tome des Dogmes théologiques.*

Quelle réplique à un fait si important? C'est une « friponnerie, » et, dit M. Jurieu [1], « on ne peut rien imaginer de plus infâme » que d'épargner le Père Pétau, et d'accuser ce ministre « qui dit beaucoup moins. » Mais pourquoi alléguer toujours le Père Pétau, qui a dit la vérité toute entière dans un écrit postérieur ? Que M. Jurieu l'imite; qu'il s'explique d'une manière dont la foi de la Trinité ne soit point blessée, nous oublierons ses erreurs : mais puisqu'au lieu de se corriger, plus il s'excuse plus il s'embarrasse, et qu'il s'obstine à soutenir dans la Trinité de la mutabilité, de la corporalité et de l'imperfection et, ce qui est en cette matière le plus manifeste de tous les blasphèmes, une réelle et véritable inégalité; ou qu'il craigne la main de Dieu avec ses faux dogmes, ou qu'il cesse de les soutenir, et de favoriser les impies.

CII. *Mauvaise foi du ministre, qui accuse le P. Pétau d'avoir établi dans sa préface la foi de la Trinité, comme auroient fait les ariens et les sociniens.*

Le ministre répond ici : « Que nous importe après tout ce qu'a dit le Père Pétau dans sa préface [2] ? » Mais c'est le comble de l'injustice; car c'est de même que s'il disoit : Que nous importe, quand il s'agit de condamner un auteur, de lire ses derniers écrits et de voir à quoi à la fin il s'en est tenu? Mais enfin pour en venir à cette préface : « Le Père Pétau, dit le ministre [3], y prouve la tradition constante de la foy de la Trinité dans les trois premiers siécles, comme un socinien ou du moins un arien la pourroit prouver. » Il faut avoir oublié jusqu'au nom de la bonne foi et de la pudeur pour écrire ces paroles. Bullus, le grand ennemi du Père Pétau, lui fait voir dans le seul endroit qu'il cite de cette préface [4], que le Père Pétau y a reconnu dans saint Justin « une profession de la foi de la Trinité, à laquelle il ne se peut rien ajouter, aussi pleine, aussi entière, aussi efficace qu'on l'auroit pu faire dans le concile de Nicée : d'où s'ensuit dans le Fils de Dieu la communion et l'identité de substance avec son Père, sans aucun partage, et en un mot la consubstantialité du Père

---

[1] P. 292. — [2] P. 293. — [3] *Ibid.* — [4] *Def. fid. Nic.*, sect. II, cap. IV, 53, p. 109; *Præf.* in tom. II, *Theol. Dogm.*, cap. III, n. 1.

et du Fils. » Le ministre ne rougit-il pas après cela d'avoir osé dire que le Père Pétau défend le mystère de la Trinité, comme auroit pu faire un arien et un socinien? Mais sans nous arrêter à ce passage, il ne faut qu'ouvrir la préface du Père Pétau, pour voir qu'il entreprend d'y prouver que les anciens « conviennent avec nous dans le fond, dans la substance, dans la chose même du mystère de la Trinité, quoique non toujours dans la manière de parler : » qu'ils sont sur ce sujet *sans aucune tache*[1] : qu'ils ont enseigné de Jésus-Christ « qu'il étoit tout ensemble un Dieu infini et un homme qui a ses bornes ; et que sa divinité demeuroit toujours ce qu'elle étoit avant tous les siècles, infinie, incompréhensible, impassible, inaltérable, immuable, puissante par elle-même, subsistante, substantielle, et un bien d'une vertu infinie [2] : ce qui étoit, ajoute le Père Pétau, une si pleine confession de foi de la Trinité, qu'aujourd'hui même, et après le concile de Nicée on ne pouvoit la faire plus claire [3]. » Voilà, selon M. Jurieu, établir la foi de la Trinité *comme pouvoit faire un arien*. Enfin le Père Pétau remarque même dans Origène, « la divinité de la Trinité adorable [4]; » dans saint Denis d'Alexandrie, « la co-éternité et la consubstantialité du Fils; » dans saint Grégoire Thaumaturge, « un Père parfait d'un Fils parfait, un Saint-Esprit parfait image d'un Fils parfait; » pour conclusion, *la parfaite Trinité* : et en un mot, « dans ces auteurs de la droite et pure confession de la Trinité [5] : » en sorte que, lorsqu'ils semblent s'éloigner de nous, c'est selon ce Père [6], ou bien avant la dispute, comme disoit saint Jérôme [7], « moins de précaution dans leurs discours, le substantiel de la foi demeurant le même jusque dans Tertullien, dans Novatien, dans Arnobe, dans Lactance » même et dans les auteurs les plus durs [8]; ou en tout cas des ménagemens, des condescendances, et comme parlent les Grecs, des économies qui empêchoient de découvrir toujours aux païens encore trop infirmes, « l'intime et le secret du mystère avec la dernière précision et subtilité [9]. » Par conséquent il est constant, selon le Père Pétau,

[1] *Præf.*, cap. I, n. 10, 12; cap. II, cap. III, etc. — [2] *Ibid.*, cap. IV, n. 2. — [3] *Ibid.* — [4] *Ibid.*, n. 3. — [5] *Ibid.*, n. 4, 5. — [6] *Ibid.*, cap. III, n. 6. — [7] Hier., *Apol.* I, nunc *Apol.* II *ad Rufin.* — [8] *Ibid.*, cap. V, n. 1, 3, 4. — [9] *Ibid.*, cap. III, n. 3; 1 *Avert.*, n. 28.

que toutes les différences entre les anciens et nous dépendent du style et de la méthode, jamais de la substance de la foi.

<small>CIII. Que ce que le ministre objecte du P. Pétau et de M. l'abbé Huet, nommé évêque d'Avranches, ne l'excuse pas.</small> Voilà d'abord une réponse qui ferme la bouche : mais d'ailleurs quand ce savant jésuite ne se seroit pas expliqué lui-même d'une manière aussi pure et aussi orthodoxe qu'on vient de l'entendre, à Dieu ne plaise qu'il soit rien sorti de sa bouche qui approche des égaremens de M. Jurieu. Ce ministre croit me mettre aux mains avec les savans auteurs de ma communion, en proposant à chaque page le grand savoir « du Père Pétau et de M. Huet [1], et me reprochant en même temps que si j'avois traversé comme eux le païs de l'antiquité, je n'aurois pas fait des avances si téméraires ; mais qu'aussi je ne sçavois rien d'original dans l'histoire de l'Eglise, et que ni je n'avois veû par moy-mesme les variations des anciens, ni bien éxaminé les modernes qui ont traité de cette matière. » C'est ainsi qu'il m'oppose ces deux savans hommes. Mais quelle preuve nous donne-t-il de leur grand savoir dans les ouvrages des Pères? J'en rougis pour lui : « C'est qu'ils » les ont faits ce qu'ils ne sont pas, de son aveu propre ; c'est-à-dire « le Pére Pétau formellement arien, et M. Huet guére moins [2]. » C'est ainsi qu'il met le savoir de ces deux fameux auteurs, en ce qu'ils ont imputé aux Pères des erreurs dont lui-même il les excuse. Je ne veux, pour moi, disputer du savoir ni avec les vivans ni avec les morts ; mais aussi c'est trop se moquer de ne les faire savans que par les fautes dont on les accuse, et de ne prouver leurs voyages dans ces vastes pays de l'antiquité, que parce qu'ils s'y sont souvent déroutés. Je lui ai montré le contraire du Père Pétau par sa savante préface. Pour ce qui regarde M. Huet, avec lequel il veut me commettre, il se trompe : je l'ai vu dès sa première jeunesse prendre rang parmi les savans hommes de son siècle, et depuis j'ai eu les moyens de me confirmer dans l'opinion que j'avois de son savoir durant douze ans que nous avons vécu ensemble. Je suis instruit de ses sentimens, et je sais qu'il ne prétend pas avoir fait arianiser ces saints docteurs, comme le ministre l'en accuse. A peine a-t-il prononcé quelque censure qu'il l'adoucit un peu après. Il entreprend de faire voir dans les

---

[1] P. 278. — [2] *Tabl.*, lett. VI, p. 291.

locutions les plus dures de son Origène même [1], comme sont celles de créature, et dans les autres « qu'on le peut aisément justifier ; que la dispute est plus dans les mots que dans les choses ; que si on le condamne en expliquant ses paroles précisément et à la rigueur, on prendra des sentimens plus équitables en pénétrant sa pensée. » Il est même très-assuré qu'il ne traitoit pas exprès cette question, et qu'il n'a parlé des autres Pères que par rapport à Origène, ou pour l'éclaircir ou pour l'excuser. Enfin il est si peu clair que ce prélat fasse Origène ennemi de la consubstantialité du Fils de Dieu, que pour justifier ce Père sur cette matière, le protestant anglois qui nous a donné son *Traité de l'Oraison,* nous renvoie également à *M. Huet et à Bullus* [2]. Je n'en dirai pas davantage : un si savant homme n'a pas besoin d'une main étrangère pour le défendre ; et si quelque jour il lui prend envie de réfuter les louanges que le ministre lui donne, il lui fera bien sentir que ce n'est pas à lui qu'il faut s'attaquer. Mais après tout, quand il seroit véritable que le Père Pétau autrefois, et M. Huet aujourd'hui, auroient aussi maltraité les anciens que le prétend M. Jurieu, leur ont-ils fait dire comme lui que la nature divine est changeante, divisible et corporelle ? Ont-ils dit que la perfection de l'Etre divin, sa spiritualité et son immutabilité n'étoient pas connues alors « que l'opinion constante et régnante » étoit opposée à la foi de la Providence ; et les autres impiétés par où le ministre fait voir qu'on ôtoit à Dieu dans les premiers siècles, non-seulement ses Personnes, mais ce qui est pis, son escence propre et les attributs les plus essentiels à la nature divine, que les païens même connoissoient ? Quand donc le ministre assure que j'épargne les savans de mon parti et que je le poursuis en toute rigueur, lui qui en a dit infiniment moins [3], il jette en l'air ses paroles sans en connoître la force, puisqu'il n'y a rien eu jusqu'ici qui ait égalé ses égaremens sur ce sujet. Il se vante « d'avoir dit en propres termes *dans ses lettres de* 1689, que les anciens faisoient la Trinité éternelle, tant à l'égard

---

[1] Origen., cap. II, q. 2, n. 10, 17, 24, 28. — [2] *Quòd Origenes de Filii* ὁμοουσίῳ *rectè sensit, consulatur Cl. Huetius in Origen. et Bullus noster.* Nota ad p. 58 lat. interpret. — [3] Jur., lett. VI, p. 291.

de la substance que des Personnes ¹. » Mais il y dit précisément le contraire, puisqu'il y a dit, comme on a vu ², que le Fils de Dieu n'étoit dans le sein du Père que « comme un germe, et une semence qui s'estoit changée en personne un peu devant la création. » Lorsqu'il blâme le Père Pétau d'avoir dit « que le Fils de Dieu n'estoit pas une Personne distincte du Père dès l'éternité ³, » il le blâme de sa propre erreur; et lui-même l'assuroit ainsi il n'y a pas encore deux ans, comme on a vu ⁴. Si le Père Pétau est blâmable selon lui d'avoir fait arianiser quelques Pères, *nonnulli*, « ou de les avoir tous comptez, très-peu exceptez, entre ces prétendus ariens ⁵, » que dira-t-on du ministre, qui méprisant tout tempérament et tout correctif, ose dire à pleine bouche : «Et moy, je n'en excepte aucun ? » Il n'en excepte ni n'en exempte aucun d'avoir dit que le Fils de Dieu, comme Verbe, avoit deux « nativitez actuelles et véritables : » l'une *imparfaite* dans l'éternité, et l'autre *parfaite* dans le temps ⁶; ainsi qu'il avoit acquis dans le temps un être « développé et parfait, et que de Sagesse de Dieu il estoit devenu son Verbe ⁷; » qu'il étoit donc imparfait, aussi bien que le Saint-Esprit, de toute éternité ; et que sur ce fondement les anciens non-seulement avoient dit, *mais avoient dû dire* ⁸ qu'il y avoit entre les Personnes divines une véritable et réelle inégalité ; en sorte que l'une fût inférieure à l'autre, non-seulement à raison de son origine, mais encore à raison de sa perfection. Où étoit donc la vérité de la foi, quand tous les Pères enseignoient unanimement cette doctrine, « sans en excepter un seul ? » Ceux qui en ont dit, à ce qu'il prétend, infiniment moins que lui, se sont-ils emportés à cet excès?

CIV. Que le ministre se distingue de tous les auteurs qui accusent les Pères d'arianiser, en ce qu'il met cette doctrine

Mais voici enfin le comble de l'aveuglement et l'endroit fatal au ministre. Ceux qui ont fait selon lui arianiser les Pères, en ont-ils conclu comme lui que la doctrine arienne fût tolérable, ou qu'elle n'eût jamais été condamnée dans les conciles, ou enfin qu'elle ne pût être réfutée par l'Ecriture? Tout au contraire, ils ont regardé ces sentimens comme condamnables et condamnés effectivement dans le concile de Nicée. M. Jurieu est l'unique et

---

¹ P. 292. — ² Ci-dessus, n. 4-6. — ³ P. 249. — ⁴ Ci-dessus, n. 4-6. — ⁵ P. 251. — ⁶ P. 255, 257, 261, 262. — ⁷ *Ibid.*, p. 283. — ⁸ P. 264, 284.

l'incomparable, qui non content de faire enseigner en termes formels à tous les Pères des trois premiers siècles, « sans en excepter aucun, » la divisibilité et la mutabilité de la nature divine avec l'imperfection et l'inégalité des Personnes, ose dire encore dans la sixième *lettre* de 1689, que ce n'est pas là « une variation essentielle; » et en 1690, « que l'erreur des anciens est une méchante philosophie, qui ne ruine pas les fondemens[1] : que cette théologie pour estre un peu trop platonicienne, ne passera jamais pour estre hérétique, ni mesme pour dangereuse dans un esprit sage[2]; » qu'elle n'a jamais été condamnée dans aucun concile; que le concile de Nicée avoit expressément marqué dans son symbole, « qu'il ne vouloit pas condamner l'inégalité que les anciens docteurs avoient mise » entre le Père et le Fils[3], et que loin de condamner la seconde nativité qu'ils attribuoient au Verbe, « ils la confirment par leur anathème[4] : » enfin non-seulement que cette doctrine n'avoit point été condamnée, mais encore qu'elle n'étoit pas condamnable, puisqu'elle ne pouvoit même « estre réfutée par les Ecritures. » Voilà ce qu'a dit celui qui prétend en avoir dit « infiniment moins » que les autres, pendant qu'il s'élève au-dessus d'eux tous par des singularités qui lui sont si propres, qu'on n'en a jamais approché parmi ceux qui font profession de la foi de la Trinité. Je ne lui fais donc point d'injustice de le distinguer, je ne dirai pas du Père Pétau qui s'est réduit en termes formels à des sentimens si orthodoxes, mais encore de son Scultet et des autres protestans qui ont le plus maltraité ces Pères, puisqu'aucun d'eux n'a jamais pensé à exempter de la censure des conciles et de toute condamnation la doctrine qu'ils leur attribuent. On voit maintenant ce que c'est que « ces insignes friponneries » que le ministre ne rougit pas de m'imputer; et on voit sur qui je pourrois faire retomber ce reproche, si je n'avois honte de répéter des expressions si brutales, qu'au défaut de l'équité et de la raison une bonne éducation auroit supprimées.

<small>au-dessus de toute censure; ce que ni catholiques ni protestans n'avoient osé faire avant lui.</small>

[1] *Tabl.*, lett. VI. art. 4, p. 276. — [2] P. 297. — [3] P. 271. — [4] P. 273.

SECONDE PARTIE.

QUE LE MINISTRE NE PEUT SE DÉFENDRE D'APPROUVER LA TOLÉRANCE UNIVERSELLE.

CV.
Avantages que les tolérans tirent de la doctrine du ministre.

Ce qu'il y a de plus rare dans le sentiment de M. Jurieu, c'est que cette bizarre théologie qu'on ne peut ni réfuter, ni condamner, ni proscrire, et qu'aucun homme de bon sens ne peut juger ni hérétique ni même dangereuse, tout d'un coup (je ne sais comment) devient entièrement intolérable : « A Dieu ne plaise, dit-il, que je voulusse porter ma complaisance pour cette théologie des anciens jusqu'à l'adopter ni mesme à la tolérer *aujourd'huy*. » Il veut donc dire qu'autrefois on auroit pu *adopter*, ou tout au moins *tolérer* cette théologie des anciens; mais « aujourd'huy, à Dieu ne plaise, » c'est-à-dire qu'il la repousse jusqu'à l'horreur. Qui comprendra ce mystère ? Comment cette théologie est-elle si tolérable et si intolérable tout à la fois, si dangereuse et si peu dangereuse ? Et pour trancher en un mot, pourquoi ne pas tolérer encore aujourd'hui une doctrine qui n'est condamnée par aucun concile ; qui est approuvée au contraire par celui de Nicée ; qui ne peut être réfutée par l'Ecriture ; qui n'a contre elle ni les Pères, ni la tradition ou la foi de tous les siècles, puisqu'on lui donne d'abord les trois premiers siècles à remplir ? Voici la conséquence que le ministre a tant redoutée ; c'est ici qu'il se rend le chef des tolérans ses capitaux ennemis, et ils se vantent eux-mêmes que jamais homme ne les a plus favorisés que ce ministre qui s'échauffe tant contre leur doctrine. C'est en effet ce qu'on va voir plus clair que le jour.

CVI.
Trois réponses du ministre pour montrer que la doctrine qui étoit tolérable

Le ministre propose la difficulté dans la septième *Lettre* de son *Tableau*, et pour y répondre dans les formes, il dit trois choses. La première, qu'il ne s'ensuit pas pour avoir toléré des erreurs en un temps et avant que les matières soient éclaircies, qu'on les doive tolérer dans un autre et après l'éclaircissement. La seconde,

[1] *Tabl.*, lett. VI, p. 268.

que les anciens docteurs n'ont été ni ariens, ni sociniens, et ainsi que la tolérance qu'on a eue pour eux ne donnera aucun avantage à ces hérétiques. La troisième, qu'ils n'ont erré que par ignorance et par surprise, et plutôt comme philosophes qu'autrement [1].

dans les Pères, ne l'est plus à présent.

Mais dans toutes ses réponses, il s'oublie lui-même. Dans la première son principe est vrai; on tolère avant l'éclaircissement ce qu'on ne peut plus tolérer après : je l'avoue; c'est notre doctrine. Quand nous l'avancions autrefois, les protestans nous objectoient que nous faisions de nouveaux articles de foi. Nous répondions : Cela est faux; nous les éclaircissons, nous les déclarons; mais nous ne les faisons pas, à Dieu ne plaise ! Après s'être longtemps moqué d'une si solide réponse, il y faut venir à la fin comme à tant d'autres doctrines, que la Réforme avoit d'abord rejetées si loin. Avouons donc à M. Jurieu que son principe est certain, et prions-le de s'en souvenir en d'autres occasions : mais en celle-ci visiblement il a oublié ce qu'il vient de dire. Une erreur est bien éclaircie, lorsqu'elle est bien réfutée par les Ecritures, que la foi de tous les siècles y paroît manifestement opposée, et qu'à la fin elle est condamnée par l'autorité de l'Eglise et de ses conciles. Or M. Jurieu vient de nous dire qu'encore à présent l'erreur qu'il attribue aux trois premiers siècles ne peut être ni réfutée par l'Ecriture, ni convaincue du moins par la tradition et par le consentement de tous les siècles; et que loin d'être condamnée par aucun concile, elle ne l'est pas même dans celui de Nicée, où la matière a été traitée, délibérée, décidée expressément : qu'au contraire elle y a été confirmée. Il n'est donc encore arrivé à cette matière aucun nouvel éclaircissement, par où l'erreur des trois premiers siècles soit moins tolérable qu'alors. Bien plus, ce n'est pas même une erreur contre la foi, puisque M. Jurieu nous apprend qu'elle ne peut être détruite que par les idées philosophiques que nous avons *aujourd'huy*. Or la foi n'est pas *d'aujourd'huy*, elle est de tous les temps : la foi n'attend pas à se former, ni à se régler par les idées philosophiques; et il est autant tolérable d'être mauvais philosophe, pourvu qu'on soit vrai fidèle,

CVII. Que le ministre se contredit, lorsqu'il avance que cette matière est maintenant plus éclaircie que durant les premiers siècles.

---

[1] *Tabl.*, lett. VII, p. 351.

maintenant, que dans les siècles précédens : et la raison est que la foi tient lieu de philosophie aux chrétiens : ainsi M. Jurieu ne sait ce qu'il dit, et on ne sait sur quoi appuyer son intolérance ; par conséquent voilà en un mot sa première raison par terre ; la seconde ne tiendra pas longtemps.

CVIII. *Qu'en tolérant les erreurs qu'il attribuoit aux trois premiers siècles en l'an 1689, le ministre est contraint de tolérer une partie très-essentielle de l'arianisme et du socinianisme.*

Les Pères n'étoient, dit-il, ni sociniens ni ariens ; donc pour les avoir tolérés, on ne doit pas pour cela avoir la même condescendance pour ces hérétiques. Il est aisé de lui répondre selon ses premières *Lettres*. Les anciens à la vérité n'étoient ni ariens ni sociniens à la rigueur ; mais ils disoient toutefois que les trois Personnes divines n'étoient pas égales ; qu'elles n'étoient pas distinctes les unes des autres de toute éternité ; que le Fils de Dieu n'étoit qu'un germe et une semence devenue personne dans la suite, et enfin que la Trinité ne commença d'être qu'un peu avant la création de l'univers : ce qui emportoit une partie très-essentielle de l'arianisme et du socinianisme. Il les eût pourtant tolérés avec ces erreurs, comme on a vu : il eût donc toléré une partie essentielle de l'erreur arienne et socinienne.

CIX. *Que le ministre, en se corrigeant dans ses lettres de 1690, laisse les erreurs qu'il atiribue aux trois premiers siècles également intolérables.*

Mais on dira qu'il s'est mieux expliqué dans les *Lettres* de cette année. Point du tout : car il persiste dans la même erreur sur l'inégalité des Personnes, puisqu'il y soutient encore que les anciens, dont il reconnoît que la doctrine est irréprochable, font le Fils et le Saint-Esprit inférieurs au Père en opération et en perfection ; de vrais ministres au-dessous de lui, produits dans le temps, et si librement selon quelque chose qui est en eux, qu'ils pouvoient n'être pas produits à cet égard ; imparfaits dans l'éternité, et acquérant avec le temps leur entière perfection ; le Fils de Dieu en particulier devenu Verbe dans le temps, de Sagesse qu'il étoit auparavant. Voilà ce que dit encore le ministre dans ces *Lettres* où il prétend redresser son système. Il est vrai qu'il s'est redressé en quelque façon sur la distinction des Personnes : parlons franchement ; il s'est dédit : et au lieu que la Trinité n'étoit pas distincte d'abord et selon ses premières *Lettres*, par les secondes elle est seulement développée : mais il ne se tire pas mieux d'affaire par cette solution, puisque de son propre aveu la Divinité y demeure divisible, corporelle, sans contestation muable; ce qui est une partie des plus essentielles de l'erreur socinienne, ou quelque chose de pis.

Il est ici arrivé à M. Jurieu ce qui lui arrive toujours, comme à tous ceux qui se trompent et qui s'entêtent de leur erreur. Occupé et embarrassé de la difficulté où il est, il oublie les autres. Il songe à parer le coup de l'arianisme des Pères; et comme si la saine doctrine consistoit toute en ce point, dans les autres il la laisse sans défense et également exposée à des coups mortels. Parlons net : la spiritualité et l'immutabilité de l'Etre divin, ne sont pas moins essentielles à la perfection de Dieu que la Divinité de son Verbe. Si donc vous souffrez l'erreur qui attaque ces deux attributs divins, de l'un à l'autre on vous poussera sur tous les points; et dussiez-vous en périr, il vous faudra avaler tout le poison de la tolérance. Votre seconde raison n'est donc pas meilleure que la première. Il ne vous reste que la troisième, qui est sans comparaison la pire de toutes.

CX. *Que le ministre, poussé par les catholiques et les tolérans ne se peut défendre contre eux que par des principes contradictoires.*

« Quand il seroit vray, dites-vous, ce qui est très-faux, que ces anciens par ignorance (il ajoute après, ou par surprise) seroient tombez dans une erreur approchante de l'arianisme, il ne seroit point vray que ce fust la foy de l'Eglise d'alors : ce seroit la théologie des philosophes chrétiens [1]. » Songez-vous bien, M. Jurieu, à ce que vous dites? Les tolérans vont vous accabler. Dans une hérésie aussi dangereuse que l'arianisme, ou dans les erreurs approchantes, vous tolérez les Pères à cause de leur ignorance : c'est pour la même raison et en plus forts termes que les tolérans vous demandent que vous toléries les peuples. Si dans la grande lumière du christianisme, les docteurs de l'Eglise ont pu ignorer dans la nature divine sa parfaite immutabilité, et dans les Personnes divines leur égalité entière : pourquoi ne voulez-vous pas qu'un peuple grossier puisse ignorer innocemment les mêmes choses ou d'autres aussi sublimes? Mais si l'immutabilité de Dieu, qui est si claire à la raison humaine, a été cachée aux maîtres de l'Eglise, pourquoi les disciples seront-ils tenus à en savoir davantage, et avec quelle justice les obligez-vous à concevoir des mystères plus impénétrables? Que faire dans cette occasion, puis-

---

[1] Lett. VII, p. 355.

qu'il faut changer de principes, ou donner gain de cause aux tolérans? Mais voici encore pour vous un autre embarras. Dites-moi, que prétendiez-vous quand vous avez étalé ces grossières erreurs des anciens? Assurément vous vouliez combattre cette dangereuse et ignorante maxime de l'évêque de Meaux, « que l'Eglise ne varie jamais dans l'exposition de la foi : et que la vérité catholique, venue de Dieu, a d'abord sa perfection [1]. » Pour détruire cette maxime, il falloit trouver quelque chose qu'on pût appeler la foi de l'Eglise et la vérité catholique, où vous puissiez montrer quelque changement; et pour cela vous accusez d'erreurs capitales tous les anciens « sans en excepter aucun; » il faut maintenant changer de langage : cela étoit bon contre l'évêque de Meaux, mais contre les tolérans ce n'est plus de même : et quand toute l'antiquité seroit tombée dans une erreur approchante de l'arianisme, « ce ne seroit pas, selon vous, la foy de l'Eglise d'alors, mais seulement la théologie des philosophes chrétiens [2]. »

CXI. Illusion du ministre et démonstration plus manifeste de ses contradictions.

Le ministre se sera sans doute ébloui lui-même, comme il tâche de faire les autres par cette nouvelle expression : *La théologie des philosophes*. Mais que lui sert d'exténuer par ce foible titre la qualité des saints Pères? Les tolérans, qu'il veut contenter par ce grossier artifice, sauront bien lui reprocher que ces philosophes chrétiens c'étoient les prêtres, c'étoient les évêques, les docteurs et les martyrs de l'Eglise : enfin c'étoient *ces savans* de M. Jurieu, qui dans ces siècles d'ignorance « où le savoir étoit si rare entre les chrétiens, entraisnoient la foule dans leur opinion [3]. » En un mot, ou c'étoit ici par la bouche de ces saints docteurs une exposition de la foi de toute l'Eglise; et le ministre ne peut s'empêcher du moins de la tolérer : ou c'étoit l'exposition de quelques particuliers; et il n'a point prouvé contre moi les variations de l'Eglise.

CXII. Etrange constitution des trois premiers siècles, où

Mais voici sa dernière ressource. Au milieu de ces pitoyables erreurs de tous les docteurs de l'Eglise, sans en excepter aucun, il veut que la foi demeure pure; et, dit-il [4], « ces spéculations vaines et guindées des docteurs de ce temps-là n'empeschoient pas

---

[1] *Hist. des Var.*, préf., n. 2, 7; *Tabl.*, lett. VI, art. 4, p. 277. — [2] *Tabl.*, lett. VII, p. 535. — [3] Lett. VII, de 1689, p. 49. — [4] P. 269.

la pureté de la foy de l'Eglise, c'est-à-dire, du peuple; cela ne passoit pas jusqu'à lui. » Jamais il ne voudra voir la difficulté : car premièrement, quelle foiblesse de mettre l'Eglise et la pureté de la foi dans le peuple seul! « Cela, dit-il[1], n'empeschoit pas la pureté de la foy de l'Eglise, c'est-à-dire, du peuple : » comme si les pasteurs et les docteurs, et encore des docteurs martyrs, n'étoient pas du moins une partie de l'Eglise, si ce n'étoit pas la principale. *Cela, dit-il, ne passoit pas jusqu'au peuple.* Mais quoi! ne lisoit-il pas les livres de ses docteurs? Et qui a dit à M. Jurieu que ces docteurs n'enseignoient pas de vive voix ce qu'ils mettoient par écrit? Je veux bien croire que les docteurs ne prêchoient pas au peuple *leurs spéculations vaines et guindées,* comme les appelle le ministre : mais venons au fait. Par où passoit dans le peuple la perfection et l'immutabilité de Dieu avec l'égalité de ses personnes, pendant que ses docteurs ne les croyoient pas, et n'en avoient qu'une idée confuse et fausse? Est-ce peut-être que durant ce temps, et dans ces siècles que le ministre veut appeler les plus purs, le peuple se sauvoit déjà, comme il l'imagine dans les siècles les plus corrompus, en croyant bien pendant qu'on le prêchoit mal, et en discernant le bon grain d'avec l'ivraie? S'il est ainsi, ces siècles, dont on nous vante d'ailleurs la pureté, sont les plus impurs de tous, puisque les erreurs qu'on y enseignoit étoient plus mortelles ; puisque c'étoit l'essence de Dieu et l'égalité des Personnes qu'on y attaquoit, puisqu'enfin on y renversoit tous les fondemens. Ces siècles avoient donc besoin d'un réformateur, et le ministre en convient par ces paroles : « Car, dit-il[2], il n'eust fallu qu'un seul homme pour faire revenir les anciens Pères, et pour les avertir seulement de l'incompatibilité de leur théologie avec la souveraine immutabilité de Dieu. » Mais enfin cet homme manquant, que pouvoient-ils faire? L'Ecriture ne leur montroit pas ce divin attribut : ils ne furent pas assez philosophes pour le bien entendre; le peuple moins philosophe encore n'y voyoit pas plus clair : que résultoit-il de là, sinon que Dieu passât pour changeant, et la Trinité pour imparfaite?

selon le sentiment du ministre, la foi du peuple demeuroit pure, pendant que celle de tous les docteurs, sans en excepter aucun, étoit corrompue

[1] P. 269. — [2] Lett. VII, p. 356.

CXIII. Autres illusions du ministre : comme il fuit la difficulté : son mépris pour les premiers siècles, en faisant semblant de les honorer.

Le ministre croit m'étonner en me demandant si je prêche à mon peuple les notions, les relations, les propriétés des trois divines Personnes ; et il est assez ignorant pour se moquer en divers endroits de ces expressions de l'Ecole [1]. Mais que veut-il dire ? veut-il nier qu'au lieu qu'il est commun au Père et au Fils, par exemple, d'être Dieu et d'être éternel, il ne soit pas propre au Père d'être Père, comme au Fils d'être Fils, et que cela ne s'appelle pas des propriétés ; ou qu'être Père, être Fils, et être l'Esprit du Père et du Fils, ne soient pas des termes relatifs ; ou que les Personnes divines n'aient pas des caractères pour se distinguer, ou que ce ne soient pas caractères qu'on appelle notions ? S'il lisoit les anciens docteurs dans un autre esprit que celui de contention et de dispute, il auroit vu dans saint Athanase, dans saint Augustin, dans tous les Pères, et dès le commencement de l'arianisme dans saint Alexandre d'Alexandrie, ces relations, ces propriétés, ces notions et ces caractères particuliers des Personnes. Il s'imagine que nous croyons avoir compris le mystère, quand nous avons expliqué ces termes, au lieu que dans l'usage de l'Ecole ce ne sont pas là des idées qui rendent les choses claires, ce qui est réservé à la vie future ; mais des termes pour en parler correctement et éviter les erreurs. C'est pourquoi, lorsqu'il me demande si je prêche tout cela au peuple dans mes catéchismes, sans doute je prêche au peuple et aux plus petits de l'Eglise, selon le degré de capacité où ils sont parvenus, que le Père n'a point de principe, c'est-à-dire en autres termes qu'il est le premier, et qu'il ne faut pas remonter jusqu'à l'infini : c'est cela et les autres choses aussi assurées qu'on appelle les notions sans en faire un si grand mystère ; et le ministre qui s'en moque sans songer à ce qu'il dit, les doit prêcher comme nous, en d'autres termes peut-être, mais toujours dans le même sens. Sans donc s'arrêter à ces chicanes, il faudroit une fois répondre à notre demande, qui est-ce qui prêchoit au peuple l'égalité des Personnes et l'immuable perfection de l'Etre divin, pendant que tous les docteurs croyoient le contraire ? Le ministre dit à pleine bouche : « Nous trouvons dans les premiers siécles une beaucoup plus

[1] *Tabl.*, lett. VI, p. 268, 270, 286.

grande pureté que dans les âges suivans, et nous nous faisons honneur de notre conformité avec eux ¹. » Cela est bon pour s'en faire honneur, et pour faire croire au peuple qu'on a réformé l'Eglise sur le plan de ces premiers siècles. Mais cependant s'il faut trouver des variations dans la foi de l'ancienne Eglise, c'est là qu'on les cherche; s'il faut donner des exemples des plus pauvres théologiens qui furent jamais, c'est là qu'on les prend. Ils ont si peu profité du bonheur d'être si voisins des temps apostoliques, qu'aussitôt après que les apôtres ont eu les yeux fermés, ils ont obscurci les principaux articles de la religion chrétienne par une fausse et impure philosophie. Pour comble d'aveuglement ils ne lisoient que Platon et ne lisoient point l'Ecriture, ou ils la lisoient sans application, et sans y apercevoir ce qu'elle avoit de plus clair, c'est-à-dire, les fondemens de la religion.

Pour ne rien omettre de considérable, il reste à examiner si en bonne théologie, et sans blesser la foi, le ministre a pu approuver ce qu'il attribue à Tertullien, que Dieu *a fait son image et son Verbe* ² qui est son Fils. Il y a là deux questions : l'une si Tertullien l'a dit; l'autre quand il l'auroit dit, s'il étoit permis de le suivre. Le dernier n'a pas de difficulté par les principes communs des protestans comme des catholiques, puisque nous recevons les uns et les autres le Symbole de Nicée, où il est dit expressément du Fils de Dieu, *engendré et non fait*. Dire donc qu'il a été fait, c'est aller contre la foi de Nicée qui nous sert de fondement aux uns et aux autres. J'en pourrois demeurer là, si le ministre en m'insultant à cet endroit sur *mon esprit déclamatoire*, dont il veut qu'on trouve ici *un* si grand *exemple* ³, n'avoit mérité qu'on découvrît son injuste fierté. Disons-lui donc qu'il n'y avoit rien de plus manifeste que ce qu'il a voulu embrouiller ici. Dès le premier mot de saint Jean, le Verbe est celui *par qui a été fait tout ce qui a été fait* ⁴. Il est donc visiblement exclus par là du nombre des choses faites. Comme remarque saint Athanase, on nous dit bien qu'*il a été fait Christ*, qu'*il a été fait Seigneur* ⁵,

CXIV. Que le ministre permet tout aux tolérans, en approuvant qu'on ait dit que le Fils de Dieu a été fait.

¹ *Tabl.*, lett. VI, p. 296, 297. — ² *Lett.* VI, de 1689, p. 44 ; I *Avert.*, n. 12. — ³ P. 286. — ⁴ *Joan.*, I, 3. — ⁵ *Act.*, II, 36,

qu'*il a été fait homme* ou *fait chair*[1] ; mais jamais qu'il a été fait Verbe, ni qu'il a été fait Fils : au contraire, *il étoit Verbe* et *il a été fait homme,* par une visible opposition entre ce que le Verbe étoit naturellement et ce qu'il a été fait par la volonté de Dieu. Mais il faut ici répéter ce qu'un proposant de quatre jours n'ignore pas, et que le ministre sait bien en sa conscience, puisqu'il a même bien su que quarante ans, comme il le compte, après les apôtres, Athénagore *avoit nié que le Fils fût sorti du sein de son Père comme une chose faite*[2], assurant au contraire *qu'il a été engendré*[3], comme l'Ecriture le dit perpétuellement. Il cite aussi de saint Irénée ce passage mémorable où il oppose *les hommes qui ont été faits* au Verbe dont *la co existence est éternelle*[4]. Ainsi il voit bien qu'il a tort et que le langage contraire à celui qu'il tient est établi dans l'Eglise dès l'origine du christianisme. Pourquoi donc a-t-il approuvé, après tant de témoignages et après la foi de Nicée, ce qu'il fait dire à Tertullien, que Dieu a fait son Fils et son Verbe? C'est parce qu'il ne songe pas à ce qu'il dit, et qu'en matière de foi il n'a nulle exactitude. Et pourquoi le soutient-il? C'est parce qu'il ne veut jamais avouer sa faute. Il nous allègue pour toute raison que souvent *faire,* signifie *engendrer* en notre langue[5] ; ce qu'il prouve par cette noble façon de parler *que les hommes font des enfans et les animaux des petits.* Ainsi malgré l'Ecriture, malgré la tradition, malgré la foi de Nicée, il dira quand il lui plaira (j'ai honte de le répéter), que Dieu a fait un Fils, et portera jusque dans le ciel la plus basse façon de parler de notre langue; au lieu qu'il falloit songer qu'il s'agit ici non d'une phrase vulgaire, mais du langage ecclésiastique, qui formé sur l'Ecriture et l'usage de tous les siècles, doit être sacré aux chrétiens, surtout depuis qu'il est consacré par un aussi grand concile que celui de Nicée. Cependant je suis un déclamateur, parce que je veux obliger un professeur en théologie à parler correctement; et il fait semblant de croire que c'est sur cette seule témérité que je me plains qu'on lui souffre tout dans son parti, comme si tout ce qu'il écrit depuis

---

[1] *Joan.*, I, 14. — [2] *Tabl.*, lett. vi, p. 25. — [3] *Ibid.*, 232. — [4] Iren., lib. II, cap. XLIII, al. XXV, n. 3. — [5] *Tabl.*, lett. vi, p. 286.

deux ans, principalement sur cette matière, n'étoit pas plein d'erreurs si insupportables qu'il n'y a qu'à s'étonner de ce qu'on les souffre.

Pour ce qui regarde Tertullien, quand il lui seroit échappé d'employer une fois ou deux le mot de *faire,* au lieu de celui d'*engendrer*, il faudroit mettre cette négligence parmi celles que saint Athanase a remarquées dans les écrits de quelques anciens [1], *où une bonne intention supplée à une expression trop simple* et trop peu précautionnée. Car au reste, Tertullien dans le livre le plus suspect, qui est celui *contre Hermogène,* a bien montré qu'à l'exemple des autres Pères, il exceptoit le Fils de Dieu du nombre des choses faites, comme celui par qui tout étoit fait [2]; et il ne dit pas absolument dans son livre *contre Praxéas* ce que le ministre lui a fait dire, que Dieu *a fait* son Fils et son Verbe. On peut bien dire, comme je l'ai remarqué [3], que Dieu est fait, non absolument, mais, comme dit le Psalmiste, *qu'il est fait notre recours et notre refuge* [4]. Il est clair par toute la suite, que le *faire* de Tertullien [5] se dit en ce sens. Ce que le ministre ajoute, qu'ici *faire* signifie *former,* n'est pas meilleur et ne sert qu'à faire voir de plus en plus qu'on se jette d'un embarras dans un autre, quand on veut toujours avoir raison; car on ne dira non plus dans le langage correct que Dieu ait formé son Fils ni son Saint-Esprit, parce que cela ressent quelque chose qui étoit informe auparavant : et il n'y a que M. Jurieu qu'une telle idée accommode. On dit avec l'Ecriture que le Fils est engendré; qu'il est né; et par un terme plus général qui convient aussi au Fils, on dit que le Saint-Esprit procède. Dieu qui dispense comme il lui plaît selon les règles de sa sagesse la révélation de ses mystères, n'a pas voulu que nous en sussions davantage sur la procession du Saint-Esprit. On ne dit pas qu'il est né, car il seroit Fils; et le Fils de Dieu ne seroit pas unique comme il l'est selon l'Ecriture; et c'est pourquoi le ministre ne devoit pas dire en parlant du Fils ou du Saint-Esprit, que les anciens *les faisoient produits librement à l'égard de leur seconde naissance* [6]; car jamais ni dans

---

[1] Athan., orat. III et IV.— [2] Tertull., *adv. Hermog.* cap. XIX et seq.— [3] I *Avert.,* n. 12. — [4] *Psal.* IX, 10. — [5] *Adv. Prax.,* n. 9. — [6] *Tabl.,* lett. VI, p. 265.

l'Ecriture, ni dans les auteurs ecclésiastiques, il n'entendra parler de la nativité du Saint-Esprit, ni de la première ni de la seconde, puisqu'il en veut donner jusqu'à deux à celui qui n'en a pas même une seule. Un homme qui tranche si fort du théologien, et qui s'érige en arbitre de la théologie de son parti, où il dit tout ce qu'il lui plaît sans être repris, ne devoit pas ignorer ces exactitudes du langage théologique formé sur l'Ecriture et sur l'usage de tous les siècles.

Ainsi manifestement il ne lui reste aucune réplique contre les tolérans. Il n'y a plus de proposition si hardie et si téméraire contre la personne du Fils de Dieu qui ne doive passer, s'il est permis non de tolérer, mais d'approuver expressément celle qui le met au rang des choses faites. Si le Symbole de Nicée n'est pas une règle, on dira et on pensera impunément tout ce qui viendra dans l'esprit; on sera contraint de se payer des plus vaines subtilités; et ce qu'on aura souffert au ministre Jurieu, le grand défenseur de la cause sera la loi du parti.

CXV. *Que le ministre, qui n'en peut plus, substitue les calomnies aux bonnes raisons.*

Enfin ma preuve est complète. Il est plus clair que le jour que le ministre n'a pu établir les variations qu'il cherchoit dans l'ancienne Eglise sans renverser tous les fondemens de sa propre communion. Son argument foudroyant s'en va en fumée; il ne faut plus qu'il cherche de variations dans la véritable Eglise, puisque celle-ci qu'il croyoit la plus certaine lui échappe; et tous ses efforts n'ont abouti qu'à donner gain de cause aux tolérans : ainsi il tombe à leurs pieds défait par lui-même, et percé de tous les coups qu'il a voulu me porter.

Cependant pour étourdir le lecteur il met les emportemens et les vanteries à la place des raisons. Car, à l'entendre, je suis accablé sous ce terrible argument : « M. de Meaux n'y répond, dit-il [1], que par des puérilitez et par des injures. Il a fait précisément comme une beste de charge, qui tombant écrasée sous son fardeau, crève, et en mourant jette des ruades pour crever ce qu'elle atteint. » Je n'ai rien à lui répliquer, sinon qu'il a toujours de nobles idées. Vous pouvez juger par vous-mêmes, mes chers Frères, si je me donne une seule fois la liberté de m'épancher en

[1] *Tabl.*, lett. vi, p. 280.

des faits particuliers ou de sortir des bornes d'une légitime réfutation. Mais pour lui, qui le peut porter à raconter tant de faits visiblement calomnieux qui ne font rien à notre dispute, si ce n'est qu'il veut la changer en une querelle d'injures? « Son zèle, dit le ministre (c'est de moi qu'il parle), paroist grand pour la divinité de Jésus-Christ : qui n'en seroit édifié? Il y a pourtant des gens qui croient que tout cela n'est qu'une comédie; car des personnes de la communion de l'évesque de Meaux lui ont rendu méchant témoignage de sa foy. » Mais par quelle règle de l'Evangile lui est-il permis d'inventer de tels mensonges? Est-ce qu'il croit que dès qu'on n'est pas de la même religion, ou qu'on écrit contre quelqu'un sur cette matière, il n'y a plus, je ne dirai pas de mesures d'honnêteté et de bienséance, mais de vérité à garder, en sorte qu'on puisse mentir impunément, et imputer tout ce qu'on veut à son adversaire; ou bien quand on n'en peut plus, qu'on soit en droit pour se délasser, de lui dire qu'il ne croit pas la divinité de Jésus-Christ, et qu'il fait de la religion une comédie? « Des gens de ma communion me rendent mauvais témoignage sur ma foy. » Qui sont-ils ces gens de ma communion? Depuis vingt ans que je suis évêque, quoiqu'indigne, et depuis trente ou trente-cinq ans que je prêche l'Evangile, ma foi n'a jamais souffert aucun reproche : je suis dans la communion et la charité du Pape, de tous les évêques, des prêtres, des religieux, des docteurs, et enfin de tout le monde sans exception ; et jamais on n'a ouï de ma bouche ni remarqué dans mes écrits une parole ambiguë, ni un seul trait qui blessât la révérence des mystères. Si le ministre en sait quelqu'un, qu'il le relève : s'il n'en sait point, lui est-il permis d'inventer ce qu'il lui plaît? Et qu'il ne s'imagine pas en être quitte pour avoir ici ajouté: « Je ne me rends pas garant de ces ouï-dire : seulement puis-je dire que le zèle qu'il fait paroistre pour les mystères ne me persuade pas qu'il en soit persuadé [1]. » Voilà son style. Un peu après, sur le sujet du landgrave, il ose m'accuser de choses que l'honnêteté et la pudeur ne me permettent pas de répéter. Comme il sait bien que ce sont là des discours en l'air et des calomnies sans fonde-

[1] *Tabl.*, lett. VI, p. 300.

ment, il apaise sa conscience et se prépare une échappatoire, en disant : « Je n'en sais rien : je veux croire qu'on lui fait tort [1]. » Il me semble que j'entends celui *qui en frappant de sa lance, et en jetant les traits de ses calomnies, s'il est surpris dans le crime de nuire frauduleusement à son prochain, dit : Je l'ai fait en riant* [2]. Celui-ci, après avoir lancé ses traits avec toute la violence et toute la malignité dont il est capable, et après les avoir trempés dans le venin de la plus noire calomnie, dit à peu près dans le même esprit : *Je n'en sais rien, je ne garantis pas :* mais s'il n'en savoit rien, il falloit se taire, et n'alléguer pas, comme il fait, pour toute preuve des *ouï-dire,* ou quand il lui plaît, *la réputation* [3], à qui il fait raconter ce qu'il veut, et qu'on n'appelle pas en jugement.

Mais puisqu'il ne veut pas nommer ses auteurs ni ces gens *de ma communion,* qui lui ont *rendu de si mauvais témoignages de ma foy,* je veux apprendre ce secret au public. Un religieux, curé dans mon diocèse dont je l'ai chassé, non pas, comme il s'en est vanté, à cause qu'il penchoit à la Réforme prétendue, car je ne lui ai jamais remarqué ce sentiment ; mais parce que souvent convaincu d'être incapable de son emploi, il m'a supplié lui-même de l'en décharger : ce curé ne pouvant souffrir la régularité de son cloître où je le renvoyois, s'est réfugié entre les bras de M. Jurieu, qui s'en vante dans sa *Lettre pastorale* contre M. Papin : « Plus d'ecclésiastiques, dit-il [4], se sont venus jeter entre nos bras depuis la persécution, qu'il n'y en a eu en quatre-vingts ans de paix. » Nous en connoissons quelques-uns de ces malheureux ecclésiastiques, qui nous avouent tous les jours avec larmes et gémissemens qu'en effet ils ont été chercher dans le sein de la Réforme de quoi contenter leur libertinage. Parmi les ecclésiastiques que M. Jurieu se glorifie d'avoir reçus entre ses bras, celui-ci, tout misérable qu'il est, a été l'un des plus importans ; et c'est lui qui sous la main de ce ministre a publié un libelle contre moi, où il avance entre autres choses dignes de remarque, *que je ne crois pas la transsubstantiation,* à cause, dit-il, qu'il m'a vu à la

---

[1] *Tabl.,* lett. VI, p. 300. — [2] *Prov.,* XXVI, 19. — [3] P. 281, 301. — [4] *Lett. past. cont. Pap.,* p. 1.

campagne et dans ma chapelle domestique entendre la messe quelquefois avec un habillement un peu plus aisé que ceux qu'on porte en public, quoique toujours long et régulier, et que ma robe (car il descend jusqu'à ces bassesses) n'étoit pas assez boutonnée à son gré ; d'où il conclut et répète trois ou quatre fois qu'il n'est pas possible que je croie aux mystères ni à la transsubstantiation. Voilà cet homme de ma communion, qui à son grand malheur n'en est plus : le voilà, dis-je, celui qui rend un si mauvais témoignage de ma foi : c'est le même qui a raconté à M. Jurieu tout ce qu'il rapporte de ma conduite ; c'est le même qui lui a dit encore *que je menois les gens à la messe à coups de barre* [1] : car il rapporte dans son libelle qu'il m'a vu en pleine rue menacer et charger d'injures les prétendus réformés qui ne vouloient pas m'en croire, avec un emportement qui tenoit de la fureur. M. Basnage a relevé cette historiette fausse en toutes ses parties, et l'a jugée digne d'être placée dans sa préface à la tête de sa *Réponse aux Variations*. Il est vrai qu'il se dédit dans cette préface de la circonstance d'un *garde-fou,* sur lequel dans le corps de l'ouvrage il me faisoit monter comme sur un théâtre pour y crier des injures aux passans qui refusoient de se convertir [2]. Mais enfin au garde-fou près, il soutient tout le reste comme vrai. « On m'a veû forcer un malade à profaner les mystéres les plus augustes, et à recevoir le sacrement contre sa conscience ; » moi qui n'ai donné les mystères qu'avec les épreuves et les précautions que Dieu sait et que tout le monde a vues. Les ministres prennent plaisir à exagérer mes violences et ma feinte douceur avec aussi peu de vérité que le reste qu'on vient d'entendre ; pour éloigner s'ils pouvoient ceux à qui je tâche dans l'occasion, et lorsque Dieu me les adresse, d'enseigner la voie de salut en toute simplicité ; et tout cela sur la foi d'un apostat qui peut-être leur a déjà échappé, et dont en tout cas je puis leur répondre qu'ils seront bientôt plus las que moi qui l'ai supporté avec une si longue patience. Nous ne laisserons pas cependant de purger l'aire du Seigneur ; et puisque ces Messieurs se glorifient d'en ramasser la paille, ils pourront recueillir encore d'un si grand nombre de

---

[1] *Tabl.*, lett. vi. — [2] Basn., tom. I, I part., cap. I, p. 1, 4.

bons et de fidèles pasteurs trois ou quatre loups dont j'ai délivré le troupeau de Jésus-Christ, et il ne tiendra qu'à M. Jurieu d'enrichir de leurs faux rapports le récit qu'il a commencé de ma conduite.

Je ne dirai rien davantage sur ses calomnies : tout le monde s'en plaint dans son parti où il se rend redoutable par ce moyen : venons à des matières plus importantes. Il me reste encore à traiter la partie la plus essentielle de cet *Avertissement*, qui est l'état de nos controverses et de la religion protestante. Mais pour donner du repos à l'attention du lecteur, je réserve cette matière à un discours séparé. Il est digne par son sujet d'être examiné et travaillé avec soin. Il paroîtra pourtant bientôt, s'il plaît à Dieu : et ceux qui ont de la peine à me voir si longtemps aux mains avec un homme aussi décrié, même parmi les honnêtes gens de son parti, que le ministre à qui j'ai affaire, peuvent s'assurer qu'après avoir ajouté ce dernier éclaircissement aux matières très-essentielles qu'il m'a donné lieu de traiter, je ne reprendrai plus la plume contre un tel adversaire, et je lui laisserai *multiplier ses paroles*, et *répandre* à son aise *ses confusions*.

ÉTAT PRÉSENT
DES CONTROVERSES,
ET DE LA RELIGION PROTESTANTE.

TROISIÈME ET DERNIÈRE PARTIE DU SIXIÈME AVERTISSEMENT CONTRE M. JURIEU.

Mes chers Frères,

1. Dessein de ce discours. — Les égaremens de votre ministre nous ont menés plus loin que je ne pensois : il ne faut pas le quitter sans en examiner les causes, puisque même cette recherche nous conduit naturellement à la

troisième partie de ce dernier *Avertissement,* où nous avons promis de représenter l'état présent de nos controverses et de toute la religion protestante.

Je dis donc que ce qui produit les variations, les incertitudes, les égaremens de ce ministre et tous les autres excès de sa licencieuse théologie, c'est la constitution de la Réforme, qui n'a ni règle ni principe ; et que par la même raison que tout le corps n'a rien de certain, la doctrine des particuliers ne peut être qu'irrégulière et contradictoire.

Il ne faut point se jeter ici dans une longue controverse, mais seulement se souvenir que la Réforme a été bâtie sur ce fondement, qu'on pouvoit retoucher toutes les décisions de l'Eglise et les rappeler à l'examen de l'Ecriture, parce que l'Eglise se pouvoit tromper dans sa doctrine et n'avoit aucune promesse de l'assistance infaillible du Saint-Esprit : de sorte que ses sentimens étoient des sentimens humains, sans qu'il restât sur la terre aucune autorité vivante et parlante, capable de déterminer le vrai sens de l'Ecriture, ni de fixer les esprits sur les dogmes qui composent le christianisme. Tel a été le fondement, tel a été le génie de la Réforme ; et Calvin l'a parfaitement expliqué, lorsque s'objectant à lui-même que par la doctrine qu'il enseignoit, tous les jugemens de l'Eglise, et ses conciles les plus anciens, les plus authentiques devenoient sujets à révision, en sorte « que tout le monde indifféremment pust recevoir ou rejeter ce qu'ils auront établi : » il répond que leur « décision pouvoit servir de préjugé, mais néanmoins dans le fond qu'elle n'empeschoit pas l'examen [1]. »

II. Fondement de la Réforme, que l'Eglise n'est pas infaillible, et que ses décrets sont sujets à un nouvel examen.

Je n'ai pas besoin d'examiner si cette doctrine est bonne ou mauvaise : ce qu'il y a de bien certain, c'est qu'aussitôt que Luther et Calvin la firent paroître, on leur prédit qu'en renversant le fondement sur lequel se reposoit la foi des peuples, les anciennes décisions de l'Eglise ne tiendroient pas plus que les dernières ; puisque si l'autorité en étoit divine, elle attiroit un respect égal à tous les siècles ; et si elle ne l'étoit pas, l'antiquité des premières ne les mettoit pas à couvert des inconvéniens où toutes les choses humaines étoient exposées.

III. On prédit d'abord à la Réforme que ce principe la méneroit à l'indifférence des religions.

[1] *Instit.,* lib. IV, cap. IX.

Par ce moyen il étoit visible que les articles de foi s'en iroient les uns après les autres ; que les esprits une fois émus et abandonnés à eux-mêmes, ne pourroient plus se donner de bornes : ainsi, que l'indifférence des religions seroit le malheureux fruit des disputes qu'on excitoit dans toute la chrétienté, et enfin le terme fatal où aboutiroit la Réforme.

<small>IV. L'expérience a justifié cette prédiction : le socinianisme a commencé avec la Réforme, et s'est accru avec elle.</small>

L'expérience fit bientôt voir la vérité de cette prédiction. Les innovations de Luther attirèrent celles de Zuingle et de Calvin : on avoit beau dire de part et d'autre que l'Ecriture étoit claire : on n'en disputoit pas avec moins d'opiniâtreté, et personne ne cédoit [1]. Quand les luthériens, qui étoient la tige de la Réforme, désespérant de ramener par la prétendue évidence des livres divins ceux qui la divisoient dans sa naissance, voulurent en venir à l'autorité et faire des décisions contre les nouveaux sacramentaires, on leur demanda de quel droit, et s'ils vouloient ramener l'autorité de l'Eglise dont ils avoient tous ensemble secoué le joug [2]. Le bon sens favorisoit cette réplique : Mélanchthon, qui sentoit le foible de son église prétendue, empêchoit autant qu'il pouvoit qu'on ne fît ces décisions, que la propre constitution de la Réforme rendroit toujours méprisables : il ne voyoit cependant aucun moyen ni de terminer les disputes ni de les empêcher de s'accroître : si loin qu'il portât ses regards par sa prévoyance, il ne découvroit « que d'affreux combats de théologiens, et des guerres plus impitoyables que celles des centaures [3]. » Les disputes sociniennes avoient déjà commencé de son temps : mais il connut bien, au mouvement qu'il remarquoit dans les esprits, qu'elles seroient un jour poussées beaucoup plus loin : « Bon Dieu, disoit-il [4], quelle tragédie verra la postérité, si on vient un jour à remuer ces questions, si le Verbe, si le Saint-Esprit est une personne ! » Il s'en est bien remué d'autres : presque tout le christianisme a été mis en question : les sociniens inondent toute la Réforme qui n'a point de barrière à leur opposer ; et l'indifférence des religions s'y établit invinciblement par ce moyen.

<small>V. L'expé-</small>

Pour en être persuadé il ne faut qu'entendre M. Jurieu, et

---

[1] *Hist. des Var.*, liv. II. — [2] *Var.*, liv. VIII. — [3] Lib. IV, ep. xiv ; *Var.*, liv. V, n. 31. — [4] *Ibid.*

écouter les raisons qui l'obligent à entreprendre ce parti. C'est premièrement le nombre infini de ceux dont il est formé. Car il y range les tolérans, peuple immense dans la Réforme, qu'il appelle les indifférens; parce qu'ils vont à la tolérance universelle des religions sous la conduite d'Episcopius et de Socin.

On sait assez sur ce point la pente de l'Angleterre et de la Hollande. Mais nous apprenons de M. Jurieu que nos prétendus réformés n'étoient pas exempts d'un si grand mal. Ils n'osoient le faire paroître dans un royaume où les catholiques les éclairoient de trop près pour leur permettre de donner un libre essor à leurs sentimens. Mais enfin, dit M. Jurieu, « le rideau a esté tiré, l'on a veû le fond de l'iniquité, et ces Messieurs se sont presque entièrement découverts, depuis que la persécution les a dispersez en des lieux où ils ont cru pouvoir s'ouvrir avec liberté[1]. » Voilà un aveu sincère qui fait bien voir à la France ce qu'elle cachoit dans son sein, pendant qu'elle y portoit tant de ministres. Nous en soupçonnions quelque chose, et M. d'Huisseau, ministre de Saumur, célèbre dans la Réforme pour en avoir recueilli la discipline, publia il y a quinze ou vingt ans une *Réunion du christianisme* sur le pied de la tolérance universelle, sans en exclure aucuns hérétiques, pas même les sociniens. Ce ministre fut déposé; et encore qu'on fût averti de bien des endroits, que ce feu couvoit sous la cendre plutôt qu'il n'étoit éteint dans la Réforme, nous avions peine à croire qu'il y fût si grand. Mais aujourd'hui M. Jurieu nous ouvre les yeux : il nous apprend que M. Pajon, ministre d'Orléans, fameux dans son parti par sa *Réponse aux Préjugés légitimes* de M. Nicole contre les calvinistes[2], et ceux qui établissoient avec lui toute l'opération de la grace dans la seule proposition de la parole de Dieu, en niant l'opération et l'influence du Saint-Esprit dans les cœurs, étoient de ces sociniens et de ces indifférens cachés, qui, dit-il, « formoient, dans les églises réformées de France, depuis quelques années, ce malheureux parti où l'on conjuroit contre le christianisme[3]. » Ce n'étoit donc plus seulement contre l'Eglise romaine; c'étoit contre le christianisme en général

---

[1] *Tabl.*, lett. I, p. 8. — [2] *Examen des préjugés légitimes.* — [3] *Tabl. du Socin.*, lett. I, p. 5.

que la Réforme s'armoit secrètement. Le ministre voudroit bien nous faire accroire que la persécution qu'on faisoit à la prétendue Réforme, l'empêchoit de réprimer ces ennemis cachés de la religion chrétienne : mais au contraire c'étoit manifestement la crainte des catholiques qui les tenoit dans le silence; car n'y ayant que le calvinisme qui fût toléré dans le royaume, les nouveaux pélagiens, les nouveaux paulianistes, et en un mot les sociniens et les indifférens avoient tout à craindre. Ils n'avoient donc garde de paroître tant qu'ils étoient parmi nous, et aussi n'ont-ils éclaté qu'à leur dispersion, quand ils se sont trouvés dans des pays *où*, comme dit M. Jurieu, *ils ont eu la liberté de parler* [1]; c'est-à-dire, dans les pays où la Réforme dominoit.

VI. Combien les prétendus reformés de France élevoient mal leur jeunesse.

Voilà donc manifestement *cette cabale toute socinienne*, comme l'appelle M. Jurieu [2], *qui ne tendoit pas à moins qu'à ruiner le christianisme :* la voilà, dis-je, fortifiée par le soutien qu'elle trouve dans les pays protestans, où les réfugiés de France ont été dispersés. « Les jeunes gens, dit notre ministre [3], venus tout nouvellement de France, gros de la tolérance universelle de toutes les hérésies et de leur esprit de libertinage, ont cru que c'estoit ici le vray temps et le vray lieu d'en accoucher. » C'est ainsi que la jeunesse étoit élevée parmi nos prétendus réformés. Elle *étoit grosse* de l'indifférence des religions ; et ce monstre, que les lois du royaume ne lui permettoient pas d'enfanter en France, a vu le jour, aussitôt que cette jeunesse *libertine*, comme l'appelle M. Jurieu [4], a respiré en Hollande un air plus libre.

VII. Témoignage de M. Jurieu sur l'état de la religion en Hollande.

Combien est puissante cette secte dans les pays où écrit M. Jurieu, on peut le juger par la préface de son livre, *Des deux souverains*. « Aujourd'hui, dit-il [5], le monde est plein de ces indifférens, et particulièrement *dans ces provinces :* les sociniens et les remontrans le sont de profession : *mille autres* le sont d'inclination. » Il ne faut donc pas s'étonner si les réfugiés françois sont enfin *accouchés* de ce nouveau dogme dans un pays si favorable à sa naissance, et on peut croire que le ministre ne parleroit pas de cette manière d'un pays qui lui a donné une re-

---

[1] *Tabl. du Socin.*, lett. I, p. 8. — [2] *Ibid.*, p. 5, 6. — [3] *Tabl.*, lett. VIII, p. 479. — [4] *Ibid.* — [5] *Des droits des deux souverains. Avis au lecteur.*

traite si avantageuse, si la force de la vérité ne l'y obligeoit.

C'est en vain qu'il s'efforce ailleurs de diminuer cette cabale de la jeunesse françoise, en supprimant le grand nombre des ministres qui la composent. « Le nombre, dit-il [1], n'en est pas grand, et le soupçon ne doit pas tomber sur tant de bons pasteurs qui sont sortis de France. » Mais le mal éclate malgré lui ; ce qui lui fait dire à lui-même, « qu'on fait publiquement les éloges de ces livres qui établissent la charité dans la tolérance du paganisme, de l'idolâtrie et du socinianisme : » et encore : « Notre langue n'estoit pas encore souillée de ces abominations ; mais *depuis notre dispersion*, la terre est couverte de livres françois qui établissent ces hérésies [2]. » Ainsi les indifférens n'osoient se déclarer étant en France, et on voit toujours que la dispersion a fait éclore le mal qu'ils tenoient caché. Depuis ce temps, poursuit-il [3], « on voit passer dans les mains de tout le monde les pièces qui établissent cette tolérance universelle, laquelle enferme la tolérance du socinianisme : et on voit sensiblement les tristes progrès que ces méchantes maximes font sur les esprits. » Le mal gagne déjà les parties nobles : « Quand, dit-il [4], le poison commence à passer aux parties nobles, il est temps d'aller aux remèdes : outre que le nombre de ces indifférens se multiplie *plus qu'on ne l'ose dire :* » par où on voit tout ensemble non-seulement la grandeur du mal, mais encore *qu'on n'ose le dire ;* de peur de faire paroître la foiblesse de la Réforme, que sa propre constitution entraîne dans l'indifférence des religions. Cependant quoiqu'on dissimule et qu'on n'ose pas avouer combien *ces indifférens* s'accroissent au milieu de la Réforme, on est forcé d'avouer que ce n'est rien de moins qu'un torrent dont il faut arrêter le cours. « Ce qui est très-certain, poursuit le ministre [5], c'est qu'il est temps de s'opposer à ce *torrent impur*, et de découvrir les pernicieux desseins des disciples d'Episcopius et de Socin : il seroit à craindre que nos jeunes gens ne se laissassent corrompre : et il se trouveroit que notre dispersion auroit servi à nous faire ramasser *la crasse et la lie* des autres religions. »

[1] *Tabl.*, lett. VIII, p. 8. — [2] *Tabl.*, lett. VI, p. 48. — [3] *Ibid.* — [4] *Ibid.*, p. 9. — [5] *Ibid.*, p. 11.

IX.
Progrès de l'indifférence dans les États protestans, selon M. Jurieu, et premièrement en Angleterre

Il est bien aisé d'entendre ce qui l'a jeté dans cette crainte. En un mot, c'est qu'il appréhende que la dispersion déjà prête à enfanter, comme il disoit, l'indifférence des religions, n'achève de se gâter dans les pays où la liberté de dogmatiser n'a point de bornes, et par là ne vienne en effet à ramasser en Angleterre et en Hollande *la crasse des fausses religions,* dont on sait que ces pays abondent. Car d'abord, pour ce qui regarde l'Angleterre, « ces dispersez l'ont trouvée, dit-il [1], sous des princes papistes ou sans religion, qui estoient bien aises de voir l'indifférence des religions et l'hérésie s'introduire parmi les protestans, afin de les ramener plus aisément à l'Eglise romaine. » C'est bien fait de charger de tout les princes *papistes;* car l'indifférence des religions étoit sans doute le meilleur moyen pour induire les esprits à la religion catholique, c'est-à-dire, à la plus sévère et la moins tolérante de toutes les religions. Mais laissons M. Jurieu raisonner comme il lui plaira; laissons-lui caractériser à sa mode les deux derniers rois d'Angleterre; qu'il fasse, s'il peut, oublier à tout l'univers ce que Hornebec et Hornius, auteurs protestans, ont écrit des indépendans et des principes d'indifférence qu'ils ont laissés dans cette île; et qu'il impute encore à l'Eglise romaine cette effroyable multiplicité de religions qui naissoient tous les jours, non pas sous ces deux rois que le ministre veut accuser de tout le désordre, mais durant la tyrannie de Cromwel, lorsque le puritanisme et le calvinisme y ont été le plus dominans. Sans combattre les raisonnemens de notre ministre, je me contente du fait qu'il avoue. Quoi qu'il en soit, l'indifférence des religions avoit la vogue en Angleterre quand les dispersés y sont arrivés; et si nous pressons le ministre de nous en dire la cause, il nous avouera franchement que c'est qu'on y estime Episcopius. « C'est, dit-il [2], ce qui a donné lieu aux hétérodoxes de deçà la mer de calomnier l'église anglicane. Ils ont dit qu'on y expliquoit publiquement Episcopius dans leurs universités, et qu'on n'y faisoit pas de façon de tirer les sociniens du nombre des hérétiques. C'est, poursuit M. Jurieu, ce qui m'a été dit à moi-mesme par une infinité de gens. Cette fausse accusation est le

---

[1] *Tabl.,* lett. VI, p. 8. — [2] *Ibid.,* p. 10.

fruit du commerce trop étroit que quelques théologiens anglois ont eu avec les œuvres d'Episcopius. » A la fin donc il avouera que c'est par principe[1], à l'exemple d'Episcopius, que l'Angleterre devient indifférente. Ce n'est pourtant que *quelques théologiens anglois*. Car il faut toujours exténuer le mal, et couvrir autant qu'on pourra la honte de la Réforme chancelante, qui ne sait plus ce qu'elle veut croire, ni presque même si elle veut être chrétienne, puisqu'elle embrasse une indifférence, qui selon M. Jurieu ne tend à rien de moins qu'à renverser le christianisme. En effet, quoi qu'il puisse dire de ce petit nombre de théologiens défenseurs d'Episcopius, le nombre en est assez grand pour faire penser *à une infinité de gens,* qui en ont assuré M. Jurieu que l'Angleterre ne faisoit point de façon de déclarer son indifférence, *et de tirer les sociniens du nombre des hérétiques.*

X. Progrès de ce même mal dans les Provinces-Unies, selon le même ministre.

Voilà pour ce qui regarde l'Angleterre, où l'on voit que les dispersés indifférens ont trouvé le champ assez libre : voyons ce qu'ils auront trouvé en Hollande. « Ils ont abusé, dit notre ministre[1], de la tolérance politique qu'on avoit ailleurs pour les différentes sectes : » nous entendons ce langage et la liberté de ces pays-là, qui a fait dire, comme on vient de voir, à M. Jurieu *que tout est plein d'indifférens dans ces provinces*[2]. M. Basnage n'en a pas moins dit, puisqu'il nous assure *que l'hérétique n'a rien à craindre* dans ces bienheureuses contrées[3] : et *sans besoin d'édits pour s'y maintenir,* tout y est tranquille pour lui. Mais cette *tolérance politique,* dont on prétend que les dispersés ont abusé, va bien plus loin qu'on ne pense, puisque selon M. Jurieu[4], ceux qui l'établissent « ne vont pas à moins qu'à ruiner les principes du véritable christianisme...., à mettre tout dans l'indifférence, et à ouvrir la porte aux opinions les plus libertines : » ce que le même ministre confirme en ajoutant un peu après[5], que « par là on ouvre la porte au libertinage, et qu'on veut se frayer le chemin à l'indifférence des religions. »

Ainsi la tolérance civile, c'est-à-dire l'impunité accordée par

XI. Liaison de

---

[1] *Tabl.,* lett. I, p. 8. — [2] *Droits des deux souver.,* préf. ci-dessus, n. 7. — [3] Basn., t. I, cap. vi, p. 492. — [4] *Tabl.,* lett. viii, p. 369. — [5] *Ibid.,* p. 402.

le magistrat à toutes les sectes, dans l'esprit de ceux qui la soutiennent est liée nécessairement avec la tolérance ecclésiastique, et il ne faut pas regarder ces deux sortes de tolérances comme opposées l'une à l'autre, mais la dernière comme le prétexte dont l'autre se couvre. Si on se déclaroit ouvertement pour la tolérance ecclésiastique, c'est-à-dire qu'on reconnût tous les hérétiques pour vrais membres et vrais enfans de l'Eglise, on marqueroit trop évidemment l'indifférence des religions. On fait donc semblant de se renfermer dans la tolérance civile. Qu'importe en effet à ceux qui tiennent toute religion pour indifférente, que l'Eglise les condamne? Cette censure n'est à craindre qu'à ceux qui ont des églises, des chaires, ou des pensions ecclésiastiques à perdre : quant aux autres indifférens, pourvu que le magistrat les laisse en repos, ils jouiront tranquillement de la liberté qu'ils se donnent à eux-mêmes, de penser tout ce qu'il leur plaît, qui est le charme par où les esprits sont jetés dans ces opinions libertines. C'est pourquoi ils font tant de bruit, lorsqu'on excite contre eux le magistrat : mais leur dessein véritable est de cacher l'indifférence des religions sous l'apparence miséricordieuse de la tolérance civile.

C'est ce qui fait dire à M. Jurieu, « que de tous les voiles derriere lesquels se cachent les indifférens, le dernier et le plus spécieux c'est celui de la tolérance civile [1]. » Elle ne fait donc pas, encore un coup, dans la Réforme un parti opposé à celui de l'indifférence des religions, mais *le voile sous lequel se cachent* les indifférens, et le masque dont ils se déguisent.

XII. Mais si cela est, comme il est certain, et que le ministre le prouve par des argumens démonstratifs [2], on peut juger combien est immense le nombre des indifférens dans la Réforme, puisqu'on y voit les défenseurs de la tolérance civile se vanter publiquement *qu'ils sont mille contre un* [3]. Et que ce ne soit pas à tort qu'ils s'en glorifient, l'embarras de M. Jurieu me le fait croire : car écoutons ce qu'il leur répond : « Ils se font, dit-il [4], un plaisir de voir je ne sçay combien de gens qui paroissent les flatter, et cela

---

[1] *Tabl.*, lett. VIII, art. 1, p. 398. — [2] *Ibid.* et suiv. — [3] *Ibid.*, 475, 495. — [4] *Ibid.*

leur fait dire qu'ils sont mille contre un : mais depuis quel temps et en quel pays? Je leur soutiens qu'avant les sociniens et les anabaptistes, il n'y a pas eu un seul docteur de marque qui ait appuyé leur sentiment. » Il ne s'agit pas de savoir ce qu'on pensoit sur la tolérance avant les sociniens et les anabaptistes ; c'est-à-dire, si je ne me trompe, avant que le nombre en fût grossi au point qu'il est : il s'agit de répondre s'il est vrai que les tolérans soient aujourd'hui *mille contre un*, comme ils s'en vantent : le ministre n'ose le nier, et ne s'en tire qu'en biaisant. « Nous sommes, disent-ils, mille contre un : c'est, répond-il [1], une fausseté ; et je ne connois pas de gens fort distingués qui soient dans ce sentiment. » Quelque beau semblant qu'il fasse, et malgré le démenti qu'il leur donne, il biaise encore : les indifférens qu'il attaque se vantent, à ce qu'il dit, de la multitude, et il leur répond sur *les gens de marque*, sur la distinction des personnes. Mais si on lui demandoit comment il définiroit ces gens distingués, il biaiseroit encore beaucoup davantage ; et on ne voit que trop, quoi qu'il en soit, que l'indifférence prend une force invincible dans la Réforme, et que c'est là ce *torrent impur* auquel M. Jurieu s'oppose en vain.

Mais les actes du synode Vallon, tenu à Amsterdam le 23 août et les jours suivans de l'an 1690, achèvent de démontrer combien ce torrent est enflé et impétueux. Trente-quatre ministres de France réfugiés en Angleterre se plaignent à ce synode « du scandale que leur causent ces ministres réfugiez, qui, estant infectez de diverses erreurs, travaillent, disent-ils [2], à les semer parmi le peuple..... Ces erreurs, poursuivent-ils, ne vont à rien moins qu'à renverser le christianisme ; puisque ce sont celles des pélagiens et des ariens, que les sociniens ont jointes à leurs systèmes dans ces derniers siècles. » On voit qu'ils parlent en mêmes termes que le ministre Jurieu, et qu'ils reconnoissent comme lui la ruine du christianisme dans ces erreurs. Mais le reste s'explique encore beaucoup mieux. « Il y en a, continuent-ils, qui soutiennent ouvertement ces erreurs : il y en a d'autres

XIII. Preuve de la même chose par une lettre des réfugiés de France en Angleterre au synode d'Amsterdam de l'année dernière.

---

[1] P. 558. — [2] *Lettres écrites au syn. d'Amst. par plus. min. réf. à Londres ; Tabl.*, lett. VIII, p. 559.

qui se cachent sous le voile d'une tolérance sans bornes. Ceux-cy ne sont guère moins dangereux que les autres ; et l'expérience a fait voir jusqu'icy que ceux qui ont affecté une si grande charité pour les sociniens, ont esté sociniens eux-mêmes, ou n'ont point eu de religion. » Enfin le péril est si grand, « et la licence est venue à un tel point, qu'il n'est plus permis aux compagnies ecclésiastiques de dissimuler, et que ce seroit rendre le mal incurable que de n'y apporter que des remèdes palliatifs. »

Il ne faut donc plus cacher l'état triomphant où l'indifférence, qui est une branche du socinianisme, se trouve aujourd'hui dans la Réforme sous le nom et sous la couleur de la tolérance ; puisque les ministres qui sont à Londres crient à ceux qui sont en Hollande, qu'il est temps d'en venir aux derniers remèdes : et ce qu'il y a de plus remarquable dans leur plainte, c'est que nous ne voyons point, dans cette lettre de Londres, la souscription de plusieurs ministres des plus fameux que nous connoissons : on sait d'ailleurs que ces trente-quatre qui ont signé la lettre ne font qu'une très-petite partie des ministres réfugiés en Angleterre. Le silence des autres fait bien voir quel est le nombre qui prévaut, et ce que la France nourrissoit, sans y penser, de sociniens ou d'indifférens cachés pendant qu'elle toléroit la Réforme.

XIV. Preuve de la même chose par le décret du synode, et par ce que M. Jurieu a écrit depuis.

Telle est la plainte que les trente-quatre réfugiés d'Angleterre portent au synode d'Amsterdam contre les indifférens : mais la réponse que fait le synode montre encore mieux combien est grand ce parti ; puisqu'on en parle comme *d'un torrent* dont il faut arrêter le cours[1]. On voit même qu'en Angleterre ces réfugiés dont on se plaint *poussent leur hardiesse jusqu'à débiter leurs impiétés en public, les prêchant ouvertement;* ce qui montre combien ils se sentent soutenus : et en effet on n'entend point dire qu'ils soient déposés.

Il ne faut pas s'imaginer que ce mal ne soit qu'en Angleterre. Les réfugiés de ce pays-là écrivent au synode Vallon qu'il y en a en Hollande *de ce caractère*[2]; et le synode lui-même parle ainsi dans sa décision : « Nous apprenons par les mémoires et les instructions de plusieurs églises, que quelques esprits inquiets et témé-

[1] *Tabl.*, lett. VI, p. 563. — [2] P. 560.

raires sement dans le public et dans le particulier des erreurs capitales, et d'autant plus dangereuses que sous le nom affecté de la charité et de la tolérance, elles tendent à faire glisser dans l'ame des simples le poison du socinianisme et l'indifférence des religions. » Les avis ne viennent donc pas d'Angleterre seulement, mais encore *de plusieurs églises* des Pays-Bas protestans : le mal se répand partout en deçà et au delà de la mer ; et on exhorte les fidèles *à résister courageusement à ce torrent*[1]. C'est donc toujours *un torrent* dont le cours menace la Réforme : le synode aussi n'épargne rien de ce qui dépend *de sa lumière et de son autorité*: il suspend, il excommunie ; il suscite de tous côtés des observateurs pour veiller sur ce qui se dit non-seulement dans les chaires, mais encore dans les conversations : il autorise autant qu'il se peut les dénonciateurs ; il fait en un mot ce que la Réforme a tant blâmé dans la conduite de Rome, et ce qu'elle a tant appelé une tyrannie, une gêne des consciences. Encore n'est-ce pas assez ; et voici à quoi les exhorte M. Jurieu. « Il est juste, leur dit-il[2], afin que peu de gens soient suspects, que vous employiez des voies seures et non équivoques pour distinguer les innocens des coupables. Les mesures que vous avez prises dans votre dernière assemblée, (c'est celle dont on vient de voir la sévérité) quelque bien concertées qu'elles paroissent, ne se trouvent pas encore suffisantes pour découvrir les ennemis de nos véritez, et pour soumettre ces esprits qui méprisent vos derniers réglemens avec tant de hauteur. C'est pourquoy j'espère, poursuit-il, que dans votre prochaine assemblée vous prendrez des résolutions encore plus fortes et plus efficaces pour arrester le mal : » par où nous voyons tout ensemble et le peu d'effet du synode d'Amsterdam, et les nouvelles rigueurs qu'on prépare, non plus pour punir les tolérans déclarés, mais pour les discerner et les découvrir comme gens qui se cachent. La Réforme change de méthode : tout s'y échauffe : ceux qu'on ne pourra convaincre d'être hérétiques, seront recherchés, seront punis comme suspects, et rien ne sera à couvert de l'inquisition que M. Jurieu veut établir.

On demandera peut-être ici quel rapport il y a ou de l'indiffé-

XV.
Rapport du

[1] P. 567. — [2] *Tabl.*, lett. VIII, p. 397.

rence au socinianisme ou du socinianisme à l'indifférence : c'est ce que M. Jurieu explique très-nettement, lorsqu'il dit que la méthode des sociniens, qu'il entreprend de combattre, est d'insinuer d'abord « qu'il ne s'agit de rien d'important entre eux et les autres protestans qui ont abandonné le papisme : que ce sont des disputes très-légères, et qu'on peut croire là-dessus tout ce que l'on veut [1]. Quand cela est fait, continue-t-il, et qu'ils ont persuadé que le socinianisme est une religion où l'on peut se sauver, il ne leur est pas difficile d'achever et de pousser les esprits dans la religion socinienne : parce que le socinianisme est une religion de plain-pied, qui lève toutes les difficultez et aplanit toutes les hauteurs : » ce qui fait, conclut-il, « qu'on est bien aise de trouver un lieu où l'on puisse se sauver, sans être obligé de croire tant de choses qui incommodent l'esprit et le cœur. » On ôte tous les mystères, on éteint les feux éternels, et on ne cherche qu'à se mettre au large. C'est ainsi que l'indifférence et le socinianisme sont liés ; et il est aisé de comprendre que ce torrent débordé de sociniens ou d'indifférens dont la Réforme se plaint elle-même et qu'elle ne peut retenir, entraîne naturellement les esprits *à cette religion de plain-pied qui aplanit toutes les hauteurs* du christianisme.

Pour exténuer un mal à qui la Réforme prépare déjà d'extrêmes remèdes, le ministre voudroit nous faire accroire qu'il nous est commun avec elle. « La communion de Rome a senti, dit-il [2], ce torrent d'impiétez qui a presque inondé toute l'Eglise : ce qui a obligé ses auteurs à écrire plusieurs ouvrages pour prouver la vérité de la religion chrétienne. » Sur ce fondement il nous donne « des déistes à la Cour et des sociniens dans l'Eglise en assez grand nombre : » en sorte que nous n'avons rien à reprocher à la Réforme de ce côté-là. Pour rendre les choses égales, il faudroit encore nous nommer les royaumes catholiques où l'on prêche publiquement le socinianisme et l'indifférence ; les conciles qu'on y tient contre ces erreurs, et les moyens extraordinaires dont on croit y avoir besoin pour en exterminer les sectateurs. Du moins peut-on assurer que les sociniens font peu de bruit dans le monde,

[1] P. 12, 13. — [2] *Tabl.*, lett. 1, p. 11, 12.

et pour moi qui pourrois peut-être en rencontrer quelques-uns, s'il y en avoit dans l'Eglise autant que dit le ministre, je n'en puis pas nommer un seul. Mais après tout et pour le prendre de plus haut, la question n'est pas de savoir si le nombre des indifférens, c'est-à-dire celui des impies, s'augmente dans la chrétienté, et s'il peut y en avoir de cachés parmi nous : ce qu'il faut examiner, c'est d'où cette race est venue, de quel principe elle est née, et pourquoi elle se déclare hautement parmi les protestans. D'abord on avouera, pour peu qu'on ait de bonne foi, que l'Eglise romaine y est opposée par sa propre constitution. Une Église qui pose pour fondement qu'il n'y a de vie ni de salut que dans sa communion, sans doute est opposée par sa nature à l'indifférence des religions. Une Eglise qui a pour règle de la foi, qu'elle doit avoir aujourd'hui celle qu'elle avoit hier, qui croit que celle d'hier est celle de tous les siècles passés et futurs, en sorte que la vérité régnera éternellement dans sa communion, et qu'il y a une promesse divine qui l'en assure, est incompatible par son propre fonds avec toutes les nouveautés ; et d'autant plus opposée à celle des sociniens et des tolérans ou indifférens, que leurs innovations sont plus hardies. Qu'on vienne dire à une telle Eglise qu'elle ne doit pas adorer le Fils de Dieu autant que le Père, ou que Jésus-Christ n'est pas proprement un Rédempteur qui ait vraiment satisfait pour elle et payé un prix infini ; ou que l'enfer n'est pas éternel comme la béatitude qui nous est promise ; ou qu'on puisse trouver son salut autre part qu'avec Jésus-Christ et son Eglise : elle bouchera ses oreilles pour ne point ouïr de tels blasphèmes, et repoussera de toute sa force ces novateurs avec un concours universel : il faut qu'ils sortent ou qu'ils se cachent si bien, qu'il ne leur reste d'asile que celui de l'hypocrisie, qui se condamne elle-même à des ténèbres éternelles. Voilà où en sont réduits tous les novateurs dans l'Eglise catholique. Qu'on laisse reposer les peuples sur cette foi et sur la promesse divine, jamais les nouveautés ne seront seulement écoutées. Mais que l'on commence à dire avec la Réforme qu'il y a sept ou huit cents ans, plus ou moins, que l'erreur et l'idolâtrie règnent dans l'Eglise, c'en est fait ; la chaîne est rompue ; la promesse est anéantie ; on ne tient plus à la succession. L'Antechrist, qui ne commençoit qu'au septième ou huitième siècle, si l'on veut, prendra naissance au cinquième et en la personne de saint Léon : si l'on veut, la corruption aura commencé au concile de Nicée : ce sera plus tôt, si l'on veut, et dès le temps qu'on a condamné Paul de Samosate qui nioit la préexistence du Fils de Dieu : il n'y a plus de digues à opposer à cette pente secrète qui porte l'esprit de l'homme à cette religion *de plain-pied* qui supprime tout l'exercice de la foi; et tout devient indifférent.

XVII. Que l'indifférence des religions doit l'emporter selon les principes de la Réforme : trois règles des indifférens.

Qu'ainsi ne soit; mettons aux mains un de ces protestans indifférens, sociniens, pajonistes, arminiens, si l'on veut, car tous ces noms symbolisent fort, avec quelque bon réformé, avec M. Jurieu lui-même; et voyons s'il pourra le vaincre par les principes communs de la Réforme. Cet indifférent a trois règles : la première : *Il ne faut connoître nulle autorité que celle de l'Ecriture :* celle-là seule est divine : ne me parlez ni d'Eglise ni d'antiquité ni de synode : ce sont tous moyens papistiques; et la Réforme m'apprend que tout cela n'est pas ma règle. La seconde règle de notre indifférent : *L'Ecriture pour obliger doit être claire;* ce qui ne parle qu'obscurément ne décide rien et ne fait qu'ouvrir le champ à la dispute : telle est la seconde règle de l'indifférent. La troisième et la dernière : « Où l'Ecriture paroist enseigner des choses inintelligibles, et où la raison ne peut atteindre, comme une Trinité, une Incarnation, et le reste; il faut la tourner au sens dont la raison peut s'accommoder, quoyqu'on semble faire violence au texte. » Tout roule sur ces trois maximes : mais voyons un peu plus dans le détail comment les indifférens les emploient, et si les vieux réformés pourront les nier ou en éviter les conséquences.

XVIII. Première règle des indifférens tirée de l'autorité de l'Ecriture : que la Réforme ne peut la nier, et qu'elle les met à cou-

Par la première maxime, *Nulle autorité que celle de l'Ecriture,* ils excluent d'abord toutes les confessions de foi de la Réforme, parce qu'elles sont faites, reçues, autorisées par des hommes sujets à errer comme les autres. Quand donc les trente-quatre réfugiés d'Angleterre pressent le synode d'Amsterdam de réduire les proposans et les ministres *à la confession belgique;* premièrement, ils ne disent rien; car ils ne veulent les y soumettre que dans *les articles capitaux*, sans expliquer quels ils sont [1]. Secondement, ils demandent qu'on impose *à ces proposans et à ces ministres* un joug humain, et qu'on leur ôte la liberté que l'Evangile réformé leur a donnée de tout examiner, et même les résolutions et les décisions les plus authentiques de l'Eglise.

<small>vert de ce que les trente-quatre réfugiés proposent contre eux</small>

Cette raison met à couvert nos indifférens de la décision du synode même, lorsqu'il leur défend « de rien supporter de ce qui pourra contrevenir à la doctrine enseignée dans la parole de Dieu, dans la confession de foy, et dans le synode national de Dordrecht [2] : » car d'abord la parole de Dieu visiblement n'est mise là que pour la forme : autrement de deux choses l'une ; ou le synode leur défendroit de supporter les luthériens contre le décret de Charenton et le sentiment unanime de la Réforme calvinienne ; ou elle les forceroit à confesser que la présence réelle, l'ubiquité et le reste qu'il faut passer aux luthériens, n'est pas contraire à la parole de Dieu, puisque s'il y étoit contraire, selon les termes de ce synode, on ne pourroit plus le supporter.

<small>XIX. Que la même règle des indifférens les met à couvert de la décision du synode d'Amsterdam qui les condamna l'année passée.</small>

Il en faudra donc venir à dire que la parole de Dieu n'est mise là qu'à condition de l'entendre selon les interprétations des confessions de foi et du synode de Dordrecht : ce qui est manifestement la doctrine que la Réforme a improuvée dans les catholiques, et une restriction de la liberté qu'elle a donnée d'interpréter l'Ecriture chacun selon son esprit particulier.

Que si M. Jurieu répond, selon les principes de son *Système*, que ces confessions de foi n'obligent pas en conscience, mais à titre de *confédération volontaire et arbitraire*, comme il parle [3], où l'on a pu recevoir et d'où aussi l'on peut exclure qui l'on veut, il demeurera pour certain qu'on en peut croire en conscience tout ce qu'on voudra, et que le refus qu'on feroit d'y souscrire ne pourroit avoir que des effets politiques qui n'auroient aucune liaison avec le salut.

<small>XX. Que l'autorité des confessions de foi de la Réforme, selon M. Jurieu, ne lie point les consciences et n'emporte pas la perte du salut.</small>

Qu'ainsi ne soit : selon ce ministre, on pouvoit régler de telle manière ces confédérations des églises, par exemple, de Genève et de Suisse, que les pélagiens et semi-pélagiens n'en auroient

---

[1] P. 561. — [2] P. 567. — [3] *Préj. lég.*, p. 6 ; *Syst.*, p. 246 et suiv., 254 et suiv.; *Hist. des Var.*, liv. XV, n. 66 et suiv.

pas été exclus : « et ce qui est bien certain, dit-il, c'est qu'on n'a pas eu dessein de damner ceux qui embrasseroient le semi-pélagianisme [1] : » en les excommuniant on ne les exclut que de cette confédération particulière, de cette église et de ce troupeau particulier, et non pas en général de la société de l'Eglise et encore moins du salut. On est donc encore libre en conscience de croire ce qu'on voudra de ces confessions de foi : quoiqu'elles se soient déclarées contre les semi-pélagiens, on peut encore être ou n'être pas de cette secte. Ainsi il en faut toujours revenir au fond ; et les censures lancées sur le fondement de ces *confédérations arbitraires* ne regardent qu'une police extérieure de l'Eglise, qui ne gêne en aucune sorte la liberté intérieure de la conscience.

XXI. La même chose se doit dire des synodes, et de celui de Dordrecht et tout cela n'est pas une loi pour les prétendus réformés qui embrassent l'indifférence.

Il en faut dire autant de tous les synodes, et même de celui de Dordrecht, le plus authentique de tous. A quelque autorité qu'on s'efforce de l'élever dans la Réforme, le plus rigide des intoléans, c'est-à-dire M. Jurieu, se contente qu'on lui accorde que ce synode « a pu obliger, non *tous les membres de sa société,* mais au moins tous ses docteurs, prédicateurs et autres gens qui se meslent d'enseigner, sans pourtant obliger à la mesme chose les autres églises et les autres communions [2]. » Ses décrets ne sont donc pas une règle de vérité proposée à tout le monde, mais une police extérieure du calvinisme, qui selon les principes de la Réforme ne peut lier les consciences.

Ainsi les indifférens ont gagné leur cause contre les synodes et les confessions de foi : et à parler sincèrement, il ne faudroit les presser que par l'Ecriture selon les anciens principes de la Réforme.

XXII. Seconde règle des indifférens tirée de la même Ecriture : que cette règle les met à couvert des attaques de la Ré-

Venons au second principe des indifférens : *L'Ecriture pour obliger doit être claire.* Ce principe n'est pas moins indubitable dans la Réforme que le précédent, puisque c'est sur ce fondement qu'elle a tant dit que l'Ecriture étoit claire, et qu'il n'y avoit personne, pour occupé ou pour ignorant qu'il fût, qui n'y pût trouver les vérités nécessaires, en considérant par lui-même attentivement les passages et les conférant avec soin les uns avec les autres.

[1] *Hist. des Var.*, liv. XIV, n. 83, 84. — [2] Jurieu, *Sur les méthodes,* sect. XVIII, p. 159, 160.

C'est par là qu'on flattoit le monde et qu'on soutenoit la Réforme : mais c'est maintenant ce qui la perd. Car l'expérience a fait sentir aux simples fidèles, et même aux plus présomptueux, aux plus entêtés, qu'en effet ils n'entendoient pas ce qu'ils s'imaginoient entendre : ils se sont trouvés si embarrassés entre les raisonnemens des vieux réformés et ceux des arminiens, des sociniens, des pajonistes, pour ne point ici parler des catholiques et des luthériens, qu'on a été obligé de leur avouer qu'au milieu de tant d'ignorances, de tant de distractions et d'occupations nécessaires, l'examen de discussion leur étoit aussi peu possible, que d'ailleurs il leur étoit peu nécessaire.

forme : la discussion de l'Ecriture impossible aux simples, selon le ministre Jurieu.

C'est ce que M. Jurieu a expressément avoué : car non content d'avoir enseigné dans son *Système* que la discussion n'est nécessaire ni à ceux qui sont déjà dans l'Eglise, ni à ceux qui veulent y entrer, et *qu'il ne la peut conseiller* ni aux uns ni aux autres[1], il ajoute en termes formels, *qu'un simple n'en est pas capable*[2] : et encore plus expressément : « Cette voye de trouver la vérité n'est pas celle de l'examen ; car je suppose avec M. Nicole qu'elle est absurde, impossible, ridicule, et qu'elle surpasse entièrement la portée des simples[3]. »

Il ne faut pourtant pas ôter à nos prétendus réformés le mot d'*examen* dont on les a toujours amusés. Outre l'examen de discussion, on sait que M. Jurieu en a trouvé encore un autre, qu'il appelle, « d'attention ou d'application de la vérité à l'esprit, qui, dit-il[4], est le moyen ordinaire par lequel la foy se forme dans les fidèles. Cela consiste, dit-il, dans ce que la vérité, qui proprement est la lumière du monde intelligible, vient s'appliquer à l'esprit, tout de mesme que la lumière sensible s'applique aux yeux corporels : » ce qu'il explique en un autre endroit encore plus précisément[5], lorsqu'il dit « que ce qui fait proprement le grand effet pour la production de la foy, c'est la vérité mesme qui frappe l'entendement comme la lumière frappe les yeux. »

XXIII. Quel examen M. Jurieu laisse au fidèle, et qu'au fond ce n'est rien moins qu'un examen : sa doctrine et celle de M. Claude sur l'évidence de goût et de sentiment.

A la vérité, on ne voit pas bien pourquoi *cette application de*

---

[1] *Syst.*, liv. II, chap. XXII, p. 401, 403 et suiv. — [2] *Syst.*, liv. III, chap. v, p. 472. — [3] *Ibid.*, liv. II, chap. XIII, p. 337. — [4] *Ibid.*, liv. II, chap. XIX, p. 380, 381 et suiv. — [5] P. 383.

la vérité s'appelle examen, puisque les yeux bien assurément n'ont point à examiner si c'est la lumière qu'ils découvrent, et qu'ils ne font autre chose que s'ouvrir pour la recevoir. Mais sans disputer des mots ni raffiner sur les réflexions dont M. Jurieu prétend que cette application de la vérité est accompagnée, souvenons-nous seulement que « cet examen, qu'il appelle d'attention et d'application, n'est rien que le goust de l'ame qui distingue le bon du mauvais, le vray du faux, comme le palais distingue l'amer du doux [1]. »

C'est ce qu'il appelle ailleurs la voie *d'adhésion* ou *d'adhérence* [2], et plus ordinairement la voie *d'impression*, *de sentiment*, ou *de goust*, qu'il reconnoît être la même dont s'étoit servi M. Claude [3]. Par cette voie on rend aux réformés la facilité dont on les a toujours flattés de se résoudre par eux-mêmes, et on leur donne un moyen aisé de trouver tous les articles de foi, non plus par la discussion qu'on reconnoît impossible et peu nécessaire pour eux, mais par sentiment et par goût [4]. Il ne faut que leur proposer un amas de vérités, un sommaire de la doctrine chrétienne : alors indépendamment de toute discussion, et même, ce qu'il y a de plus remarquable, « indépendamment du livre où la doctrine de l'Evangile et de la véritable religion est contenue [5], » c'est-à-dire constamment, de l'Ecriture, la vérité leur est claire : « on la sent comme on sent la lumière quand on la voit, la chaleur quand on est auprès du feu, le doux et l'amer quand on en mange. » C'est ce qu'a dit M. Jurieu, c'est ce qu'a dit M. Claude, et c'est à quoi se réduit toute la défense de la Réforme.

XXIV. Que ce goût et ce sentiment sont une illusion manifeste, et un autre nom qu'on donne à la prévention et à l'autorité.

Ce moyen est aisé sans doute : mais par malheur la même expérience qui a détruit la discussion, détruit encore ce prétendu goût, ce prétendu sentiment. Ne disons donc point aux ministres ce que nous leur avons déjà objecté [6], que tout cela se dit en l'air et sans fondement, contre les propres principes de la Réforme, avec un péril inévitable de tomber dans le fanatisme : laissons les raisonnemens, et tenons-nous-en à l'expérience. Ce qu'il y aura

---

[1] *Syst.*, liv. II, chap. XXIV, p. 413. — [2] *Ibid.*, chap. XX, XXI, XXV; liv. III, chap. V, IX, X. — [3] *Ibid.*, liv. III, chap. II, III, V. — [4] *Ibid.*, liv. II, chap. XXV, p. 428, 453 et suiv.; *Var.*, liv. XV, n. 112 et suiv. — [5] *Ibid.*, p. 453. — [6] *Var.*, liv. XV, n. 66 et suiv.

de gens sensés et de bonne foi dans la Réforme avoueront franchement qu'ils ne sentent pas plus ce goût, cette évidence de la vérité *aussi claire que la lumière du soleil,* dans les mystères de la Trinité, de l'Incarnation et les autres, qu'ils ont senti par la discussion le vrai sens de tous les passages de l'Ecriture : on flattoit leur présomption en leur disant qu'ils entendoient l'Ecriture par la discussion des passages : on les flatte d'une autre manière en leur disant qu'ils goûtent et qu'ils sentent la vérité des mystères avec autant de clarté qu'on sent le blanc et le noir, l'amer et le doux. Rien ne peut les empêcher de s'apercevoir de l'illusion qu'on leur fait, ni de sentir qu'on n'a fait que changer les termes : que ce qu'on appelle goût et sentiment n'est au fond que leur prévention et la soumission qu'on leur inspire pour les sentimens qu'ils ont reçus de leur église et de leurs ministres : qu'on les mène en aveugles, et que quelque nom qu'on donne à la recherche qu'on leur propose de la vérité, soit celui de discussion ou celui de sentiment et de goût, on les remet par un autre tour sous l'autorité dont on leur a fait secouer le joug.

En cet état un socinien ou rigide ou mitigé vient doucement et sans s'échauffer vous proposer son troisième et dernier principe, qui renferme toute la force ou plutôt tout le venin de la secte : je le répète : « Où l'Ecriture paroist enseigner des choses que la raison ne peut atteindre par aucun endroit, il la faut tourner au sens dont la raison s'accommode, quoyqu'on semble faire violence au texte. » Je soutiens qu'un prétendu réformé tombe nécessairement dans ce piége : car, dit-il, la Trinité et l'Incarnation sont mystères impénétrables à ma raison : tout mon esprit, tous mes sens se révoltent contre : l'Ecriture, qu'on me propose pour me les faire recevoir, fait le sujet de la dispute : la discussion m'est impossible et mes ministres l'avouent : l'évidence de sentiment dont ils me flattent n'est qu'illusion : ils ne me laissent sur la terre nulle autorité qui puisse me déterminer dans cet embarras : que reste-t-il à un homme dans cet état, que de se laisser doucement aller *à cette religion de plain-pied qui aplanit toutes les hauteurs,* comme disoit M. Jurieu? On y tombe naturellement,

XXV. Troisième principe des indifférens, qu'il faut tourner l'Ecriture au sens le plus plausible selon la raison : que la Réforme ne peut éviter ce piége.

et il ne faut pas s'étonner si la pente vers ce parti est si violente et le concours si fréquent de ce côté-là.

XXVI.
Que par la croyance du calviniste sur la présence réelle, le socinien lui prouve qu'il élude la règle qu'il lui propose.

Mais le rusé socinien ne s'en tient pas là, et il soutient au calviniste qu'il ne peut nier son principe. « Pourquoy, dit-il [1], ne croyons-nous pas que Dieu ait des mains et des yeux, ce que l'Ecriture dit si expressément? C'est parce que ce sens est contraire à la raison. Il en est de même de ces paroles : *Cecy est mon corps : si vous ne mangez ma chair et ne buvez mon sang*, etc. » Ce sont les paroles du subtil auteur, qui a donné au public des *Avis sur le Tableau du socinianisme* [2]. Il engage M. Jurieu dans son principe par un exemple qu'il ne peut rejeter. Dans ces paroles : *Ceci est mon corps*, tout le calvinisme reconnoît une figure, pour éviter la violence que la lettre fait à la raison et au sens humain : qui peut donc après cela empêcher le socinien d'en faire autant sur ces paroles : *Le Verbe étoit Dieu, le Verbe a été fait chair :* et ainsi des autres? S'il faut de nécessité mettre au large la raison humaine, et que ce soit là le grand ouvrage de la Réforme, pourquoi ne pas l'affranchir de tous les mystères, et en particulier de celui de la Trinité ou de celui de l'Incarnation comme de celui de la présence réelle, puisque la raison n'est pas moins choquée de l'un que de l'autre?

XXVII.
Que les réponses du ministre sur cette objection sont insoutenables dans la bouche d'un calviniste.

M. Jurieu déteste cette proposition de Fauste Socin sur la satisfaction de Jésus-Christ : « Quand cela se trouveroit écrit non pas une fois, mais souvent dans les écrits sacrés, je ne croirois pourtant pas que la chose allast comme vous pensez : car comme cela est impossible, j'interpréterois les passages en leur donnant un sens commode, comme je fais avec les autres en plusieurs autres passages de l'Ecriture [3]. » Notre ministre déteste, et avec raison, cette parole de Socin. Car en suivant la méthode qu'il nous y propose, il n'y a plus rien de fixe dans l'Ecriture : à chaque endroit difficile on sera réduit à soutenir thèse sur l'impossibilité; et au lieu d'examiner en simplicité de cœur ce que Dieu dit, il faudra à chaque moment disputer de ce qu'il peut.

On ne sauroit donc rejeter trop loin cette méthode, qui soumet

---

[1] *Avis sur le Tabl. du Soc.*, 1 traité. — [2] *Ibid.*, art. 1, p. 13. — [3] *Tabl.*, lett. III, p. 107; Socin., lib. III, *de Servatore*, cap. II et VI.

toute l'Ecriture et toute la foi au raisonnement humain. Mais voyons si la Réforme peut s'exempter de cet inconvénient.

L'auteur des *Avis* demande à M. Jurieu, *comment il dispose son cœur dans les mystères que la raison ne peut atteindre par aucun endroit* [1]. Et ce ministre lui répond : « Je sacrifie à Dieu, qui est la première vérité, toutes les résistances de ma raison : la révélation divine devient ma souveraine raison [2]. » Cette réponse seroit admirable dans une autre bouche ; mais pour la faire avec efficace à un socinien, il faut donc poser pour principe, que partout où il s'agit de révélation on doit imposer silence au raisonnement humain, et n'écouter qu'un Dieu qui parle. Ainsi lorsqu'il s'agira de la présence réelle et du sens de ces paroles : *Ceci est mon corps*, il n'est plus permis de répondre, comme fait M. Jurieu [3] : « L'Eglise romaine croit avoir une preuve invincible de la présence réelle dans ces paroles de Jésus-Christ : *Si quelqu'un ne mange ma chair,* etc. *Prenez, mangez, ceci est mon corps.* Cette prétendue manducation nous conduit à des prodiges, à renverser les loix de la nature, l'essence des choses, la nature de Dieu, et l'Ecriture sainte, à nous rendre mangeurs de chair humaine. De là je conclus sans balancer qu'il y a de l'illusion dans la preuve et de la figure dans le texte. » Mais je vous prie, que fait autre chose le socinien ? ne trouve-t-il pas dans la Trinité, dans l'Incarnation, dans l'immutabilité de Dieu, dans sa prescience, dans le péché originel, dans l'éternité des peines, *des prodiges, des renverseméns de la nature de Dieu et de l'essence des choses ?* Faut-il donc entrer avec lui dans cette discussion, et jeter de simples fidèles dans la plus subtile et la plus abstraite métaphysique ? Où est donc ce sacrifice de résistance de notre raison qu'on nous promettoit ? Et s'il nous faut disputer et devenir philosophes, que devient la simplicité de la foi ?

M. Jurieu dira peut-être : J'emploie, il est vrai, la résistance de la raison contre la présence réelle : mais c'est aussi que la raison y résiste plus qu'à la Trinité, à l'Incarnation et aux autres mystères que le socinien rejette. Vous voilà donc, encore un coup,

XXVIII. Si les calvinistes sont reçus à dire que le mystère de la Tri-

---

[1] Traité I, art. 1, p. 16. — [2] Lett. III, p. 131. — [3] *Des deux Souv.*, chap. VIII, p. 162.

nité et les autres sont moins opposés à la raison que celui de la présence réelle.

à disputer sur le plus et sur le moins de la résistance : il faut faire argumenter le simple fidèle, il en faut faire un philosophe, un dialecticien ; et celui dont vous ne voulez pas charger la foiblesse ou l'ignorance, de la discussion de l'Ecriture, est jeté dans la discussion des subtilités de la philosophie la plus abstraite et la plus contentieuse. Est-ce là ce chemin aisé et cette voie abrégée de conduire le chrétien aux vérités révélées ?

XXIX. Si les calvinistes sont reçus à dire qu'ils ont pour eux les sens.

Mais, direz-vous, il ne s'agit pas de raisonnement : j'ai les sens mêmes pour moi ; et je vois bien que du pain n'est pas un corps. Ignorant, qui n'entendez pas que toute la difficulté consiste à savoir si Dieu peut réduire un corps à une si petite étendue ! Le luthérien croit qu'il le peut ; et si vous vous obstinez à vouloir conserver le pain avec le corps, il le conserve et donne aux sens tout ce qu'ils demandent ; vous n'avez donc rien à lui dire de ce côté-là, et vous voilà à disputer sur la nature des corps, à examiner jusqu'à quel point Dieu a voulu que nous connussions le secret de son ouvrage, et s'il ne voit pas dans la nature des corps comme dans celle des esprits quelque chose de plus caché et de plus foncier, pour ainsi dire, que ce qu'il en a découvert à notre foible raison. Il faut donc alambiquer son esprit dans ces questions de la possibilité ou impossibilité, c'est-à-dire dans les plus fines disputes où la raison puisse entrer ou plutôt dans les plus dangereux labyrinthes où elle se puisse perdre. Et après tout, s'il se trouve vrai que Dieu puisse réduire un corps à une si petite étendue, qui doute qu'il ne puisse le cacher où il voudra, et sous telle apparence qu'il voudra ? Il a bien caché ses anges, des esprits si purs, sous la figure des corps, et fait paroître son Saint-Esprit sous la forme d'une colombe : pourquoi donc ne pourroit-il pas cacher quelque corps qu'il lui plaira sous la figure, sous les apparences, sous la vérité s'il le veut ainsi, de quelque autre corps que ce soit, puisqu'il les a tous également dans sa puissance ? Donc le sens ne décide pas : donc c'est le raisonnement le plus abstrait qu'il faut appeler à son secours, et la plus fine dialectique. Mais s'il faut être dialecticien ou philosophe pour être chrétien, je veux l'être partout, dira le socinien : je veux soumettre à ma raison tous les passages de l'Ecriture où je la trouverai choquée, et autant ceux qui regardent la Trinité et l'Incarnation, que ceux qui regardent la présence réelle. On peut discourir, on peut écrire, on peut chicaner sans fin : mais à un homme de bonne foi ce raisonnement n'a point de réplique.

M. Jurieu dira sans doute que ce n'est pas la raison seule, mais encore l'Ecriture sainte qu'il oppose au luthérien et au catholique sur ces paroles : *Ceci est mon corps*. Mais outre, comme nous verrons, que le socinien en fait bien autant, voyons ce qui a frappé M. Jurieu, et répétons le passage que nous venons de citer sur ces paroles : *Ceci est mon corps :* le sens de la présence réelle « nous conduit, dit-il, à des prodiges, à renverser les loix de la nature, l'essence des choses, la nature de Dieu, l'Ecriture sainte, à nous rendre mangeurs de chair humaine. » L'Ecriture est nommée ici, je l'avoue; car aussi pouvoit-on l'omettre sans abandonner la cause? Mais l'on voit par où l'on commence, ce qu'on exagère, ce qu'on met devant l'Ecriture, ce qu'on met après, et on ressent manifestement que ce qui choque et ce qui décide en cette occasion, c'est enfin naturellement la raison humaine. On sent qu'elle a succombé à la tentation de ne pas vouloir se résoudre à croire des choses où elle a tant à souffrir : c'est en effet ce qui frappe tous les calvinistes. Un catholique ou un luthérien commence avec eux une dispute : forcé par l'impénétrable hauteur des mystères dont la croyance est commune entre nous tous, le calviniste reconnoît qu'il ne faut point appeler la raison humaine dans les disputes de la foi. Là-dessus on lui demande qu'il la fasse taire dans la dispute de l'Eucharistie comme dans les autres. La condition est équitable : il faut que le calviniste la passe. C'en est donc fait : ne parlons plus de raison humaine, ni d'impossibilité, ni des essences changées : que Dieu parle ici tout seul. Le calviniste vous le promettra cent fois; cent fois il vous manquera de parole, et vous le verrez toujours revenir aux peines dont sa raison se sent accablée : Mais je ne vois que du pain? Mais comment un corps humain en deux lieux et dans cet espace? Je n'en ai jamais vu un seul qui ne se replongeât bientôt dans ces difficultés, qui à vrai dire sont les seules qui les frappent. Calvin comme les autres promettoit souvent aux luthériens, lors-

XXX. Que ce qui détourne les calvinistes de la présence réelle est précisément la même chose qui détourne les sociniens des autres mystères; c'est-à-dire la raison humaine. Preuve par M. Jurieu.

qu'il disputoit avec eux sur cette matière [1], de ne point faire entrer de philosophie ou de raisonnement humain dans cette dispute : cependant à toutes les pages il y retomboit. Si les calvinistes se font justice, ils avoueront qu'ils n'en usent pas d'une autre manière, et qu'ils en reviennent toujours à des pointilles du raisonnement humain.

XXXI. Qu'en alléguant l'Ecriture, le calviniste ne fait qu'imiter le socinien et qu'il retombe dans la discussion dont M. Jurieu vouloit le tirer.

Mais n'allèguent-ils pas l'Ecriture ? Sans doute, de la même sorte que font les sociniens. *Je suis la vigne, je suis la porte; la pierre étoit Christ:* ils prouvent parfaitement bien qu'il y a dans l'Ecriture des façons de parler figurées : donc celle-ci : *Ceci est mon corps,* est de ce genre. C'est ainsi qu'un socinien raisonne : il y a tant de façons de parler où il faut admettre une figure ; pourquoi celle-ci : *Le Verbe étoit Dieu, le Verbe a été fait chair,* ne seroit-elle pas de ce nombre? Ils sauront fort bien vous dire que Jésus-Christ étant sur la terre le représentant de Dieu, revêtu de sa vérité, inondé de sa vertu toute-puissante, on le peut aussi bien appeler Dieu et vrai Dieu, que le pain de l'Eucharistie est appelé corps. Vous voilà donc dans les discussions, dans la conférence des passages, dans l'embarras des disputes, auxquelles vous ne vouliez pas vous assujettir.

XXXII. Que visiblement le calviniste est déterminé contre la présence réelle par le principe socinien.

Mais, direz-vous, l'Ecriture est claire pour moi.— C'est la question. Le socinien ne prétend pas moins à cette évidence que vous : voilà donc toujours la foi dépendante des disputes ; et ce moyen abrégé de l'établir tout d'un coup et sans discussion vous échappe. Mais enfin si l'Ecriture est si claire en cette matière, d'où vient que le luthérien ne peut l'entendre depuis plus de cent cinquante ans de disputes? Vous ne direz pas que c'est un profane, ennemi de Dieu, de qui il retire ses lumières, comme vous pourrez le dire d'un socinien. Il est du nombre des enfans de Dieu, du nombre de ceux qu'il enseigne, qu'il reçoit à sa table et dans son royaume. Voulez-vous faire dépendre la foi d'un simple fidèle, d'une dispute qui demeure encore indécise après un si long temps? Avouez donc la vérité : sentez-la du moins : ce n'est pas l'Ecriture qui vous détermine : la méthode socinienne vous entraîne ; et de deux sens qu'on donne à ces paroles, *Ceci est mon corps,* vous

---

[1] *Cont. Hesh.; Cont. Vest.*

vous résolvez par celui qui flatte la raison humaine. Ainsi seront entraînés tous ceux qui mépriseront les décisions de l'Eglise ; et tant qu'on ne voudra point fonder sur une promesse certaine, une autorité infaillible qui arrête la pente des esprits, la facilité déterminera, et la religion où il y aura le moins de mystères sera nécessairement la plus suivie.

Mais voici dans les écrits des indifférens un attrait plus inévitable pour les calvinistes. L'auteur des *Avis* demande à M. Jurieu une règle pour discerner les articles fondamentaux d'avec les autres[1]. Car il est constant, et le ministre en convient, « qu'outre les vérités fondamentales, l'Ecriture contient cent et cent vérités *de droit et de fait,* dont l'ignorance ne sauroit damner [2]. » Il s'agiroit donc de savoir si, en lisant l'Ecriture, le peuple, les ignorans et les simples, c'est-à-dire sans comparaison la plus grande partie de ceux que Dieu appelle au salut, pourroient trouver cette règle pour discerner les vérités dont l'ignorance ne damne pas, d'avec les autres, et connoître par conséquent quelles erreurs on peut supporter, et jusqu'où l'on doit étendre la tolérance : en un mot quelle raison il y a d'en exclure les sociniens plutôt que les luthériens. C'est ce qu'il faudroit pouvoir établir par l'Ecriture ; mais c'est à quoi les ministres ne songent seulement pas. Au lieu de nous faire voir dans les saints Livres la désignation de ces articles fondamentaux, le sommaire qui les ramasse ou la marque qui les distingue de tous les autres objets de la révélation, M. Jurieu se jette dans un long raisonnement où il prétend faire voir, sans dire un mot de l'Ecriture, qu'il y a trois caractères pour distinguer ces vérités fondamentales[3] : le premier est la révélation ; le second est le poids et l'importance ; le troisième est la liaison de certaines vérités avec la fin de la religion.

Il ne faut pas s'arrêter au caractère de révélation qui est le premier, puisque c'est là que le ministre est d'accord qu'*il y a cent et cent vérités de droit et de fait* révélées dans l'Ecriture, qui néanmoins ne sont pas fondamentales : ce caractère n'est donc pas fort propre à distinguer ces vérités d'avec les autres. Passons

---

[1] *Avis,* traité. I, art. 1, p. 19. — [2] *Tabl.,* lett. III, p. 119. — [3] *Ibid.*

{marginalia: taux, deux d'abord lui sont inutiles : son aveu qu'on ne peut faire ce discernement par l'Ecriture.}

au second, qui est *le poids et l'importance*, où d'abord il est certain qu'il faut entendre un poids et une importance qui aille jusqu'à rendre ces vérités nécessaires au salut : car le ministre ne dira pas que Dieu qui se glorifie par son prophète *d'enseigner des choses utiles : Je suis*, dit-il [1], *le Seigneur ton Dieu, qui t'enseigne des choses utiles*, prenne le soin d'en révéler de peu importantes. Ce n'est donc rien de prouver en général que ces vérités soient importantes, si l'on ne prouve qu'elles le sont jusqu'à être de la dernière nécessité pour le salut. Cela posé, écoutons ce que nous dira le ministre : « Sur le second caractère, qui est le poids et l'importance, il faut savoir que le bon sens et la raison seule en peuvent juger. Dieu a donné à l'homme un discernement capable de juger si une vérité est importante ou non à la religion : tout de mesme qu'il lui a donné des yeux pour distinguer si un objet est blanc ou noir, grand ou petit, et des mains pour connoistre si un corps est pesant ou léger. » Voilà de ces évidences que la Réforme nous prêche. M. Claude nous les expliquoit d'une autre façon et nous disoit qu'on sent naturellement que l'ame est suffisamment remplie de la vérité, comme on sent naturellement que le corps a pris une nourriture suffisante. Ces ministres pensent par là trouver un asile où l'on ne puisse les forcer. Car qui osera disputer avec un homme sur ce qu'il vous dit de son goût, ou prouver à un entêté de sa religion quelle qu'elle soit, qu'il n'a pas ce goût qu'il nous vante, et qu'il ne sent pas comme à la main le poids des vérités du christianisme jusqu'à savoir discerner celles qui sont nécessaires au salut d'avec les autres? Sans doute ils ont trouvé là un beau moyen de chicaner. Mais ce qu'il y a d'abord à leur dire, c'est que, sous prétexte de cette évidence de goût et de sentiment, ils renoncent formellement à prouver par l'Ecriture l'importance et la nécessité des vérités fondamentales. M. Jurieu y est exprès : « Il est très-certain, dit-il [2], qu'il est très-important de savoir si Jésus-Christ est Dieu, ou s'il ne l'est pas ; s'il est mort pour satisfaire à la justice de Dieu pour nous; si Dieu connoist les choses à venir, s'il est infini ou non, s'il est l'auteur de tout le bien qui se fait en nous. » Et un

---

[1] *Isa.*, XLVIII, 17. — [2] Lett. III, p. 125.

peu après : « Si l'Ecriture sainte ne dit pas que ces vérités *soient de la dernière importance et nécessaires au salut;* c'est parce que cela se voit et se sent assez : on ne s'avise point, quand on fait des philosophes, de leur dire que le feu est chaud et que la neige est blanche, parce que cela se sent [1]. » Ce n'est donc point par l'Ecriture qu'on prouve les articles fondamentaux ; chacun les connoît à son goût, c'est-à-dire, chacun les désigne à sa fantaisie, sans qu'on le doive ou qu'on le puisse convaincre ou désabuser sur ces articles.

Que si on sent que ces articles sont nécessaires au salut, à plus forte raison doit-on sentir qu'ils sont véritables. Si on sent, par exemple, comme M. Jurieu vient de dire [2], qu'il est nécessaire au salut de croire *que Dieu est l'auteur de tout le bien qui se fait en nous,* à plus forte raison doit-on sentir que c'est une vérité constante; car il est clair que la croyance d'une fausseté ne peut pas être nécessaire au salut. Voilà les controverses bien abrégées : on n'a qu'à dire qu'on sent et qu'on goûte, pour se mettre hors de toute atteinte; et par la même raison, vous avez beau dire à un homme : Cela se goûte, cela se sent; s'il n'a ni ce sentiment ni ce goût, il vous quittera bientôt, et sa perte sera sans remède comme ses erreurs.

XXXV. Démonstration manifeste de l'illusion qu'on fait aux prétendus réformés, en les renvoyant à leur goût pour distinguer les articles fondamentaux.

Qu'ainsi ne soit : à quoi sentez-vous que la présence réelle confessée par les luthériens ne soit pas une erreur fondamentale, et qu'ils puissent impunément être des mangeurs de chair humaine? Mais ce dogme de l'ubiquité, « monstre affreux, énorme et horrible, comme vous l'appelez vous-même [3], d'une laideur prodigieuse en luy-mesme, et encore plus prodigieuse dans ses conséquences ; puisqu'il ramène au monde la confusion des natures en Jésus-Christ, et non-seulement celle de l'ame avec le corps, mais encore celle de la divinité avec l'humanité, et en un mot l'eutychianisme détesté unanimement de toute l'Eglise : » à quoi sentez-vous, je vous prie, que le poids d'une telle erreur si grossière, si charnelle et si manifestement contraire à l'Ecriture, ne précipite pas les ames dans l'enfer? Mais cette erreur abominable

XXXVI. Suite de la même démonstration : les calvinistes n'ont point de règle pour tolérer Luther et les luthériens plutôt que les autres, Semi-pélagianisme des luthériens.

---

[1] Lett. III, p. 126. — [2] Ci-dessus, n. 34. — [3] Jur., *Consult.,* p. 242; *Var.,* Addit. au liv. XIV, n. 7.

d'ôter à la créature toute liberté, et de faire Dieu en termes formels auteur de tous les péchés, comment la pardonnez-vous à Luther? Vous l'en avez convaincu; vous lui avez démontré que c'est un blasphème qui tend *au manichéisme, qui renverse toute religion* [1], et dont néanmoins il ne s'est jamais rétracté. Où étoit le goût de la vérité dans ce chef des reformateurs lorsqu'il blasphémoit de cette sorte? Mais où étoit-il dans les autres réformateurs, qui constamment blasphémoient de même [2]? Et par quel goût sentez-vous que cette impiété ne les empêchoit pas d'être fidèles serviteurs de Dieu? On a démontré plus clair que le jour aux luthériens, dans l'*Histoire des Variations* et dans le troisième *Avertissement* [3], qu'ils sont devenus semi-pélagiens, en attachant la grace de la conversion à une chose qui selon eux ne dépend que du libre arbitre, c'est-à-dire au soin d'assister à la prédication; ce qui est, en termes formels, attribuer à nos propres forces le commencement de notre salut, sans que la grace y soit nécessaire. J'ai rapporté les endroits de Beaulieu, fameux ministre de Sedan, où il a convaincu les luthériens de cette erreur [4]: M. Basnage l'a reconnue [5], et il passe à M. de Meaux cette insigne variation de la Réforme. Mais l'aveu de M. Jurieu est encore ici plus considérable; puisque, dans sa *Consultation* au docteur Scultet, il entreprend de lui démontrer ce semi-pélagianisme des luthériens, en les convainquant d'enseigner que pour avoir la grace de la conversion, il faut que l'homme *fasse auparavant le devoir de se convertir* par ses forces et ses connoissances naturelles [6]: ce qui est le pur et franc semi-pélagianisme, et enferme tout le venin de l'hérésie pélagienne. Ainsi le fait est constant, de l'aveu des ministres et de M. Jurieu lui-même.

XXXVII. Que le semi-pélagianisme est et n'est

J'en reviens donc à demander à ce ministre : Que ferez-vous en cette occasion? Vous n'oseriez abandonner les luthériens, à qui en termes précis vous offrez la communion et la paix malgré

---

[1] Jur., *Consult.*, p. 242; *Var.*, Addit. au liv. XIV, n. 2, 3 et suiv.; Jur., *Consult.*, II part., chap. VIII, p. 210 et suiv.; II° *Avert.*, n. 3, 4, 5 et suiv. — [2] *Var.*, liv. XIV, n. 1, 2 et suiv.; *Addit.*, ibid. — [3] *Var.*, liv. VIII, n. 48, 52 et suiv.; liv. XIV, n. 116 et suiv.; III° *Avert.*, n. 12 et suiv. — [4] *Var.*, liv. XIV, n. 116. — [5] Basn., tom. II, lib. III, cap. II, n. 4. — [6] Jur., *Consult.*, p. 117, 118; *Var.*, *Addit.*, n. 4; III° *Avert.*, n. 12 et suiv.

cette erreur¹. Que direz-vous donc pour les excuser ? Que la révélation du dogme opposé au semi-pélagianisme n'est pas évidente, et qu'il n'est pas clair dans l'Ecriture que c'est Dieu qui commence le salut, comme c'est lui qui l'achève par sa grace? Mais y a-t-il rien de plus clair que cette parole de saint Paul : *Celui qui commence en vous la bonne œuvre, l'accomplira*², pour ne point parler ici des autres passages? Ou bien est-ce que cette erreur des pélagiens et des luthériens n'est pas importante? Mais vous nous contiez tout à l'heure cette vérité, *que Dieu est l'auteur de tout le bien qui est en nous*³, par conséquent du commencement comme du progrès et de l'accomplissement de notre salut, parmi celles qu'on sent d'abord comme nécessaires au salut ; en sorte qu'on n'a pas besoin de les prouver. Comment donc le luthérien, vrai enfant de Dieu selon vous, l'a-t-il oublié, et comment a-t-il varié ? Vous dites tout ce qu'il vous plaît, et votre théologie n'a point de règle.

pas une erreur fondamentale Contradiction du ministre et des calvinistes.

Mais voici bien pis : vous-même vous variez avec les luthériens, puisque ce point important de la nécessité de la grace qui étoit autrefois si fondamental, a cessé de l'être depuis que les luthériens l'ont rejeté, et qu'en ôtant à Dieu le commencement du salut ils ne lui en ont plus réservé que l'accomplissement. Comment pourrai-je me fier à ce goût auquel vous me renvoyez, si vous-même vous variez dans votre goût ; si en nous disant d'un côté que jamais homme de bien *ni vray chrétien ou vray dévot ne fut pélagien ou semi-pélagien*, vous ne laissez pas de nous dire encore qu'un luthérien, franc semi-pélagien selon vous, peut soutenir son erreur sans préjudice de son salut, et sans être exclus du pain de vie⁴ ? Mais n'avez-vous pas démontré à ce même luthérien, qu'il ruine la nécessité des bonnes œuvres, qu'il en ravale le prix ; que selon lui l'exercice de l'amour de Dieu n'est nécessaire pour être sauvé ni à la vie ni à la mort⁵ ? A quoi reconnoissez-vous que ces dogmes luthériens sont de poids pour le salut, et que tant d'autres n'en sont pas ? Ne voyez-vous pas que vous avez *un*

XXXVIII. Que le goût des calvinistes et du ministre varie sur le semi-pélagianisme et sur la nécessité de l'amour de Dieu et des bonnes œuvres.

¹ Jur., *Consult.*, p. 117, 118; *Var., Addit.*, n. 4; III⁰ *Avert.*, n. 12 et suiv. — ² *Philip.*, 1, 6. — ³ Ci-dessus, n. 34. — ⁴ Jur., *Méth.*, sect. 15, p. 113, 121; *Var.*, liv. XIV, n. 83, 84 et suiv., 92, 93 et suiv. — ⁵ *Var., Addit.*, n. 5; Jur., *Consult.*, II part., chap. II, p. 243; II⁰ *Avert.*, n. 19 et suiv.

poids et un poids, chose abominable devant le Seigneur[1], et que vous pesez les erreurs avec une balance trompeuse et inégale ?

<small>XXXIX. Le ministre et les protestans réduits à compter les voix, et à se faire infaillibles contre les indifférens et les tolérans.</small>

De là vient que le ministre lui-même à la fin ne se fie pas à cette balance où il pèse les vérités fondamentales. « Je sais, dit-il[2], que les préjugés sont capables de corrompre ce discernement, et que nous jugeons les articles et les vérités importantes selon nos passions et nos préventions. Mais premièrement, le bon sens ne peut estre corrompu qu'à certain degré. » Vous voilà donc à examiner en quel degré la prévention peut avoir corrompu votre goût et votre bon sens : qui nous expliquera cette énigme? « Mais ces vices, poursuit-il, ne peuvent aller à faire paroistre une montagne comme un grain de sable, ou un grain de sable comme une montagne. Il en est de mesme du jugement qui distingue l'important de ce qui ne l'est pas en toute matière. » D'où vient donc que le luthérien trouve la présence réelle et même l'ubiquité si importante, pendant que le calviniste méprise l'une et l'autre? Ou d'où vient que le calviniste trouve si importante la nécessité de la grace et celle de l'amour de Dieu, lorsque le luthérien ne la sent pas? Ou pourquoi est-ce que le calviniste lui-même se relâche en faveur du luthérien, et ne trouve plus essentiel ce qui l'étoit auparavant? Avouez que votre bon goût et votre évidence de sentiment est une illusion dont vous amusez les entêtés. Mais voici dans le discours de M. Jurieu le dernier excès de l'extravagance et le renversement entier des maximes de la Réforme. « De plus, continue-t-il[3], quand le bon sens pourroit estre corrompu tout outre dans quelques sujets, comme il l'est en effet, la pluralité n'ira jamais de ce costé-là; » et il le prouve par cet exemple. « Il y aura dans une grande ville vingt yeux viciez qui verront vert et jaune ce qui est blanc; mais le reste des habitans, qui surpasse infiniment en nombre, rectifieront le mauvais jugement de ces vingt yeux, et feront qu'on ne les en croira pas. » Vous voilà donc à la fin réduits à compter les voix. Et où en étoit la Réforme lorsqu'elle s'est séparée, et qu'on l'appeloit au concile œcuménique de l'Eglise qu'elle quittoit? Mais quoi! si les sociniens prévalent enfin dans la Réforme; si ce torrent, dont on ne peut arrêter le

---

[1] *Prov.*, XX, 10. — [2] *Tabl. du Soc.*, p. 119. — [3] *Ibid.*

cours, s'enfle tellement qu'il prévale, et qu'ils en viennent à être sur tous les articles mille contre un, comme ils s'en vantent déjà sur la tolérance qui renferme tout le venin de la secte, sans qu'on ose les contredire, le socinianisme sera véritable ou du moins indifférent? Mais cela, direz-vous, n'arrivera pas : la Réforme est devenue infaillible contre les tolérans. Aveugles, ne verrez-vous jamais qu'avec ces illusions vous ne contenterez que des entêtés, et que tous les gens de bon sens de votre communion se donneront aux indifférens, si vous n'avez recours à d'autres principes?

Enfin le troisième caractère par où on distingue les articles fondamentaux d'avec les autres, c'est, selon M. Jurieu[1], *la liaison de certaines véritez avec la fin de la religion*, c'est-à-dire, *avec la gloire de Dieu, avec la sanctification et le salut de l'homme*. Je le veux : la fin de la religion en général, *c'est*, 1° dites-vous, *de ne croire qu'un Dieu :* le socinien n'en croit qu'un, et il vous accuse d'en croire trois : 2° *de n'adorer que luy ;* ce qu'il faut entendre sans doute d'une adoration souveraine : le socinien le fait, et il vous accuse de rendre cette adoration à un homme pur. N'importe que vous le croyiez Dieu, vous voulez bien que le catholique soit idolâtre en adorant dans l'Eucharistie Jésus-Christ qu'il y croit présent. Vous direz que c'est une erreur damnable de rendre à Jésus-Christ homme un culte inférieur qui se rapporte à Dieu : vous damnez donc tous les Pères du quatrième siècle, à qui néanmoins vous faites invoquer les Saints et honorer leurs reliques sans préjudice de leur sainteté ni de leur salut. La 3° fin de la religion, c'est, dit le ministre, *de regarder Dieu comme celui qui gouverne le monde.* Le socinien le nie-t-il? Vous sentez-vous si foible contre lui, que vous ne puissiez le combattre qu'en déguisant sa doctrine? 4° *D'attendre de luy des peines ou des récompenses après la mort.* Le socinien n'en attend-il pas? et lui pouvez-vous objecter qu'il rejette absolument les peines de l'autre vie, à cause qu'il ne les croit pas éternelles? Voilà pour les caractères essentiels à la religion en général; mais il y en a, dit M. Jurieu[2], « qui sont particuliers à la religion chrétienne, et qui la distinguent de toute autre, comme de croire que Jésus est le

XL.
Troisième moyen de discerner les articles fondamentaux, où le ministre montre sa foiblesse contre les sociniens.

[1] P. 120, 121, 126, 127. — [2] P. 122.

148 SIXIÈME AVERTISSEMENT.

Messie; » le socinien le croit : *que ce Messie est le Fils de Dieu, et Dieu éternel comme le Père :* c'est la question que vous ne devez pas supposer comme résolue, pendant que vous vous donnez tant de peine à la résoudre : *qu'il a satisfait pour les péchez des hommes;* autre question à examiner, et non pas à supposer avec le socinien et avec ceux qui le favorisent : *que les morts ressusciteront, qu'il y aura un jugement dernier à la fin du monde;* vous calomniez le socinien si vous l'accusez de nier ces vérités : savoir s'il les reconnoît dans toute leur étendue et si ce qui manque à sa foi est fondamental, c'est de quoi vous avez promis de nous instruire, et vous ne faites que le supposer, tant vous êtes forcé à reconnoître que les principes pour fermer la bouche au socinien, manquent à votre Réforme.

XLI. Que le ministre est à bout sensiblement dans la preuve qu'il entreprend des articles fondamentaux.

Et ce qui prouve plus clair que le jour que le ministre ne sait où il en est, c'est ce qu'il ajoute que « les véritez que les sociniens veulent oster à la religion, sont révélées et clairement révélées[1]. » Si elles sont révélées et clairement révélées, si les articles fondamentaux sont si évidens et si aisés à trouver dans l'Ecriture, pourquoi en craignez-vous la discussion pour le peuple? Pourquoi le renvoyez-vous à son goût, à son sentiment? goût et sentiment que vous lui donnez avant même qu'il ait ouvert l'Ecriture sainte. Continuons : « Ces articles sont clairement révélez, et en mesme temps ils sont de la dernière importance. » Mais déjà, pour la vérité et pour l'évidence de la révélation, le ministre déclare souvent dans toutes ses lettres qu'il n'y veut pas encore entrer. « On voit, dit-il[2], où un tel projet nous mèneroit. Au lieu d'un petit ouvrage à l'usage des moins savans, il faudroit faire un gros livre qu'à peine les savans auroient le loisir de lire. » Mais si cette discussion est si difficile aux savans mêmes, combien est-il manifeste que les moins savans s'y perdroient? Que fera-t-il donc? Il se réduira à deux articles, *qui est celuy de la divinité de Jésus-Christ et de sa satisfaction*. Mais songera-t-il du moins à vous en prouver la vérité? Point du tout; il va entreprendre de vous en prouver *l'importance*[3], et vous en fera voir la vérité dans une seconde partie qu'il ne trouve pas à propos de traiter. Voilà cette rare

[1] P. 123. — [2] *Ibid.* — [3] *Tabl.*, lett. II.

méthode. Il vous prouvera qu'un article est important avant que de vous montrer qu'il est véritable et clairement révélé. C'est où se termine aujourd'hui toute la théologie réformée.

Vous direz peut-être, mes Frères, que votre ministre, sans vouloir entrer dans le fond, suppose la vérité et l'évidence de la révélation, comme une chose dont les tolérans qu'il attaque demeurent d'accord. Mais visiblement il leur impose : au contraire l'auteur des *Avis*, auteur que votre ministre vouloit réfuter, avoit raisonné en cette sorte : « Je pose, lui avoit-il dit [1], le principe de la réformation qui est celuy du bon sens : c'est que Dieu ayant donné sa parole aux hommes afin de les conduire au salut, et Dieu appelant à ce salut beaucoup plus de peuple que de grands et de savans, il s'ensuit nécessairement que ceux du peuple qui ne sont pas privez entièrement de sens commun, peuvent se déterminer sur ces objets fondamentaux par la lecture de la parole de Dieu. » Ce principe présupposé, il raisonne ainsi: « Cela estant, il me semble que l'on en peut conclure que tous ces dogmes sur lesquels les savans ont tant de peine à se déterminer, quoyqu'ils travaillent de bonne foy à leur salut, ne sont pas de cette nécessité absolue dont nous parlons. Car si les savans, qui ne sont pas la millième partie du peuple, trouvent tous ces embarras qui retiennent les plus sages d'entre eux indéterminez, comment les simples sans étude et sans application pourront-ils voir avec cette certitude que la foy demande, ces objets obscurs et douteux aux savans? »

XLII. Quelle preuve les tolérans demandoient à M. Jurieu sur l'évidence des articles fondamentaux, et que ce ministre n'a rien eu à leur répondre.

On voit donc que les adversaires de M. Jurieu ne supposent pas que les articles dont il s'agit soient si clairs : au contraire, ils présupposent qu'ils ne le sont pas au peuple, puisqu'ils excitent tant de disputes parmi les savans, et que les plus sages d'entre eux sont encore indéterminés : et quand même ces savans conviendroient que ces articles leur paroissent clairs dans l'Ecriture, il ne s'ensuit pas qu'ils les crussent clairs pour tout le peuple; au contraire, l'auteur des *Avis* conclut ainsi : « Plus j'y pense, plus je me persuade que les préjugez tirez des catéchismes, plustost qu'une connoissance puisée dans la parole de Dieu, sont aujourd'huy presque l'unique fondement de la foy des peuples. » Ce

---

[1] *Tabl.*, lett. III et suiv.; *Avis sur le Tableau*, art. 11, p. 20.

n'est donc pas l'évidence de la révélation, mais *les catéchismes* et les préjugés de la secte, c'est-à-dire une autorité humaine qui les persuade.

Enfin, l'auteur des *Avis* finit son raisonnement par ces paroles[1] : « Je crois que l'on peut conclure, après cette réflexion, que les points fondamentaux de la religion ne sont pas à beaucoup près en si grand nombre que plusieurs se l'imaginent aujourd'huy : autrement je croirois que la voie d'examen, qui est le fondement de notre réformation, seroit un principe impossible au peuple, et par conséquent injuste et faux. J'attends avec impatience quelque éclaircissement là-dessus. »

Voilà ce qu'attendoient les tolérans. Ils supposoient que les peuples ne pouvoient pas voir assez clair pour prendre parti sur les articles qui partageoient les savans. Par là donc ils insinuoient qu'il falloit réduire les articles fondamentaux à ceux dont tout le monde et les sociniens comme les autres sont d'accord ; c'est-à-dire qu'ils les réduisoient à croire que Dieu est un, et que Jésus est son Christ : car c'est de quoi conviennent tous les chrétiens. Que si le ministre avoit à leur donner une autre marque d'évidence que ce consentement universel, c'étoit à lui à le prouver, et à ne pas ruiner sa cause, en supposant comme prouvé ce qui étoit en question.

XLIII. Preuve de l'inévidence des articles fondamentaux selon les principes des calvinistes.

L'exemple des luthériens vient ici fort à propos. On demande à M. Jurieu et aux calvinistes, si la certitude du salut, l'inamissibilité de la justice, la nécessité de la grace pour commencer le salut, aussi bien que pour l'achever, et les autres points décidés dans le synode de Dordrecht ; si la nécessité des bonnes œuvres et celle de l'amour de Dieu ; si cet article important de la Réforme, que Jésus-Christ en tant qu'homme est uniquement renfermé dans le ciel, sont choses obscurément et douteusement ou clairement révélées ? Si ces articles leur paroissent obscurément révélés, où en est le calvinisme ? Où en sont les décisions du synode de Dordrecht ? Aura-t-il excommunié tant de ministres, bons protestans d'ailleurs, pour des articles obscurs et obscurément révélés ? Que si tous les points qu'on vient de réciter, paroissent

[1] P. 21.

aux calvinistes évidemment révélés, pourquoi le doute des luthériens les ébranle-t-il assez pour les obliger à la tolérance? ou pourquoi comptent-ils pour rien les doutes des autres aussi malaisés à résoudre que ceux des luthériens.

Le ministre croit avoir abattu les tolérans, quand il leur dit : Est-il possible que Dieu ait voulu révéler la divinité de Jésus-Christ, sans obliger à la reconnoître ? ou qu'il ait satisfait pour nous, sans imposer aux hommes la nécessité d'accepter ce paiement par la foi [1] ? Comme si on ne pouvoit pas dire de même : Est-il possible que Dieu ait voulu que nous dussions tout notre salut, et autant le commencement que la fin, à la grace de Jésus-Christ, et que ce soit là le principal fruit de sa mort, et que néanmoins il ne veuille pas que tout le monde reconnoisse cette vérité, et qu'il faille tolérer les luthériens qui la rejettent ? Ne pourroit-on pas dire aussi : Est-il possible que Jésus-Christ ait voulu se rendre réellement présent selon son corps et selon son sang dans le pain et dans le vin de l'Eucharistie, et qu'il n'ait pas voulu nous obliger à reconnoître une présence si merveilleuse, et à lui rendre graces d'un témoignage si étonnant de son amour ? Cependant vous voulez persuader aux luthériens, qui reconnoissent cette présence, de vous supporter, vous qui, loin de la reconnoître, en faites le sujet de vos railleries, c'est-à-dire selon eux, de vos blasphèmes, jusqu'à traiter ceux qui la croient de mangeurs de chair humaine.

Il ne faut point ici dissimuler une misérable chicane de M. Jurieu qui soutient que l'article de la présence réelle et de l'union corporelle des fidèles avec Jésus-Christ ne peut pas être fondamental ; parce que *les luthériens eux-mêmes ne disent pas que cette union corporelle de Jésus-Christ avec ses membres soit absolument nécessaire. Il est donc clair*, conclut-il, *que les calvinistes ne nient rien de fondamental et de nécessaire selon les luthériens* [2].

Ce ministre ne veut jamais entendre en quoi consiste la difficulté qu'on lui propose. Il est vrai que les luthériens ne disent pas que cette *union corporelle* du fidèle avec Jésus-Christ soit absolument nécessaire, parce qu'ils ne disent pas non plus que la

---
[1] Lett. IV, art. 2, n. 5, 6. — [2] Jur., *de l'Un. de l'Egl.*, tom. VI, chap. V, p. 560.

réception de l'Eucharistie le soit ; mais si les luthériens ne croyoient pas que la foi de *cette union corporelle* fût nécessaire à celui qui reçoit l'Eucharistie, pourquoi excluroient-ils de leur communion les calvinistes avec une inexorable sévérité ? Il faut donc bien qu'ils croient absolument nécessaire à tout chrétien la foi de cette union et de la présence réelle, et qu'ils tiennent ceux qui la nient pour coupables d'une erreur intolérable.

Ainsi il se pourroit très-bien faire qu'on ne crût pas la communion absolument nécessaire, comme en effet elle ne l'est pas de la dernière et inévitable nécessité ; et qu'on crût absolument nécessaire quand on communie, de savoir ce qu'on y reçoit, et ne pas priver le fidèle de la foi de la présence réelle ; n'y ayant rien de plus ridicule et de plus impie que de tenir pour indifférent, si ce qu'on reçoit sous le pain et avec le pain, comme parle le luthérien, est ou n'est pas Jésus-Christ même selon la propre substance de son corps et de son sang ; puisque c'est faire tomber son indifférence sur la présence ou sur l'absence de Jésus-Christ même et de son humanité sainte.

Ainsi, quoi que puisse dire votre ministre, j'en reviens toujours à vous demander s'il n'est d'aucune importance de savoir que Jésus-Christ en tant qu'homme soit vraiment présent ou non sous les symboles sacrés ? Mais ce seroit en vérité être trop profane que de pousser son indifférence jusque-là, et de croire si Jésus-Christ homme a voulu être présent avec toute la réalité que croit le luthérien, que cela puisse devenir indifférent à ses fidèles. Que si vous êtes enfin forcé d'avouer que c'est là un point important et très-important, mais non pas de cette importance qui rend un article fondamental et absolument nécessaire pour le salut, puisque même la réception de l'Eucharistie n'est pas de cette nécessité ; vous ne nous échapperez pas par cette évasion : car toujours on ne cessera de vous demander ce que vous diriez d'un homme qui, sous prétexte que la Cène ou la communion n'est pas absolument nécessaire, rejetteroit ce sacrement en disant qu'il le faut ôter des assemblées chrétiennes, et qu'il n'est pas nécessaire de le conserver dans l'Église ? Vous n'oseriez soutenir qu'avec cette erreur il fût digne du nom chrétien ni de la société du peuple de Dieu dont il rejetteroit le sceau sacré. Car par la même raison, sous prétexte qu'on peut absolument être sauvé sans le baptême lorsqu'on y supplée par la contrition ou par le martyre, et que même sans y suppléer par ces moyens on croit parmi vous que ce sacrement n'est pas nécessaire au salut des enfans des fidèles; il faudroit aussi tolérer ceux qui cesseroient de le donner, ou qui, à l'exemple de Fauste Socin, ne le croiroient plus nécessaire à l'Eglise de Jésus-Christ, en disant avec ce téméraire hérésiarque qu'il n'a été institué que pour les commencemens du christianisme. Or autant qu'il est nécessaire de conserver dans l'Eglise le sacrement de l'Eucharistie, autant est-il nécessaire d'y conserver la connoissance de la chose sainte qu'elle contient; puisque même saint Paul condamne expressément ceux qui la mangent sans la discerner [1].

Vous dites que le socinien détruit la gloire de Dieu, en *le faisant impuissant, ignorant, changeant* [2] : la détruit-on moins en le faisant avec les réformateurs, auteur du péché? et en niant, comme font encore les luthériens, qu'il soit auteur de tout le bien qui se fait en nous, ne l'étant pas du commencement de notre salut? Le socinien, poursuivez-vous, *ôte la sanctification en détruisant les motifs qui y portent, comme sont la crainte des peines éternelles :* et les luthériens ne vous reprochent-ils pas que vous ôtez aussi ces motifs par votre certitude du salut et votre inamissibilité de la justice? Quelle différence mettez-vous entre ôter les peines éternelles, et obliger le fidèle à croire avec une entière certitude qu'elles ne sont pas pour lui, puisqu'en quelque excès qu'il tombe, il est assuré de ne mourir pas dans son péché? *Le socinien ôte la consolation :* demandez au luthérien s'il ne trouve point de consolation dans la foi de la présence réelle, et s'il ne vous accuse pas de ravir aux enfans de Dieu cet exercice de leur foi, et ce doux soutien de leurs ames durant leur pèlerinage. Vous accusez le socinien de nier le mérite de Jésus-Christ et de sa mort : le socinien ne le nie pas absolument. Vous argumentez et vous dites qu'il nie le mérite par voie de satisfaction; ce qui est en quelque façon le nier : et n'est-ce pas aussi le nier en quel-

XLVI. Suite de l'insuffisance de la preuve des points fondamentaux; et la Réforme forcée encore une fois de recourir à l'autorité et à la pluralité des voix.

[1] 1 *Cor.*, xi, 29. — [2] *Tabl.*, lett. iii, p. 127.

que façon, et encore d'une façon très-criminelle, que de croire avec les luthériens le commencement du salut indépendant de la grace que cette mort nous a méritée! Et d'ailleurs que répondrez-vous à vos frères les Anglois protestans et à cette opinion *qu'on dit se glisser parmi eux?* Mais quelle est cette opinion que vous coulez si doucement? « C'est, dites-vous [1], que Jésus-Christ n'a pas proprement satisfait pour nos péchés, et qu'il n'est pas mort afin que ses souffrances nous fussent imputées. » Voilà cette opinion qui se glisse en Angleterre, selon le ministre. « Sur quoi, poursuit-il, ils tournent en ridicule, à ce qu'on m'écrit, la justice imputée, avec autant de violence que les papistes ignorans. » Ces théologiens dont on vous écrit, qui nient ouvertement que Jésus-Christ ait *proprement satisfait,* et tournent en ridicule votre justice imputée *avec autant de violence que pourroit faire un papiste,* apparemment ne se cachent pas. *Vous avez peine,* dites-vous, *à distinguer cette théologie de l'impiété des sociniens,* et vous souhaitez qu'on *la flétrisse :* mais cependant on ne dit mot à des gens qui nient si ouvertement la satisfaction de Jésus-Christ : on laisse *glisser* cette opinion parmi les docteurs, d'où elle passera bientôt au peuple ; et l'église anglicane ne se croit pas obligée de régler ses censures par vos décisions. Criez tant que vous voudrez que ces articles sont révélés et clairement révélés ; vous en devez dire autant de tous les articles que vous soutenez contre les luthériens : et si enfin vous répondez que les articles que vous opposez au luthéranisme, à la vérité sont révélés et clairement révélés, mais qu'ils ne sont pas pour cela fondamentaux ni de l'importance qu'il faut pour être nécessaires au salut ; nous en voilà donc revenus à examiner l'importance des articles révélés. Par quelles règles et sur quels principes? Le ministre n'en a aucun à nous donner ; et dans sa cinquième lettre, où il fait les derniers efforts pour éclaircir cette matière, après avoir épuisé toutes ses subtilités, il n'y voit plus autre chose à faire que d'en revenir enfin à compter les voix, comme il l'avoit déjà proposé dans sa troisième lettre.

XLVII.
Le minis-
Mais plus il s'explique sur cette matière, plus son embarras est

[1] *Tabl.,* lett. VIII, p. 578.

visible; car voici ce qu'il écrit dans cette cinquième lettre : « Il se peut donc faire, dit-il [1], qu'il y ait en effet quelques personnes qui soient aveuglées à ce point de pouvoir croire que la divinité de Jésus-Christ et sa satisfaction sont des vérités; mais que ce ne sont pas des vérités essentielles à la religion chrétienne. Mais nous ne croyons pas que cet entêtement puisse aller loin ni s'étendre à beaucoup de personnes : » à cause, dit-il, que c'est un état trop violent « de croire que certaine personne soit Dieu, et de croire qu'on ne lui fait pas de tort en le regardant comme une créature. » Voilà votre dernier refuge : vous en appelez au grand nombre, et vous voulez que les tolérans demeurent toujours le plus petit. Mais si *ce torrent* vous inonde, si l'expérience réfute vos raisonnemens, et qu'enfin la tolérance l'emporte, où en serez-vous? Or certainement, au train qu'elle prend, il faudra bien qu'elle prévale, si vous n'avez à lui objecter que le petit nombre de ceux qui la suivent, c'est-à-dire selon la Réforme une autorité purement humaine, et le plus foible de tous les secours. Qu'ainsi ne soit : écoutons la suite [2]. « On doit savoir que nous portons ce jugement (que le nombre des tolérans sera toujours le plus petit) des docteurs et des théologiens; car autrement je suis bien persuadé qu'il y a *mille et mille bonnes gens* dans les communions de nos sectaires qui unissent fort bien ces deux propositions : *Jésus-Christ est fils éternel de Dieu; mais il n'est pas nécessaire de le croire pour être sauvé.* Car de quoi ne sont pas capables *les peuples* et les gens qui ne *sont pas de profession à s'appliquer, ni de capacité à pénétrer?* Et même entre ceux qui sont appelés *à enseigner les autres, combien peu y en a-t-il* qui soient capables de voir le fond d'un sujet? » Voilà donc, de votre aveu propre, *mille et mille bonnes gens,* et non-seulement parmi les peuples, mais encore parmi ceux qui sont appelés à enseigner les autres, qui ne voient pas l'importance que vous voulez qui saute aux yeux. C'est pour *ces mille et mille bonnes gens,* pour ces gens *qui ne sont pas de profession à s'appliquer, ni de capacité à pénétrer,* pour ces gens, dis-je, dont il est certain que toutes les communions sont pleines, c'est pour eux et pour le grand nombre même

[1] P. 203. — [2] P. 204.

des docteurs que vous jugez incapables de voir *le fond d'un sujet ;* c'est pour eux, encore un coup, que je vous demande une règle. Quelle sera-t-elle ? L'Ecriture ? Mais ils ne sont pas *de profession à s'y appliquer, ni de capacité à la pénétrer.* Les docteurs ? Mais ce sont ceux-là qui les embarrassent par leurs divisions, et qui, après tout, ne sont que des hommes sujets à faillir, et en particulier, et en corps ; des hommes, enfin, dont le plus grand nombre n'est pas capable, selon vous, *de voir le fond d'un sujet.* Que pouvez-vous donc donner pour règle à ce grand nombre d'ignorans ? La multitude ? qu'ils voient croître tous les jours et en train de se grossir beaucoup davantage. Le goût et le sentiment ? C'est ce qui les perd : car ils ont tant de goût pour la liberté ; la tolérance leur paroît si belle, si douce, si charitable, et par là si chrétienne ! Quoi donc, enfin ? Les synodes, les consistoires, les censures ? Tous ces moyens sont usés et trop foibles, trop décriés dans la Réforme. Il ne reste plus à opposer que les magistrats ; et c'est à quoi M. Jurieu travaille de toute sa force dans ses derniers ouvrages.

XLVIII. Vaine tentative du ministre pour prouver par l'Ecriture les articles fondamentaux.

Cependant dans l'embarras où il est sur les moyens d'établir les articles fondamentaux, il semble quelquefois se repentir d'avoir avoué si souvent qu'il ne les trouve pas marqués dans l'Ecriture. Car il prétend, par exemple, que l'absolue nécessité de croire la divinité de Jésus-Christ à peine d'être damné, est clairement marquée par ces paroles : *Celui qui ne croit pas au Fils éternel de Dieu est condamné :* où il suppose le mot de *Fils éternel* au lieu de celui de *Fils unique* [1], et donne occasion aux tolérans de lui reprocher qu'il n'a pu trouver la condamnation expresse des sociniens dans les passages qu'il produit, sans les altérer. Il produit encore ce passage de saint Jean : *Celui qui nie que Jésus soit venu en chair, est l'Antechrist* [2]. Mais que conclut ce passage pour les articles fondamentaux, puisque de l'aveu du ministre, saint Léon et ses premiers successeurs ont été le vrai Antechrist sans préjudice de leur sainteté et de leur salut, par conséquent sans nier aucun article fondamental ? Il aura souvent

---

[1] *De l'Un.,* traité VI, chap. V, p. 550 ; *Joan.,* III, 18. — [2] *De l'Un.,* ibid.; *Tabl.,* lett. IV, p. 159 ; II *Joan.,* 7.

sujet de se repentir d'avoir avancé une proposition si insensée; mais après tout la question demeure toujours : ce que c'est *que venir en chair*. Si c'est donner à Jésus, comme ont fait les marcionites et les manichéens, au lieu d'une chair humaine une chair fantastique, les sociniens sont à couvert de ce passage. On sait d'ailleurs ce que c'est, selon eux, que *venir en chair :* et sans excuser leurs réponses, que je trouve aussi mauvaises que M. Jurieu, il est question de sauver de leurs vaines subtilités ce nombre infini de gens parmi les savans aussi bien que parmi le peuple, qu'on exclut de la discussion des passages de l'Ecriture, parce qu'ils n'ont ni le loisir ni la capacité de la faire, ainsi que le ministre vient encore d'en convenir.

On voit donc combien est foible la seule barrière qu'il met entre lui et les tolérans, qui est celle des points fondamentaux. Il nous renvoie à ce qu'il en a dit au traité VI de son livre *de l'Unité de l'Eglise* [1]; mais il n'y dit pas autre chose que ce qu'il répète dans ses *Lettres*, et il ne fait que l'étendre, comme il en demeure d'accord. Parcourons néanmoins ce traité : nous n'y trouverons que de nouveaux embarras sur cette matière. Après avoir supposé que les articles fondamentaux sont les principes essentiels du christianisme, il met trois choses non fondamentales : « 1° L'explication des mystères : 2° les conséquences qui se tirent de ces mystères : et 3° les vérités théologiques qu'on puise dans l'Ecriture ou dans la raison humaine, mais qui ne sont pas essentiellement liées avec les principes [2]. » Je ne veux rien lui disputer sur cette division : je remarquerai seulement quelques conséquences qu'il met parmi les choses non fondamentales : « Le principe du christianisme, dit-il [3], c'est que l'homme étant tombé volontairement dans la misère par le péché, il lui falloit un rédempteur que Dieu lui a envoyé en Jésus-Christ. De ce principe les uns tirent ces conséquences, que l'homme par son péché avoit entièrement perdu toute sa force pour faire le bien et pour tendre à sa fin surnaturelle : les autres les nient. » Ce n'est donc pas un principe du christianisme que *l'homme ait perdu par le péché toute sa force*

XLIX. Si le ministre a mieux établi les articles fondamentaux dans le traité de l'*Unité* où il nous renvoie : qu'il y met la nécessité de la grace au rang des conséquences non fondamentales.

---

[1] *Tabl.*, lett. III, p. 116. — [2] *De l'Un.*, traité VI, chap. I, p. 496. — [3] *Ibid.*, p. 497.

pour faire le bien et tendre à sa fin surnaturelle : ce n'est qu'une conséquence *non fondamentale*, comme l'appelle le ministre [1], sur laquelle il convient aussi *que les chrétiens sont partagés ;* et il est permis de dire que la nature tombée *a des forces pour faire le bien* jusqu'à le pouvoir commencer, ainsi qu'on a vu [2], par elle-même, *et tendre à sa fin surnaturelle :* ce qui rétablit en honneur le semi-pélagianisme, comme on l'a vu souvent.

L. Autre conséquence non fondamentale, que la satisfaction de Jésus-Christ soit ou ne soit pas d'une absolue nécessité : importance de cet aveu du ministre.

Voici encore une des conséquences non fondamentales que le ministre donne pour exemple. De ce principe, qu'on avoit besoin d'un rédempteur, « les uns concluent, dit-il, que la satisfaction étoit d'une absolue nécessité, les autres n'en veulent pas tomber d'accord [3]. » C'est donc une chose libre de croire qu'on ait besoin de la satisfaction de Jésus-Christ par une absolue nécessité, ou de croire qu'on pouvoit s'en passer : ce qui seul renverse de fond en comble le système du ministre.

Car quand il viendra nous dire dans la suite, que pour croire « un rédempteur comme fournissant à tous nos besoins, il faut croire qu'il a satisfait parfaitement à la justice de Dieu ; puisque c'est là un des besoins que la nature et la loi lui faisoient sentir [4] : » il sera aisé de lui répondre que tout le bien que nous sentons est celui que Dieu nous pardonne nos péchés, en quelque manière que ce soit, ou par la satisfaction de Jésus-Christ ou sans elle : ce qui fait ranger au ministre même parmi les choses indifférentes l'opinion qui ne veut pas reconnoître que la satisfaction de Jésus-Christ *soit d'une absolue nécessité.*

LI. Suite de cette matière : sur quoi est fondé le prétendu goût et le prétendu sentiment des articles fondamentaux ; absurdité manifeste de cette doctrine

Mais dès là tout son système et celui de M. Claude est à bas. Car voici leur raisonnement : L'homme sentoit son péché : par conséquent il sentoit que Dieu étoit irrité contre lui, et que sa justice demandoit sa mort ; qu'il falloit donc que cette justice fût parfaitement satisfaite : donc par un mérite infini ; donc par une personne infinie ; donc par un Dieu-homme ; donc il falloit qu'il y eût en Dieu plus d'une personne ; donc l'homme sentoit par son besoin qu'il y avoit une Trinité et une Incarnation ; que ces mystères étoient nécessaires à son salut, et par conséquent fondamen-

---

[1] *De l'Un.*, traité VI, chap. I, p. 497. — [2] Ci-dessus, n. 35, 36, 38. — [3] *Ibid.* — [4] *Ibid.*, chap. III, 1, p. 527.

taux [1]. Voilà ce qu'on sent dans la Réforme. Encore que tout ce discours ne soit qu'un tissu de raisonnemens et de conséquences, il se faut bien garder d'appeler cela raisonnemens ; car autrement il y faudroit de la discussion et de la plus fine ; et c'est ce qu'on veut exclure : il faut dire qu'on sent tout cela comme on sent le froid et le chaud, le doux et l'amer, la lumière et les ténèbres : et si on ne le sentoit de cette sorte, la Réforme ne sauroit plus où elle en seroit, ni comment elle montreroit les articles fondamentaux.

par la seule exposition.

En vérité, c'est trop se moquer du genre humain, que de vouloir lui faire accroire qu'on sente de cette sorte une Trinité et une Incarnation. Car supposé qu'on sentît qu'on a besoin d'un Dieu qui satisfasse pour nos péchés, en tout cas, on ne sent pas là le Saint-Esprit ni une troisième personne, et il suffit qu'il y en ait deux. Mais cette seconde personne dont on sent, dit-on, qu'on a besoin, sent-on encore qu'on ait besoin qu'elle soit engendrée ? et ne peut-on satisfaire à Dieu si on n'est son fils, quoique d'ailleurs on lui soit égal ? Quoi donc ! le Saint-Esprit seroit-il indigne de satisfaire pour nous, s'il avoit plu à Dieu qu'il s'incarnât ? Mais sent-on encore, je vous prie, que pour faire une Incarnation, il faille reconnoître en Dieu la pluralité des personnes ? Et quand on n'en concevroit qu'une seule, ne concevroit-on pas qu'elle pourroit s'incarner ? Mais, direz-vous, il faut deux personnes pour accomplir l'œuvre de la satisfaction : car une même personne ne peut se satisfaire à elle-même. Aveugles, qui ne sentez pas qu'il faut bien que le Fils de Dieu ait satisfait à lui-même, aussi bien qu'au Père et au Saint-Esprit ; et si vous dites que comme homme il a satisfait à lui-même comme Dieu, qui empêche qu'on n'en dise autant quand il n'y auroit en Dieu qu'une personne ?

LII. *Que le sentiment prétendu du besoin qu'on a d'une satisfaction infinie, visiblement est insuffisant pour établir les points fondamentaux*

Je ne parlerai point ici des autres difficultés de cette satisfaction, qui fait dire à un très-grand nombre et peut-être à la plupart des théologiens, que la satisfaction de Jésus-Christ est un mystère d'amour, où Dieu exerce plutôt sa miséricorde en acceptant volontairement la mort de son Fils, qu'il ne satisfait à sa justice selon les règles étroites, et comme parle l'Ecole, *ad strictos juris*

---
[1] *De l'Un.*, traité vɪ, chap. ɪɪɪ, p. 527 ; *Syst.*, liv. II, chap. xxv, p. 429.

apices. Je laisse toutes ces choses et cent autres aussi difficiles, comme le savent les théologiens, qu'on veut pourtant 'faire sentir aux plus ignorans du peuple. Il me suffit d'avoir fait voir qu'on n'a senti jusqu'ici dans le discours de M. Jurieu ni la personne du Saint-Esprit, ni même celle du Fils, ni la procession de l'un, ni l'éternelle génération de l'autre ; choses pourtant qui appartiennent aux fondemens de la foi.

LIII. Témérité de mettre au nombre des articles fondamentaux l'opinion qui a réduit Dieu à n'avoir qu'un seul moyen de sauver les hommes.

Mais en poussant encore les choses plus loin, pour sentir le besoin qu'on a d'un Dieu incarné, il faut sentir en même temps que Dieu ne nous peut sauver ni nous pardonner nos péchés que par cette voie : autrement si l'on sent qu'il y en a d'autres, on ne sent pas le besoin qu'on a nécessairement de celle-là. Il faut donc pouvoir dire à Dieu : Oui, je sens que vous ne pouvez me sauver qu'en faisant prendre chair humaine à un Dieu qui satisfasse pour mes péchés, et vous n'aviez que ce seul moyen de les pardonner. Cependant M. Jurieu lui-même n'a osé nous obliger à croire que cette voie de sauver les hommes par une satisfaction, soit de nécessité absolue [1] : et quand ce ministre ne nous auroit pas donné cette liberté, qui ne voit que le bon sens nous la donneroit, puisqu'il n'y a point d'homme assez osé pour proposer aux chrétiens comme un article fondamental de la religion, qu'il n'étoit pas possible à Dieu de sauver l'homme par une pure condamnation et rémission de ses péchés, ni autrement qu'en exigeant de son Fils la satisfaction qu'il lui a offerte ?

LIV. Autre preuve de l'absurdité manifeste du prétendu sentiment de M. Jurieu.

Avouons donc de bonne foi que nous ne sentons ni la Trinité ni l'Incarnation. Nous croyons ces adorables mystères, parce que Dieu nous l'a ainsi révélé et nous l'a dit : mais que nous les sentions par nos besoins, et encore que nous les sentions comme on sent le froid et le chaud, la lumière et les ténèbres, c'est la plus absurde de toutes les illusions. Et pour faire voir à M. Jurieu, s'il en est capable, l'absurdité de ses pensées, il ne faudroit que lui remettre devant les yeux la manière dont il croit sentir l'ascension du Fils de Dieu. « C'est, dit-il [2], que si on le croit ressuscité, ne le trouvant plus sur terre, il faut nécessairement croire qu'il est monté dans les cieux : » ajoutez, car c'est là l'article, « et qu'il

---

[1] Ci-dessus, n. 50. — [2] *Ibid.*, chap. III, p. 527.

est assis à la droite de son Père, » pour de là gouverner tout l'univers et exercer la toute-puissance qui lui est donnée dans le ciel et dans la terre. Vous sentez tout cela, si nous voulons vous en croire, parce que ne trouvant plus Jésus-Christ sur la terre il ne peut être que dans le ciel et à la droite du Père : il n'étoit pas possible à Dieu de le mettre quelque autre part; si l'on veut avec Elie et avec Enoch qu'on ne trouve point sur la terre, et que néanmoins on ne place pas à la droite du Père éternel dans le ciel. Dieu ne pouvoit pas réserver au dernier jour à placer son Fils dans le ciel, lorsqu'il y viendroit accompagné de tous ses élus et de tous ses membres, après avoir jugé les vivans et les morts. Mais encore où sentez-vous ce jugement que le Fils de Dieu rendra comme *Fils de l'homme* [1]? Dieu ne pouvoit-il pas juger le genre humain par lui-même? et falloit-il nécessairement que Jésus-Christ descendît du ciel une seconde fois ? Sentez-vous encore cela dans vos besoins, et soutiendrez-vous à Dieu qu'il ne lui étoit pas possible de faire justice autrement ? Quelle erreur parmi tant de mystères incompréhensibles, d'aimer mieux dire, *Je les sens*, que de dire tout simplement, *Je les crois*, comme on nous l'avoit appris dans le Symbole ?

Mais s'il faut dire ici ce que nous sentons, et donner notre sentiment pour notre règle, je dirai sans balancer à M. Jurieu, que s'il y a quelque chose au monde que je sente, c'est que je n'ai par moi-même aucune force pour m'élever à ma fin surnaturelle, et que j'ai besoin de la grace pour faire la moindre action d'une sincère piété. Cependant M. Jurieu nous permet de ne pas sentir ce besoin : il permet, dis-je, au luthérien de ne pas sentir qu'il ait besoin d'une grace intérieure et surnaturelle pour commencer son salut [2] : mais moi je sens au contraire que si j'en ai besoin pour l'accomplir, j'en ai besoin pour le commencer, et que ces deux choses me sont ou également possibles ou également impossibles. Je pourrois dire encore à M. Jurieu : Je sens que si j'ai besoin que Jésus-Christ soit ma victime, il faut, pour accomplir son sacrifice, qu'il me présente cette victime à manger, non-seulement en esprit, mais encore aussi réellement, aussi sub-

LV. Que le ministre détruit en termes formels sa prétendue évidence des articles fondamentaux dans celle de nos besoins.

[1] *Joan.*, V, 27. — [2] Ci-dessus, n. 37, 38.

stantiellement qu'elle a été immolée ; autrement je ne sentirois pas assez que c'est pour moi qu'elle l'a été, et qu'elle est tout à fait mienne : ainsi cette manducation étoit nécessaire, et quand je supporterois celui qui l'ignore, je ne dois pas supporter celui qui la nie. Voilà, dirai-je, ce que je sens aussi vivement que M. Jurieu se vante de sentir tout le reste. Le luthérien le sent comme moi : le calviniste sent tout le contraire. Mais pourquoi son sentiment prévaudra-t-il au nôtre, puisque nous sommes deux contre lui seul, et que constamment du moins nous l'emportons par le nombre, dont nous avons vu tout à l'heure que M. Jurieu fait tant de cas?

LVI. Le goût et le sentiment où le ministre réduit la Réforme est un aveu de son impuissance à établir les points fondamentaux par la parole de Dieu.

Par toutes ces raisons et par cent autres qui peuvent venir aisément en la pensée, il est plus clair que le jour, lorsque le ministre nous dit : « On sent bien que tout cela est essentiel à la religion chrétienne [1] : » et encore : « Pour distinguer les articles fondamentaux d'avec les autres, il ne faut que la lumière du bon sens, qui a été donné à l'homme pour distinguer le grand du petit, le pesant du léger, et l'important de ce qui ne l'est pas [2] ; » qu'il faut prendre tous ces beaux discours pour un aveu de son impuissance à établir ces articles par une autre voie, et une excuse qu'on fait aux réformés de ce qu'on ne peut les trouver dans l'Ecriture, comme le ministre est contraint de le reconnoître.

LVII. Autre moyen de reconnoître les articles fondamentaux, proposé par le ministre et la Réforme rappelée enfin à l'autorité de l'Eglise.

Au défaut de l'Ecriture, il leur propose encore un autre moyen. Les articles fondamentaux sont connus, dit-il [3], « par le respect que les mystères de la religion impriment naturellement par leur majesté, par leur hauteur et par leur antiquité. » *Naturellement ;* ce mot m'étonne : les mystères de la religion selon saint Paul étoient par leur hauteur, ou, si vous voulez, par leur apparente bassesse, *scandale aux Juifs, et folie aux Gentils* [4] ; et n'étoient sagesse qu'à ceux qui avoient commencé par *captiver leur intelligence sous l'obéissance de la foi* [5]. Mais sans nous arrêter davantage à cet effet des mystères dont nous venons de parler, c'est ici leur antiquité que le ministre nous donne pour règle. Il s'en ex-

---

[1] *Ibid.*, p. 526. — [2] P. 529, 530. — [3] *Tabl.*, lett. v, p. 199. — [4] I *Cor.*, I, 23. — [5] II *Cor.*, x, 5.

plique en ces termes dans le traité de l'Unité où il nous renvoie : « C'est, dit-il [1], que tout ce que les chrétiens ont cru unanimement et croient encore, est fondamental. » Vous voilà donc, mes chers Frères, réduits à l'autorité, et à une autorité humaine : ou bien il faut avouer, avec les catholiques, que l'autorité de tous les chrétiens et de l'Eglise universelle qui les rassemble est une autorité au-dessus de l'homme.

Qu'ainsi ne soit : écoutez comme parle votre ministre : « M. Nicole, dit-il [2], suppose que les sociniens pourroient rendre le monde et l'Eglise socinienne ; et moi je suppose que la providence de Dieu *ne peut pas* permettre cela. » Mais pourquoi ne le peut-elle pas permettre? Pourquoi Dieu ne pourra-t-il plus comme autrefois *laisser les nations aller dans leurs voies* [3] ? si ce n'est qu'il s'est engagé à toute autre chose, par l'alliance qu'il a contractée avec son Eglise, et par la promesse qu'il a faite de la mettre à couvert de l'erreur ; ce qui est en termes formels l'infaillibilité que nous vous prêchons.

LVIII. Le ministre donne pour loi le consentement des chrétiens, et suppose l'Eglise infaillible.

Vous voyez donc plus clair que le jour, qu'il faut emprunter de nous tout ce qu'on dit pour vous affermir dans les fondemens de la foi. Mais cependant ces vérités sont si étrangères à la Réforme, qu'elle ne sait comment s'en servir.

Quelquefois M. Jurieu semble vouloir dire, que pour connoître un article comme fondamental, il nous suffit de le voir reçu actuellement de notre temps par tous les chrétiens de l'univers ; et c'est pourquoi il a dit, comme vous venez de l'entendre, que Dieu *ne peut pas* permettre aux sociniens d'occuper aujourd'hui toute l'Eglise. Remarquez qu'il ne le dit pas pour une fois et dans le seul *Traité de l'Unité* ; il avoit déjà dit dans son *Système* [4] que « Dieu *ne sauroit permettre* que de grandes sociétés chrétiennes se trouvent engagées dans des erreurs mortelles, et qu'elles y persévèrent longtemps. » Ce n'étoit donc pas seulement l'Eglise universelle, c'est-à-dire, selon ce ministre, l'amas des grandes sociétés chrétiennes ; c'est encore chaque grande société qui est infaillible à cet égard. Enfin le même ministre, dans ses *Lettres*

LIX. Le ministre dit clairement que le consentement actuel des chrétiens est dans chaque temps la marque certaine d'une vérité fondamentale.

[1] Trait. VI, chap. VI, p. 561 ; *Syst.*, liv. II, chap. I, p. 237. — [2] *De l'Un.*, trait. VI, chap. VI ; *ibid.*, p. 567. — [3] *Act.*, XIV, 15. — [4] *Syst.*, liv. II, chap. I, p. 237.

pastorales de la troisième année [1], a rangé encore, parmi « les suppositions impossibles, celle où l'on diroit que le socinianisme *ait pu gagner* tout le monde ou une partie, comme a fait le papisme. »

Remarquez bien, mes chers Frères, encore un coup; non-seulement Dieu ne peut pas avoir permis que l'hérésie qui rejette la divinité de Jésus-Christ ait occupé tous les siècles passés, mais encore il ne peut pas permettre aujourd'hui aux derniers défenseurs de cette hérésie, qui sont les sociniens, de tenir, je ne dis pas la première place, mais même une grande place dans la chrétienté; en sorte qu'il nous suffit de voir cette hérésie actuellement rejetée par le gros des chrétiens d'aujourd'hui, et même par une grande société chrétienne, pour conclure sans avoir besoin de remonter plus haut, que cette hérésie est fondamentale.

LX. Que cet aveu du ministre démontre que l'accusation qu'il nous fait sur l'idolâtrie est une manifeste calomnie: aveu formel du ministre sur l'universalité du culte qu'il prétend idolâtre.

Mais s'il est ainsi, mes chers Frères, s'il n'est pas possible à Dieu (après ses promesses) de laisser tomber les grandes sociétés chrétiennes dans le socinianisme, comment peut-on imaginer qu'il les ait laissées tomber dans l'idolâtrie? C'est néanmoins ce qui seroit arrivé, si c'étoit une idolâtrie d'invoquer les Saints, et d'en honorer les reliques comme fait l'Eglise romaine ; puisqu'il est certain que cette pratique lui est commune avec les Grecs, les nestoriens, les eutychiens, et en un mot avec toutes les communions que M. Jurieu a rangées parmi les grandes communions des chrétiens.

Et il ne faut pas répondre que les luthériens et les calvinistes qui sont aussi de grandes sociétés s'opposent à cette doctrine ; car il faut prendre les choses comme elles étoient avant votre séparation il y a environ deux cents ans. Or en cet état, mes Frères, cette invocation des Saints étoit universelle parmi les chrétiens : le fait est constant : M. Jurieu en convient : « Il y a deux cents ans, dit-il [2], qu'on eût eu bien de la peine de trouver une communion qui n'eût pas invoqué les saints. » Par conséquent, de deux choses l'une : ou Dieu avoit laissé tomber non pas une communion, mais toutes les communions chrétiennes dans l'idolâtrie,

---

[1] Lett. x, p. 79. — [2] *De l'Un.*, trait. vi, chap. vi, p. 567.

ou c'est une calomnie de donner ce nom à l'invocation des Saints dont nous usons.

Et il ne sert de rien de répondre, que ce ministre ne dit pas absolument qu'il n'y avoit point de communion qui n'invoquât pas les Saints; mais *qu'on eût eu de la peine à en trouver;* car cette expression ne sert qu'à faire voir qu'il voudroit bien pouvoir déguiser un fait qui l'accable. En effet, il est bien constant que s'il y avoit eu alors quelque grande société qui n'eût pas invoqué les Saints, on n'eût point *eu de peine* à la trouver : ces grandes sociétés éclatent aux yeux de tout le monde; et leur culte, aussi public que la lumière du soleil, ne peut être ignoré : ainsi on n'a point de peine à le trouver pour peu qu'on le cherche.

C'est donc en effet, mes Frères, qu'avant votre séparation il n'y avoit point de pareilles sociétés chrétiennes, où l'on n'invoquât pas les Saints : vous n'oseriez nous compter pour quelque chose les vaudois réduits à quelques vallées, et quelques hussites renfermés dans un coin de la Bohême ; car il faudroit nous trouver *de grandes sociétés, des sociétés étendues,* et qui fissent *figure dans le monde,* comme parle votre ministre[1] : or celles-ci, loin d'être étendues, étoient réduites à de petits coins de très-petites provinces, et ne faisoient non plus de figure dans le monde que les sociniens, qui selon le même ministre n'en ont jamais fait, malgré les églises qu'ils ont eues dans la Pologne, et qu'ils ont peut-être encore en Transylvanie.

LXI. Le ministre, contraint de se dédire de l'infaillibilité qu'il accordoit au consentement actuel de tous les chrétiens, retombe dans les mêmes embarras, en propo-

C'est ici que le ministre accablé ne veut plus que le consentement actuel des sociétés chrétiennes soit un préjugé certain de la vérité : « Ce consentement ne fait preuve, dit-il[2], que quand le consentement des premiers siècles de l'Eglise y entre; » ce qui selon lui ne convient pas à la prière des Saints, inconnue dans son sentiment aux trois premiers siècles. Je le veux : mais, premièrement, vous perdez d'abord votre cause contre les sociniens sur l'immutabilité de Dieu et sur l'égalité des trois Personnes ; puisque vous ôtez aux trois premiers siècles la connoissance de ces articles, comme on a vu[3]. Secondement, vous perdez encore

[1] *Syst.,* liv. II, chap. I, p. 236. — [2] *De l'Un.,* trait. VI, chap. VI, p. 567. —
[3] Voyez *le sixième Avert.,* I part., art. 1 et suiv., art. 5 et suiv.

saut pour règle infaillible le consentement des siècles passés. contre les mêmes hérétiques un avantage présent que vous aviez, en leur faisant voir, par un fait certain et palpable, qu'ils sont hérétiques, et d'une hérésie capitale, puisque nulle Eglise chrétienne qui ait quelque nom n'est aujourd'hui de leur sentiment.

En troisième lieu, je reviens encore contre vous, et je ne cesse de vous dire : Si vous trouvez impossible que l'Eglise devienne socinienne, comment croyez-vous plus possible qu'elle devienne idolâtre? Par conséquent tout ce que vous dites de notre idolâtrie n'est qu'illusion. En quatrième lieu, je vous soutiens que, par la même raison que l'erreur n'a pu dominer dans les siècles précédens, elle ne peut non plus dominer dans le nôtre, ou dans quelque autre qu'on puisse assigner; puisque s'il n'y a point de promesse de préserver l'Eglise d'erreur, tous les siècles y sont sujets; et s'il y a une promesse, tous les siècles en sont exempts. En cinquième et dernier lieu, sans cela le ministre ne dit rien. Son dessein est d'en venir au discernement des articles fondamentaux par le sentiment unanime de l'Eglise chrétienne, comme par un moyen facile au peuple, par conséquent sans discussion, selon ses principes. Or est-il que la discussion seroit infinie, s'il falloit examiner par le menu la foi de tous les siècles précédens. Il faut donc trouver le moyen de faire, pour ainsi dire, toucher au doigt à chaque fidèle dans le siècle où il est, en lui disant que par la promesse divine la foi d'aujourd'hui est la foi d'hier et celle de tous les siècles tant précédens que futurs; ce qui est précisément la doctrine de l'Eglise catholique.

LXII. *Le ministre voudroit se dédire d'avoir donné pour règle au peuple le consentement de tous les siècles : mais il est contraint d'y revenir et de ramener la Réforme à la voie d'autorité.*
M. Jurieu voudroit bien dire, dans une de ses *Lettres pastorales*, que ce n'est ni au peuple, ni *aux simples*, mais seulement *aux savans*, qu'il propose ce moyen de discerner les articles fondamentaux : mais en cela il continue à montrer qu'il raisonne sans principes, et qu'il parle sans sincérité; puisqu'il vient encore d'écrire le contraire dans la cinquième lettre de son *Tableau*, où après avoir établi, comme on a vu, que l'importance des mystères rejetés par les sociniens se connoît entre autres choses *par leur antiquité,* il ajoute, que « *les peuples* sachant que c'est la foi universelle de l'Eglise de tous les temps, ne peuvent que très-malaisément être induits à croire que ces mystères sont indiffé-

rens : au lieu, poursuit-il, que si l'on permet que le dogme de l'indifférence devienne général, le peuple, qui n'aura plus de digue à franchir, se jettera sans difficulté dans le précipice [1]. » Ce sont donc en termes formels, *les peuples qui savent la foi universelle de l'Eglise de tous les temps.* Ils ne la savent point par la discussion de l'histoire de tous les siècles : ils ne peuvent donc la savoir que par l'uniformité que la promesse de Dieu y entretient, et parce que la foi de l'Eglise appuyée sur cette promesse est infaillible et invariable : sans cette *digue,* poursuit le ministre, *les peuples se jetteroient dans le précipice* de l'indifférence des religions. Il n'y a donc que cette autorité qui puisse les retenir sur ce penchant : il n'y a que ce moyen de fixer les articles de la religion : il en faut donc nécessairement revenir à la voie de l'autorité, comme font les catholiques; et de l'aveu du ministre, la religion chrétienne n'a que cet appui.

Cependant, comme ce principe est étranger à la Réforme, quoiqu'elle soit réduite à s'en servir, M. Jurieu y commet deux fautes essentielles. La première, c'est qu'il étend l'effet de la promesse de Dieu et de l'assistance de son Saint-Esprit sur toutes les sociétés considérables par leur nombre et qui font figure dans le monde, comme il parle [2]. Dieu ne peut pas, dit-il, abandonner une telle société jusqu'à y laisser manquer les fondemens du salut. Or cela c'est une erreur manifeste. Car il s'ensuivroit que les ariens, à qui même nos adversaires ne rougissent pas de donner en un certain temps tout l'univers ; mais qui, sans exagérer, ont fait longtemps une société considérable, ayant occupé des nations entières, comme les Vandales, les Hérules, les Visigoths, les Ostrogoths, les Bourguignons, auroient conservé le fondement de la foi en persistant à nier la divinité de Jésus-Christ.

LXIII. Deux erreurs du ministre : première erreur, de rendre infaillibles les sociétés schismatiques, et même les hérétiques comme celle des ariens.

L'erreur est d'associer les sectes séparées à des promesses qui originairement ont été données à la tige d'où elles se sont détachées. Par exemple, cette promesse, *Je suis avec vous jusqu'à la fin des siècles* [3], suppose une société qui ait toujours été avec Jésus-Christ, parce que Jésus-Christ aussi a toujours voulu être avec elle. Mais

LXIV. La cause de cette erreur est d'étendre l'effet de la promesse hors du sein de

[1] III *Ann.,* lett. xi, p. 83; *Tabl.,* lett. v, p. 199. — [2] *Voyez* ci-dessus, n. 60. —
[3] *Matth.,* xxviii, 20.

l'unité catholique. les sectes séparées, par exemple, la nestorienne ou celle des Cophtes et des Abyssins, que le ministre met au rang de celles que Dieu ne peut pas abandonner, s'est désunie du tout à qui la promesse avoit été faite. On la doit donc regarder comme déchue des promesses : ce n'est donc pas là qu'il faut chercher l'effet des promesses et de l'assistance divine : il faut remonter à la source et rechercher avant toutes choses le principe de l'unité, comme l'enseignent les catholiques.

LXV. Seconde erreur du ministre, de restreindre arbitrairement les promesses de Jésus-Christ et les vérités qu'il a promis de conserver dans son Eglise.
La seconde erreur du ministre, c'est de restreindre les vérités que Jésus-Christ s'est obligé à conserver dans son Eglise à trois ou quatre; comme si les autres étoient inutiles, et que Jésus-Christ, qui a envoyé son Saint-Esprit pour les *révéler toutes* à son Eglise, ne s'en souciât plus. *Lorsque l'Esprit consolateur sera venu, il vous apprendra toute vérité*, dit le Sauveur [1] : *Je suis avec vous* [2], indéfiniment et sans y apporter de restriction : *Les portes d'enfer ne prévaudront pas* [3] ; encore sans restriction, pour montrer qu'elles ne pourront prévaloir en rien, ni jusqu'à éteindre quelque vérité, loin de les pouvoir éteindre toutes : d'où vient aussi que l'Eglise est appelée encore sans restriction *la colonne et le soutien de la vérité* [4] : ce qui enferme indéfiniment toute vérité révélée de Dieu et enseignée aux apôtres par le Saint-Esprit. Interpréter avec restriction et réduire à de certaines vérités la promesse de Jésus-Christ, c'est établir gratuitement une exception qu'il n'a pas faite : c'est donner à sa fantaisie des bornes à sa parole : c'est accuser sa toute-puissance, comme s'il ne pouvoit accomplir au pied de la lettre et dans toute son étendue ce qu'il a promis. Quand donc, conformément à cette promesse, on dit dans le *Symbole des apôtres*, qu'on *croit l'Eglise catholique*, c'est-à-dire qu'on la croit en tout; et que si elle avoit perdu quelque vérité de celles qui lui ont été révélées, elle ne seroit plus la vraie Eglise : qui est précisément notre doctrine, dont le ministre par conséquent ne peut s'éloigner qu'en détruisant les fondemens qu'il avoit posés.

LXVI. Le minis-
C'est en vain que le ministre nous objecte que l'Eglise romaine

---

[1] *Joan.*, XVI, 13. — [2] *Matth.*, XXVIII, 20. — [3] *Ibid.*, XVI, 18. — [4] I *Timoth.*, III, 15.

elle-même distingue les points fondamentaux d'avec les autres [1]; car il sait bien que le dessein de cette Eglise n'est pas de retenir dans son sein ceux qui en recevant ces points principaux nieroient les autres qu'elle a reconnus pour expressément révélés : au contraire dès qu'on rejette quelqu'un de ces articles, quel qu'il soit, elle croit qu'on renverse le fondement, et qu'on ébranle autant qu'il est en soi la pierre sur laquelle la foi du fidèle est appuyée. L'Eglise romaine avoue donc qu'il y a quelques articles principaux qu'il n'est pas permis d'ignorer; et la même autorité de l'Eglise, qui lui en fait trouver la vérité dans la parole de Dieu, lui en apprend aussi la conséquence; mais elle ne dit pas pour cela qu'il soit permis de nier les autres points également révélés et unanimement reçus, parce qu'il n'y en a aucun qui ne soit d'une extrême importance, nécessaire au corps de l'Eglise, et même aux particuliers en certains cas, comme nous l'avons dit ailleurs.

Tra abuse de l'autorité de l'Eglise romaine.

On peut voir ce qui est écrit sur cette matière dans le livre XV des *Variations*, et dans notre premier *Avertissement*. Maintenant il me suffit d'avoir fait voir par l'exemple de M. Jurieu, d'un côté, que la Réforme est contrainte de se servir contre ses propres principes de la voie d'autorité; et de l'autre, qu'elle ne sait pas comment il s'en faut servir, et qu'elle en doit apprendre l'usage de l'Eglise catholique dont elle l'a empruntée.

Il est maintenant aisé de voir combien elle est éloignée de ses premières maximes. On n'y entendoit autrefois que ces plausibles discours par lesquels on flattoit le peuple : Nous ne vous en imposons pas : lisez vous-mêmes; examinez les Ecritures : vous entendrez tout; et les secrets vous en sont ouverts, du moins pour les vérités nécessaires. Le même langage subsiste; mais la chose est bien changée. On veut, mes Frères, que vous portiez à la lecture des saints Livres votre foi toute formée par la voie d'autorité. On vous propose cette autorité dans le consentement unanime de l'Eglise universelle : ce qu'on y a ajouté de ce goût, de cette adhésion, de ce sentiment qui vous rend toute vérité aussi manifeste que la lumière du soleil, n'est encore que l'autorité expliquée en

LXVII. *La Réforme combien éloignée de ses premières maximes: elle reconnoît expressément l'infaillibilité des conciles : passages du synode de Delpht, proposé dans l'*Histoire des Variations*.*

[1] *De l'Un.*, trait. VI, chap. III, p. 537 et suiv.

d'autres termes. Tout cela ne signifie autre chose, à parler françois, si ce n'est que vos préjugés et vos Confessions de foi vous déterminent, ou, comme disoit tout à l'heure l'auteur des *Avis*[1], que l'autorité de vos catéchismes et de votre église vous emporte. En effet, il est bien constant que les remontrans furent d'abord excommuniés comme suivant une doctrine contraire aux Confessions de foi et aux catéchismes reçus dans les Provinces-Unies. C'est ce qui est posé en fait comme constant dans l'*Histoire des Variations*[2], c'est ce que M. Basnage n'a osé nier dans la *Réponse* qu'il y fait; on n'a qu'à lire les endroits où il traite cette matière[3]. Bien plus : comme les remontrans se servoient des maximes de la Réforme pour prouver que les synodes qu'on tiendroit contre eux ne lieroient pas leur conscience, celui de Delpht leur répondit que « Jésus-Christ, qui avoit promis à ses apôtres l'Esprit de vérité, avoit aussi promis à son Eglise d'être toujours avec elle[4]; » d'où il concluoit « que lorsqu'il s'assembleroit de plusieurs pays des pasteurs pour décider selon la parole de Dieu ce qu'il faudroit enseigner dans les églises, il falloit avec une ferme confiance se persuader que Jésus-Christ seroit avec eux selon sa promesse. »

LXVIII. Chicanes de M. Basnage, et pleine démonstration de la vérité.

M. Basnage a vu ce passage dans l'*Histoire des Variations,* et sa réponse aboutit à trois points. Il soutient premièrement, qu'être avec l'Eglise, ce n'est pas « la conduire tellement qu'elle ne puisse errer : » Secondement, « que cette infaillibilité, quand elle seroit promise par ces paroles, ne seroit pas pour cela communiquée à une certaine assemblée de prélats : » Troisièmement, « que les réformés espèrent bien de la grace de Dieu que l'Eglise n'errera pas dans ses jugemens; qu'ils le présument par un jugement de charité; qu'ils ont même quelque confiance que Dieu conduira l'Eglise par son esprit, afin que ses décisions soient conformes à la vérité; mais ils ne disent pas que leurs synodes ne peuvent errer[5]. » C'est ce que j'admire, que n'osant le dire en ces mêmes mots, ils le disent équivalemment. Car le synode provincial de Delpht, lu et approuvé dans le national *et comme œcuménique de*

---

[1] P. 20. — [2] *Var.*, liv. XIV, n. 79. — [3] Tom. II, liv. III, chap. II, p. 3. — [4] *Syn. Delph., Act. Dordr. Syn.*, p. 16; *Var.*, ibid., n. 75. — [5] Tom. II, liv. III, chap. III, p. 91.

Dordrecht, ainsi qu'on l'appelle dans la Réforme, ne parle pas de *présomption* et d'*espérance*, mais de *confiance ;* et ce n'est pas *quelque confiance* qu'il veut qu'on ait en cette occasion, comme le tourne M. Basnage, *mais une ferme confiance fondée sur la promesse de Jésus-Christ :* et ce n'étoit pas en général à toute l'Eglise qu'il attachoit *cette promesse, mais à une certaine assemblée de pasteurs qui s'assembleroient de divers pays :* et ce qu'il veut qu'on en croie avec une si ferme confiance, c'est que Jésus-Christ *seroit avec eux selon sa promesse :* ce qui sans doute ne seroit pas vrai, s'il les livroit à l'erreur et s'il les abandonnoit à eux-mêmes. Voilà de quoi on flattoit les peuples de la Réforme dans le scandale qu'y excitoit la querelle des arminiens. Leurs docteurs leur proposoient, à l'exemple des catholiques, l'assistance du Saint-Esprit infailliblement attachée aux synodes : les remontrans avoient beau crier aux ministres que contre les maximes de leur religion ils rétablissoient le papisme avec l'infaillibilité de l'Eglise et des conciles : la nécessité les y forçoit ; et on n'avoit plus d'autre frein pour retenir les esprits. On passa même, pour étourdir le vulgaire par les plus grands mots, à établir dans le synode de Dordrecht l'autorité d'un concile *comme œcuménique et général*[1], par conséquent en quelque sorte au-dessus du concile national ; et la prétendue église réformée n'oublioit rien pour imiter ou pour contrefaire l'Eglise romaine catholique. Il s'élevoit de toutes parts jusque dans son sein des cris continuels : Laissez, disoit-on, ces moyens à Rome : ce sont ses principes naturels, qu'elle suit par conséquent de bonne foi ; mais nous, qui l'avons quittée pour cela même, pouvons-nous ainsi nous démentir ? On n'entendoit retentir dans la bouche des remontrans que cabales, mauvaise foi, politique, pour ne pas dire tyrannie et oppression ; et plus la Réforme vouloit se donner d'autorité contre ses règles, moins elle en avoit dans le fond.

LXIX. Passage de Bullus pour l'infaillibilité des conciles et

C'est la conduite qu'on tient encore aujourd'hui avec les tolérans : ils sentent bien qu'on ne veut plus les mener que par autorité : l'auteur des *Avis* sur le *Tableau* le reproche en se moquant à M. Jurieu, et le prie de ne le pas traiter comme le peuple : *Nous*

[1] Præf. *ad Ecc. ante Syn. Dordr.; Var.,* liv. XIV, n. 77.

pour la voie d'autorité.

ne sommes pas peuples, dit-il[1], nous sommes de bons réformés, qui voulons être menés selon les règles de notre Réforme par l'évidence de la raison, ou par celle de la révélation expresse.

Mais on sent l'autorité si nécessaire, que Bullus, protestant anglois, oppose aux sociniens l'autorité infaillible du concile de Nicée. « Car, dit-il[2], si dans un article principal on s'imagine que tous les pasteurs de l'Eglise auront pu tomber dans l'erreur et tromper tous les fidèles, comment pourra-t-on défendre la parole de Jésus-Christ, qui a promis à ses apôtres et en leurs personnes à leurs successeurs d'être toujours avec eux? Promesse, poursuit ce docteur, qui ne seroit pas véritable, puisque les apôtres ne doivent pas vivre si longtemps, n'étoit que leurs successeurs sont ici compris en la personne des apôtres mêmes. » Voilà donc manifestement l'Eglise infaillible, et son infaillibilité établie sur la promesse de Jésus-Christ par un si habile protestant : il ne reste qu'à lui demander si ces divines promesses n'avoient de force que jusqu'au quatrième siècle, et si la succession des apôtres s'est éteinte alors.

LXX. M. Jurieu, contraint d'établir l'autorité des conciles, la détruit en même temps ; comment et pourquoi.

Mais voici encore sur l'autorité une rare imagination de M. Jurieu : « On voit, dit-il[3], une providence admirable en ce que Dieu, dans le quatrième et cinquième siècles, qui sont les derniers de la pureté de l'Eglise, a pris soin de mettre à couvert et la Trinité et l'Incarnation sous l'autorité de plusieurs conciles assemblés de toutes les parties de l'Eglise. » Remarquez en passant, mes Frères, *que le quatrième et cinquième siècles sont les derniers de la pureté de l'Eglise,* où néanmoins le même ministre qui leur donne cette louange prétend vous faire trouver le règne de l'idolâtrie antichrétienne, comme nous l'avons observé ailleurs. Poursuivons : *Dieu savoit,* continue-t-il, *que l'esprit de l'Antechrist alloit entrer dans l'Eglise :* le ministre oublie ses principes : il y étoit déjà entré ; et c'est par l'Antechrist même, par saint Léon que fut tenu le concile de Chalcédoine, un de ceux où la foi de l'Incarnation fut si puissamment affermie : le ministre poursuit ainsi : « Dieu savoit donc que l'Antechrist alloit entrer dans l'E-

---

[1] P. 19. — [2] Bull., *Def. fid. Nic.*, proœm., n. 1, p. 2; *Var.*, liv. XV, n. 103. — [3] *Tabl.*, lett. v, p, 198, 199.

glise, qu'il ruineroit la foi, qu'il entreprendroit d'attaquer les parties les plus augustes du christianisme, qu'il anéantiroit et la connoissance et presque l'autorité des Livres sacrés; qu'il établiroit pour fondement de la foi des traditions humaines, des jugemens d'hommes, des conciles sujets à erreur. » Laissons-lui étaler ces calomnies contre l'Eglise catholique : comme il les suppose sans preuve, laissons-les passer sans réplique, et voyons la conséquence qu'il en tire : « Avant que cet esprit entrât dans l'Eglise, Dieu par une sagesse profonde mit les articles fondamentaux à l'abri de la seule autorité qui devoit être respectée dans ce christianisme antichrétien; et sans cela, poursuit-il, tout le monde seroit aujourd'hui arien et socinien, parce qu'il n'y a point d'esprit qui naturellement n'aime à secouer le joug. » Graces à la divine miséricorde : c'est donc ce joug salutaire de l'autorité des conciles qui a tenu dans le respect les esprits naturellement indociles : c'est à l'abri de cette autorité sacrée que les fondemens de la foi sont demeurés en leur entier. En effet, il n'y a qu'à voir, aussitôt que la Réforme s'est opposée à cette autorité des conciles, quelle licence a régné dans les esprits, avec quelle audace et quel concours la Trinité et l'Incarnation ont été attaquées : sans le respect qu'on avoit pour ces conciles *tout le monde,* dit le ministre, et les réformés comme les autres, *seroit aujourd'hui arien et socinien.* Mais pourquoi donc n'attribuer un secours si nécessaire au christianisme qu'à un christianisme antichrétien, et ne pas vouloir qu'un tel secours, si grand, si nécessaire, si essentiel, soit donné dès son origine à l'Eglise chrétienne? Mais si ce secours étoit si nécessaire au christianisme, selon M. Jurieu, pourquoi le même ministre foule-t-il aux pieds les décisions de ces saints conciles et celle du concile d'Ephèse, qui est celui où la foi de l'Incarnation a été le plus puissamment affermie? Ce saint concile décida que la sainte Vierge étoit *Mère de Dieu,* et ne trouva point de terme plus propre que celui-là pour fermer la bouche à Nestorius, comme le concile de Nicée n'en avoit point trouvé de plus énergique contre les chicanes des ariens, que celui de *consubstantiel.* Mais M. Jurieu ne craint pas de dire que « ce fut aux docteurs du cinquième siècle une témérité malheureuse d'avoir appelé la sainte Vierge mère de Dieu [1]. » Voilà comme il s'oppose au dessein de Dieu, qui vouloit, comme il l'avoue, se servir de l'autorité de ce concile pour affermir la foi de l'Incarnation : et afin que rien ne manque au mépris qu'il inspire pour cette assemblée, il ajoute qu'aussi « Dieu n'a pas versé sa bénédiction sur la fausse sagesse de ces docteurs : au contraire, continue-t-il, il a permis que la plus criminelle et la plus outrée de toutes les idolâtries (il veut dire la dévotion à la sainte Vierge) ait pris son origine de là. » Voilà donc ce saint concile, un des appuis, selon lui, des fondemens de la foi, livré *à l'idolâtrie,* et encore à l'idolâtrie *la plus outrée,* en punition de sa décision : la corruption du monde et l'antichristianisme en fut le fruit. Mais si le concile d'Ephèse est si hautement méprisé, on n'a pas plus épargné celui de Nicée. M. Jurieu a entrepris d'y trouver l'inégalité des personnes, l'imperfection de la naissance du Fils de Dieu, et un changement manifeste dans le sein de la Divinité [2]. La porte à l'apostasie est ouverte ; et ce ministre ébranle avec la révérence des premiers conciles les fondemens de la foi des peuples, que l'Antechrist avoit respectés. Car quel respect veut-il qu'il nous reste pour le concile de Chalcédoine, qu'il fait tenir à l'Antechrist même, et en général pour le quatrième et le cinquième siècles où selon lui l'idolâtrie antichrétienne et les doctrines des démons ont régné impunément? Les trois premiers siècles sont pleins d'ignorance, ariens ou pis qu'ariens; les deux suivans plus éclairés, et *les derniers de la pureté,* sont idolâtres et antichrétiens, et il n'y a rien de sain dans le christianisme. Vous recommencez, dira-t-il, trop souvent le même reproche : qu'il y réponde une fois, et nous nous tairons.

Autant donc qu'il est évident, par toutes ces choses, que la Réforme ne se peut passer de la voie d'autorité, autant est-il véritable qu'il ne lui est pas possible de la soutenir : elle lui est trop étrangère, trop incompatible avec ses maximes. Tout y respire la liberté de dogmatiser : on ne songe qu'à se mettre au large sur les articles de foi ; ce qui est le chemin manifeste au socinianisme, ou plutôt, et à ne rien déguiser, le socinianisme lui-même.

[1] *Ann.,* lett. XVI, p. 130, 131; I *Avert.,* n. 19. — [2] VIe *Avert.,* I part., n. 47 et suiv.

Que ce soit là l'esprit du parti, M. Jurieu nous en est un grand exemple, puisque nous venons de voir que déjà il fait régner dans les trois premiers siècles de l'Eglise des erreurs manifestement sociniennes. M. Basnage le seconde dans ce dessein : lorsque je lui nie que les anciens aient enseigné les dogmes pernicieux que son collègue M. Jurieu lui attribue, il me reproche que *je nie les choses les plus claires;* et il se réduit comme son confrère à soutenir que *malgré ces erreurs des prélats la foi de l'Eglise n'étoit pas périe*[1].

LXXI. Preuve par l'exemple de M. Jurieu, de M. Burnet et de M. Basnage que tout tend dans la Réforme à l'indifférence et au socinianisme.

Il n'y a qu'à prendre un ton de confiance pour éblouir nos réformés : mais qu'on pénètre ce qui est caché sous ces grands mots de M. Basnage, on y trouvera qu'il adopte les sentimens de son confrère, c'est-à-dire, qu'il fait nier aux anciens docteurs l'égalité et la coéternité des trois Personnes divines.

M. Burnet n'est pas plus favorable à l'antiquité. Il prétend « que les Pères et les Docteurs de l'Ecole ont demeuré longtemps à faire un système complet de leurs notions à l'égard de la Divinité[2] : » c'est-à-dire, à ne rien dissimuler et à ôter les embarras affectés de cette expression, qu'on a passé plusieurs siècles sans avoir une notion complète de Dieu, et à dire vrai, sans le bien connoître. Non-seulement il veut « que j'apprenne du Père Pétau combien les idées des Pères des trois premiers siècles étoient obscures sur la Trinité, » mais encore il ne craint point d'assurer que, « même après le concile de Nicée, on a été longtemps avant que de mettre l'idée de l'unité de l'essence divine dans l'état où elle est depuis plusieurs siècles. » Nous entendons ce langage : nous n'ignorons pas qui sont les protestans d'Angleterre, qui prétendent que l'unité qu'on reconnoissoit dans la nature divine étoit semblable à celle des autres natures, c'est-à-dire, qu'il n'y avoit qu'une unité d'espèce ou de genre; si bien qu'à proprement parler il y avoit plusieurs dieux comme il y a plusieurs hommes. Voilà les erreurs que M. Burnet attribue aux premiers siècles, en sorte qu'il n'y avoit nulle connoissance certaine et nulle confession claire de l'unité ni de la perfection de Dieu non plus que de la Trinité de ses

---

[1] *Déf. de la Réf. cont. les Var.*, tom. I, liv. II, chap. v, p. 478, 479. — [2] *Crit. de l'Hist. des Var.*

personnes. C'est à peu près dans la foi la même imperfection que reconnoît M. Jurieu : c'est ce qu'il avoit appelé la Trinité informe.

La Réforme a aujourd'hui trois principaux défenseurs ; M. Jurieu, M. Burnet et M. Basnage : tous trois ont donné les premiers siècles pour fauteurs aux hérésies des sociniens : nous avons vu les conséquences de cet aveu, d'où l'on induit nécessairement la tolérance universelle. M. Burnet l'a ouvertement favorisée dans sa préface sur un *Traité* qu'il a traduit de Lactance ; et nous produirons bientôt d'autres preuves incontestables de son sentiment. Pour ce qui est de M. Basnage, nous avons vu comme il s'est déjà déclaré pour la tolérance civile, qui selon M. Jurieu a une liaison si nécessaire avec l'indifférence des religions. Il a loué les magistrats sous qui l'hérétique n'a rien à craindre [1]. Nous avons ouï de sa bouche que la punition de Servet, quoique impie et blasphémateur, étoit un reste de papisme [2]. Par là il met à couvert du dernier supplice les blasphémateurs les plus impies : ce qui favorise une des maximes de la tolérance, où l'on ne tient pour blasphémateurs que ceux qui s'attaquent à ce qu'ils reconnoissent pour divin, directement contre saint Paul, qui se nomme *blasphémateur*, quoique ce fût, comme il le dit, *dans son ignorance* [3] ; et même contre l'Evangile, qui range aussi au nombre *des blasphémateurs* ceux dont les langues impudentes chargeoient d'injures le Sauveur [4], quoiqu'ils *le fissent par ignorance* [5], *sans connoître le Seigneur de gloire ;* et que le Sauveur lui-même les ait excusés envers son Père, en disant qu'*ils ne savoient pas ce qu'ils faisoient* [6].

LXXII. M. Basnage autorise le grand principe des sociniens.

Le grand principe des sociniens et l'un de ceux que M. Jurieu attaque le plus [7], c'est qu'on ne peut nous obliger à croire ce que nous ne connoissons pas clairement. C'étoit aussi le principe des manichéens ; et saint Augustin, qui s'est attaché à le détruire en plusieurs de ses ouvrages, a persuadé tout le monde excepté les sociniens et M. Basnage. Je remarquerai ici en passant un endroit où, en rapportant les vaines promesses des manichéens qui s'en-

---

[1] Basn., tom. 1, chap. vi, p. 492 ; ci-dessus, n. 10. — [2] *Déf. de l'Hist. des Var.*, n. 3. — [3] 1 *Timoth.*, i, 13. — [4] *Matth.*, xxvii, 39. — [5] *Act.*, iii, 17 — [6] *Luc.*, xxiii, 34. — [7] *Tabl.*, lett. iii, p. 131.

gageoient « à conduire les hommes à la connoissance nette et distincte de la vérité, et qui avoient pour principe qu'on ne doit croire véritables que les choses dont on a des idées claires et distinctes; » tout d'un coup, sans qu'il en fût question, ou que son discours l'y menât par aucun endroit, il s'avise de dire « que saint Augustin réfute ce principe de la manière du monde la plus pitoyable [1]. » C'étoit peu de dire la plus foible ou s'il vouloit la plus fausse; pour insulter plus hautement à saint Augustin il falloit dire *la plus pitoyable;* et cela sans alléguer la moindre preuve, sans se mettre du moins en peine de dire mieux que saint Augustin, ni de détruire un principe dont il sait que les sociniens aussi bien que les manichéens font leur appui. Il leur a voulu faire le plaisir de leur donner gain de cause contre saint Augustin, et persuader à tout le monde qu'un docteur si éclairé est demeuré court en attaquant le principe qui fait tout le fondement de leur hérésie.

C'est, en un mot, je l'ai dit souvent et je le répète sans crainte, c'est, dis-je, que la Réforme n'a point de principe universel contre les hérésies, et ne produit aujourd'hui aucun auteur où l'on ne trouve quelque chose de socinien : mais celui qui en a le plus, très-certainement c'est M. Jurieu. Avant lui on n'avoit ouï parler d'une Trinité informe. Personne n'avoit encore dit que la doctrine de la grace fût informe et mêlée d'erreurs devant saint Augustin, ou qu'il fallût encore aujourd'hui prêcher à la pélagienne [2]. Voilà ce qu'enseigne ce grand adversaire des sociniens. Il enseigne qu'on ne peut condamner ceux qui font la Trinité nouvelle, et deux de ses Personnes nouvellement produites; qui font dans l'éternité la nature divine imparfaite, divisible, changeante, et les personnes inégales dans leur opération et leur perfection ; ceux qui disent que le concile de Nicée, loin de réprouver ces erreurs y a consenti et les a autorisées par ses décrets; que la doctrine de l'immutabilité de Dieu est une idée d'aujourd'hui, et qu'on ne peut réfuter par l'Ecriture ni accuser d'hérésie ceux qui la rejettent [3].

LXXIII. De tous les ministres protestans celui qui tient le plus du socinianisme c'est M. Jurieu.

Il est vrai qu'il a pris la peine de répondre à ce dernier re-

LXXIV. Que les

---

[1] Basn., tom. I, 1 part., chap. IV, art. 2, p. 127. — [2] Voy. VIe *Avert.*, I part., art. 2-5. — [3] *Ibid.*, art. 6 et suiv.

TOM. XVI. 12

excuses de ce ministre sur ce qu'il a dit contre l'immutabilité de Dieu, achèvent de le convaincre.

proche, et il soutient qu'il n'a voulu dire autre chose, sinon « que les lumières naturelles achèvent ce que l'Ecriture sainte avoit commencé là-dessus[1]. » Un autre auroit dit que l'Ecriture confirme et achève ce que la lumière naturelle avoit commencé : notre ministre aime mieux attribuer le commencement à l'Ecriture et la perfection à la raison : comme si les écrivains sacrés n'avoient pas eu la raison, et par-dessus la raison la lumière du Saint-Esprit qui en perfectionnoit les connoissances. Mais après tout, ce n'est pas là ce qu'avoit dit le ministre : il avoit dit en termes formels que les anciens, en donnant au Verbe une seconde génération, lui donnoient non un nouvel être, *mais une nouvelle manière d'être* [2] : que cette nouvelle manière d'être ajoutoit la perfection au Verbe et accomplissoit sa naissance imparfaite jusque-là : « qu'on devoit pourtant *bien remarquer* que l'on ne sauroit réfuter *par l'Ecriture* cette bizarre théologie des anciens ; et c'est, disoit-il, une raison pourquoi on ne leur en sauroit faire une hérésie : il n'y a que la seule idée que nous avons *aujourd'hui* de la parfaite immutabilité de Dieu qui nous fasse voir la fausseté de ces hypothèses[3]. » L'Ecriture n'étoit donc pas suffisante pour nous faire voir un Dieu immuable. Qu'il ne chicane point sur ce mot de *faire voir*, comme si l'Ecriture nous faisoit croire seulement l'immutabilité de Dieu, et que la raison nous *la fît voir*. Car il avoit dit clairement que ces hypothèses des Pères *ne sauroient être réfutées par l'Ecriture* : l'Ecriture ne pouvoit donc ni faire voir ni faire croire que Dieu fût immuable : l'idée de *l'immutabilité* est une idée *d'aujourd'hui*, qui n'étoit ni dans les saints Livres ni dans la doctrine de ceux qui nous avoient précédés. On a vu quelle est l'ignorance et l'impiété d'une telle proposition. Mais le ministre qui la désavoue ne sait encore qu'en croire, puisqu'au lieu de dire à pleine bouche que nous voyons dans l'Ecriture l'immutabilité de Dieu, il se contente de dire qu'il n'a jamais dit que « l'Ecriture ne servît de rien à en former l'idée. Car, poursuit-il, puisque l'Ecriture sert infiniment à nous donner l'idée de l'être infiniment parfait, elle sert aussi sans doute à nous

[1] *Tabl.*, lett. VIII, p. 580. — [2] *Tabl.*, lett. VI, p. 266 et suiv. — [3] VIe *Avert.*, I part., art. 1, n. 10, 11 ; *Tabl.*, lett. VI, p. 268.

faire comprendre la parfaite immutabilité de Dieu. » Vous diriez que l'Ecriture ne nous dise pas en termes assez formels que Dieu est immuable, jusqu'à exclure de ce premier être même *l'ombre du changement* [1]; mais qu'elle serve seulement à nous le faire comprendre, et que ce soit là une conséquence qu'il faille comme arracher de ses autres expressions. Je ne m'étonne donc plus si l'auteur des *Avis* prend à témoin M. Jurieu des belles lumières que nous recevons de la philosophie moderne. » M. Jurieu sait, dit-il [2], qu'avant la philosophie de l'incomparable Descartes on n'avoit aucune juste idée de la nature d'un esprit : » sans doute, avant ce philosophe nous ne savions pas que Dieu fût esprit, ni de nature à n'être aperçu que par la pure intelligence, ni que notre ame fût faite à son image, ni qu'il y eût des esprits administrateurs : sans Descartes ces expressions de l'Ecriture étoient pour nous des énigmes; on ne trouvoit pas dans saint Augustin, pour ne point parler des autres Pères, la distinction de l'ame et du corps : on ne la trouvoit pas même dans Platon. M. Jurieu *le sait bien* : car si nous n'entendons que d'aujourd'hui l'immutabilité de Dieu, pourquoi entendrions-nous mieux sa spiritualité, qui seule le rend immuable, puisqu'un corps qui de sa nature est divisible et mobile, ne le peut pas être? Que la Réforme qui ne sait rien de tout cela, et qui l'apprend d'aujourd'hui, est éclairée ! L'aveuglement de ses docteurs ne la fera-t-elle jamais rougir? Mais ne comprendra-t-elle jamais combien l'esprit du socinianisme domine en elle, puisque M. Jurieu y est entraîné comme par force en le combattant.

Pour ce qui regarde la tolérance, il n'y a qu'à se souvenir avec quelle évidence nous venons de démontrer que ce ministre l'a autorisée même en voulant la combattre. Et pour ne point répéter ce qu'on a dit [3], on ajoutera seulement que M. Jurieu est lui-même le plus grand exemple qu'on puisse jamais proposer de la tolérance du parti. On lui tolère toutes les erreurs qu'on vient de voir, quoiqu'elles n'emportent rien moins qu'un renversement total des fondemens du christianisme, et même des principes de la Réforme.

LXXV. La tolérance effroyable qu'on a pour M. Jurieu.

---

[1] *Jacob.*, I, 17. — [2] *Avis sur le Tabl.*, art. 3. — [3] VI° *Avert.*, II part., n. 105.

LXXVI.
On tolère à ce ministre de dire qu'on se peut sauver dans une communion socinienne : aveu du même ministre.

On lui tolère de dire qu'on se peut sauver dans une communion socinienne : c'est une accusation que je lui ai faite dans l'*Histoire des Variations* et dans le premier *Avertissement*[1]. Il n'est pas nécessaire d'en répéter ici la preuve, puisqu'après avoir beaucoup chicané, le ministre a enfin passé condamnation. « Il conclut (l'évêque de Meaux) son premier *Avertissement* par des preuves que selon moi on peut être sauvé dans une communion socinienne. Il n'y a pas plus de bonne foi là-dedans que dans le reste. Si l'on pouvoit conclure quelque chose de mes écrits, ce seroit qu'un homme, qui sans être socinien et en détestant les hérésies sociniennes, vivroit dans la communion externe des sociniens n'en pouvant sortir, seroit sauvé : c'est ce que je ne nie pas[2]. » Il avoue donc en termes formels le crime dont on l'accuse, qui est qu'on se peut sauver dans une communion socinienne.

Car être à l'extérieur dans cette communion, c'est y recevoir les sacremens, c'est y assister au service, aux prêches, aux catéchismes, aux prières, comme font les autres, avec les marques extérieures de consentement : il n'y a point d'autres liens extérieurs de communion que ceux-là : or si cela est permis, on ne sait plus ce que veulent dire ces paroles : *Retirez-vous des tentes des impies*[3] ; ni celles-ci de saint Paul : *Je ne veux point que vous soyez en société avec les démons : vous ne pouvez boire le calice du Seigneur et le calice des démons : vous ne pouvez participer à la table du Seigneur et à la table des démons*[4] ; ni enfin celles-ci, du même Apôtre : *Quelle communion y a-t-il entre la justice et l'iniquité ? ou quelle convention entre Jésus-Christ et Bélial ? ou quel accord peut-il y avoir entre le temple de Dieu et les idoles*[5] ? S'il est permis d'être uni par les liens extérieurs de la religion avec l'assemblée des impies, tous ces préceptes de l'Apôtre, toutes ces fortes expressions du Saint-Esprit, ne sont plus qu'un son inutile ; et le ministre manifestement les réduit à rien. Ainsi la limitation qu'il apporte à sa proposition en supposant que celui qu'il met dans une communion socinienne, n'y sera qu'extérieurement et *détestera* dans son cœur *les hérésies* de cette secte, ne

---

[1] *Var.*, liv. XV, n. 79 ; 1er *Avert.*, n. 42. — [2] *Tabl.*, lett. VI, p. 298. — [3] *Numer.*, XVI, 26. — [4] I *Cor.*, X, 20. — [5] II *Cor.*, VI, 14.

sert qu'à le condamner davantage. Car un tel homme sera nécessairement un hypocrite, qui sans être socinien fera semblant de l'être : or c'est encore pis, s'il se peut, de sauver un tel hypocrite que de sauver un socinien ; puisqu'on peut être socinien par ignorance et avec une espèce de bonne foi ; au lieu qu'on ne peut être hypocrite que par une expresse perfidie et une malice déterminée.

La condition qu'il appose, qu'on demeure innocemment à l'extérieur dans cette communion *n'en pouvant sortir,* met le comble à l'impiété. Car elle suppose qu'on est excusé de se lier de communion avec les impies *lorsqu'on ne peut en sortir,* c'est-à-dire manifestement, lorsqu'on ne le peut sans mettre sa vie ou ses biens ou son honneur en péril : or si on reçoit cette excuse, tous les exemples des martyrs sont des excès ; tous les préceptes de l'Evangile, qui obligent à mourir plutôt que de trahir la vérité et sa conscience, sont des préceptes outrés, qui ne sont propres qu'à envoyer les gens de bien à la boucherie.

Que si enfin le ministre se sent forcé à répondre que cet homme, qui communie à l'extérieur avec les sociniens, n'en déteste pas seulement les erreurs dans sa conscience, mais déclare publiquement l'horreur qu'il en a ; il renverse la supposition. Car cet homme très-constamment n'est plus dans la communion extérieure des sociniens, puisqu'il y renonce expressément par la profession qu'il fait d'une foi contraire. Un tel homme se gardera bien de faire la cène avec eux, ni de prendre le pain sacré de la main de leurs pasteurs qu'il regarde comme des impies : et s'il assiste à leurs prêches, ce sera comme un étranger qui iroit voir ce qui se passe dans leurs assemblées, ou qui entreroit, si l'on veut, dans une mosquée par simple curiosité.

Que si l'on assiste sérieusement au service des sociniens avec le même extérieur que les autres membres de leurs assemblées, et en un mot qu'on en fasse son culte ordinaire, on pourra assister de même au culte des mahométans ou des idolâtres : les catholiques, les luthériens, les calvinistes pourront se tromper ainsi les uns les autres, sans préjudice de leur salut ; et tout l'univers sera rempli de profanes et d'hypocrites qu'on ne laissera pas de compter parmi les élus. Voilà où aboutit la doctrine du plus rude en appa-

182 SIXIÈME AVERTISSEMENT.

rence des intolérans; et il s'engage dans tous ces basphèmes pendant qu'il tâche le plus de s'en justifier, tant il est secrètement dominé par cet esprit d'irréligion et d'indifférence.

LXXVII. La tolérance expressément accordée aux ariens : passage de M. Jurieu qu'il a laissé sans réplique.

On peut voir sur ce sujet-là ce qui est écrit dans le livre XV° des *Variations*, et dans le premier *Avertissement* [1] : mais on y peut voir encore de plus grands excès du ministre : puisqu'on y trouve que « damner tous ces chrétiens innombrables qui vivoient dans la communion externe de l'arianisme, dont les uns en détestoient les dogmes, les autres les ignoroient, les autres *les toléroient en esprit de paix*, les autres étoient retenus dans le silence par la crainte et par l'autorité : damner, dis-je, tous ces gens-là, c'est une opinion de bourreau, et qui est digne de la cruauté du papisme [2]. » Le dogme des ariens est donc de ces dogmes *qu'on peut tolérer en esprit de paix*. On a objecté ce passage à M. Jurieu de tous côtés. Il n'y répond pas un seul mot ; et voilà, de son aveu, les ariens, c'est-à-dire, les ennemis de la divinité de Jésus-Christ et de celle du Saint-Esprit, parmi ceux qu'il faut comprendre dans la tolérance.

Il nous donne pour marque *de socinianisme*, de dire *que cette secte étoit moins mauvaise que le papisme* [3] : et néanmoins il dit lui-même qu'il est plus difficile de se sauver parmi les catholiques que *parmi les ariens* [4], qui soutenoient les principaux dogmes des sociniens.

LXXVIII. Les nestoriens et les eutychiens tolérés par ce ministre.

Si les ariens sont compris dans la tolérance, les nestoriens et les eutychiens ne pouvoient pas en être exclus. Le ministre les y reçoit en termes formels, et met les sociétés où la confusion des deux natures et la distinction des Personnes sont soutenues en Jésus-Christ, au nombre des communions où Dieu se conserve des élus [5].

Si cela est, cette merveilleuse sagesse de Dieu, que le ministre reconnoît dans les quatre premiers conciles, qui, dit-il, ont mis à l'abri *les fondemens de la foi*, ne sera plus rien ; puisque les erreurs condamnées par ces grands conciles n'empêchent pas le

---

[1] *Var.*, liv. XV, n. 79 et suiv.; 1er *Avert.*, n. 41 et suiv. — [2] *Préj. lég.*, p. 22; *Var.*, liv. XV, n. 80. — [3] *Tabl.*, lett. I, p. 7; *Préj. lég.*, 1 part., chap. I. — [4] *Syst.*, p. 225; *Var.*, liv. XV, n. 172. — [5] *Préj.*, chap. I, p. 16; *Syst.*, p. 146, 150, 154; *Var.*, liv. XV, n. 55; *Tabl.*, lett. V, p. 198.

salut de ceux qui en seroient infectés, et ne les excluent pas de la tolérance.

Voilà donc, par la doctrine de votre ministre, la tolérance établie en faveur de ceux qui renversent les fondemens de la foi, même ceux qu'on a reconnus dans les quatre premiers conciles, qui, de l'aveu du ministre, et par les Confessions de foi de tous les protestans, sont les plus essentiels au christianisme.

Outre ces intolérables erreurs qu'on ne tolère qu'à lui, il y en a d'autres qu'il faut tolérer par les principes de la secte. Les tolérans s'étonnent qu'on lui laisse dire *qu'on croit, parce qu'on veut croire, par goût, par adhésion, par sentiment*, et non pas par discussion ni par examen des passages de l'Ecriture. Mais que pourroit reprendre dans cette doctrine un synode de protestans, puisqu'ils n'ont de dénouement contre nous que celui-là? M. Jurieu leur dira: Voulez-vous obliger à la discussion ceux à qui leur expérience fait connoître qu'ils n'ont ni la capacité ni le loisir de la faire? Ils se moqueront de vous. Les renverrez-vous à l'autorité de l'Eglise? Vous renverserez votre Réforme. Ne voyez-vous donc pas plus clair que le jour, que le goût et le sentiment que M. Claude et moi avons introduit, est le seul refuge qui nous reste, et que si vous le condamnez tout est perdu pour la Réforme?

LXXIX. La Réforme est obligée de passer à M. Jurieu ses erreurs sur le goût et le sentiment.

Je ne m'étonne pas non plus qu'on laisse avancer à M. Jurieu tant d'étranges propositions sur le mariage: c'est qu'en effet la Réforme les soutient. Ce n'a pas été assez aux prétendus réformateurs d'abandonner la sainte doctrine de toute l'Eglise d'Occident sur l'entière indissolubilité du mariage, même dans le cas d'adultère. Pour adoucir les difficultés du mariage, si grandes qu'elles faisoient dire aux apôtres: *Maître, s'il est ainsi, il vaut mieux ne point se marier*[1]; on y permet tous les jours, pour beaucoup d'autres sujets, de rompre « des mariages faits et consommés dans toutes les formes, et de permettre à un mari et à une femme de prendre un autre époux et une autre épouse l'autre étant vivante [2], » et très-constamment *vivante*. Le ministre rapporte un fameux arrêt de la Cour de Hollande en l'an 1630 [3], où

LXXX. Erreur de M. Jurieu et de toute la Réforme sur le mariage: exception à la loi évangélique que reconnue par ce ministre.

[1] *Matth.*, XIX, 10. — [2] *Tabl.*, lett. VI, p. 303. — [3] *Ibid.*, 305.

du consentement des parties présentes, on résolut un mariage contracté dans toutes les formes : un mari eut la liberté d'épouser une autre femme que la sienne, et sa femme de demeurer avec celui qu'elle avoit épousé sur la fausse présomption de la mort de son véritable mari. La désertion est une autre cause de rompre le mariage. C'est la pratique constante de « l'église de Genève, qui, dit-il [1], est la source de notre droit canon. On en a, poursuit-il, un exemple tout récent dont je crois que tout le monde a ouï parler : on ne nommera pas les personnes à cause du scandale, » mais cependant quelque grand qu'il soit, on passe pardessus dans les jugemens. « On nommera, continue-t-il [2], la demoiselle Sève, qui en 1677 épousa un nommé M. Misson, fils d'un ministre de Normandie, lequel après avoir demeuré quelque temps avec elle l'abandonna. Elle a obtenu permission de se remarier; ce qu'elle fit. » Je ne vois pas après cela qu'on puisse s'empêcher de rompre les mariages pour des maladies incurables ou des incompatibilités aussi sans remèdes. Pour justifier ce libertinage, il suffit à M. Jurieu de dire que les maximes contraires « sont prises de la théologie romaine, selon laquelle le mariage est un sacrement [3]. » On voit donc bien la raison qui a inspiré à la Réforme de crier avec tant de force contre le sacrement de mariage : elle vouloit anéantir cette salutaire contrainte que Jésus-Christ avoit établie dans les mariages chrétiens, et s'ouvrir une large porte à les casser. C'est donc inutilement que Jésus-Christ a prononcé, *que l'homme ne sépare pas ce que Dieu a uni* [4]. On prétend à la vérité qu'il y a lui-même apporté une seule exception; et c'est celle du cas de l'adultère : mais la Réforme licencieuse ne s'en est pas contentée, et n'a pas craint d'ajouter à cette unique exception, qui peut avoir quelque couleur dans l'Evangile, une si grande multitude d'autres exceptions dont on n'y en trouve pas le moindre vestige; c'est-à-dire qu'on a excepté non-seulement, à ce qu'on prétend, selon l'Evangile, mais encore très-expressément contre l'Evangile; et M. Jurieu ne craint point de dire [5], « que la bonne foi et les lois du prince sont les interprètes *des*

---

[1] *Tabl.*, lett. vi, p. 305. — [2] *Ibid.*, 303, 304. — [3] P. 304. — [4] *Matth.*, xix, 6. — [5] *Tabl.*, lett. vi, p. 308.

exceptions qu'on peut apporter à la loi évangélique qui défend le divorce, et qu'elles suffisent pour mettre la conscience en repos. » Les consciences sont si endormies et les cœurs si appesantis dans la Réforme, qu'on y demeure *en repos* malgré les décisions de l'Évangile sur les exceptions qu'y apportent des lois et une autorité humaine. Ce n'est pas ici le sentiment d'un ministre particulier; c'est celui de Genève, d'où est né *le droit canon* de la Réforme; c'est celui de l'église anglicane, qui en est la principale partie, comme l'appelle notre ministre : et M. le Grand vient de faire voir à M. Burnet, que selon les lois de cette église « on fait divorce pour avoir abandonné le mariage pour une trop longue absence, pour des inimitiés capitales, pour les mauvais traitemens, et qu'on peut se remarier dans tous ces cas [1]. » Voilà quatre exceptions à l'Évangile tirées du code des lois ecclésiastiques d'Angleterre [2], résolues et passées en loi dans une assemblée *où prêchoit Thomas Cranmer, archevêque de Cantorbéry*, le grand réformateur de ce royaume. Quel mariage demeure en sûreté contre ces exceptions, puisqu'on reçoit jusqu'à celle qui se tire des aversions invincibles; ce qui enferme manifestement l'incompatibilité des humeurs? Je ne m'étonne donc plus si ce grand réformateur a rompu tant de mariages, et je m'étonne seulement qu'il ne l'a pas fait avec encore moins de façon. Sans recourir au *Lévitique*, qui de l'aveu des plus grands auteurs de la Réforme, ne faisoit loi que pour les Juifs, et sans acheter à prix d'argent tant de consultations contre le mariage de Henri et de Catherine, il n'y avoit qu'à alléguer l'aversion implacable de ce roi. Mais peut-être qu'on n'osoit encore, et que la Réforme n'avoit pas acquis toute la force dont elle avoit besoin contre l'Évangile. On trouveroit néanmoins si l'on vouloit ces exceptions dans les autres réformateurs, dans un Luther, dans un Calvin, dans un Bucer, dans un Bèze. Voilà à quoi aboutit cette prétendue délicatesse de la Réforme. Elle se vante d'une observation étroite de l'Évangile; elle s'élève avec fureur contre les papes sous prétexte qu'ils ont dispensé de la loi de Dieu, à quoi néanmoins il est certain qu'ils n'ont seulement jamais songé : et cette fausse régu-

[1] *Lett. de M. le Grand à M. Burnet*, p. 37. — [2] *Leg. Eccl. Ang.*, cap. VIII-XI.

larité se termine enfin à trouver eux-mêmes *des exceptions de la loi évangélique*. Un ministre le dit hautement[1]; et aucun synode, aucun consistoire, aucun ministre ne l'en reprend. Il ne se trouve à relever cette erreur qu'un jeune avocat qu'il traite impunément avec le dernier mépris : pourquoi? parce que les ministres et les synodes, et les consistoires savent bien que ce ministre ne fait qu'établir la théologie commune de toutes les églises protestantes, et en particulier de celle de Genève, qui est *la source du droit canon*, c'est-à-dire de la licence effrénée du calvinisme.

LXXXI. Raisons qu'on a dans la Réforme de tolérer tous les excès de M. Jurieu. C'est donc en vain qu'on s'élève contre lui dans le parti et qu'on le défère aux synodes. Après tout, il ne soutient rien qui ne soit, ou de l'esprit de la Réforme ou nécessaire à sa défense. Mais quoi! ces dogmes affreux contre l'immutabilité de Dieu et l'égalité des Personnes divines ne répugnent-ils pas clairement aux *Confessions* de foi des protestants? Ils y répugnent, je l'avoue, et j'en ai moi-même rapporté les témoignages; mais après tout, s'il eût supprimé ces endroits de sa doctrine, où vouliez-vous qu'il trouvât des variations? Et pour en montrer dans l'ancienne Eglise, ne falloit-il pas tout ensemble en accuser et en excuser les docteurs? Les accuser, pour montrer qu'on varioit; et à la fois les excuser, pour n'étendre pas l'intolérance jusqu'à eux. Soutenir une telle cause sans se contredire soi-même, est-ce une chose possible? Mais les synodes auront encore de bien plus fortes raisons pour épargner M. Jurieu, le seul défenseur de la religion protestante. Pouvoit-on se passer de lui dans un parti où l'on vouloit soulever les peuples contre leur roi, et les enfans, si l'on eût pu, contre les pères? Il falloit bien assurer que Dieu s'en mêloit; qui étoit plus affirmatif que notre ministre? « C'est être pélagien, dit-il [2], de ne pas vouloir apercevoir des miracles de la Providence dans les révolutions d'Angleterre, dans celle de Savoie et dans les délivrances de nos frères des Vallées. » Dieu se déclaroit visiblement pour la Réforme; la France alloit succomber sous ces coups du Ciel; et le nier, c'étoit alors une hérésie. Mais maintenant que sera-ce donc, et faudra-t-il croire encore tous ces miracles après ce que nous voyons? Il falloit un Jurieu pour pousser l'assurance

---

[1] Jur., *Avis cont. M. de Beauv*. — [2] Lett. III, p. 129.

jusque-là. Mais quel autre étoit plus capable d'émouvoir les peuples, que celui qui leur faisoit voir jusque dans leur rage le soutien de leur foi [1] ? Etoit-il aisé de trouver un homme qui attaquât aussi hardiment et avec moins de mesure la majesté des souverains? qui sût mieux allumer le feu d'une guerre civile? qui sût, pour tromper les peuples, si bien soutenir de faux miracles, ou débiter avec un plus grand air de confiance des prophéties qu'il avoit prises dans son cœur? Pour cela, ne falloit-il pas avoir le courage de hasarder des prédictions, et de s'immoler pour le parti à la risée inévitable de tout l'univers? Mais quel autre l'eût voulu faire? Quel autre eût voulu donner à ses prédictions cet air mystérieux dont notre prophète a paré les siennes, en feignant que par ses désirs, par l'ardeur et la persévérance de ses vœux, il s'étoit enfin ouvert l'entrée dans le secret des prophéties, et que s'il ne disoit pas tout, c'est qu'il ne vouloit pas tout dire? Il s'est vanté d'avoir prédit à un prince qu'avant que l'année fût révolue, il se verroit la couronne sur la tête. Sans doute, il avoit trouvé l'Angleterre bien désignée dans l'*Apocalypse,* et l'année 1689 y étoit clairement marquée. N'a-t-il pas été un grand prophète d'avoir promis un heureux succès à un prince qui remuoit de si grands ressorts? Car, après tout, qu'avoit-il à craindre en hasardant cette prédiction? ou quel mal lui arrive-t-il pour avoir si mal deviné dans toutes les autres? Le prince qu'il vouloit flatter avoit bien parmi ses papiers de meilleures prophéties que celles d'un ministre. Mais qui ne connoît l'usage que les hommes de ce caractère savent faire des prédictions; et combien cependant ils méprisent dans leur cœur, et les dupes qui les croient, et les fanatiques qui les rêvent, ou les séducteurs qui les inventent? M. Jurieu s'est mis au-dessus de tout cela; il a sacrifié sa réputation à la politique du parti : ébloui du grand nom de prophète, qu'on lui a donné jusque dans des médailles, il ne peut encore s'en défaire; et après tant d'illusions dont tout le monde se moque dans son parti même, il ose encore prophétiser « que les rois de France, d'Espagne, l'Empereur et tous les princes papistes doivent sans doute entrer quelque jour dans l'esprit où entrèrent les rois d'An-

[1] *Accomp. des Proph., Avis à tous les Chrétiens.*

gleterre, d'Ecosse, de Suède, de Danemark dans le siècle passé[1]. »
Il ne faut plus que vingt ou trente ans pour accomplir cette merveille, et tout s'y dispose, comme on voit. Si toutefois les succès ne répondent pas à son attente, et que les conquêtes de son héros n'avancent pas, autant qu'il pense, le règne de mille ans après lequel il soupire, il s'est préparé une réponse contre les événemens qui ne voudront pas cadrer assez juste. On sera toujours reçu à dire que *Dieu n'y prend pas garde de si près*[2]; et lors même que tout sera manifestement contraire aux prédictions, M. Jurieu en tout cas sera toujours aussi grand prophète qu'un Cotterus et tant d'autres semblables trompeurs convaincus de faux selon lui-même, dont néanmoins il ne laisse pas d'égaler les visions à celles d'Ezéchiel et d'Isaïe. Que diront donc les synodes à un homme dont la Réforme a tant de besoin? Luther n'y fut jamais plus nécessaire. Elle commençoit à languir; et la grace de la nouveauté lui étant ôtée, il ne faut pas s'étonner si loin de faire de nouveaux progrès elle reculoit en arrière : le fait du moins est constant par M. Jurieu, qui vient de faire publiquement ce triste aveu : « La Réformation dans ce siècle n'est point avancée, elle étoit plutôt diminuée qu'augmentée[3] : » de peur qu'elle ne tombât tout à fait, il en falloit revenir aux impétuosités, aux emportemens, aux inspirations, aux prophéties de Luther. La complexion d'un Calvin pouvoit bien avec son aigreur, avec son chagrin amer et dédaigneux, produire des emportemens, des déchaînemens, d'autres excès de cette nature : mais elle ne pouvoit fournir ces ardeurs d'imagination qui font les prophètes des fausses religions. Il falloit quelqu'un qui sût émouvoir l'esprit des peuples, tromper leur crédulité, les pousser jusqu'au transport et à la fureur. Si le succès n'a pas répondu à la volonté; si par la puissante protection de Dieu il s'est trouvé dans le monde une main plus forte que toutes celles qu'on a tâché vainement d'armer contre elle, ce n'est pas la faute de M. Jurieu; et les synodes, qui n'ont rien à lui imputer, ne peuvent aussi rien faire de moins que de se taire comme ils font en sa faveur.

[1] *Tabl.*, lett. VIII, p. 505, 506. — [2] *Accomp. des Proph.*, *Avis à tous les Chrét.* — [3] *Tabl.*, lett. VIII, p. 506.

Si cependant on méprise ces foibles synodes, et qu'une si timide politique achève de leur faire perdre le peu de crédit qu'ils avoient dans la Réforme, ce n'est pas là aussi que M. Jurieu met sa confiance : c'est aux princes et aux magistrats qu'il a recours, et il leur rend le droit de persécuter qu'il leur avoit ravi. J'avois autrefois demandé, dans une lettre particulière qu'il a imprimée, quelle raison on avoit d'excepter les hérétiques du nombre de ces malfaiteurs contre lesquels saint Paul a mis aux princes l'épée en main. Le ministre m'avoit répondu : « Ce n'est pas à nous à vous montrer que les hérétiques ne sont pas de ce nombre : c'est à vous, messieurs les persécuteurs, à nous prouver qu'ils y sont compris[1] ; car, poursuivoit-il[2], les malsentans et les malfaiteurs ne sont pas la même chose. » Alors donc le magistrat étoit sans pouvoir contre *les malsentans*, et ce n'étoit pas pour cela qu'il étoit lieutenant de Dieu. Mais maintenant cela est changé : les princes et les magistrats sont, dit-il[3], « les images et les oints de Dieu et ses lieutenans en terre. » Sans doute, ils ont ces beaux titres dans les Écritures, et pour nous arrêter au dernier, saint Paul nous les représente *comme ordonnés de Dieu* pour lui faire rendre obéissance comme *ses ministres* et ses lieutenans, *qui ne portent pas sans cause l'épée* qu'il leur a mise en main. « Mais ce sont d'étranges lieutenans de Dieu, poursuit le ministre, s'ils ne sont obligés à aucun devoir par rapport à Dieu en tant que magistrats : comment donc peut-on s'imaginer qu'un magistrat chrétien, qui est le lieutenant de Dieu, remplisse tous ses devoirs en conservant pour le temporel la société à la tête de laquelle il se trouve, et qu'il ne soit pas obligé d'empêcher la révolte contre ce Dieu dont il est le lieutenant, afin que le peuple ne choisisse un autre dieu ou ne serve le vrai Dieu autrement qu'il ne veut être servi? » Le voilà donc redevenu lieutenant de Dieu contre ceux qui ne veulent pas le reconnoître ou reconnoître son vrai culte, et en un mot, contre *les malsentans* aussi bien que contre *les malfaiteurs*. Que si, par l'*Epître aux Romains*, il est le ministre et le lieutenant de Dieu, contre les hérétiques aussi bien que contre les

---

[1] Jur., *Lett. past.* de la 1ʳᵉ ann., 1ʳᵉ lett. p. 7, 8. — [2] IIᵉ Lett., p. 11, *ibid.* — [3] *Tabl.*, lett. VIII, p. 443, 446.

autres coupables; c'est donc contre eux aussi qu'*il a l'épée en main;* et l'évêque de Meaux n'avoit pas tort lorsqu'il l'interprétoit de cette sorte.

LXXXIII. Bornes chimériques que le ministre veut donner au pouvoir des princes. — Le ministre a trouvé ici une belle distinction : c'est que le prince a l'épée en main contre les hérétiques; mais pour *les gêner* seulement, pour *les bannir,* et non pas pour leur donner la mort. Mais les tolérans lui demandent où il a trouvé ces bornes qu'il donne à sa fantaisie au pouvoir des princes? Il n'étoit pas ici question de faire le doux, et de vouloir en apparence épargner le sang. Il ne falloit point, disent-ils, poser des principes d'où l'on tombe pas à pas dans les dernières rigueurs. Qu'ainsi ne soit, n'avez-vous pas dit que « ces aversions, que produit la diversité des religions, produisent aussi la guerre et la division, *et qu'elles en sont* une semence[1]? » Quand vous le nieriez, le fait est trop criant pour être révoqué en doute. Si le parti hérétique devient inquiet, mutin et séditieux; s'il est à charge à l'Etat, et toujours prêt à enfanter les guerres civiles dont il porte *la semence* dans son sein, le prince ne pourra-t-il jamais en venir aux derniers remèdes, et *portera-t-il l'épée sans cause*[2]? Vous vous aveuglez vous-même, si vous croyez pouvoir donner aux puissances légitimes des bornes que vous ne trouvez point dans les passages que vous produisez. Vous nous alléguez ce passage : *Otez d'entre vous le méchant*[3]. Vous vous trompez d'adresser aux princes ce précepte de l'Apôtre, qui visiblement ne s'entend que des censures ecclésiastiques; mais si vous voulez l'étendre aux magistrats, et que ce soit à eux à ôter le méchant, laissez donc à leur prudence les voies de l'ôter. Qui vous a donné le pouvoir de les réduire à des peines légères, à des gênes, à des prisons, peut-être au bannissement tout au plus? Il faut, disent toujours les tolérans[4], ou, comme nous, leur ôter tout pouvoir de contraindre les hérétiques; ou, comme les catholiques, leur permettre d'en user selon l'exigence des cas. Car s'ils jugent par leur prudence que ce ne soit pas assez ôter le méchant que de le bannir, pour faire pulluler ailleurs ses impiétés, comme celles de Nestorius se sont

---

[1] *Tabl.,* lett. VIII, p. 549. — [2] *Rom.,* XIII, 4. — [3] *Tabl.,* lett. VIII, p. 457. — [4] *Lettre venue de Suisse.*

répandues en Orient par son exil et celui de ses adhérens, qui êtes-vous pour donner des bornes à leur puissance? Et espérez-vous de réduire à des règles invariables ce qui dépend des cas et des circonstances? Aussi ne savez-vous où vous renfermer ; et vous le faites clairement paroître par ces paroles : « Dieu veut qu'on use de clémence avec les idolâtres et les hérétiques, et qu'on épargne leur vie autant qu'il se peut[1]. » C'est éluder manifestement la difficulté. Car quelqu'un a-t-il jamais dit que la clémence fût interdite aux souverains, ou qu'ils ne soient pas obligés à épargner autant qu'il se peut la vie humaine? Si la seule règle qu'on peut leur donner selon vous, est de l'épargner *autant qu'il se peut,* il ne faut donc pas, comme vous faites, diminuer leur pouvoir ; mais leur laisser examiner ce qu'ils peuvent faire avec raison.

Mais, direz-vous, la douceur chrétienne doit prévaloir. Sans doute, vous répliqueront les tolérans, dans tous les cas où vous-même vous ne la jugez pas préjudiciable. Mais vous permettez qu'on procède « jusqu'à la peine de mort, lorsqu'il y a des preuves suffisantes de malignité, de mauvaise foi, de dessein de troubler l'Eglise et l'Etat, et enfin d'impiété et de blasphème conjoint avec audace, impudence et mépris des lois[2]. » Vous ajoutez que « la plupart des hérésiarques sont impies, et ne se révoltent contre la foi que par un motif d'ambition, d'orgueil, de domination : quand dans ces dispositions ils passent jusqu'à l'outrage et au blasphème, l'Eglise doit les abandonner au magistrat pour en user selon sa prudence. » C'est ce que dit le ministre : ceux qui abandonnent les hérésiarques à la prudence du magistrat jusqu'aux dernières rigueurs, n'ont pas d'autres motifs que ceux-là : il ne reste qu'à tirer de là le traitement qu'on peut faire aux partisans de ces hérésiarques, et enfin aux imitateurs de leur séditieuse et indocile fierté. Pourquoi donc disputer plus longtemps contre un homme qui détruit-lui-même ses principes? Il avoue qu'il y a des provinces des Pays-Bas, qui n'ont pas même « de connivence pour les papistes. Quand on les découvre, dit-il[3], on ne les protége pas contre la violence des peuples. » On entend

LXXXIV. Le ministre ôte lui-même les bornes qu'il vouloit donner à la puissance publique.

[1] *Tabl.,* lett. VIII, p. 456. — [2] P. 422. — [3] *Tabl.,* lett. VIII, p. 432, 433.

bien ce langage : mais vaut-il mieux abandonner à la violence ceux qu'on prétend hérétiques, et les laisser déchirer à une aveugle fureur, que de les soumettre aux jugemens réguliers du magistrat? On voit donc que ce ministre ne sait ce qu'il dit. Il n'y a qu'à l'écouter sur le sujet de Servet. Tantôt il n'approuve pas que Genève l'ait condamné au feu à la poursuite de Calvin : il en dédit ses docteurs, et il décide que c'étoit là un reste de papisme [1]. Mais quelquefois il revient de cette extrême mollesse : « et, dit-il [2], ceux qui condamnent si hautement le supplice de Servet ne savent pas toutes les circonstances de son crime. » Laissons donc peser ces circonstances au magistrat. *L'Etat est maître de ses peines,* dit-il en un autre endroit [3], et c'est aux princes à les régler selon leur prudence.

LXXXV. Le ministre produit un passage de l'Apocalypse qui fait contre loi.

Mais tous les grands argumens de la Réforme doivent toujours être tirés de l'*Apocalypse*. Pour bannir éternellement la peine de mort dans le cas de religion, voici comme parle le ministre [4] : « N'aura-t-on jamais honte de cette barbarie antichrétienne? Et ne reconnoîtra-t-on jamais que c'est le caractère de la beste de l'*Apocalypse,* qui s'enivre du sang des saints, qui dévore leur chair, qui leur fait la guerre, qui les surmonte, et qui à cause de cela est appelée beste, lion, ours, léopard? Car il faut avoir renoncé à la raison, à l'humanité, et estre devenu une beste pour en user envers les chrétiens comme l'Eglise romaine en use envers nous. » Voilà donc en apparence tous les chrétiens à couvert du dernier supplice. Cela iroit bien pour les tolérans, si la suite de son passage et de son interprétation n'en ruinoit pas le commencement. Car selon lui [5], les dix rois qui détruiront la prostituée [6] seront des rois réformés : et que feront-ils pour « réformer la religion dans leurs Etats? Ils haïront la prostituée ; ils la désoleront ; ils la dépouilleront ; ils en mangeront les chairs et ils la consumeront par le feu. Et les oiseaux du ciel seront appelés pour manger les chairs des rois et les chairs des capitaines, et les chairs des braves soldats, et celles des chevaux et des cavaliers, et des petits et des grands, et des esclaves et des hommes libres [7]. »

[1] 1re *Ann.*, lett. II, p. 11. — [2] *Ibid.*, p. 422. — [3] P. 428. — [4] 1re *Ann.*, lett. II, p. 12. — [5] *Tabl.*, lett. VIII, p. 505, 506. — [6] *Apoc.*, XVII, 6. — [7] *Ibid.*, XIX, 17, 18.

Voilà, ce me semble, assez de carnage, assez de sang répandu, assez de chairs dévorées, assez de feux allumés : mais, selon M. Jurieu, tout cela sera l'ouvrage des rois réformés; c'est par là que s'accomplira la réformation, jusqu'ici trop foiblement commencée; la Réforme fera souffrir tous ces maux à des chrétiens sans doute, puisque ce sera à des papistes : ce ne sera pas seulement sur des particuliers, mais sur toute l'Eglise romaine qu'on exercera ces cruautés. Il ne reste plus qu'à dire qu'il n'appartient qu'aux rois de la Réforme d'user de l'épée contre les sectes qu'ils croient mauvaises, et que tout leur est permis contre la prostituée. Mais s'il ne tient qu'à trouver des noms odieux pour les sociétés hérétiques et rebelles, l'Ecriture en fourniroit d'assez forts pour animer contre elles le zèle des princes catholiques.

Au reste, afin que M. Jurieu n'aille pas ici se jeter à l'écart, et renouveler toutes les plaintes des protestans contre la France ; ce n'est pas là de quoi il s'agit, mais en général de la question de la tolérance civile; c'est-à-dire quel droit peut avoir le magistrat d'établir des peines contre les hérétiques. C'est sur cette grande question que les protestans sont partagés : et je ne craindrai point d'assurer qu'ils se poussent à bout les uns les autres. Les tolérans poussent à bout M. Jurieu, en lui démontrant qu'il se contredit lui-même, et qu'il faut ou abandonner la doctrine de l'intolérance, ou permettre au magistrat autant les derniers supplices qu'il lui défend, que les moindres peines qu'il lui permet [1]. Car aussi, lui dit-on, où a-t-il pris et où ont pris les intolérans mitigés ces bornes arbitraires qu'ils veulent donner à un pouvoir qu'ils reconnoissent établi de Dieu en termes indéfinis? Ou il faut prendre les preuves dans toute leur force, ou il faut les abandonner tout à fait. Vous croyez fermer la bouche à M. de Meaux, en lui disant [2] : « Si l'Eglise a droit d'implorer le bras séculier pour la punition des hérétiques, pourquoi saint Paul dit-il simplement : *Evite l'homme hérétique* [3]? Que ne dit-il : Livre-le au bras séculier, afin qu'il soit brûlé? Saint Paul ne savoit-il pas que dans peu les princes seroient chrétiens, et qu'ils auroient le glaive

LXXXVI. Les réformés tolérans et intolérans se poussent de part et d'autre à l'absurdité les tolérans commencent et tournent contre le ministre toutes les raisons dont il se sert contre les catholiques.

[1] *Comm. philos.; Lett. ven. de Suisse; Apol. des vrais tolér.* — [2] I *Ann.*, lett. II. — [3] *Tit.*, III, 10.

en main? N'a-t-il donc donné des préceptes que pour le temps et pour l'état présent? » On vous rend vos propres paroles. Saint Paul ne savoit-il pas que le magistrat alloit devenir chrétien? Pourquoi donc n'ajoute-t-il pas à l'obligation *d'éviter l'homme hérétique* celle de le gêner, de le contraindre dans l'exercice de sa religion, et enfin de le bannir s'il refuse de se taire [1]? Il vous plaît maintenant de nous objecter les exemples des rois d'Israël *qui brisoient les idoles, chassoient et punissoient les idolâtres* [2]. Mais ne les punissoient-ils pas jusqu'à employer contre eux le dernier supplice? Qui a borné sur cela le pouvoir des souverains? C'est, dit-on, qu'en ce temps-là et sous l'Ancien Testament l'idolâtrie étoit la vraie félonie contre Dieu, qui étoit alors le vrai Roi de son peuple : et le ministre répond : « Est-ce qu'aujourd'hui Dieu n'est pas le Roy des nations chrétiennes tout autrement qu'il ne l'est des peuples païens et infidèles? Retourner à l'infidélité et au paganisme ou à l'idolâtrie, n'est-ce pas aujourd'hui félonie et rébellion contre Dieu? » Pourquoi donc n'employera-t-on pas le même supplice contre le même crime? Et en est-on quitte pour dire sans preuve, comme fait M. Jurieu [3], que Dieu maintenant *a relâché de sa sévérité et de ses droits?* Où est donc écrit ce relâchement? Et en quel endroit voyons-nous que la puissance publique ait été affoiblie par l'Evangile?

LXXXVII. Suite des contradictions du ministre: exemple des sadducéens.

Lorsqu'il s'agissoit de blâmer les persécutions du papisme, le ministre nous alléguoit la tolérance qu'on avoit eue autrefois pour les sadducéens dans le judaïsme, et il disoit que le Fils de Dieu ne s'y étoit jamais opposé [4]. Si cet argument prouve quelque chose, il prouve non-seulement qu'on doit épargner les derniers supplices, mais encore jusqu'aux moindres peines, puisqu'on n'en imposoit aucune aux sadducéens. Il prouve même beaucoup davantage; puisque, de l'aveu du ministre, on vivoit avec les sadducéens *dans le même temple et dans la même communion* [5]. Ainsi il est manifeste que cet argument prouve trop, et par conséquent ne prouve rien. Cela est certain, cela est clair; mais le ministre ne

---

[1] *Apol. des tolér.; Lett. ven. de Suisse.* — [2] *Tabl.,* lett. VIII, p. 434, 452, 459 et suiv. — [3] *Ibid.* p. 456. — [4] *Hist. du Papisme,* II part., chap. VIII; lett. VIII, p. 416, 420 et suiv. — [5] *Tabl.,* lett. VIII, *ibid.*

veut jamais avoir failli. Pour soutenir son argument des sadducéens, il attaque jusqu'à la maxime : *Qui prouve trop, ne prouve rien ;* c'est-à-dire, que vous arrêtez où il vous plaît la force de vos raisonnemens, et que vous ne donnez à cette monnoie que le prix que vous voulez.

En passant nous remarquerons, sur cet argument des sadducéens, cette étrange expression de notre ministre, que pour certaines raisons Notre-Seigneur Jésus-Christ *s'est beaucoup moins déchaisné contre les sadducéens que contre les pharisiens* [1]. Je vous demande si un homme sage a jamais parlé de la sorte. N'est-ce pas faire de notre Sauveur comme un lion furieux qui rompt ses liens et se déchaîne lui-même contre ceux dont il reprend les excès? On voit donc que cet auteur emporté ne songe pas même à ce qu'il doit à Jésus-Christ, et s'abandonne à l'ardeur de son imagination. Mais revenons à la tolérance.

LXXXVIII. Irrévérence du ministre contre Jésus-Christ.

Les tolérans démontrent à M. Jurieu non-seulement qu'il se contredit lui-même, mais encore qu'il contredit les principaux docteurs de la Réforme; puisque M. Claude ne craint pas d'assurer « que saint Augustin flétrit sa mémoire, lorsqu'il soutint qu'il falloit persécuter les hérétiques, et les contraindre à la foy orthodoxe, ou bien les exterminer; qui est, poursuit ce ministre, un sentiment fort terrible et fort inhumain [2]. » Saint Augustin ne proposoit pas les derniers supplices; et s'il vouloit qu'on exterminât les donatistes, ce n'étoit que par les moyens que M. Jurieu approuve à présent. Si donc c'est le sentiment des principaux docteurs de la Réforme, que saint Augustin a flétri sa mémoire par cette doctrine, les tolérans concluent de même, que M. Jurieu se déshonore en conseillant des rigueurs qu'il avoit autrefois tant condamnées.

LXXXIX. Les tolérans objectent au ministre Jurieu un passage exprès du ministre Claude.

C'est en vain qu'il semble quelquefois vouloir épargner les sociétés déjà établies : car les tolérans prouvent au contraire, « que, s'il est vrai qu'on soit en droit de poursuivre un hérétique qui vient semer ses sentimens dans un lieu où il n'a aucun exercice, à plus forte raison doit-on travailler à l'extirpation des sociétés entières; parce que plus une société est nombreuse, plus elle a de

XC. Les tolérans prouvent au ministre qu'il ne doit pas plus épargner les sociétés entières

[1] *Tabl.*, lett. VIII, p. 419.— [2] M. Claude, *De la lect. des PP.; Lett. de Suisse*, p. 20.

docteurs, et plus aussi elle est en état de tout gaster et de tout perdre par le venin de ses hérésies¹. »

XCI. Le ministre détruit lui-même le vain argument que la Réforme tiroit de ses persécutions.

Par tels et semblables raisonnemens les tolérans démontrent à M. Jurieu que la persécution qu'il veut établir n'a point de bornes, et qu'avec tout le beau semblant de son intolérance mitigée, il en viendroit bientôt au sang, pour peu qu'on lui résistât ou qu'il fût le maître. Avec une telle doctrine, si les protestans l'embrassent, il leur faudra bientôt changer leur ton plaintif, et les aigres lamentations, par lesquelles dès leur naissance ils ont tâché d'émouvoir toute la terre. Ils ne se vanteront plus d'être cette église posée sous la croix, que Jésus-Christ préfère à toutes les autres : les sociétés des hérétiques jouiront du même privilége : la Réforme persécutée deviendra persécutrice, et la souffrance ne sera plus qu'un signe équivoque du véritable christianisme.

XCII. Le ministre de son côté poussé à bout les tolérans, et leur montre qu'ils sont obligés à tolérer les mahométans et les païens, aussi bien que les hérétiques de la religion chrétienne.

M. Jurieu d'autre côté ne poussera pas moins loin les tolérans : car, quelque mine qu'ils fassent, il les forcera à approuver tout le *Commentaire philosophique*, c'est-à-dire à confesser premièrement que le magistrat doit la liberté de conscience à toutes les sectes, et non-seulement à la socinienne, comme ils en conviennent aisément, mais encore à la mahométane; car ou la règle est générale, que le magistrat ne peut contraindre les consciences; ou s'il y a des exceptions, on ne sait plus à quoi s'en tenir ni où s'arrêter.

Les tolérans se moquent de M. Jurieu, quand il dit que la tolérance n'est due qu'à ceux qui reçoivent les trois symboles² : car ils le poussent à bout en lui demandant où sont écrites ces bornes. Mais s'ils réduisent la tolérance à ceux qui font profession de reconnoître Jésus-Christ pour le Messie, il leur demandera à son tour où est écrite cette exception. Si le magistrat est persuadé qu'il n'a point d'autorité sur la religion, ou, comme parlent les tolérans, que la conscience n'est pas de son ressort, et qu'il s'élève sous son empire quelques dévots de l'Alcoran, pourra-t-il leur refuser une mosquée³? Voilà déjà une conséquence du *Commentaire philosophique* qu'il faut recevoir : mais on n'en demeu-

---

¹ *Lett. de Suisse*, p. 113. — ² 1 *Ann.*, lett. II, p. 11; *De l'Un.*, traité VI, chap. VI. — ³ *Comment. philos.*, chap. VII et suiv.

rera pas là; car le subtil commentateur revient à la charge : et si, dit-il, ce socinien, ce mahométan se croit obligé en conscience de prêcher sa doctrine et de se faire convertisseur, il faudra bien le laisser faire, pourvu qu'il se comporte modestement et qu'il ne soit point séditieux; autrement on le gêneroit dans sa conscience; ce qui par la supposition n'est pas permis. Voilà donc tous les Etats obligés à tolérer les prédicans de toutes les sectes, c'est-à-dire, à supporter la séduction, sous prétexte qu'elle fera la modeste jusqu'à ce qu'elle ait pris racine, et qu'elle ait acquis assez de force pour attaquer ou pour opprimer tout ce qui pourra s'opposer à ses desseins. Ou s'il est permis de prévoir et de prévenir ce mal, il est donc permis de l'étouffer dès sa naissance, aussi bien que de le réprimer dans son progrès; et la tolérance n'est plus qu'un nom en l'air.

XCIII. Le ministre force les tolérans à l'indifférence des religions.

Mais quand on sera venu à cet aveu et qu'on aura accordé au commentateur, qu'il faut laisser croire et prêcher tout ce qu'on voudra, alors il demandera sans plus de façon l'indifférence des religions, c'est-à-dire, qu'on n'exclue personne du salut, et que chacun règle sa foi par sa conscience. Les tolérans mitigés ou dissimulés se récrieront contre cette dernière conséquence qu'ils protestent de ne jamais vouloir admettre. Mais en ce point M. Jurieu les pousse à bout, en leur disant [1] : « Quand un homme est bien persuadé qu'un malade a la peste, qu'il peut perdre tout un pays et causer la mort à une infinité de gens, il ne conseillera jamais qu'on mette un tel homme au milieu de la foule, et qu'on permette à tout le monde de l'approcher : et s'il permet à tous de le voir, ce sera une marque qu'il croira la maladie légère et nullement contagieuse. » La suite n'est pas moins pressante. « Ils veulent que nous les croyions, quand ils disent qu'ils n'estiment pas qu'on peut être sauvé en toutes religions, et qu'il y a des hérésies qui donnent la mort. S'ils pensent cela, où est la charité de vouloir permettre à toutes sortes d'hérétiques de prescher, pour infecter les ames et pour les damner? »

XCIV. Démons-

Le ministre passe plus loin, et il démontre aux tolérans, par

[1] *Tabl.*, lett. VIII, p. 402.

tration du ministre que la tolérance civile entraîne l'autre.

une autre voie, que selon les principes qu'ils supposent avec le commentateur, il n'est pas possible qu'ils s'en tiennent à la tolérance civile, où ils semblent vouloir se réduire. Car, dit-il [1], ce qu'ils promettent de plus spécieux dans leur tolérance civile, c'est la concorde entre les citoyens qui se supportent les uns les autres, et la paix dans les Etats. Mais pour en venir à cette paix, il faut encore établir « qu'on est sauvé en toutes religions. J'avoue, poursuit-il, qu'avec une telle théologie on pourroit fort bien nourrir la paix entre les diverses religions. Mais tandis que le papiste me regardera comme un damné, et que je regarderai le mahométan comme un réprouvé, et le socinien comme hors du christianisme, il sera impossible de nourrir la paix entre nous. Car nous ne saurions aimer, souffrir, ni tolérer ceux qui nous damnent. Nos Messieurs sentent bien cela; c'est pourquoi très-assurément leur but est de nous porter à l'indifférence des religions, sans laquelle leur tolérance civile ne serviroit de rien du tout à la paix de la société. »

XCV. Les deux partis de la Réforme se convainquent mutuellement.

Ainsi l'état où se trouve le parti protestant, est, que les intolérans et les tolérans se poussent également aux dernières absurdités, chacun selon ses principes. Les tolérans veulent conserver la liberté de leurs sentimens, et demeurer affranchis de toute sorte d'autorité capable de les contraindre; ce qui en effet est le vrai esprit de la Réforme et le charme qui y a jeté tant de monde : M. Jurieu les pousse jusqu'à l'indifférence des religions. D'autre côté, malgré les maximes de la Réforme, ce ministre sent qu'il a besoin sur la terre d'une autorité contraignante; et ne pouvant la trouver dans l'intérieur de son église ni de ses synodes, il est contraint de recourir à celle des princes : et voilà en même temps que les tolérans le poussent malgré qu'il en ait, et de principe en principe, jusqu'aux excès les plus odieux et les plus décriés dans la Réforme.

XCVI. Que, selon M. Jurieu, le magistrat de la Réforme ne peut

En effet que répondra-t-il à ce dernier raisonnement tout tiré de ses principes et de faits constans? Si le magistrat réformé emploie l'épée qu'il a en main pour gêner les consciences, ou il le fera à l'aveugle, et sans connoissance du fond, sur la foi des déci-

[1] *Tabl.*, lett. VIII, p. 119.

sions de son église; ou il examinera par lui-même le fond des doctrines qu'il entreprendra d'abolir. Le premier est absolument contraire aux principes de la Réforme, qui ne connoît point cette soumission aux décisions de l'Eglise : le magistrat de la prétendue Réforme seroit plus soumis à l'autorité humaine, telle qu'est selon ses principes celle de l'Eglise, que le reste du peuple; et on tomberoit dans l'inconvénient tant détesté par M. Jurieu, que les synodes seroient les juges, et les princes les exécuteurs et les bourreaux [1]. L'autre parti n'est pas moins absurde, parce que si le magistrat n'est point de ceux dont parle M. Jurieu, qui n'ont pas la capacité d'examiner les dogmes, il est du moins de ceux qui n'en ont pas le loisir, et à qui pour cette raison la discussion ne convient pas.

punir les hérétiques

L'exemple des empereurs chrétiens que le ministre propose aux magistrats de la Réforme est inutile. Il est vrai que ces empereurs, comme dit M. Jurieu, « ont proscrit et relégué aux extrémitez de l'Empire les hérétiques dont la doctrine avoit esté condamnée par les conciles : » mais c'est qu'après que les conciles avoient prononcé, ces princes religieux en recevoient la sentence *comme sortie de la bouche de Dieu mesme*, ainsi que l'empereur Constantin reçut le décret de Nicée [2] : mais c'est qu'ils ne croyoient pas qu'il fût permis de douter ou de disputer lorsque l'Eglise s'étoit expliquée dans ses conciles; et ils disoient *que chercher encore après leurs décisions, c'estoit vouloir trouver le mensonge*, comme Marcien le déclaroit du concile de Chalcédoine [3]. En un mot, ils vivoient dans une église, où, comme nous l'avons dit souvent dans ce discours, comme nous l'avons démontré ailleurs et sans que personne nous ait contredit [4], on prenoit pour règle de la foi, qu'il falloit tenir aujourd'hui celle qu'on tenoit hier; où la souveraine raison étoit de dire : *Nous baptisons dans la mesme foy dans laquelle nous avons esté baptisez*, et nous croyons dignes d'anathème tous ceux qui, en condamnant leurs prédécesseurs, croient avoir trouvé l'erreur en règne dans l'Eglise de Jésus-Christ. En

XCVII. L'exemple des empereurs catholiques allégué par le ministre Jurieu, ne prouve rien dans la Réforme dont la constitution est contraire à celle de l'ancienne Eglise.

---

[1] I *Ann.*, lett. II, p. 11. — [2] Ruf., *Hist. eccl.*, lib. X, cap. v. — [3] *Edict. Val. et Marc.*, *Conc. Chalced.*, p. 3, n. 3; Ed. Labb., tom. IV. — [4] I *Avert.*, n. 29-31 et suiv.

ces temps et selon ces principes, il est aisé de régler la foi ; puisque tout dépend du fait de l'innovation dont tout le monde est témoin. Mais comme la Réforme a quitté ce principe salutaire et cet inviolable fondement de la foi des peuples, il faut que son magistrat, comme les autres, et plus que les autres, examine toutes les questions naissantes, autrement il se mettroit au hasard de tourmenter des innocens, et de prêter son ministère à l'injustice. Ne lui parlons pas de luthéranisme, d'arminianisme, ni du socinianisme vulgaire : encore qu'il y ait pour lui dans toutes ces sectes des labyrinthes inexplicables, puisqu'il ne lui est jamais permis de supposer que la Réforme n'ait pu se tromper dans tous ses synodes et dans toutes ses *Confessions de foi.* Tantôt on lui prouvera, par une fine critique, qu'un passage et puis un autre ont été fourrés dans l'Evangile. Il ne saura où cela va, et il est clair que cela va à tout. Tantôt on lui fera voir que ni les prophètes, ni les évangélistes, ni les apôtres n'ont été véritablement inspirés ; qu'il ne faut point d'inspiration pour raisonner comme fait un saint Paul ; et qu'il en faut encore moins pour raconter ce qu'on a vu comme a fait un saint Matthieu ; en un mot, qu'il n'y a rien de certainement inspiré que ce qui est sorti de la propre bouche du Sauveur ; encore s'est-il accommodé aux opinions du vulgaire, en citant les prophètes et les autres écrivains sacrés comme vraiment inspirés de Dieu, quoiqu'ils ne le fussent pas. Tout cela c'est impiété, dira-t-on ; c'est néanmoins de quoi il s'agit aujourd'hui avec les sociniens : mais laissons-les là. Le magistrat n'aura pas meilleur marché des autres docteurs. Les ennemis déclarés de la grace intérieure, c'est-à-dire les pélagiens, très-bons protestans d'ailleurs, lui demanderont la même tolérance qu'on accorde aux demi-pélagiens en la personne de ceux de la Confession d'Augsbourg : M. Jurieu l'assure déjà qu'il faut prêcher à la pélagienne : le même lui dira qu'on ne peut prouver par l'Ecriture l'immutabilité de Dieu, ni par conséquent condamner ceux qui la nient, et qui assurent sur ce fondement l'inégalité des trois Personnes divines. Si on vient à s'opiniâtrer, et que cette doctrine fasse secte, voilà le magistrat à chercher. Nous avons vu ce ministre trouver des exceptions à l'Evangile : s'il y en a pour les mariages, pourquoi non en d'autres points aussi importans ? Voilà des questions que nous voyons nées ; mais il y en a d'infinies que nous ne pouvons pas prévoir : car qui pourroit deviner toutes les rêveries des anabaptistes, des trembleurs et des fanatiques, ou tout ce que peuvent inventer les sectes présentes ou futures ? Il n'y a qu'à voir dans Hornebeck et dans Hornius les nouvelles religions dont l'Angleterre, la Hollande et l'Allemagne sont inondées : la mer agitée n'a pas plus de vagues : la terre ne produit pas plus d'épines et plus de chardons. L'Eglise, dira-t-on, décidera ; mais le magistrat n'en sera pas moins obligé à revoir les points résolus. Il lui faudra perpétuellement rouler dans son esprit des dogmes de religion dans une église qui ne cesse d'en produire continuellement de nouveaux, et il passera sa vie dans des disputes ; ou pour avoir plus tôt fait, il laissera tout le monde à sa bonne foi, au gré et selon les vœux des tolérans.

A cela, il faut l'avouer, il n'y aura jamais de repartie selon les maximes de la Réforme ; mais il n'y en a non plus à ce qu'objecte M. Jurieu. Vous voulez dire que les princes en matière de religion ne peuvent user de contrainte : et sur quoi subsiste donc notre Réforme ? En même temps il leur fait voir plus clair que le jour, et par les actes les plus authentiques de leur religion, « qu'en effet Genève, les Suisses, les républiques et villes libres, les électeurs et les princes de l'Empire, l'Angleterre et l'Ecosse, la Suède et le Danemark » (voilà, ce me semble, un dénombrement assez exact de tous les pays qui se vantent d'être réformés), « ont employé l'autorité du souverain magistrat pour abolir le papisme, et pour établir la réformation [1]. »

xcviii. Le ministre démontre aux tolérans qu'ôter à la religion la force employée par le magistrat, c'est anéantir la Réforme qui n'a été établie que par ce moyen.

Il n'y a point à s'étonner après cela si les princes ont fait la loi dans la Réforme. Nous avons vu que Calvin s'est élevé inutilement contre cet abus [2], le plus grand à son avis qu'on pût introduire dans la religion, sans y voir aucun remède. On s'en plaignoit de tous côtés, et les plus zélés ministres s'écrioient : « Les laïques s'attribuent tout, et le magistrat s'est fait pape. »

Mais pourquoi tant se récrier ? Le magistrat avoit raison de vouloir être le maître dans une religion que son autorité avoit

[1] *Tabl.*, lett. VIII, p. 490. — [2] *Var.*, liv. V, n. 8 et suiv.

établie. Voilà cet ancien christianisme. Voilà cette église réformée sur le modèle de l'Eglise primitive : cette église qui se vantoit d'être sous la croix et dans l'humiliation, pendant qu'elle ne songeoit qu'à mettre l'autorité et la force de son côté. Pour achever le tableau, il ne faudroit plus qu'ajouter les motifs particuliers de ces changemens que nous avons démontrés ailleurs par le témoignage des chefs de la Réforme, c'est-à-dire, la licence, le libertinage, la mutinerie des villes, qui de sujettes avoient entrepris de se rendre libres, les bénéfices devenus la proie des princes, et le reste qu'on peut revoir, pour peu qu'on en doute, dans l'*Histoire des Variations*[1]; mais nous n'en avons pas besoin pour l'affaire que nous traitons. Sans s'arrêter à tous ces motifs, les tolérans trouvent très-mauvais et très-honteux à la Réforme, qu'elle doive son établissement à l'autorité ou plutôt à la violence, et qu'on ait engagé les princes à la nouvelle religion en les rendant maîtres de tout, et même de la doctrine : « Nous croyons, dit M. Jurieu[2], mettre la Réforme à couvert quand nous prouvons que partout elle s'est faite par l'autorité des souverains. Mais voicy des gens (les tolérans) qui nous enlèvent cette retraite, et qui disent que c'est là l'opprobre de la réformation, de ce qu'elle s'est faite par l'autorité des magistrats, » parce qu'en effet c'est ce qui fait voir que c'est un ouvrage humain, qui doit sa naissance à l'autorité et aux intérêts temporels.

Mais le ministre oppose à des raisons si évidentes des faits qui ne le sont pas moins : « car il est vray, poursuit-il[3], que la Réforme s'est faite par l'autorité des souverains : ainsi s'est-elle faite à Genève par le sénat; en Suisse par le conseil souverain de chaque canton; en Allemagne par les princes de l'Empire; dans les Provinces-Unies par les Etats; en Danemark, en Suède, en Angleterre, en Ecosse par l'autorité des rois et des parlemens : et cette autorité ne s'est pas resserrée à donner pleine liberté aux réformez : elle a passé *jusqu'à oster les églises aux papistes* et à briser leurs images, à défendre l'exercice public de leur culte, *et cela généralement partout :* et mesme en plusieurs lieux cela est allé jusqu'à défendre par autorité l'exercice particulier du pa-

[1] *Var.*, liv. V, n. 5 et suiv. — [2] *Tabl.*, lett. VIII, p. 502. — [3] *Ibid.*, 502-504.

pisme. Que peuvent dire les tolérans? Le fait est certain. Voilà, leur dit le ministre selon leurs principes, non une partie, mais toute la réformation établie dans le monde par la violence, par la contrainte, par des voies injustes et criminelles. Mais la conséquence en est terrible : ces Messieurs, poursuit ce ministre, sont de bonnes gens de vouloir bien demeurer dans une religion ainsi faite..... Voilà nostre réformation qu'on livre pieds et poings liez à toute la malignité de nos ennemis, et à toute l'ignominie dont on la veut couvrir. Il y a bien apparence, conclut-il, que Dieu ait permis qu'un ouvrage, dans lequel eux-mesmes reconnoissent le doigt de Dieu, fust fait universellement par des voies antichrétiennes. »

Il paroissoit ici une échappatoire « pour la réformation de la France, qui s'est faite sans l'autorité des souverains : » mais le ministre y sait bien répondre : car, dit-il[1], « premièrement, c'est si peu de chose, qu'elle ne doit pas estre comparée à tout le reste. Secondement, quoique la réformation ait commencé en France sans l'autorité des souverains, cependant elle ne s'est point établie sans l'autorité des grands ; et, poursuit-il, si les rois de Navarre, les princes du sang et les grands du royaume ne s'en fussent meslés, » (en se révoltant contre leurs rois, et en faisant nager leur patrie dans le sang des guerres civiles) « la véritable religion auroit entièrement succombé, comme elle a fait aujourd'hui. » Ne voilà-t-il pas une religion bien justifiée? La force et l'autorité sont si nécessaires à la Réforme, qu'au défaut de la puissance légitime, il a fallu emprunter celle que les armes et la sédition donnent aux rebelles : mais enfin les faits sont constans, et les tolérans n'ont rien à y répliquer.

XCIX. La rébellion et la force nécessaires aux protestans de France, selon le ministre.

Vantez-vous après cela que, pour attirer ce grand nombre qui a suivi la Réforme, il n'a fallu que montrer la lumière de l'Evangile, claire par elle-même, et écouter les réformateurs comme de nouveaux apôtres, du moins comme des hommes extraordinairement envoyés pour ce grand ouvrage : les tolérans se riront de ces vains discours; et quelque violence que vous leur fassiez, ils sentiront bien dans leur cœur que vos vrais réformateurs sont

[1] *Tabl.*, lett. VIII, p. 505.

les magistrats ignorans au gré de qui la Réforme a été construite.

C.
Le ministre démontre aux tolérans que les princes de la Réforme décident des matières de foi : décret des Etats généraux.

Cependant les voilà pressés d'une étrange sorte, ou plutôt tous les protestans se portent mutuellement des coups mortels. L'un dit que la religion universellement introduite par l'autorité et la contrainte n'est pas une religion, mais une hypocrisie ; et que forcer en cette sorte les consciences, c'est le pur et véritable antichristianisme. L'autre dit : Sortez donc de la Réforme, qui constamment n'a point eu un autre établissement : *Vous êtes de bonnes gens, de vouloir bien demeurer dans une religion ainsi faite* [1].

M. Jurieu ne demeure pas en si beau chemin : dans le besoin qu'il a d'une autorité pour fixer la religion, il prétend qu'il appartient au magistrat de décider de la foi ; et en cela il faut avouer qu'il ne fait rien de nouveau. Malgré les anciennes maximes de la Réforme, il avoit déjà enseigné ailleurs, comme nous l'avons démontré [2], que les synodes ne peuvent point prononcer de jugement en ces matières : que les pasteurs ne sont point des juges, et qu'on les écoute seulement comme des experts. Il avoit encore enseigné que les confédérations, qui forment les églises particulières, sont des établissemens arbitraires que les princes font et défont, augmentent et diminuent à leur gré ; en sorte que tout dépend de leur autorité dans les églises. C'est ce qu'il avoit appris de Grotius : mais ce qu'il disoit alors confusément et en général, il le confirme maintenant par des exemples [3] ; et non content d'étaler avec soin les maximes outrées de son auteur, sans presque y rien changer, il accable les tolérans par un décret des Etats, où ils prononcent tout court sur la foi, sur la vocation, sur la prédestination : le fait est incontestable ; les paroles du décret sont précises, et le ministre l'avoue [4].

Il est vrai qu'avant que de prononcer, les Etats ont écouté les ministres : mais il ne faut pas s'y tromper, il les ont écoutés seulement comme conseillers : « Lesquels, disent-ils, leur ont donné *leurs conseils* par écrit. » Voilà donc le partage des pasteurs, qui

---

[1] Jur., *Tabl.*, lett. VIII, 500, 504 et suiv.— [2] *Var.*, liv. XV, n. 69, 105 et suiv.— [3] Lett. VIII. — [4] *Ibid.*, p. 465, 481-483 ; *Dec. Ord.*, ap. Grot., tom. III, p. 114.

est de donner leurs conseils : mais à l'égard de l'autorité, l'Etat se l'attribue toute entière : « Sur quoy, disent-ils, usant de l'autorité qui nous appartient, en qualité de souverains magistrats, *selon la sainte parole de Dieu*, et en suivant les exemples des rois, princes et villes qui ont embrassé la réformation de la religion..... » Ils n'hésitent donc point à se rendre les arbitres de la religion, ils posent pour indubitable que tous les princes réformés ont cette puissance *par la parole de Dieu* et de droit divin.

Les tolérans s'y opposent, et ils ne peuvent souffrir que les princes soient reconnus pour chefs de la religion. Cette prétention des princes de la Réforme est détruite par des raisons invincibles[1]. Ce n'est point aux potentats, mais aux apôtres et à leurs disciples que le Saint-Esprit a confié le dépôt de la foi[2] : si quelqu'un en doit juger, ce sont ceux à qui la prédication en est commise; en rendre les princes maîtres, c'est faire de nouveaux papes plus absolus que celui dont on vouloit secouer le joug, et sacrifier la foi à la politique. Si ces raisons ne suffisent pas, les tolérans ont en main les écrits de Calvin et des autres réformateurs, qui ont attaqué cette autorité que les princes s'attribuoient : ils ont la décision expresse du synode national de la Rochelle, de 1671, qui condamne en termes formels *ceux qui soutiennent que le magistrat est chef de l'Eglise*, avec toutes les suites de cette doctrine que le ministre Jurieu entreprend de faire revivre dans le calvinisme. Il y a même encore aujourd'hui parmi les protestans un parti assez courageux pour soutenir en ce point les anciennes maximes du calvinisme et la liberté de l'Eglise : « Il y a, dit notre ministre[3], les puritains et les rigides presbytériens, qui, en arrachant la jurisdiction au pape et aux évesques, ont voulu la transférer au presbytère et aux synodes; mais avec tant de rigueur qu'ils ont prétendu que les magistrats n'avoient aucun droit de se mesler des affaires de l'Eglise qu'ils n'y fussent appelez, et que comme la jurisdiction civile appartient au seul magistrat, la jurisdiction ecclésiastique appartient uniquement aux pasteurs, aux consistoires et aux synodes. » Le même ministre nous apprend que le clergé réformé des Provinces-Unies dans le fond est de cet avis : il remarque « les dé-

CI. Les tolérans et les intolérans se poussent à bout mutuellement : les uns en prouvant que les princes ne doivent pas être les arbitres de la foi, et les autres en démontrant que dans le fait ils le sont parmi les réformés.

[1] *Tract. de toler.* — [2] II *Timoth.*, II, 2, etc. — [3] *Tabl.*, lett. VIII, p. 461.

meslés qui ont esté de tout temps dans ce pays-ci entre le magistrat et le clergé là-dessus [1]; » et il ne veut pas qu'on oublie « combien la politique de Grotius a causé de bruit et de murmures de la part du clergé [2] : » jusqu'à faire regarder cet auteur, en effet plus jurisconsulte que théologien, *comme l'oppresseur de l'Eglise.* Ainsi, à parler de bonne foi, c'est une question encore indécise, même dans la Réforme, si les princes ont ce droit ou s'ils l'usurpent : tout le clergé protestant des Pays-Bas le leur dénie; et ce parti est si fort, que le ministre déclare, par deux fois, *qu'il ne veut pas entrer dans ce démeslé*[3]. Mais visiblement il se moque, et tout en disant qu'il *n'y entre pas,* » il déclare, qu'il est certain, selon son sens, que pour le fond, la théologie de Grotius est fondée en raison et en pratique [4]. » Il donne aussi pour tout avéré, « que les princes sont chefs-nez de l'Eglise chrétienne aussi bien que de la société civile, également maistres de la religion comme de l'Etat [5]. » Il semble oublier ce qu'il avoit dit, que les empereurs à la vérité proscrivoient *les hérétiques ;* mais ceux-là seulement *que les conciles avoient condamnez* [6]. Grotius l'a converti ; et il approuve, à son exemple, « que les empereurs, pour ne pas subir le joug tyrannique du clergé, aient fait quelquefois eux-mesmes des formulaires de foy pour la décision des controverses [7], » indépendamment de l'Eglise : autrement on ne prouveroit rien, et l'Eglise seroit la maîtresse de la religion, contre la prétention de ces auteurs.

Il faut ici remarquer que ces exemples de formulaires de foi des empereurs produits par Grotius et approuvés, comme on voit, par son disciple Jurieu, sont les *Hénotiques,* les *Types,* les *Ecthèses,* et les autres semblables décrets faits par les princes hérétiques, et détestés unanimement par les orthodoxes. Voilà les exemples que nous produit le ministre après son maître Grotius : voilà l'excès où s'emporte ce flatteur des princes, quand il a besoin de leur autorité contre ses adversaires.

CII.
Les tolérans sont

Il ne tient rien toutefois : la cause est en son entier : et si on laisse la liberté des sentimens, par les principes de la Réforme

---

[1] *Tabl.*, lett. VIII, p. 484. — [2] P. 478.— [3] P. 478, 484.— [4] P. 478. — [5] P. 462.—
[6] *Ibid.,* 424. — [7] P. 488; Grot., *Piet. Ord. de jur. potest. in sacr.*, t. III.

celui des tolérans l'emportera. Il leur sera du moins permis de suivre en cette matière les sentimens du clergé protestant des Provinces-Unies: il leur sera, dis-je, permis de le suivre, puisque M. Jurieu, de peur de le condamner, fait semblant, comme on vient de voir, de ne pas entrer dans cette question. Il passe encore plus avant en un autre endroit où il déclare « *qu'en bonne justice* l'Eglise devroit être maistresse de ses censures et de la tolérance ecclésiastique, et l'Etat aussi maistre de ses peines, et de la tolérance civile[1]. » Voilà donc par son sentiment les deux puissances établies maîtresses chacune dans son détroit, selon que nous avons vu qu'il avoit été décidé par les synodes ; et les décisions des magistrats, en matière de foi, n'ont point de lieu.

<small>en droit de nier que les magistrats soient les chefs de la religion, et M. Jurieu les autorise dans cette pensée.</small>

Mais enfin le ministre en a besoin : tout ce qu'il dit au contraire n'est que feinte ; et il sent bien dans le fond qu'il ne peut se passer d'autorité. Au reste il n'y a point de raisonnement à lui opposer. Les Etats ont décidé que c'est à eux à juger les points de foi. Nous en avons vu le décret exprès rapporté par ce ministre. Nous avons vu que ce décret reconnoît le même droit dans tous les Etats protestans ; et si un seul décret ne suffit pas, le ministre en a une infinité à nous produire. En un mot, « tous les décrets d'union entre les provinces, comme est celui d'Utrecht, portant expressément que chaque province demeurera *maistresse de la religion,* pour la régler et l'établir *selon qu'elle jugera à propos*[2], » pouvoit-on assujettir en termes plus forts la religion à l'Etat : et quelle réplique reste-t-il aux tolérans ?

<small>CIII. Le même ministre leur ferme la bouche par des actes authentiques de la Réforme.</small>

C'est ainsi que les deux partis ne se laissent mutuellement aucune défense. Les tolérans se soutiennent par les maximes constantes de la Réforme : les intolérans s'autorisent par des faits qui ne sont pas moins incontestables : chaque parti l'emporte tour à tour. La Réforme a fait tout le contraire de ce qu'elle s'étoit proposé : elle se vantoit de persuader les hommes par l'évidence de la vérité et de la parole de Dieu, sans aucun mélange d'autorité humaine : c'étoit là sa maxime : mais dans le fait elle n'a pu ni s'établir ni se soutenir sans cette autorité qu'elle venoit de détruire ; et l'autorité ecclésiastique ayant chez elle de trop débiles

<small>CIV. Conclusion : que les deux partis opposés triomphent mutuellement dans la Réforme</small>

---

[1] *Tab.,* lett. VIII, p. 428. — [2] *Ibid.* p. 481.

fondemens, elle a senti qu'elle ne pouvoit se fixer que par l'autorité des princes : en sorte que la religion, comme un ouvrage purement humain, n'ait plus de force que par eux, et qu'à dire vrai, elle ne soit plus qu'une politique. Ainsi la Réforme n'a point de principes, et par sa propre constitution elle est livrée à une éternelle instabilité.

<small>CV. L'indifférence des religions dans l'Allemagne protestante principes de Strimésius et des autres, qu'on ne peut exiger d'aucun chrétien que la souscription à l'Ecriture.</small> C'est ce qui paroît clairement dans tout le parti de quelque côté qu'on le regarde : l'indifférence gagne partout, et les François réfugiés en Allemagne dans les Etats de M. l'électeur de Brandebourg y trouvent autant cet esprit que nous l'avons vu en Angleterre et en Hollande. Je ne l'aurois pas voulu assurer, quelques rapports qu'on m'en eût faits de divers endroits, si je n'avois vu moi-même ce qu'on enseigne hautement dans l'académie de Francfort-sur-l'Oder. Mais on y débite publiquement un petit écrit que le docteur Samuel Strimésius, un des professeurs en théologie de cette académie, met à la tête des thèses de théologie de Conrad Bergius, autrefois professeur en théologie de la même université, pour y servir de préface [1]. Ce docteur y propose sans façon la réunion, non-seulement « en particulier de tous les protestans les uns avec les autres, mais encore plus universellement *de tous ceux qui sont baptisez*, en soumettant à l'examen de l'Ecriture tous les symboles [2], c'est-à-dire toutes les professions de foi, « tous les décrets des conciles œcuméniques quelque vénérables qu'ils soient par leur antiquité, par le consentement de la multitude, par une plus docte et plus exacte explication des dogmes, et par leur zèle singulier contre la fureur des hérétiques, » et en se tenant simplement *aux paroles de l'Ecriture* [3], dont on sait bien que les chrétiens conviendront toujours, sans rien exiger de plus.

C'est ce qu'il déduit clairement des principes de la Réforme en cette sorte. Il pose d'abord pour fondement avec tous les protestans « la clarté et l'intelligibilité de l'Ecriture si parfaite, qu'avec la grace de Dieu commune à tous, et sans aucune explication ajoustée au texte, soit publique, soit particulière, tout homme y

---

[1] Conradi Bergii, *Themata theologica*, § 2, p. 13. — [2] *Ibid.*, § 1, p. 8. — [3] *Ibid.*, p. 9.

peut trouver tout ce qu'il faut croire et faire pour estre sauvé [1] : d'où il conclut que l'Ecriture est très-suffisante et très-claire nonseulement en ce qui regarde le fond des dogmes, mais encore dans les façons de parler dont il les faut expliquer [2] : ce qu'on ne peut nier, continue-t-il, sans nier en mesme temps la clarté, la perfection et la suffisance de l'Ecriture, et sans introduire avec le papisme la source de tous les maux et la torture des consciences. »

Sur ce fondement, il conclut, selon le raisonnement de Jean Bergius, qu'il appelle un grand théologien, et très-zélé pour la paix de l'Eglise [3] : « Que si les sociniens et les ariens persistent sans contention dans les expressions de l'Ecriture, sans les détourner ni les tronquer, et aussi sans y ajouster leurs explications et leurs conséquences, on ne devroit pas les condamner, encore qu'ils ne voulussent pas recevoir nos explications ou nos façons de parler humaines; » c'est-à-dire, selon le style de ces docteurs, celles qui ne sont pas tirées de l'Ecriture. Car ils posent pour fondement, qu'on ne peut contraindre personne à « d'autres phrases ou expressions, qu'à celles de l'Ecriture [4]. Ce qu'il faut, dit Strimésius [5], principalement appliquer *aux sociniens* modérez, et aux autres qui doutent des dogmes fondamentaux, ou plutôt des explications orthodoxes de ces dogmes; lesquels, poursuit cet auteur, on doit *recevoir* comme des infirmes dans la foy, quoiqu'ils révoquent en doute les propositions des orthodoxes qui ne se trouvent pas expressément dans l'Ecriture, et qu'ils se croient obligez à s'en abstenir par respect; pourvu qu'ils se renferment dans celles qui s'y trouvent, et qu'ils ne s'emportent pas, comme font les plus rigides d'entre eux, jusqu'à nier les choses que l'Ecriture ne nie pas. »

Ainsi, selon ce docteur et selon les autres docteurs de sa religion, qu'il cite en grand nombre pour ce sentiment, les sociniens qu'ils appellent modérés, qui n'avouent non plus que les autres la divinité de Jésus-Christ ni celle du Saint-Esprit, ni l'incarnation, ni le péché originel, ni la nécessité de la grace, ni l'éternité des peines, ni tant d'autres articles de foi qui sont connus, ne diffèrent pas tant d'avec nous dans les dogmes fondamentaux, que

---

[1] Conradi, etc., § 3, p. 15. — [2] *Ibid.*, P. 18, 19. — [3] *Ibid.*, § 5, p. 37. — [4] *Ibid.*, § 4, p. 24. — [5] P. 37.

dans l'explication de ces dogmes; ce qui oblige nécessairement à les recevoir au nombre des vrais fidèles : et quand il faudroit reconnoître, ce qui en effet ne devroit pas être mis en contestation, qu'ils rejettent les articles fondamentaux, on n'a pas droit d'exiger d'eux, non plus que des ariens et des autres hérétiques, qu'ils confessent avec les Pères de Nicée et de Constantinople, « que le Fils de Dieu soit de mesme substance que son Père, ou qu'il soit engendré de sa substance, ou qu'il ne soit pas tiré du néant, ou que le Saint-Esprit soit ce Seigneur égal au Père et au Fils, qu'il faille pour cette raison adorer et glorifier avec eux : » car tout cela constamment ne se lisant point expressément dans l'Ecriture, on tombe par tous ces discours, disent ces auteurs, dans le cas *de vouloir parler mieux que Dieu mesme* [1]. En un mot, il faut effacer par un seul trait tout ce que les premiers conciles même œcuméniques ont inséré dans leurs symboles ou dans leurs anathématismes, s'il ne se trouve dans l'Ecriture en termes formels. Car c'est là ce que ces docteurs appellent parler « le langage de Babylone, établir une autorité humaine, et un autre nom que celuy de Dieu [2], » n'y ayant rien de plus absurde, disent-ils [3], que de faire accroire « à celuy qui sait tout, qu'il n'a pas eu la science des mots lorsqu'il a inspiré les auteurs sacrez, ou que la force n'en estoit pas présente à son esprit, ou qu'il n'y a pas pris garde, ou qu'il n'a pu faire entrer son lecteur dans sa pensée, en sorte qu'il luy faille pardonner d'avoir parlé ignoramment et inconsidérément; et que les hommes aient droit de soutenir qu'il falloit choisir d'autres termes que les siens pour bien faire entendre sa pensée, ou du moins pour éviter et convaincre les hérésies, et que les leurs enfin sont plus propres à conserver et à défendre ses véritez, que ceux dont il s'est servi luy-mesme : » ce qui, disent-ils [4], « n'est autre chose que de vouloir enseigner Dieu et luy apprendre à parler de ses véritez, au lieu que nous le devrions apprendre de luy. »

Telle est la doctrine qu'on enseignoit en Allemagne dans les académies de l'Etat de Brandebourg; celle de Strimésius, profes-

[1] Conradi, etc., § 4, p. 28. — [2] *Ibid.*, p. 31, 32. — [3] *Ibid.*, p. 25. — [4] *Ibid.*, p. 25, 28.

seur en théologie de l'université de Francfort-sur-l'Oder ; celle de Conrad Bergius, ci-devant professeur en théologie de la même université, dont il publioit les écrits et recommandoit la doctrine ; celle de Jean Bergius, de Grégoire Franc, *une des lumières* de la même académie, comme il l'appelle ; celle de Martin Hundius ; celle de Thomas Cartwright, Anglois ; celle de toute l'académie de Duisbourg dans le duché de Clèves, et de plusieurs autres docteurs célèbres dans la Réforme, et qu'il cite aussi avec honneur. L'abrégé et le résultat de leur sentiment est « qu'il ne faut ni tenir ni appeler personne hérétique, lorsque dans les matières de la foy il souscrit à toutes les expressions et manières de parler de l'Ecriture, et qu'il n'ose rien affirmer ou nier au delà ; mais qu'il se croit obligé à s'abstenir de tout autre terme par une crainte religieuse et de peur de parler mal à propos des choses saintes ; et au contraire, on doit tenir pour schismatiques tous ceux qui séparent un tel homme, comme hérétique, de leurs assemblées et de leur culte [1]. »

On voit par là où tous ces docteurs, la fleur du parti protestant, réduisent le christianisme contre les sociniens. Il n'est pas permis d'exiger d'eux la souscription des conciles de Nicée et de Constantinople, pour ne point ici parler des autres, ni de leur faire avouer en termes formels que le Saint-Esprit soit une personne et quelque chose de subsistant, ni qu'il soit égal au Père et au Fils, ni que le Fils lui-même soit proprement Dieu sans figure et dans le sens littéral, ni, en un mot, d'opposer aux fausses interprétations qu'ils donnent à l'Ecriture, d'autres paroles que celles dont ils abusent pour tromper les simples. Ils n'ont qu'à répondre que s'ils refusent ces expressions, nécessaires pour découvrir leurs équivoques, et qu'ils ne veuillent pas dire, par exemple, que le Père, le Fils et le Saint-Esprit soient vraiment et proprement un seul Dieu éternel ; c'est par respect pour l'Ecriture et pour ses dogmes ; c'est pour ne point enseigner Dieu, et entreprendre de parler mieux que lui de ses mystères : il faudra les recevoir dans les assemblées chrétiennes sans aucune note : ce seront ceux qui les refuseront qu'il faudra noter comme schismatiques, et mettre par

CVI. Horribles inconvéniens de celte doctrine et des principes des protestans, d'où elle est tirée.

[1] Conradi, etc., § 4, n. 6, p. 31.

conséquent dans ce rang les conciles de Nicée et de Constantinople, et tous les autres qui ont obligé de souscrire à leurs formules de foi sous peine d'anathème.

Il ne sert de rien de répondre qu'on les reçoit à la vérité, mais comme des infirmes dans la foi; car ce seroit être trop novice en cette matière, que d'ignorer que ces hérétiques n'en demandent pas davantage. Ces sociniens qu'on appelle *modérés,* c'est-à-dire dans la vérité, les plus déliés et les plus zélés de cette secte, ne vous iront pas dire à découvert que le Fils ou le Saint-Esprit, à proprement parler, ne sont pas Dieu. Ils vous diront simplement qu'ils n'osent assurer qu'ils le soient, ni mieux parler que le Saint-Esprit, ou se servir de termes qui ne soient pas dans l'Ecriture. Ils tiennent le même langage sur tous les autres mystères. Au reste, vous diront-ils avec un air de modestie qui vous surprendra, ils ne veulent pas faire la loi, ni imposer à personne la nécessité de les en croire : trop heureux qu'on veuille bien les supporter, du moins à titre d'infirmes. Car après tout, que leur importe sous quel nom ils s'insinuent dans les églises? Dès qu'on leur permet de douter, on lève toute l'horreur qu'on doit avoir de leurs dogmes : l'autorité de la foi est anéantie, et il n'y a plus qu'à tendre le bras à toutes les sectes.

CVII. Démonstration que cette doctrine est inséparable du protestantisme, et ne peut être détruite que par les principes de l'Eglise catholique.

On voit donc en toutes manières que la pente de la Réforme c'est l'indifférence. Car, à ne point se flatter, elle doit sentir que la doctrine qu'on vient de voir est tirée de ses principes les plus essentiels et les plus intimes. En effet que pourroit-elle répondre à ces docteurs, lorsqu'ils objectent que d'imposer aux consciences la nécessité de souscrire à des expressions qui ne sont pas de l'Ecriture, c'est leur imposer un joug humain; c'est déroger à la plénitude et à la perfection des saints Livres, et les déclarer insuffisans à expliquer la doctrine de la foi; c'est attribuer *à d'autres paroles qu'à celles de Dieu la force de soutenir les consciences chancelantes* [1]? Mais si l'on admet ces raisonnemens tirés du fond, et pour ainsi dire, des entrailles du protestantisme, les fraudes des hérétiques n'ont point de remède, et l'Eglise leur est livrée en proie. Il faut donc avoir recours à d'autres maximes; il

---

[1] Conradi, etc., § 4, p. 30.

faut croire et confesser avec nous l'assistance perpétuelle de l'Esprit donné à l'Eglise, non-seulement pour conserver dans son trésor, mais encore pour interpréter les Ecritures. Car si l'on n'est assuré de cette assistance, l'Eglise pourra se tromper dans ses interprétations : on ne saura si le *consubstantiel* est bien ou mal ajouté au Symbole : on ne pourra y souscrire avec une entière persuasion, ou, comme parle saint Paul, *avec la plénitude de la foi* [1] : on sera contraint d'en demeurer aux termes dont les hérétiques abusent, et on n'aura rien à dire à ceux qui offriront de souscrire à l'Ecriture; ce que nulle secte chrétienne ne refusera.

Il ne sert de rien de répliquer que ces auteurs ou quelques-uns d'eux semblent reconnoître « qu'on a pu très-rarement et avec le consentement unanime de toute l'Eglise ajouter à l'Ecriture quelques locutions ou quelque phrase, à condition que l'équipollence de ces locutions avec celles de l'Ecriture seroit manifeste et presque sans controverse [2]. » Car cela visiblement ce n'est rien dire ; puisque si ces expressions n'ajoutoient rien du tout à l'Ecriture, et ne servoient pas à serrer de plus près les hérétiques, on les introduiroit en vain : et toujours, quoi qu'il en soit, pour obliger les chrétiens à les recevoir, il faudroit présupposer une entière et indubitable infaillibilité « dans le consentement unanime de l'Eglise, et même dans un consentement qui seroit presque sans controverse, » et de la plus grande partie : ce qui ne peut convenir avec l'esprit de la Réforme. C'est pourquoi dès son origine elle a répugné à toutes ces additions et interprétations de l'Eglise. Il n'y en eut jamais de plus nécessaire à fermer la bouche aux ennemis de la divinité de Jésus-Christ que celle du *consubstantiel*. Voici néanmoins ce qu'en dit Luther [3] : « Si mon ame a en aversion le terme de *consubstantiel*, il ne s'ensuit pas que je sois hérétique... Ne me dites pas que ce terme a été reçu contre les ariens : plusieurs et des plus célèbres ne l'ont pas reçu, et saint Jérôme souhaitoit qu'on l'abolît. » C'est imposer à saint Jérôme : c'est mentir à la face du soleil que de parler de cette sorte, à moins de vouloir compter parmi les plus excellens hommes de l'Eglise les ariens

CVIII. Vaine réponse détruite : preuve par le témoignage des réformateurs, que la doctrine des indifférens est du premier esprit de la Réforme : le consubstantiel méprisé et les sociniens admis.

[1] *Rom.,* IV, 20; *Hebr.,* X, 22. — [2] Conradi, etc., p. 25. — [3] Luth., *cont. Latom.*

et les demi-ariens, qui seuls se sont opposés au *consubstantiel* de Nicée. Luther continue : « Il faut conserver la pureté de l'Ecriture : Que l'homme ne présume pas de prononcer de sa bouche quelque chose de plus clair et de plus pur que Dieu n'a fait de la sienne. Qui n'entend pas la parole de Dieu, lorsqu'il s'explique par lui-mesme des choses de Dieu, ne doit pas croire qu'il entende mieux l'homme, lorsqu'il parlera des choses qui lui sont étrangères. » C'est précisément ce que nous disoient les auteurs qu'on vient de citer ; et on voit plus clair que le jour qu'ils n'ont fait que prendre le sens et répéter les paroles du chef de la Réforme. Il poursuit : « Personne ne parle mieux que celui qui entend le mieux le sujet dont il parle. Mais qui pourroit entendre les choses de Dieu mieux que Dieu mesme? Qu'est-ce que les hommes sont capables d'entendre dans les choses divines? Que le misérable mortel donne donc plutôt gloire à Dieu, en confessant qu'il n'entend pas ses paroles, et *qu'il cesse de les profaner par des termes nouveaux et particuliers*, afin que l'aimable sagesse de Dieu nous demeure toute pure et dans sa forme naturelle. » On voit par là, qu'en conséquence des fondemens sur lesquels il avoit bâti sa Réforme, il regarde comme opposé à la sagesse de Dieu le terme de *consubstantiel* ajouté à l'Ecriture dans le Symbole de la foi, et traite de profanation et de nouveauté cette addition si nécessaire du concile de Nicée.

Selon ce même principe Calvin a improuvé dans ce concile *Dieu de Dieu, lumière de lumière, vrai Dieu de vrai Dieu*, comme nous l'avons remarqué ailleurs ; et dans un autre endroit il donne pour règle, « que lorsqu'il s'agit de Dieu, nous ne devons pas être moins scrupuleux dans nos expressions que dans nos pensées ; parce que tout ce que nous pouvons penser par nous-mesmes d'un si grand objet n'est que folie ; et tout ce que nous en pouvons dire est insipide [1] : » ce qui lui fait regarder les expressions qu'on ajoute à l'Ecriture, « comme étrangères, et comme une source de querelles et de disputes. » C'est encore ce que nous disent les sociniens sur le terme de *consubstantiel* et sur celui de *Trinité*, bien qu'ils soient consacrés depuis tant de siècles par l'usage de tout

---

[1] *Instit.*, lib. I, cap. XIII, n. 3.

ce qu'il y a eu de chrétiens : en quoi ils suivent encore l'exemple de Luther, qui « ne trouve rien de plus froid que ce petit mot *Trinité*, qu'aussi on ne lit point dans l'Ecriture ¹. » C'étoit donc l'esprit de la Réforme, dès sa première origine, d'ôter à l'Eglise toutes les interprétations qu'elle ajoutoit à l'Ecriture, quelque nécessaires qu'elles fussent, et de rompre toutes les barrières qu'elle avoit mises entre elle et les hérétiques.

Conformément à cette doctrine de Luther et de Calvin, Zanchius, un des principaux réformateurs, donne pour règle qu'il « n'est pas permis d'interpréter l'Ecriture par d'autres termes que ceux dont elle se sert, et qu'en avoir usé autrement a été la cause de tous les maux de l'Eglise ² : » se servir *de phrases humaines*, c'est donner lieu selon lui *à des sentimens humains* ³. Cet auteur, sans contestation un des premiers de la Réforme, ne se contente pas de poser le même fondement que Strimésius et les autres que nous avons cités ; mais il en tire les mêmes conséquences en faveur des sociniens, puisque dans sa lettre à Grindal, archevêque d'Yorck, qu'il fait servir de préface au livre qu'il lui dédie sur la *Trinité*, il parle des sociniens en ces termes : « Quelques-uns d'eux sont tombés dans ce sentiment, non pas de bon cœur, mais par quelque sorte de religion, à cause qu'ils craignent que s'ils confessoient et adoroient Jésus-Christ comme vrai Dieu éternel, ils ne fussent blasphémateurs et idolâtres. Il faut avoir quelque égard pour des gens de cette sorte, puisque Jésus-Christ est venu au monde pour eux, lui qui n'y est point venu pour les réprouvés ⁴. » Voilà donc manifestement, selon cet auteur, ceux qui ne veulent ni croire ni adorer Jésus-Christ comme vrai Dieu éternel, exclus du nombre des réprouvés. Ils n'ont qu'à dire ce qu'ils disent tous, que c'est par crainte de blasphémer et d'idolâtrer : Zanchius les sauve ; et tous nos docteurs allemands n'ont fait que le copier, comme on a vu.

Il est donc, encore une fois, plus clair que le jour, qu'en rejetant l'autorité et l'infaillibilité de l'Eglise, la Réforme a posé le fondement de l'indifférence des religions : de sorte que les protes-

---

¹ *Postilla maj. dom. Trin.* — ² Zanch., tom. VIII, *Tract. de Script.*, quæst. XII, cap. II, reg. 7. — ³ *Resp. ad Examen.* — ⁴ Zanch., *Epist. ad Grind.*

tans, qui entrent aujourd'hui en foule dans ce sentiment, ne font que suivre les pas des réformateurs et prendre le vrai esprit de la Réforme.

CIX. Témoignage de Chillingworth, célèbre protestant anglois, en faveur de l'indifférence.

M. Jurieu ne veut pas croire que les protestans d'Angleterre soient favorables à cette doctrine. Outre les preuves qu'on a tirées de l'aveu de ce ministre, j'ai pris soin de faire traduire fidèlement de l'anglois le témoignage d'un des plus célèbres auteurs de l'église anglicane, dont le livre intitulé, *La Religion des protestans une voie sûre au salut*, fut dédié par son auteur à Charles I*er*, et dans la suite s'est rendu célèbre par le grand nombre d'éditions qu'on en a faites, et depuis peu par les extraits qu'on en a donnés au public. Il pose pour fondement [1] que « comme pour bien juger de la religion catholique, il faut la chercher non dans Bellarmin ou Baronius, ou quelque autre de nos docteurs; et l'apprendre non de la Sorbonne, ni des jésuites, ni des dominicains et des autres compagnies particulières, mais du concile de Trente dont les catholiques romains font tous profession de recevoir la doctrine : ainsi pour connoître la religion des protestans, il ne faut prendre ni la doctrine de Luther, ni celle de Calvin ou de Mélanchthon, ni la Confession d'Augsbourg ou de Genève, ni le Catéchisme de Heidelberg, ni les Articles de l'église anglicane, ni même l'harmonie de toutes les Confessions protestantes; mais ce à quoi ils souscrivent tous comme à une règle parfaite de leur foi et de leurs actions, c'est-à-dire, *la Bible*. Oui *la Bible*, continue-t-il, *la Bible seule* est la religion des protestans : tout ce qu'ils croient au delà *de la Bible* et des conséquences *nécessaires, incontestables et indubitables* qui en résultent, est matière d'opinion et non matière de foi. » Voilà déjà, comme on voit, tous ceux qui se disent chrétiens bien au large, de quelque secte qu'ils soient, puisqu'ils n'ont rien à souscrire ni à recevoir comme de foi que la Bible seule et *ses conséquences incontestables et indubitables;* ce qui ne ferme la porte à aucune secte. « C'est la mesure, dit-il, qu'il prend pour lui-même, c'est celle qu'il propose aux autres; et je suis, poursuit-il, bien assuré que Dieu ne m'en demande pas davantage. »

[1] Chap. VI, n. 56.

Dans la suite il y appose la condition, non-seulement *de croire que l'Ecriture est la parole de Dieu;* mais aussi *de tâcher d'en trouver le sens et d'y conformer sa vie* [1] : ce qui n'exclut encore aucun chrétien ; n'y en ayant point qui ne tâche, ou ne se vante de tâcher de bien entendre l'Ecriture et d'en trouver le vrai sens : de sorte qu'on ne peut exclure nulle secte du christianisme, puisqu'elles professent toutes ce qui seul est jugé nécessaire et suffisant pour le salut.

Il appuie encore sur ce principe, en disant : « que les protestans conviennent de ces trois articles : « 1° Que les livres de l'Ecriture dont on n'a jamais douté sont certainement la parole de Dieu : 2° que le sens que Dieu a eu dessein de renfermer dans ces livres est certainement vrai : 3° qu'ils doivent faire tous leurs efforts pour croire l'Ecriture dans son vrai sens, et y conformer leur vie : d'où il conclut qu'aucune erreur ne peut nuire au salut de ceux qui sont disposés de cette sorte; puisque les vérités mêmes, à l'égard desquelles ils sont dans l'erreur, ils ne laissent pas de les croire d'une foi implicite : et pourquoi, demande-t-il à un catholique, une foi implicite en Jésus-Christ et en sa parole ne suffiroit-elle pas aussi bien qu'une foi implicite à votre Eglise [2] ? »

Il n'y a personne qui n'entende la différence qu'il y a entre le catholique, qui dit : *Je crois ce que croit l'Eglise,* et notre protestant qui dit : *Je crois ce que Jésus-Christ veut que je croie, et ce qu'il a voulu enseigner dans sa parole:* car il est aisé de trouver ce que croit l'Eglise, dont les décisions expresses sur chaque erreur sont entre les mains de tout le monde ; et s'il y reste quelque obscurité, elle est toujours vivante pour s'expliquer ; de sorte qu'être disposé à croire ce que croit l'Eglise, c'est expressément se soumettre à renoncer à ses propres sentimens, s'ils sont contraires à ceux de l'Eglise qu'on peut apprendre aisément : ce qui emporte un renoncement à toute erreur qu'elle a condamnée. Mais le protestant qui erre est bien éloigné de cette disposition ; puisqu'il a beau dire : Je crois tout ce que veut Jésus-Christ et tout ce qui est dans sa parole : Jésus-Christ ne viendra pas le

[1] Chap. VI, n. 37. — [2] *Rép. à la préf. de son advers.*, n. 26.

désabuser de son erreur et l'Ecriture ne prendra non plus une autre forme que celle qu'elle a pour l'en tirer : tellement que cette foi implicite, qu'il se vante d'avoir en Jésus-Christ et à sa parole, n'est au fond qu'une indifférence pour tous les sens qu'on voudra donner à l'Ecriture ; et se contenter d'une telle profession de foi, c'est expressément approuver toutes sortes de religions.

Ainsi dans cette demande du protestant, qui paroît si spécieuse, *Pourquoi la foi implicite en Jésus-Christ n'est-elle pas aussi suffisante que la foi en votre Eglise?* on peut voir quelle illusion est cachée dans les propositions qui ont la plus belle apparence. Mais sans disputer davantage, et pour s'attacher seulement à bien entendre notre docteur, il nous suffit d'avoir vu que cette foi dont il est content, *Je crois ce que veut Jésus-Christ, ou ce qu'enseigne son Ecriture,* n'est autre chose que dire : Je crois tout ce que je veux et tout ce qu'il me plaît d'attribuer à Jésus-Christ et à sa parole, sans exclure de cette foi aucune religion ou aucune secte de celles qui reçoivent l'Ecriture sainte, pas même les Juifs; puisqu'ils peuvent dire, comme nous : Je crois tout ce que Dieu veut, et tout ce qu'il a fait dire du Messie par ses prophètes : ce qui enferme autant toute vérité, et en particulier la foi en Jésus-Christ, que la proposition dont notre protestant s'est contenté.

On peut encore former sur ce modèle une autre foi implicite que le mahométan et le déiste peut avoir comme le juif et le chrétien : Je crois tout ce que Dieu sait : ou si l'on veut encore pousser plus loin, et donner jusqu'à l'athée, pour ainsi parler, une formule de foi implicite : Je crois tout ce qui est vrai, tout ce qui est conforme à la raison : ce qui implicitement comprend tout et même la foi chrétienne; puisque sans doute elle est conforme à la vérité, et que *notre culte,* comme dit saint Paul [1], *est raisonnable.*

Mais, pour nous restreindre aux termes de notre protestant anglois, on voit combien est vague sa foi implicite : Je crois Jésus-Christ et son Ecriture; et quelle indifférence elle établit, d'où « il conclut que dans les contradictions apparentes qui se rencontrent souvent entre l'Ecriture, la raison et l'autorité d'une

[1] *Rom.*, XII, 1.

part; et l'Ecriture, la raison et l'autorité d'autre part : si à cause de la diversité des tempéramens, des génies, de l'éducation et des préjugés inévitables, par lesquels tous les esprits sont différemment tournés, il arrive qu'ils embrassent des opinions différentes dont il ne se peut que quelques-unes ne soient erronées, c'est faire Dieu un tyran, et mettre l'homme au désespoir, que de dire qu'on soit damné pour cela : il suffit, dit-il, pour le salut, que chacun, autant que son devoir l'y oblige, tâche de croire l'Ecriture dans son vrai sens[1]. » Ce qu'il appuie enfin de ce raisonnement : « En matière de religion, pour se soumettre il faut avoir un juge dont nous soyons obligez de croire que le jugement est juste : en matière civile, il suffit d'estre honneste homme pour pouvoir devenir juge; mais en fait de religion, il faut estre infaillible. » Ainsi n'y ayant point de juge infaillible, selon les maximes communes de tous les protestans, il n'y a point de juge à qui on doive se soumettre en fait de religion. D'où il suit que dans ces matières chacun peut garder son sentiment. « Je puis, dit-il, garder mon sentiment sans vous faire tort : vous pouvez garder le vôtre sans me faire tort; et tout cela peut se faire sans nous apporter à nous-mesmes aucun préjudice[2]. »

Ce qu'il dit, qu'il n'y a point de juge infaillible en matière de religion, fait bien voir qu'il ne reconnoît point l'Ecriture pour un vrai juge : car d'ailleurs, il est bien certain qu'il la reconnoît pour infaillible; mais c'est qu'il entend bien que l'Ecriture est une loi infaillible, et non pas un juge infaillible; puisqu'il ne faut qu'un peu de bon sens et de bonne foi, pour voir qu'un juge est celui qui prononce sur les différentes interprétations de la loi; ce que la loi elle-même visiblement ne fait pas, ni l'Ecriture non plus.

CX. Démonstration, par cet auteur, qu'il faut être catholique ou indifférent croire l'Eglise infaillible ou tomber dans l'indifférence des religions.

Il est maintenant aisé de concevoir tout le raisonnement de notre auteur, et le voici en bonne forme : Quelque évidence qu'on veuille poser dans l'Ecriture, elle n'est pas telle qu'il n'y ait diverses manières de l'entendre, dont quelques-unes sont des erreurs contre la foi : c'est pourquoi il y a deux règles suffisantes pour sauver les hommes : la première, de recevoir le texte de l'Ecriture avec toutes ses conséquences *nécessaires, incontestables*

[1] *Rép. à la Préf.*, n. 26. — [2] *Ibid.*, chap. II, n. 17.

et indubitables; la seconde, dans tout le reste où l'on pourroit errer *contre la foi, de tâcher* de croire l'Ecriture selon son vrai sens, sans se condamner les uns les autres; parce que pour condamner il faut être juge, et en matière de religion, juge infaillible : or, il n'y a point de juge de cette sorte. L'Eglise n'est pas infaillible : chaque particulier l'est encore moins dans ses sentimens : donc qu'on ne se juge point les uns les autres, et que chacun demeure innocemment et impunément dans son sens; ce qui est en termes formels l'assurance du salut de chaque chrétien dans sa religion, déduite manifestement de ce qu'il n'y a point de juge infaillible. Il n'y a donc point de milieu entre croire l'Eglise infaillible et sauver tout le monde dans sa religion; et ne pas être catholique, c'est nécessairement être indifférent.

CXI. Distinction des erreurs fondamentales d'avec les autres, selon cet auteur : nouvelle démonstration qu'on ne peut éviter l'indifférence que par les principes des catholiques.

Il ne faut pourtant pas dissimuler, qu'en disant que chacun se sauve dans son sentiment, notre auteur y apporte la restriction, « que la différence qui sera entre nous ne concerne aucune chose nécessaire au salut, et que nous aimions tellement la vérité, que nous ayons soin d'en instruire notre conscience, et que nous la suivions constamment [1]. » Mais il faut voir quelles sont ces choses nécessaires au salut, et voici comment il les explique. « Touchant la difficulté de distinguer les erreurs damnables d'avec celles qui ne damnent pas, et les véritez fondamentales d'avec celles qui ne sont pas fondamentales, je réponds que la dispute, qui est entre les protestans sur cette question, peut estre facilement terminée. Car ou l'erreur dont on parle est tout à fait involontaire, ou elle est volontaire à l'égard de sa cause. Si la cause de l'erreur est quelque faute *volontaire* et évitable, l'erreur même est criminelle, et par conséquent damnable en elle-même. Mais si je ne suis coupable d'aucune faute de cette nature, *si j'aime la vérité, si je la cherche avec soin,* si je ne prends point conseil de la chair et du sang pour choisir mes opinions, mais de Dieu seul *et de la raison qu'il m'a donnée;* si, dis-je, je suis disposé de cette sorte, et que cependant, par un effet de l'infirmité humaine, je tombe dans l'erreur, cette erreur ne peut pas estre damnable. » Voilà en termes formels la distinction des erreurs fondamentales et non

[1] *Rép. à la Préf.,* chap. III, n. 52.

fondamentales établie, non du côté des objets de la religion, ou sur la nature même de ces erreurs, mais sur la disposition de ceux qui y sont, et ce qui tranche en un mot la question des articles fondamentaux, cet auteur les réduit tous à celui-ci, *de croire l'Ecriture, et de tâcher de la croire dans son vrai sens*[1]*:* voilà, dit-il, en un mot *le catalogue des articles fondamentaux, et ce qui suffit au salut de tout homme:* où l'on voit une tolérance parfaite, et le salut accordé sur le fondement commun des indifférens, qui est de sauver tous ceux qui se servent de leur raison pour chercher la vérité dans l'Ecriture.

Il n'y a qu'un seul remède à une si dangereuse maladie qui tend manifestement à l'extinction du christianisme et de toute religion : c'est de chercher la vérité non par sa seule raison, mais avec l'Eglise, sous son autorité, sous sa conduite. Car s'il y a au monde un fait constant, c'est que la chercher tout seul, même dans la sainte Ecriture, par son propre esprit, par son propre raisonnement, et non pas avec le corps et dans l'unité de l'Eglise, c'est la source de tous les schismes et de toutes les hérésies : et s'il y a un moyen solide d'éviter ce mal et toute innovation dans la foi, c'est celui de soumettre, non pas Dieu et son Ecriture, comme on voudroit nous faire accroire que nous le pratiquons, mais son sentiment particulier sur l'intelligence de cette Ecriture à celui de l'Eglise universelle : et s'il y a un besoin pressant que l'expérience nous rende sensible, c'est celui que nous avons d'un tel secours.

Faute de vouloir s'en servir, notre protestant anglois, avec son amour prétendu pour la raison, pour la vérité, pour l'Ecriture, est tombé comme les autres dans l'abîme de l'indifférence : comme les autres il a ôté à l'Eglise le moyen de discerner et de convaincre les hérétiques, en la réduisant avec eux aux termes précis de l'Ecriture, et bannissant les interprétations qu'elle oppose aux mauvais sens qu'on lui donne. « Cette présomption, dit-il[2], avec laquelle on attribue le sens des hommes aux paroles de Dieu, le sens particulier des hommes *aux expressions générales* du Saint-Esprit ; et on oblige la conscience à les recevoir sous peine de

CXII. Par le mépris des principes catholiques, le protestant anglois est plongé dans l'indifférence: M. Burnet dans le même sentiment: nulle sortie de cet abîme que par la foi

[1] *Rép. à la Préf.*, n. 27. — [2] *Ibid.*, chap. IV, n. 16.

de l'Eglise catholique mort et de damnation : cette vaine imagination, que nous pouvons *mieux parler* des choses de Dieu que par les paroles de Dieu ; cet orgueil qui nous porte à canoniser nos propres interprétations, et à user de tyrannie pour les faire recevoir aux autres ; cette manière dont on ose *restreindre* la parole de Dieu, la tirer *de son étendue* et de sa *généralité*, et oster à l'entendement des hommes cette liberté que Jésus-Christ et les apostres lui ont laissée : tout cela, dis-je, est et a toujours été la *seule source de tous les schismes* de l'Eglise; c'est ce qui les rend immortels ; c'est ce qui met le feu dans tout le monde chrétien ; c'est ce qui déchire en pièces non-seulement la robe, mais encore les entrailles et les membres de Jésus-Christ, au grand plaisir des Turcs et des Juifs, *ridente Turcâ, nec dolente Judæo*. Ostez cette muraille *de séparation*, et en un moment *tous les chrétiens seront unis :* ostez ces manières de persécuter, de brusler, de maudire, de damner les hommes, parce qu'ils ne souscrivent pas *aux paroles des hommes comme aux paroles de Dieu;* demandez seulement aux chrétiens *de croire en Jésus-Christ*, et de n'appeler leur maistre qui que ce soit que luy seul. Que ceux qui de bouche renoncent à *l'infaillibilité*, y renoncent aussi par leurs actions; rétablissez les chrétiens en leur pleine et entière liberté, de ne captiver leur entendement *qu'à l'Ecriture seule :* et alors comme les rivières quand elles ont un libre passage courent toutes à l'Océan, ainsi l'on peut espérer de la bénédiction de Dieu, que cette *liberté universelle* réduira incontinent tout le monde chrétien à la vérité et à l'unité. »

A qui en veut ce docteur, sinon manifestement à ceux qui voudroient obliger les ariens, les pélagiens, les sociniens et tous les autres hérétiques, à dire que Jésus-Christ est Dieu éternel? que le Père, le Fils et le Saint-Esprit sont un seul Dieu souverainement et uniquement adorable, d'une même majesté et d'une même nature? à dire que Dieu et l'homme en Jésus-Christ sont une même et seule personne, à qui est due une seule et même adoration avec le Père et le Saint-Esprit? à dire qu'il y a un péché originel véritablement transmis de notre premier père jusqu'à nous? à dire que la grace intérieure est absolument nécessaire à chaque action de piété? à dire que les damnés auront à souffrir *la peine d'un feu éternel* autrement que saint Jude ne l'a dit des habitans de Sodome et de Gomorrhe [1], ou autres choses semblables? et en un mot, à qui en veut-il, si ce n'est à ceux qui voudroient pousser les hérétiques quels qu'ils soient, au delà des expressions de l'Ecriture qu'*ils détournent,* comme dit saint Pierre [2], *à un mauvais sens,* et les tirer de *leur étendue et de leur généralité,* comme parle notre Anglois?

C'est sur ce pied qu'il travailloit à la réunion du christianisme : sur le pied de M. d'Huisseau, ministre de Saumur, que nos prétendus réformés ont condamné : très-bien selon les principes de l'Eglise catholique, mais très-mal selon les principes de la Réforme : très-bien en présupposant que l'Eglise est infaillible dans ses interprétations, et qu'elle a droit d'obliger tous les chrétiens à s'y soumettre; mais très-mal en s'attribuant à eux-mêmes par leurs actions une infaillibilité qu'ils renonçoient en paroles, selon que leur reproche cet Anglois : car c'est en présupposant cette autorité et infaillibilité de l'Eglise qu'ils condamnent des chrétiens prêts à souscrire à l'Ecriture sainte, et à toutes ses expressions, sans en refuser aucune, sans aussi y rien ajouter : pour cette raison seulement qu'ils ne veulent pas se soumettre aux interprétations de l'Eglise, ni renoncer à la liberté qu'ils prétendent que Dieu a donnée de s'en tenir précisément à la parole de l'Ecriture *dans sa généralité.*

C'est ainsi, comme l'on a vu, que l'ont entendu non-seulement Strimésius et les auteurs qu'il allègue; mais encore dès l'origine de la Réforme, Luther, Calvin, Zanchius, et les protestans anglois comme les autres. Chillingworth, qui est celui qu'on vient d'entendre, en est une preuve convaincante, parce que son livre a paru avec une approbation authentique et des éloges extraordinaires des théologiens d'Oxford. Aussi est-ce un des plus suivis de tous leurs docteurs. Il s'est formé en Angleterre sur ses principes une secte qui est répandue dans toute l'église anglicane protestante, où l'on ne parle que de paix et de charité universelle. Les défenseurs de cette paix se donnent eux-mêmes le nom de *Latitudi-*

---

[1] *Jud.,* 7. — [2] II *Petr.,* III, 16.

nariens, pour exprimer l'étendue de leur tolérance qu'ils appellent charité et modération, qui est le titre spécieux dont on couvre la tolérance universelle. On ne peut nier que cette doctrine ne se rende commune en Angleterre : et s'il faut parmi ceux qui la défendent à présent que je produise un auteur connu, je nommerai sans hésiter M. Burnet. C'est lui qui pour lier les mains au magistrat sur les affaires de la religion, donne pour principe général que « nos pensées qui regardent Dieu, et les actions qui sont les effets de ces pensées, ne sont point de son ressort [1]. » M. Jurieu, qui montre aujourd'hui tant de zèle pour l'autorité du magistrat, n'a qu'à s'attaquer à cet auteur. Mais il lui dira beaucoup d'autres choses qui lui déplairont davantage. Il lui dira que l'hérésie n'est rien du tout « que l'opiniastreté dans une erreur après estre convaincu que c'est une erreur [2] : » ce qui réduit l'hérésie à rien; puisque, selon cette définition, il n'y a rien en soi qui soit hérétique, et par conséquent aucune erreur qu'il ne faille tolérer. Il lui dira « que selon les principes de l'Eglise romaine qui se croit infaillible, l'intolérance est plus aisée à soutenir [3]; » mais qu'elle ne peut subsister dans une église comme la leur, « qui ne prétend rien davantage qu'un pouvoir d'ordre et de gouvernement, et qui ne nie pas qu'elle ne puisse se tromper. » Il conclura de ce principe « qu'on ne doit pas être trop prompt à juger mal de ceux qui sont d'un autre sentiment que nous, ou agir avec eux d'une manière rigoureuse; puis*qu'il est possible qu'ils aient raison et que nous ayons tort* [4] : » ce qui lui fait appeler la rigueur de ce qu'on appelle l'église anglicane envers les non-conformistes, *la rage d'une persécution insensée* [5].

Pour sauver les variations qu'on impute aux protestans, il répond qu'ils n'ont jamais varié *sur le Symbole des apôtres ni sur les dix commandemens* [6] *:* deux pièces où sont contenus tous les articles de foi; le reste qu'on a inséré dans les Confessions de foi des protestans, n'étant selon lui que *des vérités théologiques dont les principes de la Réforme* ne permettent pas *qu'on impose les*

---

[1] *Préf. sur Lact.*, p. 18. — [2] *Ibid.*, p. 37. — [3] *Ibid.*, p. 39. — [4] *Ibid.*, p. 39, 40. — [5] *Ibid.*, p. 46, 47. — [6] *Rem. sur les Méth. du Clergé de France*, méth. XVI, p. 158, art. 3.

decisions aux autres hommes; ni qu'on les oblige à les signer ni à en jurer l'observation.

Voilà bien pour M. Jurieu un autre adversaire qu'un M. Huet, et que les autres ministres qu'il étonne par ses injures, qu'il accable par la crainte d'être déposés. Celui-ci méprise autant ses censures que ses emportemens et sa véhémence; et s'étant si hautement déclaré pour la tolérance universelle, il ne trouvera pas mauvais que M. Papin rende publiques les lettres qu'il lui a écrites pour autoriser cette doctrine, et le discours de Strimésius qu'on vient de citer, c'est-à-dire, l'indifférence la plus déclarée qu'on ait jamais vue.

Il ne reste plus maintenant que de trancher en un mot une équivoque de quelques-uns de ces docteurs protestans qui ne veulent pas qu'on les mette au nombre des indifférens, parce que, disent-ils, bien éloignés d'admettre l'indifférence des religions, ils reconnoissent qu'il y en a une meilleure que les autres, plus certaine, plus vraie, si l'on veut, à laquelle il faut tâcher de parvenir par l'intelligence de l'Ecriture, qui est la protestante ou la réformée : mais tout cela c'est se moquer, puisqu'on a vu qu'en tâchant et en s'efforçant, à la manière qu'ils disent, de bien entendre l'Ecriture, on n'en est pas moins sauvé, bien qu'on demeure toujours et jusqu'au dernier soupir comme on étoit : qui est précisément ce qu'on appelle l'indifférence des religions, puisque dans le fond on se sauve en toutes ; et l'expérience fait voir qu'il n'y a ni ne peut y avoir aucun remède à un si grand mal, qu'en croyant avec les catholiques que jamais on ne tâche et on ne s'efforce comme il faut, jusqu'à ce qu'on en vienne enfin par ses efforts à soumettre de bonne foi son jugement à celui de l'Eglise.

Après cela, mes chers Frères, il ne faut point s'étonner que tout tende dans votre Réforme à l'indifférence des religions, ni qu'une infinité de gens aient dit à M. Jurieu que l'église anglicane, qu'il appelle l'honneur de la Réforme, y tende visiblement comme les autres, puisque nous venons de voir dans ses principaux docteurs des témoignages si précis de ce sentiment.

Sans encore sortir de l'Angleterre, la secte des indépendans est CXIII. L'indépen-

{dantisme sorti de cette source : autres sectes : le mépris de l'Ecriture inévitable sans les interprétations de l'Eglise.} venue manifestement de la même source: et Jean Hornebeck, un des plus célèbres docteurs de l'académie d'Utrecht, en est un bon témoin, lorsqu'il écrit, dans le livre où il fait le recueil des sectes [1] : « Qu'ils rejettent toutes les formules, tous les catéchismes, tous les symboles, même celui des apôtres. Ils croient, dit-il, qu'il faut éloigner toutes ces choses comme apocryphes, pour ne s'en tenir qu'à la seule et unique parole de Dieu. » Un autre, que le même auteur met au rang des enthousiastes ou prétendus inspirés, qui n'étoit point ignorant principalement en hébreu, ni de mauvaise vie, disoit « qu'il n'y avoit plus d'Eglise depuis les apostres, parce qu'il n'y avoit plus d'infaillibilité sur la terre, et que les docteurs qui n'en avoient point ne s'en vantoient pas moins de parler au nom de Dieu. » Un autre concluoit de là, « que jusqu'à ce qu'on fust convenu quelle doctrine on auroit à suivre, il falloit établir des assemblées où l'on ne lust que le simple texte de l'Ecriture sans gloses ni expositions; qu'on ne prononceroit autre chose dans les chaires, et que tous les livres de religion, excepté l'Ecriture seule, seroient portez au magistrat [2]. » Sur ce fondement il faisoit *le plan d'une église non partiale :* il avoit même composé un livre sous ce titre, et un autre qu'il intituloit, *la Diminution des sectes.* C'étoit visiblement le même dessein où sont entrés les docteurs qu'on vient de produire. Il n'y avoit, pour unir les sectes, que de permettre de croire, de dire et d'écrire tout ce qu'on voudroit. C'est sauver tous les hérétiques sans les convertir, sans les ramener à la tige d'où toutes les sectes sont sorties, sans y songer seulement : et au contraire, en laissant oublier aux chrétiens, s'il se pouvoit, ce principe d'unité sur lequel le Fils de Dieu a fondé son Eglise, pour substituer à sa place le caractère de division, qui est *dans le royaume de Satan* le principe de sa désolation inévitable, conformément à cette parole : *Tout royaume divisé en lui-même sera désolé, et les maisons en tomberont les unes sur les autres* [3]. On voit par là quels prodiges l'ennemi du genre humain vouloit introduire sous prétexte de piété; c'est le vrai *mystère d'iniquité* [4], c'est-à-dire, la plus dan-

---

[1] *Summa Controv.*, lib. X; *De Brownistri.*, p. 686. — [2] *Summa Controv.*, etc., p. 436, 437. — [3] *Luc.*, xi, 17. — [4] II *Thess.*, ii, 7.

gereuse hypocrisie sous couleur de rendre respect à la parole de Dieu, et par là l'indifférence des religions, afin de préparer la voie à la grande *apostasie* qui doit arriver, et *à la révélation de l'Antechrist* [1] : et tout cela fondé sur cette maxime, que les interprétations de l'Eglise ne pouvant être plus infaillibles qu'elle-même, il demeure libre aux chrétiens de rejeter les plus authentiques, et de ne se réserver que le simple texte, à condition de le tourmenter et le tordre à sa fantaisie, jusqu'à ce qu'enfin on l'ait forcé à ne plus violenter le sens humain : qui est le but où se termine le socinianisme, et comme on a vu, le parfait accomplissement de la Réforme des protestans.

C'est par là aussi qu'il s'élève de tous côtés au milieu d'eux tant de sectes de fanatiques; parce que d'un côté étant constant que l'Ecriture, dont on abuse en tant de manières, a besoin d'interprétation ; et de l'autre, celles de l'Eglise paroissant douteuses ou suspectes aux protestans par les principes de la secte; on est contraint, pour avoir un interprète infaillible, de s'attribuer une inspiration, un instinct venu du Saint-Esprit : d'où l'on est mené pas à pas au mépris du texte sacré, comme l'expérience le fait voir ; tous ces inspirés prétendant enfin être affranchis de la lettre, comme d'une sujétion contraire à la liberté des enfans de Dieu ; et ainsi, par la plus grossière de toutes les illusions, une révérence mal entendue de l'Ecriture conduit enfin les esprits à la mépriser.

Pour éviter ces extrémités si visiblement pernicieuses, l'Eglise catholique, toujours assurée de l'Esprit qui l'anime et la dirige, n'a aussi jamais hésité à donner dès les premiers temps comme authentiques ses interprétations unanimes : en quoi, loin de croire qu'elle eût dérogé à l'autorité des *Livres* saints, elle a au contraire toujours regardé ses explications comme étant le pur esprit de l'Ecriture, et ses traditions constantes et universelles comme faisant avec l'Ecriture un seul et même corps de révélation.

C'est le seul moyen laissé aux fidèles, dans une doctrine aussi haute que celle du christianisme, et dans une aussi grande pro-

_{CXIV.
Illusion de
ceux qui}

[1] II *Thess.*, II, 7.

faisant peu d'estime des dogmes, ne vantent que les bonnes mœurs. fondeur que celle de l'Ecriture, d'entretenir parmi eux l'unité que leur ordonne saint Paul, en leur disant : *Soyez d'un même cœur et d'une même ame, ayant tous les mêmes sentimens* [1]. Ce qui devoit commencer par la foi; puisque le même saint Paul a dit encore : *Un seul corps et un seul esprit : un seul Seigneur, une seule foi, un seul baptême* [2]. Pour trouver cette unité de la foi dans une si effroyable multiplicité de sentimens et de sectes, on voit à quoi il faut réduire la foi chrétienne, et dans *quelle généralité* il faut prendre l'Ecriture. Nos indifférens, qui en ont honte, et des divisions où l'on tombe par la méthode qu'ils proposent pour entendre ce divin Livre, croient y trouver un remède en faisant peu de cas des dogmes spéculatifs et abstraits, comme ils les appellent, et ne vantant que la doctrine des mœurs. C'est la maxime de ces latitudinaristes dont nous venons de parler, qui disent que c'est dans les mœurs qu'il faut rétrécir la voie du ciel en la dilatant pour les dogmes. Tout consiste à bien vivre, disent nos indifférens; et l'Ecriture n'a là-dessus aucune obscurité, ni le christianisme aucun partage. Mais c'est encore, sous le prétexte de la piété, la plus fine et la plus dangereuse hypocrisie. Car d'abord, pourquoi ne vouloir pas que captiver son intelligence, sous des mystères impénétrables à l'esprit humain, soit une chose qui appartienne à la doctrine des mœurs, et une partie principale du culte de Dieu, puisque c'est un des sacrifices qui coûte le plus à la nature, et qui est en soi des plus parfaits? Et pourquoi ne sera-ce pas encore un des exercices de la charité, de réduire les vrais chrétiens à la même foi, en rendant obéissance à la même Eglise, et par là étouffer *les dissensions, les inimitiés, les aigreurs* et les autres maux de cette nature, parmi lesquels saint Paul a compté *les hérésies et les sectes* [3], comme une source immortelle *des divisions* que l'esprit de Jésus-Christ devoit éteindre? C'est de cela néanmoins que nos parfaits chrétiens font peu d'état; et ils ne parlent que de bien vivre, comme si bien croire n'en étoit pas le fondement. Mais pour nous restreindre simplement à ce qu'ils appellent les mœurs, où ils semblent vouloir renfermer toute la religion, les sociniens et les autres qui les

---

[1] *Phil.*, II, 2. — [2] *Ephes.*, IV, 4, 5. — [3] *Galat.*, V, 20.

vantent tant n'ont-ils pas été les premiers à censurer les commencemens de la Réforme, où l'on avoit refroidi la pratique des bonnes œuvres, en enseignant clairement qu'elles n'étoient pas nécessaires à la justification ni au salut, non pas même l'amour de Dieu; mais la seule foi des promesses, ainsi que nous l'avons souvent démontré? Les mêmes sociniens ne prouvoient-ils pas invinciblement, aussi bien que les catholiques, qu'il n'y a rien de plus pernicieux aux bonnes mœurs, que l'inamissibilité de la justice, la certitude du salut, et enfin l'imputation de la justice de Jésus-Christ de la manière dont on l'enseignoit dans la Réforme? C'en est assez pour les convaincre qu'il peut se trouver dans l'Ecriture, sur les mœurs comme sur les dogmes, de ces généralités où se cachent tant d'opinions et tant d'erreurs différentes. Que si l'on se met à raisonner (et on ne le fait que trop) sur la doctrine des mœurs, sur les inimitiés, sur les usures, sur la mortification, sur le mensonge, sur la chasteté, sur les mariages; avec ce principe qu'il faut réduire l'Ecriture sainte à la droite raison, où n'ira-t-on pas? N'a-t-on pas vu la polygamie enseignée par les protestans, et en spéculation et en pratique? Et ne sera-t-il pas aussi facile de persuader aux hommes, que Dieu n'a pas voulu porter leurs obligations au delà des règles du bon sens, que de leur persuader qu'il n'a pas voulu porter leur croyance au delà du bon raisonnement? Mais quand on en sera là, que sera-ce que ce bon sens dans les mœurs, sinon ce qu'a déjà été ce bon raisonnement dans la croyance, c'est-à-dire ce qu'il plaira à un chacun? Ainsi nous perdrons tout l'avantage des décisions de Jésus-Christ : l'autorité de sa parole, sujette à des interprétations arbitraires, ne fixera non plus nos agitations que feroit la liberté naturelle de notre raisonnement; et nous nous reverrons replongés dans les disputes interminables, qui ont fait tourner la tête aux philosophes. De cette sorte, il faudra tolérer ceux qui erreront dans les mœurs comme ceux qui erreront sur les mystères, et réduire le christianisme, comme font plusieurs, à la généralité de l'amour de Dieu et du prochain, en quelque sorte qu'on l'applique et qu'on le tourne après cela. Combien ont dogmatisé les anabaptistes et les autres enthousiastes ou prétendus inspirés, sur les sermens, sur les châtimens, sur la manière de prier; sur les mariages, sur la magistrature et sur tout le gouvernement ecclésiastique et séculier : choses si essentielles à la vie chrétienne? Les sociniens, qui ne vantent avec les indifférens que la bonne vie et la voie étroite dans les mœurs, combien se mettent-ils au large lorsqu'ils ne soumettent aux peines de la damnation et à la privation de la vie éternelle que les habitudes vicieuses? Jusque-là que Socin lui-même n'a pas craint de dire, « que le meurtrier, ou l'homicide qui est jugé digne de mort, et qui ne peut avoir de part à la vie éternelle, n'est pas celui qui a tué un homme ou qui a commis un acte d'homicide, mais celui qui a contracté quelque habitude d'un si grand crime [1]. » Il n'y a rien de plus inculqué dans ses ouvrages que cette doctrine. C'est aussi le sentiment de la plupart de ses disciples, et entre autres de Crellius un des plus célèbres, et qui est estimé parmi eux un des plus réguliers sur la doctrine des mœurs : et néanmoins il fait consister *dans l'habitude* la nature du péché qui exclut de la vie éternelle [2] : et encore plus expressément il distingue deux sortes de péchés, « dont les premiers, dit-il, sont très-griefs et très-énormes de leur nature ou en approchent beaucoup, dans lesquels celuy qui espère la vie éternelle et qui a la crainte de Dieu, ou ne tombe jamais, ou il n'y tombe que lorsqu'il est fort pressé par les désirs de la chair, ou faute d'y penser et par quelque sorte d'imprudence. » On voit d'abord que ces péchés, quelque énormes qu'il les représente, ne lui paroissent incompatibles ni avec la crainte de Dieu, ni avec l'espérance du salut, que lorsqu'on y tombe souvent, et avec une malice déterminée. « Et pour les autres péchés, continue-t-il, qui ne sont pas si énormes et où l'on tombe plus facilement, comme la colère, le désir des voluptez illicites qui ne va point jusqu'à l'acte, et l'ambition désordonnée : si on ne les combat pas dans leur naissance et qu'on leur lasche la bride, je ne crois pas qu'on puisse espérer le salut. Mais si l'on combat avec sa passion et qu'on s'occupe à la réprimer, en sorte

---

[1] Soc., in cap. III, 1, *Ep. Jo.*, II, 6; tom. I, *Bib. Frat.*, p. 194; Ibid., ad v, 14, p. 202; Ibid., *Quod regni Pol.*, etc., 1, p. 194, etc. — [2] *Eth. Christ.*, lib. II, cap. v, tom. IV, p. 287; *Resp. ad 3, Sto.*, in quæst.

qu'on gagne deux choses sur soy-mesme, l'une souvent de l'éteindre et la bannir de son esprit, l'autre de l'affoiblir et d'en empêcher en quelque sorte l'effet : je n'oste pas à un tel homme l'espérance du salut. »

On voit par là de quelle indulgence il use envers les péchés. Car pour ce qui regarde les plus énormes, lors même qu'on les commet en effet, il ne veut pas qu'ils excluent la crainte de Dieu ni l'espérance du salut, si l'on y tombe rarement, et que ce soit *par emportement et par quelque sorte d'inconsidération :* car il ne veut même pas que l'inconsidération soit pleine et entière ; et pour les péchés de pensée, de consentement ou de volonté, tel qu'est par exemple *le désir d'un plaisir illicite,* encore que Jésus-Christ ait égalé *ce désir à un adultère*[1] : selon ce nouveau docteur, pour ne pas être damné par un tel crime, il suffit de ne pas lâcher tout à fait la bride à sa convoitise, et *d'en empêcher,* comme il le dit, non pas entièrement, mais *en quelque sorte l'effet,* qui est un des plus grands affoiblissemens qu'on pût inventer de la doctrine de l'Evangile. Mais de peur encore d'en dire trop, ou de rendre trop difficile le chemin du ciel, il excuse ces sortes de pécheurs, lorsqu'ils sont entraînés au péché *par de violentes tentations venues ou du naturel ou de l'habitude.* Il est vrai qu'il y ajoute deux conditions : l'une de n'avoir *pas eu en soi-même plusieurs de ces dispositions criminelles;* l'autre, *d'en récompenser le péché par d'excellentes vertus, comme font la charité et l'aumône.* Mais cela lui paroît encore trop dur : « et quand, dit-il, on auroit plusieurs de ces mauvaises dispositions, et qu'on n'auroit point de ces excellentes vertus, je n'oserois ni accorder ni refuser le salut à des hommes qui seroient en cet état. »

Il n'est pas ici question de les sauver de la damnation par une sincère et véritable pénitence de leurs fautes, car c'est de quoi on ne parle pas dans tous ces discours ; et on sait que tous les péchés même les plus énormes comme les plus délibérés et les plus fréquens, sont pardonnables en cette sorte : il s'agit de trouver dans le péché des excuses au péché même ; et voilà ce qu'en ont pensé ceux de tous les protestans qui se piquent le plus de conserver

[1] *Matth.,* v, 28.

entière la règle des mœurs. On voit en cet endroit combien ils sont relâchés ; ailleurs ils sont rigoureux jusqu'à l'excès, puisqu'ils s'accordent avec les anabaptistes à condamner parmi les chrétiens les sermens, la magistrature, la peine de mort et la guerre, quoique entreprise par autorité publique, quelque juste qu'elle paroisse d'ailleurs [1].

Ceux de qui nous venons de voir d'un côté les relâchemens, et de l'autre les rigueurs excessives, sont constamment ceux des protestans qui ont le plus secoué le joug de l'autorité : ce sont aussi visiblement ceux qui se sont le plus égarés, non-seulement dans les mystères de la religion, mais encore dans la doctrine des mœurs qu'ils se vantent de mieux observer que tous les autres. Socin, Wolzogue, et les autres, disent que l'usure n'est pas un péché selon les lois chrétiennes [2] : en quoi il faut avouer qu'ils ne dégénèrent pas de la doctrine commune des protestans. Sans parler des autres erreurs des sociniens dans la matière des mœurs, on sait la liberté qu'ils se donnent tous les jours sur la dissimulation et sur le mensonge ; et cela dans la matière la plus sérieuse qu'on puisse traiter parmi les hommes, qui est celle de la religion. Pour peu que les princes grondent, ils se cachent sous tel manteau que vous voulez, et ne s'embarrassent point de l'hypocrisie. On voit donc plus clair que le jour, que pour soutenir les mœurs, comme pour soutenir la foi, il y faut ce ferme fondement d'une autorité infaillible, qui empêche l'esprit de s'égarer dans les interprétations qu'une vaine subtilité pourra donner à l'Ecriture sur cette matière comme sur toutes les autres ; et vanter les mœurs sans cela, c'est, sous prétexte de les établir, les détruire et en laisser la règle à l'abandon.

C'est aussi pour obvier à tous ces maux qu'on nous avoit donné dans le Symbole l'article *de l'Eglise catholique*, où nous trouvons tout ce que saint Paul nous avoit montré par ces paroles : *Un seul corps et un seul esprit, un seul Seigneur, une seule foi, un seul baptême* [3]. Mais la Réforme a mis les mains sur cette unité qui

---

[1] Soc., tract. *de Magist.*, cont. *Pal.*, tom. II, p. 5 ; Wolzog., *Instr. ad util. lect. N. T.*, cap. IV, 2, tom. I, p. 251, 290 ; Annot. ad quæst. *de Magist.*; ibid., 65 et seq. — [2] Soc., *ad Christoph. Morst.*, ep. IV, tom. I, p. 455 ; Wolzog., *Comm. in Luc.*, cap. VI, vers. 35, tom. I, 592. — [3] *Ephes.*, IV, 4, 5.

devoit être inviolable : elle a transformé l'Eglise universelle en un amas de sociétés ennemies, qui ne laissent pas, dit M. Jurieu, « d'être unies au corps de l'Eglise chrétienne, fussent-elles en schisme les unes contre les autres jusques aux épées tirées [1]. » C'est ainsi qu'il nous a formé le royaume de Jésus-Christ sur le modèle de celui de Satan. Les autres ont poussé à bout le principe que ce ministre avoit posé : ils ne trouvent ce *seul corps ni ce seul esprit* de saint Paul, qu'en s'accordant à compter pour rien par rapport au salut éternel toutes les divisions sur les mystères : ni *l'unité de la foi*, qu'en la faisant consister dans les plus vagues généralités, et en s'élevant au-dessus de toutes les décisions et interprétations de l'Eglise : ni enfin celle du *baptême*, qu'en sauvant généralement toutes les sectes où on le reçoit, sans remonter à la source d'où est dérivée cette eau salutaire, et d'où tous les hérétiques l'ont emportée.

Que si maintenant on veut savoir comment nos indifférens sont disposés envers l'Eglise romaine, qui seule se tient à la tige de son unité primitive, il ne faut qu'entendre Strimésius que nous avons tant cité, ou plutôt Jean Bergius un de ses auteurs qui parle ainsi : « Si les papistes ne vouloient point nous obliger à leurs propres et particulières explications, et qu'ils cessassent de nous juger sur cela, mais qu'ils nous laissassent jouir des paroles et des explications de Jésus-Christ, tout iroit bien [2] : » c'est-à-dire, qu'*il les faudroit recevoir du moins à titre d'infirmes* [3], comme on fait *les sociniens* (car c'est de quoi il s'agissoit), et les mettre par conséquent au rang des vrais chrétiens, qui pourroient se sauver dans leur religion. Ainsi l'Eglise romaine pourroit avoir part à cette commune confédération des chrétiens que l'on propose aujourd'hui sous le nom de *tolérance*, si, sans obliger personne aux interprétations qu'elle a reçues de tout temps, elle vouloit se contenter d'une souscription générale aux termes de l'Ecriture, qu'elle pourroit faire avec aussi peu de peine que les autres religions. Car encore qu'elle reconnoisse des traditions non écrites, tout le monde lui rend ce témoignage, qu'elle fait profes-

CXV. A quelle condition nos docteurs indifférens s'offrent à tolérer l'Eglise romaine : confiance et fermeté de cette Eglise.

---

[1] *Préj.*, p. 5; *Var.*, liv. XV, n. 51, 53 et suiv. — [2] Strim., *ibid.*, § 5, p. 38. — [3] *Ibid.*, 37.

sion de ne rien admettre qui soit contraire à l'Ecriture : son fondement étant celui-ci, qu'il y a une parfaite uniformité dans tout ce qu'ont dit les apôtres, soit de vive voix soit par écrit. Elle souscrit donc sans difficulté avec tout le reste des chrétiens à l'Ecriture sainte, comme à un livre inspiré de Dieu et immédiatement dicté par le Saint-Esprit ; et elle ne se trouve exclue de cette prétendue société, qu'à cause qu'elle est et sera toujours par sa propre constitution opposée à l'indifférence des religions, et en un mot, comme parle M. Jurieu, *la plus intolérante de toutes les sectes chrétiennes* [1].

De cette sorte on voit clairement que ce qui rend cette Eglise si odieuse aux protestans, c'est principalement et plus que tous les autres dogmes, sa sainte et inflexible incompatibilité, si on peut parler de cette sorte ; c'est qu'elle veut être seule, parce qu'elle se croit l'épouse : titre qui ne souffre point de partage ; c'est qu'elle ne peut souffrir qu'on révoque en doute aucun de ses dogmes, parce qu'elle croit aux promesses et à l'assistance perpétuelle du Saint-Esprit. Car c'est en effet ce qui la rend si sévère, si insociable, et ensuite si odieuse à toutes les sectes séparées, qui la plupart au commencement ne demandoient autre chose, sinon qu'elle voulût bien les tolérer, ou du moins ne les pas frapper de ses anathèmes. Mais sa sainte sévérité et la sainte délicatesse de ses sentimens ne lui permettoit pas cette indulgence, ou plutôt cette mollesse ; et son inflexibilité, qui la fait haïr par les sectes schismatiques, la rend chère et vénérable aux enfans de Dieu ; puisque c'est par là qu'elle les affermit dans une foi qui ne change pas, et qu'elle leur donne l'assurance de dire en tout temps comme en tout lieu : Je crois l'Eglise catholique : parole qui ne veut pas dire seulement, Je crois qu'il y a une Eglise catholique et une société où tous les enfans de Dieu sont recueillis ; mais encore et expressément : Je crois qu'il y a une Eglise catholique et une société unique, universelle, indivisible, où la vérité de Jésus-Christ, qui est la vie et la nourriture des chrétiens, est toujours immuablement enseignée ; ce qui emporte non-seulement, Je crois qu'elle est, mais encore, Je crois sa doctrine, sans laquelle elle ne seroit pas, et

[1] Jur., *Lett. pastor. aux fid. de Paris*, etc.

perdroit le nom d'*Eglise catholique*. Et de même que Jésus-Christ disoit hautement et sans craindre d'être repris : *Qui de vous me convaincra de péché*[1]? ce qui étoit un des caractères de sa divinité; ainsi l'Eglise catholique, sa vraie et unique épouse, appuyée sur sa protection et sur sa promesse, dit hardiment à toutes les sectes qui ont rompu avec elle : Qui de vous me convaincra d'avoir innové ? Et c'est là ce qui rend sensible que Dieu est en elle. Car comme ce qui vérifie cette parole du Sauveur, *Qui de vous me convaincra de péché ?* c'est qu'encore qu'on ait pu dire en général : Cet homme est un séducteur, et autres choses semblables; dans le fait particulier on n'a jamais pu ni le convaincre d'aucune erreur dans sa doctrine, ni marquer avec tant soit peu de vraisemblance aucune irrégularité dans sa vie. De même, si on ose en quelque façon lui comparer son Eglise, soutenue de son secours et éclairée de son esprit, on a bien pu en général lui reprocher des innovations ; mais on n'a jamais pu ni on ne pourra jamais lui démontrer, par aucun fait positif, ni qu'elle ait changé aucun de ses dogmes, ni qu'elle se soit jamais séparée du tronc où elle avoit été insérée, ou de la pierre sur laquelle elle avoit été bâtie. Au lieu donc qu'elle n'a jamais vu naître de secte, à qui elle n'ait pu dire aussitôt hardiment, et sans qu'on le pût nier : Voilà votre auteur, voilà votre date, et vous n'étiez pas hier ; en sorte qu'elle leur montre à toutes sur le front le caractère ineffaçable de leur nouveauté : personne n'a jamais pu et par conséquent ne pourra jamais lui montrer la même chose par aucun fait positif. Car elle a fait en tout temps et fait encore une si haute profession de ne jamais rien changer dans sa doctrine, que pour peu qu'elle y eût changé, ou qu'elle y changeât, elle ne pourroit soutenir son caractère, et perdroit tous ses enfans. C'est donc là le fondement inébranlable et la pierre sur laquelle est appuyée la foi des humbles chrétiens ; c'est que, par la constitution de l'Eglise où ils ont à vivre, la nouveauté dans la doctrine leur y est toujours sensible ; et, comme nous l'avons dit, toujours réduite à ce fait constant : On croyoit hier ainsi; et on varie dans la foi, si aujourd'hui on ne croit de même. Sur ce fondement, il est clair que ne point

[1] *Joan.*, VIII, 48.

vouloir varier et demeurer dans l'Eglise, c'est la même chose. C'est ce qui fait que l'Eglise ne varie jamais; et la maxime contraire fait que les fausses églises, et en particulier la réformée, est exposée à varier toujours; puisque dès qu'elle a trouvé un seul moment où elle est forcée d'avouer qu'il falloit changer la foi de ceux par qui on avoit été instruit, baptisé, communié, ordonné, c'est-à-dire, la foi d'hier, elle n'a plus de raison de ne pas changer celle qu'elle embrasse aujourd'hui.

CXVI. Conclusion de ce discours : aveu de M. Burnet et des autres sur l'instabilité des églises protestantes.

Aussi lorsqu'on lui objecte des variations, on peut voir ce qu'elle répond. « Quand tout ce que dit M. de Meaux seroit vray, » quand il auroit bien prouvé les variations de nos églises, « il n'auroit gagné, dit M. Burnet [1], que ce que nous luy accordons, sans qu'il se donne la peine de le prouver; c'est que nous ne sommes ni inspirez ni infaillibles; nous n'y aspirasmes jamais. » Sur ce fondement il conclut « que les réformez après que leurs Confessions de foy ont esté formées, s'y sont peut-estre attachez avec trop de roideur, et qu'il sera plus facile de montrer qu'ils devoient avoir varié, que de prouver qu'ils l'ont fait, et qu'ils sont blasmables en cela. » Voilà ce qu'a écrit M. Burnet, et cela qu'est-ce autre chose, à parler franchement, que d'avouer qu'on n'a rien de fixe, et que loin de s'étonner d'avoir varié, on s'étonne plutôt de n'avoir pas varié beaucoup davantage? Mais de là où tombe-t-on, si ce n'est dans l'inconvénient marqué par saint Paul, *de flotter comme des enfans, et de tourner à tout vent de doctrine* [2] : qui est la marque la plus sensible d'une ame égarée? Telle est pourtant la réponse, non-seulement de M. Burnet, ce grand historien de la Réforme, mais encore celle de M. Jurieu [3], qui en est le principal défenseur; et afin que rien n'y manque, c'est encore celle de M. Basnage [4] : c'est en un mot celle de tous les protestans que nous connoissons, qui en effet, ne peuvent rien dire de plus spécieux selon leurs principes : Quelle merveille que nos églises aient varié, puisque nous ne les reconnoissons pas pour infaillibles? Comme s'ils disoient : Nous sommes une secte humaine, qui ne fonde sa stabilité sur aucune promesse de Dieu :

---

[1] Burn., *Crit. des Var.*, p. 7, 8, *ibid*. — [2] *Ephes.*, IV, 14. — [3] Jur., lett. V-VIII ann. 1689. — [4] Basn., *Rép. aux Var.*, Préf., etc.

quelle merveille que nous changions, et que nos propres Confessions de foi n'aient rien de fixe? Mais la conséquence va bien plus loin. On voit l'état présent de la Réforme, et la pente de ses églises prétendues, qui ont pour fondement qu'il n'y a rien de vivant ni de parlant sur la terre, à quoi on doive s'assujettir en matière de religion. Le socinianisme s'y déborde comme un torrent sous le nom de *tolérance;* les mystères s'en vont les uns après les autres; la foi s'éteint, la raison humaine en prend la place, et on y tombe à grands flots dans l'indifférence des religions. Il n'y a qu'à écouter sur cela M. Jurieu, et le synode de Roterdam : on en a vu les actes et les témoignages : on en voudroit revenir à retenir les esprits par l'autorité, et on ne trouve que celle des princes qu'on puisse opposer à ce torrent ; ce qui n'est bon qu'à tenir peut-être les langues un peu plus captives, et à faire couver sous la cendre un feu qui éclatera en son temps avec plus de force. Si ce parti d'indifférens prévaut parmi vous, et que ce torrent vous emporte, vous n'aurez qu'à nous dire encore : Quelle merveille que l'on varie parmi nous? nous n'étions pas infaillibles. Ceux-là même qui tâchent de vous redresser varient d'une manière pitoyable. Dès que M. Jurieu entreprend de justifier les variations, et d'en montrer dans l'Eglise, le voilà visiblement emporté lui-même de l'esprit de variation et de vertige : l'immutabilité de Dieu, l'égalité des Personnes ne tient plus; la foi de Nicée vacille, les fondemens de la religion sont écroulés; l'antiquité la plus pure ne les a pas connus : le ministre ne laisse rien en son entier, et tout fourmille d'erreurs dans ses écrits. Il trouve des exceptions à l'Evangile : la Réforme n'a plus de ressources que dans l'autorité des princes, et M. Jurieu veut la contraindre à les reconnoître pour chefs également maîtres de la religion et de l'Etat. Malgré ces nouveautés et ces erreurs, tous les synodes se taisent devant lui. Qui sait si ses sentimens ne prévaudront pas, ou si les tolérans, mal attaqués par un homme qui n'a ni principes ni suite dans ses discours, ne prendront pas le dessus? N'importe, et quoi qu'il en arrive, il n'y aura qu'à nous dire : Nous n'étions pas infaillibles. Mais cela même, c'est avouer en d'autres termes, que si on ne connoît point d'Eglise infaillible, on est exposé à changer sans fin, sans pouvoir trouver d'autre repos que celui de l'indifférence des religions. C'est ce qu'on avoit prévu qui arriveroit à la Réforme : cent preuves invincibles le démontroient ; et nous avons maintenant pour nous la plus claire comme la plus forte de toutes les preuves, c'est-à-dire l'expérience. Que si ces variations et cette légèreté vous paroissent la suite inévitable de la doctrine qui ne connoît point l'Eglise pour infaillible, et qu'il n'y ait point de milieu entre tourner à tout vent, et s'appuyer sur l'autorité des décisions ecclésiastiques, comme sur une pierre inébranlable, on voit où est le salut du christianisme. Je n'ai donc plus rien à dire. Que M. Jurieu réplique ou se taise, je garderai également le silence. Assez de gens le réfuteront dans son parti, si on y laisse la liberté de le faire ; et il ne sera pas longtemps sans se réfuter lui-même. Que dirois-je donc à un homme à qui la foiblesse de sa cause, autant que son ardente imagination, ne fournit que des idées qui s'effacent les unes les autres ? Qu'il dogmatise donc, à la bonne heure, et qu'il prophétise tant qu'il lui plaira ; je laisserai réfuter ses prophéties au temps, et sa doctrine à lui-même, et il ne me restera qu'à prier Dieu qu'il ouvre les yeux aux protestans, pour voir ce signe d'erreur qu'il élève au milieu d'eux, dans l'instabilité de leur doctrine.

EXTRAITS

DE QUELQUES LETTRES DE M. BURNET.

En attendant le livre de M. Papin (*), que ses infirmités continues retardent depuis si longtemps, le lecteur sera bien aise de voir les extraits des lettres de M. Burnet, que j'ai promis [1], et en

[1] Ci-dessus, n. 112.

(*) *La Tolérance des protestans et l'autorité de l'Eglise*, imprimée en 1692. M. Papin mourut en 1709, dans le temps qu'il préparoit une seconde édition de cet ouvrage, que le P. Pajon, prêtre de l'Oratoire, son cousin, et fils du célèbre ministre Pajon, publia depuis avec quelques autres de ses ouvrages. (Note de Leroi).

même temps de savoir à quelle occasion elles ont été écrites. Ce jeune ministre, célèbre dans son parti, pour son esprit et pour son savoir, comme il paroît par le témoignage que lui rend M. Jurieu, et protestant de très-bonne foi, s'il en fut jamais, a toujours cru, comme il est vrai, que le principe fondamental de la religion protestante étoit de ne reconnoître sur la terre aucune autorité que celle de l'Ecriture en général, sans se croire astreint à aucune tradition, interprétation, détermination de l'Eglise, soit ancienne, soit moderne : voilà son principe, ou plutôt celui de la religion où il avoit été élevé. Zélé qu'il étoit pour son parti, il se retira comme les autres, depuis la révocation de l'édit de Nantes : et après avoir été fait prêtre de l'église anglicane protestante, avec toutes sortes de bons témoignages, il exerça son ministère avec beaucoup de réputation dans quelques villes des plus célèbres du Nord. Le caractère de son esprit est d'être suivi, et de pousser un principe dans toutes ses conséquences. Celui de ne reconnoître aucune autorité sur la terre, lui tenoit autant au cœur que la religion qu'il professoit; parce que c'en est le fondement, et à vrai dire, ce qui la distingue de la foi romaine. Plus il suivoit ce principe, plus il sentoit que, ni les décisions des synodes, ni les Confessions de foi, ni enfin ce qu'on appeloit dans le parti la *Traditive* des églises protestantes, n'étoient un principe suffisant pour le déterminer : au contraire, l'autorité qu'il voyoit qu'on vouloit donner à toutes ces choses, contre les vrais principes de la Réforme, lui paroissoit, comme elle étoit selon ses principes, un joug tout à fait humain, qu'on imposoit aux consciences, et un vrai retour au papisme. En cet état, on voit bien qu'il devoit devenir fort tolérant : il s'enfonçoit insensiblement dans la tolérance où les principes de sa religion le conduisoient; et il est vrai qu'ils le mettoient beaucoup au large : car il ne connoissoit pas ce joug salutaire que l'autorité de l'Eglise impose à notre raison chancelante par elle-même, et la Réforme lui avoit appris à le regarder comme une tyrannie. Il est toujours demeuré fort persuadé de la divinité de Jésus-Christ, et par là très-éloigné des sociniens.

Mais comme il ne s'en éloignoit que par des raisonnemens qu'il faisoit en son esprit sur l'Ecriture, et qu'il voyoit que les autres en faisoient de tout contraires, sans qu'aucune autorité qui fût sur la terre, pût déterminer les esprits d'un côté plutôt que de l'autre, il ne voyoit point par quel endroit il pouvoit les condamner ni les exclure du salut, non plus que les autres sectes du christianisme. Alors donc il composa le petit livre *De la Foi réduite à ses justes bornes,* où il est vrai qu'il donne à pleines voiles dans la tolérance universelle. Le reste de son histoire n'est pas de ce lieu, non plus que le fameux démêlé qu'il eut avec M. Jurieu, sur la matière de la grace. M. Papin suivoit la doctrine de son oncle, M. Pajon : et bon protestant qu'il étoit, il n'avoit pas cru que l'autorité du synode d'Anjou fût suffisante pour l'en détourner. En un mot, il donnoit tout au raisonnement, et il n'avoit rien alors qui pût l'empêcher d'ouvrir une vaste carrière à ses sentimens, ni de jouir du charme décevant qui accompagne naturellement cette liberté. Ce qu'il y avoit pour lui de plus dangereux, c'est qu'il trouvoit les plus beaux esprits de la Réforme, et entre autres M. Burnet, dans la même opinion, comme on le va voir par les extraits de ses lettres. Il alloit donc devant lui dans le chemin de la tolérance, sans que rien le pût retenir, jusqu'à ce qu'ayant aperçu que le principe de la Réforme, qui le forçoit à tolérer les sociniens, ennemis de la divinité de Jésus-Christ, le poussoit encore plus loin, et qu'il falloit nécessairement étendre la tolérance au delà des bornes du christianisme, c'est-à-dire, mettre le salut hors de Jésus-Christ, et tolérer toute religion, ce qui étoit, à dire le vrai, n'en avoir aucune ; à la vue de cet abîme, saisi de frayeur, il fit un pas en arrière. Il se mit à envisager la sainte et inévitable autorité de l'Eglise catholique, il crut, il se convertit : et maintenant il produit les lettres de M. Burnet, en témoignage aux protestans que s'il est tombé dans l'erreur de l'indifférence, jusqu'à l'excès qu'on a vu, il y a été conduit par leur principe, et confirmé par l'approbation de leurs plus célèbres docteurs. Il produiroit aisément beaucoup d'autres lettres de ses amis, que j'ai vues en original ; mais il ne veut point leur faire de peine, ni les exposer à la redoutable colère de M. Jurieu : assuré, comme j'ai dit, que M. Burnet ne le craint pas, et d'ailleurs, ce docteur s'étant déclaré pour la tolérance, aussi hautement qu'on l'a pu voir [1], ce n'est pas trahir un secret, que d'exposer ses sentimens aux yeux du public. Voici donc ce qu'il a écrit sur le livre *De la Foi réduite à ses justes bornes.*

De la lettre écrite à La Haye le 3 septembre 1687.

Enfin je vous souhaite toute sorte de bonheur, mon cher ami. Pour votre antagoniste (*M. Jurieu*), je ne doute pas qu'il fera tout ce qu'il pourra pour vous nuire; mais j'espère que ce sera sans effet. J'ai vu le livret dont vous parlez (*La Foi réduite à ses justes bornes*), et je demeure d'accord *pour le gros*, quoiqu'il y a quelque chose que peut-être j'aurois rayé, si on m'avoit consulté avant l'impression; car il faut éviter de donner des prises à ceux qui les cherchent. Encore une fois, je vous souhaite un bon voyage et toutes sortes de prospérités, et m'assure que vous vous souviendrez quelquefois de celui qui est, sans cérémonie et avec beaucoup de sincérité,

Tout à vous, G. Burnet.

M. Papin lui ayant envoyé le discours de Strimésius, si déclaré pour l'indifférence, comme on l'a pu voir ci-dessus, M. Burnet lui fit cette réponse.

De la lettre écrite à La Haye le 27 avril 1688.

J'ai vu avec beaucoup de plaisir que M. Strimésius a porté les principes de la tolérance chrétienne fort loin, ce qui lui attirera peut-être la censure de tous les rigides: mais nous verrons comme il sera appuyé; car *c'est un pas très-digne d'un bon chrétien et d'un grand théologien*, qu'il vient de faire, et vous avez raison de dire qu'il a porté la tolérance plus loin que n'a fait votre livre, etc.

Tout à vous, Burnet.

Je ne crois pas que personne en demande davantage sur ce sujet. Au reste quand M. Jurieu me reproche, dans le libelle qu'il a écrit contre M. Papin, que je n'ai pas fait abjurer à ce ministre son socinianisme, ni son pélagianisme, il ne songe pas que le Symbole de Nicée est à la tête de la Profession de foi des catholiques, et qu'on y reçoit expressément la doctrine de la session VI du concile de Trente, où le socinianisme et le semi-pélagianisme sont de nouveau frappés d'anathème.

[1] Ci-dessus, n. 112.

DÉNOMBREMENT

DE QUELQUES HÉRÉSIES.

Plusieurs qui se sont trouvés embarrassés des hérésies tant de fois nommées dans l'*Histoire des Variations*, et dans les *Avertissemens*, comme dans les autres livres de controverses, m'en ont demandé l'explication ; et c'est pour les satisfaire que j'en fais cette description grossière, mais suffisante pour leur instruction.

Les marcionites et les manichéens croient deux premiers principes indépendans, l'un du bien et l'autre du mal ; l'un créateur du monde corporel, l'autre des esprits ; l'un du corps, l'autre de l'âme ; l'un auteur de l'Ancien Testament, l'autre du Nouveau ; le corps de Jésus-Christ fantastique, et le mariage mauvais ; le vin et beaucoup de viandes mauvaises par leur nature, etc.

Les paulianistes et photiniens croient Jésus-Christ un homme pur, et nient sa préexistence avant sa conception dans le sein de la Vierge : Paul de Samosate, patriarche d'Antioche, et Photin, évêque de Sirmich, sont en divers temps les chefs de cette hérésie. Cérinthus, Ebion et d'autres avoient enseigné la même doctrine.

Novatien refusoit à l'Eglise le pouvoir de remettre les péchés.

Les donatistes rejetoient le baptême donné par les hérétiques même dans la forme légitime, et croyoient que l'Eglise périssoit par les vices de ses ministres.

Arius, prêtre d'Alexandrie, et les ariens nioient la divinité de Jésus-Christ.

Macédonius, patriarche de Constantinople, nioit celle du Saint-Esprit.

Le premier est condamné au concile de Nicée, et le second dans le concile de Constantinople.

Nestorius, patriarche de Constantinople, divisoit la personne de Jésus-Christ, et nioit que Dieu et l'homme fussent en lui une seule et même personne, ce qui l'obligeoit à nier que la sainte Vierge fût mère de Dieu. Il est condamné dans le concile d'Ephèse, troisième général ou œcuménique.

Eutychès, abbé de Constantinople, confondoit les deux natures de Jésus-Christ, et disoit qu'il ne s'étoit fait qu'une seule et même nature de sa nature divine et de l'humaine : lui et Dioscore, patriarche d'Alexandrie, qui le soutenoit, furent condamnés au concile de Chalcédoine, quatrième général.

Aërius, prêtre arien, rejetoit l'épiscopat, la prière pour les morts, et les jeûnes réglés, et quelques autres observances de l'Eglise, et il ajoutoit ces erreurs à l'arianisme.

Pélage et les pélagiens nioient le péché originel et ne reconnoissoient pas la nécessité de la grace intérieure. Les demi-pélagiens, sans auteur certain, confessoient le péché originel, et ne nioient pas la nécessité de la grace pour accomplir l'œuvre de notre salut ; mais ils disoient qu'elle se donnoit selon les mérites précédens, et que l'homme commençoit son salut de lui-même, sans la grace. Les pélagiens et demi-pélagiens sont condamnés par divers conciles particuliers, tenus à Milévi, à Carthage, à Orange, etc., approuvés par les papes saint Innocent, saint Zozime, saint Célestin et saint Léon.

Vigilance, réfuté par saint Jérôme, rejetoit l'invocation des Saints et le culte de leurs reliques. Son hérésie s'est dissipée d'elle-même.

Les iconoclastes ou briseurs d'images ôtoient aux images de Jésus-Christ, de sa Sainte Mère et des Saints, le culte relatif, et les brisoient, selon leur nom. Ils furent condamnés au concile de Nicée II, septième général.

Bérenger nioit la présence réelle et la transsubstantiation. Il est condamné par divers conciles, et par les papes Nicolas II et Grégoire VII.

Les albigeois renouveloient les erreurs des manichéens, et les vaudois celles de Vigilance et d'Aërius, que les albigeois suivoient aussi. Tous nioient la primauté de l'Eglise romaine, qu'ils tenoient pour le siége de l'Antechrist. Ils sont condamnés par divers conciles provinciaux et généraux, surtout par ceux de Latran II et IV.

Jean Wiclef enseignoit la même erreur, et nioit la transsubstantiation. Ses erreurs, au nombre de quarante-cinq, ont été condamnées au concile de Constance.

Jean Hus, condamné au même concile, blâmoit la soustraction de la coupe, Wiclef et lui soutenoient qu'on perdoit toute dignité ecclésiastique et temporelle en perdant la grace, et que les sacremens perdoient leur vertu entre les mains des pécheurs; ce que les albigeois et les vaudois croyoient aussi.

Les bohémiens étoient disciples de Jean Hus, et se partageoient en diverses sectes.

Luther, entre autres erreurs, nioit le changement du pain au corps.

Calvin nioit la présence réelle; et l'un et l'autre renoveloient les erreurs de Vigilance, d'Aërius, des iconoclastes, avec beaucoup d'autres.

Les ubiquitaires croient Jésus-Christ présent partout, selon la nature humaine : ils font le gros des luthériens.

Lelio et Fauste Socin, italiens, sont chefs des sociniens, qui ont ramassé toutes les erreurs : celles de Paul de Samosate, celles de Pélage, celles d'Aërius et de Vigilance; celles de Bérenger, avec une infinité d'autres. Ils nient l'éternité des peines d'enfer, etc.

Arminius et les arminiens ont été séparés des calvinistes, et sont condamnés au synode de Dordrecth, principalement pour avoir nié la certitude du salut et l'inamissibilité de la justice. Ils sont fort suspects de socinianisme, et comme les sociniens, ils penchent à l'indifférence des religions.

Les tolérans répandus dans tout le parti protestant, sont de même avis, et soutiennent que le magistrat n'a pas pouvoir de punir les hérétiques.

TRAITÉ
DE LA COMMUNION
SOUS LES DEUX ESPECES.

DIVISION DE CE DISCOURS EN DEUX PARTIES.

La question des deux espèces, quoi qu'en disent Messieurs de la religion prétendue réformée, n'a qu'une difficulté apparente, qui peut être résolue par une pratique constante et perpétuelle de l'Eglise, et par des principes dont les prétendus réformés demeurent d'accord.

J'expliquerai dans ce discours : 1° cette pratique de l'Eglise; 2° ces principes sur lesquels elle est appuyée.

Ainsi la matière sera épuisée, puisqu'on verra d'un côté le fait constant, et que de l'autre on en verra les causes certaines.

PREMIÈRE PARTIE.

LA PRATIQUE ET LE SENTIMENT DE L'ÉGLISE DÈS LES PREMIERS SIÈCLES.

La pratique de l'Eglise dès les premiers temps est qu'on y communioit sous une ou sous deux espèces, sans qu'on se soit jamais avisé qu'il manquât quelque chose à la communion lorsqu'on n'en prenoit qu'une seule.

On n'a jamais seulement pensé que la grace attachée au corps de Notre-Seigneur fût autre que celle qui étoit attachée à son sang. Il donna son corps avant que de donner son sang ; et on

1. Explication de cette pratique.

peut même conclure des paroles de saint Luc et de saint Paul [1], qu'il donna son corps pendant le souper, et son sang après le souper : de sorte qu'il y eut un assez grand intervalle entre les deux actions. Suspendit-il l'effet que devoit avoir son corps, jusqu'à ce que les apôtres eussent reçu son sang; ou si dès qu'ils reçurent le corps, ils reçurent en même temps la grace qui l'accompagne, c'est-à-dire celle d'être incorporé à Jésus-Christ et nourri de sa substance? C'est sans doute le dernier. Ainsi la réception du sang n'est pas nécessaire pour la grace du sacrement, ni pour le fond du mystère : la substance en est toute entière sous une seule espèce ; et chacune des espèces, ni les deux ensemble ne contiennent que le même fond de sanctification et de grace.

Saint Paul suppose manifestement cette doctrine, lorsqu'il écrit que « celui qui mange ce pain ou boit le calice du Seigneur indignement, est coupable du corps et du sang du Seigneur [2] : » d'où il nous laisse à tirer cette conséquence, que si en recevant l'un ou l'autre indignement on les profane tous deux, en recevant dignement l'un des deux on participe à la grace de l'un et de l'autre.

A cela il n'y a point de réponse qu'en disant, comme font aussi les protestans, que la particule disjonctive *ou*, que l'Apôtre emploie dans le premier membre de ce texte, a la force de la conjonctive *et*, dont il se sert dans le second. C'est la seule réponse que donne à ce passage M. Jurieu dans l'écrit qu'il vient de mettre au jour sur la matière de l'Eucharistie [3]; et il traite notre argument de chicane ridicule, mais sans fondement. Car quand il auroit montré que ces particules se prennent quelquefois l'une pour l'autre, ici où saint Paul les emploie toutes deux si visiblement avec dessein, en mettant *ou* dans la première partie de son discours, et réservant *et* pour la seconde, on ne peut s'empêcher de reconnoître que par une distinction si marquée il a voulu nous rendre attentifs à quelque vérité importante; et la vérité qu'il nous veut apprendre, c'est que si après avoir pris dignement le pain sacré on oublioit tellement la grace reçue, qu'on prît ensuite le sacré breuvage avec une intention criminelle, on ne seroit pas seulement

---

[1] *Luc.*, XXII, 20; 1 *Cor.*, XI, 25. — [2] *Ibid.*, 27. — [3] *Examen de l'Eucharistie*, traité VI, sect. VII, p. 483.

coupable du sang de Notre-Seigneur, mais encore de son corps. Ce qui ne peut avoir d'autre fondement que celui que nous posons, que l'une et l'autre partie de ce sacrement ont tellement le même fond de grace, qu'on ne peut ni en profaner l'une sans profaner toutes les deux, ni aussi en recevoir saintement l'une des deux sans participer à la sainteté et à la vertu de l'une et de l'autre.

C'est aussi pour cette raison que dès l'origine du christianisme on a cru qu'en quelque sorte que l'on communiât, ou sous une ou sous deux espèces, la communion avoit toujours le même fond de vertu.

Quatre coutumes authentiques de l'ancienne Eglise démontrent cette vérité. On les verra si constantes, et les oppositions des ministres si contradictoires et si vaines, qu'un aveu (j'oserai le dire) ne rendroit pas ces coutumes plus incontestables.

Je trouve donc la réception d'une seule espèce dans la communion des malades, dans la communion des enfans, dans la communion domestique qui se faisoit autrefois, lorsque les fidèles emportoient l'Eucharistie pour communier dans leurs maisons, et enfin, ce qui sera le plus surprenant pour nos réformés, dans la communion publique et solennelle de l'Eglise.

Ces faits importans et décisifs ont été souvent traités, je le confesse : mais peut-être n'a-t-on pas assez examiné toutes les vaines subtilités des ministres. Dieu nous aidera par sa grace à le faire de manière, que non-seulement les antiquités soient éclaircies, mais encore que le triomphe de la vérité soit manifeste.

Le premier fait que je pose, c'est qu'on communioit ordinairement les malades sous la seule espèce du pain. On ne pouvoit pas réserver ni assez longtemps ni si aisément l'espèce du vin qui est trop tôt altérée, Jésus-Christ n'ayant pas voulu qu'il parût rien d'extraordinaire dans ce mystère de foi. Elle étoit aussi trop sujette à être versée, surtout quand il a fallu la porter à plusieurs personnes, et dans des lieux éloignés, et avec peu de commodité durant les temps de persécution. L'Eglise vouloit tout ensemble et faciliter la communion des malades, et éviter le péril de cette effusion, qu'on n'a jamais vue sans horreur dans tous les temps, comme la suite le fera paroître.

L'exemple de Sérapion, rapporté dans l'Histoire ecclésiastique, fait voir clairement ce qu'on pratiquoit à l'égard des malades. Il étoit en pénitence : mais comme la loi vouloit qu'on donnât l'Eucharistie aux pénitens quand ils seroient en péril de leur vie, Sérapion, se trouvant en cet état, envoya demander ce saint Viatique : « Le prêtre, qui ne put le porter lui-même, donna à un jeune garçon une petite parcelle de l'Eucharistie, qu'il lui ordonna de tremper, et de la mettre ainsi dans la bouche de ce vieillard. Le jeune homme retourné dans la maison, trempa la parcelle de l'Eucharistie, et en même temps la fit couler dans la bouche de Sérapion, qui l'ayant avalée peu à peu, rendit incontinent l'esprit[1]. » Quoiqu'il paroisse par ce récit que le prêtre n'eût envoyé à son pénitent que la partie de ce sacrement qui étoit solide, en ordonnant seulement au jeune homme qu'il envoyoit, de la détremper dans quelque liqueur avant de la donner au malade, ce bon vieillard ne se plaignit pas qu'il lui manquât quelque chose : au contraire ayant communié, il mourut en paix ; et Dieu, qui le conservoit miraculeusement jusqu'à ce qu'il eût reçu cette grace, le délivra aussitôt après qu'il eut communié. Saint Denis, évêque d'Alexandrie, qui vivoit au troisième siècle de l'Eglise, écrit cette histoire dans une lettre rapportée au long par Eusèbe de Césarée; et il l'écrit à un évêque célèbre, parlant de cette pratique comme d'une chose ordinaire : ce qui montre qu'elle étoit reçue et autorisée, et si sainte d'ailleurs, que Dieu daigna la confirmer par un effet visible de sa grace.

Les protestans habiles et de bonne foi demeurent facilement d'accord qu'il ne s'agit que du pain sacré dans ce passage. M. Smith, prêtre protestant d'Angleterre, en est convenu dans un docte et judicieux *Traité* qu'il a composé depuis quelques années *sur l'état présent de l'Eglise grecque*[2] ; et il reconnoît en même temps qu'on ne réservoit que le pain sacré dans la communion domestique, qu'il regarde comme la source de la réserve qui s'en faisoit pour les malades.

Mais M. de la Roque, ministre célèbre, qui a écrit l'*Histoire de*

---

[1] Euseb., lib. VI, cap. XLIV. — [2] Thom. Smith, *Ep. de Eccles. Gr. hod. stat.*, p. 107, 108 ; II ed., p. 130 et seq.

l'Eucharistie, et M. du Bourdieu, ministre de Montpellier, qui depuis peu a dédié à M. Claude un *Traité sur le retranchement de la coupe*, approuvé par le même M. Claude et par un autre de ses confrères, n'ont pas la même sincérité. Ils voudroient bien nous persuader que ce pénitent reçût le saint Sacrement sous les deux espèces, et qu'on les mêlât ensemble [1], comme il s'est souvent pratiqué, mais longtemps après ces premiers siècles, et comme il se pratique encore en Orient dans la communion ordinaire des fidèles. Mais outre que ce mélange des deux espèces si expressément séparées dans l'Evangile, est venu tard dans les esprits et ne paroît au plus tôt qu'au septième siècle, où encore il ne paroît, comme nous allons voir, que pour y être défendu; les paroles de saint Denis, évêque d'Alexandrie, ne souffrent pas l'explication de ces Messieurs, puisque le prêtre dont il y parle ne commande pas de mêler les deux espèces, mais de mouiller celle qu'il donne, c'est-à-dire, sans contestation, la partie solide, qui ayant été gardée plusieurs jours pour l'usage des malades selon la coutume perpétuelle de l'Eglise, avoit besoin d'être détrempée en quelque liqueur pour entrer dans le gosier desséché d'un malade agonisant.

La même raison fait dire aux Pères du quatrième concile de Carthage, auquel saint Augustin a souscrit, qu'il faut faire couler l'Eucharistie dans la bouche d'un malade moribond: *Infundi ori ejus Eucharistiam* [2]. Ce mot, *faire couler, infundi,* ne marque pas le sang seul, comme on pourroit le soupçonner; car nous venons de voir dans Eusèbe et dans l'histoire de Sérapion, qu'encore qu'on ne donnât que le pain sacré et la partie solide de l'Eucharistie, on appeloit *la faire couler*, quand on la donnoit détrempée dans une liqueur pour la seule facilité du passage. Et Rufin, qui écrivoit au temps du quatrième concile de Carthage, dans la version qu'il a faite d'Eusèbe, n'exprime pas autrement que ce concile la manière dont Sérapion fut communié, disant qu'on lui fit couler dans la bouche un peu de l'Eucharistie: *Parum Eucharistiæ in-*

---

[1] *Hist. de l'Euchar.*, I part., chap. xii, p. 145; Du Bourd., *Deux réponses à deux Traités sur le retranch. de la coupe. Seconde rép.*, chap. xxii, p. 367. —
[2] *Conc. Carth.* IV, c. 76.

fusum jussit seni præberi [1]. Ce qui montre l'usage de ces premiers temps, et explique ce que c'étoit que cette infusion de l'Eucharistie.

Le seul intérêt de la vérité m'oblige à cette remarque, puisqu'au fond il importe peu à notre sujet qu'on ait donné aux malades ou le corps seul, ou le sang seul, et qu'enfin ce seroit toujours communier sous une seule espèce. Car pour la distribution des deux espèces mêlées, je ne crains pas qu'il vienne en l'esprit d'un homme de bonne foi, pour peu qu'il sache l'antiquité, de la mettre en ces premiers temps, où il ne paroît nulle part qu'on en ait eu seulement l'idée. L'histoire de Sérapion nous fait assez voir qu'on ne portoit aux malades de chez les prêtres que le pain sacré tout seul; que c'étoit à la maison du malade qu'on le détrempoit pour faciliter le passage; et qu'on étoit si éloigné de songer à le mêler dans le sang, qu'on employoit une autre liqueur, une liqueur ordinaire prise à la maison du malade, pour le détremper. En effet cette distribution du corps et du sang mêlés, ne commence à se faire voir qu'au septième siècle dans le concile de Brague, où encore elle est défendue par un canon exprès [2]. D'où il est aisé de comprendre combien est au-dessous, non-seulement du troisième siècle et des temps de saint Denis d'Alexandrie, mais encore du quatrième et des temps du concile IV de Carthage, une coutume qui ne paroît la première fois qu'au septième siècle, trois ou quatre cents ans après, dans un canon qui l'improuve.

Nous verrons en un autre lieu combien on a eu de peine à laisser établir ce mélange, même au dixième et onzième siècle, surtout dans l'Eglise latine; et ce sera un nouveau moyen de montrer combien peu on y pensoit dans les premiers temps et dans le concile IV de Carthage : ce qui laisse pour indubitable que la communion qu'on y ordonne aux malades étoit sans difficulté sous une seule espèce, et même, comme celle de Sérapion, sous la seule espèce du pain.

Et on n'aura point de peine à le reconnoître, quand on songera

---

[1] *Hist. Eccles. Euseb.*, Ruf., init. lib. VI, cap. xxxiv. — [2] *Conc. Brac.* IV, cap. ii, Labb., tom. VI, col. 563.

comment saint Ambroise a communié à la mort dans le même temps. Nous avons la vie de ce grand homme, que Paulin son diacre et son secrétaire, confondu mal à propos par Erasme avec le grand saint Paulin évêque de Nole, a écrite à la prière de saint Augustin, et qu'il lui dédie, où il raconte que saint Honorat, célèbre évêque de Verceil, qui étoit venu pour assister le saint à la mort, « durant le repos de la nuit, entendit par trois fois cette voix : Lève-toi, ne tarde pas, il va mourir. Il descendit, il lui présenta le corps de Notre-Seigneur, et le saint ne l'eut pas plutôt reçu, qu'il rendit l'esprit [1]. » Qui ne voit qu'on nous représente ce grand homme comme un homme que Dieu prend soin de faire mourir dans un état où il n'avoit plus rien à désirer, puisqu'il venoit de recevoir le corps de son Seigneur? Mais en même temps qui ne croiroit avoir bien communié en recevant la communion, comme saint Ambroise fit en mourant, comme la donna saint Honorat, comme on l'écrit à saint Augustin, comme toute l'Eglise le vit sans y rien trouver de nouveau, ni d'extraordinaire?

La subtilité des protestans s'est épuisée sur ce passage. Le fameux George Calixte, le plus habile des luthériens de notre temps et celui de nos adversaires qui a écrit le plus doctement contre nous sur les deux espèces, soutient que saint Ambroise les a reçues toutes deux [2], et pour répondre à Paulin, qui raconte seulement « qu'on lui présenta le corps, lequel il n'eut pas plutôt reçu, qu'il rendit l'esprit, » ce subtil ministre a recours à la figure grammaticale nommée *synecdoque*, où on met la partie pour le tout, sans se mettre seulement en peine de nous rapporter un exemple d'une locution semblable dans une semblable occasion. Etrange effet de la prévention! On voit dans la communion de Sérapion un exemple assuré d'une seule espèce, sans que la réticence de la synecdoque y puisse être seulement soufferte, puisque saint Denis d'Alexandrie explique si précisément qu'on ne donna que le pain et la seule partie solide. On voit le même langage et la même chose dans un concile de Carthage, et on voit dans le même temps saint Ambroise communié, sans qu'il soit parlé

---

[1] Paul., *Vit. S. Ambr., Oper. S. Ambr.* — [2] Georg. Calixt., *Disp. contra Comm. sub und specie,* n. 162.

d'autre chose que du corps. Bien plus, car je puis bien avancer ici ce que je démontrerai dans un moment, tous les siècles ne nous font voir que le corps seul réservé pour la communion ordinaire des malades : cependant on ne veut point se laisser toucher de cette suite, et on préfère une synecdoque dont on n'allègue aucun exemple, à tant d'exemples suivis. Quel aveuglement, ou quelle chicane!

Si ces Messieurs vouloient agir de bonne foi et ne songeoient pas plutôt à échapper qu'à instruire, ils verroient qu'il ne suffit pas d'alléguer en l'air la figure synecdoque, et de dire qu'il est ordinaire à la faveur de cette figure d'exprimer le tout par la partie. On élude tout par ces moyens, et on ne laisse plus rien de certain dans le langage. Il faut venir en particulier à la matière proposée, et au lieu dont il s'agit; examiner, par exemple, si la figure qu'on veut appliquer au récit de Paulin, se trouve dans quelque récit semblable, et si elle convient en particulier au récit de cet historien. Calixte ne fait rien de tout cela, parce que tout cela n'eût servi qu'à le confondre.

Et d'abord il est bien certain que la figure dont il parle n'est pas de celles qui ont passé dans le langage ordinaire, comme quand nous disons : *Manger ensemble,* pour exprimer le festin entier et le manger avec le boire, ou comme les Hébreux nommoient le pain seul pour exprimer en général toute nourriture. Il n'a pas passé de même dans le langage ecclésiastique et dans l'usage commun, de nommer le corps seul pour exprimer le corps et le sang, puisqu'au contraire on trouvera dans les Pères, à toutes les pages, des passages où la distribution du corps et du sang est rapportée, en nommant expressément l'un et l'autre ; et on peut tenir pour constant que c'est l'usage ordinaire.

Mais sans nous fatiguer inutilement à rechercher les passages où les Pères peuvent les avoir nommés l'un sans l'autre, ni les raisons particulières qui peuvent les y avoir obligés : je dirai, en me renfermant dans les exemples dont il s'agit en ce lieu, que je n'ai jamais vu aucun récit, où en racontant la distribution du corps et du sang, ils n'aient exprimé que l'un des deux.

Que si je n'en ai remarqué aucun exemple, Calixte n'en a remarqué non plus que moi; et ce qui doit faire croire qu'il n'y en a point, c'est qu'un homme si soigneux de ramasser contre nous tout ce qu'il peut, n'en a pu trouver.

Je vois aussi M. du Bourdieu qui a écrit depuis lui, et qui l'ayant si bien lu, puisqu'il le suit presque en tout, a dû suppléer à ce qui lui manque, nous dire, non pas à l'occasion de Paulin et de saint Ambroise, mais à l'occasion de Tertullien, que si ce Père en parlant de la communion domestique dont nous parlerons aussi en son lieu, n'a nommé que le corps et le pain sacré sans nommer le sang ni le vin, c'est « qu'il exprime le tout par la partie, et qu'il n'y a rien de plus commun dans les livres et dans le langage ordinaire des hommes [1]. » Mais je ne vois pas que dans la matière dont il s'agit et dans le récit qu'on fait de la distribution de l'Eucharistie, il ait trouvé dans les Pères, non plus que Calixte, un seul exemple d'une locution, qui selon lui devroit être si commune.

Voilà deux ministres dans le même embarras. Calixte trouve le corps seul nommé dans la communion d'un malade. M. du Bourdieu trouve la même chose dans la communion domestique. Nous ne nous en étonnons pas. C'est que nous croyons ces deux communions données avec le corps seul : ces ministres n'en veulent rien croire; tous deux se sauvent par la figure synecdoque; tous deux sont également destitués d'exemples en cas semblables : que reste-t-il, sinon de conclure que leur synecdoque est imaginaire, et en particulier que si Paulin ne nous parle que du corps seul dans la communion de saint Ambroise, c'est qu'en effet saint Ambroise n'a reçu que le corps seul selon la coutume? S'il nous dit que ce grand homme expira aussitôt après l'avoir reçu, il ne faut point ici chercher de finesse, ni s'imaginer de figure : c'est la simple vérité du fait qui lui fait ainsi naturellement raconter ce qui se passa.

Mais pour achever de convaincre ces ministres, supposons que leur synecdoque soit aussi commune en cas semblable qu'elle y est rare ou plutôt inouïe : voyons si elle convient au passage en question, et à l'histoire de saint Ambroise. Paulin dit « que saint

[1] Du Bourd., chap. XVII, p. 317.

Honorat s'étant retiré pour le repos de la nuit, une voix du ciel l'avertit que son malade alloit expirer; qu'il descendit à l'instant, lui présenta le corps de Notre-Seigneur, et que le saint rendit l'ame incontinent après qu'il l'eut reçu. » Comment n'a-t-il pas dit plutôt qu'il mourut incontinent après qu'il eut reçu le sang précieux, si la chose étoit en effet arrivée de cette sorte? S'il est aussi ordinaire que le veut Calixte, de n'exprimer que le corps pour signifier la réception du corps et du sang par cette figure qui fait mettre la partie pour le tout : il est aussi naturel que par la même raison et par la même figure, on trouve quelquefois le sang tout seul pour exprimer la réception de l'une et de l'autre espèce. Mais si jamais cela a dû arriver, ç'a été principalement à l'occasion de cette communion de saint Ambroise et du récit que Paulin nous en a laissé. Puisqu'il nous vouloit montrer la réception de l'Eucharistie si promptement suivie de la mort du Saint, et représenter ce grand homme mourant comme un autre Moïse dans le baiser du Seigneur : s'il eût eu à abréger son discours, il auroit dû l'abréger en finissant par l'endroit par où eût fini la vie du saint évêque, c'est-à-dire par la réception du sang qui est toujours la dernière; d'autant plus que celle-là supposoit l'autre, et que c'eût été en effet incontinent après celle-là que le Saint eût rendu à Dieu son ame bienheureuse. Rien n'eût tant frappé le sens; rien ne se fût plus fortement imprimé dans la mémoire; rien ne fût plutôt venu dans la pensée; et rien par conséquent n'eût coulé plus naturellement dans le discours. Si donc on ne trouve dans l'histoire nulle mention du sang, c'est qu'en effet saint Ambroise ne le reçut pas.

Calixte s'est bien douté que le récit de Paulin porteroit naturellement cette idée dans les esprits [1]; et c'est pourquoi il ajoute qu'il se peut bien faire qu'on eût apporté au Saint le sang précieux avec le corps comme également nécessaire, mais que saint Ambroise prévenu de la mort, n'eut pas le temps de le recevoir : malheureux refuge d'une cause déplorée! Si Paulin avoit eu cette idée, au lieu de nous faire voir son saint évêque comme un homme qui par un soin spécial de la divine Providence, est mort avec tous

[1] Du Bourd., chap. XVII, p. 317.

les biens qu'un chrétien pouvoit désirer, il auroit marqué au contraire par quelque mot, que malgré l'avertissement céleste et la diligence extrême de saint Honorat, une mort précipitée avoit privé le saint malade du sang de son maître, et d'une partie si essentielle de son sacrement. Mais on n'avoit point ces idées durant ces temps, et les Saints croyoient tout donner et tout recevoir dans le corps seul.

Ainsi les deux réponses de Calixte sont également vaines. Aussi M. du Bourdieu, son grand sectateur, n'a-t-il osé exprimer ni l'une ni l'autre : et dans l'embarras où le jetoit un témoignage si précis, il tâche de se sauver, en répondant seulement que « saint Ambroise reçut la communion comme il put [1]; » ne songeant pas qu'il venoit de dire qu'on avoit donné les deux espèces à Sérapion, et qu'il n'eût pas été plus difficile de les donner à saint Ambroise si c'eût été la coutume; outre que si on les eût crues inséparables, comme le prétend ce ministre avec tous ceux de sa religion, il est clair qu'on se seroit plutôt résolu à n'en donner aucune des deux qu'à n'en donner qu'une seule. Ainsi toutes les réponses des ministres se tournent contre eux, et M. du Bourdieu ne peut nous combattre sans se combattre lui-même.

Il a néanmoins trouvé un autre expédient pour affoiblir l'autorité de ce passage; et il ne craint pas d'écrire dans un siècle si éclairé, « qu'avant cet exemple de saint Ambroise, on ne trouve aucune trace de la communion des malades dans les ouvrages des anciens [2]. » Le témoignage de saint Justin, qui dit dans sa seconde *Apologie* qu'on portoit l'Eucharistie aux absens, ne le touche pas : Car saint Justin, dit-il [3], n'a pas spécifié expressément les malades, comme si leur maladie eût été une raison de les priver de cette commune consolation, et non pas un nouveau motif de la leur donner. Mais que sera-ce de l'exemple de Sérapion? N'est-il pas dit assez clairement qu'il étoit malade et moribond? Il est vrai, mais c'est « qu'il estoit de ceux qui avoient sacrifié aux idoles, et qu'il estoit dans le rang des pénitens [4]. » Il faut avoir été idolâtre pour mériter de recevoir l'Eucharistie en mourant, et les fidèles,

---

[1] Du Bourd., *Rép.*, chap. XXIII, p. 378. — [2] *Ibid.* — [3] *Ibid.*, p. 382. — [4] *Ibid.*, p. 383.

qui jamais pendant tout le cours de leur vie ne se sont exclus par aucun crime de la participation de ce sacrement, en seront exclus à la mort, où ils ont le plus de besoin d'un tel secours. Et là-dessus un homme s'étourdit lui-même, et croit avoir fait un docte travail quand il entasse, comme ce ministre, des exemples de morts racontées, où il n'est point parlé de communion, sans songer qu'en ces descriptions, ce qu'il y a de plus commun, c'est souvent ce qu'on omet le plutôt, et qu'apparemment nous ne saurions pas par le témoignage exprès de Paulin que son évêque avoit communié, si cet écrivain n'avoit voulu nous marquer le soin particulier que Dieu prit de lui procurer cette grace.

Mais ce ministre ignore-t-il qu'en ces occasions un seul témoignage positif renverse toute la machine de ces argumens négatifs qu'on bâtit avec tant d'effort sur rien? Et peut-il n'avoir pas vu que le seul exemple de saint Ambroise nous montre une coutume établie, puisque dès que saint Honorat apprit que ce grand homme alloit mourir, il entendit, sans qu'il eût besoin qu'on lui parlât de l'Eucharistie, qu'il étoit temps de la porter à ce saint malade? N'importe, les ministres veulent qu'on doute de cette coutume, afin de donner quelque air de singularité et de nouveauté à une communion trop clairement donnée à un saint et par un saint sous une espèce. Et que dirons-nous de Calixte, qui fait ici l'étonné « de ce que nous osons compter saint Ambroise parmi ceux qui ont communié sous une espèce en mourant [1] ? » N'est-ce pas en effet une hardiesse inouïe de le dire après un grave historien qui a été témoin oculaire de ce qu'il écrit, et qui envoie son histoire à saint Augustin, après l'avoir faite à sa prière? Mais c'est qu'il faut pouvoir dire qu'on a répondu; et quand on n'en peut plus, c'est alors qu'il faut montrer le plus de confiance.

Enfin, sans tant de discours, on ne reconnoît dans Paulin que l'usage commun de l'Eglise, où l'on ne parle partout que du corps quand il s'agit de ce qu'on gardoit pour les malades. Le deuxième concile de Tours célébré en l'an 567, ordonne qu'on place le corps de Notre-Seigneur sur l'autel, non dans le rang des images, *non*

[1] Calixt., n. 162.

in imaginario ordine ; mais sous la figure de la croix, *sub crucis titulo* [1]. Il y avoit, en passant, des images autour des autels, et il y avoit une croix dès ces premiers siècles : c'étoit sous cette figure qu'on réservoit le corps de Notre-Seigneur, mais le corps seul ; et c'est pourquoi Grégoire de Tours, évêque de cette église, dans le même temps que ce concile a été tenu, nous parle de « certains vaisseaux en forme de tours, où l'on réservoit le ministère du corps de Notre-Seigneur (a), *ministerium corporis Christi* [2], » c'est-à-dire ce qui y servoit, « et qu'on mettoit sur l'autel dans le temps du sacrifice, » afin de renouveler les hosties que l'on gardoit dans ces vaisseaux pour les malades.

Par l'ordonnance d'Hincmar, célèbre archevêque de Reims, qui vivoit au neuvième siècle, on doit « avoir une boîte où se conserve dûment l'oblation sacrée pour le Viatique des malades [3] : » et la boîte et le mot même d'*oblation sacrée*, à qui entend le langage ecclésiastique, montre assez qu'il ne s'agissoit que du corps qu'on exprime ordinairement par ce nom, ou par celui de *communion*, ou simplement par celui de l'*Eucharistie*. Le sang étoit exprimé, ou par son nom naturel, ou par celui de *calice*.

On trouve dans le même temps un décret de Léon IV, où après avoir parlé du corps et du sang pour la communion ordinaire des fidèles, quand il s'agit des malades, il ne parle plus que « de la boîte où le corps de Notre-Seigneur étoit réservé pour leur Viatique [4]. »

---

[1] *Conc. Tur.* II, c. 3; *Conc. Gal.*, Labb., tom. V, col. 853. — [2] Greg. Tur., *de Gloriâ Martyr.*, lib. I, cap. LXXXVI. — [3] *Cap. Hincm.*, art. 7, tom. II; *Conc. Gall.*, Labb., tom. VIII. — [4] Leo, IV hom.

(a) La première édition portoit : « Le *mystère* du corps de Notre-Seigneur. » Bossuet a rectifié le premier de ces mots dans la seconde édition; et il dit après le *Sixième Avertissement aux protestans*, dans la *Revue de quelques-uns de ses ouvrages :* « On a corrigé un endroit de saint Grégoire de Tours où l'on avoit mis *mystère* au lieu de *ministère :* faute qui s'étoit glissée par le rapport de son de ces deux mots, sans que le sens parût altéré. » Et dans la *Tradition défendue sur la matière de la communion sous une espèce :* « Je ne dois pas oublier que dans l'endroit du *Traité de la communion*, où j'ai rapporté cette histoire, il est arrivé une chose assez ordinaire à l'imprimerie ; c'est que le rapport des mots de *ministère* et de *mystère* a fait qu'on a mis ce dernier pour l'autre; et le sens étoit si parfait des deux manières, que d'abord je n'ai pas pris garde à cette bévue. Je l'ai pourtant fait corriger, il y a longtemps, dans la version angloise... »

Cette ordonnance est répétée au siècle suivant par le célèbre Rathier évêque de Vérone [1] ; et quelque temps après sous le roi Robert, un concile d'Orléans parle des cendres d'un enfant brûlé, que des hérétiques abominables gardoient « avec autant de vénération que la piété chrétienne en a dans la coutume de conserver le corps de Notre-Seigneur pour le Viatique des mourans [2]. » On trouve encore ici le corps et le sang exprimés dans la communion ordinaire des fidèles, et le corps seul pour celle des malades.

A toutes ces autorités, il faut joindre celle de l'Ordre romain [3], qui n'est pas petite, puisque c'est l'ancien cérémonial de l'Eglise romaine, cité et expliqué par des auteurs de huit à neuf cents ans. On y voit en deux endroits le pain consacré partagé en trois parties : l'une qu'on distribuoit au peuple, l'autre qu'on mettoit dans le calice, non pour la communion du peuple, mais pour le prêtre seul, après qu'il avoit pris séparément le pain sacré, comme nous faisons encore aujourd'hui, « et la troisième qu'on réservoit sur l'autel. » C'étoit celle qu'on gardoit pour les malades, qu'on appeloit aussi pour cette raison *la part des mourans*, comme dit le *Micrologue* [4], auteur de l'onzième siècle, et qui étoit consacrée à l'honneur de Jésus-Christ enseveli, comme les deux autres représentoient sa conversation sur la terre et sa résurrection. Ceux qui ont lu les anciens interprètes des cérémonies ecclésiastiques entendent ce langage et le mystère de ces saintes observances.

L'auteur de la Vie de saint Basile observe aussi que ce grand homme sépara le pain consacré en trois parties, dont il suspendit la troisième sur l'autel dans une colombe d'or qu'il avoit fait faire [5]. Cette troisième partie du pain sacré, qu'il y fit mettre, étoit visiblement celle qu'on réservoit pour les malades ; et ces colombes d'or pendues sur l'autel sont anciennes dans l'Eglise grecque, comme il paroît par un concile de Constantinople tenu par Mennas, sous l'empire de Justinien [6]. On voit aussi ces colombes parmi les Latins, à peu près dans le même temps ; tous nos auteurs en font mention ; et le testament de Perpétuus,

---

[1] Spicil., tom. II, p. 261; Labb., tom. IX, col. 1268. — [2] *Gest. Conc. Aurel.*, ibid, 673; Labb., *ibid*, col. 836 et seq. — [3] *Bib. PP.*, part., tom. *de Div. off.* — [4] *Microlog., de Ecc. observ.*, 17, tom. XVIII, max. 616.— [5] Amphil., *Vit. S. Basil.* — [6] *Conc. CP., sub Menna*, act. 5; tom V, *Conc.*, Labb., col. 159.

évêque de Tours, marque parmi les vaisseaux et les instrumens qu'on employoit au sacrifice, une colombe d'argent qui servoit à la réserve, *ad repositorium* [1].

Au reste sans m'arrêter au nom d'Amphilochius contemporain de saint Basile, auquel la Vie de ce Saint est attribuée, je veux bien que le passage tiré de cette Vie ne vaille que pour le temps auquel cette histoire, quel qu'en puisse être l'auteur, a été écrite. Qu'on dise même, si l'on veut, que cet auteur donne à saint Basile ce qui se faisoit au temps dans lequel cette Vie a été composée, c'en est assez en tout cas pour confirmer, ce qui est certain d'ailleurs, que la coutume de ne réserver que la seule espèce du pain pour les malades est d'une grande antiquité dans l'Eglise grecque, puisque cette Vie de saint Basile se trouve déjà traduite en latin du temps de Charles le Chauve, et citée par Enée évêque de Paris, célèbre en ce temps par sa piété et par sa doctrine, qui rapporte [2] même l'endroit de cette Vie où il est parlé de ces colombes et du sacrement de Notre-Seigneur qu'on y tenoit suspendu sur l'autel (a).

Et afin que la tradition des premiers et des derniers siècles paroisse conforme en tout, comme on a vu dans les premiers siècles, dans l'histoire de Sérapion et dans le concile de Carthage, qu'en communiant les malades sous la seule espèce du pain on la détrempoit en quelque liqueur : la même coutume paroît encore dans la suite.

---

[1] *Test. Perp.*, tom. IV *Spicil.* — [2] Æneas, episc. Par., lib. adv. Græc., tom. IV *Spicil.*, p. 80, 81.

(a) Déforis ajoute ces mots de la première édition : « On peut rapporter à la même chose les ciboires marquées parmi les présens que Charlemagne fit à l'Eglise romaine, et toute l'antiquité est pleine d'exemples pareils. » Bossuet a rejeté ce passage dans la seconde édition de son ouvrage ; et il dit dans la *Tradition défendue sur la matière de la communion sous une espèce*, partie II, chapitre xx : « Quelques auteurs de grand nom et de grand savoir s'étant servis des ciboires mentionnés dans les anciens livres pour établir la réserve, leur autorité avoit fait que je n'avois pas rejeté entièrement cette preuve et que j'avois cru pouvoir m'en servir, en disant : *On peut rapporter à la même chose*, etc. Mais ayant mieux pensé, je ne vois rien de semblable à nos ciboires dans aucun exemple de ce mot que j'aie trouvé dans les anciens livres par les soins de mes amis ou par les miens, et la bonne foi m'oblige à le reconnoître. Dans la multitude des preuves que nous avons de la tradition, nous n'aurons pas beaucoup à regretter celle-ci, et en tout cas j'en rapporterai que nous pouvons mettre à la place. »

On la voit dans les anciennes coutumes de Cluny, il y a plus de six cents ans[1]. Il y en a plus de cinq cents qu'elles ont été rédigées par saint Udalric, moine de cet ordre, sur des mémoires plus anciens ; et ce livre est cité sans aucun reproche dans l'*Histoire de l'Eucharistie* du ministre de la Roque [2]. Il est marqué dans ce livre que les religieux infirmes ne recevoient que le corps qu'on leur donnoit trempé dans du vin non consacré. On y voit aussi une coupe dans laquelle on le détrempoit ; et c'est ainsi que les religieux du plus saint et du plus célèbre monastère qui fût au monde communioient leurs malades. On peut juger par là de la coutume du reste de l'Eglise. En effet on trouve partout cette même coupe qu'on portoit pour la communion des malades[3], mais qui ne sert qu'à leur donner le pain consacré dans du vin qui ne l'étoit pas, pour faciliter le passage de cette viande céleste.

Les Grecs ont retenu cette tradition aussi bien que les Latins ; et comme leur coutume inviolable est de ne consacrer l'Eucharistie pour les malades qu'au seul jour du Jeudi saint, ils mêlent l'espèce du pain toute desséchée pendant un si long temps, ou avec de l'eau, ou avec du vin non consacré. Pour ce qui est du vin consacré, on voit bien qu'il ne se pourroit conserver si longtemps, surtout dans ces pays chauds ; de sorte que leur coutume, de ne consacrer pour les malades qu'à un seul jour de l'année, les oblige à les communier toujours sous une seule espèce, c'est-à-dire sous celle du pain, qu'ils n'ont pas de peine à garder, leur sacrifice en pain levé se conservant mieux que nos azymes, après le dessèchement dont nous venons de parler.

Il est vrai (car il ne faut rien dissimuler) qu'à présent ils font une croix avec le sang précieux sur le pain sacré qu'ils réservent pour les malades. Mais outre que ce n'est pas donner à boire le sang de Notre-Seigneur, comme il est porté dans l'Evangile, ni marquer la séparation du corps et du sang, qui seule persuade à nos réformés la nécessité des deux espèces : on voit assez qu'au

---

[1] *Ant. Consuetud. Cluniac.*, lib. III, cap. XXVIII; tom IV, *Spicil.* — [2] *Hist. Euch.*, I part., cap XVI, p. 183. — [3] *Constit.* Odon. Paris. episc., cap. v, art. 3; tóm. X Conc., Labb., col. 1802 et seq.; *Constit. Episc. anon.*, tom. XI, col. 546 et seq.; *Syn. Bajoc.*, cap. LXXVII; *ibid.*, II part., col. 1461.

bout d'un an il ne reste rien d'une ou deux gouttes du sang précieux qu'on met sur le pain céleste, et qu'il ne demeure pour les malades qu'une seule espèce. A quoi il faut ajouter qu'après tout cette coutume des Grecs, de mêler un peu de sang au sacré corps, dont on ne voit rien dans leurs anciens Pères ni dans leurs anciens canons, est nouvelle parmi eux; et nous aurons quelque occasion de le faire mieux paroître dans la suite.

Ceux qui nient tout pourront nier ces observances de l'Eglise grecque, mais elles ne laissent pas d'être indubitables; et on ne peut en disconvenir sans une insigne mauvaise foi, pour peu qu'on ait lu les *Eucologes* des Grecs, ou qu'on soit instruit de leurs rites.

Et pour l'Eglise latine, tout est plein dans les conciles des précautions nécessaires pour conserver le corps de Notre-Seigneur, pour le porter avec le respect et la bienséance convenables, et lui faire rendre par le peuple l'adoration qui lui est due. On parle aussi de la boîte et des linges où on le gardoit, et du soin que les prêtres devoient avoir de renouveler les hosties tous les huit jours en consumant les anciennes, avant que de boire la coupe sacrée : on marque même comme il faut brûler les hosties trop longtemps gardées, et en réserver les cendres sous l'autel [1], sans que, parmi tant d'observances, il soit jamais parlé, ni des fioles pour y conserver le sang précieux, ni d'aucunes précautions pour le garder, encore qu'il nous soit donné sous une espèce plus capable d'altération.

Il faut rapporter à la même chose un canon que tous les ministres nous objectent : c'est un canon d'un concile de Tours qui se trouve non dans les volumes des conciles, mais dans Burchard et Ives de Chartres, compilateurs de canons de l'onzième siècle [2]. Ce canon dit, comme les autres, que « l'oblation sacrée qui est réservée pour les malades; » c'est-à-dire l'espèce du pain, comme

---

[1] *Conc.* sub Edg. Rege, can. 38, tom. IX *Conc.*, col. 685; *Conc. Bitur.*, cap. II, *ibid.*, col. 865; *Constit.* Odon, Paris. episc., tom. X, col. 1802; *Constit. Episc.*, anon. tom. XI, col. 546; Innoc. IV, ep. X, *ibid.*, col. 613; I *Conc. Lambeth.*, cap. I, *ibid.*, col. 30; *Synod. Oxon.*, cap. IV, *ibid.*, II part., col. 2093; *Synod. Bajoc.*, cap. XII, 77, col. 1452 et 1461; *Conc. Raven.* II, *ibid.*, col. 1582, rub. 7; *Conc. Vaur.*, cap. LXXXV, *ibid.*, col. 2009. — [2] Burch., *Col. Can.*, lib. V, cap. IX; Ivo, *Decr.*, II part., cap. XIX.

la suite le fait paroître, « doit être renouvelée tous les huit jours : » mais il ajoute, ce qu'on ne trouve nulle part ailleurs en Occident, « qu'il la faut tremper dans le sang, afin de pouvoir dire véritablement qu'on donne le corps et le sang. »

Si ce canon nous embarrassoit, nous pourrions dire avec Aubertin, ce qui est très-vrai, que Burchard et Ives de Chartres ramassent beaucoup de choses sans choix et sans jugement, et nous donnent beaucoup de pièces sous le nom des anciens, qui n'en sont pas [1]. » Mais pour agir en tout de bonne foi, il faut dire que ce canon si exactement transcrit par ces auteurs, n'est pas faux, et dire aussi qu'il n'est pas de ceux qui ont été suivis, puisqu'on ne voit rien de semblable dans tous les autres.

Déjà ce canon, qui ne paroît que dans les compilations, constamment n'a pas été fait beaucoup de temps auparavant; et le seul mélange du corps et du sang montre assez combien il est au-dessous de la première antiquité. Mais de quelque temps qu'il soit, il paroît qu'avant qu'il fût fait, la coutume étoit de nommer le corps et le sang, même en ne donnant que le corps, et cela par l'union naturelle de la substance et de la grace de l'un et de l'autre. On voit néanmoins que ce concile eut quelque scrupule de cette expression, et crut qu'en exprimant les deux espèces, il les falloit en quelque façon donner toutes deux. En effet il est véritable qu'en un certain sens, pour pouvoir nommer le corps et le sang, il faut donner les deux espèces, puisque le dessein naturel de cette expression est de dénoter ce que chacune d'elles contient en vertu de l'institution. Mais on m'avouera que c'étoit un foible secours pour la conservation des deux espèces, que de les mêler de cette sorte pour les laisser dessécher durant huit jours; et en tout cas que cette partie du canon, qui contient une coutume si particulière, ne peut préjudicier à tant de décrets où, non-seulement on ne voit rien d'approchant, mais encore où on voit tout le contraire.

Ce qui est très-assuré, c'est que ce canon fait voir qu'on ne croyoit pas pouvoir aisément conserver le sacré breuvage en sa propre espèce, et qu'on s'attachoit principalement à garder le

[1] Aubert., *de Euch.*, lib. II, *in Exam. Pii*, p. 288.

pain sacré. Pour le surplus qui regarde le mélange, ce que nous avons dit pour les Grecs revient encore ; et toute la subtilité des ministres ne peut empêcher qu'il ne demeure toujours certain par ce canon, qu'on ne se croyoit astreint ni à faire boire le communiant, ni à lui donner le sang séparé du corps, pour marquer la mort violente de Notre-Seigneur, ni enfin à lui donner en effet aucune liqueur, puisqu'après huit jours on voit assez qu'il ne restoit rien dans l'oblation que de sec et de solide. Tellement que ce canon tant vanté par les ministres, sans rien faire contre nous, ne sert qu'à montrer la liberté que croyoient avoir les églises dans l'administration des espèces sacrées de l'Eucharistie.

Après toutes les remarques que nous avons faites, il doit passer pour constant, que ni les Grecs, ni les Latins n'ont jamais cru que tout ce qui est écrit dans l'Evangile pour la communion des deux espèces, fût essentiel et expressément commandé ; et au contraire qu'on a toujours cru dès les premiers siècles qu'une seule espèce étoit suffisante pour une légitime communion, puisque la coutume étoit de n'en garder et de n'en donner qu'une seule aux malades.

Il ne sert de rien d'objecter que souvent on leur portoit les deux espèces, et même en général qu'on les portoit aux absens. Saint Justin y est exprès [1], je le confesse : mais pourquoi nous alléguer ces faits inutiles ? C'est autre chose qu'on ait porté selon saint Justin, les deux espèces du sacrement *au même temps*, comme dit M. de la Roque [2], *qu'on l'avoit célébré dans l'Eglise :* autre chose qu'on les ait pu réserver aussi longtemps qu'il falloit pour les malades et que ce fût la coutume de le faire, surtout dans un temps où la persécution ne permettoit pas que les assemblées ecclésiastiques fussent fréquentes. Il faut dire la même chose de saint Exupère, évêque de Toulouse, dont saint Jérôme a écrit qu'après avoir vendu les riches vaisseaux de l'Eglise pour racheter les captifs et pour soulager les pauvres, « il portoit le corps de Notre-Seigneur dans un panier et le sang dans un vase de verre [3]. » Il les portoit, dit saint Jérôme ; mais il ne dit pas

---

[1] Just., *Apol.* I, n. 65, p. 82 et seq. — [2] *Hist. de l'Euch.*, 1 part., chap. xv, p. 176. — [3] Hier., ep. IV, nunc XCV.

qu'il les gardât, qui est notre question : et j'avoue que lorsqu'on avoit à communier les malades dans des circonstances où ils pussent commodément recevoir les deux espèces sans être aucunement altérées, on n'en faisoit point de difficulté. Mais il n'est pas moins assuré par la commune déposition de tant de témoins, que comme l'espèce du vin ne pouvoit pas être aisément gardée, la communion ordinaire des malades se faisoit comme celle de Sérapion et comme celle de saint Ambroise, sous la seule espèce du pain.

En effet nous lisons bien dans la Vie de Louis VI, appelé le *Gros*, écrite par Suger, abbé de Saint-Denis, que dans la dernière maladie de ce prince on lui porta le corps et le sang de Notre-Seigneur : mais nous y voyons aussi que ce fidèle historien se croit obligé d'en rendre raison, et d'avertir « que ce fut en sortant de dire la messe qu'on les apporta dévotement en procession dans la chambre du malade [1] : » ce qui nous doit faire entendre de quelle sorte on en usoit hors de ces occasions.

Mais ce qui met la chose hors de doute, c'est que M. de la Roque au fond convient avec nous du fait dont il s'agit [2]. Il n'y a pas plus de difficulté à communier les malades sous la seule espèce du pain que sous la seule espèce du vin; pratique que ce curieux observateur nous montre au septième siècle dans l'onzième concile de Tolède, canon XI [3]. Il en dit autant de l'onzième siècle et du pape Pascal II, auquel il fait aussi permettre la même chose pour les petits enfans [4]. Loin d'improuver ces pratiques, il prend soin de les défendre, et les excuse lui-même *sur une nécessité invincible,* comme si l'on ne pouvoit pas détremper quelque parcelle du pain sacré, de manière qu'un malade, et même un enfant, la pût avaler presque aussi facilement que le vin. Mais c'est qu'il falloit trouver quelque défaite pour nous empêcher de conclure de ses propres observations, que l'Eglise croyoit avoir une pleine liberté de donner une espèce seule, sans préjudice de l'intégrité de la communion.

[1] *Hist. Fr. Script.*, tom. IV. — [2] *Hist. Euch.*, 1 part., chap. XII, p. 150, 160. — [3] *Conc. Tolet.*, XI, cap. XI; *Concil.* Labb., tom. VI, col. 552. — [4] Pasc. II, ep. XXXII, *ad Pont.; Concil.* Labb., tom. X, col. 656.

Voilà ce que nous trouvons sur la communion des malades dans la tradition de tous les siècles. Si quelques-unes des pratiques que j'ai observées sur le respect qu'on avoit pour l'Eucharistie étonnent nos réformés, et leur paroissent nouvelles, je m'engage à leur montrer bientôt en peu de mots, car la chose n'est pas difficile, que le fond en est ancien dans l'Eglise, ou plutôt qu'il n'y a jamais commencé. Mais à présent, pour ne point sortir de notre matière, il me suffit de leur faire voir, en comparant seulement les observances des premiers et des derniers siècles, une continuelle tradition de communier ordinairement les malades sous la seule espèce du pain; quoique l'Eglise toujours bonne à ses enfans, si elle eût cru les deux espèces nécessaires, les auroit plutôt fait consacrer extraordinairement dans la chambre du malade, comme on l'a en effet souvent pratiqué [1], que de les priver de ce secours : au contraire, elle l'eût donné d'autant plus volontiers aux moribonds qu'ils avoient à soutenir un plus grand combat, et qu'au moment de leur départ ils avoient le plus de besoin de leur Viatique.

Au reste je ne crois pas que Messieurs de la religion prétendue réformée veuillent ici nous inquiéter sur l'altération des espèces, dont nous aurons souvent à parler dans ce discours. Les chicanes dont ils remplissent leurs livres sur ce point ne regardent pas notre question, mais celle de la présence réelle : d'où même, à parler de bonne foi, elles devroient être retranchées il y a longtemps; étant clair, comme je l'ai déjà remarqué, que le Fils de Dieu, qui ne vouloit faire dans ce mystère aucun miracle sensible, n'a pas dû se laisser forcer à découvrir, par quelque rencontre que ce fût, ce qu'il vouloit expressément cacher à nos sens, ni par conséquent rien changer dans ce qui arrive ordinairement à la matière dont il lui a plu de se servir pour laisser son corps et son sang à ses fidèles.

Il n'y a personne de bon sens, qui avec un peu de réflexion ne dût entrer de lui-même dans cette pensée, et en même temps demeurer d'accord que ces indécences prétendues qu'on fait tant valoir contre nous, ne sont bonnes qu'à émouvoir le sens humain;

---

[1] *Cap.* Ahytonis Basil., ep. temp. Car. Mag., cap. xiv, tom. VI *Spicil.*

mais qu'au fond elles sont trop au-dessous de la majesté de Jésus-Christ, pour arrêter le cours de ses desseins et le désir qu'il a de s'unir à nous d'une façon particulière.

Il arrive si souvent dans ces matières, et surtout à nos réformés, de passer d'une question à une autre, que je me crois obligé de les renfermer dans notre question par cet avis. La même raison m'oblige aussi à les prier de ne tirer pas avantage de l'expression de *pain* et de *vin* qui reviendra si souvent, puisqu'ils savent que même en croyant, comme nous faisons, le changement de substance, il nous est autant permis de laisser aux choses changées leur premier nom, qu'il l'a été à Moïse d'appeler *verge* une verge devenue serpent [1], ou d'appeler *eau* une eau devenue sang [2], ou d'appeler *hommes* des anges qui le paroissent [3], pour ne point ici alléguer saint Jean, qui appelle le vin des noces de Cana *de l'eau faite vin* [4]. Il est naturel aux hommes, pour faciliter le discours, d'abréger les phrases et de parler selon les apparences, sans qu'on se puisse prévaloir de ces manières de parler ; et je ne crois pas que personne voulût objecter à un philosophe, défenseur du mouvement de la terre, qu'il renverse son hypothèse quand il dit que le soleil se lève ou se couche.

Après cette légère interruption, où le désir de procéder nettement m'a engagé, je retourne à ma matière et aux faits que j'ai promis d'expliquer, pour montrer dans l'antiquité la communion sous une espèce.

III.
IIe coutume. La communion des petits enfans.

Le second fait que j'avance est que, lorsqu'on donnoit la communion aux petits enfans baptisés, on ne leur donnoit dans les premiers temps, et même ordinairement dans tous les siècles suivans, que la seule espèce du vin. Saint Cyprien, qui a souffert le martyre au troisième siècle, autorise cette pratique dans son traité *de Lapsis* [5]. Ce grand homme nous y représente avec une gravité digne de lui, ce qui étoit arrivé dans l'Eglise, et en sa présence, à une petite fille à qui on avoit fait prendre quelque parcelle trempée du pain offert aux idoles. Sa mère, qui n'en savoit rien, ne laissa pas de la porter selon la coutume dans l'as-

---

[1] *Exod.*, VII, 12. — [2] *Ibid.*, 21, 24. — [3] *Genes.*, XVIII, 2, 16. — [4] *Joan.*, II, 9. — [5] Cypr., tract. *de Lapsis.*, p. 189.

semblée de l'Eglise. Mais Dieu, qui vouloit montrer par un signe miraculeux combien on étoit indigne de la société de ses fidèles, après avoir participé à la table impure des démons, fit paroître dans cet enfant une agitation et un trouble extraordinaire durant la prière : « comme si, dit saint Cyprien, au défaut de la parole elle se fût sentie pressée de déclarer par ce moyen, comme elle pouvoit, le malheur où elle étoit tombée. » Cette agitation, qui ne cessa point durant toute la prière, s'augmenta à l'approche de l'Eucharistie, où Jésus-Christ étoit si présent. Car, poursuit saint Cyprien, « après les solennités accoutumées, le diacre, qui présentoit aux fidèles la coupe sacrée, étant venu au rang de cet enfant, » Jésus-Christ qui sait se faire sentir à qui il lui plaît, fit ressentir à l'enfant à ce moment une terrible impression de sa majesté présente. « Elle détourna sa face, dit saint Cyprien, comme ne pouvant supporter une telle majesté ; elle ferma la bouche, elle refusa le calice. » Mais après qu'on lui eut fait avaler par force quelques gouttes du précieux sang, « elle ne le put retenir, ajoute ce Père, dans des entrailles souillées ; tant est grande la puissance et la majesté de Notre-Seigneur. » Le corps de Jésus-Christ n'auroit pas dû faire de moindres effets ; et saint Cyprien, qui nous représente avec tant de soin et tant de force tout ensemble le trouble de cet enfant durant toute la prière, ne nous marquant cette émotion extraordinaire que l'Eucharistie lui causa qu'à l'approche et à la réception du sacré calice, sans dire un seul mot du corps, montre assez qu'en effet on ne lui offrit pas une nourriture peu convenable à son âge.

Ce n'est pas qu'on ne pût assez aisément faire avaler aux enfans le pain sacré en le détrempant, puisque même il paroît dans cette histoire que la petite fille dont il s'agit avoit pris de cette manière du pain offert aux idoles. Mais loin que cela nous nuise, c'est au contraire ce qui fait voir combien on étoit persuadé qu'une seule espèce étoit suffisante, puisque n'y ayant en effet aucune impossibilité à donner le corps aux petits enfans, on se déterminoit si aisément à ne leur donner que le sang. Il suffisoit que le solide fût peu convenable à cet âge : et d'ailleurs comme on eût été obligé pour faire avaler aux enfans le pain sacré, à le leur donner détrempé, en ces siècles où nous avons vu qu'on ne songeoit pas seulement au mélange des deux espèces, il leur eût fallu prendre une liqueur ordinaire avant la liqueur sacrée du sang de Notre-Seigneur contre la dignité d'un tel sacrement, qu'on a toujours cru dans l'Eglise « devoir entrer en nos corps avant toute autre nourriture [1]. » On l'a, dis-je, toujours cru ; et non-seulement du temps de saint Augustin, dont nous avons emprunté ce que nous venons de dire, mais du temps de saint Cyprien lui-même, comme il paroît dans sa lettre à Cécilius [2], et devant saint Cyprien, puisqu'on trouve dans Tertullien le pain sacré que les fidèles prenoient en secret avant toute autre nourriture [3]; et en un mot, devant eux tous, puisque tous en parlent comme d'une chose établie. Cette considération pour laquelle seule on ne donnoit que le sang aux petits enfans, quelque forte qu'elle soit en elle-même, eût été vaine contre un commandement divin. On croyoit donc très-certainement qu'il n'y avoit point de commandement divin d'unir ensemble les deux espèces.

M. de la Roque voudroit pouvoir dire, sans néanmoins l'oser faire nettement, qu'on mêloit le corps au sang pour les enfans, et soupçonne « qu'on le pourroit recueillir des paroles de saint Cyprien [4], » quoiqu'il n'y ait pas, comme on voit, une syllabe qui tende à cela. Mais outre que la discipline du temps ne souffroit pas ce mélange, saint Cyprien ne parle que du sang : « C'est le sang qui ne put demeurer, dit-il, dans des entrailles souillées; » et la distribution du sacré calice, à laquelle seule cet enfant eut part, est trop clairement marquée pour laisser le moindre lieu à la conjecture que M. de la Roque a voulu faire. Ainsi l'exemple est précis : la coutume de donner la communion aux petits enfans sous la seule espèce du vin ne peut être contestée; et le doute qu'on voudroit mettre sans aucun fondement dans les esprits, montre seulement l'embarras où l'on est jeté par la grande autorité de saint Cyprien et de l'Eglise de son temps.

Certainement M. de la Roque auroit agi de meilleure foi, s'il s'en étoit tenu à l'idée qui lui étoit venue naturellement. La pre-

---

[1] August., ep. CXVIII, nunc LIV, *ad Januar.*, n. 8. — [2] Ep. LXIII, p. 106 et seq. — [3] Lib. II *ad Uxorem*, n. 5. — [4] *Hist. Euch.*, I part., chap. XII, p. 145.

mière fois qu'il avoit parlé du passage de saint Cyprien, il nous avoit dit : « qu'on fit couler par force dans la bouche de l'enfant quelque chose du sacré calice [1], » c'est-à-dire, sans difficulté, quelques gouttes du précieux sang pur et sans mélange, tel qu'on le présentoit au reste du peuple, qui avoit déjà reçu le corps. Et d'ailleurs nous venons de voir que ce ministre ne blâme pas le pape Pascal II, qui selon lui permettoit de communier les petits enfans sous la seule espèce du vin : tant il a senti en sa conscience que cette pratique n'avoit point de difficulté.

Quant à M. du Bourdieu, le passage de saint Cyprien avoit aussi fait d'abord son effet dans son esprit ; et ce passage lui ayant été objecté par un catholique, ce ministre étoit convenu naturellement dans une première réponse, qu'en effet on n'avoit donné à cet enfant que le seul vin consacré [2]. Il se sauvoit, en disant que les anciens, qui croyoient la communion absolument nécessaire aux petits enfans, la leur donnoient *comme ils pouvoient ;* que ce fut pour cette raison que le diacre de saint Cyprien, croyant cet enfant damné s'il mouroit sans l'Eucharistie, « luy ouvrit par force la bouche pour y verser un peu de vin, et qu'un cas de nécessité, un cas singulier ne peut avoir le nom de coustume [3]. » Que d'efforts pour éluder une chose claire ! Où sont ces raisons extraordinaires que le ministre a voulu ici s'imaginer ? Y a-t-il seulement un mot dans saint Cyprien qui marque le péril de l'enfant, comme le motif de lui donner la communion ? Ne paroît-il pas au contraire par tout le discours, que ce saint sacrement ne lui fut donné que parce que c'étoit la coutume de le donner à tous les enfans toutes les fois qu'on les apportoit aux assemblées ? Pourquoi M. du Bourdieu veut-il deviner que cette petite fille n'avoit jamais communié [4] ? N'étoit-elle pas baptisée ? N'étoit-ce pas la coutume de donner la communion avec le baptême, même aux enfans ? Que sert donc de parler ici de la crainte qu'on eut qu'elle ne fût damnée, manque d'avoir reçu l'Eucharistie, puisqu'on la lui avoit déjà donnée en lui donnant le baptême ? Est-ce qu'on

---

[1] *Hist. Euch.*, 1 part., cap. XI, p. 136 ; cap. XII, p. 150. — [2] Du Bourd., 1 réponse, p. 37 ; et *Rep.*, chap. XX, p. 341. — [3] *Ibid.*, XX, p. 344. — [4] Chap. XX, p. 345.

croyoit aussi dans l'ancienne Eglise qu'il ne suffît pas au salut d'un enfant d'avoir communié une fois, et qu'il étoit damné si on ne lui réitéroit la communion? Quelles chimères inventent les hommes plutôt que de céder à la vérité, et avouer leur erreur de bonne foi? Mais à quel propos nous jeter ici sur la question de la nécessité de l'Eucharistie, et sur l'erreur où l'on veut que saint Cyprien ait été en ce point? Quand il seroit vrai que ce saint martyr et l'Eglise de son temps auroit cru la communion absolument nécessaire aux enfans, quel secours en tireroit M. du Bourdieu? Et qui ne voit au contraire, que si les deux espèces sont essentielles à la communion, comme le soutiennent les prétendus réformés, plus on croira la communion nécessaire aux petits enfans, moins on se dispensera de leur donner ces deux espèces? M. du Bourdieu a bien senti cette conséquence si contraire à sa prétention; et dans sa seconde *Réplique* il a voulu deviner, quoique saint Cyprien n'en ait rien dit et contre toute la suite de son discours, que cette petite fille, quand elle fut si cruellement et si miraculeusement tourmentée après la prise du sang, avoit déjà reçu le corps sans qu'il lui en fût arrivé aucun mal : où en est-on quand on fait de telles répliques?

Mais pourquoi disputer davantage? Il n'y a point de meilleure preuve, ni de meilleure interprète de la coutume que la coutume elle-même; je veux dire que rien ne démontre plus qu'une coutume vient des premiers siècles, que lorsqu'on la voit naturellement durer jusqu'aux derniers. Celle de communier les petits enfans sous la seule espèce du vin, que nous voyons établie au troisième siècle, et du temps de saint Cyprien, demeura toujours si commune, qu'on la trouve dans toute la suite. On la trouve au cinquième ou sixième siècle, dans le livre de Jobius, où ce docte religieux en racontant les trois sacremens qu'on donnoit d'abord dans un temps où le christianisme étant établi on ne baptisoit guère, non plus qu'à présent, que les enfans des fidèles, parle ainsi : « On nous baptise, dit-il; après on nous oint, » c'est-à-dire on nous confirme, « et enfin on nous donne le sang précieux [1]. » Il ne fait aucune mention du corps, parce qu'on ne le donnoit

---

[1] Jobius, *de Verb. incarn.*, lib. III, cap. XVIII; *Bibl. Phot.*, cod. 222.

point aux enfans. C'est pourquoi il prend grand soin dans le même endroit d'expliquer comment le sang peut être donné, même avant le corps ; ce qui n'ayant aucun lieu dans la communion des adultes, ne se trouvoit que dans celle que les fidèles avoient tous reçue avec le sang tout seul dans leur enfance. Ainsi la coutume du troisième siècle a déjà passé au sixième, elle n'en demeure pas là ; on la trouve jusqu'aux derniers temps et encore à présent, dans l'Eglise grecque. Allatius, catholique, et Thomas Smith, Anglois, prêtre protestant, le rapportent également tous deux après un grand nombre d'auteurs [1], et il n'y a point de difficulté.

Il est vrai que M. Smith a varié dans sa seconde édition. Car on a eu peur en Angleterre d'autoriser un exemple dont nous nous servons pour établir la communion sous une espèce. M. Smith après avoir remarqué dans sa préface l'avantage que nous en tirons [2], croit pouvoir nous l'ôter par deux ou trois témoignages assez foibles de Grecs fort récens, qui ont étudié en Angleterre, ou qui y résident et dont les écrits sont imprimés dans des villes protestantes.

Le dernier des témoignages qu'il allègue est celui d'un archevêque de Samos, que nous avons trop vu en ce pays-ci, pour compter beaucoup sur sa capacité, non plus que sur sa bonne foi. Il est présentement établi à Londres ; et M. Smith nous rapporte une lettre qu'il lui a écrite, où il dit qu'après le baptême des enfans, le prêtre « tenant le calice où est le sang avec le corps de notre Sauveur réduit en petites particules, y prend dans une petite cuiller une goutte de ce sang ainsi mêlé, de sorte qu'il se trouve dans cette cuiller quelques petites miettes du pain consacré ; ce qui suffit à l'enfant pour participer au corps de Notre-Seigneur. » M. Smith ajoute que ces miettes sont si petites, « qu'on ne peut pas même les apercevoir à cause de leur petitesse, et qu'elles s'attachent à la cuiller, quelque peu qu'elle soit trempée dans cette sainte liqueur. » Voilà tout ce qu'on a pu tirer d'un Grec qu'on entretient à Londres, et de M. Smith, en faveur de la communion

---

[1] Allat., tract.. *de Cons. utr. Eccl.*, *Annot. de comm. Oriental.;* Thom. Smith., episc. *de Eccles. Gr. stat., hod.*, p. 104, I edit.; Hug. de S. Vict., *Erudit. theol.*, lib. 1, cap. xx; *Bib. PP.*, par. *de Div. Offic.* — [2] Præf., II edit., init.

donnée sous les deux espèces aux enfans baptisés dans l'Eglise grecque : c'est qu'on leur donne le sang dans lequel le corps est mêlé, avec si peu de dessein de leur donner ce corps sacré, qu'on ne leur en donne « aucune partie de celles qu'on voit nager dans la liqueur sainte, et qu'on présente aux adultes, » comme dit M. Smith lui-même. On se contente de présumer qu'il s'attache à la cuiller de l'enfant *quelque particule insensible* du pain consacré : voilà ce qu'on appelle les communier sous les deux espèces. En vérité M. Smith n'eût-il pas aussi bien fait de ne rien changer dans son livre? Et tout homme de bon sens ne croira-t-il pas s'en devoir tenir à ce qu'il a dit naturellement dans sa première édition, d'autant plus qu'on le voit conforme à l'ancienne tradition que nous avons exposée?

Que si on trouve la communion des petits enfans sous la seule espèce du vin dans l'Eglise grecque, on ne la trouve pas moins parmi les Latins. On la trouve selon M. de la Roque, dans les décrets du pape Pascal II, comme nous venons de le voir, c'est-à-dire dans l'onzième siècle. On la trouve jusqu'au douzième siècle dans la même Eglise latine ; et Hugues de Saint-Victor, tant loué par saint Bernard, dit expressément que l'on ne donnoit le saint Sacrement aux petits enfans baptisés, « que sous l'espèce du sang,» enseignant aussi dans la suite « que sous chaque espèce on reçoit ensemble le corps et le sang [1]. »

On voit la même doctrine avec la même manière de communier les petits enfans, dans Guillaume de Champeaux, évêque de Châlons, intime ami du même saint Bernard. Le Père Mabillon, bénédictin de la congrégation de Saint-Maur, dont on ne peut non plus révoquer en doute la bonne foi que la capacité, a trouvé dans un ancien manuscrit un long passage de ce digne évêque, l'un des plus célèbres de son temps en piété et en doctrine, où il enseigne « que qui reçoit une seule espèce, reçoit Jésus-Christ tout entier, parce que, poursuit-il, on ne le reçoit ni peu à peu ni en partie, mais on le reçoit tout entier sous une ou sous deux espèces : d'où vient qu'on ne donne que le seul calice aux enfans nouvellement baptisés, parce qu'ils ne peuvent prendre le pain ;

---

[1] Hug. de S. Vict., *Erud. theol.*, lib. III, cap. xx.

mais ils n'en reçoivent pas moins Jésus-Christ tout entier dans le seul calice [1]. »

Les ministres embarrassés par ces pratiques qu'on trouve établies sans aucune contradiction dans tous les siècles passés, nous jettent ordinairement sur des questions incidentes, pour nous détourner de la question principale [2]. Ils exagèrent l'abus de la communion des petits enfants, car c'est ainsi qu'ils l'appellent contre l'autorité de tous les siècles ; abus qu'ils disent fondé *sur la grande et dangereuse erreur* de la nécessité absolue de recevoir l'Eucharistie dans tous les âges [3], à peine de damnation éternelle, qui selon eux est l'erreur de saint Cyprien, de saint Augustin, du pape saint Innocent, de saint Cyrille, de saint Chrysostome, de saint Césaire, évêque d'Arles, et non-seulement *de plusieurs Pères*, mais encore *de plusieurs siècles*. O sainte antiquité et Eglise des premiers siècles trop hardiment condamnée par les ministres, sans qu'il leur en revienne autre chose que le plaisir d'avoir fait croire à leurs peuples que l'Eglise pouvoit tomber dans l'erreur, même dans ses plus beaux temps! Car au fond, que servoit cette discussion à notre sujet? L'ancienne Eglise croyoit l'Eucharistie nécessaire aux petits enfants; nous avons déjà démontré que c'étoit une nouvelle raison de la donner sous les deux espèces, supposé que les deux espèces fussent de l'essence de ce sacrement. Pourquoi donc ne leur en donner qu'une seule? Et que peuvent dire ici ces ministres, si ce n'est qu'ils nous répondent que l'ancienne Eglise ajoutoit à l'erreur de croire la communion absolument nécessaire au salut, celle de croire que la communion avoit son effet entier sous une seule espèce, et qu'à force de faire errer une antiquité si pure, on se veuille montrer soi-même visiblement dans l'erreur?

Nous avons, Dieu merci, une doctrine qui ne nous oblige point à nous jeter dans de tels excès. Je pourrois aisément expliquer comment la grace du sacrement de l'Eucharistie est en effet nécessaire à tous les fidèles; comment l'Eucharistie et sa grace

---

[1] Ex lib. manuscript., qui dicitur *Pancrisis*, relat. in præf. Sæc. III, Bened., p. 1, n. 75. — [2] Du Bourd., I *Rép.*, p. 36 et II *Rép.*, chap. XX, XXI. — [3] *Hist. Euch.*, I part., chap. XI, p. 136 et seq.

est contenue en vertu dans le baptême; ce qu'opère dans les fidèles le droit sacré qu'ils y reçoivent sur le corps et sur le sang de Notre-Seigneur; et comment il appartient à la dispensation de l'Eglise de régler le temps d'exercer ce droit. Je pourrois faire voir encore sur ces fondemens que si quelques-uns, comme par exemple ce Guillaume évêque de Châlons, rapporté si fidèlement par le Père Mabillon, semblent avoir cru la nécessité de l'Eucharistie, loin que cette opinion fût universelle, on la voit très-fortement combattue par d'autres auteurs du même temps, comme par Hugues de Saint-Victor, cité dans le livre de M. de la Roque [1], et par beaucoup d'autres. Je pourrois dire encore comme ces auteurs ont expliqué saint Augustin après saint Fulgence [2], et montrer avec eux par des passages exprès et par toute la doctrine de ce Père, combien il est éloigné de l'erreur qu'on lui attribue. Mais j'ai dessein d'enseigner ici ce qu'il faut croire des deux espèces, et non pas d'embarrasser mes lecteurs de questions incidentes. Ainsi je n'y entre pas; et sans charger mon discours d'un examen inutile, je dirai en peu de mots la foi de l'Eglise.

L'Eglise a toujours cru et croit encore que les enfans sont capables de recevoir l'Eucharistie aussi bien que le baptême, et ne trouve pas plus d'obstacle à leur communion dans ces paroles de saint Paul : « Qu'on s'éprouve et qu'on mange [3], » qu'elle en trouve à leur baptême dans ces paroles de Notre-Seigneur : « Enseignez, et baptisez [4]. » Mais comme elle sait que l'Eucharistie ne leur peut pas être absolument nécessaire pour le salut, après qu'ils ont reçu la pleine rémission de leurs péchés dans le baptême, elle croit que c'est une affaire de discipline de donner ou de ne donner pas la communion dans cet âge : c'est pourquoi durant onze et douze cents ans, pour de bonnes raisons elle l'a donnée, et pour d'autres bonnes raisons elle a cessé depuis de la donner. Mais l'Eglise, qui se sentoit libre à communier ou ne pas communier les enfans, ne peut jamais avoir cru qu'il lui fût libre de les communier d'une manière contraire à l'institution de Jésus-Christ;

---

[1] Hug. de S. Vict., *Erud. theol.*, lib. I, cap. xx; *Hist. Euch.*, I part., chap. xi, p. 139. — [2] Fulg., *Ep. ad Ferr. Diac.*, cap. xi, n. 24, p. 225 et seq. — [3] 1 *Cor.*, xi, 28. — [4] *Matth.*, xxviii, 19.

ni n'auroit jamais donné une seule espèce, si elle eût cru les deux espèces inséparables par leur institution.

En un mot, pour nous dégager tout d'un coup des discussions inutiles, quand l'Eglise a donné la communion aux petits enfans sous la seule espèce du vin, ou elle jugeoit ce sacrement nécessaire à leur salut, ou non. Si elle ne le jugeoit pas nécessaire, pourquoi se presser de le donner pour le donner mal? Et si elle le jugeoit nécessaire, c'est une nouvelle démonstration qu'elle croyoit tout l'effet du sacrement renfermé sous une seule espèce.

Et pour montrer plus clairement qu'elle étoit dans cette créance, la même Eglise, qui donnoit l'Eucharistie aux petits enfans sous la seule espèce du vin, dans un âge plus avancé la leur donnoit sans scrupule sous la seule espèce du pain. Personne n'ignore l'ancienne coutume de donner à des enfans innocens ce qui restoit du corps de Notre-Seigneur après la communion des fidèles. Quelques églises brûloient ces sacrés restes; et telle étoit la coutume de l'église de Jérusalem, comme Hésychius prêtre de cette église le rapporte [1]. Jésus-Christ est également au-dessus de toute corruption : mais le sens humain demandoit que par respect pour ce sacrement on employât celle qui offense le moins les sens; et on aimoit mieux brûler ces sacrés restes que de les voir s'altérer d'une manière plus choquante en les gardant. Ce que l'église de Jérusalem consumoit par le feu, l'église de Constantinople le donnoit à consumer à de jeunes enfans, les regardant en cet âge où la grace du baptême étoit entière, comme ses vaisseaux les plus saints. Evagrius écrit au sixième siècle que c'étoit l'ancienne coutume de l'église de Constantinople [2]. M. de la Roque marque cette coutume, et nous fait voir dans le même temps la même pratique en France, où un concile ordonna que « les restes du sacrifice, après la messe achevée, seroient donnés, arrosés de vin, le mercredi et le vendredi à des enfans innocens, à qui on ordonneroit de jeûner pour les recevoir [3]. » C'étoit sans doute le corps de Notre-Seigneur qu'ils recevoient comme les autres

---

[1] Hesych., *in Levit.*, lib. II, 68. — [2] Evagr., lib. IV, cap. xxxv. — [3] An 585; *Conc. Matisc.* II, cap. vi, tom. 1; *Conc. Gall.*, Labb., tom. V, col. 982; *Hist. Euch.*, 1 part., chap. xvi, p. 183.

fidèles. Evagrius appelle ces restes « des particules du corps immaculé de Jésus-Christ nostre Dieu [1], » et c'est ainsi que traduit M. de la Roque. Le même Evagrius raconte que cette communion préserva un enfant juif, qui avoit communié de cette sorte avec les enfans des fidèles, de la fournaise brûlante où son père l'avoit jeté en haine de la communion qu'il avoit reçue, Dieu ayant voulu confirmer par un miracle si éclatant cette communion sous une espèce. Personne ne s'est jamais avisé de dire qu'on ait mal fait de donner le corps sans le sang, ni qu'une telle communion fût défectueuse. Si l'usage en a été changé, ç'a été pour d'autres raisons et de la même manière que d'autres choses de discipline ont été changées sans condamner la pratique précédente. Ainsi cette coutume, bien qu'elle ait cessé d'être en usage dans l'Eglise, demeure dans les histoires et dans les canons en témoignage contre les protestans : la communion des enfans est une claire conviction de leur erreur : les enfans à la mamelle communient sous la seule espèce du vin, et les enfans plus avancés sous celle du pain, concourant à faire voir les uns et les autres l'intégrité de la communion sous une espèce.

IV. IIIe coutume. La communion dans la maison.

Le troisième fait est que les fidèles, après avoir communié dans l'église et dans la sainte assemblée, emportoient avec eux l'Eucharistie pour communier tous les jours dans leur maison. On ne pouvoit pas leur donner l'espèce du vin, parce qu'elle ne se seroit pas conservée, surtout dans une aussi petite quantité qu'étoit celle dont on use dans les saints mystères; et il est certain aussi qu'on ne leur donnoit que la seule espèce du pain. Tertullien, qui fait mention de cette coutume dans son livre *de la Prière,* n'y parle que de « prendre et de réserver le corps de Notre-Seigneur [2]; » et il parle en un autre endroit « du pain que les chrétiens mangeoient à jeun en secret [3], » sans y ajouter autre chose. Saint Cyprien nous fait voir la même pratique dans son traité *de Lapsis*. Cette coutume commencée durant les persécutions et lorsque les assemblées ecclésiastiques n'étoient pas libres, n'a pas laissé de durer pour d'autres raisons pendant la paix de l'Eglise.

[1] An. 585. *Conc. Matisc.* II, cap. XXXVI. — [2] Tertul., *de Orat.*, cap. XIV. — [3] Lib. II, *ad Uxorem.*, n. 5

Nous apprenons de saint Basile que les solitaires ne communioient pas d'une autre sorte « dans les déserts où ils n'avoient point de prêtres[1]. » Et il est certain d'ailleurs que ces hommes merveilleux ne venant à l'église tout au plus que dans les solennités principales, ils n'auroient pas pu conserver l'espèce du vin. Aussi n'est-il parlé dans saint Basile que « de ce qu'on mettoit dans la main pour le porter à la bouche, » c'est-à-dire du pain consacré; et c'est ce qu'on « avoit la liberté de réserver, » comme dit le même Père : à quoi il ajoute qu'il est indifférent « de recevoir dans sa main un ou plusieurs morceaux, » se servant même d'un mot, qui constamment ne peut signifier, « que la parcelle ou la portion » de quelque chose de solide ; ce qui fait aussi qu'Aubertin ne l'entend que du pain sacré [2]. Et encore que saint Basile fasse assez voir tant par ces termes que par toute la suite de son discours, que les fidèles en ces occasions ne prenoient et ne réservoient que le corps seul, il décide que leur communion « n'étoit pas moins sainte ni moins parfaite dans leur maison que dans l'église. » Il dit même que cette coutume étoit universelle par toute l'Egypte, et même à Alexandrie. M. de la Roque conclut très-bien, d'un passage de saint Jérôme, qu'elle étoit aussi dans Rome, où sans aller toujours à l'église, « les fidèles recevoient tous les jours le corps de Nostre-Seigneur dans leur maison; » à quoi ce Père ajoute : « N'est-ce pas le mesme Jésus-Christ qu'on reçoit dans la maison et dans l'église [3], » pour montrer que l'une de ces communions n'est pas moins bonne ni moins parfaite que l'autre? Le même M. de la Roque demeure d'accord que les chrétiens des premiers temps s'envoyoient l'Eucharistie les uns aux autres en signe de communion [4]; comme en effet il paroît par une lettre de saint Irénée [5], qu'on l'envoyoit de Rome jusqu'en Asie ; et encore qu'ils la portoient avec eux dans leurs voyages de mer et de terre : ce qui confirme l'usage de l'espèce, qui seule se pouvoit porter, et seule se conserver si longtemps en si petite quantité. Témoin Satyre, frère de saint Ambroise, qui

[1] Basil., ep. CCLXXXIX, nunc XCIII.— [2] Aub., lib. II, p. 442.— [3] I part., cap. XIV, p. 173; Hieron., *ad Pamm.*, ep. XXX. — [4] *Hist. Euch.*, I part., chap. XV, p. 176. — [5] Euseb., *Hist. Eccl.*, lib. V, cap. XXIV; *Hist. Euch.*, 1 part., chap. XIV, p. 174.

au rapport de ce Saint, quoiqu'il ne fût que catéchumène, obtint des fidèles par la ferveur de sa foi, « ce divin sacrement, l'enveloppa dans un linge, et l'ayant lié autour de son cou, se jeta dans la mer » avec ce précieux gage par lequel aussi il fut sauvé [1]. Je n'ai pas besoin de rapporter les autres passages où cette coutume est établie, puisque M. de la Roque la reconnoît et nous dispense de la preuve. On voit même dans les passages qu'il cite comment on emportoit l'oblation sainte; et il paroît que c'étoit dans « un petit coffre, ou dans un linge bien net [2]. » Il trouve des vestiges de cette coutume au temps du pape saint Hormisdas, c'est-à-dire au commencement du sixième siècle; et il est vrai que sous ce Pape un bruit de persécution s'étant répandu mal à propos à Thessalonique, « on distribua l'Eucharistie à pleins paniers pour longtemps à tous les fidèles [3]. » Ceux qui la distribuèrent ne sont pas blâmés de l'avoir donnée de cette sorte, mais d'avoir malicieusement effrayé le peuple par le bruit d'une persécution imaginaire.

En effet il ne faut point regarder cette manière de communier dans la maison comme un abus, sous prétexte qu'on n'a pas continué cet usage : car dans les affaires de pure discipline comme celle-ci, l'Eglise a des raisons pour défendre dans un temps ce qu'elle permet dans un autre. C'est durant les persécutions, c'est-à-dire dans les temps les plus saints, que cette coutume a été le plus en usage; de sorte que la communion sous une espèce est autorisée par la pratique constante des meilleurs temps et par l'exemple de tous les martyrs. Il est même constant qu'en ce temps on communioit plus souvent sous la seule espèce du pain que sous les deux espèces, puisqu'il étoit établi que l'on communioit tous les jours dans sa maison sous cette seule espèce, au lieu que l'on ne pouvoit recevoir les deux espèces que dans les assemblées de l'église, qui n'étoient pas si fréquentes; et personne n'a soupçonné durant tant de siècles, qu'une de ces manières de communier fût défectueuse ou plus imparfaite que l'autre.

---

[1] Ambr., *de Obitu frat. Sat.*, lib. I, n. 43, 44.— [2] I part., chap. XII, p. 159, chap. XIV, p. 172 et seq.; Joan., Mosch., *Prat. spir.*, tom. XIII; *Bibl. PP.*, p. 1089. — [3] Inter *Epist.* Horm. Papæ, post. epist. LXII; *Sugg. Germ.*, etc., et post epist. LXVII; *Indic.* Joan. episc., tom. V *Conc.*

Ceux qui savent avec quel respect on traitoit alors les choses saintes, ne trouveront point d'irrévérence à mettre la communion dans la main des fidèles, non plus qu'à la leur laisser emporter dans leurs maisons particulières, où il est certain à notre honte qu'il y avoit plus de modestie qu'il n'y en a présentement dans les églises.

On sait d'ailleurs le soin extrême que prenoient les chrétiens de garder ce précieux dépôt du corps de Notre-Seigneur, et surtout de le mettre à couvert des mains profanes. Nous voyons dans les *Actes des martyrs de Nicodémie,* que lorsque les magistrats firent la visite de la chambre « où habitoit sainte Domne avec l'eunuque Indes qui la servoit, » on y trouva seulement « une croix, le livre des *Actes des apôtres,* deux nattes étendues à plate terre, » c'étoit les lits de ces saints martyrs, « un encensoir de terre, une lampe, un coffret de bois où ils mettoient la sainte oblation qu'ils recevoient. On n'y trouva point l'oblation sainte, qu'ils avoient eu soin de consumer [1]. » C'est aux protestans à nous dire ce que ces martyrs faisoient de cette croix et de cet encensoir. Les catholiques n'en sont point en peine; et ils sont ravis de voir dans le meuble de ces saints, avec la simplicité des premiers temps, les marques de leur religion et de l'honneur qu'ils rendoient à l'Eucharistie. Mais ce qui fait à notre sujet, on reconnoît dans cette histoire comment on gardoit l'Eucharistie, et quel soin on prenoit de ne la pas laisser tomber en des mains infidèles. Dieu s'en mêloit quelquefois, et les *Actes* de saint Tharsice, acolyte, font voir que le saint martyr « rencontré par des païens pendant qu'il portoit les sacremens du corps de Notre-Seigneur, ne voulut jamais découvrir ce qu'il portoit, et fut tué à coups de bâton et à coups de pierre; après quoi ces infidèles l'ayant visité, ils ne trouvèrent, ni dans ses mains ni dans ses habits, aucune parcelle des sacremens de Jésus-Christ [2], » Dieu ayant lui-même pourvu à la sûreté des dons célestes. Ceux qui savent le style du temps, le reconnoissent dans ces *Actes,* où il est parlé des sacremens de Jésus-Christ et des sacremens de son corps. On se servoit de ce mot indifféremment au nombre pluriel et singulier, en par-

---

[1] *Act. Mart. Nicom.,* ap. Bar., an. 293. — [2] *Martyr. Rom.,* 15 august.

lant de l'Eucharistie, tantôt pour en exprimer l'unité parfaite, et tantôt pour faire voir qu'il y avoit dans un seul sacrement et dans un seul mystère (car ces termes sont équivalens), et même dans chaque partie de ce sacrement adorable, plusieurs sacremens et plusieurs mystères ensemble.

Cette réserve, qui se faisoit de l'Eucharistie sous la seule espèce du pain dans les maisons particulières, confirme ce qu'il faut croire de la réserve qui s'en faisoit dans l'église ou dans la maison des évêques pour l'usage des malades; et des faits qui se soutiennent si bien les uns les autres, mettent hors de contestation la doctrine de l'Eglise.

Tout ce que les ministres répondent ici, ne sert qu'à découvrir leur embarras.

Ils traitent tous d'un commun accord cette coutume de profanation et d'abus [1], même après avoir établi qu'elle a été universelle pendant plusieurs siècles, et ce qui est bien plus étrange, pendant les siècles les plus purs du christianisme. Cette réponse porte avec elle sa réfutation; et il sera aisé de prendre son parti, quand il ne s'agira plus que de savoir si tous les martyrs sont des profanes, ou si les ministres, qui les en accusent, sont des téméraires.

Calixte, et M. du Bourdieu, qui le suit en tout [2], rapportent deux canons de l'Eglise d'Espagne, l'un du concile de Sarragosse, et l'autre du premier de Tolède, où « ceux qui n'avaient pas l'Eucharistie reçue des mains de l'évêque, sont chassés comme sacriléges et frappés d'anathème [3]. »

M. de la Roque leur répond qu'il ne croit pas *que ce canon de Sarragosse ait* été fait pour abolir la coutume d'emporter l'Eucharistie, et de la garder [4]. Et il dit après la même chose du premier concile de Tolède; ce qu'il prouve par l'onzième canon de l'onzième concile de la même ville [5].

Et quand on ne voudroit pas s'arrêter aux sentimens de M. de

---

[1] *Hist. Euch.*, 1 part., chap. XII, p. 159, chap. XIV, p. 175; Du Bourd., *Rép.*, chap. XIX.— [2] Calixt., n. 11; Du Bourd., *Rép.* chap. XIX.— [3] *Conc. Cæsar. August.*, cap. III; *Concil.*, Labb., tom. II, col. 1009; *Tol.* I, cap. XV; *Ibid.*, col. 1225.— [4] *Hist. Euch.*, I part., chap. XIV, p. 174.— [5] *Conc. Tol.*, XI, XI; Labb., tom. VI, *Conc.*, col. 552.

la Roque, on voit assez que ces deux conciles tenus au quatrième siècle ou aux environs, ne peuvent pas avoir détesté comme un sacrilége une coutume que tous les Pères nous font voir commune en ces temps-là, comme nous l'avons montré, de l'aveu même des ministres.

En effet il n'est point parlé dans ces conciles de ceux qui prenant à l'église une partie du pain consacré, en réservent une partie pour communier dans leur maison ; mais de ceux qui recevant la communion des mains de l'évêque, n'en avalent rien du tout. Voilà ce que défendent ces conciles, et les motifs de cette défense ne sont pas malaisés à deviner, puisque le premier concile de Tolède, qui blâme si sévèrement au canon xiv ceux qui affectoient, « en assistant à l'église, de n'y communier jamais, » lorsque dans le canon suivant il condamne, « comme sacriléges, ceux qui n'avalent point la communion après l'avoir reçue des mains du prêtre, » fait assez connoître, par cette suite, qu'il a eu en vue de condamner une autre manière d'éviter la communion, d'autant plus mauvaise qu'elle montroit ou une hypocrisie sacrilége, ou une aversion trop visible de ce saint mystère.

Ces malheureux, qui évitoient si obstinément la communion, étoient les priscillianistes, hérétiques de ces temps et de ces lieux-là, qui se mêloient ordinairement avec les fidèles. Mais quand on ne voudroit pas convenir de ce motif du canon, on ne niera pas du moins qu'il n'y ait d'autres mauvais motifs de n'avaler pas l'Eucharistie, qu'on peut avoir condamnés dans ces conciles. On peut s'éloigner de l'Eucharistie par superstition ; on la peut réserver pour en abuser ; on la peut rejeter par infidélité : et le concile XI de Tolède nous apprend que c'est un tel sacrilége que le premier a condamné. Ces abus ou d'autres semblables aperçus en certains endroits, peuvent avoir donné lieu à des défenses locales, qui n'apportoient aucun préjudice aux coutumes des autres pays : et il est certain d'ailleurs que ce qui se fait en un lieu aussi bien qu'en un temps avec révérence, peut être si mal pratiqué en d'autres temps et en d'autres lieux, qu'on le rejettera comme sacrilége. Ainsi en quelque manière qu'on veuille prendre ces canons, ils n'autorisent en aucune sorte l'erreur de ceux qui veulent faire passer pour abus la pratique des saints martyrs et de toute l'ancienne Église, et qui ne trouvent point d'autre réponse à un argument invincible qu'en leur faisant leur procès.

M. du Bourdieu tâche d'échapper par une autre défaite qui n'est pas moins vaine. Il voudroit qu'on crût que les fidèles communioient sous les deux espèces dans ces communions domestiques, et les gardoient toutes deux [1], dont il apporte après Calixte quatre témoignages; celui de saint Justin, qui dit qu'après la consécration faite à l'église, les diacres portoient aux absens les deux espèces [2]; celui de saint Grégoire le Grand, qui raconte que dans un voyage de Constantinople à Rome et dans une grande tempête, les fidèles « reçurent le corps et le sang [3]; » celui d'Amphilochius, qui dit dans la *Vie de saint Basile,* qu'un Juif se mêlant avec les fidèles dans leur assemblée, en remporta à sa maison *des restes du corps et du sang* [4]; et enfin celui de saint Grégoire de Nazianze, qui raconte que sa sœur sainte Gorgonie mêla avec ses larmes ce qu'elle avoit pu ramasser *des antitypes ou symboles du corps et du sang* [5]. Il devoit traduire *du corps ou du sang,* comme il y a dans le texte, et non pas *du corps et du sang,* comme il a fait pour insinuer qu'on gardoit toujours l'un et l'autre ensemble.

De ces quatre exemples, les deux premiers visiblement ne font rien à notre sujet.

Nous avons déjà remarqué avec M. de la Roque que dans celui de saint Justin on portoit à la vérité les deux espèces, mais incontinent après qu'on les avoit consacrées, par où on ne montre pas qu'on les gardât, ce qui est précisément notre question.

Pour montrer que dans l'occasion racontée par saint Grégoire, les fidèles avoient gardé dans leur vaisseau les deux espèces depuis Constantinople jusqu'à Rome, il faudroit auparavant qu'il fût certain qu'il n'y avoit point dans ce vaisseau de prêtre qui pût célébrer, ou que *Maximien,* dont saint Grégoire parle en ce lieu, ne l'étoit pas, quoiqu'il fût *le Père d'un monastère.* Ce grand pape ne dit rien de ces circonstances, et nous laisse la liberté de les

---

[1] *Rép.,* chap. XVIII. — [2] Just., *Apol.,* I, n. 65 et seq. — [3] Greg., *Dial.* III, cap. XXXVI. — [4] Amphil., *Vit. Bas.* — [5] Greg. Naz., orat. XI *in Gorg. sororem.*

suppléer par d'autres raisons, dont la principale se tire de l'impossibilité, déjà tant marquée, de garder si longtemps et en si petite quantité le vin consacré.

Ce que dit ici M. du Bourdieu, qu'on n'eût osé célébrer dans un navire, fait voir qu'il ne cherche qu'à chicaner, sans vouloir même considérer qu'encore à présent on célèbre en toutes sortes de lieux quand il y a raison de le faire.

Ainsi, de ces quatre exemples, en voilà d'abord deux inutiles. Les deux autres, avec les passages de Baronius et du savant l'Aubespine, évêque d'Orléans, dont il les soutient, peuvent bien prouver qu'on ne refusoit pas le sang aux fidèles pour l'emporter avec eux, s'ils le demandoient (car aussi pourquoi le leur refuser, et croire que le corps sacré qu'on leur confioit fût plus précieux que le sang?), mais ne prouveront jamais qu'ils le pussent garder longtemps, puisque la nature même y résistoit, ni que ce fût la coutume de le faire, l'Eglise étant si persuadée que la communion étoit égale sous une ou sous deux espèces, que la moindre difficulté la déterminoit à l'une ou à l'autre manière. Aussi voyons-nous dans le passage de saint Grégoire de Nazianze, qu'il ne dit pas que sa sœur arrosa de ses larmes *le corps et le sang*, comme s'il eût été certain qu'elle eût eu l'un et l'autre, mais *le corps ou le sang*, pour montrer qu'il ne savoit pas lequel des deux elle avoit en son pouvoir, l'ordinaire étant de ne garder que le corps.

Que sert donc de chicaner sur un fait constant? Il en faut toujours venir à la vérité; et M. de la Roque, celui de tous les ministres qui a le plus scrupuleusement examiné cette matière, convient franchement « que les fidèles emportoient chez eux le pain de l'Eucharistie pour le prendre quand ils vouloient [1], » se sauvant comme il peut de la conséquence par la remarque qu'il fait que cette coutume *abusive* et particulière, « ne peut préjudicier à la pratique générale, et que ceux-là mesme qui emportoient chez eux l'Eucharistie, ne le faisoient apparemment qu'après en avoir mangé une partie dans l'assemblée, et participé au calice du Seigneur. »

Calixte s'en tire à peu près avec la même réponse [2]. Au com-

[1] *Hist. Euch.*, 1 part., chap. XII, p. 159. — [2] *Disp.*, n. 10.

mencement du *Traité* qu'il nous donne *sur la communion des deux espèces*, il avoit dit naturellement que quelques-uns réservoient « le pain sacré pour le manger ou dans leur maison ou dans les voyages; » et après avoir rapporté plusieurs passages, entre autres celui de saint Basile, qui ne souffre aucun subterfuge, il avoit conclu « qu'il étoit certain par ces passages, que quelques-uns émus d'une religieuse affection pour l'Eucharistie, emportoient une partie du pain consacré, ou de ce sacré symbole. » Il n'y a personne qui ne voie, en lisant ces passages dans Calixte même, que ce *quelques-uns*, qu'il coule si doucement, c'est toute l'Eglise; et quand il ajoute que cette coutume fut *tolérée quelque temps*, ce *quelque temps*, c'est-à-dire quatre ou cinq cents ans et dans les temps les plus purs; et ce *tolérée* c'est-à-dire universellement reçue dans ces beaux siècles de l'Eglise, sans que personne se soit avisé, ni de la blâmer, ni de dire que cette communion fût insuffisante.

Dans la suite de la dispute Calixte s'échauffe, et s'efforce de prouver par les exemples déjà réfutés, que cette communion pouvoit se faire sous les deux espèces. Mais il en revient enfin à la solution qu'il avoit donnée d'abord, que les fidèles qui communioient sous la seule espèce du pain dans leur maison, avoient reçu celle du vin dans l'église, et qu'il n'y a point d'exemple « que durant mille et onze cents ans on ait communié publiquement sous une espèce [1] : » comme s'il ne suffisoit pas pour le convaincre, que la communion sous une espèce ait été jugée parfaite et suffisante ; ou qu'il fût plus permis de communier contre l'ordre de Jésus-Christ, et de diviser son mystère dans la maison que dans l'église ; ou enfin que cette parcelle de pain sacré qu'on prenoit en particulier dans sa maison sans prendre le sang, n'eût pas été donnée à l'église même et de la main des pasteurs pour cet usage.

Voilà les vaines chicanes par lesquelles les ministres pensent éluder une vérité manifeste : mais je ne veux pas les laisser dans leur erreur à l'égard de la communion publique; et encore qu'il nous suffise d'avoir pour nous cette communion faite en particu-

---

[1] *Disp.*, n. 10, 11, 154.

lier avec l'approbation de toute l'Eglise, nous allons voir que la communion sous une espèce n'étoit pas moins libre dans les assemblées solennelles que dans la maison.

Je pose donc pour quatrième fait, que dans l'église même et dans les assemblées des chrétiens, il leur étoit libre de prendre ou les deux espèces, ou une seule. Les manichéens abhorroient le vin, qu'ils croyoient une créature du diable [1]. Les mêmes manichéens nioient que le Fils de Dieu eût versé son sang pour notre rédemption, croyant que sa passion n'avoit été qu'une illusion et une apparence fantastique. Ces deux raisons leur donnoient de l'aversion pour le sang précieux de Notre-Seigneur, qu'on recevoit dans les mystères sous l'espèce du vin : et comme, « pour se mieux cacher, » dit saint Léon, et répandre plus aisément leur venin, « ils se mêloient avec les catholiques jusqu'à communier avec eux, ils ne recevoient que le corps de Notre-Seigneur, évitant de boire le sang par lequel nous avons été rachetés. » On avoit peine à découvrir leur fraude, parce que les catholiques mêmes ne communioient pas tous sous les deux espèces. A la fin on remarqua que les hérétiques le faisoient par affectation : de sorte que le pape saint Léon le Grand « voulut que reconnus à cette marque, on les chassât de l'Eglise ; » et saint Gélase, son disciple et son successeur, fut obligé à défendre expressément de communier autrement que sous les deux espèces [2] : marque qu'auparavant la chose étoit libre, et qu'on n'en vint à cette ordonnance que pour ôter aux manichéens le moyen de tromper.

Ce fait est du cinquième siècle. M. de la Roque et les autres le rapportent avec le sentiment de ces deux papes [3], et ils en tirent avantage. Mais au contraire ce fait montre clairement qu'il fallut une raison particulière pour obliger les fidèles à communier nécessairement sous les deux espèces, et que la chose auparavant se pratiquoit indifféremment des deux manières : autrement les manichéens se seroient d'abord trop fait connoître, et n'auroient pas pu espérer d'être soufferts.

[1] Leo I, serm. XLV, al. XLVI, qui est IV *de Quadr.*, cap. V. — [2] *In Dec. Grat. de Cons.*, dist. 2. cap. *Comperimus*, 12 ; Ivo, *Microl.*, etc. — [3] I part., cap. XII, p. 144.

Mais s'il étoit libre, disent les ministres [1], de communier quand on vouloit sous la seule espèce du pain, on n'auroit pas pu reconnoître les manichéens à cette marque : comme s'il n'y avoit point de différence entre la liberté de recevoir une ou deux espèces, et la perpétuelle affectation de ces hérétiques à refuser opiniâtrément le vin consacré. Quel effet de la prévention, de ne vouloir pas observer une chose si manifeste !

Il est vrai qu'en laissant cette liberté, il falloit du temps et une attention particulière pour discerner les hérétiques d'avec les fidèles. C'est aussi ce qui donna lieu assez longtemps à la fraude ; et ce qui fit que du temps de saint Gélase, il en fallut enfin venir à une ordonnance expresse, de prendre également le corps et le sang, sur peine d'être privé de l'un et de l'autre.

M. du Bourdieu nous cache ici avec beaucoup d'artifice le motif de la défense de ce pape [2]. Voici les paroles du décret. « Nous avons découvert que quelques-uns, en prenant seulement le corps sacré, s'abstiennent du sacré calice, lesquels certes, puisqu'on les voit attachés à je ne sais quelle superstition, il faut ou qu'ils prennent les deux parties de ce sacrement, ou qu'ils soient privés de l'une et de l'autre [3]. » Ce *puisque* du pape Gélase, qui nous marque manifestement dans l'abstinence superstitieuse de ces hérétiques une raison particulière de les obliger aux deux espèces, est supprimé par ce ministre ; car voici ce qu'il fait dire à ce grand pape : « Je ne sçay à quelle superstition ils sont attachez : qu'ils prennent les sacremens entiers, ou qu'ils soient privez des sacremens entiers. »

Il n'a osé faire paroître dans sa traduction la particule, où ce pape marque expressément que sa défense a eu un motif particulier, de peur qu'on ne conclût trop facilement contre lui qu'il n'y avoit rien de plus libre en soi que de communier sans prendre le sang, puisqu'il a fallu des raisons et une occasion particulière pour obliger à le faire.

Il y a encore une autre finesse, mais bien foible, dans la tra-

---

[1] Du Bourd., *Rép.*, chap. XIII, p. 281. — [2] *Ibid.*, p. 283. — [3] « Qui procul dubio (quoniam nescio quâ sperstitione docentur adstringi) aut integra sacramenta percipiant, aut ab integris arceantur. » Gel., *ibid.*

duction de ce ministre. Car au lieu que le pape dit, comme je le viens de traduire : « Lesquels certes, puisqu'ils paroissent attachés à je ne sais quelle superstition, » c'est-à-dire indéfiniment, comme il est visible, à une *certaine superstition* qu'il ne daigne pas exprimer, le ministre lui fait dire précisément et plus fortement tout ensemble : *Je ne sçay à quelle superstition ils sont attachez*, pour conclure de là un peu après qu'il ne s'agissoit pas ici des manichéens, « dont, dit-il [1], ce sçavant évesque n'ignoroit pas les erreurs, ou celles qui avoient la vogue en son temps. »

Calixte avoit tâché avant lui de détacher le fait de saint Léon d'avec celui de saint Gélase [2], pour empêcher qu'on ne crût que l'ordonnance de ce dernier pape en faveur des deux espèces ne fût regardée comme relative à l'erreur des manichéens. Que lui sert ce misérable refuge? Puisqu'il paroît clairement par les termes de cette ordonnance qu'elle a un motif particulier, que nous importe que ce soit l'erreur des manichéens, ou quelque autre superstition semblable? Et n'est-ce pas toujours assez pour faire voir que de quelque façon qu'on le prenne, il a fallu à l'Eglise des raisons particulières pour obliger aux deux espèces?

Mais au fond on ne peut douter que cette superstition dont parle ici saint Gélase, ne fût celle des manichéens, puisqu'Anastase, bibliothécaire, dit expressément dans la vie de ce grand pape, « qu'il découvrit à Rome des manichéens, qu'il les envoya en exil, et qu'il fit brûler leurs livres devant l'église de Sainte-Marie [3]. » On ne voit pas en effet quelle superstition, autre que celle des manichéens, auroit pu inspirer l'horreur du vin et celle du sang de Notre-Seigneur. On sait d'ailleurs que ces hérétiques avoient des artifices inouïs pour s'insinuer secrètement parmi les fidèles, et qu'il y avoit dans leurs discours prodigieux une telle efficace d'erreur, que rien n'étoit plus difficile que d'effacer tout à fait les impressions qu'ils laissoient dans les esprits. Personne ne doutera donc que ces superstitieux dont parle le pape saint Gélase, n'aient été des restes cachés de ces manichéens, que saint Léon son prédécesseur avoit découverts trente ou quarante ans

---

[1] Du Bourd., *ibid.*, p. 285. — [2] Calixt., *Disp. cont. comm.*, etc., *et in Add.*, p. 291. — [3] *Vit. Gel.*, tom. IV, *Conc.*, col. 1154.

auparavant : et quand saint Gélase a dit qu'ils sont attachés à *je ne sais quelle superstition,* ce n'est pas qu'il ne connût bien leurs erreurs, mais il parle ainsi par mépris, ou en tout cas, parce que cette secte obscure se tournoit en mille formes, et qu'on ne savoit pas toujours, ou qu'on ne vouloit pas toujours expliquer au peuple tout ce qui restoit de ce venin.

Mais voici le fort des ministres. Ils soutiennent que nous avons tort de chercher une raison particulière de l'ordonnance de saint Gélase, puisque ce pape la fonde manifestement sur la nature du mystère. Rapportons donc encore une fois les paroles déjà citées de ce pape, et ajoutons-y toute leur suite : « Nous avons découvert, dit-il, que quelques-uns prennent seulement le sacré corps et s'abstiennent du sang sacré, lesquels certes, puisqu'on les voit attachés à je ne sais quelle superstition, il faut qu'ils prennent les deux parties, ou qu'ils soient privés de toutes les deux, parce que la division d'un seul et même mystère ne se peut faire sans un grand sacrilége. »

A bien prendre la suite de ces paroles, on voit que la division qu'il accuse de sacrilége est celle qui est fondée sur cette superstition, où le sang de Notre-Seigneur consacré sous l'espèce du vin, étoit regardé comme un objet d'aversion. En effet c'est diviser le mystère, que de croire qu'il y en a une partie que Jésus-Christ n'a pas instituée, et qui doit être rejetée comme abominable. Mais de croire que Jésus-Christ ait également institué les deux parties, et n'en prendre cependant qu'une seule, non pas en méprisant l'autre, (à Dieu ne plaise), mais parce qu'on croit que dans une seule on reçoit la vertu de toutes les deux, et qu'il n'y a dans toutes les deux qu'un même fond de grace : si c'est diviser le mystère, l'Eglise primitive le divisoit donc quand elle communioit les malades, les petits enfans et tous les fidèles généralement dans leur maison sous une seule espèce. Mais comme on ne peut avoir un tel sentiment de l'ancienne Eglise, on est forcé d'avouer que pour diviser ce mystère, il faut croire et faire autre chose que ce que croient et font tous les catholiques.

VI.
Suite : la messe du

L'Eglise ancienne a si peu cru que ce fût diviser le mystère que de ne donner qu'une seule espèce, qu'elle a eu des jours solennels, où elle n'a distribué que le corps sacré de Notre-Seigneur dans l'église et à tous les assistans [1]. Tel étoit l'office du Vendredi saint dans l'Eglise latine; et tel étoit l'office de l'Eglise grecque dans tous les jours du Carême, à la réserve du samedi et du dimanche.

Pour commencer par l'Eglise latine, nous voyons dans l'*Ordre romain*, dans Alcuin, ou dans l'ancien auteur dont nous avons sous son nom l'explication de ce livre [2], dans Amalarius, dans l'abbé Rupert, dans Hugues de Saint-Victor, ce que nous pratiquons encore aujourd'hui, qu'on ne consacroit pas le Vendredi saint, mais qu'on réservoit pour la communion le corps de Notre-Seigneur consacré le jour précédent, et que le Vendredi saint on le prenoit avec du vin non consacré. Il est marqué expressément dans tous ces lieux, qu'on ne réservoit que le corps sans réserver le sang; dont la raison est, dit Hugues de Saint-Victor, « que sous chaque espèce on prend le corps et le sang, et que l'espèce du vin ne se peut pas réserver sûrement [3]. » On trouve cette dernière raison dans une des éditions d'Amalarius, qui ne vient pas moins de lui que les autres, cet auteur ayant souvent revu son livre et plusieurs de ces révisions étant venues jusqu'à nous. La même chose est arrivée à Jonas évêque d'Orléans, et à plusieurs autres auteurs; et sans nous arrêter à ces critiques, le fait constant est qu'Amalarius après diverses raisons mystiques qu'il rapporte de cette coutume, à l'exemple des autres auteurs, conclut « qu'on peut dire encore plus simplement qu'on ne réserve pas le vin consacré, » parce qu'il s'altère plus facilement que le pain. Ce qui confirme en passant tout ce que nous avons fait voir de la communion des malades sous la seule espèce du pain, et montre bien que l'Eucharistie qu'on leur gardoit constamment durant plusieurs jours, selon l'esprit de l'Eglise, ne pouvoit leur être gardée sous l'espèce du vin, puisqu'on y craint même l'altération qui pouvoit y arriver d'un jour à un autre, c'est-à-dire du Jeudi au Vendredi saint.

Je pourrois ici remarquer que l'Eglise n'évitoit pas seulement

---

[1] On peut rapporter à ceci ce qui est écrit par Fulbert, évêque de Chartres, ep. II. Et pareille coutume dans un ancien *Pontifical* de Reims, dont M. de Reims m'a envoyé l'extrait. — [2] *Bib. PP.* Paris, tr. *de Div. off.* — [3] Hug. de S. Vict., *Erud. theol.*, lib. III, cap. xx.

la corruption des espèces qui en changeoit la nature et la matière nécessaire au sacrement, mais encore tout changement qui les altéroit tant soit peu, voulant par respect pour ce sacrement que tout y fût pur et propre, et qu'on ne souffrît pas le moindre dégoût, même sensible, dans un mystère où il falloit goûter Jésus-Christ. Mais ces remarques peu nécessaires à notre sujet sont d'un autre lieu; et il nous suffit de voir ici qu'on ne réservoit alors, comme on ne réserve encore aujourd'hui, que le corps sacré pour le service du Vendredi saint.

Cependant il est certain par tous les auteurs et par tous les lieux que nous venons de citer, que le célébrant, tout le clergé et tout le peuple communioit à ce saint jour, et ne communioit par conséquent que sous une espèce. Cette coutume paroît principalement dans l'église gallicane, puisque la plupart de ces auteurs en sont, de sorte qu'elle doit trouver parmi nous une vénération particulière : mais ce seroit s'abuser trop visiblement, que de dire qu'une coutume si bien établie au huitième siècle ne venoit pas de plus haut. On n'en voit point l'origine ; de sorte que si l'opinion qui croit la communion sacrilége sous une espèce avoit lieu, il faudroit dire que l'ancienne Eglise auroit justement choisi le Vendredi saint et le jour de la mort de Notre-Seigneur, pour profaner un mystère institué à sa mémoire. On communioit de la même sorte le Samedi saint, puisque d'un côté il est certain par tous les auteurs que le Vendredi et le Samedi saints étoient jours de communion pour tout le peuple, et que de l'autre il n'est pas moins constant qu'on ne sacrifioit point durant ces deux jours : ce qui fait qu'encore aujourd'hui dans notre *Missel* il n'y a point de messe propre au Samedi saint. Ainsi on communioit sous la seule espèce du pain réservé le Jeudi saint; et s'il en faut croire nos réformés, on se préparoit à la communion pascale par deux communions sacriléges.

Les moines de Cluny, tout saints qu'ils étoient, ne faisoient pas mieux que les autres; et le livre de leurs Coutumes déjà cité une fois dans ce discours, montre qu'il y a six cents ans qu'ils ne communioient en ce saint temps que sous une espèce [1].

---
[1] *C. Clun.*, lib. I, cap. XIII, *de Parasc.*, tom. IV *Spicil.*

Ces choses font assez voir la coutume universelle de l'Eglise latine. Mais les Grecs passent encore plus avant : ils ne consacrent point aux jours de jeûne, afin de ne mêler pas à la tristesse du jeûne la joie et la célébrité du sacrifice. C'est ce qui fait que dans le Carême ils ne consacrent qu'au jour de dimanche et au jour de samedi, dans lesquels ils ne jeûnent pas. Ils offrent dans les autres jours le sacrement réservé de ces deux jours solennels, ce qu'ils appellent la *Messe imparfaite*, ou la *Messe des Présanctifiés*, à cause que l'Eucharistie qu'on offre en ces jours, a été consacrée et sanctifiée dans les deux jours précédens et dans la messe qu'ils nomment *parfaite*.

L'antiquité de cette observance ne peut être contestée, puisqu'elle paroît au sixième siècle dans le concile *in Trullo* [1] : on en voit le fondement dès le quatrième au concile de Laodicée [2], et il n'y a rien de plus célèbre parmi les Grecs que cette messe des Présanctifiés.

Si l'on veut maintenant savoir ce qu'ils y offrent, il n'y a qu'à lire dans leurs *Eucologes* et dans la *Bibliothèque des Pères* les anciennes Liturgies des Présanctifiés [3] : on verra qu'ils ne réservent que le pain sacré. C'est le pain sacré qu'ils apportent de la sacristie ; c'est le pain sacré qu'ils élèvent, qu'ils adorent et qu'ils encensent ; c'est le pain sacré qu'ils mêlent sans dire aucune prière dans du vin et dans de l'eau non consacrés, et qu'ils distribuent enfin à tout le peuple. Ainsi dans tout le Carême, dans le plus saint temps de l'année, cinq jours de la semaine, ils ne communient que sous la seule espèce du pain.

On ne sait pourquoi quelques Latins ont voulu blâmer cette coutume des Grecs, que les papes ni les conciles n'ont jamais reprise ; et au contraire l'Eglise latine l'ayant suivie le Vendredi saint, il paroît que cet office avec la manière de communier qui s'y pratiquoit, est consacré par la tradition des deux églises.

Ce qu'il y a ici de plus remarquable, c'est qu'encore qu'il soit si visible que les Grecs ne reçoivent en ces jours que le corps de

---

[1] *Conc. Trull.*, 52, Labb., tom. VI, coll. 1165 et seq. — [2] *Conc. Laod.*, cap. XLIX, LI, Labb., tom. I, col. 1506. — [3] *Euch.* Goar., *Bibl. PP.*, Paris, tom. II.

Notre-Seigneur, ils ne changent rien dans les formules ordinaires. Les dons sacrés sont toujours nommés au pluriel, et ils n'en parlent pas moins dans leurs prières du corps et du sang : tant il est imprimé dans l'esprit des chrétiens qu'on ne peut en recevoir l'un sans recevoir en même temps non-seulement la vertu, mais encore la substance de l'un et de l'autre.

Il est vrai que les Grecs modernes s'expliquent autrement, et ne paroissent pour la plupart guère favorables à la communion sous une espèce ; mais c'est en quoi la force de la vérité paroît plus grande, puisque, malgré qu'ils en aient, leurs propres coutumes, leurs propres liturgies, leurs propres traditions décident contre eux.

Mais quoi, dira-t-on, n'est-il pas vrai qu'ils mettent en forme de croix quelques gouttes du sang précieux dans les parcelles du corps sacré qu'ils réservent pour les jours suivans et pour l'office des Présanctifiés ? Il est vrai qu'ils le font pour la plupart : mais il est vrai en même temps que cette coutume est nouvelle parmi eux ; et qu'au fond, à la regarder toute entière, elle ne fait rien contre nous.

Elle ne fait rien contre nous, parce qu'outre que deux ou trois gouttes du vin consacré ne se peuvent pas conserver longtemps, les Grecs prennent soin aussitôt après qu'ils les ont mises sur le pain sacré, de le dessécher sur un réchaud et de le réduire en poudre. Car c'est ainsi qu'ils le réservent tant pour les malades que pour l'office des Présanctifiés : marque certaine que les auteurs de cette tradition n'ont pas eu en vue dans ce mélange la communion sous les deux espèces, qu'ils eussent données autrement s'ils les avoient crues nécessaires ; mais l'expression de quelque mystère, tel que pourroit être la résurrection de Notre-Seigneur, que toutes les liturgies grecques et latines figurent par le mélange du corps et du sang dans le calice, parce que la mort de Notre-Seigneur étant arrivée par l'effusion de son sang, ce mélange du corps et du sang est très-propre à représenter comment cet Homme-Dieu reprit la vie.

J'aurois honte de raconter ici toutes les vaines subtilités des Grecs modernes, ni tous les faux raisonnemens qu'ils font sur le vin et sur ses parties plus grossières et plus substantielles, qui demeurent quand les corps solides, dans lesquels le vin peut être mêlé, sont desséchés : d'où ils concluent qu'il se fait un effet semblable dans les espèces du vin eucharistique; et ainsi que le sang de Notre-Seigneur peut demeurer dans le pain sacré, même après qu'il a passé sur le réchaud et qu'il est entièrement sec. Par ces beaux raisonnemens la lie et le tartre seroient encore du vin et la matière légitime de l'Eucharistie. Faut-il raisonner ainsi des mystères de Jésus-Christ? C'est du vin, comme on l'appelle populairement, c'est-à-dire du vin liquide et coulant, que Jésus-Christ a fait la matière de son sacrement. C'est une liqueur qu'il nous a donnée pour représenter à nos yeux son sang répandu; et la simplicité de l'Evangile ne souffre pas ce raffinement des nouveaux Grecs.

Aussi faut-il avouer qu'ils n'y sont venus que depuis très-peu, et même que la coutume de mettre ces gouttes de vin consacré sur le pain de l'Eucharistie n'est établie parmi eux que depuis leur schisme. Le patriarche Michel Cérularius, qu'on peut appeler le vrai auteur de ce schisme, écrit encore dans un livre qu'il a composé pour la défense de l'office des Présanctifiés, « qu'il faut réserver pour ce sacrifice les pains sacrés, qu'on croit être et qui sont en effet le corps vivifiant de Notre-Seigneur, sans répandre dessus aucune goutte du précieux sang [1]. » Et on trouve sur les conciles des notes d'un célèbre canoniste, qui étoit clerc de l'église de Constantinople, où il est expressément marqué « que selon la doctrine du bienheureux Jean (patriarche de Constantinople), il ne faut point répandre le sang précieux » sur les Présanctifiés qu'on veut réserver; et « c'est, dit-il, la pratique de notre église [2]. » Ainsi quoi que puissent dire les Grecs modernes, leur tradition est expresse contre ce mélange; et selon leurs propres auteurs et leur propre tradition, il ne leur reste pas même un prétexte pour défendre la nécessité des deux espèces dans les mystères présanctifiés.

---

[1] *Synodic. seu Pand. Guill. Bevereg.*, Oxon., 1672; *Not. in Can.* 52; *Conc. Trull.*, Labb., tom. VI, col. 1565 et seq.; Leo All., *Epist. ad Nihus.* —
[2] Harmenop., *Ep. Can.*, sect. II, tit. 6.

Car peut-on seulement entendre ce que dit le patriarche Michel dans l'ouvrage que nous venons de citer, « que le vin, dans lequel on mêle le corps réservé, est changé au sang précieux par ce mélange, » sans qu'on ait dit sur ce vin, comme il paroît par les *Eucologes* et par l'aveu même de Michel, « aucune des oraisons mystiques et sanctifiantes, » c'est-à-dire sans qu'on ait dit les paroles de la consécration, quelles qu'elles soient, (car il ne s'agit pas ici d'en disputer) : dogme prodigieux et inouï, qu'il se fasse un sacrement sans parole, contre l'autorité de l'Ecriture et la constante tradition de toutes les églises, que ni les Grecs ni personne n'a jamais révoquée en doute !

Autant donc qu'il faut révérer les anciennes traditions des Grecs qui leur viennent de leurs pères et des temps où ils étoient unis avec nous, autant faut-il mépriser les erreurs où ils sont tombés dans la suite, affoiblis et aveuglés par le schisme. Je n'ai pas besoin de les rapporter, puisque même les protestans ne nient pas qu'elles ne soient grandes, et que je m'éloignerois trop de mon sujet : mais je dirai seulement pour faire justice aux Grecs modernes, qu'ils ne tiennent pas tous ce dogme grossier de Michel ; et que ce n'est pas une opinion universelle parmi eux, que le vin soit changé au sang par ce mélange du corps, malgré l'Ecriture et la tradition, qui lui assigne aussi bien qu'au corps sa bénédiction particulière par la parole.

Il faut encore moins croire que les Latins, qui viennent de nous exposer l'office du Vendredi saint, puissent être tombés dans cette erreur, puisqu'ils s'expliquent formellement contre ; et afin de ne rien omettre, il faut encore proposer en peu de mots leurs sentimens.

Il est donc vrai qu'on voit dans l'*Ordre romain* et dans cet office du Vendredi saint, que « le vin non consacré est sanctifié par le pain sanctifié » qu'on y mêle. La même chose se trouve dans les livres de l'*Office divin* d'Alcuin et dans Amalarius[1]. Mais pour peu qu'on fasse de réflexion sur la doctrine qu'ils enseignent dans ces mêmes livres, on demeurera d'accord que cette sanctification du vin consacré par le mélange du corps de Notre-

---

[1] Alc., *de Div. Off.*; Amal., lib. I, *de Div. Off.*; Bib. PP., *de Div. Off.*

Seigneur ne peut pas être la véritable consécration, par laquelle le vin est changé au sang, mais une sanctification d'une autre nature et d'un ordre beaucoup inférieur : telle qu'est celle dont parle saint Bernard, lorsqu'il dit que « le vin mêlé avec l'hostie consacrée, quoiqu'il ne soit pas consacré de cette consécration solennelle et particulière qui le change au sang de Jésus-Christ, ne laisse pas d'être sacré en touchant le sacré corps de Notre-Seigneur [1], » mais d'une manière bien différente de celle qui se fait selon le même Saint par les paroles tirées de l'Evangile.

Que ce soit de cette sorte de consécration imparfaite et inférieure dont parlent ici les auteurs que nous expliquons, c'est une vérité qui demeurera pour constante, si on trouve que ces mêmes auteurs et dans les mêmes endroits disent que la véritable consécration du sang de Notre-Seigneur ne se peut faire que par la parole, et encore par la parole de Jésus-Christ même.

Alcuin y est exprès, lorsqu'expliquant le Canon de la messe, comme nous l'avons encore aujourd'hui, quand il est venu à l'endroit où nous proférons les paroles sacramentelles qui sont celles de Jésus-Christ même : « Ceci est mon corps, ceci est mon sang ; » il dit que « c'est par ces paroles qu'on a consacré au commencement le pain et le calice, qu'on le consacre encore, et qu'on le consacrera éternellement, parce que Jésus-Christ prononçant encore par les prêtres ses propres paroles, fait son saint corps et son sacré sang par une céleste bénédiction [2]. »

Et Amalarius sur le même endroit du Canon [3], ne dit pas moins clairement que c'est en ce lieu et à la prononciation de ces paroles, que « la nature du pain et du vin est changée en la nature du corps et du sang de Jésus-Christ (a) : » ce qui montre combien lui et Alcuin sont éloignés de croire que le seul mélange fasse

---

[1] Bern., ep. LXIX. — [2] Alc., lib. *de Div. Off.*, cap. *de Celeb. Miss.*, ibid. — [3] Amal., lib. III, 24, ibid.

(a) Le texte continuoit ainsi, dans la première édition : « Et il (Amalarius) avoit dit auparavant en particulier de la consécration du calice, qu'une simple liqueur étoit changée par la bénédiction du prêtre au sacrement du sang de Notre-Seigneur; *ce qui montre*, etc. » Bossuet a effacé ce passage; et dans la *Revue de quelques-uns de ses ouvrages*, il dit sur le *Traité de la communion* : « Je remarquerai seulement sur cet ouvrage qu'on a ôté dans la seconde édition un passage d'Amalarius, qui avoit été mal pris dans la première, quoique cela ne fît rien au fond de la preuve. »

cet effet sans parole. Quand donc ils disent que le simple vin est sanctifié par le mélange du corps de Jésus-Christ, on voit assez qu'ils veulent dire que par l'attouchement du Saint des saints ce vin cesse d'être profane, et devient quelque chose de saint : mais qu'il devienne le Sacrement de Jésus-Christ, et qu'il soit changé en son sang sans qu'on ait prononcé dessus les paroles de Jésus-Christ, c'est une erreur qui ne peut pas compatir avec leur doctrine.

Tous ceux qui ont écrit de l'*Office divin*, et de celui de la Messe, tiennent le même langage que ces deux auteurs.

Isaac, évêque de Langres, leur contemporain, dans l'explication du Canon et du lieu où l'on consacre, dit que le prêtre ayant fait jusque-là ce qu'il a pu, pour faire alors quelque chose de plus merveilleux, emprunte les paroles de Jésus-Christ même, c'est-à-dire ces paroles : *Ceci est mon corps :* « Paroles puissantes, dit-il, auxquelles le Seigneur donne sa vertu, » selon l'expression du Psalmiste ; « paroles qui ont toujours leur effet, parce que le Verbe, qui est la vertu de Dieu, dit et fait tout à la fois : de sorte qu'il se fait ici à ces paroles contre toute raison humaine une nouvelle nourriture pour le nouvel homme, un nouveau Jésus né de l'esprit, une hostie venue du ciel[1] ; » et le reste, qui ne fait rien à notre sujet, ceci n'étant que trop suffisant pour montrer que ce grand évêque a mis la consécration dans les paroles de Notre-Seigneur.

Remi, évêque d'Auxerre, dans le livre qu'il a composé *de la Messe* vers la fin du neuvième siècle, est visiblement dans le même sentiment qu'Alcuin, puisqu'il n'a fait que transcrire de mot à mot toute la partie de son livre où cette matière est traitée.

Hildebert, évêque du Mans et depuis transféré à Tours, célèbre par sa piété autant que par son éloquence et par sa doctrine, et loué même par les protestans à cause des éloges qu'il a donnés à Bérenger, après qu'il fut revenu ou qu'il eut fait semblant de revenir de ses erreurs, explique formellement que « le prêtre consacre, non par ses paroles, mais par celles de Jésus-Christ ; qu'alors sous le signe de la croix et sous la parole, la nature est

---

[1] Isaac Lingon., *Spicil.*, tom. I, p. 351.

changée ; que le pain honore l'autel en devenant corps, et le vin en devenant sang : ce qui oblige le prêtre à élever alors le pain et le vin, pour montrer qu'ils sont élevés par la consécration à quelque chose de plus haut que ce qu'ils étoient[1]. »

L'abbé Rupert dit la même chose[2], et après lui Hugues de Saint-Victor[3]. On trouve tous ces livres ramassés dans la *Bibliothèque des Pères*, au tome qui porte le titre, *de Divinis Officiis*.

Cette tradition est si constante, surtout dans l'Eglise latine, qu'on ne peut pas s'imaginer que le contraire se pût trouver dans l'*Ordre romain,* ni qu'Alcuin et Amalarius l'eussent pu penser, quand ils ne se seroient pas aussi clairement expliqués que nous avons vu. Mais cette tradition venoit de plus haut. Tant d'auteurs françois que j'ai cités avoient été précédés par un évêque de l'église gallicane, qui avoit dit au cinquième siècle, que « les créatures posées sur les saints autels et béniés par les paroles célestes, cessoient d'être la substance du pain et du vin et devenoient le corps et le sang de Notre-Seigneur[4] ; » et saint Ambroise avant lui entendoit, *par ces paroles célestes,* les propres paroles de Jésus-Christ : *Ceci est mon corps, ceci est mon sang,* ajoutant « que la consécration, tant celle du corps que celle du sang, se faisoit par ces paroles de Notre-Seigneur[5] ; » et l'auteur du livre *des Sacremens,* soit que ce soit saint Ambroise, ou quelqu'un voisin de son temps qui le suit en tout, connu quoi qu'il en soit dans l'antiquité, parle de même[6] ; et tous les Pères du même temps tiennent un langage conforme ; et avant eux tous saint Irénée avoit enseigné « que le pain ordinaire est fait Eucharistie par l'invocation de Dieu qu'il reçoit sur lui[7] ; » et saint Justin, qu'il cite souvent, avoit dit devant lui que l'Eucharistie se faisoit « par la prière de la parole qui vient de Jésus-Christ, » et que c'étoit par cette parole, « que les alimens ordinaires, qui ont accoutumé en se changeant de nourrir notre chair et notre sang, étoient le corps et le sang de ce Jésus incarné pour nous[8] : » et

---

[1] Hildeb., eod. tom. *Bibl. PP.*— [2] Rup., *de Div. Off.*, lib. II, cap. IX ; et lib. V, cap. XX. — [3] Hug. de S. Vict., *Erud. theol.*, lib. III, cap. XX. — [4] Euseb., *Gallic. sive Euch.*, tom. VI ; Max., *Bibl. PP.*, hom. V, *de Pasch.* — [5] Ambr., *de Init. seu de Myst.*, cap. IX, n. 54. — [6] Ambr., lib. IV, *Sacr.*, cap. V, n. 23. — [7] Iren., *Cont. hær.*, lib. IV, cap. XVIII, n. 4.—[8] Just., *Apol.* I, ed. Ben., *Apol.* II, n. 66, p.83.

avant tous les Pères, l'apôtre saint Paul avoit clairement marqué la bénédiction particulière du calice, lorsqu'il avoit dit : « Le calice de bénédiction que nous bénissons [1]. » Et pour aller à la source, Jésus-Christ consacre le vin en disant : « Ceci est mon sang, » comme il avoit consacré le pain en disant : « Ceci est mon corps ; » de sorte qu'il ne peut tomber dans l'esprit d'un homme sensé qu'on ait jamais pu croire dans l'Eglise que le vin fût consacré sans paroles par le seul mélange du sang, d'où il s'ensuit que c'étoit avec le pain seul que nos pères communioient le Vendredi saint.

VII. Les sentimens et la pratique des derniers siècles, fondés sur les sentimens et la pratique de l'Eglise ancienne.

Tant de pratiques constantes de l'ancienne Eglise, tant de circonstances différentes, où il paroît qu'en particulier et en public, êt toujours avec une approbation universelle et selon la loi établie, elle a donné la communion sous une espèce tant de siècles avant le concile de Constance, et depuis l'origine du christianisme jusqu'au temps de ce concile, démontrent invinciblement qu'il n'a fait que suivre la tradition de tous les siècles, quand il a décidé que la communion étoit bonne et suffisante sous une espèce aussi bien que sous les deux ; et qu'en quelque façon qu'on la reçût, ni on ne contrarioit à l'institution de Jésus-Christ, ni on ne se privoit du fruit de ce sacrement.

Dans les choses de cette nature, l'Eglise a toujours cru qu'elle pouvoit changer ses lois suivant les temps et les occurrences ; et c'est pourquoi après avoir laissé la communion sous une ou sous deux espèces indifférentes, après avoir obligé aux deux espèces pour des raisons particulières, elle a réduit pour d'autres raisons les fidèles à une seule, prête à rendre les deux quand l'utilité de l'Eglise le demandera, comme il paroît par les décrets du concile de Trente [2].

Ce concile après avoir décidé que la communion sous les deux espèces n'est pas nécessaire, se propose de traiter deux points : le premier, s'il est à propos d'accorder la coupe à quelque nation ; et le second, à quelles conditions on la pourroit accorder.

Il y avoit un exemple de cette concession dans le concile de Bâle, où la coupe fut accordée aux bohémiens, à condition de reconnoître que Jésus-Christ étoit reçu tout entier sous chacune des deux

---

[1] I *Cor.*, x, 16. — [2] Sess. XXI, *post. Canon.*

espèces, et que la réception de l'une et de l'autre n'étoit pas nécessaire.

On douta donc longtemps à Trente s'il ne falloit point accorder la même chose à l'Allemagne et à la France qui le demandoient, dans l'espérance de réduire plus facilement par ce moyen les luthériens et les calvinistes. Enfin le concile jugea à propos, pour d'importantes raisons, de remettre la chose au Pape, afin qu'il fit selon sa prudence « ce qui seroit le plus utile à la chrétienté, et le plus convenable au salut de ceux qui feroient cette demande [1]. »

En conséquence de ce décret et en suivant l'exemple de Paul III, son successeur Pie IV à la prière de l'empereur Ferdinand et de quelques princes d'Allemagne, par ses brefs du premier septembre 1563 envoya une permission à quelques évêques de rendre la coupe à l'Allemagne [2], aux conditions marquées dans ces brefs, conformes à celles de Bâle, s'ils le trouvoient utile au salut des ames. La chose fut exécutée à Vienne en Autriche et en quelques autres endroits. Mais on reconnut bientôt que les esprits étoient encore trop échauffés pour profiter de ce remède. Les ministres luthériens ne cherchoient qu'une occasion de crier aux oreilles du peuple que l'Eglise reconnoissoit elle-même qu'elle s'étoit trompée, lorsqu'elle avoit cru que la substance du sacrement se recevoit toute entière sous une seule espèce : chose manifestement contraire à la déclaration qu'elle exigeoit ; mais la passion fait tout entreprendre et tout croire à des esprits prévenus. Ainsi on ne continua pas de se servir de la concession que le Pape avoit faite avec prudence, et qui peut-être en un autre temps et dans de meilleures dispositions, eût eu un meilleur effet.

L'Eglise, qui doit en tout tenir la balance droite, ne doit ni faire paroître comme indifférent ce qui est essentiel, ni aussi comme essentiel ce qui ne l'est pas, et ne doit changer sa discipline que pour une évidente utilité de tous ses enfans ; et c'est de cette prudente dispensation que sont venus tous les changemens que nous avons remarqués dans l'administration d'une seule ou de deux espèces.

[1] Sess. XXII, in fine. — [2] Palavic., *Hist. Conc. Trident.*, lib. XI, 2, n. 11, XXIV; Bona, lib. IV, *Rer. lit.*, cap. XVIII; Calixt., *Disp. cont. Comm. sub und*, etc., p. 75.

SECONDE PARTIE.

LES PRINCIPES SUR LESQUELS SONT APPUYÉS LES SENTIMENS ET LA PRATIQUE DE L'ÉGLISE : QUE LES PRÉTENDUS RÉFORMÉS SE SERVENT DE CES PRINCIPES AUSSI BIEN QUE NOUS.

Telle a été la pratique de l'Eglise. Les principes sur lesquels elle s'est fondée ne sont pas moins assurés que la pratique a été constante.

Afin qu'il ne reste en cette matière aucune difficulté, je ne rapporterai aucun principe que les prétendus réformés puissent contester.

1. 1ᵉʳ principe. Il n'y a rien d'indispensable dans les sacremens, que ce qui est de leur substance. Le premier principe que je pose est que dans l'administration des sacremens, nous sommes obligés de faire, non tout ce que Jésus-Christ a fait, mais seulement tout ce qui appartient à la substance.

Ce principe est incontestable. Les prétendus réformés ni ne plongent les enfans dans l'eau du baptême, comme Jésus-Christ fut plongé dans le Jourdain quand saint Jean le baptisa; ni ne donnent la Cène à table et dans un soupé, comme le fit Jésus-Christ; ni ne regardent comme nécessaires beaucoup d'autres choses qu'il a observées.

Mais il importe surtout de considérer la cérémonie du baptême, qui peut servir de fondement à beaucoup de choses en cette matière.

Baptiser signifie plonger, et tout le monde en est d'accord.

Cette cérémonie a été tirée des purifications des Juifs; et comme la plus parfaite purification consistoit à se plonger tout à fait dans l'eau, Jésus-Christ, qui étoit venu pour sanctifier et pour accomplir les anciennes cérémonies, a voulu choisir celle-ci comme la plus significative et la plus simple, pour exprimer la rémission des péchés et la régénération du nouvel homme.

Le baptême de saint Jean-Baptiste, qui servoit de préparatif à celui de Jésus-Christ, a été fait en plongeant.

La prodigieuse multitude des peuples qui accouroient à ce

baptême, fit choisir à saint Jean-Baptiste les environs du Jourdain [1], et parmi les environs du Jourdain la contrée « d'Annon auprès de Salim, parce qu'il y avoit là des eaux abondantes [2]; » et une grande facilité de plonger les hommes qui venoient se consacrer à la pénitence par cette sainte cérémonie.

Quand Jésus-Christ vint à saint Jean pour élever le baptême à un effet plus merveilleux en le recevant, l'Ecriture dit qu'il « sortit et s'éleva des eaux du Jourdain [3], » pour marquer qu'il y avoit été plongé tout entier.

Il ne paroît point dans les *Actes des apôtres*, que les trois mille et les cinq mille hommes qui furent convertis aux premières prédications de saint Pierre [4], aient été baptisés d'une autre manière; et le grand nombre de ces convertis n'est pas une preuve qu'on les ait baptisés par aspersion, comme quelques-uns l'ont conjecturé. Car outre que rien n'oblige à dire qu'on les ait baptisés en même jour, il est certain que saint Jean-Baptiste qui n'en baptisoit pas moins, puisque toute la Judée accouroit à lui, ne laissa pas de baptiser en plongeant; et son exemple nous a fait voir que pour baptiser un grand nombre d'hommes, on savoit choisir les lieux où il y avoit beaucoup d'eaux : joint encore que les bains et les purifications des anciens, principalement celles des Juifs, rendoient cette cérémonie facile et familière en ce temps.

Enfin nous ne lisons point dans l'Ecriture qu'on ait baptisé autrement; et nous pouvons faire voir par les actes des conciles, et par les anciens *Rituels*, que treize cents ans durant on a baptisé de cette sorte dans toute l'Eglise, autant qu'il a été possible.

Le mot même dont on se sert dans les *Rituels* pour exprimer l'action des parrains et des marraines, en disant qu'ils lèvent l'enfant des fonts baptismaux, fait assez voir qu'on l'y plongeoit.

Quoique ces vérités soient incontestables, ni nous, ni les prétendus réformés n'écoutons les anabaptistes qui tiennent la mersion essentielle et indispensable; et nous n'avons pas craint les uns et les autres de changer ce plongement, pour ainsi parler du

---

[1] *Matth.*, III, 5, 6; *Luc.*, III, 3. — [2] *Joan.*, III, 23. — [3] *Matth.*, III, 16; *Marc.*, I, 10. — [4] *Act.*, II, 41; IV, 4.

corps entier, en une simple aspersion ou infusion sur une partie de notre corps.

On ne peut rendre d'autre raison de ce changement, sinon que ce plongement n'est pas de la substance du baptême; et les prétendus réformés en étant d'accord, le premier principe que nous avons posé est incontestable.

II. IIe principe. Pour connoître la substance d'un sacrement, il en faut regarder l'effet essentiel.

Le second principe est que pour distinguer dans un sacrement ce qui appartient ou n'appartient pas à la substance, il faut regarder l'effet essentiel du sacrement.

Ainsi quoique les paroles de Jésus-Christ : *Baptisez*, comme il a déjà été dit, signifient : *Plongez*, on a cru que l'effet du sacrement n'étoit pas attaché à la quantité de l'eau : si bien que le baptême par infusion et aspersion ou par mersion paroissant avoir au fond le même effet, l'une et l'autre façon est jugée valable.

Or, comme nous avons dit, on ne sauroit trouver dans l'Eucharistie aucun effet essentiel du corps distingué de celui du sang : ainsi la grace de l'un et de l'autre au fond et dans la substance ne peut être que la même.

Il ne sert de rien de dire que la représentation de la mort de Notre-Seigneur est plus expresse dans les deux espèces; je le veux : aussi la représentation de la renaissance du fidèle est-elle plus expresse dans la mersion que dans la simple infusion ou aspersion. Car le fidèle plongé dans l'eau du baptême « est enseveli avec Jésus-Christ [1], » selon l'expression de l'Apôtre; et le fidèle sortant des eaux, sort du tombeau avec son Sauveur, et représente plus parfaitement le mystère de Jésus-Christ, qui le régénère. La mersion, où l'eau est appliquée au corps entier et à toutes ses parties, signifie aussi plus parfaitement que l'homme est pleinement et entièrement lavé de ses taches. Et toutefois le baptême donné par l'immersion ou le plongement, ne vaut pas mieux que le baptême donné par simple infusion et sur une seule partie : il suffit que l'expression du mystère de Jésus-Christ et de l'effet de la grace se trouve en substance dans le sacrement, et la dernière exactitude de la représentation n'y est pas requise.

Ainsi dans l'Eucharistie, l'expression de la mort de Notre-Sei-

[1] *Rom.*, VI, 4; *Coloss.*, II, 12.

gneur se trouvant au fond, quand on nous donne le corps livré pour nous, et l'expression de la grace du sacrement s'y trouvant aussi quand on nous donne sous l'espèce du pain l'image de notre nourriture spirituelle, le sang, qui ne fait qu'y ajouter une signification plus expresse, n'y est pas absolument nécessaire.

C'est ce que montrent manifestement les paroles mêmes de Notre-Seigneur et la réflexion de saint Paul, lorsque rapportant ces paroles : « Faites ceci en mémoire de moi [1], » il en conclut aussitôt après que « toutes les fois qu'on mange ce pain, et qu'on boit ce calice, on annonce la mort du Seigneur. » Ainsi selon l'interprétation du disciple, l'intention du Maître quand il ordonne de se souvenir de lui, c'est qu'on se souvienne de sa mort. Afin donc de bien entendre si le souvenir de cette mort est dans la seule participation de tout le mystère, ou dans la participation de chacune de ses parties, il ne faut que considérer que le Sauveur n'attend pas que tout le mystère soit achevé et toute l'Eucharistie reçue dans ses deux parties, pour dire : « Faites ceci en mémoire de moi. » Saint Paul a remarqué qu'à chaque partie il ordonne expressément cette mémoire [2]. Car après avoir dit : « Mangez, ceci est mon corps, faites ceci en mémoire de moi, » en donnant le sang il répète encore : « Toutes les fois que vous le boirez, faites-le en mémoire de moi; » nous montrant par cette répétition que nous exprimons sa mort dans la participation de chaque partie. D'où il s'ensuit que lorsque saint Paul conclut de ces paroles « qu'en mangeant le corps et buvant le sang, on annonce la mort du Seigneur, » il faut entendre qu'on l'annonce non-seulement en prenant le tout, mais encore en prenant chaque partie, d'autant plus qu'il est visible d'ailleurs que dans cette mystique séparation que Jésus-Christ a marquée par ces paroles, le corps épuisé de sang et le sang tiré du corps, font le même effet pour marquer la mort violente de Notre-Seigneur. De sorte que s'il y a une expression plus inculquée en prenant le tout, il ne laisse pas d'être véritable qu'à la réception de chaque partie on se représente la mort toute entière, et on s'en applique toute la grace.

Que si on demande ici à quoi sert donc l'institution des deux

[1] 1 *Cor.*, XI, 25, 26. — [2] *Ibid.*, 24, 25.

espèces et cette expression plus vive de la mort de Notre-Seigneur que nous y avons remarquée, c'est qu'on ne veut pas songer à une qualité de l'Eucharistie bien connue des anciens, quoique rejetée par nos réformés. Tous les anciens ont cru que l'Eucharistie n'étoit pas seulement une nourriture, mais encore un sacrifice, et qu'on l'offroit à Dieu en la consacrant avant que de la donner au peuple ; ce qui fait que la table de Notre-Seigneur, ainsi appelée par saint Paul dans l'*Epitre aux Corinthiens* [1], est appelée *Autel* par le même Apôtre dans l'*Epitre aux Hébreux* [2]. Il ne s'agit pas ici d'établir ni d'expliquer ce sacrifice, dont on peut voir la nature dans le Traité de l'*Exposition* [3]; et je dirai seulement, parce que notre sujet le demande, que Jésus-Christ a fait consister ce sacrifice de l'Eucharistie dans la plus parfaite expression qu'on pût jamais imaginer du sacrifice de la croix. C'est pourquoi il a dit séparément : « Ceci est mon corps; et : Ceci est mon sang, » renouvelant mystiquement par ces paroles, comme par un glaive spirituel, avec toutes les plaies qu'il a reçues dans son corps, la totale effusion de son sang; et encore que ce corps et ce sang une seule fois séparés, dussent être éternellement réunis dans sa résurrection pour faire un homme parfait et parfaitement vivant, il a voulu néanmoins que cette séparation, faite une fois à la croix, ne cessât jamais de paroître dans le mystère de la sainte table. C'est dans cette mystique séparation qu'il a voulu faire consister l'essence du sacrifice de l'Eucharistie pour en faire l'image parfaite du sacrifice de la croix, afin que comme ce dernier sacrifice consiste dans l'actuelle séparation du corps et du sang, celui-ci qui en est l'image parfaite, consistât aussi dans cette séparation représentative et mystique. Mais encore que Jésus-Christ ait séparé son corps et son sang ou réellement sur la croix, ou mystiquement sur les autels, il n'en peut pas séparer la vertu, ni faire qu'une autre grace accompagne son sang répandu que la même au fond et en substance qui accompagne son corps immolé : ce qui fait que cette expression si vive et si forte, nécessaire pour le sacrifice, ne l'est plus dans la réception de l'Eucharistie, étant autant impossible de séparer dans l'application l'effet

---

[1] I *Cor.*, x, 21. — [2] *Hebr.*, xIII, 10. — [3] *Exp.*, art. xIV.

du sang de celui du corps, qu'il est aisé et naturel de représenter aux yeux du fidèle la séparation actuelle de l'un et de l'autre. C'est pourquoi dans l'antiquité nous avons vu en tant de rencontres le corps donné sans le sang, et le sang donné sans le corps, mais jamais l'un consacré sans l'autre. Nos pères ont été persuadés qu'on ôteroit aux fidèles quelque chose de trop précieux, si on ne consacroit pas les deux espèces, où Jésus-Christ a fait consister avec cette parfaite représentation de sa mort l'essence du sacrifice de l'Eucharistie; mais qu'on ne leur ôtoit rien d'essentiel, ne leur en donnant qu'une seule, puisqu'une seule contient la vertu du tout; et que l'esprit une fois frappé de la mort de Notre-Seigneur dans la consécration des deux espèces, ne prend plus rien de l'autel où on les a consacrées qui ne conserve cette figure de mort et le caractère de victime : de sorte que soit que l'on mange, soit que l'on boive, soit qu'on fasse l'un et l'autre ensemble, on s'applique toujours la même mort, et on reçoit toujours en substance la même grace.

Et il ne faut point tant appuyer sur le manger et le boire, puisque manger et boire spirituellement, c'est visiblement la même chose, et que l'un et l'autre c'est croire. Soit donc qu'on mange ou qu'on boive selon le corps, l'on boit et mange tout ensemble selon l'esprit pourvu qu'on croie, et on reçoit tout l'effet du sacrement.

Mais sans disputer davantage, je voudrois bien seulement demander à Messieurs de la religion prétendue réformée s'ils ne croient pas, quand ils ont reçu le pain de la Cène avec une foi sincère, avoir reçu la grace qui nous incorpore pleinement à Jésus-Christ et le fruit tout entier de son sacrifice. Qu'ajoutera donc l'espèce du vin, si ce n'est une expression plus ample du même mystère?

III. Que les prétendus réformés conviennent de ce principe, et ne peuvent avoir d'autre fondement de leur discipline. Examen de la doctrine de M. Jurieu, dans le livre intitulé, *Le Préservatif*, etc.

Bien plus, ils croient recevoir, non la figure seulement, mais la propre substance de Jésus-Christ. Que ce soit par la foi, ou autrement, ce n'est pas de quoi il s'agit. La reçoivent-ils toute entière, ou seulement la moitié, quand on leur donne le pain de la Cène? Jésus-Christ est-il divisé? Et s'ils reçoivent dans une seule espèce la substance de Jésus-Christ toute entière, qu'ils nous disent si la substance et l'essence du sacrement leur peut manquer?

Et ce ne peut être que cette raison qui leur ait persuadé qu'ils pouvoient donner le pain seul à ceux qui ne peuvent pas boire de vin. L'article vii du chapitre xii de leur *Discipline*, qui est celui de la Cène, y est exprès.

Cet argument proposé la première fois par le grand cardinal de Richelieu, a jeté les prétendus réformés dans un extrême embarras. J'ai tâché de résoudre dans l'*Exposition* une partie des réponses qu'ils y ont faites[1], et j'ai soigneusement rapporté ce qu'ont réglé leurs synodes en confirmation de l'article de leur *Discipline*. Le fait est demeuré pour constant : ceux qui ont écrit contre moi l'ont tous avoué d'un commun accord comme public et notoire ; mais ils ne se sont pas accordés de même dans la manière d'y répondre.

Tous n'ont pas été satisfaits de la réponse ordinaire, qui consiste seulement à dire que ceux dont il est parlé dans l'article de la *Discipline*, sont excusés de prendre le vin par l'impossibilité où ils sont d'en boire, et que c'est un cas particulier qu'il n'est pas permis de tirer à conséquence ; car ils ont bien vu au contraire que ce cas particulier devoit être décidé par les principes généraux. Si l'intention de Jésus-Christ est que les deux espèces soient inséparables ; si l'essence ou la substance du sacrement consiste dans l'union de l'une et de l'autre : comme les essences sont indivisibles, ce n'est pas le sacrement que ceux-ci reçoivent, c'est une chose purement humaine, et qui n'a point son fondement dans l'Evangile.

Il en a donc enfin fallu venir, mais avec une peine extrême et des détours infinis, à dire qu'en ce cas celui qui reçoit seulement « le pain, ne reçoit pas le sacrement de Jésus-Christ. »

M. Jurieu, qui a écrit le dernier contre mon *Exposition*, dans son livre intitulé *le Préservatif*[2], après avoir vu les réponses de tous les autres, et après s'être donné lui-même beaucoup de peine, tantôt en se fâchant « contre M. de Condom, qui s'amuse, *dit-il*, comme feroit un petit missionnaire, à des choses si peu relevées, et à cette vieille chicane, » tantôt en faisant valoir autant qu'il

---

[1] *Exp.*, art. 17. — [2] *Préservatif*, art. 13, p. 262 et suiv.

peut cette impossibilité tant répétée, conclut enfin que celui dont il s'agit, à qui on ne donne que le seul pain, à parler exactement ne prend pas par la bouche « le sacrement de Jésus-Christ, parce que ce sacrement est composé de deux parties, et qu'il n'en reçoit qu'une : » ce qu'il confirme dans le dernier livre qu'il a mis au jour[1].

C'est ce que les prétendus réformés n'avoient encore osé dire, que je sache. En effet une communion qui n'est pas un sacrement est un étrange mystère; et les prétendus réformés, qui sont enfin obligés de le reconnoître, feroient aussi bien d'avouer la conséquence que nous tirons de leur *Discipline*, puisqu'ils ne trouvent de dénouement à cet embarras que par un prodige si inouï dans l'Eglise.

Mais la doctrine de notre auteur paroît encore plus étrange quand on la considère dans toute sa suite. Selon lui, l'Eglise présente en ce cas « le sacrement véritable; » mais toutefois « ce qu'on reçoit n'est pas le sacrement véritable; » ou plutôt « ce n'est pas un véritable sacrement quant au signe, mais c'est un véritable sacrement quant à la chose signifiée, » puisque « le fidèle reçoit Jésus-Christ signifié par le sacrement, et reçoit tout autant de graces que ceux qui communient au sacrement mesme, parce que le sacrement luy est présenté tout entier, parce qu'il le reçoit de vœu et de cœur, et parce que la seule impossibilité insurmontable l'empesche de communier au signe[2]. »

Que lui servent ces subtilités? Il pourroit conclure par ces argumens, que le fidèle qui ne peut, selon ses principes, recevoir le vrai sacrement de Jésus-Christ, puisqu'il n'en peut recevoir une partie essentielle, est excusé par son impuissance de l'obligation de le recevoir, et que le désir qu'il a de recevoir ce sacrement en supplée l'effet. Mais que pour cela il faille séparer ce qui est inséparable par son institution, et donner à quelqu'un un sacrement qu'il ne peut pas recevoir, ou plutôt lui donner solennellement ce qui n'étant pas le vrai sacrement de Jésus-Christ, ne peut être autre chose que du pain tout simple, c'est inventer un nouveau mystère dans la religion chrétienne, et tromper à la face de toute

[1] *Examen de l'Euch.*, tr. VI, sect. 7. — [2] *Préserv.*, p. 266, 267.

l'Eglise un chrétien qui croit recevoir ce qu'en effet il ne reçoit pas.

Voilà néanmoins le dernier refuge de nos réformés : voilà ce qu'écrit celui qui a écrit contre moi après tous les autres, dont les protestans débitent le livre en France, en Hollande, partout, et en toutes langues, avec une préface magnifique, comme l'antidote le plus efficace que la nouvelle Réforme ait pu opposer à cette *Exposition* tant attaquée [1]. Il a trouvé, en enchérissant et en raffinant sur les autres, cette nouvelle absurdité, que ce qu'on reçoit parmi eux avec tant de solennité quand on ne peut pas boire du vin, n'est pas le sacrement de Notre-Seigneur; et que c'est par conséquent une pure invention de l'esprit humain, qu'une église qui se dit fondée sur la pure parole de Dieu ne craint point d'établir sans en trouver un seul mot dans cette parole.

Pour conclusion, Jésus-Christ n'a pas fait une loi particulière pour ceux dont nous parlons. Les hommes n'ont pas pu les dispenser d'un commandement exprès de Notre-Seigneur, ni leur permettre autre chose que ce qu'il a institué. Il faut donc ou ne leur rien donner, ou si on leur donne une des espèces, croire que par l'institution de Notre-Seigneur cette seule espèce contient toute l'essence du sacrement, et que la réception de l'autre n'y peut plus rien ajouter que d'accidentel.

IV. IIIᵉ principe. La loi doit être expliquée par la pratique constante et perpétuelle. Exposition de ce principe par l'exemple de la loi civile.

Mais il faut venir au troisième principe, qui seul emporte la décision de la question. Le voici. Pour connoître ce qui appartient ou n'appartient pas à la substance des sacremens, il faut consulter la pratique et le sentiment de l'Eglise.

Disons les choses plus généralement : dans tout ce qui est de pratique, il faut toujours regarder ce qui a été entendu et pratiqué par l'Eglise, et c'est là le vrai esprit de la loi.

J'écris ceci pour un juge éclairé, qui sait que pour entendre l'ordonnance et en bien prendre l'esprit, il faut savoir comment elle a toujours été prise et pratiquée : autrement comme chacun raisonne à sa mode, la loi deviendroit arbitraire. La règle est d'examiner comment on a entendu et comment on a pratiqué : on ne se trompe jamais en la suivant.

[1] Préf. du *Préserv.*

Dieu pour honorer son Eglise et attacher les particuliers à ses saintes décisions, a voulu que cette règle eût lieu dans sa loi, comme elle l'a dans les lois humaines; et la vraie manière d'entendre cette sainte loi, c'est de considérer de quelle sorte elle a toujours été entendue et observée dans l'Eglise.

La raison est qu'on voit dans cette interprétation et pratique perpétuelle, une tradition qui ne peut venir que de Dieu même, selon cette doctrine des Pères, que ce qu'on voit toujours et partout dans l'Eglise ne peut venir que des apôtres qui l'auront appris de Jésus-Christ, et de l'Esprit de vérité qu'il leur a donné pour docteur.

Et de peur qu'on ne se trompe dans les différentes significations du mot de *Tradition*, je déclare que la tradition que j'allègue ici comme interprète nécessaire de la loi de Dieu, est une doctrine non écrite venue de Dieu même, et conservée dans les sentimens et la pratique universelle de l'Eglise.

Je n'ai pas besoin de prouver ici cette tradition; et la suite fera paroître que nos réformés sont forcés à la reconnoître du moins en cette matière. Mais il ne sera pas hors de propos de leur ôter en peu de mots les fausses idées qu'ils attachent ordinairement à ce mot de *tradition*.

Ils nous disent que l'autorité que nous donnons à la tradition, soumet l'Ecriture aux pensées des hommes et la déclare imparfaite.

Ils se trompent visiblement. L'Ecriture et la tradition ne font ensemble qu'un même corps de doctrine révélée de Dieu; et bien loin que l'obligation d'interpréter l'Ecriture par la tradition soumette l'Ecriture aux pensées des hommes, il n'y a rien qui la mette plus au-dessus.

Quand on permet aux particuliers, comme font nos prétendus réformés, d'interpréter chacun à part soi l'Ecriture sainte, on donne lieu nécessairement aux interprétations arbitraires; et en effet on la soumet aux pensées des hommes, qui la prennent chacun à leur mode : mais quand chaque particulier se sent obligé à la prendre comme la prend et l'a toujours prise toute l'Eglise, il n'y a rien qui élève plus l'autorité de l'Ecriture, ni qui la rende plus indépendante de tous les sentimens particuliers.

Jamais on n'est plus assuré de bien prendre l'esprit et le sens de la loi, que quand on la prend comme elle a toujours été prise depuis son premier établissement. Jamais on n'honore plus le législateur, jamais l'esprit n'est plus captivé sous l'autorité de la loi, ni plus astreint à son vrai sens, jamais les vues particulières et les mauvaises gloses ne sont plus exclues.

Ainsi, quand nos pères, dans tous leurs conciles, dans tous leurs livres, dans tous leurs décrets, se sont fait une loi indispensable d'entendre l'Ecriture sainte comme elle a toujours été entendue : loin de croire que par ce moyen ils la soumissent aux pensées humaines, ils ont cru au contraire qu'ils n'avoient point de plus sûr moyen pour les exclure.

L'Esprit qui a dicté l'Ecriture et l'a déposée entre les mains de l'Eglise, la lui a fait entendre dès le commencement et dans tous les temps : de sorte que l'intelligence qu'on en voit toujours dans l'Eglise, est inspirée aussi bien que l'Ecriture elle-même.

L'Ecriture n'est pas imparfaite pour avoir besoin d'une telle interprétation. Il étoit de la majesté de l'Ecriture d'être concise en ses paroles, profonde en ses sens, et pleine d'une sagesse qui parût toujours plus impénétrable à mesure qu'on la pénètre davantage. C'est un de ces caractères de divinité, dont il a plu au Saint-Esprit de la revêtir. Il falloit, pour être entendue, qu'elle fût méditée ; et ce que l'Eglise y a toujours entendu en la méditant, doit être reçu comme une loi.

Ainsi ce qui n'est pas écrit n'est pas moins vénérable que ce qui l'est, pourvu que tout soit venu par la même voie. Tout convient, puisque l'Ecriture est le fondement nécessaire des traditions, et que la tradition est l'interprète infaillible de l'Ecriture.

Si je disois que toute l'Ecriture doit être interprétée de cette sorte, je dirois une vérité que l'Eglise a toujours reconnue : mais je sortirois de la question que j'ai à traiter. Je me réduis aux choses qui sont de pratique, et principalement à ce qui est de cérémonie. Je soutiens qu'on n'y peut distinguer ce qu'il y a d'essentiel et d'indispensable, d'avec ce qui a été laissé à la liberté de l'Eglise, qu'en examinant la tradition et la pratique constante.

C'est ce que je vais prouver par l'Ecriture même, par toute l'antiquité, et afin que rien ne manque à la preuve, par le propre aveu de nos adversaires.

Sous le nom de *cérémonie,* je comprends ici les sacremens, qui sont en effet des signes sacrés et des cérémonies divinement instituées pour signifier et opérer la grace.

L'expérience fait voir que jamais on n'explique bien ce qui est de cérémonie, que par la manière de le pratiquer.

Par là notre question est décidée. Dans la cérémonie sacrée de la Cène nous avons vu que l'Eglise a toujours cru donner toute la substance et appliquer toute la vertu du sacrement, en ne donnant qu'une seule espèce. Voilà ce qui a toujours été suivi; voilà ce qui doit servir de loi.

Cette règle n'est pas rejetée par les prétendus réformés. Nous venons de voir que s'ils ne croyoient que le sentiment de l'Eglise, et son interprétation tient lieu de loi, ils n'auroient jamais divisé la Cène en faveur de ceux qui ne boivent pas de vin, ni donné une décision qui n'est point dans l'Evangile.

Mais ce n'est pas ici seulement qu'ils ont suivi l'interprétation de l'Eglise. Nous allons voir beaucoup d'autres points, où ils ne peuvent se dispenser d'avoir recours à la règle que nous proposons.

Je fais donc sans hésiter cette proposition générale, et j'avance comme un fait constant, avoué par les Juifs anciens et modernes, par les chrétiens de tous les temps, et même par les prétendus réformés, que les lois cérémoniales de l'Ancien et du Nouveau Testament ne peuvent être entendues que par la pratique, et que sans ce moyen il n'est pas possible de prendre le vrai esprit de la loi.

V. Preuve par les observances de l'Ancien Testament

La chose est plus surprenante dans l'Ancien Testament, où tout étoit circonstancié et particularisé avec tant de soin : et néanmoins il est certain qu'une loi écrite avec cette exactitude a eu besoin de la tradition et de l'interprétation de la Synagogue, pour être bien entendue.

La seule loi du sabbat en fournit plusieurs exemples.

Chacun sait combien étroite étoit l'observance de ce repos sacré, où il étoit défendu, à peine de la vie, de préparer sa nourriture et même d'allumer son feu [1]. Enfin la loi défendoit si précisément tout ouvrage, que plusieurs n'osoient presque se remuer dans ce saint jour. Il étoit certain du moins qu'on ne pouvoit ni entreprendre, ni continuer un voyage; et on sait ce qui arriva dans l'armée d'Antiochus Sidètes, lorsque ce prince arrêta sa marche en faveur de Jean Hyrcan et des Juifs durant deux jours [2], où leur loi les obligeoit à observer un repos égal à celui du sabbat. Dans cette étroite obligation de demeurer en repos, la seule tradition et la seule coutume avoient expliqué jusqu'où on pouvoit aller, sans blesser la tranquillité de ces saints jours. De là cette façon de parler mentionnée dans les *Actes des apôtres* [3], d'un tel lieu à un tel lieu, « il y a le chemin du Sabbat. » Cette tradition étoit établie dès le temps de Notre-Seigneur, sans que ni lui, ni ses apôtres qui en font mention, l'aient reprise.

La sévérité de ce repos n'empêchoit pas qu'il ne fût permis de délier un animal pour le mener boire, ou de le relever s'il étoit tombé dans un fossé. Notre-Seigneur qui allègue ces exemples comme publics et reconnus par les Juifs [4], non-seulement ne les blâme pas, mais encore il les autorise, bien que la loi n'en eût rien dit et que ces actions semblassent comprises dans la défense générale.

Il ne faut point s'imaginer que ces observances fussent de petite importance dans une loi si sévère, et où il falloit prendre garde jusqu'à un iota et au moindre trait, la moindre prévarication attirant sur les transgresseurs des peines terribles et une inévitable malédiction.

Mais voici des choses qui paroîtront plus importantes. Du temps des Machabées, il fut question de savoir s'il étoit permis de défendre sa vie le jour du sabbat; et les Juifs se laissèrent tuer, jusqu'à ce que la Synagogue eût interprété et déclaré que la défense étoit permise, encore que la loi n'eût point excepté cette action [5].

En permettant la défense, on ne permit point l'attaque, quelque

---

[1] *Exod.*, XVI, 23; XXXV, 3. — [2] Joseph., *Ant.* XIII, 16. — [3] *Act.*, I, 12. — [4] *Luc.*, XIII, 15; XIV, 5. — [5] I *Mach.*, II, 32, 38, 40, 41; II *Mach.*, XV, 1, 2, etc.

utilité qui en revînt au public, et la Synagogue n'osa jamais aller jusque-là.

Mais après qu'elle eut permis la défense, il resta encore un scrupule, savoir, s'il étoit permis de réparer une brèche le jour du Sabbat [1]. Car encore qu'il eût été résolu qu'on pouvoit défendre sa vie lorsqu'elle étoit immédiatement attaquée, on douta si la permission s'étendoit aux occasions où l'attaque n'étoit pas si proche. Les Juifs assiégés dans Jérusalem n'osèrent étendre la dispense jusque-là, et se laissèrent prendre par Pompée. Le scrupule paroissoit un peu trop fort; et je rapporte cet exemple seulement pour faire voir combien il pouvoit arriver de cas auxquels la loi n'avoit pas pourvu, et où la déclaration de la Synagogue étoit nécessaire pour mettre les consciences en sûreté.

C'étoit une loi indispensable d'observer les nouvelles lunes, pour célébrer une fête que la loi ordonnoit à ce jour précis, et pour compter exactement les autres jours qui avoient leurs observances particulières. Outre qu'il n'y avoit point dans les premiers temps d'éphémérides réglées, les Juifs ne s'y sont jamais arrêtés dans leurs observances; et ne voulant point s'exposer aux erreurs du calcul, ils ne trouvoient de sûreté qu'à faire observer dans les plus hautes montagnes quand la lune paroîtroit. Ni la manière de l'observer, ni celle de le venir déclarer au conseil, ni celle de publier la nouvelle lune et le commencement de la fête, n'étoit marquée dans la loi. La tradition y avoit pourvu; et la même tradition avoit décidé que tout ce qu'il falloit faire pour observer et pour déclarer la nouvelle lune n'étoit pas contraire au Sabbat.

Je ne veux point parler des sacrifices, ni des autres cérémonies qui se faisoient le jour du Sabbat selon la loi [2], puisque la loi les ayant réglées, on peut dire qu'elle avoit fait une exception en ce point : mais il y a beaucoup d'autres choses qu'il falloit faire le jour du sabbat, en des cas que la loi n'avoit point réglés.

Quand la Pâque arrivoit le premier jour de la semaine, qui est parmi nous le dimanche, il y avoit diverses choses à faire pour la préparation du sacrifice pascal. Il falloit choisir la victime, faire examiner par les prêtres si elle avoit les qualités requises, la cou-

[1] Joseph., *Ant.*, XIV, 8. — [2] *Levit.*, XXIV, 8; *Numer.*, XXVIII, 9.

duire au temple et à l'autel, pour être immolée à l'heure précise. Toutes ces choses se faisoient avec beaucoup d'autres, la veille de Pâque. Il falloit encore exterminer le levain, qui selon les termes précis de la loi [1], « ne devoit plus se trouver » en tout Israël, quand le jour de Pâque commençoit. La loi auroit pu régler que ces choses se fissent le vendredi, quand la Pâque seroit le dimanche, ou en tout cas dispenser de l'observance du sabbat pour les accomplir. Elle ne l'a pas voulu faire : la seule tradition a autorisé les prêtres à faire leurs fonctions ; et nous pouvons dire en ces cas, aussi bien qu'en ceux que Notre-Seigneur a marqués, que « les prêtres violent le sabbat dans le temple, et sont sans reproche [2]. »

Et n'approuve-t-il pas encore ce que fit David, lorsque pressé de la faim, il mangea les pains de proposition contre la défense de la loi [3], et suivit l'interprétation du grand prêtre Achimélec, quoiqu'elle ne fût écrite nulle part?

La Pâque et toutes les fêtes des Israélites, aussi bien que leurs sabbats commençoient dès le soir et au temps de vêpres, selon la disposition expresse de la loi [4] : mais encore que le vrai temps de vêpres soit le coucher du soleil, les vêpres ne se prenoient pas si précisément parmi les Juifs. La loi pourtant ne l'avoit pas dit, et la seule coutume avoit réglé que la vêpre ou le soir pouvoit commencer presque aussitôt après midi, et quand le soleil commençoit à décliner.

On ne pouvoit non plus déterminer par les termes précis de la loi, ce que c'étoit que ce temps « d'entre les deux vêpres, » qui est marqué pour la Pâque dans le texte hébreu de l'*Exode* [5], et la seule tradition avoit expliqué que c'étoit tout le temps qui étoit compris entre le déclin du soleil et son coucher.

On ne peut nier que toutes ces choses ne fussent d'une absolue nécessité pour l'observance de la loi ; et si on voit que la loi n'a pas voulu les prévoir, on doit conclure qu'elle a voulu en laisser l'explication à la coutume.

Il faut dire la même chose de diverses cérémonies, qui selon

---

[1] *Exod.*, XII, 15. — [2] *Matth.*, XII, 5. — [3] *Ibid.*, 4; I *Reg.*, XXI, 4. — [4] *Levit.*, XXIII, 32. — [5] *Exod.*, XII, 6.

les termes de la loi, concouroient à un temps précis, sans qu'il fût possible de les faire ensemble. Par exemple, la loi ordonnoit un sacrifice du soir qui se devoit faire tous les jours, et c'est ce qu'on appeloit le *Tamid* ou le *Sacrifice perpétuel*. Il y avoit celui du sabbat et encore celui de la Pâque qui se devoient faire à la même heure ; de sorte qu'au jour de Pâque, selon les termes de la loi, ces trois sacrifices concouroient ensemble : il n'y avoit pourtant qu'un seul autel pour les sacrifices, et il n'étoit ni permis ni même possible de faire ces sacrifices en même temps. On n'eût su non plus par où commencer; et dans l'étroite observance que la loi exigeoit à toute rigueur, on seroit tombé dans un embarras inévitable, si la coutume n'avoit expliqué que le sacrifice le plus ordinaire alloit le premier. Ainsi on ne craignoit point d'avancer le sacrifice perpétuel pour donner lieu à celui du sabbat, et aussi celui du sabbat pour donner lieu à celui de Pâque.

Si on s'attache aux termes précis de la loi de Moïse [1], on n'y trouve de mariages absolument défendus avec les étrangères, que ceux qui se contractoient avec les filles des sept nations si souvent détestées dans l'Ecriture. C'étoient ces nations abominables qu'il falloit exterminer sans miséricorde [2] : c'étoient les filles sorties de ces nations qui devoient séduire les Israélites, et les entraîner dans le culte de leurs faux dieux [3]; et c'étoit pour cette raison que la loi défendoit de les épouser. Il n'étoit rien dit de semblable des filles des Egyptiens; et pour les filles des Moabites, quoiqu'elles paroissent exclues avec celles des Ammonites [4], il falloit bien qu'il y eût pour elles quelque sorte d'exception, puisque Booz est loué par tout le conseil et par tout le peuple, pour avoir épousé Ruth [5], qui étoit de ces pays-là. Voilà ce que nous trouvons dans la loi : et nous trouvons néanmoins que du temps d'Esdras il étoit établi parmi les Juifs de mettre les Egyptiennes, les filles des Moabites, et en un mot toutes les étrangères, dans le même rang que les Chananéennes : de sorte qu'on rompit comme abominables tous les mariages contractés avec ces filles [6]. D'où vient cela, si ce n'est que depuis le temps de Salomon une longue expérience ayant

---

[1] *Deuter.*, VII, 1-3. — [2] *Ibid.*, 2. — [3] *Ibid.*, 4. — [4] *Ibid.*, XXIII, 3. — [5] *Ruth*, IV. — [6] I *Esdr.*, IX, X, 19; II *Esdr.*, XIII, 1, 2, etc.

appris aux Israélites que les Egyptiennes et les autres étrangères ne les séduisoient pas moins que les Chananéennes, on avoit cru les devoir toutes également exclure, non tant par la lettre et les propres termes que par l'esprit de la loi ; laquelle même on interpréta contre l'usage précédent à l'égard des Moabites, la Synagogue croyant toujours avoir reçu de Dieu même le droit de donner des décisions selon les nécessités survenantes?

Je ne crois pas que personne se persuade qu'on observât à la lettre, et en toutes sortes de cas, cette sévère loi du talion si souvent répétée dans les livres de Moïse [1]. Car encore qu'à ne regarder que ces termes, « œil pour œil, dent pour dent, main pour main, brisure pour brisure, plaie pour plaie, » rien ne paroisse établir une plus parfaite et plus juste compensation, rien au fond n'en est plus éloigné si on pèse les circonstances, et rien enfin ne seroit plus inégal qu'une telle égalité, outre qu'il n'est pas possible de faire toujours à un malfaiteur une blessure semblable à celle qu'il a faite à son frère. La pratique enseigna aux Juifs que le vrai dessein de la loi étoit de les faire entrer dans l'esprit d'une raisonnable compensation, utile aux particuliers et au public; et comme elle n'est pas dans un point précis, ni dans une mesure certaine, la même pratique la déterminoit par une estimation équitable.

Il ne seroit pas difficile de rapporter beaucoup d'autres traditions de l'ancien peuple aussi approuvées que celles-ci. Les habiles écrivains de la nouvelle Réforme en tomberont d'accord. Lors donc qu'ils veulent détruire en général les traditions non écrites, par les paroles où Notre-Seigneur condamne les traditions contraires aux termes ou à l'esprit de la loi [2], et en un mot celles qui n'avoient pas un assez solide fondement, il n'y a point de bonne foi dans leurs discours : et tout homme sensé conviendra qu'il y avoit des traditions légitimes, quoique non écrites, sans lesquelles la pratique même de la loi étoit impossible ; de sorte qu'on ne peut nier qu'elles n'obligeassent en conscience.

Messieurs de la religion prétendue réformée me permettront-ils

---

[1] *Exod.*, XXI, 24, 25; *Levit.*, XXIV, 19, 20; *Deuter.*, XIX, 21. — [2] *Matth.*, XV, 3; *Marc.*, VII, 7 et seq.

de rapporter ici la tradition de la prière pour les morts? Elle est constante par le livre des *Machabées*[1] : sans entrer ici avec ces Messieurs dans la question si ce Livre est canonique, ou s'il ne l'est pas, puisqu'il suffit pour ce fait qu'il soit constamment écrit devant l'Evangile. Cette coutume subsiste encore aujourd'hui parmi les Juifs ; et la tradition s'en peut établir par ces paroles de saint Paul : *A quoi sert de se baptiser*, c'est-à-dire, de se purifier et se mortifier *pour les morts, si les morts ne ressuscitent pas*[2]? Jésus-Christ et les apôtres ont trouvé parmi les Juifs cette tradition de prier pour les morts sans les en reprendre : au contraire elle a passé immédiatement de l'Eglise judaïque à l'Eglise chrétienne, et les protestans, qui ont fait des livres où ils montrent qu'elle est établie dans les premiers temps du christianisme, n'ont pu encore en marquer les commencemens. Néanmoins il est certain qu'il n'y en avoit rien dans la loi. Elle est venue aux Juifs par la même voie qui leur avoit apporté tant d'autres traditions inviolables.

Que si une loi qui descend à un si grand détail et qui est pour ainsi dire toute lettre, pour pouvoir être entendue selon son véritable esprit, a eu besoin d'être interprétée par la pratique et par les déclarations de la Synagogue : combien plus en a-t-on besoin dans la loi évangélique, où la liberté est plus grande dans les observances, et où les pratiques sont bien moins circonstanciées?

Cent exemples nous vont faire voir la vérité de ce que je dis. Je les tirerai des pratiques mêmes des prétendus réformés, et je n'hésiterai point à rapporter tout ensemble, comme décisif, ce qui a passé pour constant dans l'ancienne Eglise, parce que je ne puis pas croire que ces Messieurs puissent le rejeter de bonne foi.

VI. Preuve par les observances du Nouveau Testament

L'institution du sabbat a précédé la loi de Moïse, et avoit son fondement dans la création ; et néanmoins ces Messieurs se dispensent aussi bien que nous de cette observance, sans autre fondement que celui de la tradition et de la pratique de l'Eglise, qui ne peut être venue que d'une autorité divine.

C'est en vain qu'ils répondent que le premier jour de la semaine

[1] II *Mach.*, XII, 43, 46. — [2] I *Cor.*, XV, 29.

consacré par la résurrection de Jésus-Christ, est remarqué dans les écrits des apôtres comme un jour d'assemblée pour les chrétiens [1], et qu'il est nommé dans l'*Apocalypse le jour du Seigneur* ou *le dimanche* [2]. Car outre qu'il n'est parlé nulle part dans le Nouveau Testament du repos attaché au dimanche, il est d'ailleurs manifeste que l'addition d'un nouveau jour ne suffisoit pas pour ôter la célébrité de l'Ancien, ni pour nous faire changer avec la tradition du genre humain les préceptes du Décalogue.

La défense de manger du sang et celle de manger la chair des animaux suffoqués, a été donnée à tous les enfans de Noé [3] devant l'établissement des observances légales, dont nous sommes affranchis par l'Evangile, et les apôtres l'ont confirmée dans le concile de Jérusalem [4], en la joignant à deux choses d'une observance immuable, dont l'une est la défense de particper au sacrifice des idoles, et l'autre est la condamnation du péché de la chair. Mais parce que l'Eglise a toujours cru que cette loi, quoique observée durant plusieurs siècles, n'étoit pas essentielle au christianisme, les prétendus réformés s'en dispensent aussi bien que nous, sans que l'Ecriture ait dérogé à une décision si précise et si solennelle du concile des apôtres, expressément rédigée dans leurs *Actes* par saint Luc.

Mais pour montrer combien il est nécessaire de savoir la tradition et la pratique de l'Eglise en ce qui regarde les sacremens, considérons ce qui s'est fait dans le sacrement de baptême, et dans celui de l'Eucharistie, qui sont les deux sacremens que nos adversaires reconnoissent d'un commun accord.

C'est aux apôtres, c'est-à-dire aux chefs du troupeau, que Jésus-Christ a donné la charge d'administrer le baptême [5]: cependant toute l'Eglise a entendu, non-seulement que les prêtres, mais encore les diacres et même tous les fidèles, en cas de nécessité, étoient les ministres de ce sacrement [6].

La seule tradition a interprété que le baptême, que Jésus-Christ n'a mis entre les mains que de son Eglise et de ses apôtres, pût

---

[1] *Act.*, xx, 7; 1 *Cor.*, xvi, 2. — [2] *Apoc.*, i, 10. — [3] *Genes.*, ix, 4. — [4] *Act.*, xv, 29. — [5] *Matth.*, xxviii, 19. — [6] Tertull., *de Bapt.*, cap. xvii; *Conc. Illib.*, cap. xxxviii, etc.; Labb., tom. I, col. 974.

être validement administré par les hérétiques et hors de la communion des vrais fidèles.

Au chapitre xi de la *Discipline* des prétendus réformés, article i, il est dit, que « le Baptesme administré par celuy qui n'a vocation aucune, est du tout nul ; » et les observations tirées des synodes déclarent que pour la validité de ce sacrement, il suffit qu'il y ait dans les ministres *apparence de vocation,* telle qu'elle est dans les curés, dans les prêtres et dans les moines de l'Eglise romaine qui sont reçus à prêcher. Où trouvent-ils dans l'Ecriture que cette *apparence de vocation* puisse attribuer un pouvoir que Jésus-Christ n'a donné qu'à ceux qu'il a lui-même effectivement appelés?

Jésus-Christ a dit : *Plongez*, comme nous l'avons souvent remarqué. Nous avons dit aussi qu'il a été baptisé en cette forme, que ses apôtres l'ont suivie, et qu'on l'a continuée dans l'Eglise jusqu'au douzième et treizième siècle : et néanmoins le baptême donné par infusion est admis sans difficulté par la seule autorité de l'Eglise.

Jésus-Christ a dit : « Enseignez et baptisez[1]; » et encore : « Qui croira et sera baptisé, sera sauvé[2]. » L'Eglise a interprété par la seule autorité de la tradition et de la pratique, que l'instruction et la foi que Jésus-Christ avoit unies avec le baptême, en pouvoient être séparées à l'égard des petits enfans.

Ces paroles : *Enseignez* et *baptisez*, ont longtemps embarrassé nos réformés. Elles leur avoient fait dire jusqu'en 1614, qu'il « n'estoit pas loisible de baptiser sans prédication précédente, ou immédiatement suivante[3]. » C'est ce qui fut décidé au synode de Tonneins, conformément à tous les synodes précédens. Mais au synode de Castres, en 1626, on commença à se relâcher sur ce point, et on résolut « de ne presser pas l'observation du réglement de Tonneins[4]. » Enfin au synode de Charenton, en 1631, (c'est celui où l'on admit les luthériens à la Cène) il fut dit, « que la prédication avant ou après le Baptesme n'est de l'essence d'iceluy, ains de l'ordre dont l'Eglise peut disposer[5]. » Ainsi ce

---

[1] *Matth.*, xxviii, 19. — [2] *Marc.*, xvi, 15, 16. — [3] *Discip.*, chap. xi, art. 6; *Observ.*, p. 166. — [4] *Ibid.*, 167. — [5] *Ibid.*

qu'on avoit cru et pratiqué si longtemps, comme prescrit par Jésus-Christ même, fut changé; et sans aucun témoignage de l'Ecriture, on déclara que c'étoit chose dont l'Eglise peut ordonner comme il lui plaît.

A l'égard des petits enfans, les prétendus réformés disent bien que leur baptême est fondé en l'Ecriture; mais ils n'en rapportent aucun passage précis, et ils argumentent par des conséquences très-éloignées, pour ne pas dire très-douteuses, et même très-fausses.

Il est certain que sur ce sujet toutes les preuves qu'ils tirent de l'Ecriture n'ont aucune force, et qu'ils détruisent eux-mêmes celles qui pourroient en avoir.

Ce qui peut avoir de la force pour établir le baptême des petits enfans, c'est que d'un côté il est écrit que Jésus-Christ « est Sauveur de tous [1], » et qu'il a dit lui-même : « Laissez venir à moi les petits enfans [2]; » et de l'autre, qu'il a prononcé que nul ne peut approcher de lui, ni avoir part à sa grace, s'il ne reçoit le baptême, conformément à cette parole : « Si vous n'êtes régénérés de l'eau et du Saint-Esprit, vous n'entrerez point au royaume de Dieu [3]. » Mais ces passages n'ont point de force selon la doctrine de nos réformés, puisqu'ils font profession de croire que le baptême n'est pas nécessaire au salut des petits enfans.

Rien ne leur fait tant de peine dans leur *Discipline* [4], que l'empressement qu'ils voient tous les jours parmi eux dans les parens à faire baptiser leurs petits enfans, lorsqu'ils sont malades ou en péril de mort. Cette piété des parens est appelée dans leurs synodes *une infirmité*. C'est foiblesse d'appréhender que les enfans des fidèles ne meurent sans recevoir le baptême. Un synode s'étoit laissé aller à consentir qu'on baptisât les enfans extraordinairement *en évident péril de mort*. Mais le synode suivant réprouva *cette foiblesse :* et ces gens forts effacèrent la clause où on témoignoit avoir égard à ce péril, « parce qu'elle donne quelque ouverture à l'opinion de la nécessité du baptesme [5]. »

Ainsi les preuves tirées de la nécessité du baptême pour forcer

---

[1] I *Timoth.*, IV, 10. — [2] *Matth.*, XIX, 14. — [3] *Joan.*, III, 3, 5. — [4] *Discip.*, chap. XI, art. 6, *Observ.*— [5] *Ibid.*

à le donner aux petits enfans sont détruites par nos réformés. Voici celles qu'ils substituent à leur place, telles qu'elles sont marquées dans leur Catéchisme, dans leur Confession de foi et dans leurs prières. C'est que les enfans des fidèles naissent dans l'alliance, conformément à cette promesse : « Je serai ton Dieu, et le Dieu de ta lignée jusqu'en mille générations. » D'où ils concluent que « la vertu et substance du baptême appartenant aux petits enfans, on leur feroit injure de leur dénier le signe, qui est inférieur [1]. »

Par une semblable raison ils se trouveront forcés à leur donner la Cène avec le baptême; car ceux qui sont dans l'alliance sont incorporés à Jésus-Christ : les petits enfans des fidèles sont dans l'alliance, ils sont donc incorporés à Jésus-Christ; et ayant par ce moyen, selon eux, la vertu et la substance de la Cène, on devroit dire, comme du baptême, qu'on ne peut sans injure leur en refuser le signe.

Les anabaptistes soutiennent que ces paroles : *Qu'on s'éprouve et qu'on mange*, n'ont pas plus de force pour exiger dans la Cène l'âge de raison, que celles-ci : *Qui croira et sera baptisé*, en ont pour l'exiger dans le baptême.

La conséquence qu'on tire dans la nouvelle Réforme de l'alliance de l'ancien peuple et de la circoncision, ne les touche pas. L'alliance de l'ancien peuple se faisoit, disent-ils, par la naissance, parce qu'elle étoit charnelle; et c'est pourquoi on en imprimoit le sceau dans la chair par la circoncision aussitôt après la naissance. Mais dans la nouvelle alliance, il ne suffit pas de naître, il faut renaître pour y entrer; et comme les deux alliances n'ont rien de semblable, il n'y a rien, disent-ils, à conclure d'un signe à un autre : de sorte que la comparaison qu'on fait de la circoncision avec le baptême est nulle.

L'expérience a fait voir que tout ce qu'ont tenté nos réformés pour confondre les anabaptistes par l'Ecriture, a été foible. Aussi sont-ils obligés de leur alléguer enfin la pratique. Nous voyons dans leur *Discipline*, à la fin du chapitre XI, la forme de recevoir dans leur communion les personnes d'âge, où l'on fait expressé-

---

[1] *Cat. Dim.*, 50; *Conf. de foi*, art. 35, *Forme d'administ. le Bapt.*

ment reconnoître à l'anabaptiste qui se convertit, que le baptême des petits enfans est « fondé en l'Ecriture et en la pratique perpétuelle de l'Eglise. »

Quand les prétendus réformés croient avoir la parole de Dieu bien expresse, ils n'ont pas accoutumé de se fonder sur la pratique perpétuelle de l'Eglise. Mais ici, où l'Ecriture ne leur fournit rien par où ils puissent fermer la bouche aux anabaptistes, il a fallu s'appuyer d'ailleurs, et tout ensemble avouer qu'en ces matières la pratique perpétuelle de l'Eglise est d'une inviolable autorité.

Venons à l'Eucharistie. Les prétendus réformés se vantent d'avoir trouvé dans ces paroles : *Buvez-en tous*[1], un exprès commandement pour tous les fidèles de participer à la coupe. Mais si on leur dit que cette parole adressée aux seuls apôtres qui étoient présens, a eu son entier accomplissement lorsqu'en effet *ils en burent tous*, comme dit saint Marc[2], quel refuge trouveront-ils dans l'Ecriture ? Où pourront-ils trouver que ces paroles de Jésus-Christ : *Buvez-en tous*, s'étendent à d'autres qu'à ceux à qui le même Jésus-Christ a dit : *Faites ceci*[3] ? Or est-il que ces paroles : *Faites ceci*, ne regardent que les ministres de l'Eucharistie, qui seuls peuvent faire ce que Jésus-Christ a fait, c'est-à-dire consacrer et distribuer l'Eucharistie aussi bien que la prendre. Par où donc prouveront-ils que ces autres : *Buvez-en tous*, s'étendent plus loin ? Que s'ils disent que quelques-unes des paroles de Notre-Seigneur regardent tous les fidèles, et les autres les ministres seuls, quelle règle nous trouveront-ils dans l'Ecriture pour faire le discernement de ce qui appartient aux uns et aux autres, puisque Jésus-Christ parle partout de la même sorte et sans distinction ? Mais enfin, quoi qu'il en soit, disent quelques-uns, ces paroles de Jésus-Christ : *Faites ceci*, adressées aux saints apôtres et en leur personne à tous les pasteurs, décident la question, puisqu'en leur disant : *Faites ceci*, il leur ordonne de faire tout ce qu'il a fait ; par conséquent de distribuer tout ce qu'il a distribué ; et en un mot, de faire faire à tous les âges suivans ce que Jésus-Christ leur a fait faire à eux-mêmes. C'est en effet

---

[1] *Matth.*, XXVI, 27. — [2] *Marc.*, XIV, 23. — [3] *Luc.*, XXII, 19.

ce qu'ils peuvent dire de plus apparent ; mais ils ne savent plus où ils en sont, quand on leur montre tant de choses faites par Jésus-Christ dans ce mystère, qu'ils ne se croient pas obligés de faire. Car quelle règle ont-ils pour en faire le discernement ? Et puisque Jésus-Christ a embrassé tout ce qu'il a fait sous ce même mot : *Faites ceci*, sans s'expliquer davantage : que reste-t-il autre chose, si ce n'est la tradition, pour distinguer ce qui est essentiel d'avec ce qui ne l'est pas ? Ce raisonnement est sans réplique, et le paroîtra d'autant plus qu'on viendra plus exactement dans le détail.

Jésus-Christ institua ce sacrement sur le soir, à l'entrée « de la nuit en laquelle il alloit être livré [1]. » C'est en ce temps qu'il a voulu nous laisser *son corps donné pour nous* [2] : le consacrer à la même heure, ce seroit rendre plus vive l'image de la passion, et tout ensemble représenter que Jésus-Christ devoit mourir *à la dernière heure*, c'est-à-dire au dernier période des temps. Cependant personne ne croit que cette parole : *Faites ceci*, nous ait astreints à une heure si pleine de mystères.

L'Eglise s'est fait une loi de prendre à jeun ce que Jésus-Christ a donné après le repas.

A ne regarder que l'Ecriture et les paroles de Jésus-Christ qui nous y sont rapportées, les prétendus réformés n'auront jamais rien de certain sur le ministre de l'Eucharistie. Il y a des anabaptistes et d'autres sectes semblables, où l'on croit que chaque fidèle peut donner ce sacrement dans sa famille, sans avoir besoin d'autre ministre. Les prétendus réformés ne les convaincront jamais par la seule Ecriture. Ils ne peuvent pas leur soutenir que ces paroles : *Faites ceci*, ne soient adressées qu'aux seuls apôtres, si celles-ci : *Buvez-en tous*, prononcées dans la suite du même discours et avec aussi peu de distinction, s'adressent à tous les fidèles, comme ils nous le disent tous les jours. Et d'ailleurs on leur répondra que les apôtres, à qui Jésus-Christ a dit : *Faites ceci*, assistoient à sa sainte table comme simples communians, et non pas comme consacrans, ni comme distribuans, ou comme

[1] I *Cor.*, XI, 23. — [2] *Luc.*, XXII, 19.

ministres : d'où on conclura que ces paroles ne leur attribuent en particulier aucun ministère. Et en un mot on n'a pu décider qu'avec le secours de la tradition que ce sacrement eût des ministres spécialement établis par le Fils de Dieu ; ou que ces ministres dussent être ceux qu'il a chargés de la prédication de sa parole.

C'est ce qui fait dire à Tertullien dans le livre *de Coronâ militis*, que nous apprenons seulement de la tradition non écrite que l'Eucharistie « ne doit être reçue que de la main des supérieurs ecclésiastiques, quoique la commission de la donner (à ne regarder précisément que la parole de Jésus-Christ) soit adressée à tous les fidèles [1]. »

La même tradition qui déclare les pasteurs de l'Eglise seuls ministres du sacrement de l'Eucharistie, nous apprend que le second ordre de ces ministres, c'est-à-dire les prêtres, a part à cet honneur, encore que Jésus-Christ n'ait dit : *Faites ceci*, qu'aux apôtres seuls qui étoient les chefs du troupeau.

Nous ne lisons pas que Notre-Seigneur ait présenté son corps ni son sang à chacun de ses disciples, mais seulement qu'en rompant le pain il leur a dit : *Prenez et mangez ;* et quant à la coupe, il semble que l'ayant mise au milieu, il leur ait ordonné d'en prendre l'un après l'autre. Le synode de Privas des prétendus réformés, rapporté sur l'article ix du chapitre xii de leur *Discipline*, dit que « Nostre-Seigneur a permis que les apostres distribuassent le pain et la coupe l'un à l'autre, et de main en main ; » mais quoique Jésus-Christ l'ait fait ainsi, la pratique constante a interprété que le pain et le vin consacrés fussent présentés aux fidèles par les ministres de l'Eglise.

Conformément à l'exemple de Notre-Seigneur et des apôtres, quelques-uns des prétendus réformés vouloient que les communians se donnassent la coupe les uns aux autres ; et il est certain que cette cérémonie étoit un signe solennel d'union. Mais les synodes des prétendus réformés n'ont pas jugé nécessaire de suivre en ceci ce qu'ils reconnoissoient avoir été pratiqué par Jésus-Christ et par les apôtres dans l'institution de la Cène, et ils

---

[1] *De Cor. mil.*, cap. iii. Et omnibus mandatum à Domino.

attribuent au contraire aux seuls pasteurs la distribution de la coupe, aussi bien que celle du pain [1].

Toute l'antiquité accorde aux diacres la distribution de la coupe [2], quoique Jésus-Christ ni les apôtres n'aient rien ordonné de semblable qui paroisse dans l'Ecriture : personne ne s'y est jamais opposé, et les prétendus réformés approuvent cette pratique dans quelques-uns de leurs synodes rapportés avec les observations sur l'article IX du chapitre de la Cène [3].

Ils ont depuis changé cet usage [4], et ont attribué aux seuls pasteurs la distribution de l'Eucharistie, même celle de la coupe, à l'exclusion des diacres et même des anciens, quoiqu'ils semblent représenter parmi eux le second ordre des ministres de l'Eglise, c'est-à-dire celui des prêtres, qui constamment ont toujours offert et distribué, non-seulement le sacré calice, mais encore l'Eucharistie toute entière.

Nos prétendus réformés n'en sont pas venus d'abord à cette décision. Leurs premiers synodes disoient que les ministres seuls administreroient la coupe *en tant que faire se pourroit* [5]. Cette restriction a subsisté sous vingt-deux synodes consécutifs, tous nationaux, et jusqu'à celui d'Alais, qui se tint de nos jours en 1620. Là on ordonna que ces mots : *en tant que faire se pourroit*, seroient rayés, et l'administration de la coupe fut réservée aux seuls ministres. Jusque-là les anciens, et même les diacres, avoient dans le besoin administré l'Eucharistie, et principalement la coupe. L'église de Genève formée par Calvin étoit dans cette pratique, et ce ne fut qu'en l'an 1623 qu'elle résolut de se conformer au sentiment de ceux de France [6]. Cette affaire ne passa pas sans contradiction dans les provinces. La raison du synode d'Alais, selon qu'il est remarqué dans la *Discipline*, c'est « qu'il n'appartenoit qu'aux pasteurs légitimement établis de distribuer ce sacrement [7] : » maxime qui regarde visiblement la doctrine, et qui par conséquent, selon les principes de la nouvelle Réforme, doit se trouver exprimée dans l'Ecriture; d'où il s'ensuit que tous les

---

[1] *Syn. de Privas, Discip.*, chap. XII, art. 9; *Syn. de Saint-Maixent., Discip.*, chap. XII; *Observat.*, après l'art. 14. — [2] *Conc. Carth.* IV, cap. XXXVIII, etc., Labb., tom. II, col. 1203. — [3] *Discip.*, chap. XII; *Observation sur l'art.* 9. — [4] *Ibid.* — [5] *Ibid., Observ.*, p. 184 et suiv. — [6] *Ibid.*, p. 186. — [7] *Ibid.*

synodes et les églises prétendues réformées, jusqu'au synode d'Alais, auroient grossièrement erré contre l'institution de Jésus-Christ. Ou si l'on nous répond que ces paroles n'étoient pas bien claires, comme ces variations semblent le faire assez voir, il en faudra venir à dire avec nous, que pour entendre ces paroles, on est obligé d'avoir recours à l'interprétation de l'Eglise et à la tradition qui nous y soumet.

Etre ensemble à la même table est un signe de société et de communion, que Jésus-Christ a voulu faire paroître dans l'institution de son sacrement; car il étoit à table avec ses apôtres. Quelques églises prétendues réformées, pour imiter cet exemple et faire tout ce qu'avoit fait Notre-Seigneur, faisoient *ranger les communians à tablées*. Le synode de Saint-Maixent rapporté dans le même endroit, rejette cette observance [1].

Qu'y avoit-il apparemment de plus opposé à ce qui a été fait dans l'institution, que la coutume d'emporter la communion et de la recevoir en particulier? Nous avons vu néanmoins que les siècles des martyrs le pratiquoient de la sorte, pour ne rien dire ici des âges suivans.

Il ne paroît rien dans l'Ecriture de la réserve qu'il faudroit faire de l'Eucharistie, pour la donner aux malades : cependant nous la voyons pratiquée dès l'origine du christianisme.

Ceux qui mêloient les deux espèces, et les prenoient toutes deux ensemble, paroissoient autant s'éloigner des termes et du dessein de l'institution, que ceux qui n'en prenoient qu'une seule. Ces deux articles ont eu leur approbation dans l'Eglise; et la pratique du mélange, qui déplairoit le moins aux prétendus réformés, est celle qui se trouve le plus souvent défendue.

Elle est défendue au septième siècle, dans le quatrième concile de Brague[2]. Elle est défendue dans le siècle onzième, au concile de Clermont, où le pape Urbain II étoit en personne, avec environ deux cents évêques, et par le pape Pascal II. Le concile de Clermont réserve les cas *de nécessité et de précaution* [3]. Le pape

---

[1] *Discip.*, chap. XII; *Observat.* après l'art. 14, p. 189. — [2] *Conc. Brach.* IV; tom. VI; *Conc.*, chap. II, Labb., tom. VI, cap. II, p. 561, 562 et seq. — [3] *Conc. Clarom.*, cap. XXVIII, Labb., tom. X, p. 508.

Pascal réserve la communion des enfans et des malades. Cette communion que l'Occident ne permettoit qu'avec ces réserves, s'y est enfin établie durant quelque temps; et même elle est devenue depuis six à sept cents ans la communion ordinaire de tout l'Orient, sans qu'on ait regardé ce changement comme une matière de schisme.

La partie la plus importante dans tous les sacremens, c'est la parole qui donne efficace à l'action. Jésus-Christ n'en a prescrit aucune expressément pour l'Eucharistie dans son Evangile, ni les apôtres dans leurs *Epîtres* [1]. Jésus-Christ a seulement insinué, en disant: *Faites ceci*, qu'il faut répéter ses propres paroles, par lesquelles le pain et le vin sont changés. Mais ce qui nous a déterminés invinciblement à ce sens, c'est la tradition : la tradition a aussi réglé les prières qu'on devoit joindre aux paroles de Jésus-Christ; et c'est pour cela que saint Basile, dans le livre *du Saint-Esprit* [2], met parmi les traditions non écrites, « les paroles d'invocation, dont on se sert quand on consacre, ou pour traduire de mot à mot, « quand on montre l'Eucharistie. »

Par l'article VIII du chapitre XII de la *Discipline* des prétendus réformés, il est libre aux pasteurs d'user des paroles accoutumées dans la distribution de la Cène. L'article est des synodes de Sainte-Foi et de Figeac, en 1578 et 1579. Et en effet il paroît dans le synode de Privas tenu en 1612, « que dans l'église de Genève les diacres ne parlent point, et non pas mesme les ministres dans la distribution [3]; » de sorte que le sacrement, selon la doctrine de nos réformés, n'étant que dans l'usage, il s'ensuit qu'ils reconnoissent un sacrement qui subsiste sans la parole. Au même synode de Privas, il est défendu aux diacres qui donnent la coupe de dire aucune parole, parce que Jésus-Christ *parla seul* [4]; et l'église de Metz est exhortée à se conformer « en cela à l'exemple de Jésus-Christ, sans toutefois rien violenter. »

L'exemple de Jésus-Christ ne fait donc pas une loi selon ce synode, et selon les autres synodes il est libre de séparer de la célébration de ce sacrement la parole, qui est l'ame des sacremens,

---

[1] Ep. XXXII. — [2] Basil., *De Spiritu sancto*, 27. — [3] *Discip.*, etc.; *Observ.* sur l'art. 9, p. 185. — [4] *Ibid.*

comme l'exemple du baptême le peut faire voir, pour ne pas ici alléguer le consentement de toute la chrétienté et de tous les siècles.

On voit par ces décisions que ce que Jésus-Christ a fait ne paroît pas une loi aux prétendus réformés. Il faut faire la distinction de ce qui est essentiel d'avec ce qui ne l'est pas. Jésus-Christ ne l'a pas faite lui-même, et il a dit généralement : *Faites ceci*. C'est donc à l'Eglise à la faire, et sa pratique constante doit être une loi inviolable.

Mais enfin, pour attaquer nos adversaires dans leur fort, puisqu'ils le mettent pour la plupart dans ces paroles : *Faites ceci :* voyons quand Jésus-Christ les a dites.

Il ne les a dites qu'après avoir dit : *Prenez et mangez, ceci est mon corps :* car c'est alors que saint Luc seul lui a fait ajouter : *Faites ceci en mémoire de moi* [1], cet évangéliste ne rapportant pas qu'il en ait dit autant après le calice.

Il est vrai que saint Paul raconte qu'après la consécration du calice, Jésus-Christ dit : *Faites ceci en mémoire de moi toutes les fois que vous boirez* [2]. Mais après tout, ce discours de Notre-Seigneur, à le prendre dans la rigueur et dans la précision des termes, emporte seulement un ordre conditionnel, « de faire ceci en mémoire de Jésus-Christ toutes les fois qu'on le fera, » et non pas un ordre absolu de le faire : ce que je pourrois prouver par les interprètes protestans, si la chose n'étoit pas trop claire pour avoir besoin de preuve.

Ainsi le mot : *Faites ceci,* ne se trouveroit appliqué absolument qu'à ces paroles : *Prenez, mangez*, et les protestans perdroient leur cause.

Que s'ils disent, comme font quelques-uns des leurs, que ces paroles attribuées à la réception du corps : *Faites ceci en mémoire de moi,* ont la même force que celles-ci qui sont dites après le calice : *Toutes les fois que vous boirez, faites-le en mémoire de moi,* l'un et l'autre ordonnant bien de *faire en mémoire,* et non pas de faire absolument : leur cause n'en sera que plus mauvaise, puisqu'ainsi il ne restera dans tout l'Evangile aucun précepte ab-

[1] *Luc.*, XXII, 19. — [2] 1 *Cor.*, XI, 25.

solu de prendre aucune des espèces, loin qu'il y en ait un de prendre les deux.

Il ne leur sert de rien de répondre que l'institution de Jésus-Christ leur suffit, puisque la question revient toujours de savoir ce qui appartient à l'essence de l'institution, Jésus-Christ ne l'ayant pas distingué, et tous les exemples précédens démontrant invinciblement qu'il n'y a que la tradition dont on puisse l'apprendre.

S'ils ajoutent qu'en tout cas on ne se peut tromper en faisant ce qui est écrit, et ce que Jésus-Christ a fait: c'est avec une raison apparente laisser la difficulté toute entière, puisque d'un côté ils ont vu tant de choses qu'il falloit observer, quoiqu'elles ne soient point réglées dans l'Ecriture; et que d'autre part ils en voient aussi un si grand nombre qui sont écrites et que Jésus-Christ a faites, qu'on n'observe point, même parmi eux, sans qu'on trouve rien dans l'Ecriture qui puisse nous assurer qu'elles soient moins importantes que les autres.

Ainsi sans le secours de la tradition, on ne sauroit comment consacrer, comment donner, comment recevoir, ni en un mot comment célébrer le sacrement de l'Eucharistie, non plus que celui du baptême; et cette discussion nous peut aider à entendre avec combien de raison saint Basile a dit qu'en rejetant la tradition non écrite, « on attaque l'Evangile même, et on en réduit la prédication à de simples mots [1], » dont on ne comprend point parfaitement le sens.

En effet toutes les réponses et tous les raisonnemens des ministres, visiblement ne produisent que de nouveaux embarras; et le seul moyen d'en sortir, c'est de rechercher, comme nous faisons, l'essence de l'institution de Notre-Seigneur et l'intelligence certaine de son commandement dans la tradition et la pratique de l'Eglise.

Si donc elle a toujours cru que la grace de l'Eucharistie n'étoit pas attachée aux deux espèces; si elle a cru que la communion sous une ou sous deux espèces étoit salutaire; si les prétendus réformés ont suivi ce sentiment en un certain cas que l'Evangile

---

[1] Basil., *de Spiritu sancto*, cap. XXVII, tom. III, p. 54 et seq.

ne marquoit point, c'est-à-dire à l'égard de ceux qui ne boivent pas de vin : quelle difficulté trouvera-t-on dans une chose réglée par des principes si certains et par une pratique si constante ?

Aussi voyons-nous que la communion sous une espèce s'est établie sans bruit, sans contradiction et sans plainte, de même que s'est établi le baptême par simple infusion, et tant d'autres coutumes innocentes.

<small>VII.
La communion sous une espèce s'est établie sans contradiction.</small>
La crainte qu'on eut de répandre le sang de Notre-Seigneur au milieu d'une multitude qui s'approchoit de la communion avec beaucoup de confusion, fut cause que les fidèles, persuadés de tout temps qu'une seule espèce suffisoit, se réduisirent insensiblement à n'en prendre en effet qu'une seule.

On avoit tant de peine à ne point répandre ce sang précieux dans les églises où il y avoit peu de ministres, et dans les églises nombreuses les précautions qu'il falloit apporter en le distribuant rendoient le service si long, surtout dans les grandes solennités et dans les grandes assemblées, que par là on se porta aisément à l'usage d'une seule espèce.

Dans la conférence tenue à Constantinople l'an 1054, sous le pape saint Léon IX, entre les Latins et les Grecs, le cardinal Humbert, évêque de Silva-Candida, met en fait une coutume de l'église de Jérusalem, attestée par un passage d'un ancien patriarche de cette église [1]. Cette coutume étoit de communier tout le peuple sous l'espèce du pain, seule et séparée, sans la mêler avec l'autre selon la pratique du reste de l'Orient. Là il est marqué expressément qu'on réservoit ce qui demeuroit du pain sacré de l'Eucharistie pour la communion du lendemain, sans qu'on y parle en aucune sorte du sacré calice; et la coutume en étoit si ancienne dans cette église, qu'on l'y rapportoit aux apôtres. Je veux que ceux de Jérusalem se trompassent en cela, puisqu'il n'y a que les coutumes autant universelles qu'immémoriales, qui selon la règle de l'Eglise, doivent être rapportées à ce principe : mais toujours voit-on par là l'antiquité de cette coutume. Elle étoit reçue dans la cité sainte et dans toute la province qui en dépendoit, à ce que pose le cardinal. Nicétas Pecto-

[1] *Disp. Humb. Card.* apud Bar., App., tom. XI.

ratus, son antagoniste, ne le contredit point : tout l'univers accouroit à Jérusalem, et alloit avec un saint empressement communier dans les lieux où les mystères de notre salut s'étoient accomplis. Ce fut sans doute cette multitude immense de communians, qui fit embrasser l'usage de communier sous une espèce : personne ne s'en est plaint; et le cardinal Humbert, qui paroît ému du mélange, ne dit rien sur la communion d'une seule espèce.

Plusieurs raisons nous font penser que l'usage d'une seule espèce commença dans les grandes fêtes, à cause de la multitude des communians ; et quoi qu'il en soit, il est certain que le peuple se réduisit sans aucune peine à cette manière de communier, par l'ancienne foi qu'il avoit qu'on recevoit sous une seule et sous toutes les deux espèces la même substance du sacrement et le même effet de la grace.

La marque la plus certaine qu'une coutume est tenue pour libre, c'est quand on la change sans trouble. Ainsi quand on a cessé, ou de communier les petits enfans, ou de les baptiser par immersion, personne ne s'en est ému : on s'est réduit de la même sorte à communier sous une espèce ; et il y avoit plusieurs siècles que le peuple ne communioit que de cette manière, quand les bohémiens s'avisèrent de dire qu'elle étoit mauvaise.

Je ne vois pas même que Wiclef, leur premier maître, quelque téméraire qu'il fût, ait condamné cette coutume de l'Eglise : du moins est-il certain qu'on n'en voit rien ni dans les lettres de Grégoire XI, ni dans les deux conciles de Londres tenus par Guillaume de Courtenay et par Thomas Arondel, archevêque de Cantorbéry; ni dans le concile d'Oxford célébré par le même Thomas, sous Grégoire XII [1] ; ni dans le concile romain, sous Jean XXIII ; ni dans un troisième concile de Londres, sous le même pape [2] ; ni dans le concile de Constance ; ni enfin dans tous les conciles et tous les décrets, où se trouve la condamnation de cet hérésiarque et le dénombrement de ses erreurs : par où il paroît qu'ou il n'a pas insisté sur celle-ci, ou qu'on n'en a pas fait grand bruit.

Calixte convient avec Æneas Silvius, auteur voisin de ces temps,

[1] Tom. XI *Conc.* — [2] Tom. XII *Conc.*

qui a écrit cette histoire, que le premier qui remua cette question fut un nommé Pierre Dresde, maître d'école de Prague[1]. Il se servoit contre nous de l'autorité du passage de saint Jean : « Si vous ne mangez la chair du Fils de l'homme, et ne buvez son sang, vous n'aurez point la vie en vous. » Ce passage persuada Jacobel de Misnie, qui révolta contre l'Eglise toute la Bohême vers la fin du quatorzième siècle. Il fut suivi de Jean Hus, au commencement du quinzième, et la querelle qu'on nous fait sur les deux espèces n'a pas une plus haute origine.

Encore faut-il remarquer que Jean Hus n'osa pas dire d'abord que la communion sous les deux espèces fût nécessaire. « Il lui suffisoit qu'on lui avouât qu'il étoit permis et expédient de la donner ; mais il n'en déterminoit pas la nécessité : » tant il étoit établi qu'en effet il n'y en avoit aucune.

Quand on change des coutumes essentielles, l'esprit de la tradition toujours vivant dans l'Eglise, ne manque jamais d'exciter de la résistance. Les ministres avec tous leurs grands raisonnemens, ont peine encore à accoutumer leurs peuples à voir mourir leurs enfans sans baptême ; et malgré l'opinion qu'ils leur ont mise dans l'esprit, que le baptême n'est pas nécessaire à salut, ils ne peuvent empêcher le trouble que leur cause un si funeste événement, ni presque retenir les pères qui veulent absolument qu'on baptise leurs enfans dans cette nécessité, suivant l'ancienne coutume. Je l'ai vu par expérience, et on le peut avoir remarqué dans ce que j'ai rapporté de leurs synodes : tant il est vrai que la coutume qu'une tradition immémoriale et universelle a imprimée dans les esprits comme nécessaire, a une force invincible ; et loin qu'on puisse éteindre un tel sentiment dans toute l'Eglise, on a peine même à l'éteindre parmi ceux qui le contredisent de propos délibéré. Si donc la communion d'une seule espèce a passé sans contradiction et sans bruit, c'est, comme nous avons dit, que tous les chrétiens, dès l'origine du christianisme, étoient nourris dans cette foi, que la même vertu étoit répandue dans chacune des deux espèces, et qu'on ne perdoit rien de substantiel lorsqu'on n'en prenoit qu'une seule.

[1] N. 24, 25.

Il n'a fallu faire aucun effort pour faire entrer les fidèles dans ce sentiment. La communion des enfans, la communion des malades, la communion domestique, la coutume de communier sous une ou sous deux espèces indifféremment dans l'église même et dans les saintes assemblées, et enfin les autres choses que nous avons vues, avoient naturellement inspiré ce sentiment à tous les fidèles dès les premiers temps de l'Eglise.

Ainsi quand Jean de Pekam, archevêque de Cantorbéry au treizième siècle, fit enseigner à son peuple avec tant de soin, « que sous la seule espèce qu'on leur distribuoit, ils recevoient Jésus-Christ tout entier [1], » la chose passa sans peine, et personne ne le contredit.

Et ce seroit chicaner de dire que ce *grand soin* fait voir qu'on y trouvoit de la répugnance, puisque nous avons déjà vu que Guillaume évêque de Châlons, et Hugues de Saint-Victor, pour ne point à présent remonter plus haut, avoient constamment enseigné plus de cent ans avant lui la même doctrine, sans que personne y eût rien trouvé de nouveau ni d'étrange : tant elle entre naturellement dans les esprits. Nous voyons en tout temps et en tous lieux, la charité pastorale soigneuse de prévenir jusqu'aux moindres pensées que l'ignorance pouvoit faire tomber dans l'esprit des peuples. Et enfin c'est un fait constant, qu'il n'y a eu ni plainte, ni contradiction sur cet article durant plusieurs siècles.

J'avance même sans crainte, qu'aucun de ceux qui ont cru la réalité n'a jamais révoqué en doute de bonne foi cette intégrité, pour ainsi parler, de la personne de Jésus-Christ sous chaque espèce, puisque ce seroit donner un corps mort que de donner un corps sans sang et sans ame, chose qui fait horreur à penser.

De là vient qu'en croyant la réalité, on est porté à croire la pleine suffisance de la communion sous une espèce. Nous voyons aussi que Luther étoit tombé naturellement dans cette pensée; et longtemps après qu'il se fut ouvertement révolté contre l'Eglise, il est certain qu'il tenoit encore la chose pour indifférente, ou du moins pour peu importante, censurant grièvement Carlostad, qui

---

[1] *Conc. Lambeth.*, cap. I, tom. XI *Conc.*, col. 1159.

avoit contre son avis établi la communion sous les deux espèces, et qui sembloit, disoit-il, mettre toute la Réforme dans *ces choses de néant*[1].

Il dit même ces insolentes paroles dans le Traité qu'il publia en 1523, sur *la Formule de la messe* : « Si un concile ordonnoit ou permettoit les deux espèces, en dépit du concile nous n'en prendrions qu'une, ou ne prendrions ni l'une ni l'autre, et maudirions ceux qui prendroient les deux en vertu de cette ordonnance ; » paroles qui font assez voir que lorsque lui et les siens se sont depuis tant opiniâtrés aux deux espèces, c'est plutôt par esprit de contradiction que par un sérieux raisonnement.

En effet il approuva la même année les *Lieux communs* de Mélanchthon, où il range parmi les choses indifférentes la communion sous une ou sous deux espèces. En 1528, dans la visite de la Saxe [2], il laisse positivement la liberté de n'en prendre qu'une seule, et persiste encore dans ce sentiment en 1533, quinze ans après qu'il se fut érigé en réformateur.

Tout le parti luthérien suppose qu'on ne perd rien d'essentiel ni de nécessaire au salut, quand on manque de communier sous les deux espèces, puisque dans l'*Apologie de la Confession d'Augsbourg*, pièce aussi authentique dans ce parti que la *Confession d'Augsbourg* elle-même, et également souscrite par tous ceux qui l'ont embrassée, il est expressément porté, « que l'Eglise est digne d'excuse, de n'avoir reçu qu'une seule espèce, ne pouvant avoir les deux : mais qu'il n'en est pas de même des auteurs de cette injustice. » Quelle idée de l'église, qu'on nous représente forcée avant Luther à ne recevoir que la moitié d'un sacrement par la faute de ses pasteurs, comme si les pasteurs n'étoient pas eux-mêmes par l'institution de Jésus-Christ une partie de l'église! Mais enfin il paroît par là, de l'aveu des luthériens, que ce que *perdit l'église* selon eux, n'étoit pas essentiel, puisqu'il ne peut jamais être excusable ni tolérable de recevoir les sacremens de qui que ce soit contre l'essence de leur institution, et que la droite administration des sacremens n'est pas moins essentielle à l'église que la pure prédication de la parole.

[1] *Ep. Luth. ad Gasp. Guttol.*, tom. II, ep. LVI. — [2] *Visit. Sax.*, tom. VI, len.

Calixte, qui nous rapporte avec soin tous ces passages [1], excuse Luther, et les premiers auteurs de la réformation, « sur ce que l'ayant entreprise (voici un aveu mémorable, et un digne commencement de la Réforme), sur ce que, dit Calixte, ses premiers auteurs l'ayant entreprise plutôt par la violence d'autrui que de leur propre volonté, » c'est-à-dire plutôt par esprit de contradiction que par un amour sincère de la vérité, « ils ne purent pas au commencement découvrir la nécessité du précepte de communier sous les deux espèces, ni rejeter la coutume. » Voilà ce que dit Calixte, et il ne voit pas combien il détruit lui-même l'évidence qu'il attribue à ce précepte, en le faisant voir ignoré par les premiers hommes de la nouvelle Réforme et par ceux qu'on y croit choisis de Dieu pour cet ouvrage. N'auroient-ils pas aperçu une chose que Calixte trouve si claire? Ou Calixte n'en a-t-il pas trop dit, quand il nous donne pour si clair ce qui n'est point aperçu par de tels docteurs?

Mais pour ne plus parler d'eux, Calixte lui-même, ce Calixte qui a tant écrit contre la communion sous une espèce, à la fin du même *Traité* où il l'a tant combattue [2], bien éloigné de nous en parler comme d'une chose où il s'agisse du salut, déclare « qu'il n'exclut pas du nombre des vrais fidèles nos ancêtres, qui ont communié sous une espèce il y a plus de cent cinquante ans; » et, ce qui est bien plus remarquable, « ceux qui y communient encore aujourd'hui, ne pouvant mieux faire [3]; » et conclut en général que tout ce qu'on pense, ou ce qu'on pratique sur ce sacrement, ne peut être un obstacle au salut, ni une matière légitime de division, à cause que la réception de ce sacrement n'est pas d'une obligation essentielle. Que ce principe de Calixte soit vrai et que sa conséquence en soit bien tirée, ce n'est pas de quoi il s'agit. C'est assez que cet ardent défenseur des deux espèces soit obligé à la fin de convenir qu'on se peut sauver dans une église où on n'en reçoit qu'une seule : par où il est obligé à reconnoître, ou qu'on peut faire son salut hors de la vraie Eglise, ce qu'assurément il ne dira pas; ou, ce qu'il dira aussi peu, que la vraie

---

[1] N. 199. — [2] *Ibid.*, n. 200, *Desider.*, Paris., n. 4. — [3] *De Communione sub utrâque*, n. 200, *et Jud.*, n. 76.

Église peut demeurer telle en manquant d'un sacrement; ou, ce qui est plus naturel et ce qu'en effet nous disons, que la communion des deux espèces n'est pas essentielle à celui de l'Eucharistie.

Voilà à quoi aboutissent ces grandes disputes contre la communion sous une espèce; et après avoir épuisé toute sa subtilité, on en vient enfin par tous ces efforts à reconnoître tacitement ce qu'on a tâché de combattre par des Traités si étudiés.

VIII. Réfutation de l'Histoire du retranchement de la coupe, faite par M. Jurieu.

Dans le dernier *Traité* que M. Jurieu a mis au jour, il se propose de faire *un abrégé de l'Histoire du retranchement de la coupe* [1], où, quoiqu'il nous donne pour indubitable tout ce qu'il lui plaît d'y débiter, il nous sera aisé de lui faire voir presque autant de faussetés qu'il a raconté de faits.

Il ne dit rien de nouveau sur les *Évangiles* et sur les *Épîtres* de saint Paul, dont nous avons assez parlé. Du siècle des apôtres, il passe aux siècles suivans, où il montre sans peine que l'usage des deux espèces étoit ordinaire [2]. Mais il s'est bientôt aperçu qu'il ne feroit rien contre nous, s'il n'en disoit davantage : car il sait bien que nous soutenons que lors même que les deux espèces étoient en usage, on ne les croyoit pas si nécessaires qu'on ne communiât aussi souvent et aussi publiquement sous une seule, sans que personne s'en plaignît. Pour nous ôter cette défense et dire quelque chose de concluant, il ne suffisoit pas d'assurer que l'usage des deux espèces étoit ordinaire; il falloit encore assurer qu'on le regardoit comme indispensable, et que jamais on ne communioit d'une autre sorte. M. Jurieu a senti qu'il le falloit dire : il l'a dit en effet, mais il n'a pas même tenté de le prouver, tant il a désespéré d'y réussir. Seulement par une hardie et véhémente affirmation, il a cru pouvoir suppléer au défaut de la preuve qui lui manque : « C'est, dit-il, un fait d'une notoriété publique, et qui n'a pas besoin de preuve; c'est une affaire qui n'est pas contestée [3]. » Ces manières affirmatives imposent; les prétendus réformés en croient un ministre sur sa parole, et ne peuvent s'imaginer qu'il leur ose dire qu'une chose ne soit pas contestée, quand en effet elle l'est. Cependant c'est la vérité qu'il n'y a rien,

---

[1] *Examen de l'Euch.*, VI⁰ traité, v sect. — [2] *Examen*, p. 478. — [3] *Ibid.*, p. 468.

non-seulement de plus contesté, mais encore de plus faux que ce que M. Jurieu nous donne ici pour incontestable et comme également avoué dans les deux partis.

Mais considérons ses paroles dans toute leur suite. « C'est, dit-il, une affaire qui n'est pas contestée. Durant l'espace de plus de mille ans, dans l'Eglise, personne n'avoit entrepris de célébrer ce sacrement, et de faire communier les fidelles autrement que le Seigneur ne l'avoit commandé, c'est-à-dire sous les deux espèces; excepté que pour faire communier plus facilement les malades, quelques gens s'estoient avisez de tremper le pain dans le vin, et de faire recevoir l'un et l'autre signe en mesme temps. »

La proposition et l'exception ne sont faites ni l'une ni l'autre de bonne foi.

La proposition est que durant l'espace de plus de mille ans, personne n'avoit entrepris de célébrer ce sacrement, ni de le donner autrement que sous les deux espèces. Il confond d'abord deux choses bien différentes, célébrer ce sacrement et le donner. On n'a jamais célébré que sous les deux espèces; nous en convenons, et nous en avons dit la raison tirée de la nature du sacrifice : mais qu'on n'ait jamais donné que les deux espèces, c'est de quoi on dispute; et le bon ordre, pour ne pas dire la bonne foi, ne permettoit pas qu'on mît ensemble ces deux choses comme également incontestables.

Mais ce qui ne se peut souffrir, c'est qu'on avance que durant plus de mille ans on n'ait jamais donné la communion que sous les deux espèces, et encore que ce soit une chose « de notoriété publique, une chose qui n'a pas besoin de preuve, une chose qui n'est point contestée. »

Il faudroit respecter la foi publique, et ne pas abuser de ces grands mots. M. Jurieu sait bien en sa conscience que nous contestons tout ce qu'il dit ici : les seuls titres des articles de la première partie de ce discours font assez voir combien il y a d'occasions où nous soutenons qu'on donnoit la communion sous une espèce : je ne suis pas le premier à le dire, à Dieu ne plaise, et je ne fais qu'expliquer ce qu'ont dit devant moi tous les catholiques.

Mais y a-t-il rien de moins sincère que de n'apporter ici d'exception à la communion ordinaire que la communion des malades, et encore de n'y trouver de la différence qu'en ce qu'on y mêloit les deux espèces? Puisque M. Jurieu vouloit rapporter ce qui n'est pas contesté par les catholiques, il devoit parler autrement. Il sait bien que nous soutenons que la communion des malades consistoit, non à leur donner les deux espèces mêlées, mais à leur donner ordinairement la seule espèce du pain. Il sait bien ce que disent nos auteurs sur la communion de Sérapion, sur celle de saint Ambroise, sur les autres que j'ai marquées; et qu'en un mot nous disons que la manière ordinaire de communier les malades étoit de les communier sous une espèce. C'en est déjà trop d'oser nier un fait si bien établi : mais de pousser la hardiesse jusqu'à dire que le contraire n'est pas contesté, je ne sais comment M. Jurieu a pu s'y résoudre.

Mais que veut-il dire, lorsqu'il assure comme une chose que nous ne contestons pas, que « jamais, durant l'espace de plus de mille ans, on n'a donné la communion que sous les deux espèces, excepté dans la communion des malades, où on les donnoit toutes deux meslées ensemble? » Quelle exception est celle-ci : *On a toujours donné les deux espéces, excepté quand on les a données meslées ensemble ?* M. Jurieu a voulu mieux dire qu'il n'a dit; en assurant, comme il fait, que durant plus de mille ans on n'a jamais donné la communion que sous les deux espèces, il a bien senti qu'il falloit du moins excepter la communion des malades. Il le vouloit faire naturellement, mais en même temps il a vu que par cette seule exception il perdoit le fruit d'une proposition si universelle; et que d'ailleurs il n'y avoit aucune apparence que l'ancienne Église ait envoyé les mourans au jugement de Jésus-Christ, après une communion faite contre son commandement. Ainsi il n'a osé dire ce qui lui étoit d'abord venu dans l'esprit, et il est tombé dans un embarras visible.

Enfin pourquoi ne parle-t-il que de la communion des malades? D'où vient qu'il n'a rien dit dans ce récit de la communion des petits enfans, et de la communion domestique, qu'il sait bien que nous alléguons toutes deux comme faites sous une seule espèce? Pourquoi dissimule-t-il ce que nos auteurs ont soutenu, ce que j'ai prouvé après eux par les décrets de saint Léon et de saint Gélase, qu'il étoit libre de communier sous une ou sous deux espèces, je dis à l'église même et au sacrifice public? M. Jurieu a-t-il ignoré ces choses, pour ne rien dire du reste? A-t-il ignoré l'Office du Vendredi saint et la communion qu'on y faisoit sous une seule espèce? Un homme aussi instruit n'a-t-il pas su ce qu'en ont écrit Amalarius et les autres auteurs du huitième et neuvième siècle, que nous avons rapportés? Savoir ces choses et poser comme un fait non contesté, que, *durant plus de mille ans, jamais on n'a donné la communion que sous les deux espèces*, n'est-ce pas trahir manifestement la vérité et sa propre conscience?

Les autres auteurs de sa communion qui ont écrit contre nous agissent de meilleure foi. Calixte, M. du Bourdieu et les autres tâchent de répondre à ces objections que nous leur faisons. M. Jurieu prend une autre voie, et se contente de dire hardiment « que durant plus de mille ans, on n'a jamais entrepris de faire communier les fidelles autrement que sous les deux espèces, et que la chose n'est pas contestée. » C'est le plus court et c'est le plus sûr pour tromper les simples; mais il faut croire que ceux qui aimeront leur salut ouvriront les yeux, et ne souffriront pas qu'on leur impose davantage.

Il ne reste à M. Jurieu qu'un seul refuge : c'est de dire que ces communions qu'on faisoit si souvent dans l'ancienne Eglise sous une espèce, n'étoient pas le sacrement de Jésus-Christ, non plus que la communion qu'on donne dans ses églises avec le pain seul à ceux qui ne boivent pas de vin. En répondant de cette sorte, il répondra selon ses principes, je l'avoue; mais je soutiens, après tout cela qu'il n'oseroit se servir de cette réponse, ni imputer à l'ancienne Eglise cette monstrueuse pratique où l'on donne un sacrement qui n'en est pas un, et une chose humaine dans la communion.

En tout cas, il falloit toujours dans une histoire telle qu'il l'avoit promise, rapporter des faits si considérables. Il n'en dit pas un mot dans son récit. Je ne m'en étonne pas : il n'auroit pu parler de tant de faits importans, sans montrer qu'il y avoit du moins sur ce point une grande contestation entre eux et nous;

et il lui plaisoit de dire que *c'est une chose qui n'a pas besoin de preuve, et qui n'est pas contestée.*

Il est vrai que hors le lieu du récit et en répondant aux objections, il dit un mot de la communion qu'on faisoit à la maison. Il se sauve, en répondant « qu'il n'est pas certain que ceux qui emportoient ainsi l'Eucharistie avec eux, n'emportassent pas aussi le vin, et que ce dernier est beaucoup plus apparent [1]. » *Il n'est pas certain ; ce dernier est beaucoup plus apparent.* Un homme si affirmatif se défie bien de sa cause, quand il parle ainsi ; mais du moins, puisqu'il doute, il ne doit pas dire que « c'est un fait sans contestation, qu'on n'a jamais entrepris durant plus de mille ans de communier les fidelles autrement que sous les deux espèces. » Voilà dès les premiers siècles de l'Eglise, une infinité de communions que lui-même n'a pas osé assurer avoir été faites sous les deux espèces. C'étoit un abus, dit-il. N'importe, il falloit rapporter le fait : la question de l'abus viendroit après, et on verroit s'il faut condamner tant de martyrs, et tant d'autres Saints, et toute l'Eglise des premiers siècles qui a pratiqué cette communion domestique.

M. Jurieu tranche le mot trop hardiment : « Y a-t-il de la bonne foy, dit-il, à tirer une preuve d'une pratique opposée à celle des apostres, que l'on condamne aujourd'huy, et qui passeroit dans l'Eglise romaine pour le dernier de tous les attentats ? »

Ne falloit-il pas encore faire croire au monde que nous condamnons, avec lui et avec les siens, la pratique de tant de Saints comme contraire à celle des apôtres ? Mais nous sommes bien éloignés d'une si horrible témérité. M. Jurieu le sait bien : et un homme qui nous vante tant la bonne foi en devoit avoir assez pour remarquer ce que j'ai fait voir en son lieu, que l'Eglise ne condamne pas toutes les pratiques qu'elle change ; et que le Saint-Esprit, qui la conduit, lui fait non-seulement condamner les mauvaises pratiques, mais encore en quitter de bonnes, et les défendre sévèrement quand on en abuse.

Je crois que l'on voit assez la fausseté de l'histoire que nous fait M. Jurieu des premiers siècles de l'Eglise, jusqu'à mille et

---

[1] *Examen*, etc., sect. VII, p. 483, 484.

onze cents ans : ce qu'il nous dit sur le reste n'est pas moins contraire à la vérité.

Je n'ai pas besoin de parler de la manière dont il raconte l'établissement de la présence réelle et de la transsubstantiation durant le dixième siècle [1] : cela n'est pas de notre sujet, et d'ailleurs rien ne nous oblige à réfuter ce qu'il avance sans preuve. Mais ce qu'il faut remarquer, c'est qu'il regarde la communion sous une espèce comme une chose qui n'est venue qu'en présupposant la transsubstantiation. A la bonne heure : quand on verra désormais, comme nous l'avons fait voir invinciblement, la communion sous une espèce pratiquée dès les premiers siècles de l'Eglise et dans le temps des martyrs, on ne pourra plus douter que la transsubstantiation n'y fût dès lors établie ; et M. Jurieu lui-même sera obligé d'avouer cette conséquence. Mais revenons à la suite de son histoire.

Il nous y montre la communion sous une espèce comme une chose dont on s'avisa dans l'onzième siècle, après que la présence réelle et la transsubstantiation fut bien établie : car on s'aperçut alors, dit-il, « que sous une miette de pain, aussi bien que sous chaque goutte de vin, estoient renfermez toute la chair et tout le sang de Notre-Seigneur. » Qu'en arriva-t-il ? Ecoutons : « Cette mauvaise raison prévalut de telle manière sur l'institution du Seigneur et sur la pratique de toute l'Eglise ancienne, que la coustume de communier sous la seule espèce du pain s'établit insensiblement dans le douziéme et le treiziéme siécle. » Elle s'y établit insensiblement : tant mieux pour nous. Ce que j'ai dit est donc véritable, que les peuples se réduisirent sans contradiction et sans peine à la seule espèce du pain ; tant ils étoient préparés par la communion des malades, par celle des petits enfans, par celle qu'on faisoit à la maison, par celle qu'on faisoit à l'église même, et enfin par toutes les pratiques que nous avons vues, à reconnoître une véritable et parfaite communion sous une espèce.

C'est une chose fâcheuse pour nos réformés : ils ont beau vanter ces changemens insensibles, où ils mettent toute la défense de leur cause; jamais ils n'ont produit, et jamais ils ne produiront

---
[1] Sect. v, p. 469. — [2] Ibid., p. 470.

aucun exemple de ces changemens dans les choses essentielles. Qu'on change insensiblement et sans contradiction des choses indifférentes, il n'y a rien en cela de fort merveilleux : mais, comme nous avons dit, on ne change pas si aisément la foi des peuples, ni les pratiques qu'on croit essentielles à la religion. Car alors la tradition, l'ancienne croyance, la coutume même, et le Saint-Esprit qui anime le corps de l'Eglise, s'opposent à la nouveauté. Quand donc on change sans peine et sans s'en apercevoir, c'est signe qu'on ne croyoit pas la chose si nécessaire.

M. Jurieu a vu cette conséquence, et après avoir dit [1] que « la coustume de communier sous la seule espéce du vin s'établit insensiblement dans le douziéme et le treiziéme siécle, » il ajoute incontinent après : « Ce ne fut pourtant pas sans résistance : les peuples souffroient avec la derniére impatience qu'on leur ostast la moitié de Jésus-Christ; on en murmura de toutes parts. » Il avoit dit un peu au-dessus que ce changement, bien différent de ceux qui se font « d'une maniére insensible, sans opposition et sans bruit, s'estoit fait » au contraire « avec éclat [2]. » Ces Messieurs content les choses comme il leur plaît : la difficulté présente les entraîne; et pressés de l'objection, ils disent dans le moment ce qui semble les tirer d'affaire, sans trop songer s'il s'accorde, je ne dis pas avec la vérité, mais avec leurs propres pensées. La cause le demande ainsi, et il ne faut pas s'attendre qu'on puisse défendre une erreur d'une manière suivie. C'est l'état où s'est trouvé M. Jurieu. *Cette coustume*, dit-il, c'est-à-dire celle de communier sous une espèce, *s'établit insensiblement :* il n'y a rien de plus tranquille. Ce ne fut pourtant pas sans résistance, sans éclat, sans avoir la dernière impatience, sans murmurer de toutes parts : voilà une grande commotion. La vérité fait dire naturellement le premier, et l'attachement à sa cause fait dire l'autre. En effet, on ne trouve rien de ces *murmures universels, de ces extrêmes impatiences, de ces résistances des peuples;* et cela porte à établir un changement *insensible*. D'autre côté on ne veut pas dire qu'une pratique qu'on représente si étrange, si fort inouïe, si évidemment sacrilége, s'établisse sans répugnance et

[1] Sect. v, p. 470. — [2] *Ibid.*, p. 464.

sans qu'on y prenne garde. Pour éviter cet inconvénient, il faut s'imaginer de la résistance; et si on n'en trouve pas, en inventer.

Mais encore quel pouvoit être le sujet de ces murmures si universels? M. Jurieu nous en a dit sa pensée : mais en ce point, il ne s'est non plus accordé avec lui-même que dans tout le reste. Ce qui causa ces murmures, « c'est, dit-il, que les peuples souffroient avec la dernière impatience qu'on leur ostast la moitié de Jésus-Christ [1]. » A-t-il oublié ce qu'il vient de dire [2], que la présence réelle leur avoit fait voir que sous chaque miette de pain estoient renfermez toute la chair et tout le sang du Seigneur? » Songe-t-il à ce qu'il va dire dans un moment [3], « que si la doctrine de la transsubstantiation et de la presence réelle estoit véritable, il est vray que le pain renfermeroit la chair et le sang de Jésus-Christ? » Où étoit donc ici cette moitié de Jésus-Christ retranchée, que les peuples souffroient, selon lui, avec la dernière impatience ? Si on veut leur donner des plaintes, qu'on leur en donne du moins qui soient conformes à leurs sentimens, et qu'on les fasse vraisemblables.

Mais c'est qu'en effet il n'y en eut point. Aussi M. Jurieu ne nous en fait-il paroître aucune dans les auteurs du temps. La première contradiction est celle qui donna lieu à la décision du concile de Constance en l'an 1415. Elle commença en Bohême, ainsi que nous l'avons vu, sur la fin du quatorzième siècle : et si, selon le récit de M. Jurieu, la coutume d'une seule espèce commence au siècle onzième, si on ne commence à s'en plaindre, et encore dans la Bohême toute seule, que vers la fin du quatorzième siècle, de l'aveu de notre ministre, trois cents ans entiers se seront passés sans qu'un changement si étrange, si hardi, si nous l'en croyons, si visiblement opposé à l'institution de Jésus-Christ et à toute la pratique précédente, ait fait aucun bruit. Le croira qui voudra : je sais bien pour moi, que pour le croire il faut avoir étouffé les reproches de sa conscience.

M. Jurieu en aura sans doute de se voir forcé par sa cause à déguiser la vérité en tant de manières dans un récit historique,

[1] Sect. v, p. 470. — [2] *Ibid.*, p. 469. — [3] Sect. vi, p. 480.

c'est-à-dire dans un genre de discours qui demande plus que tous les autres la candeur et la bonne foi.

Il ne propose pas même l'état de la question sincèrement. « L'estat de la question, dit-il, est fort aisé à comprendre [1] : » il le va donc dire nettement. Voyons : « On demeure d'accord, poursuit-il, que quand on communie les fidelles, tant du peuple que du clergé, on est obligé de leur donner le pain à manger : mais on prétend qu'il n'en est pas de mesme de la coupe. » Il ne veut pas seulement songer que nous croyons la communion également valable et parfaite sous chacune des deux espèces. Vouloir par l'état même de la question donner à entendre que nous croyons plus de perfection ou plus de nécessité dans celle du pain que dans l'autre, ou que Jésus-Christ ne soit pas également dans toutes les deux : c'est vouloir nous rendre manifestement ridicules. Mais il sait bien que nous sommes très-éloignés de cette pensée; et on a pu voir dans ce *Traité,* que nous croyons la communion donnée aux petits enfans durant tant de siècles sous la seule espèce du vin, aussi valable que celle qu'on a donnée en tant de rencontres sous la seule espèce du pain. Ainsi M. Jurieu propose mal l'état de la question. C'est par où il entame la dispute sur les deux espèces : il la continue par une histoire où nous avons vu qu'il avance autant de faussetés que de faits. Voilà celui que nos réformés regardent maintenant partout comme le plus ferme défenseur de leur cause.

IX. Reflexion sur la concomitance et sur la doctrine du chapitre VI de l'Évangile de saint Jean.
Si on ajoute aux preuves de faits que nous avons tirées de l'antiquité la plus pure et la plus sainte, et aux maximes solides que nous avons établies de l'aveu des prétendus réformés; si on ajoute, dis-je, à toutes ces choses ce que nous avons déjà dit, mais ce qu'on n'a peut-être pas assez pesé, que la présence réelle étant supposée, on ne peut nier que chaque espèce ne contienne Jésus-Christ tout entier : la communion sous une espèce demeurera sans difficulté, n'y ayant rien de moins raisonnable que de faire dépendre la grace d'un sacrement où Jésus-Christ a daigné être présent, non de Jésus-Christ lui-même, mais des espèces qui l'enveloppent.

[1] Sect. v, p. 464.

Il faut ici que Messieurs de la religion prétendue réformée nous permettent de leur expliquer un peu plus à fond cette concomitance tant attaquée par leurs disputes; et puisqu'ils ont passé la réalité comme une doctrine qui n'a aucun venin, ils ne doivent plus désormais avoir tant d'aversion pour une chose qui n'en est qu'une conséquence manifeste.

M. Jurieu l'a reconnu dans les endroits que nous avons remarqués. « Si, dit-il, la doctrine de la transsubstantiation et de la présence réelle estoit véritable, il est vrai que le pain renfermeroit et la chair et le sang de Jésus-Christ [1]. » Ainsi la concomitance est une suite de la présence réelle; et les prétendus réformés ne nous contestent pas cette conséquence.

Qu'ils supposent donc du moins un moment cette présence réelle, puisqu'ils la supportent dans leurs frères les luthériens, et qu'ils en considèrent avec nous les suites nécessaires : ils verront que Notre-Seigneur n'a pu nous donner son corps et son sang perpétuellement séparés, ni nous donner l'un et l'autre sans nous donner en chacun des deux sa personne toute entière.

Certainement, quand il a dit : *Prenez, mangez, ceci est mon corps*, et nous a donné par ses paroles la chair de son sacrifice à manger, il savoit bien qu'il ne nous donnoit pas la chair d'un pur homme, mais qu'il nous donnoit une chair unie à la divinité, et en un mot la chair d'un Dieu et d'un Homme tout ensemble. Il en faut dire de même de son sang, qui ne seroit pas le prix de notre salut, s'il n'étoit le sang d'un Dieu; sang que le Verbe divin s'étoit rendu propre d'une façon particulière en se faisant homme, conformément à cette parole de saint Paul : « Parce que ses serviteurs sont composés de chair et de sang, lui qui a dû en tout leur être semblable, il a voulu participer à l'un et à l'autre [2]. »

Mais s'il n'a pas voulu nous donner dans son sacrement une chair purement humaine, il a encore moins voulu nous y donner une chair sans ame, une chair morte, un cadavre, ou par la même raison une chair dénuée de sang, et un sang actuellement séparé du corps : autrement il lui faudroit souvent mourir et souvent répandre son sang; chose indigne du glorieux état de sa résur-

[1] *Examen*, p. 480. — [2] *Hebr.*, II, 14, 17.

rection, où il devoit éternellement conserver la nature humaine aussi entière qu'il l'avoit prise au commencement. De sorte qu'il savoit bien que dans sa chair nous aurions son sang, que dans son sang nous aurions sa chair; et que nous aurions dans l'un et dans l'autre son ame sainte avec sa divinité toute entière, sans laquelle sa chair ne seroit pas vivifiante, ni son sang plein d'esprit et de grace.

Pourquoi donc en nous donnant de si grands trésors, son ame sainte, sa divinité, tout ce qu'il est; pourquoi, dis-je, a-t-il nommé seulement son corps et son sang, si ce n'est pour nous faire entendre que c'est par l'infirmité qu'il a voulu avoir commune avec nous, que nous parvenons à sa force? Et pourquoi a-t-il séparé dans sa parole ce corps et ce sang, qu'il ne vouloit séparer effectivement que durant le peu de temps qu'il fut au tombeau, si ce n'est pour nous faire entendre aussi que ce corps et ce sang, dont il nous nourrit et nous vivifie, n'en auroient point la vertu, s'ils n'avoient une fois été actuellement séparés, et si cette séparation n'avoit causé au Sauveur la mort violente qui l'a rendu notre victime? Si bien que la vertu de ce corps et de ce sang venant de sa mort, il a voulu conserver l'image de cette mort, quand il nous les a donnés dans sa sainte Cène, et par une si vive représentation nous tenir toujours attachés à la cause de notre salut, c'est-à-dire au sacrifice de la croix.

Selon cette doctrine nous devions avoir, sous une image de mort, notre victime vivante; autrement nous ne serions pas vivifiés. Jésus-Christ nous dit encore à la sainte table : « Je suis vivant, mais j'ai été mort [1]; » et vivant en effet, je porte seulement sur moi l'image de la mort que j'ai endurée. C'est aussi par là que je vivifie, parce que par la figure de ma mort une fois soufferte, j'introduis ceux qui croient à la vie que je possède éternellement.

Ainsi l'Agneau qui est devant le trône, *comme mort*, ou plutôt *comme tué* [2], ne laisse pas d'être vivant, *car il est debout;* et il envoie par toute la terre *les sept esprits de Dieu, et il prend le livre, et il l'ouvre*, et il remplit de joie et de grace le ciel et la terre.

---

[1] *Apoc.*, I, 18. — [2] *Ibid.*, V, 6.

Nos réformés ne veulent pas ou ne peuvent peut-être pas encore entendre un si haut mystère, car il n'entre que dans les cœurs préparés par une foi épurée : mais s'ils ne peuvent pas l'entendre, ils entendent bien du moins qu'on ne peut croire une présence réelle du corps et du sang de Jésus-Christ, sans admettre toutes les choses que nous venons d'expliquer ; et ces choses ainsi expliquées, c'est ce qu'on appelle la *concomitance*.

Mais aussitôt que la concomitance est supposée, et qu'on a vu Jésus-Christ tout entier sous chaque espèce, il est bien aisé d'entendre en quoi consiste la vertu de ce sacrement. *La chair ne sert de rien* [1]; et si nous l'entendons comme saint Cyrille [2], dont le sens a été suivi par tout le concile d'Ephèse, elle ne sert de rien à la croire toute seule, à la croire la chair d'un pur homme : mais à la croire la chair d'un Dieu, une chair pleine de divinité, et par conséquent *d'esprit et de vie,* elle sert beaucoup sans doute, puisqu'en cet état elle est pleine d'une vertu infinie, et qu'en elle nous recevons avec l'humanité toute entière de Jésus-Christ, sa divinité aussi toute entière, et la source même des graces.

C'est pourquoi le Fils de Dieu, qui savoit ce qu'il vouloit mettre dans son mystère, a bien su aussi nous faire entendre en quoi il en vouloit mettre la vertu. Il ne faut plus objecter ce qu'il a dit dans saint Jean : « Si vous ne mangez la chair du Fils de l'homme, et ne buvez son sang, vous n'aurez point la vie en vous [3]. » Il veut dire visiblement qu'il n'y a point de vie pour ceux qui se séparent de l'un et de l'autre : car au reste ce n'est pas manger et boire qui donnent la vie, c'est recevoir Jésus-Christ. Jésus-Christ le dit lui-même; et comme remarque excellemment le concile de Trente [4], trop injustement calomnié par nos adversaires : « Celui qui a dit : *Si vous ne mangez la chair du Fils de l'homme et ne buvez son sang, vous n'aurez pas la vie en vous* [5], a dit aussi : *Si quelqu'un mange de ce pain, il aura la vie éternelle* [6]. Et celui qui a dit : *Quiconque mange ma chair et boit mon sang, a la vie éternelle* [7], a dit aussi : *Le pain que je donnerai est ma chair que*

---

[1] *Joan.*, vi, 64. — [2] Cyril., lib. IV, *in Joan.*, cap. ii; *Anath.* xi; *Conc. Eph.*, p. 1; tom III *Conc.* Labb., col. 408 et seq. — [3] *Joan.*, vi, 54. — [4] Sess. XXI, cap. 1. — [5] *Joan.*, vi, 54. — [6] *Ibid.*, 52. — [7] *Ibid.*, 55.

je donnerai pour la vie du monde [1]. Et enfin celui qui a dit : *Qui mange ma chair et boit mon sang, demeure en moi et moi en lui*[2], a dit aussi : *Qui mange ce pain, aura la vie éternelle* [3]; et encore : *Qui me mange vivra pour moi, et vivra par moi* [4]. » Par où il nous lie, non pas au manger et au boire de la sainte table, ou aux espèces qui enveloppent son corps et son sang, mais à sa propre substance, qui nous y est communiquée, et avec elle la grace et la vie.

Ainsi ce passage de saint Jean, qui, comme nous avons dit, a révolté Jacobel et soulevé toute la Bohême, se tourne en preuve pour nous. Les prétendus réformés nous défendroient eux-mêmes si nous le voulions, contre ce passage tant vanté par Jacobel, puisqu'ils disent d'un commun accord que ce passage ne s'entend pas de l'Eucharistie. Calvin l'a dit [5], Aubertin l'a dit [6], tous le disent, et M. du Bourdieu le dit encore dans le *Traité* que nous avons cité tant de fois [7]. Mais, sans vouloir profiter de leur aveu, nous leur soutenons au contraire avec toute l'antiquité, qu'un passage où la chair et le sang, aussi bien que le manger et le boire, sont si souvent et si clairement distingués, ne peut s'entendre simplement d'une communion où manger et boire c'est la même chose, telle qu'est la communion spirituelle et par la foi. C'est donc à eux, et non pas à nous, à se défendre de l'autorité d'un passage où, s'agissant d'expliquer la vertu et le fruit de l'Eucharistie, on voit que le Fils de Dieu les met non à manger et à boire, ni dans la manière de recevoir son corps et son sang, mais dans le fond et dans la substance de l'un et de l'autre. C'est pourquoi les anciens Pères, par exemple saint Cyprien, lui qui ne donnoit très-certainement aux petits enfans que le sang tout seul, comme nous l'avons vu si précisément dans son Traité *de Lapsis*, ne laisse pas de dire au même Traité que leurs parens qui les mènent aux sacrifices des idoles, les privent du *corps et du sang de Notre-Seigneur;* et enseigne encore dans un autre endroit [8] qu'on accomplit actuellement sur tous ceux qui ont la vie, et par conséquent sur les

---

[1] *Joan.*, VI, 52. — [2] *Ibid.*, 57. — [3] *Ibid.*, 59. — [4] *Ibid.*, 58. — [5] Calv., *Inst.*, IV, etc. — [6] Aub., I, lib. *De Sacr. Euch.*, cap. XXX, etc. — [7] *Repl.*, chap. VI, p. 201. — [8] *Test. ad Quir.*, lib. III, cap. XXV, XXVI, p. 314.

enfans, en ne leur donnant que le sang, ce qui est porté par cette parole : « Si vous ne mangez ma chair et ne buvez mon sang, vous n'aurez pas la vie en vous. » Saint Augustin dit souvent la même chose, quoiqu'il ait vu et pesé dans une de ses *Epîtres* l'endroit de saint Cyprien, où il est parlé de la communion des enfans par le sang seul, sans avoir rien trouvé d'extraordinaire dans cette manière de les communier [1] ; et qu'on ne doive pas douter que l'Eglise d'Afrique, où saint Augustin étoit évêque, n'eût retenu la tradition que saint Cyprien, un si grand martyr, évêque de Carthage et primat d'Afrique, lui avoit laissée. C'est qu'au fond le corps et le sang se prennent toujours ensemble, parce qu'encore que les espèces qui contiennent particulièrement l'un ou l'autre en vertu de l'institution, se prennent séparément; leur substance ne se peut non plus séparer que leur vertu et leur grace : de sorte que les enfans, en ne buvant que le sang, ne reçoivent pas seulement tout le fruit essentiel de l'Eucharistie, mais encore toute la substance de ce sacrement, et en un mot une communion actuelle et parfaite.

Toutes ces choses font assez voir la raison qu'on a eue de croire que la communion sous une ou sous deux espèces comprenoit avec la substance de ce sacrement tout son effet essentiel. La pratique de tous les siècles, qui l'a ainsi expliqué, a sa raison, et dans le fond du mystère, et dans les paroles mêmes de Jésus-Christ; et aucune coutume n'est appuyée sur des fondemens plus solides, ni sur un usage plus constant.

Je ne m'étonne pas que nos réformés, qui ne reconnoissent que de simples signes dans le pain et dans le vin de leur cène, s'attachent à les avoir tous deux : mais je m'étonne qu'ils ne veuillent pas entendre qu'en mettant, comme nous faisons, Jésus-Christ entier sous chacun des sacrés symboles, nous pouvons nous contenter de l'un des deux.

x. Quelques objections résolues par la doctrine précédente.

M. Jurieu nous objecte que supposé la présence réelle, on recevroit à la vérité le corps et le sang sous le pain seul, mais que cela ne suffiroit pas, parce que ce seroit bien recevoir le sang, « mais non pas le sacrement du sang : » ce seroit recevoir Jésus-

---

[1] Aug., ep. XCVIII, n. 3, 4.

Christ « tout entier réellement, mais non pas sacramentellement, comme on parle [1]. » Est-il possible qu'on croie que ce ne soit pas assez à un chrétien de recevoir Jésus-Christ entier? N'est-ce pas dans un sacrement où Jésus-Christ veut être en personne pour nous apporter avec lui toutes ses graces, mettre la vertu de ce sacrement plutôt dans les signes dont il se couvre que dans sa propre personne qu'il nous y donne toute entière; contre ce qu'il dit lui-même de sa propre bouche : « Qui mange de ce pain aura la vie éternelle, » et : « Qui me mange, vivra pour moi et par moi, comme moi-même je vis pour mon Père et par mon Père [2]?»

Que si M. Jurieu soutient malgré ces paroles qu'il ne suffit pas d'avoir Jésus-Christ, si nous n'avons dans le sacrement de son corps et de son sang l'image parfaite de sa mort, comme il ne fait en cela que répéter une objection déjà éclaircie, je le renvoie aux réponses que j'ai faites à cet argument et aux exemples incontestables que j'ai rapportés [3] pour montrer que du propre aveu de ses églises, quand on a la substance d'un sacrement, la dernière perfection de la signification n'est plus nécessaire. Que si ce principe est vrai même dans les sacremens où Jésus-Christ n'est pas contenu réellement et en sa substance, comme dans celui du baptême : combien plus est-il certain dans l'Eucharistie où Jésus-Christ est présent en sa personne; et qu'est-ce que peut désirer celui qui le possède tout entier?

Mais enfin, dira-t-on, il ne faut pas tant raisonner sur des paroles expresses. Puisque c'est votre sentiment que le chapitre VI de saint Jean se doit entendre de l'Eucharistie, vous ne pouvez vous dispenser de le pratiquer à la lettre, et de donner le sang à boire aussi bien que le corps à manger, après que Jésus-Christ a prononcé également de l'un et de l'autre : « Si vous ne mangez mon corps et ne buvez mon sang, vous n'aurez pas la vie en vous-mêmes. »

Fermons une fois la bouche à ces esprits opiniâtres et contentieux, qui ne veulent pas entendre ces paroles de Jésus-Christ par toute leur suite. Je leur demande d'où vient que par ces paroles

---

[1] *Exam.*, tr. VI, sect. VI, p. 480, 481. — [2] *Joan.*, VI, 52, 58. — [3] *Sup.*, II part., art. 2.

ils ne croient pas la communion absolument nécessaire au salut de tous les hommes, et même des petits enfans nouvellement baptisés. S'il ne faut rien expliquer, donnons-leur la communion aussi bien qu'aux autres; et s'il faut expliquer, expliquons le tout par la même règle. Je dis par la même règle, parce que le même principe et la même autorité dont nous apprenons que la communion en général n'est pas nécessaire au salut de ceux qui ont reçu le baptême, nous apprennent que la communion particulière du sang n'est pas nécessaire à ceux qui ont déjà participé à celle du corps.

Le principe qui nous fait voir que la communion n'est pas nécessaire au salut des petits enfans baptisés, c'est qu'ils ont déjà reçu la rémission des péchés et la vie nouvelle dans le baptême, puisqu'ils y ont été régénérés et sanctifiés : de sorte que s'ils périssoient faute d'être communiés, ils périroient avec l'innocence et la grace. Le même principe fait voir que celui qui a reçu le pain de vie n'a pas besoin de recevoir le sang sacré, puisque, comme nous l'avons souvent démontré, avec le pain de vie il a reçu toute la substance du sacrement, et avec elle toute la vertu essentielle à l'Eucharistie.

La substance de l'Eucharistie c'est Jésus-Christ même : la vertu de l'Eucharistie est de nourrir l'ame, y entretenir la vie nouvelle qu'elle a reçue au baptême, confirmer son union avec Jésus-Christ, et remplir jusqu'à nos corps de sainteté et de vie : je demande si dès le moment qu'on reçoit le corps de Notre-Seigneur, on ne reçoit pas tous ces effets, et si le sang y peut ajouter quelque chose d'essentiel.

Voilà ce qui regarde le principe : venons à ce qui regarde l'autorité.

L'autorité qui nous persuade que la communion n'est pas autant nécessaire au salut des petits enfans que le baptême, c'est l'autorité de l'Eglise. C'est en effet cette autorité qui porte avec elle dans la tradition de tous les temps la vraie intelligence de l'Ecriture; et comme cette autorité nous a appris que celui qui est baptisé ne manque d'aucune chose nécessaire à son salut, elle nous apprend aussi que celui qui reçoit une seule espèce ne manque d'aucune des choses que l'Eucharistie nous doit apporter : c'est pourquoi on a communié dès les premiers temps, ou sous une ou sous deux espèces, sans croire rien hasarder de la grace qu'on doit recevoir dans ce sacrement.

Ainsi, quoiqu'il soit écrit : « Si vous ne mangez mon corps et ne buvez mon sang, vous n'aurez pas la vie [1]; » de même qu'il est écrit: « Si on n'est régénéré de l'eau et du Saint-Esprit, on n'entre pas dans le royaume [2]; » l'Eglise n'a pas entendu une égale nécessité dans ces deux sentences : au contraire elle a entendu que le baptême qui donne la vie, est plus nécessaire que l'Eucharistie qui l'entretient. Mais comme la nourriture suit toujours de près la naissance, si l'Eglise ne se sentoit enseignée de Dieu, elle n'oseroit refuser longtemps aux chrétiens régénérés par le baptême la nourriture que Jésus-Christ leur a préparée dans l'Eucharistie. Car Jésus-Christ ni les apôtres n'en ont rien ordonné qui soit écrit. L'Eglise a donc appris par une autre voie, mais toujours également sûre, ce qu'elle peut donner ou ôter sans faire tort à ses enfans; et ils n'ont qu'à se reposer sur sa foi.

Que nos adversaires ne pensent pas éviter la force de cet argument, sous prétexte qu'ils n'entendent pas comme nous ces deux passages de l'Evangile. Je sais bien qu'ils n'entendent ni du baptême d'eau le passage où il est écrit: *Si vous n'êtes régénérés de l'eau et du Saint-Esprit;* ni du manger et du boire de l'Eucharistie, celui où il est écrit : *Si vous ne mangez et ne buvez;* ainsi ils ne se sentent non plus obligés par ces passages à donner l'Eucharistie que le baptême aux petits enfans. Mais sans les presser sur ces passages, faisons-leur seulement cette demande : Ce précepte : *Mangez ceci,* et *Buvez-en tous,* que vous croyez si universel, comprend-il les petits enfans baptisés? S'il comprend tous les chrétiens, quelle parole de l'Ecriture a excepté les enfans? Ne sont-ils pas chrétiens? Faut-il donner gain de cause aux anabaptistes qui disent qu'ils ne le sont pas, et condamner toute l'antiquité qui les a reconnus pour tels? Mais pourquoi les exceptez-vous d'un précepte si général, sans aucune autorité de l'Ecriture? En un mot, sur quel fondement votre *Discipline* a-t-elle fait

[1] Joan., VI, 54. — [2] *Ibid.*, III, 5.

cette loi précise ¹ : « Les enfans au-dessous de douze ans, ne seront admis à la Cène; mais au-dessus, il sera à la discretion des ministres, » etc. Vos enfans ne sont-ils pas chrétiens avant cet âge? Les remettez-vous à ce temps, à cause que saint Paul a dit : *Qu'on s'éprouve, et ainsi qu'on mange* ²? Mais nous avons déjà vu qu'il n'est pas écrit moins précisément : « Enseignez et baptisez ³ ; »—« Qui croira et sera baptisé ⁴ ; »—« Faites pénitence, et recevez le baptême ⁵ : » et si votre *Catéchisme* interprète que « cela doit estre seulement en ceux qui en sont capables ⁶, » pourquoi n'en dira-t-on pas autant de l'épreuve recommandée par l'Apôtre? En tout cas, l'Apôtre ne décide pas quel est l'âge propre à cette épreuve. On est en âge de raison devant douze ans; on peut avant cet âge; et pécher, et pratiquer la vertu : pourquoi dispensez-vous vos enfans d'un précepte divin dont ils sont capables? Si vous dites que Jésus-Christ a remis cela à l'Eglise, montrez-moi cette permission dans l'Ecriture; ou croyez avec nous que tout ce qui est nécessaire pour entendre et pratiquer l'Evangile n'est pas écrit, et qu'il faut s'en reposer sur l'autorité de l'Eglise.

Saint Basile nous avertit que ceux qui méprisent les traditions non écrites, méprisent en même temps jusqu'à l'Ecriture, qu'ils se vantent de suivre en tout ⁷. Ce malheur est arrivé à Messieurs de la religion prétendue réformée : ils ne nous parlent que de l'Ecriture, et se vantent d'avoir établi sur cette règle toutes les pratiques de leur église. Cependant ils se dispensent sans peine de beaucoup de pratiques importantes, que nous lisons dans l'Ecriture en termes exprès.

XI. Réflexion sur la manière dont les prétendus retormés se servent de l'Ecriture.

Ils ont retranché l'Extrême-Onction si expressément ordonnée dans l'*Epître* de saint Jacques ⁸, encore que cet apôtre y ait attaché une promesse si claire de la rémission des péchés.

Ils négligent l'imposition des mains, que les apôtres faisoient sur tous les fidèles pour leur donner le Saint-Esprit; et comme si ce divin Esprit ne devoit jamais descendre que visiblement, ils

---

¹ *Discip.*, chap. 12, art. 2.— ² I *Cor.*, XI, 28.— ³ *Matth.*, XVIII, 19.— ⁴ *Marc.*, XVI, 16.— ⁵ *Act.*, II, 38.— ⁶ *Dim.* 50.— ⁷ Basil., *De Spiritu sancto.*, cap. XXVII, n. 67. — ⁸ *Jacob.*, V, 14, 15.

méprisent la cérémonie par laquelle il étoit donné, depuis qu'il n'est plus donné de cette manière visible.

Ils ne font pas plus de cas de l'imposition des mains par laquelle on ordonnoit les ministres. Car encore qu'ils la pratiquent ordinairement, ils déclarent dans leur *Discipline* qu'ils ne la croient pas essentielle [1], et qu'on se pourroit dispenser d'une chose si clairement marquée dans l'Ecriture. Deux synodes nationaux ont décidé « qu'il n'y avoit aucune nécessité de s'en servir [2]; » et néanmoins l'un de ces synodes ajoute « qu'il falloit mettre peine à se conformer en cette cérémonie les uns avec les autres, pour ce qu'elle est propre à édification, conforme à la coustume des apostres et à l'usage de l'ancienne Eglise. » Ainsi *la coustume des apostres* écrite manifestement et en tant d'endroits dans la parole de Dieu, n'est non plus une loi pour eux que l'usage de l'Eglise ancienne : se croire obligé à cette coutume est *une superstition* réprouvée dans leur *Discipline* [3], tant ils se sont fait de fausses idées de religion et de liberté chrétienne.

Mais pourquoi parler ici des articles particuliers? Tout l'état de leur église est visiblement contre la parole de Dieu.

J'appelle ici avec eux l'état de l'église, la société des pasteurs et des peuples que nous y voyons établie : c'est ce qui est appelé l'état de l'église dans leur *Confession de foi* [4], et ils y déclarent que cet état est fondé sur la vocation *extraordinaire* de leurs premiers réformateurs. En vertu de cet article de leur *Confession de foi*, un de leurs synodes nationaux a décidé « que lorsqu'il s'agiroit de la vocation de leurs pasteurs, qui ont réformé l'Eglise, ou de fonder l'autorité qu'ils ont eüe de la réformer et d'enseigner, il la faut rapporter, selon l'article xxxi de la *Confession de foy*, à la vocation extraordinaire par laquelle Dieu les a poussez intérieurement à leur ministère [5] : » cependant, ni ils ne prouvent par aucun miracle que Dieu les ait « poussez intérieurement à leur ministère; » ni, ce qui est encore plus essentiel, ils ne prouvent par aucun endroit de l'Ecriture qu'une semblable vocation doive

---

[1] *Discip.*, chap. I, art. 8 et *Observat.* — [2] *Syn. de Poit.*, 1560, Par., 1565. — [3] Chap. I, art. 8. — [4] *Conf. de foi*, art. 31. — [5] *Syn. de Gap.*, 1603, *sur la Conf. de foi*, art. 4.

jamais avoir lieu dans l'Eglise. D'où il résulte que leurs pasteurs n'ont aucune autorité de prêcher, selon cette parole de saint Paul : « Comment prêcheront-ils? s'ils ne sont envoyés[1], » et que tout l'état de leur église est sans fondement.

Ils se flattent de cette vaine pensée, que Jésus-Christ a laissé le pouvoir à l'Eglise de se donner une forme, et de s'établir des pasteurs quand la succession est interrompue : c'est ce que M. Jurieu et M. Claude tâchent de prouver sans rien trouver de semblable dans l'Ecriture, puisqu'au contraire Jésus-Christ a dit : « Comme mon Père m'a envoyé, ainsi je vous envoie[2]; » et que saint Paul, « Apôtre par Jésus-Christ[3], » a établi Tite pour ensuite en établir d'autres[4], en sorte que la mission vint toute de Jésus-Christ envoyé de Dieu. Voilà ce que nous trouvons dans l'Ecriture : et ce qu'on peut dire à présent de l'autorité du peuple, n'est qu'une illusion.

La même erreur fait dire aux ministres que l'Eglise a la liberté de former comme il lui plaît, le gouvernement ecclésiastique ; ôter ou retenir l'épiscopat ; faire des anciens et des diacres pour un temps, c'est-à-dire les remettre à sa volonté dans la vie commune après les avoir consacrés à Dieu ; leur donner pouvoir de décider de la doctrine avec les pasteurs en égalité de suffrages, c'est-à-dire les admettre sans être pasteurs (car ils ne le sont nullement dans la nouvelle Réforme), à ce qu'il y a de plus essentiel à l'autorité pastorale : toutes choses que nous trouvons dans leur *Discipline* et dans leurs synodes[5], sans qu'il y en ait un seul mot dans l'Ecriture, non plus que de ce pouvoir qu'ils s'attribuent vainement d'en disposer à leur mode.

Dans ces matières et dans beaucoup d'autres que je pourrois remarquer, non-seulement ils n'ont point pour eux l'Ecriture sainte, comme ils s'y sont obligés, mais encore ils se dispensent de la suivre, sans avoir aucune raison ni aucune tradition qui les appuie. Au contraire la tradition a toujours reçu et l'Extrême-Onction, et l'imposition des mains, tant celle qui est donnée à tous les fidèles que celle qui est employée à la consécration des

---

[1] *Rom.*, X, 15. — [2] *Joan.*, XX, 21. — [3] *Galat.*, I, 1, etc. — [4] *Tit.*, I, 5. — [5] Chap. III, *des Anciens et Diacres*, art. 6 et 7 et *Observat.*

ministres de l'Eglise, et la mission successive de ses pasteurs, et les autres choses que nos réformés ont méprisées. En cela leur licence est excessive; mais elle les devroit du moins rendre plus équitables envers nous, lorsque dans l'administration des sacremens nous prenons pour légitime interprète de l'Ecriture la tradition constante et la pratique universelle de l'Eglise.

<small>XII. Difficultés incidentes: vaines subtilités des calvinistes et de M. Jurieu: sentimens de l'antiquité sur la concomitance: respects rendus à Jésus-Christ dans l'Eucharistie: la doctrine de ce Traité confirmée.</small> Il faudroit finir ici ce discours, si la charité qui nous presse de procurer le salut de Messieurs de la religion prétendue réformée ne nous obligeoit à leur lever quelques scrupules, que la lecture des faits que j'ai rapportés pourroit réveiller dans leurs esprits.

On ne cesse de leur répéter que cette concomitance sur laquelle on établit la validité de la communion sous une espèce, est un mystère inconnu à l'ancienne Eglise, où l'on ne parle jamais de la créance qu'il faut avoir, qu'on reçoit nécessairement avec le corps de Notre-Seigneur son sang, son ame et sa divinité. On ajoute que cette doctrine de la concomitance étant, selon nous, une suite si nécessaire de la présence réelle, on peut croire que cette présence étoit inconnue où l'on ne connoissoit point la concomitance.

Les ministres tournent contre nous les précautions que nous avons rapportées. On ne trouve, disent-ils, dans l'ancienne Eglise aucune de ces précautions établies dans les derniers temps pour garder l'Eucharistie, pour exciter le peuple à l'adorer, pour empêcher qu'on ne la laissât tomber à terre. Cette crainte, poursuit-on, n'a pas empêché durant tant de siècles qu'on n'ait donné à tout le peuple la communion sous les deux espèces; et ces nouvelles précautions ne servent qu'à faire voir qu'on avoit une autre opinion de l'Eucharistie que celle des premiers temps.

Pour conclusion, on nous dit que nous nous sommes donné un vain travail, en prouvant avec tant de soin qu'il est libre de communier sous une ou sous deux espèces, puisque tout ce qui peut résulter de cette preuve, c'est en tout cas qu'il faut laisser le choix au peuple, et ne pas restreindre une liberté que Jésus-Christ lui a donnée.

Mais pour commencer par cette objection, qui semble la plus plausible : qui ne voit au contraire plus clair que le jour, qu'il est au pouvoir de l'Eglise de prendre un parti dans les choses libres, et que lorsqu'elle l'aura pris il ne doit plus être permis de mépriser ses décrets? Saint Augustin a dit si souvent que c'est une folie insupportable de ne pas suivre ce qui est réglé par un concile universel, ou par la coutume universelle de l'Eglise [1]. Mais si nos réformés sont peu disposés à en croire saint Augustin, eux-mêmes souffriroient-ils quelqu'un des leurs, qui sous prétexte qu'on a baptisé si longtemps par mersion, douteroit avec les anabaptistes de la validité de son baptême et s'opiniâtreroit, ou à se faire rebaptiser, ou du moins à faire baptiser ses enfans selon l'ancienne pratique? Mais s'il vouloit qu'on donnât la communion à son fils encore enfant, sous prétexte qu'on l'a donnée aux petits enfans durant mille ans, croiroit-on être obligé de céder à son désir? Au contraire ne traiteroit-on pas et celui-là et tous ses semblables d'esprits inquiets et turbulens, qui troublent la paix de l'Eglise? Ne leur diroit-on pas avec l'Apôtre : « Si quelqu'un parmi vous est contentieux, nous et l'Eglise de Dieu n'avons point cette coutume [2]? » Et pour peu qu'ils eussent de docilité, ne trouveroient-ils pas dans ce seul passage de quoi ployer sous l'autorité des coutumes de l'Eglise? Bien plus, il est certain que l'ancienne Eglise, encore qu'elle baptisât les petits enfans qu'on lui présentoit, n'obligeoit pas toujours à toute rigueur leurs parens à les présenter en cet âge, pourvu qu'on les baptisât dans le péril; et l'ancienne histoire ecclésiastique nous fait voir des catéchumènes dans un âge avancé, sans que l'Eglise les eût forcés à se faire baptiser plus tôt. Les prétendus réformés, qui ne croient pas la nécessité du baptême, et ne peuvent produire aucun commandement divin qui oblige à le donner aux enfans, sont bien plus libres à cet égard. Cette liberté a-t-elle empêché les sévères règlemens de leur *Discipline* [3], qui obligent les parens, à peine des censures les plus rigoureuses, à présenter leurs petits enfans au baptême? Qu'ils demeurent donc d'accord avec nous que l'Eglise peut faire des lois sur les choses libres; et s'ils reconnoissent par tant d'exemples que la communion sous une ou sous deux

---

[1] Ep. LIV, *ad Januar.*, n. 6.; lib. IV, *de Bapt.*, n. 31. — [2] I *Cor.*, XI, 16. — [3] *Discip.*, chap. XI, *du Bapt.*, art. 16 et *Observ.*

espèces est de ce genre, qu'ils cessent de nous chicaner, et de se causer à eux-mêmes un trouble inutile sur cette matière.

Mais peut-être qu'ils voudront dire que dans les faits que j'ai rapportés, ceux qui communioient quelquefois sous une espèce communioient aussi quelquefois sous l'autre ; ce qui suffit en tout cas pour accomplir le précepte de Notre-Seigneur : comme si Notre-Seigneur avoit voulu tout ensemble et nous inspirer une ferme foi qu'on ne perd rien en ne prenant qu'une seule espèce, et néanmoins nous obliger sous peine de damnation à toutes les deux : chicane si manifeste, qu'elle ne mérite pas d'être réfutée.

Il faudroit donc en venir enfin à examiner une fois ce qui est essentiel à l'Eucharistie, et à nous donner une règle pour le bien entendre. C'est ce que ces Messieurs ne feront jamais, s'ils ne reviennent à nos principes et à l'autorité de la tradition. M. Jurieu passe trop avant, quand il propose pour règle, selon les principes de sa religion, de faire généralement tout ce qu'a fait Jésus-Christ ; en sorte que nous regardions « toutes les circonstances qu'il a observées, comme estant de la dernière nécessité [1]. » Ce sont ses propres paroles. Il allègue à ce propos les sacremens de l'ancienne loi, et entre autres le sacrifice continuel, où après avoir égorgé (a) un agneau le matin, il en falloit égorger un autre le soir, le rostir, le manger avec des herbes amères, le consumer dans une nuit, et n'en rien réserver le jour suivant [2]. » Il représente la nécessité de toutes ces cérémonies, et non-seulement du fond, mais de toutes les circonstances. Ce mot de Jésus-Christ : *Faites ceci*, lui fait conclure la même chose de l'Eucharistie. Ainsi nous serons astreints, selon ses principes, *à tout ce que Jésus-Christ a fait*, et non-seulement au pain et au vin, mais encore à l'heure et à toute la manière de les prendre ; d'autant plus que nous avons vu que tout avoit sa raison et son mystère [3], aussi bien que ce que Moïse a ordonné sur l'ancienne Pâque. Cependant combien de choses avons-nous marquées que ni ces Messieurs, ni nous n'observons pas ? Mais en voici une que j'ai

---

[1] *Exam.*, tom. VI, sect. v, p. 465. — [2] *Ibid.*, sect. vi, p. 474, 475. — [3] *Sup.*, II part., art. 6, p. 296.

(a) 1ʳᵉ *édit.* : Il allègue à ce propos l'ancienne Pâque des Juifs, ou après avoir égorgé...

omise, et qui pourra donner en ce lieu un grand éclaircissement.

Parmi les choses que Notre-Seigneur a observées dans la Cène, une de celles que les calvinistes ont crue des plus nécessaires, est la fraction du pain. Les luthériens sont d'avis contraire, et se servent de pains de figure ronde, qu'ils ne rompent pas. C'est le sujet d'un grand procès entre ces Messieurs. Les calvinistes font fort sur ce que les évangélistes et saint Paul écrivent tous d'un commun accord, que « la nuit que Jésus-Christ fut livré aux Juifs, il prit du pain, le bénit, le rompit et le donna. » Ils relèvent cette fraction du pain, qui selon eux représente que le corps de Notre-Seigneur a été rompu pour nous à la croix ; et remarquent avec grand soin que saint Paul, après avoir dit que Jésus « rompit le pain, » lui fait dire, selon le grec : « Ceci est mon corps rompu pour vous [1] ; » pour montrer, à ce qu'ils prétendent, le rapport de ce pain rompu avec le corps immolé. Ainsi cette fraction leur paroît nécessaire au mystère ; et c'est ce qui fait dire à ceux d'Heidelberg dans leur *Catéchisme* fort estimé de tout le parti, « qu'aussi véritablement qu'ils voient rompre le pain de la Cène pour leur y être donné, aussi véritablement Jésus-Christ a été offert et rompu pour nous [2]. »

Il fut question de s'accorder avec les luthériens, et il se tint pour cela une conférence il n'y a pas plus de vingt-un ans. Ce fut en 1661 [3]. Les calvinistes de Marpourg trouvèrent d'abord une distinction ; et dans la déclaration qu'ils donnèrent aux luthériens de Rintel, ils dirent que la fraction appartenoit non pas à l'essence, mais seulement à l'intégrité du sacrement, comme y étant nécessaire par l'exemple et le commandement de Jésus-Christ : qu'ainsi les luthériens ne laissoient pas sans la fraction du pain d'avoir la substance de la Cène, et qu'on pouvoit se tolérer mutuellement. » Ces calvinistes n'ont été repris d'aucun des leurs, que je sache ; et l'accord qui se fit eut tout son effet de leur part : de sorte qu'ils ne peuvent plus nous presser par les paroles de l'institution, puisqu'on peut de leur aveu propre avoir la substance de la Cène, sans s'assujettir à l'institution, à l'exemple et au

---

[1] *I Cor.*, XI, 24. — [2] *Catech. Heid.*, q. 75. — [3] *Colloq. Cassel.*, an. 1661.

commandement exprès de Notre-Seigneur. Que diroient-ils, si nous usions d'une semblable réponse? Mais c'est que tout est permis aux luthériens, comme tout est insupportable dans les catholiques.

Les autres objections ne sont pas plus malaisées à résoudre.

On ne trouve pas, dites-vous, dans l'antiquité la concomitance sur laquelle l'Eglise romaine appuie sa communion sous une espèce. Premièrement, ce que je tire de l'ancienne Eglise pour établir cette communion est chose de fait; et si la communion sous une espèce suppose la concomitance avec la réalité, il s'ensuit que l'une et l'autre étoit crue dans l'antiquité, où la communion sous une espèce étoit si fréquente. Secondement, Messieurs, ouvrez vos livres, ouvrez Aubertin le plus docte défenseur de votre doctrine [1] : vous y trouverez à toutes les pages des passages de saint Ambroise, de saint Chrysostome, des deux Cyrille et de tous les autres [2], où vous lirez qu'en recevant le corps sacré de Notre-Seigneur, on reçoit la personne même, puisqu'on reçoit, disent-ils, le Roi dans sa main : on reçoit Jésus-Christ et le Verbe de Dieu; on reçoit sa chair comme vivifiante, non comme la chair d'un homme pur, mais comme la chair d'un Dieu. N'est-ce pas là recevoir la divinité avec l'humanité du Fils de Dieu, et en un mot sa Personne entière? Après cela qu'appellerez-vous la concomitance?

Pour ce qui est des précautions dont on usoit pour s'empêcher de laisser tomber à terre l'Eucharistie, il ne faut qu'un peu de bonne foi pour avouer qu'elles sont aussi anciennes que l'Eglise. Aubertin vous les fera lire dans Origène : il vous les fera lire dans saint Cyrille de Jérusalem et dans saint Augustin [3], pour ne rien dire des autres. Vous verrez dans ces saints docteurs, que laisser tomber les moindres parcelles de l'Eucharistie, c'est comme laisser tomber de l'or et des pierreries; c'est comme s'arracher un de ses membres; c'est comme laisser écouler la parole de Dieu qu'on nous

---

[1] Aub., lib. II, p. 431, 485, 505, 539, 570, etc. — [2] Ambr., lib. I, *in Luc.*, p. 49; Cyril. Hieros., *Cat.*, v, *Myst.*, n. 21; Gregor. Nyss., orat., *Catech.*, cap. XXXVII, Cyrill. Alex., lib. IV, *in Joan.*, cap. III, IV, n. 62 et seq.; Chrys., hom. LI, nunc L et LXXXIII, nunc LXXXII *in Matth.*; lib. III *de Sacerd.*, n. 4, p. 383 et seq. — [3] Origen., *in Exod.*, hom. XIII, n. 3; Cyrill. Hieros., *Cat.*, v, *Myst.*, loc. sup. cit.; Aug., L, hom. XXVI; nunc *Append.*, serm. CCC, n. 2; Aub., lib. II, p. 431, 432, etc.

annonce, et perdre volontairement cette semence de vie, ou plutôt la vérité éternelle qu'elle nous apporte.

Il n'en faut pas davantage pour confondre M. Jurieu. « Alors, dit-il, (c'est-à-dire dans l'onzième siècle, lorsque selon lui la transsubstantiation fut établie) on commença à penser aux suites de cette transsubstantiation. Quand les hommes furent persuadez que le corps du Seigneur estoit renfermé tout entier sous chaque petite goutte de vin, la crainte de l'effusion les saisit [1]. » Si donc la crainte de l'effusion a saisi nos pères dès les premiers siècles de l'Eglise, ils y croyoient donc déjà la transsubstantiation et toutes ses suites. M. Jurieu poursuit : « Ils fremirent quand ils penserent que l'adorable corps du Seigneur seroit à terre parmi la poussiere et la boue, sans qu'il fust possible de le relever. » Si les Pères en ont frémi aussi bien qu'eux, ils ont donc eu selon lui la même croyance? Il ne se lasse point de nous faire voir cette crainte de l'effusion comme une suite de la croyance de la présence réelle. « Cette raison, dit-il, (c'est-à-dire celle qui se tire de la crainte de l'effusion) peut estre bonne pour eux (c'est-à-dire pour les catholiques); mais elle ne vaut rien pour nous qui ne reconnoissons pas que la chair et le sang du Seigneur soient réellement enfermez dans le pain et dans le vin [2]. » Vous le voyez, Messieurs, vos ministres craindroient comme nous cette effusion, s'ils croyoient la même présence; les Pères, encore une fois, la croyoient donc, puisqu'ils ont eu si visiblement la même crainte.

C'est en vain que M. Jurieu fait le railleur sur cette crainte. « Dans un siecle, dit-il, où les hommes ne se faisoient pas une honte, comme aujourd'hui, de porter sur le visage le caractére de leur sexe, ils plongeoient une grande barbe dans la coupe sacrée, et ils en rapportoient une multitude de corps de Jésus-Christ qui pendoient à chaque poil. Cela leur donnoit de l'horreur, et je trouve qu'ils avoient raison [3]. » Cette belle pensée lui a plu. « J'ay peine, dit-il ailleurs, à concevoir comment les fidelles de l'ancienne Eglise ne frémissoient pas en voyant pendre des corps de Jésus-Christ à tous les poils d'une grande barbe qui sortoit de la coupe sacrée. Comment n'avoient-ils pas horreur en voyant essuyer cette

[1] *Exam.*, tom. VI, sect. v, p. 469. — [2] *Ibid.*, sect. vii. — [3] *Ibid.*

barbe avec un mouchoir, et le corps du Seigneur passer dans la poche d'un matelot et d'un soldat [1]? » Comme si un matelot et un soldat étoient moins considérables aux yeux de Dieu que les autres hommes. Si ce railleur à contre-temps avoit remarqué dans les anciens Pères avec quelle propreté et quel respect on approchoit de l'Eucharistie; s'il avoit voulu voir dans saint Cyrille [2] comment les fidèles de ce temps-là goûtoient la coupe sacrée, et comment loin d'en vouloir perdre une seule goutte, ils touchoient avec respect de leurs mains la moiteur qui leur restoit sur les lèvres pour l'appliquer sur leurs yeux et les autres organes de leurs sens qu'ils croyoient sanctifier par ce moyen : il auroit trouvé plus digne de lui de représenter cette action de piété que de faire rire les siens par la ridicule description qu'on vient d'entendre. Mais ces railleurs ont beau faire : leurs railleries ne nuiront non plus à l'Eucharistie que celles des autres ont nui à la Trinité et à l'Incarnation du Fils de Dieu ; et la majesté des mystères ne peut être ravilie par de tels discours.

M. Jurieu nous représente comme des hommes qui craignent qu'il n'arrive « quelque accident fascheux au corps et au sang de Notre-Seigneur. Je ne voys pas, dit-il, qu'il soit mieux placé sur un linge blanc que dans la poussière [3] ; » et puisqu'on le voit bien *sans horreur* dans la bouche et dans l'estomac, on ne devroit pas s'étonner tant *de le voir sur le pavé*. En effet, à parler en homme et selon la chair, un pavé est aussi propre et peut-être plus que nos estomacs; et à parler selon la foi, l'état glorieux où est maintenant Jésus-Christ l'élève également au-dessus de tout : mais le respect veut qu'autant qu'il est en nous, nous ne le mettions qu'où il veut être. C'est l'homme qu'il cherche; et loin d'avoir horreur de notre chair, puisqu'il l'a créée, puisqu'il l'a rachetée, puisqu'il l'a prise, il s'en approche volontiers pour la sanctifier. Tout ce qui a rapport à cet usage l'honore, parce que c'est une dépendance de la glorieuse qualité de Sauveur du genre humain. Autant que nous pouvons, nous empêchons tout ce qui dérobe à notre vénération le corps et le sang de notre Maître; et sans craindre pour

---

[1] *Exam.*, tom. VI, sect. VII, p. 485. — [2] Cyril. Hier., *Cat.*, v *Myst.*, n. 22, p. 332. — [3] P. 485, 487.

Jésus-Christ *aucun accident fascheux*, nous évitons ce qui feroit voir en nous quelque manquement de respect. Que si nos précautions ne peuvent pas tout empêcher, nous savons que Jésus-Christ assez défendu par sa propre majesté, se contente de notre zèle, et ne peut être ravili par aucun endroit. On peut railler, si on veut, de cette doctrine : mais loin d'en rougir, nous rougissons pour ceux qui ne songent pas que les railleries qu'ils font de nos précautions retombent sur les saints Pères, qui en ont eu de si grandes. S'il a fallu les augmenter dans les derniers siècles, ce n'est pas que l'Eucharistie y ait été plus honorée que dans les premiers ; mais c'est plutôt que la piété s'étant ralentie, il a fallu l'exciter par plus de moyens : de sorte que les nouvelles précautions qu'il a fallu prendre, en marquant nos respects, ont fait voir quelque négligence dans notre conduite.

Pour moi, je crois aisément que dans l'ordre, dans le silence, dans la gravité des anciennes assemblées ecclésiastiques, il arrivoit rarement, ou point du tout, que le sang de Notre-Seigneur y fût répandu : ce n'est que dans le tumulte et dans la confusion des derniers siècles que ces scandales souvent arrivés, ont fait enfin souhaiter aux peuples de ne recevoir que l'espèce qu'ils voyoient moins exposée à de pareils inconvéniens ; d'autant plus qu'en la recevant toute seule, ils savoient qu'ils ne perdoient rien, puisqu'ils possédoient tout entier celui qui faisoit tout l'objet de leur amour.

Je ne veux pourtant pas nier que depuis que Bérenger eut rejeté, malgré toute l'Eglise de son temps et la tradition de tous les Pères, la présence de Jésus-Christ dans ce sacrement, la foi de ce mystère ne se soit pour ainsi dire échauffée ; et que la piété des fidèles offensée par cette hérésie, n'ait cherché à se signaler par de nouveaux témoignages. Je reconnois ici l'esprit de l'Eglise, qui n'a jamais adoré ni Jésus-Christ ni le Saint-Esprit avec tant de marques éclatantes, qu'après que les hérétiques ont eu nié leur divinité. Le mystère de l'Eucharistie devoit être comme les autres, et l'hérésie de Bérenger ne devoit pas moins servir à l'Eglise que celles d'Arius et de Macédonius.

Pour ce qui est de l'adoration, qu'est-il besoin que j'en parle après tant de passages des Pères [1] encore rapportés par Aubertin [2], et depuis par M. de la Roque dans son *Histoire de l'Eucharistie* [3]? Ne voyons-nous pas dans ces passages l'Eucharistie adorée ou plutôt Jésus-Christ adoré dans l'Eucharistie, et adoré par les anges mêmes, que saint Chrysostome nous représente *inclinés devant* Jésus-Christ en ce mystère, et lui rendant le même respect que les gardes de l'empereur rendent à leur maître?

Il est vrai que ces ministres répondent que cette adoration de l'Eucharistie n'est pas l'adoration souveraine qu'on rend à la Divinité, mais une adoration inférieure qu'on rendoit aux sacrés symboles.

Mais nous pourroient-ils faire voir une semblable adoration rendue à l'eau du baptême? Que peut-on répondre aux passages où il paroît que l'adoration qu'on rend ici est semblable à celle qui est rendue au roi présent [4]; que cette adoration est rendue aux mystères comme étant en effet ce qu'ils étoient crus, comme étant la chair de Jésus-Christ Dieu et Homme? Ces passages des anciens sont formels; et en attendant que nos réformés les aient assez pénétrés pour en être convaincus, ils y verront du moins ce culte inférieur sur lequel ils nous font tant de chicanes : culte distingué du culte suprême; religieux toutefois, puisqu'il fait partie du service divin et de la réception des saints sacremens. Ainsi en se justifiant tellement quellement sur l'Eucharistie, ils se ferment toutes les voies de nous accuser sur les reliques, sur les images et sur le culte des Saints; tant il est vrai que leur église et leur religion, semblable à un bâtiment caduc, ne peut être pour ainsi dire couverte d'un côté sans paroître découverte de l'autre, et ne peut jamais montrer cette parfaite intégrité, ni le rapport des parties, qui fait toute la beauté et toute la solidité d'un édifice.

[1] Cyr. Hier., *Cat., Myst.* v, 22 ; Ambr., lib. III, *de Spir., sancto.*, cap. XII, n. 86; Aug., *enarr. in Psal.* XCVIII, n. 14; Theodor., *Dial.*, II, p. 93; Chrys., lib. VI, *de Sacerd.*, n. 4. — [2] Aub., lib. II, p. 432, 803, 822. — [3] *Hist. Euch.*, III part., chap. IV, p. 541 et suiv.— [4] Chrys., lib. VI, *de Sacerd.*, etc.; Theod., loc. cit., etc.

FIN DU TRAITÉ DE LA COMMUNION SOUS LES DEUX ESPÈCES.

LA

TRADITION DÉFENDUE

SUR LA MATIÈRE

DE LA COMMUNION

SOUS UNE ESPÈCE.

AVERTISSEMENT.

La charité de Jésus-Christ nous presse de faire un dernier effort pour lever les difficultés que nos Frères ou obstinés ou infirmes, soit qu'ils soient loin, ou qu'ils soient près, dans le royaume ou hors du royaume (car la charité les embrasse tous), trouvent dans la communion sous une seule espèce. A les entendre parler, vous diriez que tout le christianisme consiste à recevoir les deux espèces du saint Sacrement. La matière de la justification, dont on a fait autrefois le principal sujet de la rupture, ne les touche plus; ils ont ouvert les yeux, et ils ont reconnu que le saint concile de Trente a enseigné tout ce qu'il falloit pour établir la doctrine de la grace chrétienne, et pour appuyer en Jésus-Christ seul la confiance de l'ame fidèle. Ils trouvent des expédiens pour apaiser

_{1. Des deux Réponses qu'on a faites à ce Traité.}

les scrupules qu'on leur a fait naître sur la sainte Eucharistie, et une union authentique que leur synode de Charenton a faite avec les luthériens leur en donne les moyens. Quoi qu'on leur puisse dire, ils sentent bien dans leurs consciences, que la transsubstantiation n'ajoute qu'une légère difficulté à la présence réelle; et l'adoration, suite nécessaire de cette présence, les inquiète moins qu'auparavant. Ce qu'ils ne cessent de nous demander, c'est la coupe et la communion sous les deux espèces, comme si toutes les controverses étoient réduites dorénavant à ce seul point. Ce n'est pas ce qu'on en a cru au commencement, non plus que dans le progrès de la nouvelle Réforme. Au commencement, Carlostad ayant entrepris de renverser les images et de donner la coupe en l'absence de Luther et sans le consulter, ce nouveau prophète le reprit sévèrement en ces termes, dans la lettre à son ami Gaspard Guttolius : « J'ai offensé Carlostad en cassant ses ordonnances. Par son impertinente manière d'enseigner, il avoit persuadé au peuple qu'on devenoit chrétien par ces choses de néant, en communiant sous les deux espèces, en touchant le sacrement et le prenant de la main, en rejetant la confession, et en brisant les images [1]. » Vous voyez, mes Frères, que cet auteur de la réformation, en faisant le dénombrement des *choses de néant,* où Carlostad, comme un ignorant, faisoit consister le christianisme, met à la tête la communion sous les deux espèces. Mélanchthon parle à peu près dans le même sens; et de nos jours Grotius ayant reproché aux calvinistes qu'ils faisoient du retranchement de la coupe le principal sujet de leur rupture, Rivet, ce fameux ministre en parut offensé, et répondit à Grotius « que ce n'étoit pas la principale raison pour laquelle les églises réformées s'étoient séparées de l'Eglise romaine, et que Grotius, qui leur faisoit ce reproche, savoit bien qu'il y en avoit de plus importantes [2]. » Maintenant on ne nous parle presque que de celle-là, et l'on nous dit de tous côtés qu'on pourroit s'accommoder sur tout le reste.

[1] Calixt., p. 72. — [2] Riv., *Apol. pro verâ pace Eccles.*, n. 87.

Il faut donc un peu s'attacher à cette difficulté qu'on fait si grande. Le besoin de nos Frères m'en a inspiré le dessein, et la nouvelle édition qu'on a faite de mon *Traité sur les deux espèces* m'en donne l'occasion. Dans le temps qu'on travailloit à cette édition, j'ai reçu deux Réponses à ce Traité, qui toutes deux sont imprimées dans la même année, c'est-à-dire en 1683, et qui sont venues en même temps à ma connoissance. L'une n'a point de nom d'imprimeur; et l'autre, pour porter le nom de Pierre Marteau, qu'on dit imprimeur à Cologne, n'en montre pas mieux où elle a été imprimée. Le public attribue la première à M. de la Roque, ce fameux ministre de Rouen, qui a composé l'*Histoire de l'Eucharistie*, et je ne vois aucun lieu d'en douter. Je n'ai pu apprendre aucune nouvelle de l'auteur de la seconde; et tout ce que j'en puis dire, c'est que zélé protestant et ennemi toujours emporté de la présence réelle, il promet même d'examiner la foi de l'Eglise grecque sur cette matière [1]. S'il imprime quelque jour ce livre et s'il y met son nom, nous le connoîtrons à cette marque : en attendant il sera l'Anonyme, et nous ne pouvons le réfuter que sous ce titre. Au surplus, j'avouerai que ces Réponses sont toutes deux de bonne main, toutes deux vives, toutes deux savantes. La principale différence que je remarque entre M. de la Roque et l'Anonyme, car je commence à le désigner par ce titre, c'est que le premier me traite avec beaucoup plus de civilité en apparence, et que l'autre affecte au contraire je ne sais quoi de chagrin et de rigoureux; mais il n'importe pour le fond; car enfin avec des tours différens, ni l'un ni l'autre ne m'épargnent : ils ont recherché l'un et l'autre tout ce qui servoit à leur cause : ils ont déterré toutes les antiquités, et je puis dire que la matière est épuisée. Ainsi leur travail et leur diligence a épargné à ceux qui cherchent de bonne foi la vérité, toute la peine qu'ils auroient eue à remuer tant de livres. Sans faire de nouvelles recherches, ils n'ont qu'à considérer ce que ces deux auteurs ont accordé par

[1] Anonyme., p. 209.

nécessité, et ce qu'ils ont déguisé ou nié avec artifice, c'en est assez pour juger la cause; et pour parler, si l'on me le permet, en termes de procédure criminelle, leurs dénégations téméraires ne serviront pas moins à les convaincre que leurs confessions forcées.

Mais de peur que ces auteurs ne me reprochent encore une fois que je n'ai pas bien posé l'état de la question, quoiqu'en relisant mon *Traité* on puisse voir aisément que je l'ai fait partout en termes précis, je veux bien le faire encore dès l'entrée de cet ouvrage, afin que le lecteur ait toujours présent devant les yeux ce qu'il doit chercher dans ce discours.

II. État de la question, et division de ce Traité en trois parties.

Il s'agit donc de savoir si, pour faire une communion parfaite selon l'institution de Jésus-Christ, il suffit de recevoir l'une des deux espèces, quelle qu'elle soit, ou s'il est nécessaire et essentiel de recevoir toutes les deux. Voilà l'état de la question [1]. M. Jurieu l'a déguisé d'une étrange sorte, puisqu'il a voulu nous faire croire « qu'on demeure d'accord parmi nous; que quand on communie les fidèles, on est obligé de leur donner le pain à manger; mais qu'il n'en est pas de même de la coupe [2]; » comme si nous ne croyions pas que la communion fût également bonne en prenant le sang tout seul, ou que nous missions dans le corps de Notre-Seigneur quelque vertu particulière qui ne fût pas dans son sang. C'est par l'état de la question, vouloir rendre notre doctrine ridicule. Mais comme nous croyons au contraire que le corps de Notre-Seigneur n'a pas au fond une autre vertu que celle qui est dans son sang, et que d'ailleurs ce sang précieux, après la résurrection du Sauveur, n'est pas moins inséparablement uni à son corps que son corps l'est à ce divin sang, et l'un et l'autre à son ame sainte et à sa divinité, nous croyons que la communion sous l'une des deux espèces, quelle qu'elle soit, n'est en substance qu'une même chose avec la communion reçue sous les deux; de

---

[1] *Traité de la Communion*, II part., n. 3. — [2] Jurieu, *Examen de l'Euchar.*, traité VI, sect. V, p. 464.

sorte que communier de l'une ou de l'autre manière est une chose indifférente.

Nous ne prétendons pas que la communion sous les deux espèces ne soit pas bonne : à Dieu ne plaise. Nous ne nions pas que Jésus-Christ ait institué l'une et l'autre : nous ne nions même pas qu'il ait commandé à ses apôtres de recevoir l'une et l'autre ; la question est de savoir si l'on trouvera dans l'institution de la sainte Cène, un commandement de Notre-Seigneur qui oblige tous les fidèles à recevoir l'une et l'autre espèce. Car celui que Jésus-Christ fit à ses apôtres, lorsqu'en leur présentant la coupe sacrée, il leur dit : *Buvez-en tous*, comme il est écrit dans saint Matthieu [1], a eu son entier accomplissement, lorsqu'en effet *ils en burent tous*, comme il est écrit dans saint Marc [2] ; et si le Fils de Dieu n'avoit point prononcé d'autres paroles que celles-ci : *Prenez, mangez*, et ces autres : *Buvez-en tous*, loin d'y trouver un commandement de prendre ces deux espèces, nous n'y apprendrions pas même que ce mystère dût passer jusqu'à nous ; mais parce que Jésus-Christ ajoute : *Faites ceci en mémoire de moi* [3] ; il nous a donné à entendre que son intention étoit de perpétuer dans ce mystère la mémoire de sa passion, *jusqu'à ce qu'il vienne* juger les vivans et les morts, selon que saint Paul l'a interprété [4].

Ainsi ce qui fait passer l'institution de l'Eucharistie à tous les siècles futurs comme un sacrement perpétuel de la nouvelle alliance, c'est cette parole : *Faites ceci ;* et c'est ce qui fait naître une autre question. Car comme on est d'accord dans l'une et dans l'autre religion, que l'intention de Notre-Seigneur n'a pas été de nous obliger à faire généralement tout ce qu'il a fait, comme par exemple à faire la Cène sur le soir et à la fin d'un repas, nous convenons les uns et les autres qu'il n'a voulu nous obliger qu'à ce qu'il y a d'essentiel à ce mystère ; de sorte que nous avons à rechercher en quoi il en a voulu mettre l'essence pour ce qui regarde la communion ; et c'est aussi sur cela que nos sentimens

---

[1] *Matth.*, XXVI, 27. — [2] *Marc.*, XIV, 23. — [3] *Luc.*, XXII, 19. — [4] *I Cor.*, XI, 26.

sont partagés. Nos réformés prétendent que l'essence de la communion est clairement expliquée dans l'Evangile, et nous prétendons au contraire que ces paroles : *Faites ceci*, étant dites sans distinction et tombant par elles-mêmes indéfiniment sur tout ce que Jésus-Christ a fait, nous ne pouvons savoir déterminément sa volonté que par le secours de la tradition.

Nous avons donc d'abord deux choses à faire : l'une, à montrer à nos adversaires que leur étant impossible de déterminer par l'Evangile ce qui est essentiel à la communion, ils ne peuvent se déterminer sur cette matière que par l'autorité de l'Eglise et de la tradition; l'autre, que la tradition de tous les siècles, dès l'origine du christianisme, établit constamment la liberté d'user indifféremment d'une seule espèce ou des deux ensemble.

C'est aussi ce qui paroîtra dans les deux premières parties de cet ouvrage; et j'espère qu'on y verra le *Traité de la Communion sous les deux espèces* si fortement soutenu, que les Réponses qu'on y a faites, avec tant de subtilité et de savantes recherches, n'auront pu produire autre chose que de l'affermir davantage. Mais comme on pourroit penser qu'il ne suffit pas de montrer que l'observance de la communion sous une ou sous deux espèces est libre et indifférente, et qu'au contraire nos adversaires concluront de là que l'Eglise n'a pas pu déterminer ce que Jésus-Christ a laissé pour indifférent, ni ôter à ses fidèles la liberté qu'il leur a donnée, nous ferons voir du propre aveu de nos adversaires, que l'Eglise peut prendre parti dans les choses que l'Evangile laisse indifférentes, et que lorsqu'elle l'a pris, on ne peut s'y opposer ni lui désobéir sans se rendre coupable de schisme. C'est ce qui me fera donner une troisième partie à cet ouvrage; et dans cette troisième partie, en recueillant en peu de paroles tous les discours précédens, je ferai voir que notre doctrine, non-seulement sur la communion d'une seule espèce, mais encore sur toute la matière de l'Eucharistie, est incontestable, et notre tradition parfaitement conforme à l'Ecriture. Que si je prouve ces choses, non-seulement par la doctrine des Saints, mais encore par les deux Réponses qu'on m'a opposées, il se trouvera clairement que ces Réponses, tant vantées en France et en Angleterre, loin d'avoir affoibli nos preuves, par une direction particulière de la providence de Dieu et une force qu'on trouve toujours inséparable de la vérité, les auront rendues inébranlables; ce qui est le fruit le plus désirable qu'on puisse recueillir d'une dispute.

Plaise à celui qui sait tourner les cœurs comme il lui plaît, de donner à nos adversaires l'attention et la patience sans lesquelles ils ne peuvent pas espérer de débrouiller des matières que leurs ministres ont tant travaillé à leur obscurcir. Puissent-ils pour un moment se défaire de leurs préjugés et de la vaine opinion qu'on leur a inspirée dès leur enfance, que tout ce qu'on appelle *tradition* est une invention humaine contraire à la loi de Dieu et à l'Ecriture. Ils verront bientôt le contraire, et ils pourront juger par ce seul point, où ils se croient les plus forts, combien on les a trompés dans tous les autres.

Je leur demande seulement pour leur propre salut, qui nous est (nous l'osons dire) plus cher qu'à eux-mêmes, qu'ils modèrent cette aveugle précipitation qui fait qu'on veut trouver d'abord toutes les difficultés résolues. Je tâcherai de ne rien omettre, et le lecteur attentif trouvera tout, mais à sa place : autrement il n'y auroit que confusion et redites; de sorte que, pour profiter de cette lecture, il faut tout considérer l'un après l'autre, et lire avec patience et avec ordre.

LA

TRADITION DÉFENDUE

SUR LA MATIÈRE

DE LA COMMUNION

SOUS UNE ESPÈCE.

PREMIÈRE PARTIE.

QUE LA TRADITION EST NÉCESSAIRE POUR ENTENDRE LE PRÉCEPTE
DE LA COMMUNION SOUS UNE OU SOUS DEUX ESPÈCES.

CHAPITRE PREMIER.

Premier argument tiré du baptême par infusion ou aspersion.

Commençons à montrer aux protestans qu'ils ne doivent pas espérer de déterminer par l'Ecriture ce qui est essentiel à la communion, et qu'ils ne peuvent résoudre cette question que par l'autorité de l'Eglise. Cette vérité paroîtra d'abord dans un cas semblable, qui est celui du baptême. J'ai proposé cette preuve avec tous les catholiques dans le *Traité de la Communion*[1], où j'ai posé pour certain que le mot *baptiser* signifie *plonger* : la chose est incontestable. Mais comme ceux des protestans qui ne savent pas la langue grecque en pourroient douter, je suis bien aise d'ajouter le témoignage de Casaubon à ce que j'ai déjà dit sur cette matière. Je ne puis alléguer un meilleur témoin, puisque Casaubon étoit protestant, calviniste, zélé défenseur de sa religion et, ce qu'il y a de plus important en cette matière, le plus profond et le plus exact dans la langue grecque qui ait vécu dans ce siècle. Voici ce qu'il dit sur le passage de saint Matthieu : *Ils*

[1] *Traité de la Communion*, part. II, art. 1, p. 301.

*étoient baptisés dans le Jourdain*¹. (Il s'agit du baptême de saint Jean-Baptiste). « Telle étoit la manière de les baptiser, en les plongeant dans les eaux ; ce qui paroît clairement par le mot même de baptiser, βαπτίζειν. » Pour s'expliquer davantage, il oppose le mot *baptiser* à celui qui signifie *nager par-dessus, être porté sur la surface,* et à celui qui signifie *enfoncer dans l'eau avec péril de se noyer ;* d'où il conclut que ce « n'est pas sans raison qu'on a dit qu'il falloit plonger le corps dans le baptême. » Vous le voyez, Messieurs, Casaubon, un protestant si zélé et un si grand grec, demeure d'accord que *baptiser* signifie *plonger tout le corps;* et que c'est pour cela que saint Jean, qui a baptisé. Jésus-Christ, baptisoit dans une rivière ; de sorte que Jésus-Christ, lorsqu'il reçut le baptême, y fut plongé comme les autres; et que lorsqu'il a dit *baptiser,* c'est de même que s'il avoit dit *plonger.* Qui vous a dispensé de ce *plonger,* dites-le moi ; et par la même raison je vous expliquerai ce *Buvez-en tous.*

Mais, dites-vous, Casaubon ajoute dans le même lieu que vous citez, que ceux qui croyoient nécessaire de *plonger* dans le baptême ont été rejetés il y a longtemps. Je le confesse avec Casaubon : on les a rejetés avec raison à cause de l'autorité de l'Eglise qui s'y oppose. Mais, pour ce qui est de l'Ecriture, ni Casaubon ni personne n'en a jamais allégué aucun passage. Il est vrai que nos protestans disent sans cesse qu'il n'y a point ici de retranchement ; que l'élément, qui est l'eau, demeure toujours ; que la quantité n'y fait rien, et que c'est ici une chose indifférente. Comment le prouvent-ils contre la parole expresse de Jésus-Christ, qui en disant : *Baptisez,* a autant dit que s'il avoit dit : *Plongez,* puisque le mot de *baptiser* ne signifie rien autre chose? Ce n'est pas l'élément qui fait la matière du sacrement, c'est l'élément pris de la manière que Jésus-Christ le commande. Seroit-ce assez de prendre du vin dans la Cène, et de s'en laver la bouche ou les mains? Seroit-ce assez de prendre de l'eau dans le baptême et d'en boire ? On ne fait rien, si l'on ne fait pas ce que Jésus-Christ commande. S'il est ici permis de raisonner, il n'est pas moins permis de le faire au sujet de l'Eucharistie qu'au sujet du baptême, et

¹ Casaub., *Not. in Ev. Matth.,* III, 6.

cette parole : *Plongez,* n'est pas moins claire que cette autre : *Buvez-en tous.* C'est en vain qu'on nous répond : Vous demeurez vous-même d'accord du baptême sans immersion. Il est vrai ; mais si l'on veut croire avec nous que ce baptême suffit, quoiqu'on ne trouve rien pour l'autoriser dans l'Ecriture, il faut avec nous s'en rapporter à l'autorité de l'Eglise pour l'interprétation des paroles : *Buvez-en tous.*

Ce raisonnement pousse à bout toute la subtilité de nos adversaires. M. de la Roque tâche de soutenir par l'Ecriture la coutume de baptiser sans immersion[1] ; mais ses preuves sont si foibles, que l'auteur de la seconde Réponse les a abandonnées, et qu'il abandonne en même temps le baptême dont on se sert dans son église, comme étant certainement un abus contraire à l'institution et au dessein du baptême[2]. Mais il est bon de considérer les raisonnemens de ces deux auteurs.

L'auteur de la première Réponse, ce fameux M. de la Roque, qui entreprend de soutenir par l'Ecriture le baptême sans immersion, commence néanmoins par « demeurer d'accord avec moi, que *baptiser* signifie proprement *plonger*[3] ; » mais il prétend que dans l'usage de la langue sainte et des auteurs ou des traducteurs de l'Ecriture, le terme de *plonger* ou de *baptiser,* « se prend par translation pour laver, à cause que d'ordinaire on plonge les choses dans l'eau pour les laver et les nettoyer. » Sur quoi il allègue quelques passages de l'Ecriture, qui premièrement ne prouvent pas ce qu'il prétend, et qui secondement ne regardent pas le sacrement de baptême.

On voit, dit-il, dans le livre de *Judith,* qu'elle se lavoit dans une fontaine, et il y a dans le grec qu'elle *s'y baptisoit*[4]. Je ne m'en étonne pas ; c'est à cause qu'elle s'y plongeoit toute entière. Aussi la *Vulgate* a-t-elle traduit : *Baptizabat se,* ne croyant pas assez exprimer la force du grec, si elle eût employé un autre mot, qui n'eût pas été si clair ou si expressif. Le baptême, selon cette idée, seroit un bain ; comme aussi il est appelé ordinairement par saint Paul, λουτρὸν, *Lavacrum; un bain*[5] : ce qui est bien

---

[1] La Roque, p. 225, 226. — [2] Anonyme, p. 24-26. — [3] La Roque, II part., chap. I, p. 225, 226. — [4] *Judith.,* XII, 7. — [5] *Ephes.,* V, 26 ; *Tit.,* III, 5.

éloigné de la goutte d'eau que nous jetons sur la tête, et montre bien autrement la parfaite purification de nos ames par le saint baptême. L'auteur de la seconde Réponse prend la peine de m'avertir de cette expression de saint Paul [1], et je suis bien aise qu'il voie que je profite de son avis.

Après le passage de *Judith*, M. de la Roque nous oppose un passage de saint Luc et un de saint Marc. Il est dit dans celui de saint Luc [2], qu'un pharisien s'étonna de ce que Jésus, qu'il avoit prié à dîner, ne *s'étoit point lavé* avant que de se mettre à table, où il remarque « que le grec veut dire qu'il ne s'étoit point baptisé; ce qu'on ne peut entendre d'une immersion, mais d'un simple lavement par aspersion ou infusion. On ne peut pas donner, poursuit-il, d'autre explication à ce que dit saint Marc des pharisiens [3], » que retournant du marché, ils ne mangeoient point qu'ils ne se fussent *lavés:* le grec, qu'ils ne se fussent *baptisés*. Il ajoute qu'il y a aussi beaucoup d'autres choses qu'ils nous ont appris à garder, comme les lavemens, ou selon le grec, les *baptêmes* des coupes et des *brocs*, et de la vaisselle et des *châlits*.

Voilà tout ce qu'un savant homme a pu trouver dans l'Ecriture pour détourner ce mot *baptiser* de sa signification naturelle, sans songer que ces deux passages ne regardent en aucune sorte le sacrement de baptême, dont il s'agit entre nous. Mais puisqu'au lieu de considérer la nature et le dessein de ce sacrement, il nous réduit à ces minuties, qui lui a dit que les Juifs ne lavoient point les vaisseaux dont ils se servoient en les jetant dans l'eau et en les y plongeant, et que ces six grandes urnes ou ces six grands lavoirs de pierre qui tenoient deux ou trois mesures, qu'on voit dans les noces de Cana en Galilée pour servir à la purification des Juifs [4], n'étoient pas destinées à cet usage? Lui-même vient de nous dire « *que d'ordinaire on plonge les choses dans l'eau pour les laver et les nettoyer.* » D'où sait-il donc que les Juifs lavoient leur vaisselle par simple aspersion ou infusion, plutôt qu'en la jetant toute entière dans les eaux? D'où sait-il qu'ils ne faisoient pas pour ainsi dire nager leurs bois de lits dans l'eau, en la versant dessus comme

---

[1] Anonyme, I part., chap. III, p. 24. — [2] *Luc.*, XI, 38. — [3] *Marc.*, VII, 4. — [4] *Joan.*, II, 6.

à pleins seaux; chose bien éloignée de la légère infusion qu'il veut établir; ou même qu'ils n'avoient pas de grands et larges lavoirs pour les y jeter tout entiers ou, si l'on veut, par pièces, en les démontant? Et pour les personnes, d'où sait-il que les pharisiens superstitieux, en revenant du marché, où ils rencontroient tant de gentils et tant de publicains, dont ils croyoient que l'approche et le souffle même pour ainsi dire les souilloit, ne se mettoient pas dans l'eau pour se purifier? Mais comment avoir toujours, dira-t-il, des bains tout prêts? Quoi donc! a-t-il oublié les lavoirs qu'on avoit dans les maisons, et l'usage des bains si familier à tous les peuples et principalement aux Orientaux; mais qui l'étoit d'autant plus aux Juifs, qu'ils en faisoient une observance de leur religion, qui se trouve dans leurs anciens livres, et qui dure encore parmi eux? Pourquoi donc ne voudrons-nous pas qu'elle soit marquée dans le passage de saint Luc et dans celui de saint Marc? Et pour nous attacher à saint Marc[1], qui parle plus distinctement, comment M. de la Roque n'y a-t-il pas remarqué par deux fois le mot de νίψαι, que la *Vulgate* rend par LAVARE, *laver*, pour dire qu'on lave les mains? Car encore que les Juifs les lavent en les enfonçant dans l'eau, ce n'étoit pas ce qu'on appeloit du mot de *baptiser* ou de *baptême*, et ce mot est réservé par l'Evangéliste pour signifier une autre action, c'est-à-dire celle où l'on mettoit tout à fait dans l'eau ou la personne ou la chose entière, par exemple quelques vaisseaux; ce qui fait aussi que la *Vulgate*, qui sait fort bien dire *lavare* quand il faut, retient ici les mots de *baptême* et de *baptiser*, comme nous avons observé qu'elle a fait dans le livre de *Judith*, ne croyant pas le simple mot de *laver* assez significatif. Et quand M. de la Roque nous dit qu'il ne trouve pas dans l'Ecriture ces sortes de purifications où l'on se mettoit tout à fait dans l'eau[2], il ne songe pas à ce large et profond vaisseau appelé *la grande mer*, qu'on mettoit à l'entrée du temple pour les purifications publiques, ni à la conséquence qu'il en faut tirer des lavoirs qu'on avoit dans les maisons pour les purifications particulières. Et lorsqu'il est si souvent prescrit dans la loi de laver ses vêtemens, croit-il que c'étoit de jeter de l'eau dessus, ou plutôt

---

[1] *Marc.*, vii, 2, 3. — [2] La Roq., II part., chap. i.

de les tremper dans l'eau, πλύνειν, comme le traduit le grec des Septante, si fidèle et si exact dans toute la version du *Pentateuque?* Ce seroit trop perdre de temps à prouver une chose claire, que de ramasser les autres passages. Mais quand ces purifications ne seroient pas expliquées dans l'Ecriture, qui ne voit que c'étoit là des choses que la loi se contentoit de marquer en gros, et qu'elle laissoit à la coutume à en interpréter la manière? Quand tout cela ne seroit pas, il ne s'agit ni dans saint Marc ni dans saint Luc de ce que l'Ecriture avoit prescrit aux Juifs; mais de ce qu'ils avoient reçu par leur tradition, qui en cela certainement n'est pas douteuse. Ainsi M. de la Roque n'a rien prouvé par les trois passages qu'il allègue, qui sont tout ce qu'il a pu ramasser. Mais quand il auroit prouvé ce qu'il prétend, qu'en trois endroits de l'Ecriture le terme de *baptiser* signifie *laver* par simple infusion ou aspersion, que concluroit-il de là pour le sacrement de baptême? Chaque passage se doit entendre par sa propre suite. Personne ne révoque en doute que saint Jean-Baptiste n'ait baptisé en plongeant dans l'eau, ni par conséquent que Jésus-Christ n'ait été baptisé de même, ni que le baptême qu'il a institué n'ait été une parfaite imitation de celui qu'il a reçu.

Les passages que j'ai rapportés dans le *Traité de la Communion*[1] ne sont ni contestés ni contestables. La pratique des apôtres n'est pas moins constante. Dans le baptême de l'eunuque, il est expressément marqué « que lui et Philippe descendirent dans l'eau, et que Philippe le baptisa de cette sorte [2]; » et quand j'aurois oublié les fameux passages où saint Paul exprime si vivement la manière dont on donnoit le baptême, en disant « que nous y sommes ensevelis avec Jésus-Christ, afin de ressusciter avec lui [3], » ce que cependant je n'ai pas fait, l'Anonyme m'auroit appris que ces passages « font voir que l'on plongeoit le fidèle dans l'eau, pour représenter par là comme une espèce de mort et de sépulture [4]. »

Toute l'antiquité l'a remarqué; et parmi une infinité de passages, je rapporterai celui de l'auteur du livre *des Sacremens*,

---

[1] *Traité de la Com.*, II part. 377. — [2] *Act.*, VIII, 38. — [3] *Rom.*, VI, 4; *Coloss.*, II, 12. — [4] Anonyme, I part., chap. III, p. 24,

digne du nom et du siècle de saint Ambroise : « On vous a, dit-il, demandé : Croyez-vous au Père ? vous avez dit : J'y crois ; et vous avez été plongé, c'est-à-dire vous avez été enseveli : on vous a encore demandé : Croyez-vous en Notre-Seigneur Jésus-Christ et en la croix ? et vous avez dit : J'y crois ; et vous avez été plongé, et vous avez été enseveli avec Jésus-Christ, et celui qui est enseveli avec lui ressuscite aussi avec lui-même [1]. » Et après : « Hier nous parlâmes de la fontaine du baptême, dont la forme nous fait voir une espèce de sépulcre : nous sommes reçus et plongés tout entiers dans l'eau, et ensuite nous en sortons ; c'est-à-dire nous ressuscitons avec Jésus-Christ [2]. » L'*Ordre romain* dit la même chose : « La triple immersion, dit-il, représente les trois jours que Jésus-Christ demeura dans le sépulcre, et l'élévation est comme quand il en sortit [3]. » Et saint Cyrille de Jérusalem représente ce mystère en un mot, lorsqu'il dit « que l'eau salutaire est tout ensemble un sépulcre et une mer [4]. » Cette manière de baptiser par immersion se trouve dans le douzième siècle dans Hugues de Saint-Victor [5]. Elle dure encore plus loin, et jusqu'au treizième siècle ; et la chose ainsi assurée dans le *Traité de la Communion*, n'a pas été contestée par ceux qui l'ont combattue. Qu'y a-t-il à chicaner davantage ? Quand M. de la Roque auroit montré qu'en deux ou trois endroits de l'Ecriture, le mot de *baptiser* se pouvoit réduire contre sa propre nature à une simple infusion, toujours seroit-il certain qu'en ce qui regarde le sacrement de baptême, la pratique de saint Jean-Baptiste, de Jésus-Christ, des apôtres et de tant de siècles, l'esprit même de cette action et tout le dessein de cette sainte cérémonie, expliqué si clairement par saint Paul, conservent à ce terme de *baptiser* sa signification naturelle, sans qu'on puisse trouver dans l'Ecriture le moindre indice du contraire.

Quand après cela M. de la Roque avance, ce qui est très-vrai, « que cette manière de baptiser n'a pas été inconnue aux anciens [6], » ses citations sont très-bonnes pour prouver la tradition

---

[1] *De Sacram.*, lib. II, cap. VII. — [2] Lib. III, cap. I. — [3] *Off. Theop.*, p. 667. — [4] Cyril. Hieros., *Cat. Myst.*, II, n. 4. — [5] Hug. Victor., *de Eccl. myst.*, cap. XIX. — [6] P. 227 et seq.

dont je conviens, et en même temps pour nous faire voir que dans une chose si importante, où il s'agit de savoir si nous sommes baptisés ou non, nos pères n'en ont pas moins cru ce qu'ils ne trouvoient pas dans l'Ecriture, quoique nous n'ayons pour garant de la validité de notre baptême que la seule autorité de l'Eglise.

Cet inconvénient a paru terrible à l'auteur de la seconde *Réponse*. Tout le fondement de la Réforme lui a paru renversé, si la seule autorité de l'Eglise peut établir de telles choses. C'est pourquoi il en vient à cet excès de dire que le baptême sans immersion est un abus qu'il faut réformer. « Il est vrai, dit-il, que jusqu'ici la plus grande partie des protestans ne baptisent que par aspersion; mais assurément c'est un abus; et cette pratique qu'ils ont retenue de l'Eglise romaine sans la bien examiner, comme plusieurs autres doctrines qu'ils en retiennent encore, rend leur baptême fort défectueux. Elle en corrompt et l'institution et l'ancien usage, et les rapports qu'il doit avoir avec la foi et la pénitence et la régénération. La remarque de M. Bossuet, que le plongement a été en usage pendant treize cents ans, mérite bien qu'on y réfléchisse sérieusement, qu'on reconnoisse que nous n'avons pas assez examiné tout ce que nous avons retenu de l'Eglise romaine, et que, puisque ses plus doctes prélats nous apprennent que c'est elle qui a aboli la première un usage autorisé par tant de fortes raisons et par tant de siècles, elle a très-mal fait en cette occasion, et que nous sommes obligés à revenir à l'ancienne pratique de l'Eglise [1]. » C'est ainsi qu'il ne craint pas de condamner son église pourvu que la romaine ait tort la première, ni de se percer le sein pourvu que le coup porte sur nous.

Il est vrai qu'il ajoute que « l'aspersion ne détruit pas essentiellement le baptême, puisqu'après tout baptiser signifie laver, et que l'on peut bien se laver par aspersion; mais que si elle ne détruit pas la substance du baptême, elle l'altère et le corrompt en quelque manière [2]. » Mais il se combat lui-même, quand il parle ainsi. Car corrompre la substance d'un sacrement, qu'est-ce autre chose que d'en « corrompre et l'institution et le rapport qu'il doit

[1] Anonyme, p. 24, 25. — [2] *Ibid.*, p. 25.

avoir avec la régénération? » Or en quoi est la substance d'un sacrement, qui est un signe d'institution, si ce n'est dans l'institution même et dans le rapport qu'elle a avec la chose signifiée? Cependant l'auteur vient de dire que toutes ces choses sont corrompues dans le baptême sans immersion. Aussi répète-t-il que c'est un *abus* ; « et nous sommes, dit-il, résolus de le corriger désormais [1]. » Quel abus y auroit-il selon lui, s'il n'étoit pas contraire à l'institution et à l'Ecriture? Mais c'est qu'on ne s'entend plus, quand on prend pour règle ses propres pensées; d'où il arrive qu'on n'est pas moins contraire à soi-même qu'à tous les autres.

Que nos Frères ne nous disent pas que c'est ici un sentiment particulier d'un de leurs docteurs; car nous trouvons tous les jours dans leurs esprits des incertitudes et des agitations semblables à celles-ci, quand nous enfonçons avec eux la matière de la communion sous une ou sous deux espèces. Nous leur disons : Nos chers Frères, souvenez-vous de votre baptême donné sans immersion, encore que Jésus-Christ ait dit : *Plongez*. Il ne s'agit pas ici du plus ou du moins, ni de la simple quantité de l'eau; il s'agit d'une action qui a un caractère particulier pour montrer qu'on est lavé tout entier, tout entier caché en Jésus-Christ, revêtu de lui, enseveli avec lui, pour aussi ressusciter avec lui dans une perfection semblable? Que trouvez-vous dans la communion sous les deux espèces qui ne se trouve pas dans l'immersion et le plongement du baptême? Est-ce l'institution de Jésus-Christ? Mais le même qui a dit : *Mangez et buvez*, a dit : *Plongez*. Est-ce que dans la liqueur il se trouve une idée plus pleine de la nourriture de l'homme? Aussi se trouve-t-il dans l'immersion une idée plus pleine de sa parfaite purification. Est-ce que dans les deux espèces la mort violente de Jésus-Christ par la séparation du corps et du sang nous est mieux représentée? Aussi avons-nous dans l'immersion une plus parfaite représentation de la sépulture et de la résurrection de Jésus-Christ, dont nous devons porter le caractère sacré pour y avoir part. Nous alléguerez-vous l'exemple de Jésus-Christ, des apôtres, de l'ancienne Eglise? Mais vous avez vu que tout est égal entre l'immersion et la communion sous les deux

---

[1] Anonyme, p. 26.

espèces. Si vous croyez qu'il suffise de trouver dans l'antiquité quelque exemple de baptême sans immersion, pourquoi ne voudrez-vous pas vous contenter de tant d'exemples de la communion sous une espèce, que vous verrez avoués par vos ministres? Ils répondent : Pourquoi vous jeter sur notre baptême, puisque vous en convenez? Et nous leur disons : Mais que vous sert que nous en convenions, si c'est sans l'autorité de l'Ecriture? Ou si vous voulez bien vous fier à l'Eglise pour votre baptême, quelle raison avez-vous de ne vous y fier pas pour la communion? Pressés par tant de raisons démonstratives et par un si grand rapport de l'immersion avec la réception des deux espèces, ils en viennent à dire enfin avec l'auteur de la seconde *Réponse* : Eh bien, nous l'avouons, le baptême sans immersion est un abus que nous avons mal à propos retenu de vous, et nous n'avons pas poussé assez loin la Réforme. Dieu, sous les yeux de qui j'écris ceci, sait que tous les jours on nous fait de telles réponses. Nous pressons : Vous n'êtes donc pas baptisés, si vous l'êtes contre les paroles et l'institution de Jésus-Christ, et sans que votre baptême ait le rapport que Jésus-Christ y a établi avec votre régénération qui en est l'effet. Ici ils commencent à être troublés; car ils sentent dans leur conscience que le baptême, qui est l'entrée à l'Eglise et aux sacremens, n'est pas moins nécessaire que l'Eucharistie; mais enfin ils lâchent le mot, et ils seront contraints de nous avouer qu'ils ne sont pas bien baptisés; et qu'ajouter à ce mal celui d'une communion illégitime, ce n'est pas chercher la guérison, c'est plutôt ajouter plaie sur plaie. On les presse : Si vous n'êtes pas baptisés, il faut donc vous rebaptiser? Mais qui vous rebaptisera? Des gens qui ne sont pas baptisés eux-mêmes? Car il y a plusieurs siècles que le baptême sans immersion est reçu. Si donc ce baptême est nul, il y a déjà plusieurs siècles que le baptême n'est plus parmi nous? Trouvez-vous dans l'Ecriture qu'on puisse être validement baptisé par quelqu'un qui ne l'est pas? Et vous, qui rejetez le baptême donné par tout autre que par un ministre public, approuverez-vous le baptême donné par celui qui ne l'aura jamais reçu? Eveillez-vous donc à la fin, et ayez pitié de votre ame.

CHAPITRE II.

Du baptême des petits enfans : de celui qui est donné par les hérétiques : de celui qui est donné par les simples fidèles en cas de nécessité.

Le raisonnement n'est pas moins fort, quand on leur dit qu'ils ont été aussi bien que nous baptisés petits enfans, sans aucune autorité de l'Ecriture. Ils se tourmentent premièrement à chercher des passages dans l'Ecriture, et ils n'y trouvent de baptême qu'après l'instruction et la pénitence : « Enseignez et baptisez [1] : Qui croira et sera baptisé [2] : Faites pénitence et recevez le baptême [3] ; » choses qui ne conviennent pas aux petits enfans. L'exemple de la circoncision les soulage peu pour les raisons qu'on peut voir dans le *Traité de la Communion* [4], auxquelles les deux *Réponses* n'opposent pas un seul mot. Elles ne disent rien non plus pour soutenir les autres passages, par où nos réformés se sont efforcés d'établir le baptême des petits enfans. Mais l'auteur de la seconde *Réponse* fait cet aveu mémorable : « Quant au baptême des petits enfans, j'avoue qu'il n'y a rien de formel ni de précis dans l'Evangile pour en justifier la nécessité ; et les passages qu'on en tire ne prouvent rien autre chose TOUT AU PLUS, sinon qu'il est permis de les baptiser, ou plutôt qu'il n'est pas défendu de les baptiser [5]. » Ce *tout au plus* fait bien voir qu'il ne se tient guère assuré de ce qu'il dit, qu'on peut prouver par l'Ecriture que le baptême des petits enfans « soit permis, ou plutôt qu'il ne soit pas défendu. » En effet il n'allègue rien pour le prouver, et ne répond rien aux textes de l'Evangile où le baptême est toujours mis après l'instruction, la pénitence et la foi. L'auteur de la première *Réponse* ne s'est pas trouvé dans un moindre embarras ; mais il en sort à son ordinaire par un tour d'adresse. Au défaut de l'Ecriture où il n'a rien trouvé qui le favorise, il a recours à quelques passages de Bellarmin et à une décrétale d'Innocent III, où le baptême des petits enfans est prouvé par l'Ecriture ; et comme s'il avoit trouvé

---

[1] *Matth.*, XXVIII, 19. — [2] *Marc.*, XVI, 16. — [3] *Act.*, II, 38. — [4] *Traité de la Communion*, II part., n. 6. — [5] Anonyme, I part., p. 98.

des défenseurs de son sentiment, il m'invite à m'accorder avec ce cardinal et avec ce pape [1].

Il y a trop d'illusion dans ce procédé ; car pour moi, je suis parfaitement d'accord avec eux. A l'endroit que le ministre attaque [2], je ne disois pas, comme il le suppose, que le baptême des petits enfans ne peut être absolument prouvé par l'Ecriture : au contraire je dis expressément que supposé qu'on admette le baptême comme nécessaire au salut, on peut prouver assez aisément par l'Ecriture que Dieu, qui est le Sauveur de tous, n'a pas laissé les petits enfans sans remède. C'est ce que dit Innocent III dans la décrétale qu'on nous oppose, comme il paroît par toute la suite de son discours. Car après avoir prouvé par l'Ecriture, que de même que dans l'Ancien Testament on est exclus du peuple de Dieu faute d'avoir été circoncis, de même dans le Nouveau on est exclus de son royaume faute d'avoir reçu le saint baptême; d'où il tire cette conséquence : « Gardons-nous bien de penser que Dieu, qui ne veut pas que personne périsse, laisse sans remède tant d'enfans que nous voyons mourir tous les jours dans ce bas âge. » Le cardinal Bellarmin suppose le même principe de la nécessité du baptême pour prouver par l'Ecriture que Dieu, qui veut sauver les enfans, ne les a pas exclus de ce sacrement [3] ; d'où il conclut que les calvinistes et les zuingliens n'ont aucune preuve du baptême des petits enfans; « à cause, dit-il, qu'ils ne reçoivent pas la tradition, et qu'ils croient que le baptême n'est pas nécessaire. » J'ai dit la même chose que ce savant cardinal, et j'ai soutenu que « les preuves qu'on peut tirer de la nécessité du baptême pour le donner aux petits enfans, étant détruites par nos réformés [4], » il ne leur reste rien dans l'Ecriture par où ils puissent s'assurer d'avoir été baptisés validement, eux qui comme nous ne l'ont été que dans l'enfance. Je persiste dans ce sentiment; et M. de la Roque m'y confirme, puisqu'il avoue encore dans sa *Réponse* « que le baptême n'est pas nécessaire au salut des petits enfans [5]; » de sorte qu'il détruit lui-même, avec la nécessité de ce

---

[1] La Roq., II part., chap. III, p. 264-266; Bellarm., lib. I *de Sacr. bapt.*, cap. VIII; *Majores*, lib. III *Decret.*, tit. XLII, *de Bapt.*, cap. III. — [2] *Traité de la Communion*, II part., n. 6, p. 320. — [3] Bell., *ibid.*, cap. IX; *Resp.*, ad 8 arg. — [4] *Traité de la Communion*. — [5] La Roq., II part., chap. III, p. 266.

sacrement, toute la preuve d'Innocent III et du cardinal Bellarmin, qui sont néanmoins ses seuls auteurs.

Cherchez donc, nos chers Frères, cherchez d'autres garans de votre baptême que ceux que vous donnent vos ministres; appuyez-le sur l'Ecriture ; prouvez que le Fils de Dieu ou ses apôtres ont enseigné à baptiser les petits enfans, et permettent de séparer le baptême de l'instruction. Mais vous n'avez rien : vous rejetez la tradition : tout vous manque du côté de l'Ecriture; ainsi, Messieurs, vous ne savez si vous êtes baptisés; vous ne savez si vous êtes chrétiens; vous ne savez si jamais vous avez reçu la communion pour laquelle vous voulez paroître si zélés, puisque vous n'êtes pas assurés du baptême, sans lequel il n'y a point de communion ni d'entrée aux sacremens de l'Eglise.

Les ministres ne sont pas moins embarrassés sur le baptême donné par les hérétiques au nom du Père et du Fils et du Saint-Esprit. Je leur avois demandé en vertu de quoi ils le recevoient, puisque Jésus-Christ avoit donné le pouvoir d'administrer le baptême, non aux hérétiques ni aux faux pasteurs, mais aux apôtres et aux pasteurs véritables [1]. L'auteur de la seconde *Réponse* se tire en un mot de cette difficulté, en disant « que cela n'est d'aucune importance pour la foi ni pour la religion, quelque parti qu'on prenne, pourvu qu'on reconnoisse qu'il faut baptiser au nom du Père et du Fils et du Saint-Esprit [2]. » Cela s'appelle donner pour preuve ce qui est précisément en question. On lui demande pourquoi le baptême au nom du Père et du Fils et du Saint-Esprit est bon des mains d'un hérétique et d'un faux pasteur, puisque le Fils de Dieu ne l'a confié qu'aux apôtres et aux pasteurs véritables; et il répond que cela n'est de nulle importance, pourvu qu'on invoque les trois Personnes divines, qui est ce qu'il falloit prouver par l'Ecriture, ou reconnoître la nécessité de la tradition; et aussitôt, sans apporter aucune preuve, il passe en trois mots à une autre chose. Je conclus donc avec raison qu'il n'a point de preuves, puisqu'il n'allègue pour toute preuve que sa décision. Mais le savant M. de la Roque, qui fait mine d'entrer plus avant dans la question, ne nous en dit pas davantage. Il s'a-

[1] *Traité de la Comm.*, p. 349 et suiv. — [2] Anon., 1 part., chap. VI, p. 97, 98.

gissoit de produire quelque passage de l'Ecriture, pour montrer que le baptême donné par un hérétique, en la forme légitime, est valide; au lieu d'en apporter du moins un seul, ce docte ministre nous parle du démêlé de saint Cyprien avec le pape saint Etienne, et des décisions du premier concile d'Arles, de celui de Nicée et de celui de Constantinople, et du baptême que Théodoret et les évêques catholiques du royaume de Gondebaud donnèrent dans le cinquième siècle aux marcionites et aux ariens.

Que fait à la question cette érudition superflue, et qu'est-ce que ce ministre veut conclure de ces faits? Quoi? que l'ancienne Eglise tenoit cette question pour indifférente? Quand cela seroit, qu'en reviendroit-il aux ministres? Ce n'est pas par l'autorité de l'Eglise, c'est par l'Ecriture seule qu'un ministre nous doit prouver que c'est une chose indifférente, parmi les chrétiens, de recevoir le baptême d'un vrai chrétien ou d'un hérétique, d'un fidèle ou d'un ennemi de l'Eglise, d'un faux ou d'un véritable pasteur. Ce ministre ne songe pas seulement à produire aucun passage de l'Ecriture. Pourquoi jeter en l'air tant de paroles et faire accroire aux simples qu'on a répondu, à cause qu'on a beaucoup parlé?

Mais peut-être qu'il sera content de nous ôter la tradition, comme nous lui ôtons l'Ecriture sainte? C'est fureur que de disputer de cette sorte, en ne nous laissant aucun moyen pour nous résoudre. Mais les ministres n'empêcheront pas qu'il ne soit vrai que nos pères, dans cette célèbre difficulté, se sont résolus par la tradition. C'est la tradition que le pape saint Etienne soutenoit, comme il paroît par son décret. Saint Cyprien convenoit de la tradition, puisqu'il avouoit que la coutume étoit contre lui, et qu'Agrippin son prédécesseur avoit innové. Saint Augustin nous assure en plusieurs endroits, que la coutume que saint Etienne opposoit à saint Cyprien ne pouvoit venir que de la tradition apostolique, et que cette tradition ne laissoit pas que d'être véritable, quoiqu'elle n'eût pas encore été soutenue de toutes les preuves, ni affirmée par une expresse définition de toute l'Eglise catholique. Et cette tradition étoit si solide, que ceux qui l'avoient combattue y revinrent d'eux-mêmes, en disant au rapport de saint Jérôme : « Que tardons-nous davantage à suivre ce que nos an-

cêtres nous ont enseigné, et ce qu'ils ont appris des leurs [1] ? »
Ainsi, comme dit Vincent de Lérins [2], il arriva dans cette occasion, « comme il arrive dans toutes les autres : l'antiquité fut
reconnue et la nouveauté rejetée. » Que s'il fallut des conciles, ce
n'est pas, comme le ministre semble l'inférer; ce n'est pas, dis-je,
pour établir une chose nouvelle, mais pour déclarer et confirmer
authentiquement la tradition ancienne. Et quand après les conciles on a rebaptisé les marcionites et les ariens, c'est que ces
marcionites et ces ariens s'éloignoient de la forme solennelle et
toujours reçue dans l'Eglise, comme il seroit aisé de le montrer;
de sorte que la tradition anéantissoit autant leur baptême, qu'elle
confirmoit celui des hérétiques qui baptisoient selon la forme
reçue. Que ceux qui méprisent cette tradition nous rendent raison de leur foi : qu'ils nous disent sur quoi ils se fondent pour
accepter le baptême des hérétiques et des faux pasteurs, qui n'ont
qu'une *apparence de vocation*. Quand je demande aux ministres
sur quoi ils appuient cette tradition de leur *Discipline,* qui, pour
valider le baptême, se contente de cette *apparence de vocation,*
M. de la Roque croit me répondre, en disant « que cette expression désigne une vocation qui pour n'être pas parfaite dans toutes
ses parties, ne laisse pas d'être suffisante pour l'administration du
baptême [3]. » Mais ce n'étoit pas assez de le dire, il falloit le prouver par quelque passage. Il falloit, dis-je, prouver par quelque
passage qu'une vocation imparfaite et même trompeuse, telle
qu'elle est dans les hérétiques déclarés, est suffisante pour administrer le sacrement de baptême, encore que Jésus-Christ n'en ait
confié l'administration qu'à ses disciples véritables, et qu'il avoit
lui-même appelés. *Allez,* leur dit-il, *enseignez et baptisez* [4]. Mais
je vois bien que ce que les ministres ont eu dans l'esprit, quand
ils ont agréé le baptême donné par ceux qu'ils pensent hérétiques;
c'est qu'en effet ils nous croient tels, hérétiques et pires qu'hérétiques, puisqu'ils nous croient idolâtres. Si donc ils avoient rejeté
le baptême donné par ceux qu'ils rejettent comme hérétiques, ils
seroient contraints d'avouer qu'ils ne seroient pas baptisés, eux

---

[1] Hier., *Dial. adv. Lucif.* — [2] Vinc. Lirin., I *Comm.* — [3] La Roque, p. 162.
[4] *Matth.,* XXVIII, 19.

dont les pères n'ont reçu que de nous le saint baptême. Les voilà donc encore une fois réduits à n'avoir aucune certitude de leur baptême, que sur la foi de la tradition et sur le fondement de l'autorité de l'Eglise.

Mais avant que de sortir de cette matière du baptême, voyons encore ce qu'on répondra sur cette difficulté proposée dans le *Traité de la Communion*[1] : D'où vient que « le Fils de Dieu n'ayant donné la charge d'administrer le baptême qu'aux apôtres, c'est-à-dire aux chefs du troupeau, toute l'Eglise a entendu non-seulement que les prêtres, mais encore les diacres et même tous les fidèles en cas de nécessité, étoient tous les ministres de ce sacrement ? » Se trouvera-t-il ici quelque passage de l'Ecriture qui leur ait donné ce pouvoir ? Il ne s'en trouvera aucun. C'est pourquoi M. de la Roque décide sans hésiter « que les ministres du sacrement de baptême sont les seuls ministres de la parole, Jésus-Christ ayant joint ces deux fonctions : instruisez les nations en les baptisant ; » d'où il infère « que les laïques et les simples particuliers n'ont pas droit de baptiser, comme on l'assure². Il falloit ici distinguer le droit ordinaire d'avec le cas de nécessité, où tout le monde étoit réputé ministre légitime du baptême. C'est aussi ce que nous avoue de bonne foi l'auteur de la seconde *Réponse*. « On demeure d'accord, dit-il, que pour conserver le bon ordre et éviter la confusion, c'est aux pasteurs à qui le peuple et l'église confie l'autorité du ministère, et celle d'administrer seuls les sacremens de Jésus-Christ ; car dans la nécessité tout fidèle jouit de ce même droit³. » Il a raison pour le baptême ; la tradition l'a décidé sans aucune autorité de l'Ecriture, et je puis dire à cet égard que la tradition est constante.

Ces remarques sur le baptême nous font voir dans un cas semblable ce qu'il faut croire de l'Eucharistie. Car si l'Eglise suffit pour nous donner notre sûreté touchant l'un de ces sacremens, elle n'est pas moins forte à l'égard de l'autre. Voilà ce que nous concluons de ces argumens tant méprisés par nos adversaires, qu'ils appellent *des argumens de missionnaires, de vieux argumens, des argumens rebattus*. Mais loin que ces reproches en

---

[1] *Traité de la Communion*, p. 318. — ² La Roque, p. 159. — ³ Anonyme, p. 97.

affoiblissent la force, ils servent à faire voir qu'il n'y a pas moyen d'y résister, puisque tous les protestans, après avoir eu le loisir d'y bien songer depuis près d'un siècle qu'on les fait, ne savent encore qu'y répondre ; et n'y peuvent rien opposer de solide, ni même s'accorder entre eux.

CHAPITRE III.

Second argument tiré de l'Eucharistie. Les protestans n'observent point dans la célébration de la Cène ce que Jésus-Christ a fait, et ils omettent plusieurs choses importantes.

Mais après avoir si mal répondu sur l'institution du baptême, ils vont encore répondre plus mal, et se déconcerter plus visiblement sur l'institution de l'Eucharistie. Le principe dont ils se servent est que ces paroles : *Faites ceci* [1], nous obligent à tout ce que Jésus-Christ a fait : principe aussi faux qu'il est spécieux, comme on le va bientôt voir de leur aveu propre.

Et premièrement M. Jurieu pousse la chose bien loin, quand il dit que ces paroles de Notre-Seigneur : *Faites ceci*, nous obligent à considérer « toutes les circonstances qu'il a observées comme étant de la dernière nécessité [2]. » M. Jurieu se fortifie de l'exemple des sacremens de l'ancienne loi, où les moindres circonstances étoient essentielles et indispensables. Ce ministre conclut de là qu'il en faut croire autant de l'Eucharistie ; et que lorsque le Sauveur dit : *Faites ceci*, c'est de même que s'il disoit : « Désormais quand vous célébrerez ce sacrement, faites tout ce que je viens de faire. » En effet il faut pousser la chose jusque-là pour conclure quelque chose ; et la moindre exception que l'on voudroit opposer par son propre sens à une loi générale, en rendroit l'observance arbitraire. Voilà donc apparemment un beau principe et d'une étendue bien générale ; mais les ministres vous vont faire voir qu'il y a beaucoup à en rabattre. Quand M. de la Roque a vu ce principe de M. Jurieu dans mon *Traité de la Communion*, il a vu en même temps qu'il le falloit restreindre. « Par

---

[1] *Luc.*, XXII, 19. — [2] *Exam. de l'Euch.*, traité VI, sect. V, p. 465, et sect. VI, p. 474.

ces circonstances, dit-il, qui sont de la dernière nécessité, M. Jurieu entend simplement celles qui appartiennent à la substance du sacrement, et non pas celles qui ne sont pas de son essence [1]. » Quelle réponse! C'est de quoi nous disputons. On est d'accord entre nous qu'il faut faire tout ce qui est de l'essence du sacrement; nous disputons pour savoir ce qui en est ou ce qui n'en est pas, et nous demandons qu'on nous trouve ici une règle dans l'Ecriture. La seule règle, dit cet auteur, est l'institution [2]. Mais qui doute, encore une fois, qu'il ne faille faire tout ce qui est essentiel à l'institution de la communion sacrée? Nous recherchons ce que c'est, et si dans la distinction qu'il faut faire de certaines choses qui n'y sont pas essentielles les ministres nous peuvent donner quelque règle de l'Ecriture. Le ministre croit mieux s'expliquer en disant qu'il faut prendre pour non essentielles « les circonstances qui regardent seulement le temps, l'ordre et la posture des apôtres en communiant. » Pour la posture, j'avoue qu'il importe fort peu si les apôtres étoient à table, assis, ou couchés, selon l'ancienne coutume, ou à la moderne; mais pour l'heure, comme par exemple de faire la Cène le soir et à souper; et pour l'ordre, comme d'être assis à la même table, de manger tous ensemble d'un même pain, et de boire dans une même coupe, et encore en se la donnant l'un à l'autre en signe de charité, comme j'ai fait voir dans le *Traité de la Communion* que toutes ces choses avoient leur mystère et leur signification [3], et qu'on n'y a rien répliqué, c'est gratuitement et sans raison qu'on renvoie des circonstances si mystérieuses avec les choses accidentelles dont l'Eglise peut disposer. Et pour entrer un peu plus avant dans cette matière, je ferai quelques réflexions sur deux circonstances importantes de la Cène de Notre-Seigneur; l'une, qu'en signe d'unité, il communia ses apôtres avec un seul pain et un seul calice; l'autre, qu'il leur donna la communion sur le soir et dans un souper.

La première circonstance est indubitable, et tous les ministres en sont d'accord avec nous. Et voici ce qu'en écrit M. Jurieu :

---

[1] La Roq., II part., chap. VIII, p. 306. — [2] *Ibid.* — [3] *Traité de la Communion*, p. 317 et suiv.

« L'autre fin pour laquelle le Sauveur a institué ce sacrement, c'est pour être un festin sacré, un repas de charité entre des frères, d'où nous puissions apprendre que nous devons estre parfaitement unis; et afin que cette leçon fust plus sensible, *il a voulu que nous mangeassions d'un mesme pain rompu en diverses parties*, ce qui nous signifie que nous devons estre comme les parties d'un mesme tout [1]. » Voilà le fait bien posé ; et afin que nous soyons convaincus que c'est une institution divine, il ajoute : «Ce n'est pas un mystère imaginé par les hommes : Dieu lui-mesme a pris soin de s'en expliquer ; car il dit, par la bouche de saint Paul : *Nous qui sommes plusieurs, sommes un seul pain et un seul corps, car nous sommes tous participans du mesme pain* [2]. »

Le ministre le Sueur en dit autant dans son *Histoire de l'Eglise :* « Le pain qu'on prenoit pour célébrer et administrer l'Eucharistie estoit d'ordinaire un pain entier. L'apostre saint Paul l'enseigne, I *Cor.*, x, quand il dit que *nous sommes tous participans du mesme pain ;* ce qui fait croire que l'on offroit sur la sainte table un pain plus ou moins grand, selon le nombre qu'il pouvoit y avoir de communians. L'unité de ce pain representoit l'unité du corps mystique de Jésus-Christ, comme l'enseigne l'apostre au mesme lieu [3]. »

C'est donc une chose constante que lorsqu'il est dit dans l'Evangile que *Jésus-Christ prit le pain et le rompit* [4], il faut entendre selon saint Paul et selon la pratique des apôtres, que tous mangèrent d'un seul et même pain, et qu'il y avoit en cela un dessein particulier du Sauveur, puisque c'étoit un signe d'union entre les fidèles et un mystère qui représentoit l'unité de son corps mystique. Il en est de même de la coupe ; et c'est la cause de cette parole tant relevée par nos adversaires : *Buvez-en tous* [5]. Ce n'est pas comme ils se l'imaginent, que Jésus-Christ voulût inculquer avec une force particulière la participation de la coupe ; mais c'est que leur présentant une même coupe, il leur ordonnoit d'en boire tous ensemble, les uns après les autres, au même sens qu'il est dit dans saint Luc : *Prenez-la et la partagez entre vous* [6] ;

---

[1] *Exam. de l'Eucharistie*, p. 428. — [2] I *Cor.*, x, 17. — [3] Le Sueur, *Hist. eccl.*, iv. IV, p. 157. — [4] *Matth.*, XXVI, 26. — [5] *Ibid.*, 27. — [6] *Luc.*, XXII, 17.

ce qui étoit un signe pratiqué dans les traités d'alliance et dans les festins d'amitié. L'antiquité a suivi ces saintes pratiques; et sans en recueillir ici les témoignages qui sont innombrables, on les peut voir dans ces mots qui sont de saint Denis : « Il y a un seul pain qu'on divise, un seul calice dont on donne à tous; ainsi le pontife distribue et multiplie l'unité[1]. » Cependant nos réformés ne se croient pas plus obligés que nous à une observance tant recommandée, non-seulement par saint Paul, mais encore par Jésus-Christ même, comme faisant partie de son mystère. Ainsi manifestement ils mettent une exception au précepte : *Faites ceci*, et ils n'observent pas eux-mêmes cette parole qu'ils vantent tant : *Buvez-en tous*.

La seconde circonstance qu'on remarque dans la Cène de Notre-Seigneur, est qu'il l'a instituée sur le soir et à un souper; et sans rechercher ici tous les mystères qui sont enfermés dans cette heure, ni répéter ce qu'on vient de voir du dessein de nous faire faire en signe de charité un même repas, l'Eglise loin de s'en tenir à cette pratique, a fait une loi contraire, puisqu'elle ordonne de communier à jeun, et que sa pratique inviolable a été de ne pas mêler les viandes communes avec cette nourriture céleste. Je n'ai pas besoin de rapporter ce qui regarde l'obligation de communier à jeun, qu'on trouve comme ancienne et universelle dès le temps de Tertullien et de saint Cyprien, et que saint Augustin met parmi les lois que le Saint-Esprit a inspirées à l'Eglise [2]. Nos adversaires n'ont pas encore osé la blâmer; et ainsi il demeure pour certain que l'Eglise a cru pouvoir défendre ce que Jésus-Christ avoit fait, et ce qu'il avoit regardé comme une partie de son mystère : tant il a plu au Sauveur de lui laisser la disposition de ces pratiques, encore qu'il les ait lui-même établies et instituées.

Mais outre ces deux circonstances de la Cène de Notre-Seigneur, en voici une d'une grande importance, à laquelle nos adversaires n'ont pu répondre sans un embarras manifeste : c'est

---

[1] Dion., *de Eccl. Hier.*, cap. III; *de Euchar.*, tom. I, p. 258. — [2] Tertull., lib. II *ad Uxor.*, cap. V; Cypr., epist. LXIII *ad Cæcil.*; August., epist. LIV, n. 8.

celle de la fraction. J'ai fait voir dans le *Traité de la Communion*[1] que selon la doctrine des calvinistes, la fraction du pain représente le corps du Sauveur rompu à la croix, et que ce rapport est si essentiel à la sainte Cène, que Jésus-Christ même l'a voulu marquer par ces paroles : « Ceci est mon corps rompu pour vous. » En effet sans avoir besoin d'alléguer ici M. Jurieu, qui met la fraction du pain parmi les choses que Jésus-Christ a voulu mettre expressément dans la Cène, et qui la regarde comme « un trait de l'image qu'on ne peut effacer sans crime[2], » M. de la Roque soutient encore dans sa *Réponse* qu'elle appartient à la substance du sacrement. « Les choses, dit-il, qui appartiennent à la substance sont, de la part de l'officiant, prendre du pain, rendre graces sur le pain, le rompre[3], etc. » Mais dans la page d'après, il s'agit de prononcer sur un accord fait de nos jours en l'an 1661, entre les calvinistes de Marpourg et les luthériens de Rintel, où les calvinistes convinrent, ainsi qu'il est rapporté au *Traité de la Communion*, que « la fraction appartenoit non pas à l'essence, mais seulement à l'intégrité du sacrement, comme y étant nécessaire, par l'exemple et par le commandement de Jésus-Christ, et ainsi que les luthériens ne laissoient pas sans la fraction, d'avoir la substance du sacrement[4]. » Voilà donc manifestement la substance du sacrement, sans qu'on soit astreint à suivre ce que Jésus-Christ a fait, ni même ce qu'il a commandé. Voyons ce que répondra M. de la Roque à la conséquence que je tire.

Voici ses propres paroles dans toute leur suite, sans y rien ajouter ni diminuer, et sans y rien mêler du mien : « Cette conséquence (de M. de Meaux) pèche en plusieurs choses : premièrement en ce qu'il argumente des paroles de quelques théologiens de Marpourg contre tous les protestans réformés, comme si le sentiment de ces théologiens devoit être sur ce point la règle de leur foi : secondement ce prélat ne pénètre pas assez la pensée des docteurs de Marpourg ; car en distinguant l'intégrité du sacrement de son essence, ils n'ont pas dessein d'opposer l'un à l'autre ; mais seulement de faire voir qu'encore que la fraction du

---

[1] *Traité*, etc., part. II, n. 12, p. 359. — [2] *Exam. de l'Eucharistie*, p. 335. — [3] La Roq., p. 306. — [4] Loc. cit., p. 101.

pain ne soit pas PRÉCISÉMENT DU FOND MÊME DE L'ESSENCE DU SACREMENT, laquelle consiste proprement dans la distribution et dans la réception des deux symboles, elle ne laisse pas d'y appartenir en quelque manière, puisqu'elle appartient à son intégrité. Cela étant ainsi, je dis en troisième lieu, que les théologiens de Marpourg ont pu, pour le bien de la paix, tolérer en ceux de Rintel le défaut de la fraction, puisque sans elle ils ne laissent pas d'avoir LE FOND DE L'ESSENCE du sacrement, bien qu'ils manquassent de ce rit, qui appartenant à l'intégrité du mystère, est en quelque façon une dépendance de son essence, encore qu'il ne la constitue pas; et c'est ainsi que je l'ai entendu, quand j'ai mis la fraction entre les circonstances qui appartiennent à la substance du sacrement [1]. »
A entendre parler ces Messieurs, quand il s'agit de religion, ils ne voudroient pas lâcher une parole qu'ils n'eussent trouvée dans l'Ecriture; mais quand on vient au détail, ce n'est pas de même. Car où trouve-t-on dans l'Evangile la distinction que fait ce ministre de ce qui est *précisément du fond même de l'essence du sacrement* et de ce qui en est *une dépendance, encore qu'il ne la constitue pas?* On dit tout ce qu'on veut, quand on fait ainsi agir son propre sens dans l'interprétation de l'Ecriture. Que sert au ministre de nous dire que ces théologiens de Marpourg ne sont pas la règle des calvinistes? Je prends droit sur ce qu'il nous a lui-même avoué, qu'il y a des choses dans la Cène qui servent à la représentation que Jésus-Christ y a eue en vue, qu'il a faites, qu'il a commandées comme appartenantes à ce sacrement et à la mémoire de sa passion qu'il y a voulu établir, et qu'on peut omettre toutefois sans rien perdre de la substance du sacrement; de sorte qu'en cette occasion, ni ce qu'il a fait ni ce qu'il a dit n'est notre règle. Et après cela on trouve mauvais que nous recourions à l'Eglise enseignée par le Saint-Esprit, pour apprendre précisément ce que Jésus-Christ a voulu, et que nous cherchions dans la tradition de tous les siècles, non pas à nous dispenser du commandement de Jésus-Christ, mais à l'entendre.

Et afin qu'on ne dise pas que M. de la Roque s'est ici embarrassé mal à propos et que d'autres répondront mieux que lui à

[1] La Roque, p. 308.

cette difficulté, il est bon d'écouter encore l'Anonyme. Celui-ci assure, comme l'autre, que selon la parole de Jésus-Christ, selon l'interprétation de saint Paul, selon le sentiment de tous les chrétiens du monde, l'institution consiste « en du pain pris, rompu et mangé, en du pain béni, sacré et rompu [1]. » Voilà la fraction bien essentielle. Il dit ensuite « que véritablement elle est conforme à l'institution du sacrement, Jésus-Christ ayant pris le pain et l'ayant rompu, et ce pain en tant que rompu représentant le corps rompu de Jésus-Christ [2]. » Que manque-t-il donc à la fraction pour être de la substance du sacrement, puisque même elle fait partie de la signification qui en établit la nature? « C'est, dit-il, que c'est une circonstance qui suppose toujours la partie essentielle du sacrement, à savoir le pain, et qui n'en est qu'une suite et une dépendance, » comme si c'étoit assez de prendre le pain, sans en faire ce que Jésus-Christ en a fait, et ce que selon ces Messieurs il a lui-même commandé d'en faire. Ne diroit-on pas que le Fils de Dieu a tout permis à ces raisonneurs, et que nous sommes les seuls à qui il n'est pas permis de raisonner sur ce mystère, non pas même en suivant les traces de tous les siècles passés dont la tradition est notre règle ?

Mais en vérité on a peine à s'empêcher de rire, quand on entend cet auteur apparemment peu content de sa première réponse, répondre sérieusement, en second lieu « que tous les chrétiens du monde rompent le pain du sacrement; car il est impossible de le manger sans le rompre ou le briser dans la bouche; si bien que cette fraction seule supplée fort bien à celle qui se devroit faire par la main [3]. » C'est ainsi qu'on fait ce qu'on veut, pourvu qu'on ait de l'esprit, ou plutôt pourvu qu'on ait de la hardiesse pour mettre ce qu'on voudra à la place de ce que Jésus-Christ a fait. Mais parce que les catholiques sans rien donner à leur sens ni à leur raisonnement, tâchent d'entendre l'Evangile avec le secours de tous les siècles, on les condamne; et il n'y a qu'eux qu'on ne peut souffrir, pendant qu'on pardonne tout aux luthériens.

On ne peut donc pas douter qu'il n'y ait des choses que Jésus-Christ a faites dans la Cène; je dis même des choses qui conte-

[1] Anonyme, I part., chap. VI, p. 91. — [2] *Ibid.*, p. 102. — [3] *Ibid.*

noient un grand mystère et faisoient partie de la signification mystique, qu'il a laissées néanmoins à la disposition de l'Eglise. Par quelle règle nos réformés nous feront-ils voir que la distribution du sacré calice n'est pas de ce nombre ? Tout ce que Jésus-Christ a fait n'étoit-il pas important ? Où voient-ils dans la parole de Dieu que parmi les choses commandées dans cette occasion, il y en ait de moins nécessaires les unes que les autres ? Et quelles excuses trouveront-ils, s'ils ne reconnoissent avec nous que Jésus-Christ les a renvoyés à l'autorité de l'Eglise, pour faire le discernement de ce qui est essentiel à son sacrement d'avec ce qui ne l'est pas ?

Ils répondent que des circonstances, comme celles de rompre ou ne rompre pas, de communier d'un même pain et de boire de la même coupe ou de plusieurs, visiblement ne sont pas de même importance que le retranchement que nous faisons d'une espèce toute entière, dans laquelle consiste un des traits les plus essentiels de la représentation du sang répandu, qui étoit la fin de ce mystère. Mais c'est ici raisonner ; et au lieu de faire à la lettre ce que Jésus-Christ a dit, nous donner la liberté de l'interpréter à notre mode. Que s'il est permis de raisonner, ne voient-ils pas que nous leur dirons qu'il n'est pas vrai que nous retranchions une espèce : qu'elle demeure toute entière dans le sacrifice, et qu'elle y représente au peuple la séparation du corps et du sang : que le fidèle recevant ensuite le corps comme séparé mystiquement du sang, représente au fond le même mystère que s'il recevoit de plus le sang comme mystiquement séparé du corps; de sorte qu'il participe à Jésus-Christ comme victime, qui est ce en quoi consiste le fond du mystère : que le reste par conséquent ne regarde qu'une plus parfaite représentation, qui n'est pas essentielle dans le sacrement, comme on en convient : enfin, ce qu'il y a de plus important, que l'autorité de l'Eglise et la tradition de tous les siècles, comme nous le ferons bientôt voir, nous montrent que c'est ainsi qu'il le faut entendre.

CHAPITRE IV.

De la forme de l'Eucharistie : les protestans ne joignent pas la parole à l'action.

Après avoir parlé de ce qui regarde la matière de ce sacrement, venons à ce qui regarde sa forme. Il n'y a rien de plus essentiel aux sacremens que la parole qui en consacre la matière; c'est l'ame des sacremens; c'est ce qui leur donne leur force : or il est certain que Jésus-Christ prit le pain et le bénit, prit la coupe et la bénit [1]; ce qui fait dire à saint Paul : *Le calice de bénédiction que nous bénissons* [2] : Il est encore certain que Jésus-Christ parla séparément sur le pain, et qu'il dit : *Ceci est mon corps;* puis séparément sur le vin, et qu'il dit : *Ceci est mon sang;* c'est manquer à quelque chose d'essentiel, que de ne pas joindre la parole à chaque partie de l'action, comme Jésus-Christ a fait et comme il a ordonné de le faire, en disant : *Faites ceci.* Nos réformés cependant ne le font pas. J'ai fait voir dans le *Traité de la Communion* [3] que leur *Discipline* ne les oblige à prononcer aucune parole dans la distribution des signes sacrés : que puisque, selon leur doctrine, le sacrement ne consiste que dans l'usage, il s'ensuit qu'ils ont un sacrement sans parole : qu'ils reconnoissent eux-mêmes que Jésus-Christ n'a pas fait ainsi, puisqu'à chaque partie du sacrement il a déclaré ce que c'étoit; mais qu'en même temps ils enseignent que cet exemple n'oblige pas, quoique Jésus-Christ incontinent après avoir fait ces choses, ait ajouté si expressément : *Faites ceci;* et enfin, ce qu'il y a de plus étrange, que malgré une contravention si formelle à l'institution de Jésus-Christ, les ministres croient et font croire au peuple, qu'on fait dans leur Cène tout ce que Jésus-Christ a fait dans la sienne. A cela qu'a-t-on répondu? Tous les faits sont demeurés pour constans. On a dit « que les paroles du distribuant, les paroles consacrantes, sont choses de pure police, dont la *Discipline* a pu disposer, et y faire les changemens qu'elle a jugés nécessaires [4]. »

---

[1] *Matth.,* XXVI, 26, 27. — [2] 1 *Cor.,* X, 16. — [3] *Traité de la Communion,* II part., n. 6, p. 328. — [4] La Roq., II part., chap. III, p. 272.

Quoi, même jusqu'à omettre ce que Jésus-Christ a fait, ainsi que je l'ai fait voir? Cela passe sans contradiction dans la première *Réponse*, et la seconde ajoute de plus « que les protestans s'attachent religieusement à la seule autorité de Jésus-Christ, mais pourtant avec cet esprit de liberté qui en fait l'essence et la force[1]. » Leur liberté va-t-elle jusqu'à se dispenser de faire ce que Jésus-Christ a fait pour bénir et pour consacrer le pain et le vin? Cependant le même auteur venoit de dire que selon saint Paul, interprète de Jésus-Christ, la matière et la forme du sacrement étoit *du pain béni et sacré,* étoit *du vin consacré*[2], sans doute par quelque parole prononcée distinctement sur l'un et sur l'autre; et tous les chrétiens du monde, sans aucune contestation, l'ont pratiqué et le pratiquent ainsi dans tout l'univers et dans tous les siècles. « Mais, dit-il, ni Jésus-Christ, ni les apôtres, ni l'Eglise primitive n'ont point prescrit de formes certaines ni nécessaires sur ce sujet[3]. » Quand cela seroit, s'ensuivroit-il qu'il soit libre de n'en avoir aucune, et d'administrer un sacrement sans paroles? Qu'ils nous montrent dans leur *Discipline* ou dans leur Cène, quelque chose qui ressemble de près ou de loin à la bénédiction que Jésus-Christ et ses apôtres, et toute l'Eglise après eux, ont faite sur chacun des dons proposés, pour déclarer ce que c'étoit et les consacrer? Est-ce que ces choses n'appartiennent pas à l'essence du sacrement, et que la parole n'en fait pas une partie essentielle? D'où vient donc qu'ils se croient astreints aux paroles solennelles du baptême? Sont-elles plus claires dans l'Evangile que celles dont Jésus-Christ se servit en donnant son corps et son sang? Et que ne disent-ils à son exemple quelque chose qui signifie ce qu'on donne? Leur hardiesse en vérité est surprenante. M. Jurieu nous reproche que nous retranchons la consécration. « Elle se doit faire, dit-il, par la prière. » Et un peu après : « Le sens commun dicte que les consécrations se doivent faire par les prières; et enfin le Seigneur Jésus consacra le pain pour être le sacrement de son corps par la prière; car l'histoire de l'Evangile dit expressément qu'il prit du pain, qu'il rendit graces sur le pain et qu'il le bénit; et la bénédiction est justement l'action par laquelle on

---

[1] Anonyme, I part., chap. VI, p. 101. — [2] *Ibid.,* p. 91. — [3] *Ibid.*

implore sur quelqu'un ou sur quelque chose l'augmentation de la grace ; et il est certain, poursuit-il, que la pratique de l'antiquité a été parfaitement semblable à la nôtre à cet égard, et il me seroit aisé de prouver qu'elle consacroit par la prière [1]. » Mais si vous voulez consacrer comme elle, et conserver quelque chose d'une antiquité que vous faites semblant de vouloir suivre, pourquoi avez-vous retranché cette invocation solennelle adressée à Dieu dans toutes les liturgies des chrétiens, pour le prier « de faire par son Saint-Esprit de ce pain préposé le corps, et de ce vin préposé le sang de son Fils? » Ils ne peuvent disconvenir que nous ne fassions solennellement cette prière commune à tous les chrétiens ; et ils savent bien que l'Eglise n'a jamais décidé qu'elle ne fût pas nécessaire ; cependant eux, qui la retranchent, se vantent de garder l'institution de Jésus-Christ et la pratique de l'antiquité, et osent encore nous accuser et dire que c'est nous qui l'avons changée, et qui avons retranché la consécration.

Mais enfin, dit la seconde *Réponse*, on ne sépare pas la Cène de la parole dans les églises protestantes, « puisqu'avant de distribuer la communion, on lit l'histoire de son institution, et l'on avertit tout le peuple qu'on va célébrer la mémoire de la mort de Jésus-Christ [2]. » Devant Dieu et devant les hommes, est-ce là ce qu'on appelle bénir le pain et le vin, les consacrer, prier sur eux, comme on avoue que Jésus-Christ a fait, que saint Paul son interprète l'a enseigné, et que toute l'antiquité l'a pratiqué unanimement dès les premiers siècles? Mais pesons les paroles de cet auteur : *On lit,* dit-il, *l'histoire de l'institution.* Est-ce donc là, selon lui, la parole qui doit accompagner le sacrement? Mais il s'en moque lui-même dans un autre endroit : « C'est, dit-il, comme qui diroit que pour baptiser, il faut réciter l'institution du baptême, et dire en jetant un homme dans l'eau, et l'y plongeant : Allez, endoctrinez les nations, en les baptisant au nom du Père, du Fils et du Saint-Esprit. » Mais peut-être que la parole qui doit accompagner le sacrement, est comme il ajoute, « d'avertir le peuple qu'on va célébrer la mémoire de la mort de Jésus-

---

[1] *Exam. de l'Euchar.*, traité VII, § 2, p. 431. — [2] Anonyme, 1 part., p. 87. — [3] II part., chap. VII, p. 258.

Christ ; » comme s'il suffisoit, pour baptiser, d'avertir qu'on va donner le baptême, et qu'il ne fallût rien dire en le donnant.

Cet auteur croit se sauver, en me demandant « si je croirois qu'un prêtre eût séparé le sacrement de la parole, en présentant la communion sans parler [1]. » Il devoit du moins songer que nous ne mettons pas, comme ils font, ce sacrement dans l'usage, mais dans la consécration qui le précède; de sorte que quand ensuite on ne diroit mot, ce qu'on n'a jamais fait dans l'Eglise chrétienne, le fidèle recevroit toujours une chose sainte, une chose consacrée, comme Jésus-Christ l'a fait et comme il a ordonné de le faire, en un mot un vrai sacrement; mais pour eux, qui ont des principes contraires, et qui de plus osent dire qu'ils ne sont pas obligés de suivre en ceci l'exemple ni l'institution de Jésus-Christ, ils sont de manifestes prévaricateurs; et le changement qu'ils font ici dans la Cène de Notre-Seigneur est d'autant plus considérable, qu'ils le font dans la parole même, qui est toujours, dans les sacremens, ce qu'il y a de plus essentiel.

CHAPITRE V.

Que la seule tradition explique quel est le ministre de l'Eucharistie, et décide de la communion des petits enfans.

Ils ne seront pas plus assurés du ministre de la Cène, s'ils persistent à refuser le secours de la tradition. Leur *Discipline* et tous leurs synodes décident unanimement, que c'est aux seuls ministres de la parole qu'il appartient de distribuer l'une et l'autre partie du sacrement; de sorte que les anciens et les diacres, à qui ils permettent la distribution dans le besoin, ne le font pour ainsi dire que de leur autorité; et c'est pourquoi les synodes ordonnent que « les ministres parleront seuls en la distribution des signes sacrés, afin qu'il apparoisse clairement que l'administration des sacremens est de l'autorité de leur ministère [2]. » C'est aussi aux ministres seuls qu'il appartient de bénir la coupe sacrée, et les diacres s'étant ingérés en la présentant de dire ces mots de saint

[1] Anonyme, p. 87. — [2] *Syn. de S. Maix.*, 1609, *Observ. sur la Discipline*, chap. XII, art. 9, p. 185.

Paul : *Cette coupe est la communion du corps de Christ*, en omettant *que nous bénissons*, le synode national décida *qu'aucun ne devoit être employé à proférer les paroles de l'Apôtre, s'il ne peut les dire toutes entières*. Ainsi les ministres seuls peuvent bénir le pain et le vin ; et c'est une doctrine constante parmi nos réformés, que ce n'est pas faire la Cène, que d'en recevoir les signes, sans qu'ils soient bénis par les ministres et distribués en leur présence et de leur autorité. Mais tout ce qu'il y a dans l'Evangile qui pourroit autoriser cette doctrine, n'a point de force dans la nouvelle Réforme. On y enseigne constamment que ces paroles : *Faites ceci*, dont nous nous servons pour prouver qu'il appartient aux apôtres et aux successeurs de leur ministère de consacrer et de distribuer les saints dons, s'adressent à eux *comme simples communians* [1], et non pas comme officians et distributeurs ; de sorte qu'il ne reste rien dans l'Ecriture, pour attribuer aux seuls pasteurs la consécration et l'administration de la Cène, et je me suis servi de cet argument pour montrer la nécessité de la tradition [2]. Mais l'auteur de la seconde *Réponse*, plutôt que d'être forcé à la reconnoître, aime mieux dire « que tous les protestans en général conviennent que dans la nécessité, chaque père de famille est le pasteur et le ministre de l'Eglise que sa famille compose, et que par la nécessité même chaque père de famille le peut faire, pourvu que cela n'aille jamais jusqu'à faire schisme ni division dans l'église dont il fait partie [3]. » Je ne sais si tous nos réformés approuveront ces excès, qui renversent de fond en comble l'état de l'Eglise, ni s'ils permettront qu'avec cet auteur on préfère les dangereuses singularités de Tertullien montaniste, à toute l'autorité des siècles passés. Mais ils n'ont aucun moyen de réprimer cette licence, s'ils ne recourent à l'autorité de la tradition et de l'Eglise.

Ils ne peuvent non plus s'excuser de donner la Cène aux petits enfans, s'ils s'attachent simplement à l'Ecriture. Car je leur ai demandé si ce précepte : *Mangez ceci*, et *Buvez-en tous*, qu'ils croient si universel, ne regarde pas tous les chrétiens [4]? Mais s'il

---

[1] Anon., p. 100, 101. — [2] *Traité de la Comm.*, II part., n. 6, p. 323. — [3] Anon., I part., chap. VI, p. 99. — [4] *Traité de la Commun.*, II part., n. 10, p. 349 et suiv.

regarde tous les chrétiens, quelle loi a excepté les petits enfans, qui sans doute sont chrétiens étant baptisés? La comparaison du baptême augmente la difficulté. Si selon nos prétendus réformés, on ne doit pas refuser le signe de l'alliance aux enfans des fidèles qui en ont la chose, puisqu'ils sont incorporés à Jésus-Christ par leur baptême, par la même raison on ne pourra pas leur refuser le signe de leur incorporation, qui est le sacrement de l'Eucharistie. On peut voir ce raisonnement proposé dans le *Traité de la Communion*[1]. M. de la Roque répond « que les enfans ne sont pas, à cause de leur bas âge, capables de l'épreuve que saint Paul ordonne[2], » et qu'il n'en est pas comme du baptême qui ne demande point cet examen. Mais il ne dit pas un mot à ce que je lui objecte, que saint Paul n'a pas dit plus expressément qu'on *s'éprouve* et qu'on *mange*, que Jésus-Christ avoit dit : « Enseignez et baptisez. Qui croira et sera baptisé. Faites pénitence et recevez le baptême. » Et si ce ministre avec le *Catéchisme* de la nouvelle Réforme, interprète que cela doit être entendu de ceux qui sont capables d'instruction et de pénitence, pourquoi n'en dira-t-on pas autant de l'épreuve tant recommandée par l'Apôtre? L'auteur de la seconde *Réponse*, en multipliant les paroles, ne fait que s'embarrasser davantage. « Jésus-Christ, dit-il, n'a fait des lois que pour ceux qui les entendent[3]. » Mais cela ne regarde pas moins le baptême que l'Eucharistie. Il nous demande à son tour : « Les enfans sont-ils capables de savoir ce que c'est que de s'éprouver et de manger dignement le corps de Jésus-Christ? Savent-ils seulement bien ce que c'est que de célébrer la mémoire de la mort de Jésus-Christ et d'en embrasser le mérite par une vive foi? » On lui demandera de même si les enfans savent bien ce que c'est que d'être ensevelis avec Jésus-Christ, et lavés de son sang dans le baptême; et il ne peut trouver aucune raison dans l'Ecriture pour les rendre capables du baptême, qu'en même temps elle ne les rende capables de l'Eucharistie, ce que néanmoins ces Messieurs rejettent.

Combien est saine en ce point et combien solide la doctrine de l'Eglise catholique, on le peut voir dans le *Traité de la Commu-*

---

[1] *Traité de la Commun.*, II part., n. 6 et 10. — [2] La Roq., II part., chap. VI, p. 300; chap. III, p. 263. — [3] Anonyme, I part., chap. dern., p. 115.

nion¹. Je ne crois pas être obligé d'entrer plus avant dans une matière qui n'est pas de mon sujet; et il me suffit d'avoir démontré à nos adversaires par des exemples convaincans², que le principe dont ils se servent est défectueux.

CHAPITRE VI.

La communion de ceux qui ne peuvent pas boire du vin : M. Jurieu abandonné, quoiqu'il soit le seul qui raisonne bien selon les principes communs des protestans. L'hydromel et ce qu'on mange au lieu de pain dans quelques pays, peuvent selon les protestans servir pour l'Eucharistie.

Je suis fâché pour nos réformés qu'il faille encore leur opposer leurs synodes, et ce fameux article de leur *Discipline*, où ils permettent la communion avec le pain seul à ceux qui ne peuvent pas boire de vin. La bonne foi devroit déjà leur avoir fait avouer qu'ils n'ont rien ici de supportable à répondre. C'étoit d'abord une excuse assez vraisemblable de dire que la nécessité n'a pas de loi, et qu'on ne pouvoit obliger un homme à faire ce que la nature lui a rendu impossible. Mais après qu'on leur a fait remarquer que s'il étoit impossible à cet homme de boire du vin, il n'étoit pas impossible de ne lui donner en aucune sorte le sacrement de la Cène, ils n'ont plus eu à répondre qu'absurdités sur absurdités jusqu'à ce qu'enfin M. Jurieu est venu à cet excès inouï, de dire que ce qu'un homme reçoit en ce cas « n'est pas le sacrement de Jésus-Christ, parce que ce sacrement est composé de deux parties et qu'il n'en reçoit qu'une ³. »

M. Jurieu a bien raisonné selon les principes de sa religion; et s'il lui est arrivé de tomber dans une plus visible absurdité, c'est la destinée commune de ceux qui raisonnent sur un faux principe. Plus ils poussent loin leur principe et plus ils en tirent des conséquences légitimes, plus ils s'engagent dans l'absurdité, plus ils la rendent visible. M. Jurieu a supposé avec tous ceux de sa religion, que Jésus-Christ avoit établi

---

¹ *Traité de la Commun.*, I part., n. 3. — ² *Traité de la Commun.*, II part., n. 10. — ³ *Préserv.*, art. 13, p. 262 et suiv.; voy. *Traité de la Commun.*, II part., n. 3.

l'essence de l'Eucharistie sous les deux espèces également nécessaires : il a joint à ce principe une autre maxime, que dans les choses d'institution, comme sont les sacremens, tout est dans la volonté de l'instituteur; d'où il a très-bien conclu que ce qui n'est pas en tout point conforme à sa volonté n'est pas en effet son sacrement, et qu'ainsi quiconque reçoit la seule espèce du pain, sans recevoir l'autre, *ne reçoit pas le sacrement de Jésus-Christ;* ou, comme il dit dans un autre lieu, « ne prend pas un vrai sacrement; il prend seulement la chose signifiée par le sacrement [1]. »

M. de la Roque nous veut faire accroire que, lorsque M. Jurieu dit que cet homme ne reçoit pas le sacrement, il veut dire qu'il ne le reçoit pas *dans son intégrité, puisqu'il n'en reçoit qu'une partie* [2]. Mais cette charitable interprétation lui ôte la louange qu'il a méritée, d'avoir raisonné plus conséquemment que tous les autres ministres sur le principe commun. Ce principe commun est que, par l'institution de Jésus-Christ, les deux espèces unies constituent l'essence du sacrement. Il s'ensuit donc que celui qui n'en reçoit qu'une, en quelque manière que cela lui arrive, ne reçoit pas le vrai sacrement. C'est aussi ce qu'a conclu M. Jurieu : « Cet homme, dit-il, ne prend pas selon nous le vrai sacrement; il prend seulement la chose signifiée par le sacrement, » comme on diroit d'un Juif ou d'un Gentil, qui ayant une foi vive dans le cœur avec le vœu du baptême, seroit mort avant que de le recevoir, qu'il auroit la chose signifiée par ce sacrement, mais sans doute qu'il n'auroit pas le sacrement même.

C'est ainsi qu'a parlé M. Jurieu, et il résulte de ce discours que ce qu'on donne à l'homme dont il s'agit, dans l'assemblée de l'église, ce qu'il reçoit du ministre, ce qu'il prend avec révérence et actions de graces n'étant pas le sacrement de Notre-Seigneur, n'est qu'une chose purement humaine et un simple morceau de pain : chose si visiblement absurde, que l'auteur de la seconde *Réponse,* après avoir fait semblant de vouloir excuser M. Jurieu, sentant bien qu'il a parlé trop clairement, l'abandonne tout à fait.

[1] *Exam. de l'Eucharistie,* traité VI, § 7. p. 491. — [2] La Roq., II part., chap. I, p. 239, 240.

« Peut-être, dit-il, que sa pensée est qu'ils ne reçoivent pas tout le sacrement, ce qui est très-vrai; mais qu'absolument parlant, ils ne reçoivent point du tout le sacrement, c'est un sentiment insoutenable et que je crois particulier à ce ministre, qui en affecte assez d'autres en matière de sacremens, comme celui de la nécessité du baptême des enfans, et que la régénération est un effet qu'il opère dans les baptisés *ex opere operato*, comme parle l'Eglise romaine ; car son sentiment va là entièrement [1]. » Et il ajoute : « Les autres protestans n'ont pas besoin de se servir d'une réponse si nouvelle et si foible tout à la fois : nous permettons à M. Bossuet de la réfuter tant qu'il lui plaira. »

Mais loin de le réfuter, je soutiens que c'est le seul des ministres qui raisonne bien selon leurs principes communs; de sorte que ce n'est pas lui, mais les principes communs de la nouvelle Réforme qui demeurent réfutés par mon objection. Qu'ainsi ne soit, voyons ce que disent ceux qui prennent une autre route. L'auteur de la seconde *Réponse*, qui méprise tant M. Jurieu, commence par ce raisonnement : « Je réponds que l'intention de Jésus-Christ est en effet que les deux espèces soient reçues conjointement dans la communion ; mais j'ajoute au même instant que cette intention n'est que pour les rencontres où cela se pourra faire, et n'oblige absolument que ceux qui les peuvent recevoir toutes deux. » Cet homme dès le premier pas s'éloigne d'une distance infinie du point de la question. Il s'agit ici de savoir si dans un signe de pure institution, lorsque l'on n'est pas en état de satisfaire à tout ce que l'instituteur a voulu être de l'essence de l'institution, on peut le retrancher sans toucher au fond. Le bon sens dit d'abord que non, et c'est sur un fondement si inébranlable qu'a raisonné M. Jurieu : il faut donc, ou renverser le principe qui met l'essence de l'institution dans les deux espèces, ou admettre la conséquence de ce ministre.

« Mais, dit-on, Dieu qui ordonne à tout le monde de lire et d'écouter sa parole; ne comprend pas dans cette loi les aveugles ni les sourds [2] : » j'en conviens. Donc on ne doit pas donner le vin à celui qui n'en peut boire : j'en conviens encore. Donc il lui

---

[1] Anonyme, I part., chap. v, p. 62. — [2] Anonyme, II part., chap. I, p. 235.

faut donner le pain, et sans la volonté de l'instituteur ce pain ne laissera pas d'être son vrai sacrement, il n'y a personne qui ne voie la nullité de la conséquence.

Mais, dira-t-on, nous devons entendre que la volonté de l'instituteur est qu'on fasse toujours ce qu'on pourra. Nous devons l'entendre, dites-vous. Quoi ! même sans qu'il l'ait dit, sans qu'on le trouve dans son Ecriture ? Il faut donc croire qu'il nous a soumis à l'autorité de son Eglise, et que c'est d'elle qu'on doit apprendre le vrai sens de son Ecriture.

L'auteur de la seconde *Réponse* revient à la charge, et croit avoir tranché la difficulté, en disant, que quand ce que je dis seroit véritable, « tout ce qui en arriveroit, c'est que les réformés enseigneroient désormais à leurs peuples que ceux qui ne peuvent boire de vin, seroient absolument dispensés de communier [1]. »

Mais les autres réformés ne l'avouent pas : mais ils persistent à soutenir l'article de leur *Discipline :* mais ils avouent tacitement, en la soutenant, qu'on ne peut se dispenser de reconnoître l'autorité de l'Eglise comme interprète de l'institution de Notre-Seigneur. Ils passent même bien plus avant que l'article de la *Discipline*. Dans la fameuse dispute de Grotius et de Rivet sur la réconciliation des églises, Grotius avoit demandé sur l'article des deux espèces ce qu'il faudroit faire en Suède, en Norwége et ailleurs s'il n'y avoit pas assez de vin, et dans les pays où le pain n'est pas en usage [2]; son adversaire répond que la nécessité n'a pas de loi ; « et lors, ajoute-t-il, qu'on n'a pas la matière des sacremens, il faut s'abstenir des sacremens et communier spirituellement. Vossius, très-bon auteur, *Traité* vii, *dispute* i, *des sacrés Symboles de la Cène,* enseigne que dans les pays où le pain fait de blé n'est pas en usage, il est permis de se servir de ce qui tient lieu de pain. Il dit la même chose à l'égard du vin, et il rapporte le sentiment de Philippe Mélanchthon dans le livre qu'il a composé de l'usage du Sacrement entier, où il croit que dans la Russie, où le vin manque, on peut se servir d'hydromel dans l'Eucharistie, et défend ce sentiment contre Bellarmin [3]. »

[1] Anonyme, p. 61. — [2] Grotius, *Via pac., de utrdq. specie; Animadv. in animadv. Riv.* — [3] Riv., *Exam. animadv. Grot.*

Bèze soutient la même chose dans la *Lettre à Tilius* [1]. Que d'auteurs protestans dans ce sentiment! Bèze, le grand disciple de Calvin, Vossius, Mélanchthon, Rivet, qui les cite avec éloge [2], quoiqu'après, appréhendant les conséquences, il ait semblé vouloir s'en dédire. Il persiste néanmoins à citer Vossius en particulier, comme un homme qui dans cette matière a prononcé des oracles. Après de telles libertés que se donnent les protestans, ne devroient-ils pas rougir de nous faire tant de chicanes?

Il nous reste à considérer les traditions de l'Ancien et du Nouveau Testament, que j'ai rapportées pour montrer qu'en beaucoup de points les lois divines n'ont pu être ni pratiquées, ni même souvent entendues sans avoir recours à la tradition et à l'autorité de l'Eglise.

Pour commencer par l'Ancien Testament, M. de la Roque nous donne cette règle : « Que dans les choses réglées par la loi même on n'a jamais imploré le secours de la Synagogue, qui n'avoit garde d'y toucher, ou si elle l'a quelquefois fait, elle en a été reprise, comme quand Jésus-Christ reprocha aux scribes et aux pharisiens qu'ils avoient annulé le commandement de Dieu par leur tradition, parce qu'ils avoient corrompu le sens du premier commandement de la seconde table, sous prétexte de l'expliquer [3]. »

C'est une erreur ou un artifice ordinaire des ministres, sous prétexte que le Fils de Dieu a condamné de mauvaises et de fausses traditions, *qui,* comme dit M. de la Roque, *corrompoient le sens de la loi,* de rejeter aussi celles qui nous apprennent à en prendre l'esprit, encore qu'en apparence elles soient contraires à la lettre. Il y avoit des traditions introduites par abus, et qui aussi n'avoient pas passé en dogmes certains de la Synagogue. Il est vrai que le Fils de Dieu les a rejetées; mais il y en avoit aussi qui étoient constamment reçues : et après les exemples que j'ai produits, il faudroit demeurer d'accord de bonne foi que ce dernier genre de traditions, loin d'avoir été réprouvé par Notre-Seigneur, est absolument nécessaire pour bien pratiquer les commandemens

---

[1] Bez., *Epist. ad Thom. Til.* — [2] *Exam. animadv.* — [3] La Roque, II part., chap. II, p. 254.

divins. J'ai commencé par la loi du sabbat [1]; et j'ai fait voir qu'une des choses les plus défendues étoit d'entreprendre et de continuer un voyage, jusque-là qu'on se croyoit obligé d'arrêter la marche d'une armée pour observer ce sacré repos. M. de la Roque répond très-bien à ce qui n'est point en question [2]. Car qui ne voit aussi bien que lui que cette marche fut arrêtée pour donner aux Juifs le moyen de satisfaire à la loi? Je me sers aussi de cet exemple pour prouver la défense de voyager. Mais quant à la tradition, qui permettoit durant le sabbat de faire voyage jusqu'à une certaine distance, quoiqu'elle soit claire par les apôtres, M. de la Roque n'en dit pas un seul mot, non plus que de la conséquence que j'en ai tirée, « que cette tradition étoit établie dès le temps de Notre-Seigneur, sans que lui ni ses apôtres, qui en avoient fait mention, l'aient reprise [3]. »

Ce que répond ce ministre sur la plupart des difficultés qui regardent le sabbat ou les autres observances de la loi, que c'étoit des cas extraordinaires où la nécessité excusoit [4], pourroit avoir quelque apparence, si l'on ne savoit que c'étoit pour déterminer ce qu'il falloit appeler nécessité qu'on avoit besoin de la tradition et de l'interprétation de la Synagogue. La loi étoit si sévère pour l'observance du sabbat, qu'elle alloit jusqu'à défendre d'allumer son feu et de préparer sa nourriture [5]. Dans une si grande rigueur, qui avoit dit aux Israélites que délier un animal pour le mener boire, ou le retirer d'un fossé, étoient des choses qu'on devoit tenir pour nécessaires? Ces favorables interprétations, contraires en apparence à la défense générale de la loi, ne pouvoient assurer les consciences, si l'on n'eût reçu par tradition qu'il falloit s'en reposer sur la Synagogue; et Jésus-Christ loin de reprendre cette tradition, l'a autorisée [6].

M. de la Roque ne passe pas moins légèrement sur les autres traditions que j'ai remarquées, et particulièrement sur celle qui ordonnoit cette sévère loi du talion, où l'on devoit exiger *œil pour œil, dent pour dent, main pour main, brisure pour brisure,*

---

[1] *Traité de la Commun.*, II part., n. 5. — [2] La Roq., p. 246. — [3] *Traité de la Commun.*, n. 5.— [4] La Roq., p. 251.— [5] *Exod.*, XVI, 23; XXXV, 3.— [6] *Luc.*, XIII, 15; XIV, 5.

plaie pour plaie [1]. « Pour la loi du talion, répond ce ministre, chacun sait que ce n'étoit pas une matière de religion. Elle étoit du corps des lois politiques, dont la connoissance appartenoit aux magistrats civils. Ainsi elle ne doit pas être considérée dans le sujet que nous examinons [2]. » Dans ces manières adroites d'éluder des difficultés où l'on ne voit point de réplique, on montre avec beaucoup de souplesse fort peu de sincérité. N'est-il pas vrai que la loi du talion est expressément couchée dans la loi de Moïse, et qu'elle a été dictée par le Saint-Esprit comme les autres? Que si c'est une loi divine, comment un théologien a-t-il pu dire qu'elle n'appartenoit point à la religion? C'est, dit-il, qu'elle appartenoit à la police, et qu'elle étoit de la connoissance du magistrat. Qui en doute? mais puisque Dieu avoit bien voulu régler la police du peuple, et prescrire aux magistrats ce qu'ils devoient faire, en quelle sûreté de conscience auroit-on pu adoucir parmi les Juifs une loi si dure, s'il n'y eût eu parmi eux une autorité égale à celle de la loi, qui étoit celle de la tradition? Voilà donc dans l'Ecriture une loi divine, où les termes de la loi, quoiqu'en apparence très-clairs, ne peuvent être entendus sans le secours de la tradition; et voilà en même temps une ordonnance laissée par tradition au peuple hébreu, de reconnoître l'autorité de la Synagogue dans les adoucissemens qu'elle croiroit nécessaires, encore qu'à ne regarder que la rigueur de la lettre, ils fussent contraires aux termes de la loi, comme on le voit dans la manière que j'ai rapportée d'exécuter la loi du talion [3].

Il faut dire la même chose pour les mariages. La loi ne défendoit de les contracter qu'avec sept nations, et avec les Moabites et les Ammonites, qui aussi étoient exclus pour jamais de la société du peuple de Dieu [4]. Mais encore que les Egyptiens ne fussent pas compris dans cette loi, et qu'au contraire le mariage de Salomon avec la fille de Pharaon soit approuvé, les mariages semblables furent rompus par Esdras [5], et au contraire celui de Booz avec Ruth Moabite fut loué [6]. C'en est assez pour juger que dans tous

---

[1] *Traité de la Commmun.*, n. 5. — [2] *La Roq.*, p. 172. — [3] *Traité de la Commun.*, n. 5. — [4] *Deuter.*, VII, 1-3; XXIII, 3, 6. — [5] I *Esdr.*, IX, 1; X, 19. — [6] *Ruth.*, IV, 11.

les temps de la Synagogue, on y a reconnu une autorité pour interpréter la loi et l'adoucir ou l'étendre selon les cas. De dire avec M. de la Roque[1] qu'Esdras et Néhémias étoient des hommes extraordinaires, et leur attribuer en conséquence le pouvoir de faire de nouvelles lois, c'est discourir sans fondement; l'Ecriture ne les représente que comme des hommes qui agissoient avec le pouvoir perpétuellement attaché à la Synagogue. On n'avance pas davantage, en disant avec ce ministre qu'il leur étoit permis de tirer des conséquences. Car c'est amuser le monde que de faire ainsi des réponses vagues, au lieu d'expliquer nettement de qui ces deux grands hommes avoient reçu le pouvoir d'ajouter les Egyptiens aux autres peuples, et de rompre des mariages faits selon les termes de la loi et les exemples précédens. Mais c'est que les ministres détournent les yeux des endroits qui leur font voir trop clairement l'autorité de l'Eglise et de la tradition nécessaire interprète de la loi.

L'autre ministre répond encore d'une manière plus vague. Il ne dit pas seulement un mot sur les exemples constans de la tradition que je viens de faire voir parmi les Juifs. En récompense il s'étend beaucoup sur les exemples des traditions chrétiennes[2]. Le changement du sabbat au dimanche est la première que j'ai remarquée. Cet auteur répond premièrement que nous observons le sabbat autant que les Juifs; que les Juifs ne savent non plus que nous si le samedi est précisément le jour qui répond au septième jour, où Dieu s'étoit reposé, et conclut que « c'est une erreur de s'imaginer que le sabbat n'est pas gardé dans l'Eglise chrétienne, comme c'en est une de croire que le jour de la résurrection de Notre-Seigneur l'a emporté par-dessus[3]. » Quel malheur d'avoir de l'esprit, et de n'en avoir que pour se confondre soi-même et se fortifier dans ses préventions! Pour ne pas voir une tradition constante de l'Eglise chrétienne, cet auteur tâche d'obscurcir la suite du septième jour, qui représentoit celui où Dieu s'étoit reposé : mais quel embarras trouve-t-il ici? Dieu étoit l'auteur du Décalogue, qui avoit expressément marqué ce jour, et l'observance des Juifs étoit approuvée. Depuis ce temps, de

[1] La Roq., p. 249. — [2] Anon., I part., chap. VI, p. 83. — [3] Ibid., p. 83-85.

septième jour en septième jour, on en avoit confirmé la tradition autorisée par tous les prophètes ; et Jésus-Christ, accusé souvent d'avoir violé le sabbat, loin de nier que ce fût le jour établi de Dieu, le confirme par toutes ses réponses. Cependant c'est ce jour précis dont les apôtres ont changé l'observance et l'ont transférée au dimanche, en mémoire de Jésus-Christ ressuscité ce jour-là, sans néanmoins l'avoir écrit ni dans l'*Evangile* ni dans leurs *Epîtres*.

Cet auteur nous objecte ensuite ces passages de saint Paul : « Que nul ne nous condamne sur le sujet des fêtes, des nouvelles lunes, des sabbats [1] ; » et encore : « L'un estime un jour plus que l'autre, et l'autre les estime tous également : que chacun fasse selon sa conscience [2] ; » d'où notre auteur conclut « que tous les jours des chrétiens doivent être des sabbats au Seigneur [3]. » Cet homme passe tout d'un coup d'une extrémité à l'autre. Tout à l'heure il nous disoit, que les chrétiens « observent véritablement le jour du sabbat, QUANT AU JOUR, quoique non pas de la manière sévère avec laquelle le Juif se croit obligé de l'observer : » il nous disoit que nous observons à la lettre le Décalogue, « puisqu'après avoir travaillé six jours, nous nous reposons le septième. C'est, dit-il, ce que fait aujourd'hui et ce qu'a toujours fait l'Eglise chrétienne ; » et maintenant il veut que tous les jours soient égaux, et que nous ne fêtions pas plus l'un que l'autre. Quoi donc ! non-seulement tous les dimanches, mais le jour de la naissance de Notre-Seigneur, le jour de sa passion, le jour de Pâques qu'il a illustré par sa résurrection glorieuse, le jour de son ascension, le jour de la Pentecôte où l'Eglise a été fondée, ne seront rien aux chrétiens ! Quelle fureur de rapporter à ces saints jours ce que l'Apôtre a dit des observances des Juifs et de leurs superstitions ? C'est être puritain trop outré que de pousser les conséquences jusqu'à cet excès, et de rejeter des jours respectés de tout ce qu'il y a jamais eu de chrétiens.

Loin de suivre ces sentimens outrés, notre auteur semble vouloir avec le dimanche nous faire encore observer le sabbat. Il me fait dire à moi-même que « l'observation du sabbat est une chose

---

[1] *Coloss.*, II, 16. — [2] *Rom.*, XIV, 5. — [3] Anon., p. 85.

qui a passé pour constante dans l'Eglise [1], » ce que je n'ai jamais dit. Il ajoute que « le docte Grotius l'a prouvé invinciblement dans ses remarques sur le Décalogue; » et ensuite sur le fondement que j'ai posé, que pour bien entendre la loi il faut toujours voir comment on l'a entendue et pratiquée, il conclut « que pour bien entendre la loi du sabbat, il faut voir ce que l'Eglise a entendu et pratiqué : et, poursuit-il, comme il paroît incontestable qu'avant qu'il y eût aucun changement introduit, elle a gardé religieusement ce jour pendant plusieurs siècles, nous sommes par conséquent obligés à le garder aussi. » Je ne nie pas que quelques églises n'aient observé le samedi comme le dimanche; mais d'autres églises ne l'observoient pas; et comme elles demeuroient les unes et les autres dans leur liberté; il paroît qu'il y avoit une tradition dans l'Eglise, que depuis la publication de l'Evangile on n'étoit plus obligé à garder le jour où Dieu avoit établi la mémoire de la création de l'univers, ni le précepte du Décalogue où l'observance en étoit commandée, encore que ni Jésus-Christ ni ses apôtres n'eussent écrit nulle part cette dispense.

Pourquoi cet auteur nous défendra-t-il de tirer de là une conséquence pour le sujet dont nous parlons? Le Sabbat n'étoit-il pas une observance d'institution divine, en mémoire de la création, comme l'Eucharistie en est une en mémoire de la passion de Notre-Seigneur? Pourquoi donc la tradition et l'autorité de l'Eglise sera-t-elle l'interprète nécessaire d'une de ces institutions plutôt que de l'autre? Et qui ne voit au contraire, dans le point dont il s'agit, une parfaite ressemblance entre l'une et l'autre?

Voilà tout ce qu'a pu dire en huit ou dix pages l'auteur de la seconde *Réponse*. A la vérité M. de la Roque en dit moins; mais aussi il ne répond rien du tout à la difficulté, et passe selon sa coutume adroitement à côté [2]. Tout ce qu'il dit aboutit à ces deux points : le premier, que l'observance des jours, des temps, des années, des nouvelles lunes et même des sabbats, est abolie selon la doctrine de saint Paul. Mais ces passages de saint Paul regardent ou en général les observances superstitieuses des jours, ou en particulier les sabbats, c'est-à-dire selon l'usage de l'Ecriture,

---

[1] Anonyme, etc., p. 95. — [2] La Roq., II part., chap. III, p. 258.

les fêtes que Moïse avoit établies, éomme il paroît par le dénombrement qu'en fait saint Paul, et non pas ce qui venoit de plus haut, ce qui étoit institué en mémoire de la création, ce qui pour cette raison avoit été mis expressément dans le Décalogue. C'est pourquoi plusieurs églises, que les apôtres avoient fondées, persistèrent dans l'observance du sabbat, et y joignirent celle du dimanche. Le second point qu'avance M. de la Roque, c'est que le sabbat étant aboli, les apôtres n'ont pu choisir un jour plus propre au repos des chrétiens que le premier de la semaine, où Jésus-Christ étoit ressuscité, qui aussi étoit pour eux un jour d'assemblée, comme nous le voyons dans l'Ecriture [1]. Je confesse qu'il paroît assez dans le Nouveau Testament que le premier jour de la semaine, qu'on appeloit le Dimanche [2], étoit un jour d'assemblée pour les chrétiens, et c'est tout ce qui résulte des passages qu'on produit; mais que ces assemblées emportent une exemption du repos du samedi, ou la translation du repos au jour du Dimanche, c'est ce qui ne paroît en aucun endroit; de sorte que les deux choses que j'ai avancées dans le *Traité de la Communion* [3] demeurent inébranlables : l'une, que l'on ne produit aucun passage du Nouveau Testament « qui parle le moins du monde du repos attaché au dimanche; » l'autre, qu'en tout cas « l'addition d'un nouveau jour ne suffisoit pas pour ôter la célébrité de l'Ancien, ni pour faire changer avec la tradition du genre humain, la mémoire de la création et un précepte du Décalogue. »

Pour ce qui regarde la défense de manger du sang et la chair des animaux suffoqués, portée par tout le concile des apôtres [4], M. de la Roque tranche hardiment qu'elle n'étoit que pour un temps [5]. Mais, pour ne rien dissimuler, il devroit avoir avoué qu'il n'y a rien dans le décret apostolique qui nous marque que cette défense devoit finir, puisqu'au contraire elle est jointe avec la défense de la fornication et avec celle de manger ce qu'on avoit immolé aux idoles, qui sont choses perpétuelles. Quand il dit que les apôtres ont fait cette défense « pour condescendre envers les Juifs infirmes, » il semble qu'il ne pense pas à la longue suite de

---

[1] *Act.*, xx, 7; 1 *Cor.*, xvi, 2. — [2] *Apoc.*, I, 10. — [3] *Traité de la Commun.*, n. 6. — [4] *Act.*, xv, 29. — [5] La Roq., p. 258.

siècles où elle a été observée dans les églises chrétiennes. Il ne falloit pas non plus rapporter, parmi les observances légales, une observance qui avoit précédé la loi, et qui avoit été donnée à tout le genre humain en la personne de Noé et de tous ses enfans. Ce ministre objecte beaucoup de passages où l'Ecriture nous permet en général toute sorte de viandes, et ne rougit pas de rapporter à propos de cette défense apostolique ce que saint Paul a prédit à propos des faux docteurs, « qui commanderoient de s'abstenir des viandes que Dieu a créées pour les fidèles [1]. » Peut-on avoir seulement pensé que ces paroles regardent ceux qui du temps de saint Paul et tant de siècles après, ont religieusement observé cette défense des apôtres? Que sert au reste de nous produire ce qui est dit en général des viandes permises, puisqu'on sait que les choses générales ne dérogent pas aux particulières, et que ce sont plutôt les particulières qui exceptent des générales. Si donc nous demeurons libres à l'égard de ce précepte apostolique, rien ne nous peut assurer que l'autorité de l'Eglise; elle seule par l'esprit dont elle est pleine, nous apprend à discerner dans les préceptes ce qui appartient au fond et ce qui appartient aux circonstances indifférentes, ce qui est perpétuel ou ce qui doit avoir un certain terme. Toute autre chose qu'on peut dire sur les exemples des traditions que nous avons rapportés, n'est, comme on a vu, qu'un raisonnement humain. Voilà ce que suivent ceux qui ne cessent de nous objecter des traditions humaines. Ils comprennent sous un nom si odieux tant de véritables et de solides traditions, qu'ils ne peuvent s'empêcher eux-mêmes de reconnoître; et pour comble d'aveuglement, ils aiment mieux les fonder sur des raisonnemens humains visiblement foibles, que sur l'autorité de l'Eglise que Jésus-Christ nous commande d'écouter.

[1] I *Timoth.*, IV, 3.

CHAPITRE VII.

De la prière pour les morts. Tradition rapportée dans le Traité
de la Communion.

Avant que de sortir de cette matière, il faut dire encore un mot de la prière pour les morts, coutume que j'avois marquée comme une tradition commune aux chrétiens et aux Juifs. Sur cela M. de la Roque décide de son autorité, que cette tradition « a été inconnue aux Juifs, jusqu'au temps de leur docteur Akiba, qui vivoit sous l'empereur Adrien[1]; » et de la même autorité, ou plutôt sur la foi de M. Blondel, il décide que « les chrétiens avoient emprunté cela, non des Juifs, mais des *Livres sibyllins,* forgés par un imposteur sous le règne de l'empereur Antonin le Pieux, » c'est-à-dire au second siècle de l'Eglise et sous les disciples des apôtres. Etrange effet de la prévention ! Il ne paroît rien du tout dans les discours d'Akiba, qui marque que la prière pour les morts fût une chose nouvelle : elle se trouve dans toutes les synagogues des Juifs et dans leurs *Rituels* les plus authentiques, sans qu'aucun d'eux ait jamais songé qu'elle ait été commencée par Akiba. Elle est si peu commencée par Akiba sous l'empire d'Adrien, qu'on la trouve devant l'Evangile dans le second livre des *Machabées.* Et il ne sert de rien de dire que ce livre n'est pas canonique ; car il suffit qu'il soit non-seulement plus ancien qu'Akiba, mais encore que l'Evangile. Il ne sert de rien non plus de répliquer que l'action de Judas le Machabée étoit manifestement irrégulière, puisque les morts pour lesquels il fit offrir des sacrifices étoient des gens morts dans le crime, à qui on avoit trouvé des viandes immolées aux idoles, et que Dieu avoit punis pour cela. Car Judas Machabée ne savoit pas s'ils n'avoient pas péché par ignorance, croyant la chose permise dans l'extrême nécessité des vivres où ils étoient, et en tout cas il ignoroit s'ils ne s'étoient pas repentis de ce péché. Ce grand homme savoit que tous ceux que Dieu fait servir d'exemples aux autres, ne sont pas pour cela toujours damnés sans miséricorde. Ainsi il avoit

---

[1] La Roq., II part., chap. I, p. 252, 253.

raison d'avoir recours aux sacrifices; et son action, où personne ne remarque rien d'extraordinaire, non plus que dans la louange que lui donne l'auteur de ce livre, fait voir qu'il étoit dès lors établi parmi les Juifs qu'il restoit une expiation et des sacrifices pour les morts. Cependant on s'obstine à croire que les Juifs ont pris cette coutume d'Akiba, et les chrétiens de la prétendue Sibylle.

Mais encore ce M. Blondel, qui après dix-sept cents ans vient nous découvrir dans l'écrit d'un imposteur l'origine d'une coutume aussi ancienne que l'Eglise, après l'avoir trouvée dans tous les Pères à commencer depuis Tertullien auteur d'une si vénérable antiquité, dans toutes les églises chrétiennes, dans toutes les liturgies, je dis même dans les plus anciennes, a-t-il trouvé un seul auteur chrétien qui ait marqué cette coutume comme nouvelle? Il n'en nomme aucun; et au contraire il est constant que Tertullien l'a rapportée, comme on rapporte dans l'occasion des choses déjà établies, et la met parmi les traditions qui nous viennent des apôtres. Ni lui ni aucun auteur chrétien ne s'est jamais avisé de citer l'écrit Sibyllin, pour établir la prière pour les morts. Tous au contraire ont cité pour l'établir, ou le livre des *Machabées,* ou la tradition apostolique, ou la coutume universelle de l'Eglise chrétienne, ou des passages de l'Evangile soutenus par la tradition de tous les siècles. Il n'y a pas un homme de bon sens qui ne dise sur ce fondement incontestable, qu'il est mille fois plus vraisemblable, pour ne rien dire de plus, que la prétendue Sibylle ait pris ce qu'elle aura pu dire sur cette matière de l'opinion commune de son temps, que de dire que sa pensée particulière soit passée en un instant dans toutes les églises, dans toutes les liturgies et dans tous les écrits des Pères, sans que personne se soit aperçu d'un changement si considérable; et que la chose ait été poussée si avant, que dès le milieu du quatrième siècle, Aërius, qui le premier des chrétiens osa nier les prières et les sacrifices pour les morts, fut mis pour cette raison parmi les hérésiarques. O Dieu! des chrétiens peuvent-ils croire que l'imposture ait prévalu jusqu'à prendre dans l'Eglise chrétienne si vite et si tôt l'autorité de la foi? Tout cela ne touche pas nos obstinés, et à quelque prix que ce soit, il faut que la doctrine de toutes les églises chrétiennes soit venue de la fausse Sibylle.

Mais pourquoi non, enfin, du livre des *Machabées?* Est-ce peut-être que la prière pour les morts n'y est pas assez marquée dans ces paroles : « Judas le Machabée envoya de quoi offrir à Jérusalem des sacrifices pour les péchés de ceux qui étoient morts [1] ; » et dans cette réflexion de l'auteur : « C'est donc une sainte et salutaire pensée de prier pour les morts, afin qu'ils soient délivrés de leurs péchés ? » Peut-être que la prétendue Sibylle a parlé plus clairement de la prière pour les morts? Mais elle n'en dit pas un seul mot, on en convient. On prétend seulement qu'elle dit des choses qui mènent là. Mais le livre des *Machabées*, qui n'y mène pas seulement par des conséquences, qui l'expose aussi clairement que les auteurs les plus clairs, pourquoi n'aura-t-il rien-fait dans l'esprit des chrétiens et des Juifs? Est-ce qu'il n'étoit pas connu? Mais il est constant qu'il étoit entre les mains d'eux tous; et en particulier que les auteurs chrétiens, grecs et latins, l'ont cité avec vénération pour ne rien dire de plus, dès l'origine du christianisme; et que dès le quatrième siècle, l'Eglise d'Occident l'a mis parmi les livres canoniques. Pourquoi donc se tant tourmenter à chercher dans les obscurités de la Sibylle ce qu'on trouve si clairement dans un écrit aussi ancien et aussi connu que le livre des *Machabées?* Il est bien aisé de l'entendre; c'est qu'encore que nos réformés ne veuillent pas recevoir ce livre, ils ne peuvent lui ravir son antiquité ni sa dignité toute entière : c'est qu'en trouvant la prière pour les morts devant et après l'Evangile dès le commencement de l'Eglise, s'ils lui donnoient dans tous les temps la même origine, la suite en seroit trop belle : on auroit peine à comprendre qu'une prière qui paroît un peu devant l'Evangile et incontinent après, se fût éclipsée dans le milieu : on seroit forcé de croire qu'elle seroit du temps même de Jésus-Christ et des apôtres, qui en ont si peu rompu le cours qu'on la voit aussitôt après dans toutes les églises chrétiennes : on ne pourroit s'empêcher de reconnoître dans cette source l'origine d'une façon de parler commune parmi les Juifs, et autorisée

[1] II *Mach.*, XII, 43, 46.

par Jésus-Christ même, qu'il y a des péchés qui ne se remettent ni en ce siècle ni en l'autre [1]; car on verroit clairement dans le livre des *Machabées*, la rémission des péchés demandée par des sacrifices en faveur des morts et pour le siècle futur, et la façon de parler dont s'est servi Jésus-Christ confirmeroit trop cette doctrine, et auroit avec elle un trop visible rapport : un lieu obscur de saint Paul, où il parle d'une coutume de *se baptiser pour les morts* [2] (car c'est ainsi qu'il faut traduire selon la force de l'original), trouveroit dans cette coutume un dénouement trop manifeste : ce baptême, c'est-à-dire non pas le baptême chrétien, mais les purifications et les pénitences pratiquées par les Juifs pour les morts, auroient une liaison trop manifeste avec la croyance de la prière dont nous parlons : en un mot, cette croyance seroit trop suivie, et paroîtroit trop clairement devant l'Evangile, sous l'Evangile et après l'Evangile. Il faut évoquer la Sibylle pour rompre cette belle chaîne : il ne faut pas qu'on ait dit en vain que l'Eglise romaine avoit tort, et il vaut mieux, pour soutenir le titre de réformés, donner le tort à tous les chrétiens et à tous les Juifs, sans respecter Judas le Machabée, ni son historien, dont le livre a mérité d'être lu publiquement dans l'Eglise dès les premiers siècles.

Reprenons en peu de paroles ce que nous venons d'établir; et quelque ennui qu'on ressente à répéter des choses claires, portons-en la peine pour l'amour de ceux dont le salut nous est cher. J'ai fait voir à nos réformés qu'ils n'ont point de règle. Celle qu'ils semblent s'être proposée, de faire dans les sacremens ce que Jésus-Christ a fait et institué, s'est trouvée visiblement fausse, non-seulement dans le baptême, mais encore de leur aveu dans beaucoup de circonstances très-importantes de la Cène. Nous avons vu clairement qu'en rejetant la tradition ou la doctrine non écrite, il ne leur reste aucune règle pour distinguer dans les sacremens, et en général dans les observations de l'Ancien et du Nouveau Testament, ce qui est essentiel et perpétuel d'avec ce qui ne l'est pas. Ceux qui soigneux de leur salut et diligens dans la recherche de la vérité, voudront relire les endroits que j'ai dé-

[1] *Matth.*, XII, 31, 32. — [2] I *Cor.*, XV, 29.

fendus du *Traité de la Communion*[1], y trouveront maintenant la démonstration des trois principes que j'ai établis, et principalement de celui-ci, qui est le plus essentiel, « que pour connoître ce qui appartient ou n'appartient pas à la substance des sacremens, il faut consulter la pratique, la tradition et le sentiment de l'Eglise [2]. »

SECONDE PARTIE.

QU'IL Y A TOUJOURS EU DANS L'ÉGLISE CHRÉTIENNE ET CATHOLIQUE DES EXEMPLES APPROUVÉS, ET UNE TRADITION CONSTANTE DE LA COMMUNION SOUS UNE ESPÈCE.

CHAPITRE PREMIER.

Que l'examen de la tradition est nécessaire, et qu'il n'est ni impossible ni embarrassant : histoire de la Communion sous une espèce. Que, de l'aveu de nos adversaires, elle s'est établie sans contradiction.

Les ministres trop persuadés qu'ils trouvent leur condamnation assurée dans la tradition de l'Eglise, en détournent autant qu'ils peuvent leurs sectateurs; et par un double artifice, ils tâchent de leur faire peur d'une chose si nécessaire à leur salut. Premièrement, ils la confondent avec les traditions humaines : secondement, ils leur font croire que c'est une chose impénétrable, qu'il faut pour la découvrir feuilleter tous les livres anciens et nouveaux, y passer les jours et les nuits, et se perdre dans une mer immense. Une ame foible et alarmée d'un si grand travail, écoute toute autre chose plutôt que la tradition, et on lui fait accroire aisément que Dieu, un si bon père, n'a pas mis notre salut dans une recherche si difficile, pour ne pas dire entièrement impossible à la plupart des particuliers. Mais si l'on agissoit de bonne foi, il faudroit faire un raisonnement tout contraire, et conclure que si la recherche de la tradition est nécessaire, il faut aussi qu'elle soit facile. S'il nous a paru constamment qu'il y a dans la religion des traditions, je dis des traditions non écrites dont l'origine

---

[1] *Traité de la Communion*, II part., n. 1-6, 10. — [2] *Voyez* n. 4 et suiv.

est divine, la direction nécessaire, l'autorité reconnue même par nos réformés : s'ils les avouent, s'ils les suivent, s'ils ne peuvent sans leur secours s'assurer ni de la validité de leur baptême, ni de la forme nécessaire de leur communion, ni de la sainteté de leurs observances, il ne falloit pas donner à de saintes traditions le masque hideux de traditions humaines, ni sous prétexte d'honorer l'Ecriture, rendre odieux le moyen par où l'Ecriture même est venue à nous, ni tâcher enfin de rendre impossible une chose si nécessaire au christianisme : au contraire il falloit conclure que si elle est nécessaire, elle est facile à connoître, et qu'il n'y a que les superbes à qui elle puisse être cachée.

Mais pour ne pas nous arrêter à des généralités, voici un fait constant et incontestable, dont tout dépend : c'est que la communion sous une espèce se trouve établie comme le baptême par simple infusion, et comme toutes les autres coutumes innocentes, sans bruit, sans contradiction, sans que personne se soit aperçu qu'on eût introduit une nouveauté, ou se soit plaint qu'on le privât d'une chose nécessaire. Pourquoi, si ce n'est que le sentiment qu'on avoit que cette communion étoit suffisante, venoit de plus haut et que la tradition en étoit constante? Il ne faut point ici ouvrir de livres, il ne faut qu'ouvrir les yeux et considérer ce qui se passe. Mais peut-être du moins que pour l'apprendre, il faudra relire beaucoup d'histoires? Non, c'est une chose avouée. Moi-même, sans aller plus loin, j'en ai exposé le fait dans le *Traité de la Communion;* et deux rigoureux censeurs, qui m'ont suivi pas à pas dans leurs *Réponses* sans jamais me rien pardonner, n'ont osé ni pu me le contester.

Quel est donc ce fait si constant et qui me paroît si décisif? C'est que le premier qui a osé dire que la communion sous une espèce étoit insuffisante, fut un nommé Pierre de Dresde, maître d'école de Prague, au commencement du quinzième siècle, en l'an 1408, et il fut suivi par Jacobel de Misnie.

La date est certaine, et je m'étois trompé de quelques années, quand j'avois placé l'innovation de Pierre de Dresde et de Jacobel sur la fin du quatorzième siècle [1]. Quand j'ai voulu fixer un

[1] *Traité de la Commun.,* II part., n. 7, p. 332.

terme précis, j'ai trouvé que Pierre de Dresde fit ce nouveau trouble dans l'Eglise après le commencement des séditieuses prédications de Jean Hus, et après que Stankon archevêque de Prague eut condamné les erreurs de Wiclef, dont Jean Hus renouveloit une partie [1]. Or cette condamnation arriva constamment l'an 1408; et ce fut donc en ce temps, ou un peu après, que Pierre de Dresde soutint la nécessité des deux espèces, à laquelle ni les catholiques, ni les hérétiques, ni Jean Hus lui-même, non plus que Jérôme de Prague, quelque remuans qu'ils fussent, ne pensoient pas.

Mais peut-être aussi que c'est en ce temps qu'on établit la communion sous une espèce? Non; Pierre de Dresde, et ce Jacobel qui la blâmoient, la trouvèrent déjà établie par une coutume constante depuis plusieurs siècles; et cependant personne avant eux ne s'étoit avisé de la reprendre; et au contraire on est d'accord que les évêques en particulier, et dans les conciles tant de saints hommes qui florissoient dans l'Eglise, tant de célèbres docteurs, tant de fameuses universités, et les peuples comme les pasteurs, en étoient contens.

Nous soutenons aussi que cette coutume venoit dès les premiers siècles du christianisme; et nous ferons bientôt voir que nos adversaires en sont demeurés d'accord; mais sans même qu'il soit besoin de cette recherche, l'antiquité se ressent dans la paix où l'on a été sur ce sujet durant plusieurs siècles; et c'est une chose inouïe dans l'Eglise chrétienne, qu'on y ait laissé introduire des nouveautés périlleuses et préjudiciables à la foi, sans que personne s'en soit aperçu, ni qu'on s'en soit plaint. Cependant c'est un fait constant que les fidèles, loin de se plaindre qu'on leur ait ôté la coupe sacrée, persuadés de tout temps qu'elle n'étoit pas nécessaire, s'en sont volontairement et insensiblement privés eux-mêmes, quand ils ont vu que dans la confusion qui s'introduisoit dans les saintes assemblées par la multitude prodigieuse du peuple, et par le peu de révérence qu'on y apportoit, on y répandoit souvent le sang sacré.

C'est, dit-on, une mauvaise raison. N'en disputons pas encore.

[1] Æneas Sylvius, *Hist. Bohem.*, cap. XXXV.

Quoi qu'il en soit, le fait est constant; et une chose qu'on veut être si essentielle n'a causé aucune dispute. Il ne faut qu'écouter M. Jurieu dans l'histoire qu'il nous a faite du retranchement de la coupe : « La coustume de communier sous la seule espéce du pain s'établit, dit-il, insensiblement dans le douziéme ou le treiziéme siècle [1]. » Il n'y a rien qui cause moins de contestation que ce qui s'établit insensiblement. Mais écoutons le passage entier : « Le dogme de la transsubstantiation et celui de la présence réelle, s'établirent à la faveur des ténèbres de l'ignorance du dixiéme siécle, et triomphérent de la vérité dans le onzième. Alors on commença à penser aux suites de cette transsubstantiation. Quand les hommes furent persuadez que le corps du Seigneur estoit renfermé tout entier sous chaque petite goute de vin, la crainte de l'effusion les saisit; ils fremirent quand ils pensèrent que cette coupe, en passant par tant de mains, couroit risque d'estre répandue; cela leur donnoit de l'horreur, et je trouve qu'ils avoient raison. On chercha donc un remède à un si grand mal. On prit en quelques lieux la coustume de donner le pain de l'Eucharistie trempé dans le vin; mais on s'aperçut incontinent que le dogme de la transsubstantiation fournissoit un reméde bien meilleur que celui-là. On enseignoit que sous chaque miette de pain, aussi bien que sous chaque goute de vin, estoit renfermé toute la chair et tout le sang du Seigneur : on raisonna de cette sorte : Le sang est renfermé dans le pain; c'est pourquoi en mangeant le pain on communie à Jésus-Christ tout entier. Cette mauvaise raison prévalut de telle maniére sur l'institution du Seigneur et sur la pratique de toute l'Eglise ancienne, que la coustume de communier sous la seule espèce du pain s'établit insensiblement dans les douziéme et treiziéme siècles. » Si l'on veut raisonner juste et chercher la vérité sans crainte de se tromper, il faut en laissant à part les raisonnemens de nos adversaires, qui font la matière du procès, prendre le fait qui est constant et avoué. Le voici.

C'est qu'on eut horreur de l'effusion dans l'onzième siècle, qu'on y trouva INCONTINENT un remède dans la transsubstantiation, qui

[1] *Exam. de l'Eucharistie*, p. 470.

fournissoit le moyen de trouver *Jésus-Christ tout entier* dans le pain seul, qu'on prit ce remède sans qu'il y paroisse aucuns contradicteurs, et que la chose « s'établit insensiblement dans les douzième et treizième siècles. »

Ce qu'ajoute ici M. Jurieu est, à la vérité, fort surprenant. Car après les derniers mots que j'ai rapportés, que « la coustume de communier sous la seule espéce du pain s'établit insensiblement dans les douziéme et treiziéme siécles; » il ajoute incontinent après : « Ce ne fut pourtant pas sans résistance; les peuples souffroient avec la derniére impatience qu'on leur ostast la moitié de Jésus-Christ; on en murmura de toutes parts. » Laissons-lui ses expressions, et n'attaquons pas encore le retranchement de la moitié de Jésus-Christ, dont il prétend que le peuple se plaignoit de toutes parts. Demandons-lui seulement quand nous paroissent ces plaintes. Est-ce aux douzième et treizième siècles? Mais c'est dans ces temps qu'il dit que la chose s'établit *insensiblement.* Cela ne s'accorde pas avec cet éclat, ou pour user des termes de notre ministre, *avec cette derniére impatience et ce murmure de toutes parts.* A-t-il voulu parler des mouvemens qui suivirent la dispute de Pierre de Dresde et de Jacobel ? C'est bien tard pour faire paroître le bruit, puisqu'il commença seulement au quinzième siècle, après trois cents ans d'une souveraine tranquillité, et encore dans la Bohême; ce qui est assurément bien éloigné de ces murmures qu'on nous représente *de toutes parts.*

Une si manifeste contradiction n'est pas assurément sans mystère. M. Jurieu a senti combien il est ridicule de feindre une innovation si essentielle selon lui, sans qu'on s'en soit aperçu durant trois cents ans, et sans qu'elle ait causé le moindre trouble. Pour couvrir ce défaut de la cause, il n'y a qu'à brouiller le quinzième siècle avec les autres, afin que le trouble qu'on y ressentit se répande en confusion sur les siècles précédens, et y laisse imaginer des contradictions. Mais ces vaines subtilités ne font, sans guérir le mal, que démontrer qu'on l'a senti et qu'on n'y a trouvé aucun remède. En effet il est constant qu'il ne paroît aucun trouble au sujet de la communion sous une espèce, ni dans l'onzième siècle, ni dans le douzième, ni enfin dans les suivans jusqu'au quinzième.

En effet pour ne dire ici que ce qui est avoué par nos adversaires, nous avons vu que dès le commencement du douzième siècle Guillaume de Champeaux célèbre évêque de Châlons, et Hugues de Saint-Victor le plus fameux théologien de ce temps-là, tous deux liés d'amitié avec saint Bernard, approuvent en termes exprès la communion sous une espèce, à cause que *sous chaque espèce on reçoit Jésus-Christ tout entier.*

Quand j'ai produit ces auteurs dans le *Traité de la Communion sous les deux espèces* [1], l'Anonyme me renvoie bien loin et n'en veut point recevoir le témoignage [2], à cause qu'ils ont écrit après la transsubstantiation établie. N'importe; je prends ma date et dès le commencement du douzième siècle, je trouve notre sentiment et notre pratique dans des auteurs que personne ne contredit, et qui sont au contraire, sans contestation, les plus approuvés de leur siècle.

On ne contredit pas non plus Jean de Pekam, archevêque de Cantorbéry, lorsqu'il enseigna à son peuple au treizième siècle, dans un synode, « que sous la seule espèce qu'on distribuoit, on recevoit Jésus-Christ tout entier [3] : » Voilà des preuves certaines et un fait public, notoire, constant. Nos adversaires, sommés de nommer des contradicteurs, n'en ont pu nommer un seul. J'ai même posé en fait que Wiclef, quelque téméraire qu'il fût, ne paroît en aucune sorte avoir condamné cette coutume de l'Eglise; et que dans le dénombrement qu'on a fait de ses erreurs condamnées à Rome, en Angleterre, en Bohême, enfin à Constance, on ne trouve aucune proposition qui regarde la communion sous une espèce : marque infaillible que ce n'étoit pas un sujet de contestation que personne alors jugeât important.

M. de la Roque reconnoît la vérité de tous ces faits; mais il y trouve une admirable défaite. C'est que la « communion sous une espèce n'avoit pas encore été établie par aucune loi [4], » et que la chose étoit libre; de sorte que ni les vaudois, ni les albigeois, ni Wiclef même n'avoient pas besoin de crier contre, comme si nous prétendions ici autre chose que la liberté et l'indifférence. Si cette

---

[1] *Traité de la Commun.*, n. 3, p. 272 et n. 7, p. 333. — [2] Anonyme, p. 168, 169, 207, 208. — [3] *Traité de la Commun.*, p. 333. — [4] La Roq., p. 274, 276.

liberté d'user d'une ou de deux espèces indifféremment, qu'on tenoit pour constante dans l'Église, étoit réputée contraire à l'Evangile, n'étoit-ce pas le cas de crier? Ceux qui faisoient tous les jours de nouvelles querelles à l'Eglise romaine, et qui n'oublioient aucun prétexte de la chicaner, se seroient-ils tus dans une contravention qu'on prétend si manifeste à l'Evangile? D'où vient qu'on ne dit rien durant trois cents ans, que Wiclef qui se souleva sur la fin du quatorzième siècle, lorsque la coutume de communier sous une seule espèce étoit universelle et qu'elle étoit principalement établie, comme on a vu, en Angleterre, ne s'en plaint pas, que Jean Hus n'en dit mot non plus, et qu'enfin Pierre de Dresde est le premier à s'émouvoir au commencement du quinzième siècle? Qui ne voit qu'on ne s'étoit pas avisé de la nécessité des deux espèces, et qu'on avoit honte de faire une querelle à l'Eglise sur une chose indifférente?

CHAPITRE II.

Décret du concile de Constance : équité de ce décret.

Par là se justifie clairement le décret du concile de Constance, dont nos adversaires se font un si grand sujet de scandale. Car enfin qu'a fait ce concile? Il a trouvé la coutume de communier sous une espèce établie sans aucune contradiction depuis plusieurs siècles. Des particuliers s'élevoient et osoient condamner l'Eglise qui l'avoit laissée s'introduire. Si cet attentat est permis, l'Eglise pourra être troublée sans fin; et les simples, qui font toujours la plus grande partie des fidèles, ne pourront plus se reposer sur sa foi. C'est pourquoi le concile déclare « que cette coutume a été raisonnablement introduite et très-longtemps observée; ainsi qu'elle doit passer pour une loi qu'il n'est pas permis de changer sans l'autorité de l'Eglise [1]. »

Je maintiens que ce décret devant tous les gens modérés, est hors d'atteinte; et afin qu'on en demeure convaincu, rapportons-le tout au long, avec ce que nos adversaires y trouvent de plus étrange. Le voici : « Ce sacré concile général de Constance déclare,

[1] *Conc. Constant.*, sess. XIII. Labb., tom. XII, col. 100.

décerne et définit, qu'encore que Jésus-Christ ait institué après souper et administré à ses disciples ce vénérable sacrement sous les deux espèces du pain et du vin, toutefois et ce nonobstant l'autorité louable des sacrés canons et la coutume approuvée de l'Eglise, a observé et observe que ce sacrement ne doit point être célébré après souper, ni reçu des fidèles, sinon à jeun, si ce n'est en cas de maladie ou de quelque autre nécessité concédée ou admise par le droit ou par l'Eglise : et qu'encore que dans la primitive Eglise les fidèles reçussent ce sacrement sous l'une et l'autre espèce, toutefois pour certains périls et scandales cette coutume a été raisonnablement introduite, que les célébrans le recevroient sous les deux espèces et les laïques seulement sous une, à cause qu'on doit croire fermement et ne douter en aucune sorte que le corps entier et le sang de Jésus-Christ sont véritablement contenus tant sous l'espèce du pain que sous l'espèce du vin. D'où vient que, puisqu'une telle coutume a été raisonnablement introduite par l'Eglise et par les saints Pères, et QU'ELLE A ÉTÉ OBSERVÉE DEPUIS UN TRÈS-LONG TEMPS, elle doit passer pour une loi que personne ne peut condamner, ni la changer à son gré sans l'autorité de l'Eglise. C'est pourquoi on doit estimer erronée la croyance, qu'observer cette coutume ou cette loi soit une chose sacrilége et hérétique; et ceux qui affirment opiniâtrément le contraire de ce qui a été dit ci-dessus, doivent être chassés comme hérétiques. »

C'est ici que les ministres s'écrient que ce décret porte sa condamnation; et qu'en avouant que la communion sous les deux espèces est de l'institution de Jésus-Christ et qu'elle a été observée par la primitive Eglise, quand il fait passer le contraire en loi, il élève une pratique des derniers siècles au-dessus de la plus pure antiquité, et qui pis est, la coutume au-dessus de la vérité, et les hommes au-dessus de Jésus-Christ.

Je ne crois pas qu'on m'accuse d'avoir affoibli l'objection; et toutefois pour la voir en un moment tomber par terre, et justifier la conduite du concile de Constance, il ne faut que poser un cas pareil. La coutume de baptiser par simple infusion ou aspersion, sans immersion aucune, s'est établie comme celle de la communion sous une espèce, aux douzième et treizième siècles, sans aucune contradiction, à cause de certains inconvéniens du baptême par immersion, où la vie des enfans pouvoit être en quelque péril. Après deux ou trois cents ans, quelques particuliers s'avisent de dire que cette coutume est mauvaise, ce baptême nul, et l'Eglise qui l'a cru bon dans une erreur manifeste. Je suppose que le cas arrive à nos adversaires. Laisseront-ils troubler les consciences, révoquer en doute le baptême de tout ce qu'il y a de fidèles dans le monde, et condamner les pasteurs qui refusent de baptiser ces insensés? Au contraire, ne diront-ils pas, à l'exemple du concile de Constance, « que la coutume de baptiser par simple infusion a été raisonnablement introduite et observée très-longtemps, pour éviter certains périls et inconvéniens : qu'ainsi elle doit passer pour une loi qui ne doit pas être changée selon le gré d'un chacun, ni sans l'autorité de l'Eglise, et qu'on doit estimer erronée la croyance, qu'observer cette coutume, soit chose sacrilége et illicite. »

Mais pourquoi parler de ce cas comme si c'étoit un cas en l'air? C'est une chose arrivée du temps de nos pères, et l'on sait l'erreur des anabaptistes. Supposé qu'elle se renouvelle dans la nouvelle Réforme, la laissera-t-on prévaloir? Dira-t-on qu'il n'y a de chrétiens que dans cette troupe, et qu'avant eux le baptême, sans lequel il n'y a point de christianisme, étoit éteint? Or le concile de Constance n'a pas trouvé moins d'inconvénient dans le procédé de ceux qu'il a condamnés, et ce n'est pas un moindre attentat de réprouver la communion de nos pères que de casser leur baptême. Il y a donc la même raison de s'opposer à l'un qu'à l'autre.

Je ne crains pas que d'habiles gens osent ici apporter comme une différence de ces deux cas, qu'on alléguoit à Constance pour la communion sous les deux espèces, l'institution de Jésus-Christ et la pratique de la primitive Eglise. Car qui ne sent pas que nos rebaptisateurs en disent autant pour le baptême? C'est une chose avérée qu'il a été institué, donné et reçu avec immersion par Jésus-Christ, par ses apôtres, par l'Eglise primitive et par tous les siècles précédens ; et en tout et partout le cas est semblable.

Ainsi pour condamner les anabaptistes, il faudroit former un décret, où il fût dit « qu'encore que Jésus-Christ ait institué le Baptême et l'ait lui-même reçu par immersion, et que la primitive Eglise ait conservé cette pratique après les apôtres : néanmoins le baptême par infusion a été raisonnablement introduit, et qu'on ne peut sans attentat condamner cette coutume. » C'est de mot à mot ce qu'a prononcé le concile de Constance sur le sujet de la communion : et quand nos adversaires en trouvent la constitution si étrange, c'est qu'ils se laissent prévenir d'une haine aveugle.

Car cet exemple fait voir clairement que tout ce qui est compris dans l'institution de Jésus-Christ, ne l'est pas toujours également dans son précepte, et c'est aussi sur ce fondement qu'on raisonne dans le concile. C'est pourquoi on y allègue l'observance inviolable de tous les temps de communier à jeun, encore que Jésus-Christ eût fait communier ses apôtres après le souper. Ainsi il demeuroit pour constant que ce qui étoit autorisé par le Maître, avoit pu être défendu par une loi que personne ne s'est encore avisé de blâmer; tant les temps et les circonstances changent la nature des choses, et tant il étoit constant que Jésus-Christ avoit eu dessein de nous renvoyer à son Eglise, pour distinguer dans sa propre institution ce qui étoit du fond et de la substance, d'avec ce qui étoit libre et accidentel.

Tous les fidèles, à la réserve des Bohémiens, déjà trop insolemment émus par d'autres causes, acquiescèrent au jugement du concile, sur ce fondement immuable, qu'une coutume reçue sans contradiction depuis trois cents ans ne pouvoit être contraire à la foi. C'est sur le même fondement que la foi des fidèles se doit reposer, et que sans faire de nouvelles enquêtes, je maintiens qu'on doit tenir pour constant que Jésus-Christ n'a pas laissé son Eglise sans foi, sans vérité et sans sacremens.

Pour en être persuadé, il ne faut que se souvenir que dans la profession que l'Eglise a toujours faite de ne rien admettre de nouveau dans sa foi, toute nouveauté dans la foi l'a troublée et l'a rendue attentive. Il n'y a qu'à parcourir toutes les hérésies, l'arienne, la pélagienne, la nestorienne et enfin toutes les autres sans exception. Nul homme de bonne foi ne niera jamais qu'à la seule nouveauté, et si l'on me permet de parler ainsi, à la seule face inconnue de ces étrangères, les pasteurs et les enfans de l'Eglise se sont mis en garde, et que jamais on n'a pu montrer par aucun fait positif une erreur passée en dogme sans contradiction. Les ministres interpellés de nous en donner un seul exemple positif, ne l'ont pas même tenté ; et si l'on en donne un seul exemple, j'abandonne la cause. Si donc il est constant et incontestable de l'aveu de nos adversaires, que la coutume de communier sous une espèce n'a reçu aucune contradiction durant trois cents ans; et que cette communion ait tellement été jugée suffisante, que personne ne se soit jamais plaint qu'on lui eût rien ôté d'essentiel, c'est une marque certaine qu'elle tiroit de plus haut sa validité, et que la coutume contraire étoit tenue pour indifférente, comme celle du baptême par immersion, celle de communier les enfans et les autres de cette nature, qu'on a changées sans changer la foi, à cause des inconvéniens survenus dans des pratiques d'ailleurs innocentes et sûres.

Que si l'on dit que ces inconvéniens, par exemple la crainte de l'effusion du sang précieux de Notre-Seigneur, sont inconnus à l'antiquité et qu'ils sont nés dans les derniers temps, le contraire est incontestable de l'aveu encore de nos adversaires. Aubertin nous a fait voir cette crainte dans Origène au troisième siècle, dans saint Cyrille de Jérusalem et saint Augustin au quatrième, pour ne point ici parler des autres [1]. On voit dans ces saints docteurs que laisser tomber les moindres parcelles de l'Eucharistie, c'est comme laisser tomber de l'or et des pierreries, c'est comme s'arracher un de ses membres, c'est comme laisser écouler la parole de Dieu qu'on nous annonce, et perdre volontairement cette semence de vie. Ces passages ont été produits dans le *Traité de la Communion* [2]. Mes adversaires n'y opposent rien; au contraire M. de la Roque répond ainsi : « On ne peut nier que les premiers chrétiens ne prissent soigneusement garde qu'il ne tombast à terre quelque chose des sacrés symboles de l'Eucharistie [3]. » Il avoue

---

[1] Orig., *in Exod.*, hom. XIII; Cyr., *Catec. Myst.*, v, n. 21; August., *pass.*; Aubert., lib. II, p. 431, 432 et seq. — [2] *Traité de la Commun.*, II part., n. 12, p. 360. — [3] La Roq., p. 312.

avec Aubertin, tous les passages que j'ai allégués; et tout ce qu'il y remarque [1], c'est « que les précautions des anciens chrétiens étoient graves, sans scrupule, et dignes de la grandeur du sacrement; celles des derniers siècles sont scrupuleuses, et ont je ne sais quoi qui ne répond pas à la majesté du mystère. » Quoi qu'il en soit, le fait est constant; et puisque M. de la Roque ne trouve rien à reprendre à nos précautions, sinon qu'elles lui paroissent plus scrupuleuses que celles des anciens, que dira-t-il de celles de saint Chrysostome, dont le saint évêque Pallade, son disciple et son historien, a écrit « qu'il conseilloit à tout le monde de prendre de l'eau, ou quelque pastille après la communion, de peur que contre leur gré ils ne jetassent avec la salive quelque chose du symbole du sacrement, ce qu'il faisoit le premier et l'enseignoit à tous ceux qui avoient de la religion [2]. » Avaler de l'eau ou quelque autre chose pour faciliter le passage des parcelles de l'Eucharistie qui demeuroient dans la bouche, de peur de les cracher sans y penser, est-ce une précaution que nos adversaires trouvent indigne de la sainteté des mystères? Les nôtres ne sont pas d'une autre nature; et sans en accuser les derniers siècles, on n'a qu'à s'en prendre à saint Chrysostome.

Il ne faut donc pas s'étonner si l'effusion trop fréquente du précieux sang dans la multitude et la confusion des derniers siècles, a troublé les peuples et introduit quelque changement. Les fidèles accoutumés, sans vouloir ici remonter plus haut, à voir donner la communion sous une espèce aux malades et aux enfans, l'avoient toujours regardée comme suffisante. Ainsi ils se réduisirent eux-mêmes à la communion du corps sacré, surtout dans les églises nombreuses et dans les jours solennels, où les assemblées étoient plus confuses. On n'avoit garde de trouver étrange qu'un inconvénient survenu fît changer une chose libre; et ce qu'il y a ici de plus remarquable, c'est qu'une semblable raison a introduit dans l'Eglise grecque un aussi grand changement, quoique d'une autre manière. Pour sauver l'inconvénient de l'effusion, on a commencé au huitième ou neuvième siècle à donner dans une cuiller le corps mêlé avec le sang. Dans cette communion on ne

[1] LA Roq., p. 214. — [2] *Vita Chrysost.*

prend pas plus le sang comme séparé que dans celle sous une espèce ; on ne boit pas non plus ; on ne fait pas les deux actions distinguées, qui font le repas parfait ; et enfin pour toutes ces raisons, on ne satisfait pas davantage au précepte : *Buvez-en tous.* C'est pourquoi les luthériens, qui rejettent notre communion, trouvent la même nullité dans celle des Grecs ; et un de leurs plus savans docteurs vient encore de décider selon les principes de ses confrères, « que la communion par le mélange des espèces est contraire à l'institution de Jésus-Christ, parce qu'elle confond les deux actes du repas sacré qui sont, comme dans les autres repas, manger et boire[1]. » Mais à tout cela nous opposons que les Grecs et les Latins ont reconnu, d'un commun accord, que l'Eglise n'étoit pas astreinte à prendre l'institution dans cette rigueur, et que Jésus-Christ lui avoit laissé la liberté d'user en cela d'interprétation. Selon cette liberté, les Latins, qui d'abord avoient eu recours à la communion par le mélange, ont cru mieux conserver l'image de mort, en prenant le corps séparé du sang ; et la coutume en ayant duré trois cents ans sans aucune contradiction, comme il a été démontré du consentement de nos adversaires, nous avons vu qu'on avoit eu la même raison de la retenir au concile de Constance, contre Pierre de Dresde et Jacobel, qu'on a eue depuis de conserver le baptême sans immersion contre les anabaptistes.

CHAPITRE III.

Il n'y a que contention dans les discours des ministres : ils rejettent l'argument dont Pierre de Dresde et Jacobel se servoient pour autoriser leur révolte.

Pour entrer un peu plus avant dans la matière, mais toujours sans discussion et sans aucune nécessité de remuer beaucoup de livres, rappelons en notre mémoire que de l'aveu de nos adversaires, le premier qui osa rejeter la communion sous une espèce comme insuffisante fut Pierre de Dresde, qui persuada Jacobel au commencement du quinzième siècle. Mais peut-être que ce Pierre

---

[1] Pfeiffing., *Act. rer. amot.*, part. IV, quæst. XVIII.

de Dresde et son sectateur Jacobel étoient des hommes savans, qui pour combattre une doctrine et une pratique universellement reçue, se servirent de forts argumens? Non encore. Ils n'employèrent pour tout argument que ce passage de l'Evangile : « Si vous ne mangez la chair du Fils de l'homme et ne buvez son sang, vous n'aurez pas la vie en vous [1] : » passage, qui de l'avis commun de tous les protestans, sans en excepter un seul qui ait du moins quelque nom, loin de regarder la communion sous les deux espèces, ne regarde pas même le mystère de l'Eucharistie. Je n'en impose pas : la chose est constante : M. de la Roque en est encore demeuré d'accord dans sa *Réponse :* «Je reconnois, dit-il, que le chapitre vi de saint Jean ne traite pas du sacrement de l'Eucharistie, qui n'étoit pas encore institué, et qu'ainsi Jacobel, qui vivoit dans un siècle obscur et ténébreux, se trompa lorsqu'il s'en servit pour appuyer la communion sous les deux espèces [2]. » L'Anonyme n'en dit pas moins : « Les protestans, dit-il, n'entendent le chapitre vi de saint Jean que de la communion par la foi, et nullement du sacrement [3]. » Ainsi d'un commun accord et de l'avis des protestans, comme du nôtre, Jacobel et Pierre de Dresde se remuèrent contre l'Eglise sur un mauvais fondement; et tel est le commencement des troubles qu'on a excités sur la communion sous une espèce.

La suite n'en est pas plus heureuse. Ces deux hommes furent suivis de Jean Hus; encore ai-je mis en fait dans le *Traité de la Communion* [4], que Jean Hus n'osa pas dire d'abord que la communion sous les deux espères fût nécessaire. « Il lui suffisoit, dit Calixte, qu'on lui avouât qu'il étoit permis et expédient de la donner; mais il n'en déterminoit pas la nécessité [5]; » tant il trouva établi qu'en effet il n'y en avoit aucune.

Tous ces faits, que j'ai avancés dans le *Traité de la Communion,* ont passé sans être repris. Seulement M. de la Roque m'a reproché d'avoir pris tout cela avec beaucoup d'autres choses sur le même sujet, dans Calixte, célèbre luthérien, qui a écrit de toute sa force contre la communion sous une espèce. Tant pis

---

[1] *Joan.*, vi, 53. — [2] La Roq., p. 292. — [3] Anonyme, p. 114. — [4] *Traité de la Commun.*, II part., n. 7, p. 332.— [5] Calixt., *Traité de la Comm.*, I part., n. 25, 26.

pour les protestans, si les faits que j'établis sont si constans, que nos plus grands adversaires en conviennent avec nous. En effet Calixte est ici d'accord avec Æneas Sylvius, qui écrivit cette histoire dans le temps où la mémoire en étoit récente; et si j'ai mieux aimé citer Calixte que Sylvius, c'est afin que des faits de cette importance fussent confirmés aux protestans par le témoignage de leurs auteurs.

J'ajouterai encore un fait qui n'est pas moins assuré; c'est que ces ardens défenseurs de la communion sous les deux espèces, qui ont soutenu, non par de doctes écrits, mais par de sanglantes batailles, la doctrine de Pierre de Dresde, de Jacobel et de Jean Hus, croyoient comme eux la transsubstantiation et tout ce que nos adversaires appellent ses suites. Il est constant que Jean Hus n'a jamais discontinué de dire la messe. M. de la Roque a prouvé par ses écrits qu'il a cru et professé jusqu'à la mort la présence réelle, la transsubstantiation, l'adoration de Jésus-Christ dans l'Eucharistie, et en un mot *tout ce que croyoit l'Eglise romaine* [1]. Il en dit autant de Jérôme de Prague, disciple de Hus. Ainsi ces signalés défenseurs des deux espèces étoient des transsubstantiateurs, des sacrificateurs et des adorateurs de l'Eucharistie, c'est-à-dire, selon nos réformés, des sacriléges, des impies et des idolâtres, quoique par une merveille surprenante ils fussent en même temps, non-seulement des fidèles, mais encore des saints et des martyrs. Tout cela s'accorde parfaitement dans la nouvelle Réforme; car il ne faut que combattre l'Eglise romaine pour mériter tous ces titres. On sait aussi que les sectateurs de Jean Hus faisoient porter en procession le corps de Notre-Seigneur, et dans la coupe sacrée son sang précieux, qu'ils adoroient avec de profonds respects. Il n'est pas moins assuré qu'à l'exemple de Jean Hus, ils rendoient les mêmes honneurs aux reliques de leurs faux martyrs, que nous rendons à celles des vrais martyrs, et qu'ils joignoient cette idolâtrie à toutes les autres dont nos réformés nous accusent. En même temps on est d'accord que c'étoient les plus inhumains et les plus sanguinaires de tous les hommes, qui ont le plus versé de sang, qui ont fait le plus de pillages; et voilà,

[1] *Hist. de l'Euchar.*, II part., art. 18, p. 485, etc.

si nous en croyons les protestans, ceux qui gardoient en ces temps-là avec le plus de zèle le dépôt de la vérité.

CHAPITRE IV.

Mépris de Luther et des premiers réformateurs, pour les défenseurs de la communion sous les deux espèces.

Après qu'on les eut exterminés, leur mémoire étoit si fort détestée, que Luther au commencement n'en parloit jamais qu'avec horreur. Aussi méprisoit-il souverainement Carlostad et tous ceux qui regardoient la communion sous une ou sous deux espèces comme une affaire importante. C'est alors qu'il écrivit la lettre à Cuttolius, que M. de la Roque n'a pas voulu trouver dans ses œuvres, où il range la communion sous les deux espèces parmi *les choses de néant*[1], et condamnoit Carlostad, qui mettoit la réformation dans ces bagatelles.

Et il tenoit tellement l'une et l'autre de ces communions pour indifférentes, qu'il a écrit ces paroles, que je veux bien ici représenter selon la traduction de M. de la Roque, puisqu'il accuse la mienne de n'être pas exacte : « Si un concile par hasard ordonnoit ou permettoit de sa propre autorité les deux espèces, nous ne les voudrions pas prendre ; mais alors en dépit du concile et de son ordonnance, nous n'en prendrions qu'une, ou ne prendrions ni l'une ni l'autre, et maudirions ceux qui prendroient les deux par l'autorité d'un tel concile ou d'un tel décret[2]. » M. de la Roque cherche quelque excuse à ce discours emporté, en disant que l'intention de Luther étoit seulement de montrer qu'on ne devoit rien faire en cette occasion par l'autorité du concile ; mais par celle de Jésus-Christ. Qu'on le prenne comme on voudra ; nous voyons toujours assez que Luther tenoit pour indifférent de prendre une espèce ou deux, ou pas une, tant il avoit de dévotion pour ce mystère céleste. Un docteur allemand a cru depuis peu dire quelque chose, en répondant que Luther ne parloit pas selon son sentiment en traitant ces communions comme indiffé-

[1] Tom. II, ep. LVI, *ad Gasp. Cuttol.* — [2] Luth., *De reform. Miss.*; La Roque, p. 278.

rentes; mais qu'il raisonnoit seulement dans la présupposition qu'on les tînt pour telles, selon l'institution de Jésus-Christ, et que cependant le concile en voulût faire un culte nécessaire [1]. Mais où aller chercher ce cas? Quelqu'un s'étoit-il avisé de dire parmi les chrétiens, qu'il peut être indifférent de prendre ou de ne prendre pas la communion, ou de ne la prendre ni sous une ni sous deux espèces? Et quand est-ce qu'il faut déférer à l'autorité d'un concile et de toute l'unité chrétienne, si ce n'est du moins dans les choses indifférentes? Que s'il est nécessaire d'y déférer, peut-on faire que l'obéissance qu'on rend à l'Eglise pour l'amour de Dieu, ne soit pas un honneur rendu à lui-même? On voit donc manifestement que j'ai eu raison de conclure de ces paroles, que « si Luther et les siens se sont dans la suite tant opiniâtrés aux deux espèces, c'est plutôt par esprit de contradiction que par un sérieux raisonnement [2]. »

M. de la Roque n'a pas voulu voir l'indifférence de la communion sous une ou deux espèces dans les *Lieux communs* de Mélanchthon [3]. Elle y étoit néanmoins, quand Luther approuva ce livre, au titre *de l'abrogation de la loi* [4]. Les luthériens, et non-seulement Calixte, mais les autres qui l'ont vue comme nous, ne l'ont pas niée. On l'y voit encore dans beaucoup d'éditions; et si on l'a ôtée dans quelques autres, c'est assez qu'on ait vu la première pente et l'impression que faisoit naturellement sur les esprits l'autorité de l'Eglise et l'ancienne tradition.

Notre ministre demeure d'accord que Luther, en 1528, dans la visite de Saxe, laisse la liberté de ne prendre qu'une seule espèce [5]. Il ne falloit pas oublier ce que j'avois mis en fait [6], qu'il continua de laisser cette liberté en 1533, quinze ans après qu'il se fut érigé en réformateur. M. de la Roque veut que nous disions que c'étoit une tolérance, en faveur de ceux « qui ne pouvoient pas se défaire tout d'un coup de tous les préjugés dont ils avoient été imbus dans la communion de Rome; si bien que leur infirmité leur tenoit lieu d'une invincible nécessité. » Ce ministre ne s'aperçoit

---

[1] Pfeiff., *Act. rer. amot.*, part. IV, q. II, p. 215. — [2] *Traité de la Commun.*, II part., n. 7, p. 333.— [3] La Roq., p. 281.— [4] Melanchth., *Loc. Comm., titul. de abrog. legis.*— [5] La Roq., p. 383.— [6] *Traité de la Commun.*, II part., n. 7, p. 334.

pas qu'il nous accorde, sans y penser, ce que nous demandons, puisque ces tolérances ne sont pas permises dans les choses essentielles; d'où il s'ensuit que celle-ci doit être rangée parmi les indifférentes. Et quand le ministre ajoute qu'en ce cas, *l'infirmité tient lieu d'une invincible nécessité*, il fait bien voir que ces grands mots ne se doivent pas prendre à la rigueur, et confirme ce qu'il nous a déjà dit, qu'après tout, la nécessité qui excuse des deux espèces n'est pas une nécessité physique et absolue, mais une nécessité de prudence et de bienséance, soumise au jugement de l'Eglise.

CHAPITRE V.

La Communion sous une ou sous deux espèces reconnue indifférente dans la Confession d'Augsbourg.

Mais l'endroit le plus important que j'avois marqué est celui de la *Confession d'Augsbourg*, répété dans l'*Apologie*, que M. de la Roque traduit ainsi : « Nous excusons l'Eglise, qui a souffert cette injustice de ne recevoir qu'une espèce, ne pouvant avoir les deux; mais nous n'excusons pas les auteurs de cette injustice, qui soutiennent qu'on défend avec raison l'usage du sacrement entier [1]. » Quelque beau tour que veuille donner M. de la Roque à ces paroles de la *Confession d'Augsbourg,* il en résulte toujours ce que j'en avois conclu [2] : premièrement, que tout le parti luthérien par la plus insigne absurdité qui fût jamais, distingue l'Eglise d'avec ses conducteurs, comme si les conducteurs n'étoient pas eux-mêmes par l'institution de Jésus-Christ une partie essentielle de l'Eglise : secondement, que ce que *l'Eglise perdit* ne pouvoit pas être essentiel, puisqu'il ne peut jamais être excusable ni tolérable de recevoir les sacremens de qui que ce soit, contre l'essence de leur institution : troisièmement, que c'est en vain qu'on appelle *église* celle qui n'a pas les sacremens, dont la droite administration n'est pas moins essentielle à l'Eglise que la pure prédication de la parole; d'où il s'ensuit en quatrième lieu, que de l'aveu manifeste de la *Confession d'Augsbourg* et de tout le parti luthérien, lorsqu'il n'y aura plus d'autre obstacle à la réunion que la com-

[1] La Roq., p. 285. — [2] *Traité de la Commun.*, II part., n. 7, p. 334.

munion sous une espèce, les vrais fidèles seront excusables de s'en reposer sur leurs pasteurs, et de prendre l'Eucharistie comme on la leur donne.

M. de la Roque prend ensuite beaucoup de soin à me répondre sur ce que j'ai dit de Calixte; mais on n'a qu'à lire ce qu'il en dit lui-même [1] : on y trouvera ces mots de Calixte : « Qu'il ne faut pas exclure du nombre des vrais chrétiens nos ancêtres qui ont été privés de l'usage du calice, il y a plus de cent cinquante ans, ni même tous les autres qui en sont aujourd'hui privés par les raisons que j'ai dites [2]; c'est-à-dire qui en sont privés même parmi nous, ne pouvant mieux faire. M. de la Roque eût voulu que j'eusse ici rapporté les raisons qui ont mû Calixte à parler ainsi; mais pour moi je n'avois que faire des raisonnemens de Calixte : il me suffisoit d'avoir démontré ce fait constant, qu'un zélé défenseur de la prétendue évidence du précepte des deux espèces est enfin forcé de ranger au nombre des vrais fidèles ceux qui, malgré cette évidence, communient encore aujourd'hui sous une seule, ne pouvant pas mieux faire, c'est-à-dire manifestement les catholiques romains. Et puisque M. de la Roque trouve *qu'il ne pouvoit parler plus judicieusement* [3], il en résultera toujours de l'aveu de Calixte et de M. de la Roque, que quelques raisons qu'ils aient eues de parler ainsi, ceux qui encore aujourd'hui communient avec nous sous une espèce n'ont rien à craindre devant Dieu, et sont mis par les ministres au nombre des vrais fidèles.

Et afin qu'on voie plus clairement ce sentiment de Calixte, que M. de la Roque a trouvé si judicieux, voici un des passages que j'avois produits d'un petit livre de cet auteur, qui a pour titre : *Désir de la Concorde ecclésiastique*, imprimé à La Haye en 1651. « Ceux qui croyent ce qui est nié par les sociniens, et espèrent obtenir la rémission des péchés et la gloire éternelle, non par leurs propres mérites, mais par la vertu et par le mérite de la passion de Jésus-Christ, et qui mettent le mérite et la mort de Jésus-Christ entre eux et la colère de Dieu; qui en outre sont baptisés, et reçoivent l'Eucharistie COMME ON LA LEUR DONNE, et avec cela vivent

---

[1] La Roq., p. 280. — [2] Calixt., *de Com.*, n. 200; *Indic. de controv.*, n. 76; *De Concord. Ev.*, n. 4. — [3] La Roq., p. 287.

bien, s'abstenant des œuvres de la chair; il est certain qu'ils sont tenus de Dieu pour ses enfans et sont reçus à son héritage céleste[1]. » On voit bien ceux qu'il entend par ces mots : *Ceux qui reçoivent l'Eucharistie comme on la leur donne* : c'est-à-dire, entre autres, ceux qui comme nous, selon l'expression du même Calixte, communient *encore aujourd'hui sous une espèce.* Ceux-là donc ne sont pas exclus du royaume de Dieu; et loin d'en être exclus, *il est certain qu'ils y sont admis,* pourvu que menant d'ailleurs une sainte vie, ils mettent leur confiance, non dans leurs propres mérites, mais dans les mérites de Jésus-Christ. Reste donc à examiner si nous croyons avoir des propres mérites, nous qui selon le concile de Trente, n'en connoissons point qui ne soient des dons de la grace; et si nous mettons notre confiance en quelqu'autre qu'en Jésus-Christ, nous qui disons tous les jours dans la messe : « Nous vous prions, Seigneur, de nous recevoir au nombre de vos Saints, non en pesant nos mérites, mais en nous pardonnant par grace, au nom de Notre-Seigneur Jésus-Christ. » C'est sur cela que nos convertis seront aisément satisfaits, du consentement des ministres, et en attendant, il est constant que la communion sous une espèce ne les exclut pas du salut, de l'avis de Calixte même, un si ardent défenseur de la communion sous les deux espèces, et de M. de la Roque, qui a trouvé son sentiment si judicieux.

Toutes ces choses font voir que malgré tout ce que nous disent les protestans sur la nécessité des deux espèces, ils sentent bien au fond de leur cœur qu'elle n'est pas si grande qu'ils le veulent dire, et qu'il y a plus de contention que de vérité dans leurs discours. Concluons donc enfin ce raisonnement; et pour montrer que cette matière peut être vidée sans de grandes discussions, et sans remuer beaucoup de livres, souvenons-nous que c'est chose avouée par nos adversaires, que la coutume de communier sous une espèce a passé sans contradiction : qu'elle avoit de leur aveu duré trois cents ans, sans qu'on s'en fût plaint : que Pierre de Dresde fut le premier qui s'en plaignit au commencement du quinzième siècle : que Luther et les luthériens, qui suivirent ce

---

[1] Desid., *Concor. Eccles.*, n. 4, p. 151.

sentiment dans le seizième, ont trouvé de légitimes excuses, nonseulement à nos pères qui ont communié sous une espèce, mais encore à ceux qui y communient aujourd'hui parmi nous : que les ministres calvinistes ont trouvé ce sentiment judicieux : que selon eux la nécessité de communier sous les deux espèces reçoit des exceptions : que ces exceptions ne sont pas seulement fondées sur des nécessités absolues, telle qu'est celle des abstèmes, qui ne peuvent boire de vin ; mais encore sur des nécessités de bienséance, telle qu'est celle des malades et les autres que nous avons remarquées : qu'on ne trouve rien dans l'Ecriture sur ces exceptions, et que la détermination en dépend de l'autorité et de la prudence. Ceux qui après cela veulent disputer auront pour toute réplique ce mot de l'Apôtre : « Si quelqu'un est contentieux parmi vous, nous n'avons pas cette coutume ni aussi l'Eglise de Dieu [1]; » et encore : « Est-ce de vous qu'est sortie la parole de Dieu, ou bien êtes-vous les seuls à qui elle soit parvenue [2] ? » Ce qui montre que, sans présumer de son sens particulier, il faut remonter à l'antiquité, et se soumettre à l'autorité de l'Eglise.

CHAPITRE VI.

La Communion sous une ou sous deux espèces jugée égale, dès la première antiquité, du consentement unanime de tous les chrétiens.

Nous en avons assez dit pour contenter les esprits modérés; mais il faut encore étendre plus loin notre charité, et aider l'infirmité de nos Frères qui se croiront obligés de pénétrer plus avant. J'entreprends de leur faire voir que dès la première antiquité, et du consentement unanime de tous les chrétiens, la communion est jugée égale sous une ou sous deux espèces. C'est ce que j'avois démontré par la communion domestique, par la communion des malades, par la communion des enfans, par la communion des Présanctifiés, et même par la communion publique et ordinaire de l'Eglise [3]. Mais afin de ne laisser plus, s'il plaît à Dieu, aucune difficulté sur ces matières, il faut repasser avec un nouveau soin sur tous ces faits, et suivre la tradition de la com-

[1] *I Cor.*, xi, 16. — [2] *Ibid.*, xiv, 36. — [3] Voyez *Traité de la Communion*, 1 part.

munion sous une espèce depuis l'origine du christianisme jusqu'au concile de Constance, où la question qu'on émut seulement alors fut décidée.

Dans la discussion de ces matières, je demande de la patience à mon lecteur; et j'ose lui promettre par avance que pour peu qu'on ait ou de goût ou de respect pour l'antiquité, on sera payé de ses peines. Il faudra souvent expliquer les anciens rites de l'Eglise, qui sont autant de monumens de la tradition. Nos adversaires nous parlent souvent de l'ancien christianisme. C'est de cet ancien christianisme que nous leur représenterons les saintes coutumes, où tous les enfans de Dieu respirent pour ainsi dire un air de piété. Il est vrai qu'il est désagréable d'avoir à traiter ces choses avec les ministres, qui les recherchent d'une manière bien différente de la nôtre. Nous les recherchons pour les éclaircir, pour en profiter, pour en tirer des preuves de la tradition : nos adversaires, qui au fond les estiment peu et sont toujours prêts à les blâmer, y étudient de quoi nous faire de nouveaux procès; de sorte que pour les confondre, il faut souvent descendre dans une critique où la plupart des lecteurs n'ont pas le loisir d'entrer. Mais j'espère que la charité me donnera le moyen de surmonter tous ces obstacles. Le moyen le plus ordinaire que j'y emploierai, sera l'aveu des ministres. Quelquefois même, comme je l'ai déjà dit, leurs dénégations affectées serviront à faire connaître ce qu'ils ont voulu cacher avec artifice. Mais je dirai en général, que pourvu qu'on prenne la peine de se mettre dans l'esprit ce que la force de la vérité leur fait avouer, on verra clair dans cette matière, et l'on ne sera pas loin du royaume de Dieu. Il y aura des faits si constans, que tout le monde en pourra également sentir la vérité et la force. C'en est assez dans le fond pour assurer son salut; le reste affermira ceux qui auront le loisir de le discuter. Je tâcherai de pourvoir au besoin de tout le monde, et je ne plaindrai aucun travail pour me faire entendre, non-seulement des plus capables, mais encore des plus occupés et des moins instruits.

Mais je demande à ceux de nos adversaires à qui Dieu mettra dans le cœur un désir sincère de profiter de mon travail, qu'ils s'attachent uniquement à la question dont il s'agit à chaque endroit. J'avois fait la même demande au commencement du *Traité de la Communion*[1]; mais, quelque équitable qu'elle fût, l'Anonyme n'a pas voulu y entendre. Bien plus, sous prétexte que je demande qu'on s'attache à la question des deux espèces, et qu'on renvoie à une autre fois les autres difficultés, il veut faire accroire que c'est *qu'elles m'inquiètent*[2], et il semble à l'entendre que je demande quartier là-dessus. Pour lui, à chaque page, il se jette sur les inconvéniens de la présence réelle. Si l'on parle du pain et du vin : si l'on prend des précautions sur l'altération des espèces : bien plus, si l'on donne aux fidèles l'Eucharistie dans la main, et si l'on permet de la porter dans la maison ; quoique ces choses soient indifférentes de leur nature, et ne fassent rien en aucune sorte à la présence réelle, il en tire de continuels avantages. Qui ne voit que c'est vouloir embarrasser les questions et n'y voir jamais de fin, que de les mêler ainsi ensemble? J'ai donc eu raison de demander qu'on s'attachât uniquement aux difficultés qui regardent la communion sous les deux espèces. Si l'on veut parler des autres, nous y pourrons revenir, quand la question des deux espèces sera épuisée ; et j'espère en dire assez pour ne laisser aucun doute sur toute la matière de l'Eucharistie, à tous ceux qui chercheront la vérité.

Il faut seulement considérer que si Jésus-Christ veut être réellement présent dans ce mystère, il ne veut pas moins y être caché. Tout ce qui nous y paroît de bas et d'indigne de Jésus-Christ, est une suite de ce profond abaissement où le Fils de Dieu est entré en se faisant homme. Il est vrai qu'il est sorti de sa vie souffrante ; mais il n'est pas encore sorti de sa vie cachée. Jésus-Christ ressuscité ne meurt ni ne souffre plus. Saint Paul l'a dit et cela est certain ; mais il est encore caché dans son Père, et comme dit le même saint Paul, « notre vie est cachée avec lui en Dieu. Quand Jésus-Christ, notre vie, apparoîtra, alors aussi nous apparoîtrons avec lui en *grande* gloire[3]. » Nous ne craignons point de dire que ces alimens ordinaires, dont il veut que nous fassions tous les jours son corps et son sang par la parole, ces espèces fragiles

---

[1] *Traité de la Comm.*, 1 part., n. 2, p. 265. — [2] Anon., p. 183. — [3] *Coloss.*, III, 3, 4.

dont il se couvre, avec toutes les altérations qui leur arrivent à l'ordinaire, ces boîtes, ces coffrets, ces linges sacrés où l'on réserve son corps, et toutes les précautions qu'il faut avoir pour le garder, sont des suites de sa vie cachée, et sont à la fois des marques de la secrète familiarité où il veut entrer avec nous, que son amour nous doit rendre chères et vénérables. Nos adversaires voudroient faire accroire que par nos précautions, il semble que nous ayons peur pour Jésus-Christ, et que nous soyons en peine d'affranchir son corps et son sang *des accidens fâcheux* qui leur peuvent arriver[1]; comme si nous ne savions pas que Jésus-Christ, au-dessus de tout accident par sa propre majesté, n'a rien à craindre parmi ces altérations. Celui qui conserve toute sa grandeur en descendant dans nos corps, peut-il être ravili par les autres choses où les espèces de son sacrement sont exposées? D'où viennent donc nos précautions? J'en avois rendu la raison[2]; et si l'on avoit voulu la comprendre on auroit épargné beaucoup de paroles inutiles. J'avois donc représenté qu'encore que dans le fond il ne puisse plus rien arriver de fâcheux ni d'ignominieux à Jésus-Christ, « le respect que nous lui devons veut qu'autant qu'il est en nous, nous ne le mettions qu'où il veut être. C'est l'homme qu'il cherche; et loin d'avoir horreur de notre chair qu'il a créée, qu'il a rachetée, qu'il a prise en se faisant homme, il s'en approche volontiers pour la sanctifier. Ainsi tout ce qui a rapport à cet usage l'honore, parce que c'est une dépendance de la glorieuse qualité de Sauveur du genre humain; mais au contraire nous empêchons, autant qu'il est possible, tout ce qui dérobe à l'homme le corps et le sang de son Sauveur; et c'est la cause des précautions que nous observons à le garder à l'exemple des premiers chrétiens[3]. » Voilà ce que j'avois dit sur le sujet de nos précautions. C'est à quoi l'Anonyme devoit répondre, au lieu de perdre le temps à exagérer les inconvéniens où l'altération des espèces mettroit Jésus-Christ, et grossir son livre de choses si vaines et si clairement réfutées.

Il pousse la chose si loin, que la coutume ancienne de mettre le

---

[1] Jur., *Exam. de l'Euchar.*, p. 385, 387. — [2] *Traité de la Commun.*, II part., n. 12, p. 360 et suiv. — [3] *Ibid.*, p. 362.

sacré corps de Notre-Seigneur dans la main de chaque fidèle pour le porter à sa bouche, lui est une preuve contre la présence réelle[1]. Mais c'est être trop contentieux, que de tirer avantage de ces pratiques indifférentes. Au fond la main des fidèles n'est pas moins précieuse que la bouche. Il y en avoit autrefois qui croyoient être plus respectueux envers Jésus-Christ, lorsque dans la communion, au lieu de présenter la main, ils apportoient des vaisseaux d'or ou de quelque autre riche matière, pour y recevoir le corps sacré. Cette pratique fut défendue dans le concile tenu *in Trullo*, c'est-à-dire dans le dôme du palais impérial. On y fit ce canon : « Si quelqu'un veut participer au corps immaculé de Notre-Seigneur, qu'il mette ses mains en forme de croix pour y recevoir la communion : car nous ne recevons pas ceux qui, en présentant au lieu de la main des vaisseaux d'or ou d'autres semblables réceptacles, préfèrent une matière inanimée à l'image de Dieu[2]. » On regardoit donc alors comme une marque de respect de recevoir le corps du Sauveur avec la main ; mais ce qu'on regarde en un temps comme une marque de respect, en un autre temps et par d'autres vues peut être regardé d'une autre sorte ; et il n'y a rien de plus foible ni de plus mauvaise foi que de tirer des argumens de telles pratiques.

C'est donc une extrême foiblesse à nos adversaires de tirer à conséquence la coutume de brûler les restes de l'Eucharistie, rapportée par Hésychius[3], comme étant de l'Eglise de Jérusalem. Altération pour altération, celle du feu n'est pas plus à craindre que les autres. Mais à nos sens elle a quelque chose de plus propre que la moisissure ; et c'est pourquoi les fidèles, qui cherchoient toujours pour l'Eucharistie ce qu'il y avoit de plus net, employoient à en consumer les restes le plus pur des élémens. Le Saint-Esprit en avoit donné l'exemple, en ordonnant dans l'*Exode* que « les restes de l'Agneau pascal seroient consumés par le feu[4], » ne trouvant point de manière plus respectueuse et plus pure de consumer une chose sainte. Ainsi on la transportoit à l'Eucharistie, et de la figure on la faisoit passer à la vérité. Et

---

[1] Anonyme, p. 225. — [2] Can. 101; Labb., tom. VI, col. 1184 et seq. — [3] Hesychius, *in Levit.*, lib. II, cap. VIII. — [4] *Exod.*, XII, 10.

outre cette raison, les saints Pères trouvoient ici un grand mystère. Car Hésychius et les autres, en comparant la nouvelle Pâque avec l'ancienne, nous disent que le Saint-Esprit a voulu nous marquer par ce feu qu'après avoir reçu et comme digéré dans notre esprit tout ce que nous entendons de l'Eucharistie, les restes qu'on ne peut pas pénétrer doivent être consumés et comme dévorés par la foi et comme par un feu divin. Le feu étoit donc ici le symbole de l'ardeur céleste, avec laquelle la foi consumoit toutes les difficultés de l'Eucharistie, et les doutes que le sens humain faisoit naître sur un mystère si profond. Qu'y a-t-il là qui ne soit respectueux envers Jésus-Christ ou qui déroge à sa présence? Et cependant l'Anonyme ose dire que c'est « condamner Jésus-Christ au feu, et le faire brûler tout vif [1]. » Qui pourroit souffrir ces sophistes, qui prennent les choses si fort à contre-sens, et qui substituant leurs idées profanes à celles de nos pères, tournent leurs respects en irrévérences?

CHAPITRE VII.

De la Communion domestique.

Pour venir maintenant aux saintes coutumes de l'ancien christianisme que nous devons expliquer, je trouve à propos de commencer par la communion domestique, et d'y joindre comme une annexe inséparable la communion des malades, parce qu'à cause de la réserve du saint sacrement nécessaire dans l'une et dans l'autre, elles ont beaucoup d'affinité. Voici donc comment je pose le fait, afin qu'on m'entende bien d'abord, et que dans la suite on ne vienne pas me faire des chicanes inutiles. Je prétends qu'il demeurera pour constant, par les propres réponses de mes adversaires, que c'étoit la coutume de l'Eglise après la communion solennelle de garder l'Eucharistie sous la seule espèce du pain, pour en communier tous les jours en particulier dans la maison, et que la coutume n'étoit pas de réserver l'autre espèce. Je parle de la coutume, et non pas de quelques cas extraordinaires et particuliers. Or c'en est assez pour prouver que la coutume de

[1] Anonyme, p. 225.

communier sous une espèce est aussi ancienne que l'Eglise, puisque les ministres la reconnoissent eux-mêmes approuvée et établie dès le second siècle, sans qu'on trouve qu'elle ait jamais été contredite. Un fameux ministre de mon voisinage et de mon diocèse l'a écrit ainsi ; c'est M. le Sueur, dans son *Histoire de l'Eglise*, ouvrage imprimé par l'ordre et avec l'approbation expresse *du synode de l'Ile de France, de Picardie, Brie, Champagne et pays Chartrain, tenu à Vitry en* 1675 [1]. En effet ce qu'on voit commun et établi dès le milieu du treizième siècle, devoit venir de plus haut, et cet auteur l'auroit rapporté aux temps apostoliques avec autant de fondement qu'au second siècle, si ce n'étoit que la coutume de ces Messieurs est de fixer toujours des temps à l'aventure et sans fondement, aux pratiques qui leur déplaisent. A la vérité, j'avois vu Calixte avec quelques autres contester en quelque manière que cette communion fût faite sous la seule espèce du pain ; car enfin c'étoit accorder la communion sous une espèce dans des siècles trop vénérables ; et il importoit à la cause qu'un fait si décisif pour notre croyance ne passât pas pour entièrement avoué. Mais enfin il me paroissoit que la bonne foi et la force de la vérité l'avoit emporté sur cet intérêt. Aubertin même n'avoit reconnu que le pain seul dans les fameux passages de Tertullien et de saint Basile, où l'on voit la communion domestique si clairement établie [2]. J'ai produit avec ces passages, ceux de M. de la Roque, dans son *Histoire de l'Eucharistie* [3], où il établit cette communion sous la seule espèce du pain. L'aveu de ces deux ministres, qui ont écrit après presque tous les autres avec une telle curiosité dans leurs recherches et une égale application à tourner tout contre nous, m'avoit paru décisif ; mais quoique mes adversaires ne m'accusent pas d'en avoir mal rapporté les sentimens, l'ancien intérêt est revenu, et ils ont renouvelé la querelle. M. de la Roque lui-même se dédit [4]. Au lieu de répondre comme auparavant, que « ce qu'on souffroit aux fidèles d'emporter chez eux le pain de l'Eucharistie pour le prendre quand ils vouloient,

---

[1] *Hist. de l'Euchar.*, p. 548. — [2] Aub., lib. II, p. 342, 442. — [3] *Hist. de l'Euchar.*, I part., chap. XII, p. 154 ; chap. XIV et XV. — [4] La Roq., I part., p. 132, 133 et suiv.

c'étoit un abus qu'on a toléré à la vérité assez longtemps dans l'Eglise, mais qui ne peut préjudicier à la pratique généralement receûë de communier sous les deux espéces [1]; » maintenant il nie le fait, et soutient que la communion domestique se faisoit *sous les deux symboles du pain et du vin* [2]. L'auteur de la seconde *Réponse* se joint à lui de toute sa force. Il faut donc premièrement établir le fait, et ensuite nous détruirons leurs autres réponses.

CHAPITRE VIII.

Pourquoi l'on a fait la réserve de l'Eucharistie plutôt sous l'espèce du pain que sous celle du vin : que les solitaires ne recevoient que l'espèce du pain.

Pour le fait, j'avois dit d'abord que la nature même parle pour nous. Puisqu'il a plu au Fils de Dieu de nous cacher son mystère, et que pour cette raison il a voulu que les espèces sous lesquelles il nous a donné son corps et son sang souffrissent les mêmes altérations que s'il ne s'y étoit rien fait de surnaturel, il est clair que pour réserver l'Eucharistie il falloit le faire sous l'espèce qui se conserve avec plus de facilité, c'est-à-dire sous celle du pain, et non pas sous celle du vin qui s'altère aisément. Ces Messieurs méprisent beaucoup cette remarque; et l'auteur de la seconde *Réponse* répète souvent, qu'on porte le vin comme les autres liqueurs jusqu'aux extrémités de la terre [3]; comme s'il s'agissoit ici d'une liqueur que l'on conservât dans un vaisseau toujours fermé. Pour M. de la Roque, il soutient que tout jusqu'aux solitaires, qui *vivoient sans prêtres* (a) dans le désert, et qui, pour communier tous les jours, réservoient l'Eucharistie souvent d'une Pâque à l'autre, la réservoient et la recevoient sous les deux espèces [4]. J'ai remarqué que ces hommes merveilleux ne venoient à l'église qu'aux solennités principales [5]. Il n'étoit donc pas pos-

[1] *Hist. de l'Eucharistie*, 1 part., chap. xii, p. 159. — [2] La Roq., I part., chap. vi, p. 161. — [3] Anonyme, II part., chap. i, p. 126, etc. — [4] La Roq., p. 176. — [5] *Traité de la Commun.*, 1 part., n. 4, p. 276.

(a) Bossuet observe à la marge de son manuscrit original, que si l'on veut examiner avec attention la lettre de saint Basile à Cæsarius ou l'*Histoire lausiaque*, on se convaincra que dans les déserts et parmi les solitaires d'Egypte, il n'y avoit point de prêtres (Edit. de Leroi).

sible que l'espèce se conservât aussi longtemps qu'il eût fallu pour leur communion, puisque loin de tenir leurs vaisseaux fermés pour conserver ce breuvage céleste, il les eût fallu tous les jours ouvrir pour le consumer goutte à goutte. Aussi nous avons vu que saint Basile, dans la célèbre *Epître à Cæsarius*, où il expose ce que ces saints hommes emportoient de l'église dans le désert pour communier, ne parle que de ce *qu'on mettoit à la main pour le porter à la bouche* [1], c'est-à-dire, sans difficulté, la partie solide du sacrement; et que pour exprimer la parcelle qu'ils réservoient, il se sert du mot grec μερίς, qui est toujours attribué aux choses solides. On sait aussi que ce mot μερίδες, encore à présent est consacré parmi les Grecs, pour signifier les parties dans lesquelles on divise le corps précieux ou les particules qui en restent sur la patène; de sorte qu'il seroit aussi absurde d'entendre dans saint Basile ce mot μερίς des choses liquides, que si nous disions en françois qu'on prend un *morceau* de vin ou de quelque autre liqueur. Cependant ce ministre s'obstine à dire qu'il a bien vérifié; que dans ce passage de saint Basile, « on peut appliquer la partie ou la portion de la communion dont parle ce Père, à l'une et à l'autre espèce [2]. » Il l'en faut croire sur sa parole; car cet homme si curieux partout ailleurs à établir la signification des mots par des exemples, n'en rapporte ici aucun, pour prouver celle qu'il attribue au mot grec de saint Basile, et ne laisse pas de soutenir malgré toute la suite des paroles de ce Père, que ces serviteurs de Dieu usoient des deux parties du saint Sacrement. L'auteur de la seconde *Réponse*, persuadé de mes raisons, nous fera plus de justice : « Je crois bien, dit-il, que les solitaires ne gardoient guère que le pain sacré; mais je dis en même temps que cette coutume étoit un abus du sacrement [3]. » Nous verrons en son lieu si l'on peut avec la moindre apparence traiter d'abus une coutume si universellement approuvée des siècles les plus purs de l'Eglise, et par les hommes les plus éclairés et les plus saints. Il me suffit maintenant de faire observer que cet homme, qui nous apprend en tant d'endroits que l'on porte le vin comme les autres liqueurs

[1] Ep. CCLXXXIX, nunc XCIII. — [2] La Roque, p. 176. — [3] Anon., II part., chap. v, p. 211.

jusqu'aux Indes Orientales et Occidentales[1], voit bien que cette réponse n'a pas lieu en cette occasion, ni en beaucoup d'autres, puisqu'il est contraint d'avouer « que les deux espèces ne se pouvoient pas si bien ni si aisément garder dans la maison pour un long temps : » d'où il conclut « qu'il y avoit une espèce de nécessité dans ces communions domestiques, qui ne permettoit pas toujours l'usage du calice, du moins qu'elle pouvoit se rencontrer assez souvent. » Qu'il apporte tant de correctifs qu'il lui plaira, il a vu enfin que les solitaires étoient dans ce cas et dans ces rencontres : il a vu, dis-je, que ces grands saints, qui communioient si souvent et venoient si peu à l'église pour y renouveler le vin consacré, ne l'emportoient guère (car il a fallu apporter ce petit tempérament à son aveu forcé) et se contentoient de l'espèce du pain. Cependant saint Basile décide, comme nous l'avons remarqué, « que leur communion n'étoit pas moins sainte ni moins parfaite dans leur maison que dans l'église ; » et il assure que cette coutume étoit universelle dans toute l'Egypte, et même dans Alexandrie, où étoit le siége du patriarche. Et en effet le grand saint Cyrille, qui a présidé dans ce siége quelque temps après, compte parmi les erreurs de quelques moines, qu'ils croyoient « que la sanctification mystique ne servoit plus de rien, lorsqu'on réservoit à un autre jour quelque chose du sacrifice. » Ce sont, poursuit-il, « des insensés ; car Jésus-Christ ne s'altère pas et son saint corps n'est pas changé ; mais la vertu de la bénédiction et sa grace vivifiante y demeurent toujours. » Je pourrois ici faire voir combien sont fortes ces paroles, pour montrer que Jésus-Christ même se trouve dans l'Eucharistie. Mais afin de me renfermer dans la matière que je traite, je me contente d'observer deux choses : l'une, que ce grand homme traite d'insensés ceux qui croient que la consécration n'a qu'un effet passager dans la matière de l'Eucharistie ; et l'autre, qu'il applique cette doctrine en particulier au corps de Jésus-Christ, parce que c'étoit le corps qu'on avoit accoutumé de réserver. L'auteur de la seconde *Réponse* peut voir ici en passant combien cette coutume, qu'il traite d'abus du sacrement, étoit approuvée. Elle ne l'étoit pas seulement en Orient.

[1] Anon., p. 115.

Une histoire de saint Benoît rapportée par le pape saint Grégoire, nous fait voir que les moines d'Occident réservoient l'Eucharistie dans leur solitude, mais que c'étoit le corps seul, comme parmi les Orientaux, puisque deux fois en deux lignes il est parlé *de la communion du corps de Notre-Seigneur* [1], et en aucun endroit du sang.

Nous parlerons dans la suite de l'usage qu'on fit de ce sacré corps, en le mettant sur un corps mort en signe de la communion que saint Benoît vouloit bien avoir avec ce défunt. Il ne s'agit ici que de la coutume de la réserve, suivie par saint Benoît et approuvée par saint Grégoire [2]. Nous en voyons encore la continuation aussi bien qu'une approbation authentique au commencement du dixième siècle, dans la vie de saint Luc le Jeune [3]. Cet admirable solitaire « consulta son évêque de la manière dont les solitaires, qui n'ont point de prêtres, doivent recevoir les saints mystères. » L'évêque lui fit cette réponse : « Premièrement, dit-il, il faut tâcher d'avoir un prêtre : que si cela ne se peut, lorsqu'il y a un oratoire, il faut mettre sur la table ou sur l'autel le vaisseau des Présanctifiés (c'est-à-dire des dons déjà consacrés); et si l'on est dans sa cellule, un banc très-propre : ensuite après avoir étendu un linge, vous mettrez dessus les sacrées parcelles, et en brûlant de l'encens vous chanterez des psaumes et l'hymne TROIS FOIS SAINT, avec le Symbole de la foi, c'est-à-dire une partie des prières qu'on disoit dans le sacrifice; et après avoir adoré avec trois génuflexions, vous tiendrez la main resserrée (de peur de laisser tomber le don précieux), et vous prendrez dans votre bouche le corps précieux de Jésus-Christ notre Dieu, en disant : AMEN ; et au lieu de la liqueur sacrée, vous boirez du vin, et le calice que vous emploierez à ce ministère ne servira jamais à un usage profane : enfin vous ramasserez dans le linge les autres parcelles, prenant soigneusement garde qu'il ne tombe à terre quelque marguerite ou quelque perle, c'est-à-dire quelque parcelle du corps de Notre-Seigneur. » C'est ainsi que les Grecs appellent encore les morceaux du corps précieux. M. de la Roque

---

[1] *Dial.*, lib. II, cap. XXIV. — [2] *Auctuar. Bibl. Pat.*, Combefis, tom. II, p. 986.
[3] Bolland., tom. II, febru.

a vu ce passage dans son *Histoire de l'Eucharistie*[1], et il se tire, comme il peut, de l'adoration et de tout le culte que ce saint moine rendoit à Jésus-Christ présent. Mais ce qui fait à notre sujet, c'est qu'on y voit clairement selon la tradition des siècles précédens, que les solitaires ne réservoient qu'une seule espèce, ne communioient que sous une seule espèce, n'employoient ensuite le vin que par forme d'ablution comme nous; et que la coupe qu'on employoit à cet usage, encore qu'elle ne servît qu'indirectement à l'Eucharistie, cessoit d'être profane, tant il y a de sainteté dans ce mystère, et tant il en rejaillit pour ainsi dire de tous côtés.

Le même M. de la Roque récite dans ce même lieu quelques mots de l'*Histoire de sainte Théoctiste*, sainte solitaire, qui vivoit au commencement du dixième siècle. Mais je veux bien ici transcrire le passage entier. Celui qui raconte cette histoire rapporte que, l'ayant rencontrée dans une solitude de l'île de Crète, « elle le pria de lui apporter l'année suivante, quand il y feroit un voyage, un des dons immaculés du corps de Notre-Seigneur Jésus-Christ[2]; » c'est qu'on le divisoit en certains morceaux, qu'on appeloit *dons*. « Je passai, poursuit-il, dans l'île, ayant pris dans une boîte une partie de la divine chair de Notre-Seigneur pour la porter à la bienheureuse. Aussitôt que je la vis, je me jetai à terre, mais elle me dit: Gardez-vous-en bien, puisque vous portez le don divin. Après qu'elle m'eut relevé, je tirai la boîte avec la chair de Notre-Seigneur. Alors s'étant prosternée sur la terre, elle prit le don divin, et s'écria: O Seigneur, laissez maintenant aller en paix votre servante, puisque mes yeux ont vu le Sauveur que vous nous avez donné. » Lorsque M. de la Roque ramassoit ces choses dans son *Histoire de l'Eucharistie*, il ne songeoit qu'à se débarrasser de l'adoration que ces saints rendoient à l'Eucharistie; mais au reste il croyoit encore que la communion domestique, surtout celle des solitaires, se faisoit sous une espèce; s'il eût songé à tous ces exemples quand il a fait sa *Réponse au Traité de la Communion sous les deux espèces*, il ne se seroit pas dédit. Pour l'auteur de la seconde *Réponse*, je ne pense pas à pré-

---

[1] La Roq., II part., chap. IV, p. 540. — [2] Apud Metaph., *Vita S. Theoctistæ*, cap. XIII; Sur., 10 nov., cap. XIII, XIV.

sent qu'il se repente d'avoir avoué, quoiqu'avec peine, que les solitaires ne pouvoient *guère* emporter qu'une seule espèce; et s'il retranche quelque chose dans son expression, ce ne sera que le *guère*.

CHAPITRE IX.

La réserve de l'Eucharistie aussi nécessaire pour tous les fidèles, surtout dans les temps de persécution, que pour les solitaires : on ne réservoit que l'espèce du pain : preuves tirées de Tertullien et de l'histoire de saint Satyre.

Mais après qu'il nous a passé la communion des solitaires, je ne crois pas qu'il ait la moindre raison de se rendre difficile sur les autres, pour lesquelles on réservoit le saint Sacrement. La raison commune de le réserver étoit la difficulté de le venir prendre à l'église. Mais cette difficulté ne regardoit pas seulement les solitaires. Durant le temps des persécutions, où la crainte étoit continuelle, on avoit besoin d'avoir toujours avec soi, dans le sacrement de l'Eucharistie, l'auteur de la force; mais on n'avoit pas toujours la liberté de s'assembler, et il ne falloit pas beaucoup de temps pour altérer les espèces du vin consacré, dont tous les jours il auroit fallu ouvrir le saint réceptacle. Cet auteur veut s'imaginer qu'on s'assembloit presque tous les jours, et que ces assemblées publiques des fidèles étoient très-fréquentes aussi bien que très-faciles[1]. Je ne vois pas, si cela est, pourquoi permettre la réserve de l'Eucharistie; et M. de la Roque tombe d'accord que c'étoient « les persécutions, qui rendant les saintes assemblées difficiles, obligèrent l'Église à cette condescendance[2]. » Saint Justin qui représente si bien les assemblées ordinaires des chrétiens, ne les met qu'au jour du soleil[3], que nous appelons *le dimanche*, c'est-à-dire tous les huit jours. Mais je doute qu'on eût toujours la liberté de les faire. Je doute que tout le monde pût s'y trouver aisément. Il y en avoit que l'on connoissoit et que l'on remarquoit plus que tous les autres; et comme ils pouvoient être suivis, s'ils étoient contraints de s'absenter des assemblées pour ne se pas découvrir eux-mêmes et avec eux le reste de leurs frères,

[1] Anon., p. 127, 134. — [2] La Roq., 1 part., chap. VI, p. 161. — [3] *Apolog.*, II.

d'autres étoient obligés de prendre la fuite; et il faut n'avoir guère lu les *Actes des martyrs* pour n'y avoir pas remarqué que, dans l'ardeur des persécutions, les chrétiens étoient contraints de se sauver dans les bois et dans les déserts. Nous voyons que dès le temps de saint Paul, « ils erroient dans les solitudes, dans les montagnes désertes, dans les antres et dans les cavernes de la terre [1]. » Les voilà donc dans le cas des solitaires; et la communion sous une espèce ne leur devoit pas être déniée, comme ils la pouvoient avoir, c'est-à-dire sous la seule espèce du pain. En général l'Eglise vouloit rendre la communion facile à tous les fidèles; et lorsque les assemblées étoient difficiles, elle leur donnoit le pain consacré qu'ils pouvoient facilement garder. Il ne faut donc point ici s'imaginer de différence entre la réserve de l'Eucharistie qu'on faisoit dans la solitude, et celle que pratiquoient les autres chrétiens. Aussi voyons-nous que dans l'une et dans l'autre réserve, il n'est parlé que du corps. Je ferai voir tout à l'heure à ces Messieurs, qui s'imaginoient avoir tant d'exemples de la réserve du sang, qu'il n'y en a pas un seul qui regarde le point dont il s'agit. En attendant nous remarquerons que Tertullien, qui en toute autre occasion a coutume, comme les autres Pères, de nommer ensemble le corps et le sang, quand il s'agit de la réserve ne nomme plus que le corps : « Quand on a pris, dit-il, et qu'on a réservé le corps du Seigneur. » Le prendre dans cet endroit, c'est le prendre dans sa main selon la coutume, pour ensuite l'emporter dans sa maison. Le même Tertullien, qui n'a nommé que le corps en parlant de ce qu'on réserve de l'Eucharistie, quand il parle « de ce qu'on en goûte et de ce qu'on en prend tous les jours avant toute autre nourriture, » ne nomme semblablement que le pain seul. Tout le monde sait ce passage du livre qu'il écrit à sa femme, pour la détourner d'épouser jamais un païen, à qui les mystères des chrétiens, qu'elle ne pourroit lui cacher, la rendroient bientôt suspecte. « Quoi ! dit-il, il ne saura pas ce que vous prenez tous les jours, avant toute autre nourriture; et s'il découvre que c'est du pain, il ne croira pas que c'est un pain tel qu'on dit que nous le prenons, c'est-à-dire (du pain trempé dans

[1] *Hebr.*, XI, 38.

le sang de quelque enfant)? Lui qui ne saura pas la raison de ce que vous faites, regardera-t-il votre action comme quelque chose d'innocent, et ne croira-t-il pas que c'est aussitôt du poison que du pain [1]?» Si cette femme eût eu à cacher le vin avec le pain sacré, c'eût été pour elle un nouvel embarras, que Tertullien n'eût pas manqué d'exagérer. L'odeur même du vin l'auroit découverte en ce temps, où c'étoit la coutume de ne manger ni ne boire le matin. On reconnoissoit les chrétiens à cette marque. L'auteur de la seconde *Réponse* en convient dans les remarques qu'il fait sur une lettre de saint Cyprien [2]. Nous apprenons dans cette lettre que la peur de sentir le vin, et par là d'être découverts, en obligeoit quelques-uns à n'offrir que de l'eau seule dans le sacrifice qui se faisoit le matin. Combien plus une femme auroit-elle eu à craindre d'un mari soupçonneux? Comment auroit-elle satisfait à toutes les questions qu'il lui auroit faites sur le vin qu'elle prenoit dès le matin, et le poison qu'il la soupçonnoit de mêler dans les choses qu'elle cachoit avec tant de soin? N'eût-il pas cru que ce poison lui étoit donné encore plus imperceptiblement dans une liqueur?

Nos adversaires veulent qu'en toutes rencontres nous nous contentions de leur synecdoque; c'est-à-dire de la figure qui met la partie pour le tout, et le pain tout seul pour le pain et le vin ensemble. Je veux bien qu'on en use ainsi, quand il n'y a point de raisons particulières de nommer les deux parties; mais quand il faut relever des difficultés, et que la partie qu'on supprime en a de plus grandes que celle que l'on nomme, comme on le voit dans le passage de Tertullien, avec la permission de ces Messieurs, la synecdoque est impertinente. Il ne faut donc pas, comme ils font, me railler agréablement sur l'aversion que je témoigne pour la synecdoque; mais il faut dire que pour peu qu'on ait de goût, on ne souffre pas que cette figure, non plus que les autres, soit employée sans choix et à tout propos. Je vois, par exemple, dans saint Cyprien une femme qui ouvre le coffre où l'on mettoit le saint corps du Seigneur, ou la chose sainte du Seigneur, ou de quelque autre manière qu'on voudra traduire, ce que ce Père

---

[1] Lib. II *ad Uxor.*, cap. v.— [2] Anonyme, p. 282; Cypr., epist. LXIII *ad Cæcil.*

appelle *Sanctum Domini* [1]. Je vois deux ou trois lignes après que ce *Sanctum Domini* s'entend clairement *de ce qu'on manie et de ce qu'on mange*, CONTRECTARE : je conclus donc que saint Cyprien par ce *Sanctum Domini*, qu'il nous fait voir réservé deux lignes plus haut, entend la partie solide du saint Sacrement; et je méprise la synecdoque de mes adversaires. Je trouve dans saint Jérôme, que « les fidèles recevoient tous les jours le corps de Notre-Seigneur dans leur maison [2]. » Qu'on me montre qu'en quelque autre endroit, ou lui, ou quelque autre dise qu'on reçoive tous les jours le sang dans sa maison, je pourrai me rendre à la synecdoque; sinon on aura beau me la vanter, je serai toujours inexorable : et quand je trouve dans saint Ambroise que son frère saint Satyre, pour « attacher à son cou ce divin sacrement des fidèles avec lequel il se jeta dans la mer, » l'enveloppa dans « un mouchoir, » *in sudario*, ces Messieurs voudroient-ils m'obliger à croire que ce fut du vin consacré qu'il fut obligé d'envelopper de cette sorte, pour le pouvoir lier à son cou et surmonter avec ce secours la mer agitée? Ce n'est pas là l'impression que les paroles de saint Ambroise ont mise dans les esprits. On a entendu naturellement que saint Satyre avoit reçu, avoit enveloppé, avoit attaché à son cou le corps de Notre-Seigneur, et rien davantage. Nous trouvons encore dans le *Missel* ambrosien une messe d'un style qui se ressent de l'antiquité, en mémoire de saint Satyre, où ce miracle est célébré dans la préface en ces termes : « Après avoir mis le sacrement du corps de Notre-Seigneur dans un mouchoir, il se l'attacha au cou, et avec un tel secours il ne craignit pas de s'abandonner à une mer écumeuse [3]. » Voilà ce qui entra naturellement dans les esprits : voilà ce que la tradition avoit conservé dans l'église de Milan; et pour l'entendre autrement, il faut être dévoué à tout ce que dit un ministre.

[1] *Tract. de Laps.*, p. 189. — [2] Hieron., *ad Pam.*, ep. XXX. — [3] *Liturg.* Pam., Ambros. Miss. in dep. S. Sat.

CHAPITRE X.

*Suite des preuves de la réserve sous la seule espèce du pain : saint Optat :
Jean Moschus.*

Un auteur du même temps que saint Ambroise, c'est saint Optat, évêque de Milève en Afrique, reproche à Parménien et aux donatistes, « qu'ils avoient détruit, qu'ils avoient ôté, qu'ils avoient raclé les autels » où leurs pères avoient offert, « où le corps et le sang de Jésus-Christ habitoient par certains momens [1], » c'est-à-dire au temps du sacrifice. Il ajoute un peu après, « qu'ils avoient brisé les calices qui portoient le sang de Jésus-Christ [2]. » Voilà une expression distincte du corps et du sang. Mais lorsque le même saint Optat fait voir que ces hérétiques, pour montrer qu'ils trouvoient profane tout ce que les catholiques consacroient, et même l'Eucharistie, avoient jeté aux chiens celle qu'on réservoit, il ne parle plus que du corps. Il ne dit pas que les hérétiques aient jeté à terre ce sang précieux ; mais seulement « qu'ils donnèrent l'Eucharistie à leurs chiens, dont aussitôt la dent vengeresse déchira les coupables du saint corps [3]. » Pourquoi en parlant du corps et du sang, dans le lieu où ils ont été tous deux profanés, ne parle-t-il ici que du corps, si ce n'est parce que dans la réserve il n'y avoit que le corps seul, et que le corps seul fut ici exposé au sacrilège ?

Et quand, au commencement du septième siècle, nous voyons parmi les histoires de Jean Moschus [4], que dans une province d'Orient chaque fidèle gardoit les particules de la communion qu'on lui confioit le Jeudi saint jusqu'au même jour de l'année suivante ; qu'on les gardoit dans un linge très-propre ; qu'un particulier les ayant oubliées dans l'armoire où on les mettoit, on trouva quelque temps après que toutes les saintes particules, ὅλαι ἁγιαὶ μερίδες, loin de s'être corrompues, comme on le craignoit, avoient miraculeusement produit un épi ; faut-il encore ici, sous le bénéfice de la figure synecdoque, dire qu'on gardoit le sang

---

[1] Lib. VI, n. 1. — [2] *Ibid.*, n. 2. — [3] Lib. II, n. 19. — [4] *Prat. spirit.*, cap. LXXIX.

précieux avec le corps ? Pourquoi donc n'est-il parlé que de ce qu'on mettoit dans un linge, que des morceaux ou des particules sacrées, que de ce qui fut changé en épi ? Apparemment pour montrer que, dans les symboles de la mort de Notre-Seigneur, étoit contenu ce grain mystique que sa mort a multiplié. Si l'on gardoit aussi la sacrée liqueur, pourquoi ne dit-on pas ce qu'elle étoit devenue ? En vérité c'est trop abuser, je ne dis pas des figures de la rhétorique, mais de la crédulité du genre humain.

CHAPITRE XI.

Suite : Sacramentaire de Reims; dispute du cardinal Humbert avec les Grecs.

Le très-ancien *Sacramentaire* manuscrit de l'église de Reims, porte que « l'archevêque, en consacrant un évêque, lui donnoit une hostie formée et sacrée, toute entière : FORMATAM ATQUE SACRATAM HOSTIAM INTEGRAM, dont l'évêque communioit sur l'heure à l'autel, et réservoit ce qui en restoit pour en communier quarante jours durant. On en faisoit autant aux prêtres[1]. » Et il paroît dans le *Sacramentaire* manuscrit du monastère de Saint-Remy de la même ville, que le jour qu'on bénissoit les vierges sacrées, on leur donnoit une hostie *pour communier huit jours durant*, au lieu des quarante jours des évêques et des prêtres. Toutes ces anciennes observances étoient communes aux autres églises, et nous voyons la même chose dans la province de Sens, par une lettre de Fulbert, évêque de Chartres[2]. Il y a quelque chose de semblable dans le livre des *Constitutions apostoliques*, où il est dit, dans la consécration de l'évêque, qu'un « des évêques doit mettre dans les mains de celui qu'on vient d'ordonner, θυσίαν, l'hostie, le sacrifice ; » et c'est aussi ce que les Grecs, grands défenseurs de ce livre, appellent *le dépôt* qu'on met en la main du prêtre incontinent après qu'il est ordonné. Qui ne voit par ces coutumes et par ces exemples, que de toute antiquité la réserve de l'Eucharistie, pour un temps tant soit peu considérable, et

---

[1] *Pontif. vetustis. Biblioth. Metrop. Eccl. Rem.* — [2] Fulb., epist. II, *ad Finard*.

même pour huit jours seulement, ne se faisoit que sous l'espèce du pain qu'on pouvoit garder ?

On voit même par la dispute du cardinal Humbert avec les Grecs, sous le pape saint Léon IX, en l'an 1054[1], que lorsqu'on réservoit l'Eucharistie seulement d'un jour à l'autre, on ne le faisoit que sous l'espèce du pain. Le cardinal pose en fait que dans l'église de Jérusalem, on ne donnoit pas le corps et le sang mêlé, comme on avoit accoutumé de le faire alors dans les autres églises d'Orient ; mais que comme on consacroit beaucoup d'hosties à cause de la prodigieuse multitude de communians dans un lieu si fréquenté de toute la terre, la coutume passa pour constante. Le cardinal assura qu'elle étoit ancienne dans l'église de Jérusalem, et que toute la province en suivoit l'exemple. Le grec ne conteste rien de ce qu'avançoit le cardinal. Mes adversaires ne me contestent pas non plus ce fait, que je leur ai produit ; et la coutume de l'église et de la province de Jérusalem, peut à présent par toutes sortes de raisons passer pour constante. Je veux qu'on n'en puisse pas tirer une conséquence en faveur de la communion sous une espèce, puisqu'on pourroit supposer qu'on donnoit le sang nouvellement consacré avec le corps réservé de la veille : toujours demeurera-t-il pour certain que lorsqu'il falloit réserver, quand ce n'eût été que du jour au lendemain, on ne le faisoit que sous la seule espèce du pain à cause de la difficulté de conserver l'autre ; et cela nous suffit quant à présent, sauf à tirer ailleurs d'autres conséquences.

CHAPITRE XII.

Suite : *Actes de saint Tharsice et des martyrs de Nicomédie.*

Mes adversaires demeurent d'accord des *Actes* que j'ai produits, de saint Tharsice, acolyte du pape saint Etienne, qui souffrit quelques jours après lui, sous l'empire de Valérien, au milieu du troisième siècle[2]. Son martyre est rapporté dans les *Actes* de celui de son évêque, et dans les *Martyrologes* à peu près dans les

---

[1] Bar., tom. XI, append. — [2] La Roq., *Hist. de l'Eucharistie*, p. 179 ; voyez sa *Réponse*, p. 130.

mêmes termes[1]. On y voit que le saint martyr « ne voulut jamais découvrir à des infidèles qu'il rencontra dans son chemin, les sacremens du corps de Notre-Seigneur qu'il portoit, ni jeter les perles devant ces pourceaux. » Dieu même l'aida à cacher ce que les infidèles ne devoient pas voir, et « après qu'ils l'eurent tué à coups de bâton et à coups de pierres, quelque soin qu'ils prissent de chercher, ils ne trouvèrent, ni dans ses mains ni dans ses habits, aucune parcelle des sacremens de Jésus-Christ; » mot à mot, *rien des sacremens, rien des mystères*, NIHIL MYSTERIORUM, NIHIL SACRAMENTORUM, dont on auroit dû naturellement apercevoir les restes et les particules dans ses mains ou dans ses habits, quelque soin qu'il eût pris de cacher ce sacré dépôt. Aussi est-il seulement parlé du corps, quoiqu'on mette au pluriel les *mystères,* ou les *sacremens*, que le langage ecclésiastique emploie indifféremment dans les deux nombres.

La réserve sous la seule espèce du pain, n'est pas moins claire dans les *Actes* des saints martyrs de Nicomédie, Domna et Indes[2]. Les magistrats visitèrent « la maison où demeuroit sainte Domne avec l'eunuque Indes qui la servoit. » « On y trouva une croix, le livre des *Actes des Apôtres,* deux nappes étendues à plate-terre avec une lampe, un coffre de bois, où ils mettoient l'oblation sainte qu'ils recevoient; on n'y trouva point l'oblation qu'ils avoient eu soin de consumer. »

L'auteur de la seconde *Réponse*, effrayé de cette croix et de cette lampe, dont sa religion ne lui apprend pas l'usage, s'emporte contre Métaphraste, dont il croit que j'ai tiré ce récit; mais sans approuver le mépris extrême qu'il témoigne pour cet auteur, dont nous avons tant de restes précieux des anciens *Actes* et tant de choses où l'on ressent la plus pure antiquité, pour peu qu'il eût pris garde à ce qu'il lisoit, il eût vu que je ne parle en aucune sorte de la longue histoire de ces saints martyrs que l'on trouve chez Métaphraste. Je ne cite que des actes très-courts, très-anciens, très-purs, où tout respire la piété et la simplicité ancienne, que Baronius a produits et qui se trouvent dans les bibliothèques.

[1] Sur., 2 aug., cap. XIII, *Martyr. Adon. Rom.,* Bed., 15 aug. — [2] Ap. Baron, an. 293. *Vid.* Boll. et Mombrit.

Ces Messieurs ne veulent pas croire ce que j'ai dit [1], que le terme d'*oblation sainte, sancta oblatio*, et dans les temps un peu plus bas, *sancta oblata*, au féminin, signifie le corps de Notre-Seigneur. La chose est pourtant constante. On n'a qu'à ouvrir l'*Ordre Romain*, les *Sacramentaires*, et enfin les autres livres de cette nature, on y trouvera à toutes les pages l'*oblation sainte*, manifestement distinguée du saint calice et du breuvage sacré ; et ceux qui ne voudront pas prendre cette peine, peuvent voir le mot *oblata* dans le docte dictionnaire de M. du Cange, qui confirme ce que j'avois dit après les maîtres. Si l'on n'est pas satisfait des exemples que l'on y trouvera, je m'offre d'en montrer par centaines. Mais je ne crois pas que des gens instruits m'obligent à cette recherche. On ne s'étonnera pas après cela que ceux qui ont traduit de grec en latin les *Actes des saints martyrs*, dont nous parlons, aient suivi cet usage ecclésiastique, et qu'ils aient exprimé le corps de Notre-Seigneur, ou le mot qui se trouvoit dans l'original, par le mot d'*oblation sainte*, selon le langage de l'Eglise.

CHAPITRE XIII.

Suite : Vie de sainte Eudoxe.

La Vie de sainte Eudoxe, vierge et martyre, nous a été donnée par Bollandus, et le manuscrit grec d'où il l'a tirée a environ mille ans. Nous y trouvons que cette vierge « cherchée par des soldats au lieu de retraite où elle s'étoit renfermée, avant que de se mettre entre leurs mains, entra dans l'oratoire et qu'ayant ouvert le coffret où l'on gardoit le don des restes du saint corps de Jésus-Christ, elle en prit une particule qu'elle cacha dans son sein, et qu'ensuite elle ne craignit pas d'aller avec ceux qui vouloient l'emmener [2]. » Et un peu après : « Comme les soldats la dépouillèrent et la mirent à demi nue, le saint et vénérable don de Jésus-Christ, c'est-à-dire la particule de l'Eucharistie tomba de son sein. On la releva et on l'apporta au président; mais il n'eut pas plutôt approché ses mains du gage sacré qu'il se changea en feu. »

---

[1] *Traité de la Commun.*, 1 part. n. 2, p. 257. — [2] Bolland., tom. 1 *Mart.*, p. 19 *Vitæ*, cap. xii, xiii, *ex Miss. Vatic.*

Ainsi voyons-nous dans saint Cyprien « qu'une femme ayant ouvert d'une main indigne le coffret où étoit le Saint du Seigneur, il en sortit une flamme dont elle fut effrayée [1]. » Et encore en ce même endroit « qu'une autre, qui osa prendre en mauvais état le Saint du Seigneur, ne put ni le manger ni le manier, et ne trouva que des cendres en ses mains. » Nous voyons ici le même coffret, la même chose sainte, le même feu allumé contre les profanateurs de l'Eucharistie. Voilà ce que gardoient les saints martyrs dès le second siècle de l'Eglise. Car sainte Eudoxe souffrit en ce temps-là.

Voilà ce qu'ils recevoient tous les jours. De ridicules critiques diront peut-être qu'on trouve dans ce récit des mots et même des choses qui sont nées beaucoup au-dessous de ces premiers siècles, comme, par exemple, le mot *asceterium*, qui signifie monastère et l'*oratoire* où l'on gardoit les dons sacrés ; mais qu'il y ait eu de tout temps des vierges sacrées qui vivoient dans une extrême retraite, c'est ce qu'on ne peut révoquer en doute. Il ne leur étoit pas difficile de se mettre trois ou quatre ensemble et même davantage, si elles vouloient, dans une même maison. Encore qu'il n'y eût pas des monastères en forme, comme on en a vu depuis la paix de l'Eglise, il ne faudroit pas s'étonner que les auteurs qui ont tiré ces histoires des anciens *Actes*, pour mieux faire entendre les choses, se soient servis des mots qui étoient connus de leur temps. C'est ainsi que nous voyons dans les *Actes* du martyre de saint Boniface d'une très-grande antiquité, le monastère où Aglaé se retira ; et à prendre les choses par le fond, dans l'extrême régularité et l'extrême retraite que gardoient les vierges chrétiennes, pour ne pas dire la plupart des chrétiens, on pourroit plutôt dire que toutes leurs maisons étoient des monastères que de dire qu'il n'y en avoit point du tout alors. C'est ce qui fait qu'on trouve quelquefois ces mots dans les récits tirés ou traduits des anciens *Actes* ; et ceux qui les rejettent sous ce prétexte, n'ont aucun goût de la piété ni de l'antiquité chrétienne. Au reste il n'y auroit rien d'extraordinaire qu'il y ait eu un lieu particulièrement destiné à la réserve de l'Eucharistie, ni qu'on ait donné à

[1] *De Lapsis*, p. 189.

ce lieu un nom saint et religieux ; mais enfin, quoi qu'il en soit, on ne peut révoquer en doute, après tant d'autorités et tant d'exemples, que la réserve de l'Eucharistie ne se fît sous une seule espèce par toute l'Eglise, dès les premiers temps du christianisme. Nos adversaires n'ont pas pu tout à fait nier ce fait décisif. L'auteur de la seconde *Réponse* nous le passe pour les solitaires, et il a paru clairement qu'il n'y a pas plus de raison de le contester pour les autres. M. de la Roque, qui après l'avoir établi dans son *Histoire de l'Eucharistie* par tant de beaux témoignages, s'est enfin avisé ici de le nier, apporte tant d'autres réponses, et les défend avec tant de soin, qu'on voit bien qu'il ne met pas en celle-ci sa principale défense. Mais afin que tout ce qu'il y a de gens de bon sens et de bonne foi parmi nos Frères errans reconnoissent dorénavant un fait si certain, levons-leur la difficulté principale qui les en empêche.

CHAPITRE XIV.

Communion des malades.

Il est vrai que dans les *Réponses* de mes adversaires, il y a un endroit éblouissant, et je ne m'étonne pas que les lecteurs peu instruits m'aient cru battu en ce point. J'avois avancé « qu'on communioit ordinairement les malades sous la seule espèce du pain [1]. » Ces vigoureux attaquans répondent que, pour établir cette pratique ordinaire, je n'apporte que deux exemples, et encore qu'ils me contestent celui de Sérapion et celui de saint Ambroise ; mais pour eux qu'ils vont m'accabler d'autorités et d'exemples. Et en effet, ils ont parcouru avec un soin digne de louange les Vies des Saints recueillies par Surius ou par les autres, dont la plupart sont écrites par des auteurs contemporains. C'est de là qu'ils tirent tout de suite, l'un vingt-un, et l'autre près de trente exemples de communions sous les deux espèces dans l'extrémité de la maladie ; de sorte que s'il a fallu réserver l'Eucharistie pour la communion ordinaire des malades, ce ne peut être que sous les deux espèces, et qu'ainsi la difficulté que j'avois

[1] *Traité de la Commun.*, 1 part., n. 2, p. 247.

posée à réserver celle du vin s'en va en fumée. Voilà, dis-je, encore une fois, un raisonnement éblouissant. Les protestans triomphent, les catholiques sont en peine pour moi, et tel m'aura blâmé de n'avoir pas assez pris garde à ce que je disois, et d'avoir commis l'Eglise. Mais qu'ils cessent de s'inquiéter, ou pour la cause de l'Eglise, ou pour la mienne, s'ils ont eu assez de charité pour cela. Outre ces vingt ou trente exemples qu'on m'oppose, je suis prêt à en fournir presque encore autant, et je n'en soutiendrai pas avec moins de force que ce que j'ai dit est exactement véritable.

En effet, en disant que la communion des malades se faisoit ordinairement sous une seule espèce, j'avois remarqué expressément, « que souvent on les leur portoit toutes deux, » et que c'étoit « lorsqu'on avoit à les communier dans des circonstances où ils pussent commodément recevoir les deux espèces sans être altérées en aucune sorte [1]. » J'avois même remarqué que le temps propre à les communier sous les deux espèces, étoit celui où on leur donnoit la communion environ au temps de la messe. J'en avois donné des exemples dans mon *Traité* [2], où on y peut voir la communion de Louis le Gros roi de France, que l'abbé Suger nous montre en effet comme faite sous les deux espèces ; mais il remarque expressément que « ce fut en sortant de dire la messe qu'on les apporta dévotement en procession dans la chambre du malade [3] ; » et afin de ne rien omettre, je n'avois pas oublié la pratique assez ordinaire de dire la messe dans la maison du malade, quand on en avoit le loisir ; et j'avois cité le *Capitulaire* d'Ahyton, évêque de Bâle, auteur du huitième siècle [4], dont le chapitre xiv porte expressément : « Qu'on ne célébrera point la messe dans les maisons, si ce n'est dans la visite des malades. » De tout cela, j'avois conclu que lorsqu'on ne pouvoit pas dire la messe ni donner la communion aussitôt après, et en un mot, lorsqu'on la donnoit par l'Eucharistie réservée, ce n'étoit que sous une espèce ; et enfin, ce qui étoit notre question, qu'on pouvoit bien porter la communion sous les deux espèces, mais que

[1] *Traité de la Commun.*, 1 part., n. 2, p. 264. — [2] *Ibid.*, p. 265. — [3] Sug., *in Vit. Lud.* — [4] *Spicileg.*, tom. IV, p. 695.

la coutume étoit de ne la garder que sous une. Si ces Messieurs eussent pris garde à cette distinction, que j'avois si expressément marquée, ils se seroient épargné la peine de tant rapporter d'exemples ; car il est certain que tous ces exemples sont premièrement, des exemples d'évêques, d'abbés, de prêtres, de religieux, de princes, qui tous demeuroient dans des lieux où il y avoit des églises, ou chez qui il y avoit des oratoires, d'où après avoir dit la messe, on leur pouvoit très-commodément porter les deux espèces du sacrement : secondement, des exemples de Saints presque tous avertis d'en haut de leur mort prochaine, qui avoient par conséquent tout le loisir qu'ils souhaitoient, non-seulement d'entendre la messe et d'y communier, mais encore de la dire ; et enfin de gens qui, accoutumés à la pénitence et à vaincre toutes les foiblesses du corps dans la plus grande extrémité, se traînoient, comme ils pouvoient, à l'église et aux autels, pour y offrir et y recevoir la Victime sainte. Quand on produiroit, je ne dis pas vingt ou trente, mais soixante et cent exemples de cette sorte, il nous resteroit encore tous ceux du simple peuple, tous ceux dont on n'écrit pas la vie, tous ceux qui étoient surpris par la violence du mal, tous ceux qui n'avoient pas le courage ou la force d'aller recevoir les mystères à l'église ou à la messe, ou qui n'avoient pas toujours la commodité ou le temps de la faire dire chez eux. En voilà plus qu'il n'en faut pour laisser en son entier la nécessité de la réserve et la communion ordinaire des malades sous une espèce, et c'est aussi la seule chose que j'ai assurée.

Mais afin que ces Messieurs, ou ceux qu'ils auront persuadés par leurs discours puissent aisément se désabuser, repassons un peu sur les exemples rapportés par nos adversaires, de la communion des malades. L'Anonyme trouve le premier et le plus ancien de ces exemples chez « saint Justin, qui dit expressément, qu'on portoit le pain et le vin de l'Eucharistie aux absens et aux malades [1]. » Il y ajoute les malades de son crû, et saint Justin ne parle que des absens. Mais enfin, quand on lui avouera que saint Justin a voulu comprendre les malades mêmes sous le nom com-

[1] Anonyme. p. 117 ; Just., *Apol.*, I, n. 67.

mun d'absens, M. de la Roque lui répondra : « Je ne me suis pas servi du témoignage de saint Justin martyr, qui dit qu'on portoit l'Eucharistie aux absens, et qu'on leur portoit les deux symboles, parce que cela se faisoit incontinent après la communion des fidèles dans l'assemblée de l'église, ce qui ne regarde pas à mon avis la garde du sacrement dont nous traitons[1]. »

Mais ce qu'il y a ici de plus remarquable, c'est que l'Anonyme lui-même, qui nous objecte saint Justin, demeure d'accord que si « on portoit de son temps la sainte Eucharistie, ce n'étoit que par occasion et dans la communion des fidèles, comme il paroît par son témoignage[2]. »

Il est donc clair de l'aveu de mes adversaires, que le passage de saint Justin ne prouve la communion sous les deux espèces que dans le temps de l'assemblée des fidèles et de la célébration du sacrifice. L'exemple de saint Exupère ou de saint Spire, évêque de Toulouse, qui est aussi allégué par l'Anonyme[3], ne prouve pas davantage. M. de la Roque déclare qu'il ne veut pas s'en servir, parce qu'encore que saint Jérôme ait écrit qu'il portoit « le corps de Notre-Seigneur dans un panier d'osier, et le sang dans un verre, » il ne dit pas, poursuit le ministre, « si c'étoit pour les malades[4]. » Il omet la bonne raison pour laquelle ce passage lui est inutile : c'est que saint Jérôme ne parle pas de ce que *gardoit* ce saint évêque, mais de ce qu'il *portoit* aux malades; car je ne vois nulle difficulté que ce ne fût à eux; de sorte que ce passage ne fait pas plus contre nous que celui de saint Justin, puisque nous cherchons ici, non ce qu'on pouvoit porter aux malades et ce qu'en effet on leur portoit souvent, mais ce qu'on gardoit, ce qu'on réservoit pour eux, quand on n'avoit pas le loisir de leur célébrer le saint sacrifice.

Mais de peur que ces Messieurs ne me disent que cette coutume de dire la messe dans la chambre des malades, ou de la dire dans l'église pour eux, n'est pas si ancienne, ils la trouveront dans le pieux et grave récit que fait Uranius, prêtre de l'église de Nole, de la mort de saint Paulin son évêque : « Comme il fut prêt, dit-il, à

---

[1] La Roque, p. 170. — [2] Anon., p. 153. — [3] *Ibid.*, p. 129, 134. — [4] La Roque, p. 68; Hier., ep. IV, nunc XCV, *ad Rust.*

s'en aller à Dieu, il voulut qu'on célébrât devant son lit les sacrés mystères; et lui-même, avec les autres évêques, il recommanda son ame à Notre-Seigneur en offrant le sacrifice [1]. » Il mourut un an après son grand et intime ami saint Augustin, en l'an 431 de Notre-Seigneur. Sans doute on le peut compter parmi ceux qui ont communié sous les deux espèces; mais ce fut après avoir célébré la messe dans sa chambre et devant son lit, un peu avant sa mort bienheureuse; et cet exemple du commencement du cinquième siècle, est de même âge que saint Exupère.

Nous avons dans le même siècle, en l'an 460 de Notre-Seigneur, un exemple remarqué par nos adversaires. C'est celui de saint Valentin évêque de Padoue, dont l'historien rapporte, qu'avant que de rendre l'esprit, « il prit de ses propres mains le sacrement du corps et du sang du Seigneur [2]. » On a tout sujet de croire que prendre les deux espèces de ses propres mains, c'est les prendre après les avoir consacrées. C'est ainsi que nous lisons dans la Vie de saint Valère évêque de Trèves, « qu'il entra dans son oratoire, où il reçut le Viatique qu'il avoit lui-même consacré [3]; » et encore plus expressément dans la Vie de saint Corbinien évêque de Frisingue, « qu'il offrit le sacrifice à Dieu, et qu'il reçut le Viatique de ses propres mains [4]. »

Le nombre est infini de ceux qui ont communié de cette sorte; et il est clair du propre aveu de M. de la Roque, que ces exemples ne font rien pour la réserve. C'est pourquoi pour paroître conclure quelque chose, ces Messieurs ont dissimulé avec une affectation manifeste la circonstance de la messe, dans tous les exemples où elle se trouve. M. de la Roque [5] a tiré des *Dialogues* du pape saint Grégoire, l'exemple de saint Cassius évêque de Parme, qui vivoit environ l'an 530, et qui au rapport de saint Grégoire, « après qu'il eut reçu les mystères de la sacrée communion, mourut [6]. » S'il n'y avoit que ces paroles que cite M. de la Roque, la preuve seroit très-foible pour la réception des deux symboles. Mais il omet ce que dit ce grand pape, que saint Cas-

---

[1] Sur., Jun. 22. — [2] Sur., Jan. 29; La Roq., p. 68; Anonyme, p. 130. — [3] Sur., 29 janu. — [4] *Idem*, 3 sept., — [5] La Roq., p. 68. — [6] *Dial.*, lib. IV, cap. LVI; Hom. XXXVII, *in Ev.*

sius « avoit accoutumé d'offrir tous les jours à Dieu le saint sacrifice : qu'un prêtre l'avertit de la part de Dieu qu'il mourroit le jour des apôtres saint Pierre et saint Paul; et qu'en effet sept ans après, ayant achevé la solennité de la messe, et reçu les mystères de la communion sacrée, il rendit l'esprit. » J'avoue donc qu'il communia sous les deux espèces, mais à la messe qu'il venoit de célébrer; et M. de la Roque n'en dit mot, parce qu'il eût vu d'abord que cet exemple, selon lui-même, ne servoit de rien à la réserve dont il s'agit.

C'est pour la même raison qu'en rapportant avec soin que saint Ansbert [1] évêque de Rouen, en l'an 695 de Notre-Seigneur, « se munit, avant sa mort, de la perception du corps et du sang du Seigneur; » il omet que ce fut « après avoir convoqué ses frères, et s'être fait célébrer les solennités de la messe [2]. »

Il dit bien aussi que sainte Gertrude, qui mourut dans le même siècle, étant avertie de sa mort prochaine, « reçut le très-sacré Viatique du corps et du sang de Jésus-Christ; » mais il oublie que la veille de sa mort le serviteur de Dieu Ulstan, averti de la part de Dieu, lui avoit fait dire « qu'elle mourroit le lendemain durant les solennités de la messe [3]; » ce qui arriva en effet comme le serviteur de Dieu l'avoit prédit.

M. de la Roque use encore de cette mauvaise finesse dans ce qu'il rapporte d'un jeune Saxon [4], dont le Vénérable Bède rapporte l'histoire. Frappé d'une maladie contagieuse, il fut, dit-il, « averti par les apôtres saint Pierre et saint Paul qu'il ne mourroit pas que premièrement il n'eût reçu le Viatique du corps et du sang du Seigneur. » Voilà ce que produit M. de la Roque; mais il oublie que dans l'apparition des apôtres, Bède rapporte expressément qu'ils dirent à ce jeune homme : « Mon fils, ce ne sera pas aujourd'hui que nous vous conduirons au ciel ; mais vous devez attendre qu'on ait célébré la messe, et qu'ayant reçu le Viatique du corps et du sang de Notre-Seigneur, vous soyez élevé aux joies éternelles. » Sur le rapport que fit ce jeune homme d'une vision si merveilleuse, le prêtre « fit dire la messe, fit communier tout le

---

[1] La Roq., p. 71. — [2] Sur., 9 febr. — [3] *Act. SS. Ben.*, tom. II, ann. 658, p. 467; Sur., 17 mart. — [4] La Roq., p. 72.

monde, et envoya au malade une particule du sacrifice de l'oblation de Notre-Seigneur. » Je veux que M. de la Roque ait bien prouvé qu'on lui envoya le corps et le sang, ce que j'aurai lieu de lui contester ailleurs; mais il ne devoit pas avoir oublié que ce fut après le sacrifice, et que cet exemple ne fait rien pour la réserve.

Il rapporte [1] au douzième siècle l'exemple de Hervé, abbé de Bourgueil, dont on écrit, qu'avant que de mourir, « il reçut les sacrés mystères du corps et du sang du Seigneur, pour servir de protection à son ame, qui étoit sur le point de sortir du corps [2]. » Mais il ne devoit pas avoir omis ce qui est porté dans le même lieu d'où il a tiré ce passage, qu'après avoir reçu l'Extrême-Onction, « il reconnut qu'il ne falloit pas que Notre-Seigneur vînt à lui, mais plutôt que c'étoit à lui d'aller trouver Notre-Seigneur; qu'il voulut aller à l'église, où il entendit la messe et reçut très-dévotement le corps et le sang de Notre-Seigneur. »

L'Anonyme n'est pas moins soigneux à nous cacher la circonstance essentielle de la messe célébrée [3], et dans la Vie de saint Ansbert, et dans celle de sainte Gertrude, et dans l'histoire du jeune Saxon. Voilà les exemples qui lui sont communs avec M. de la Roque; mais ce ne sont pas les seuls endroits où il tombe dans la faute que je lui reproche. Il remarque à la vérité que saint Robert, évêque de Vormes, mourut l'an 623 de Notre-Seigneur, s'étant « muni du saint Viatique du corps et du sang de Jésus-Christ; » mais il dissimule « que ce fut après avoir célébré les solennités de la messe, » comme il est expressément marqué dans sa Vie [4]. C'est ainsi que cet auteur rapporte les choses.

Je ne veux pas lui reprocher qu'il fait communier Charlemagne sous les deux espèces, et qu'Eginard qu'il produit, n'en dit rien dans ses *Annales,* ni dans la *Vie* de ce prince; mais seulement en général « qu'au septième jour de sa maladie, il reçut la communion sacrée [5]. » Je lui pardonne encore de citer Tegan pour la communion de Louis le Débonnaire, dont cet auteur ne dit pas un mot, et de l'avoir confondu avec l'auteur inconnu de la vie et des

---

[1] La Roq., p. 76. — [2] *Spicil.,* tom. II, p. 517. — [3] Anonyme, p. 150, 151. — [4] Sur., 27 mart. — [5] Egin., *Vit. Car. Mag.,* Duch., tom. II, p. 104.

actions de Louis; et sur ce que ce dernier auteur dit que ce prince « reçut selon la coutume la communion sacrée, » je veux encore qu'il soit permis à mon adversaire d'y ajouter cette glose : « C'est-à-dire comme avoit fait Charlemagne, sous l'une et sous l'autre espèce. » Que tout cela, dis-je, lui soit permis; mais il ne devoit pas omettre ce qu'avoit dit son auteur, que cet empereur ayant passé une très-mauvaise nuit, « le lendemain qui étoit le dimanche, il fit préparer le ministère de l'autel, » c'est-à-dire tout ce qui servoit au saint sacrifice, « et qu'il fit célébrer les solennités de la messe par Drogon, des mains duquel il reçut selon la coutume la communion sacrée [1]; » de sorte qu'il n'importe plus à la question que nous traitons, que ce fût sous une ou sous deux espèces.

J'avoue donc que c'étoit la coutume de donner le saint Viatique aux rois, pour ne point ici parler des autres, après avoir dit la messe ou dans leur chapelle, ou en leur présence. Nous avons vu tout à l'heure comment on le donna à Louis le Gros : nous voyons ici comment on le donne à Louis le Débonnaire, et je ne doute nullement qu'on ne l'eût donné de même à Charlemagne, puisqu'on voit par Eginard qu'il le reçut le matin à une heure où l'on pouvoit bien dire la messe; mais tout cela, ni de semblables communions, ou des princes ou des autres chrétiens, ne font rien à notre sujet ni à la question de la réserve.

Nos frères me permettront donc de leur rapporter ici ce que leurs auteurs leur dissimulent, que les saints évêques, les saints abbés, les saints prêtres, les saints religieux, les saintes vierges, lorsqu'ils avoient à recevoir le saint Viatique, prenoient soin, non-seulement de le recevoir après la messe, mais encore le plus souvent malgré leur foiblesse d'aller à l'église, ou pour la dire, ou pour l'entendre. On a déjà vu sept ou huit exemples du cinquième, du sixième, du septième et du huitième siècle. En voici d'autres. Dès le quatrième siècle et environ l'an 390, saint Maurice évêque d'Angers, célèbre par ses miracles, agé de quatre-vingt-dix ans et dans la trentième année de son épiscopat, un dimanche, sentant approcher sa dernière heure, « après avoir

[1] *Vit. et act. Lud. Pii.*, Duch., tom. II, p. 319.

achevé selon sa coutume l'office de la sainte solennité, rendit l'esprit [1]. »

On voit au cinquième siècle le saint abbé Winwalocus, à qui un ange vint déclarer le jour de sa mort. A cette heureuse nouvelle, après avoir assemblé ses frères pour se recommander à leurs prières, à la troisième heure du jour, c'est-à-dire à l'heure de tierce, vers les neuf heures du matin, « il offrit le céleste sacrifice ; et après avoir donné le baiser de paix à ses frères et s'être repu de l'Agneau de Dieu, il expira à l'autel [2]. »

Vers la fin du sixième siècle, outre l'exemple déjà rapporté de saint Cassius, nous avons la *Vie de saint Colomb* abbé de Hi en Angleterre, où il est écrit que sachant le jour de sa mort, « il entra dans l'église pour y célébrer la messe de la nuit de Notre-Seigneur [3], » c'étoit celle de la Nativité, et cela marque la coutume qu'avoient les Saints, lorsqu'ils sentoient approcher la dernière heure.

On voit au septième siècle saint Swibert, évêque de Verde, qui averti du jour de sa mort, « se fit célébrer la sacrée solennité de la messe [4]. » On voit au huitième siècle saint Ludger, évêque de Munster, « à un dimanche qui précéda la nuit de sa mort, » non-seulement entendre la messe qu'un « prêtre chanta, mais encore prêcher dans deux églises, comme pour dire adieu à son troupeau, et ensuite, vers les neuf heures du matin, lui-même célébrer pour la dernière fois la solennité de la messe [5], » assuré qu'il mourroit la nuit prochaine. Au même siècle, Virgile évêque de Salsbourg, averti comme les autres de sa dernière heure, mourut « après avoir célébré le mystère du divin Sacrement [6]. » Nous avons au dixième siècle saint Alferrus abbé, « qui le propre jour de sa mort, dont il avoit été averti, célébra la solennité de la messe [7] : » saint Udalric évêque d'Augsbourg, malade à l'extrémité, « dit deux messes, selon la coutume, le jour de saint Jean-Baptiste, et mourut quatre jours après, à la vigile des apôtres saint Pierre et saint Paul [8]. » Sainte Rotecarde tante de saint Berruald, évêque

---

[1] Sur., 10 sept. — [2] *Ibid.*, 3 mart. — [3] *Act. SS. Ben.*, tom. I, an. 598, p. 365. — [4] Sur., 1 mart. — [5] *Idem*, 24 mart. — [6] *Idem*, 27 nov. — [7] *Idem*, 12 april. — [8] *Idem*, 4 jul., cap. XXIII.

de Hildesheim, « qui avertie de sa mort la nuit de la Nativité de Notre-Seigneur, se fit porter à l'église; où elle entendit la messe Dominus dixit (c'est la messe de minuit, qui commence par ces paroles) où elle reçut *le Viatique du corps et du sang de Notre-Seigneur, et mourut à la grand'messe, comme elle l'avoit prédit, pendant la séquence* [1], » c'est ce qu'on appelle la *prose* ; et enfin saint Geraud comte d'Aurillac, dont la Vie a été écrite par saint Odon abbé de Clugni, et où nous lisons que « prêt à mourir, » il se fit revêtir d'un cilice; et que pendant qu'on psalmodioit autour de lui, « un prêtre alla promptement célébrer la messe pour lui envoyer le corps de Notre-Seigneur qu'il attendoit. » On ne parle dans cette occasion, non plus qu'en beaucoup d'autres, que d'une seule espèce, comme nous le remarquerons ailleurs. Il s'agit ici seulement de remarquer le soin qu'on avoit d'offrir, autant qu'on pouvoit, le saint sacrifice, lorsqu'il falloit donner le Viatique aux malades. Mais dans le même dixième siècle, n'oublions pas l'admirable saint Dunstan évêque de Cantorbéry. Ce saint vieillard averti du jour de sa mort, « célébra la messe solennelle le jour de l'Ascension : après qu'on eut lu l'Evangile, il prêcha, il retourna à l'autel, où par une immaculée bénédiction il changea le pain et le vin au corps et au sang de Notre-Seigneur : à la bénédiction (a), il prêcha encore de la vérité du corps de Jésus-Christ, de la résurrection et de la vie éternelle, avec tant de goût qu'on croyoit entendre un citoyen du ciel : après cette seconde prédication, il donna la bénédiction sur le peuple, et retourna prêcher une troisième fois. A cette dernière fois, il déclara qu'il alloit mourir : il alla manger la vie à la table du Seigneur : il marqua le lieu de sa sépulture; et nourri du corps et du sang de Jésus-Christ, il attendit avec joie sur son lit la dernière heure [2]. »

Le P. Mabillon nous a donné une Vie plus ancienne de cet incomparable évêque, où les mêmes choses sont racontées. On y ajoute seulement que « prêt à mourir, il fit célébrer devant lui le mys-

[1] Sur., 20 nov., *Vit. Berruald., Ep. Hildes.*, c. 36, 37. — Sur., 19 maii.

(a) C'est-à-dire après les saints mystères, à la bénédiction qui se donne au peuple : *Ubi ad benedictionem super populum ventum est.*

tère de la sainte communion, qu'il reçut de la table céleste les mains étendues [1]. »

Vers le milieu du onzième siècle, saint Gontier solitaire, « entendit la messe de Sévère évêque, et se munit de la réception du corps et du sang de Notre-Seigneur [2]. »

Au commencement du douzième siècle, saint Anselme archevêque de Cantorbéry, dans les derniers jours de sa vie assiste à la messe, et de son lit se fait jeter sur la cendre et sur le cilice [3]. Nous avons vu dans le même temps Hervé abbé de Bourgueil, qui va entendre la messe à l'église, pour y recevoir le corps et le sang de Notre-Seigneur [4]. Au même siècle saint Guillaume abbé de Roschild, en Danemark, averti comme les autres du jour de sa mort, qui devoit être le Jeudi saint, « s'approche de l'autel pour y sacrifier, y donner l'Eucharistie à tous ses frères, et meurt selon la coutume des saints moines, sur la cendre et le cilice, à l'âge de quatre-vingt-dix-huit ans [5]. »

Les saintes religieuses pratiquoient la même chose. On a vu au septième siècle l'exemple de sainte Gertrude. Au même siècle, sainte Opportune vierge et abbesse, « sachant que l'heure approchoit qu'elle devoit être appelée, fit célébrer les solennités de la messe pour la recommandation de son ame, prête à partir de cette vie [6] : » elle ordonna à toutes ses sœurs d'y porter leur oblation « et se fit apporter le corps de Notre-Seigneur. » Enfin on voit en général que tous ces saints reçoivent le Viatique à des heures qui s'accommodent avec la célébration des mystères, où constamment il falloit être à jeun. Ainsi quand on communia pour Viatique saint Cutbert évêque de Lindisfarne, le Vénérable Bède, qui a écrit sa Vie et qui lui donna la communion, marque expressément que ce fut « vers le temps accoutumé de la prière de la nuit, » UBI CONSUETUM NOCTURNÆ ORATIONIS TEMPUS ADERAT [7], c'est-à-dire environ sur les deux heures après minuit. Ainsi est-il dit de saint Leufroy abbé au septième siècle, qu'il reçut le Viatique « après qu'il eut achevé les matines avec ses frères, » MATUTINORUM

---

[1] *Sœc. Bened.*, V, tom. VII, p. 687, n. 44. — [2] Sur., 9 octob. — [3] *Idem*, apr. 11. — [4] *Ep. Encyc. Mon. Burged.*, tom. II, *Spicil.*, p. 517. — [5] Sur., apr. 5. — [6] *Idem*, 22 apr. — [7] *Cutb. Vit.*, per Bed.; Sur., 20 mart.

SYNAXI CUM FRATRIBUS PERACTA [1]. On voit au septième siècle, dans la Vie de saint Trudon prêtre, père et fondateur du célèbre monastère qui porte son nom, que l'*heure étant arrivée*, FACTA HORA, on lui apporta les *vivifians mystères* des sacremens [2]; ce qui montre qu'on attendoit une certaine heure, et ce ne peut être que celle où l'on pouvoit célébrer le sacrifice. Il paroît même que l'heure ordinaire de communier les mourans et de dire la messe pour eux, étoit celle qu'on appeloit l'heure de prime : *la première heure du jour*, PRIMA HORA, vers les six heures du matin, par où je ne veux pas dire que le besoin du malade ne fit avancer ou reculer cette heure ; mais seulement que c'étoit l'heure ordinaire. Car outre qu'on en voit beaucoup qui communient à cette heure, comme saint Meinvert, évêque de Paderborne au commencement du onzième siècle [3], et sainte Elisabeth fille d'André, roi de Hongrie, dans le treizième [4]; Paschase Radbert marque expressément dans la Vie de saint Adelard abbé de Corbie, que dans sa dernière maladie, « les matines étant achevées, et tous ses frères étant assemblés, il reçut la communion vers la première heure du jour, selon la coutume [5]. » Au lieu donc que l'heure ordinaire de la messe solennelle étoit, comme elle est encore, l'heure de tierce, c'est-à-dire neuf heures du matin, on avançoit le temps de la messe pour les malades, qui du moins pour la plupart communioient à jeun, comme les autres fidèles. Quoi qu'il en soit, c'étoit tellement la coutume de recevoir la communion le matin et au temps qu'on pouvoit dire la messe, que parmi tant de Vies de Saints, je n'en vois qu'un seul dont la communion nous soit marquée sur le soir; c'est saint Arnould évêque de Soissons, dans l'onzième siècle, « qui, le vingt-unième jour de sa maladie, reçut sur le soir avec beaucoup de dévotion, le corps et le sang de Notre-Seigneur [6]. » Mais aussi faut-il remarquer que ce fut la veille de l'Assomption, jour de jeûne, où le sacrifice se célébroit sur le soir; et apparemment son historien nous marque cette circonstance de la communion de ce saint évêque, pour montrer que dans cette dernière extrémité, il ne laissoit pas de se conformer

[1] Sur., 21 jun. — [2] *Idem*, 23 nov. — [3] *Idem*, 5 jun. — [4] *Idem*, 19 nov. — [5] *Idem*, 2 jan. — [6] *Idem*, 15 aug.

aux coutumes de l'Eglise, et même de jeûner avec tous les autres.

On ne s'étonnera pas de cette austérité, quand on verra d'ailleurs, presque à toutes les pages des Vies des Saints, qu'ils alloient à l'église, qu'ils disoient la messe, qu'ils assistoient à l'office, qu'ils le disoient exactement aux heures réglées, qu'ils prêchoient et communioient leurs frères, qu'ils se faisoient mettre sur la cendre dans les approches de la mort, comme on le pratique encore en beaucoup de saints monastères, et comme il est dit expressément que le fit ce saint évêque de Soissons. Nos ministres ont réformé toutes ces choses, et ne nous permettent qu'à peine ou de les croire ou de les louer. Mais elles n'en sont pas moins véritables, et on n'aura pas de peine à se persuader que des gens qui faisoient durer leur pénitence jusqu'à l'agonie, s'accommodoient aisément à l'heure du sacrifice, pour en recevoir la communion du saint Viatique; d'autant plus qu'à peine y en a-t-il un seul de tous ceux que l'on nous produit, dont il ne soit dit qu'il avoit prévu et prédit sa mort, soit parce qu'en effet ils avoient été expressément avertis d'en haut, comme il est écrit presque de tous, ou parce que ces saints hommes toujours préparés à cette heure désirée, regardoient leurs moindres maladies comme un avis ou plutôt un ordre d'un prompt départ. On peut donc croire aisément qu'avertis de cette sorte, ils alloient toujours avec joie au-devant de l'Epoux, et s'accommodoient aux heures de l'église et du sacrifice. Mais on le doit croire principalement de saint Omer, qui même « à l'heure de sa mort, tout foible qu'il étoit, se fit porter dans l'église mère, où ce bienheureux vieillard reçut les sacremens du corps et du sang, prosterné devant les autels comme une hostie sainte [1]. » On le doit croire de saint Isidore évêque de Séville, qui voyant arriver le jour de sa mort, se fit porter à la basilique de « saint Vincent martyr, entre les cancels, » ou si vous voulez le traduire ainsi, « entre les balustres de l'autel, où il reçut la pénitence et le corps et le sang de Notre-Seigneur [2]. » On le doit croire de saint Volfême évêque de Sens [3]. Car un homme dont il est écrit que dans les approches de la mort, « il adressoit à ses frères les paroles d'une sainte exhortation au milieu des solennités de la messe, »

---

[1] Sur., 9 sept. — [2] *Idem*, 4 april. — [3] *Idem*, 20 mart.

n'aura pas choisi un autre temps « pour se munir du corps et du sang de Notre-Seigneur dans sa petite demeure auprès de l'église de Saint-Etienne. » On le doit croire de saint Grégoire évêque d'Utrecht, qui tout mourant qu'il étoit, se fit porter à l'oratoire de Saint-Sauveur, « où après avoir fait sa prière et avoir reçu le corps et le sang de Notre-Seigneur, il mourut regardant l'autel [1]. » Enfin on le doit croire, et de saint Maur, qui averti de la mort d'un grand nombre de ses frères qu'il devoit suivre de près, et sentant défaillir ses forces, « se fit porter devant l'autel de Saint-Martin, où prosterné sur le cilice de son lit, il se munit des sacremens vivifians [2]; » et plus que de tous les autres, de son maître saint Benoît, qui au rapport de saint Grégoire expressément averti du jour de sa mort, se fit porter dans l'oratoire pour s'y munir du corps et du sang de Notre-Seigneur [3]. » Ce n'est pas que dans son monastère, non plus que dans les autres lieux, on réservât l'Eucharistie sous les deux espèces, puisque nous venons de voir dans un endroit de la même Vie écrite par saint Grégoire, où il s'agissoit de réserve, qu'il n'y est parlé que du corps; mais c'est que ce grand Saint et les autres qui, malgré l'extrémité de leur maladie, alloient chercher Jésus-Christ à ses autels, n'étoient pas moins soigneux de le recevoir dans son sacrifice, et s'accommodoient aisément à l'heure qu'on le célébroit. Ainsi dans tous les exemples que l'on nous produit, nous trouvons, ou le saint sacrifice expressément désigné, ou que toutes les circonstances ont un rapport si manifeste avec l'heure et le lieu où on le célébroit, qu'il faut vouloir s'aveugler pour ne pas voir que les communions dont il s'agit se faisoient à la messe même, ou incontinent après. Ce n'est donc pas, comme l'Anonyme le prétend [4], *une illusion grossière* de suppléer la circonstance de la messe dans tous les exemples qu'il allègue de la communion des malades. C'est une suite naturelle des autres exemples, et un résultat nécessaire de toutes les circonstances conférées ensemble; et il est plus clair que le jour que dans ces exemples tant vantés, il n'y a aucun besoin de recourir à la réserve de l'Eucharistie. Que si l'on nous demande

[1] Sur., 24 aug. — [2] *Idem*, 15 jan., cap. XLV, XLVI, XLVII. — [3] Greg., *Dial.*, lib. II, cap. XXXVII. — [4] Anonyme, p. 136.

maintenant dans quel cas et pourquoi nous l'admettons, et qu'est-ce qui nous empêche de nous contenter de ce que prétend M. de la Roque[1], que du moins dans les premiers temps on donnoit la communion aux malades en consacrant à chaque fois le pain et le vin, c'est ce qu'il faut maintenant examiner.

CHAPITRE XV.

De la Réserve.

Cet examen est facile, ou plutôt la chose est déjà toute décidée. Dans les exemples que nous avons rapportés jusqu'ici, il n'est parlé que de ceux qui avoient prévu le jour de leur mort, ou qui pourvoyoient de bonne heure à leurs besoins spirituels et à la réception des saints sacremens, qui par conséquent s'accommodoient à l'heure des mystères, et qui d'ailleurs demeuroient dans les lieux où il y avoit des églises, et où la célébration des saints sacremens étoit ordinaire. Quoique ceux-là, si l'on en ramasse les exemples dans tous les siècles, soient en assez grand nombre, il reste encore un nombre incomparablement plus grand de ceux qui éloignés des églises ou surpris par la maladie, ne laissoient pas le loisir de célébrer le saint sacrifice, ou avoient besoin de l'Eucharistie à des heures où les lois de l'Eglise ne permettoient pas d'offrir. On leur donnoit l'Eucharistie comme aux autres, ainsi que le canon XIII du premier concile de Nicée et le LXXVI du concile de Carthage, pour ne point parler des autres, en font foi. On ne pouvoit donc les communier qu'en réservant l'Eucharistie, surtout dans les cinq ou six premiers siècles, où il est certain qu'on n'offroit pas tous les jours le sacrifice, du moins partout, et où, quand on l'offroit, on ne l'offroit qu'à une certaine heure du matin, qu'on régloit principalement sur la commodité du peuple.

De dire avec M. de la Roque[2] qu'à chaque fois qu'il falloit communier un moribond, on consacroit l'Eucharistie, en présupposant, si l'on veut, que pour abréger la cérémonie dans une nécessité pressante, on retranchoit toutes les prières dont on accompagnoit la consécration, et qu'on ne laissoit que l'essentiel : c'est

[1] *Hist. de l'Euchar.*, p. 178; *Rép.*, p. 112, 113. — [2] *Ibid.*; *Rép.*, p. 39, 113.

premièrement parler en l'air, puisqu'il n'en allègue aucun exemple, ni rien du tout qui appuie son sentiment; et secondement, c'est parler contre tous les exemples, puisque dans celui de Sérapion M. de la Roque, qui le cite tant de fois, savoit bien qu'à la vérité il est marqué très-distinctement que le prêtre donna « un peu de l'Eucharistie à un jeune garçon, et qu'il lui ordonna de la tremper » pour la donner au moribond; mais qu'il n'est pas dit qu'il la consacra. Aussi dans les canons de Nicée et de Carthage, il est parlé, non de consacrer, mais simplement de donner l'Eucharistie au malade; de sorte que d'imaginer ici la consécration, c'est trop abuser de la foi publique.

Que sert donc à nos adversaires de dire que les canons qui ordonnent la communion des malades, ne regardent que les pénitens[1]? Quoi qu'il en soit, il falloit donc réserver pour eux l'Eucharistie. Mais enfin, comment peut-on dire qu'on ne portât l'Eucharistie qu'aux pénitens? Saint Ambroise, qui la reçut à la mort, étoit-il de ce nombre? Pourquoi ceux qui conservoient leur innocence eussent-ils été privés de cette grace? Mes adversaires me répondent que l'exemple de saint Ambroise est extraordinaire, et que les fidèles qu'on appeloit *stantes* ou *communicantes*, c'est-à-dire *communians* et exempts des crimes qu'on expioit par la pénitence publique, n'avoient pas besoin, ou ne désiroient pas beaucoup qu'on les communiât à la mort, puisqu'ils avoient si souvent communié pendant leur vie dans l'assemblée des fidèles. Mais si cette raison eût eu lieu, il n'eût pas fallu leur permettre d'emporter l'Eucharistie pour la recevoir dans leurs maisons. Cette seule raison devoit faire voir à ces Messieurs, ce qui est certain d'ailleurs, que les fidèles croyoient qu'on ne pouvoit trop souvent communier, pourvu qu'on s'appliquât à s'en rendre digne; et que si les canons qui parlent de la communion des malades ne regardent que les pénitens, ce n'est pas que les autres fidèles fussent privés de cette grace à la dernière heure; mais c'est à cause que les pénitens étant exclus des mystères, il falloit un ordre particulier pour les leur donner.

Après cela c'est une pointille indigne de théologiens, de con-

[1] *Hist. de l'Euchar.*, p. 177, 178, et suiv.; *Rép.*, p. 38, 39, 145.

tester la réserve de la communion pour les malades, puisqu'on demeure d'accord de celle qu'on en faisoit durant la santé ; de sorte que mes adversaires, lorsqu'ils cherchent après M. de la Roque et les autres ministres à quel siècle il faut fixer cette coutume de réserver la communion pour les malades [1], et qu'ils tâchent d'en déterminer le commencement au quatrième, au cinquième, au sixième, au septième, au onzième siècle [2], ne font que perdre le temps et amuser le monde.

Car enfin, si nos adversaires ne veulent nous contester que la réserve dans les églises, quoique je pense qu'ils l'aient vue depuis que les chrétiens eurent la liberté d'en avoir, c'est une chose qui ne fait rien à notre question, puisque la réserve étant constante de leur aveu propre, dès les premiers siècles, pour tous les fidèles qui n'étoient pas en pénitence, même durant la santé, à plus forte raison doit-on croire qu'ils communioient dans la maladie et dans les approches de la mort. Si les fidèles réservoient l'Eucharistie, pourquoi non encore plutôt les évêques et les prêtres, à qui ceux qui pouvoient n'en avoir point emporté, ou à qui il n'en restoit plus, la demandoient ? Il n'est donc plus question, ni de révoquer en doute la réserve, ni d'imaginer à chaque fois que l'on communioit une nouvelle consécration. La communion domestique, que personne ne nous conteste, prouve le contraire ; et tout ce qu'on pourroit encore demander, c'est à savoir si dans ces derniers momens les fidèles avoient besoin du ministère des prêtres pour recevoir l'Eucharistie, eux qui prenoient tous les jours de leurs propres mains celle qu'ils avoient emportée de l'église. Mais qui ne voit qu'il se pouvoit faire que plusieurs, comme je viens de le dire, n'en eussent point emporté ou qu'il ne leur en restât plus, et que cependant l'esprit de l'Eglise a toujours été de recevoir, autant qu'on pouvoit, les choses saintes de ceux que le Saint-Esprit en avoit ordonné ministres? Or il n'y avoit rien de plus aisé dans le soin que prenoient les prêtres de consoler les malades. Mais au reste peut-on douter que les fidèles ne prissent d'eux-mêmes l'Eucharistie qu'ils avoient chez eux, si les prêtres leur manquoient par quelque accident; et quelle raison y eût-il eue

[1] *Hist. de l'Euchar.*, p. 145. — [2] La Roq., *Rép.*, p. 96.

de les empêcher de faire étant malades, ce qu'ils faisoient tous les jours en bonne santé?

Ainsi on ne peut plus disputer, avec la moindre apparence, de la réserve de l'Eucharistie pour les malades; et toute la question qui pourroit rester, seroit à savoir si on la réservoit sous une espèce, ou sous deux. Mais encore, en vérité, ce ne seroit pas une question, si l'on bannissoit l'esprit de dispute. Peut-on, après les choses que nous avons vues, douter le moins du monde que dans la communion domestique la réserve ne se fît sous une seule espèce? Ne voit-on pas plus clair que le jour que mes adversaires, quelques efforts qu'ils fassent, ont senti qu'ils ne le pouvoient désavouer entièrement; et que M. de la Roque, qui en étoit convenu de bonne foi dans son *Histoire de l'Eucharistie*, ne le conteste maintenant que parce qu'il ne peut parer autrement le coup mortel que lui porte une coutume si universelle et si ancienne? Cependant s'ils veulent des preuves qui appartiennent en particulier à la communion des mourans, qu'ont-ils à dire à l'exemple de Sérapion? Souvenons-nous qu'il étoit moribond, qu'il envoya demander l'Eucharistie par un jeune garçon, que le prêtre, qui étoit malade, ne put venir. Que fit-il donc? Voici le passage d'Eusèbe, ou plutôt de saint Denys d'Alexandrie [1], comme M. de la Roque le traduit [2]: « Il donna à ce jeune garçon un peu de l'Eucharistie, qu'il lui ordonna de tremper, et de faire couler dans la bouche du vieillard. Le jeune homme estant de retour, le trempa, et en mesme temps le fit couler dans la bouche du malade, qui, l'ayant avalé peu à peu, rendit incontinent l'esprit. » Dieu lui avoit fait la grace de lui conserver la vie, afin qu'il ne mourût pas sans avoir la consolation de communier. C'est un exemple du troisième siècle de l'Eglise, c'est-à-dire de l'un de ces siècles où nos adversaires confessent que la religion étoit si pure : c'est un exemple arrivé dans l'église d'Alexandrie, si docte et si bien disciplinée; et loué par son évêque et encore par un évêque aussi éclairé et aussi saint que saint Denys d'Alexandrie : enfin, c'est un exemple rapporté par Eusèbe comme approuvé de tout le monde, que personne en effet n'a jamais blâmé, que Dieu même,

[1] Euseb., *Hist. Eccl.*, lib. VI, cap. XLIV. — [2] *Hist. de l'Euch.*, p. 179; *Rép.*, p. 94.

au rapport de saint Denys, a autorisé par un miracle. Je ne m'étonne pas que nos adversaires fassent les derniers efforts pour en éluder la force. Mais que ce qu'ils disent va paroître pitoyable ! Ils ne voient point ici de difficulté. Ils trouvent étrange qu'on ne voie pas dans ce passage les deux espèces mêlées[1]; et moi je ne comprends pas comment on a pu appliquer ce mélange à ce passage. Relisons encore une fois ce que dit saint Denys : « Le prêtre, dit-il, donna au jeune garçon un peu de l'Eucharistie, » c'est-à-dire, selon ces Messieurs, « un peu des deux espèces : » poursuivons : « Il lui commanda de le tremper. » Quoi ? les deux espèces ? quoi ? même le vin sacré, il le faisoit tremper dans une autre liqueur ? Achevons : « Quand le jeune homme fut de retour, il le trempa, » c'est ce peu de l'Eucharistie que le prêtre lui avoit donné, et *il le fit couler dans la bouche du vieillard.* Fut-ce le pain et le vin qu'il trempa ? Mais on ne trempe que le solide ; par conséquent il n'a reçu et il n'a donné que le solide. S'il s'agissoit du mélange des deux espèces également données au jeune garçon par le prêtre, il eût fallu parler autrement. Le prêtre eût dû ordonner à ce jeune homme, non pas *de tremper* tout ce qu'il lui donnoit, mais de le mêler l'un avec l'autre. Il paroît aussi que le jeune homme ne trouva que dans la maison, la liqueur où il devoit mouiller ce qu'il apportoit de chez le prêtre. C'étoit donc la seule partie solide qu'il en avoit apportée, comme M. Smith, quoique protestant, l'a entendu naturellement ; et loin que l'on puisse dire avec M. de la Roque, « qu'il n'avoit pas examiné avec assez de soin les paroles de ce témoignage[2], » c'est M. de la Roque lui-même qui en a changé le sens, et qui abuse trop visiblement de la foi publique.

Quand je le prie de nous montrer le moindre vestige du mélange des espèces, durant six cents ans dans l'Eglise grecque ou dans la latine, il n'en peut produire un seul exemple ; et il laisse passer sans contredit ce que j'avance dans le *Traité de la Communion*[3], que cette distribution des deux espèces mêlées ne paroît qu'au septième siècle, dans le concile de Brague[4], où encore

---

[1] La Roq., *Rép.*, p. 96, 97 et suiv.; Anon., p. 138. — [2] La Roq., p. 96. — [3] *Traité de la Commun.*, 1 part. n. 2, p. 249. — [4] *Conc. Brac.* IV, can. 2, tom. VI, *Conc.*, Lubb., col. 563 et seq.

elle ne paroît que pour y être défendue, loin qu'on puisse présupposer que saint Denys d'Alexandrie, loué comme un grand canoniste par saint Basile [1], l'ait approuvée au troisième siècle. Notre ministre se sauve d'un raisonnement si pressant, en distinguant ce qui se fait régulièrement d'avec qui se fait par condescendance et par une espèce de nécessité [2]. Mais comme les premiers exemples approuvés qu'il ait ici allégués de cette condescendance, sont d'un concile de Tours, qu'il place lui-même vers la fin du neuvième siècle [3], d'un *Rituel* de la fin du dixième et du concile de Clermont à la fin du onzième [4], je ne crois pas qu'on veuille expliquer la pratique du troisième siècle par une qui n'est approuvée au plus tôt que sur la fin du neuvième, six ou sept cents ans après, et dont on ne voit aucune mention dans tous les siècles précédens.

Il est vrai que dans un autre lieu de sa *Réponse* [5], il prétend avoir trouvé le mélange des deux espèces dans un saint Prosper [6], quel qu'il soit, auteur du cinquième ou sixième siècle. Mais il se trompe visiblement ; car cet auteur parle bien d'une partie du corps de Notre-Seigneur, qu'on donna trempée à une fille qui avoit de la peine à avaler ; mais c'est autre chose de mêler les deux espèces, autre chose de tremper le pain sacré dans une liqueur commune, comme on fit à Sérapion pour en faciliter le passage. Saint Prosper marque le premier, et ne parle nullement de l'autre ; tellement qu'on peut dire sans hésiter, que mille ans durant il ne se trouve nul exemple approuvé des deux symboles mêlés dans la communion.

Que si l'on avoit recours à l'Eglise grecque, on n'y trouveroit pas mieux son compte, puisqu'encore que la communion par le mélange s'y soit universellement introduite, on ne voit pas que ce puisse être avant le neuvième siècle ; et il est constant par le canon cent unième du concile de C. P. *in Trullo*, c'est-à-dire dans le dôme du Palais-Royal, qu'on n'y songeoit seulement pas dans le septième, puisque chacun y prenoit encore le pain avec la main selon l'ancienne coutume ; de sorte que ce ministre, qui veut que

---

[1] *Ep. ad Amphil.* — [2] La Roq., *Rép.*, p. 99, 139. — [3] *Ibid.*, p. 85. — [4] P. 83. — [5] P. 146. — [6] Prosp., *de Dim. temp.*, cap. VI.

nous admettions le mélange des deux espèces dans la communion de Sérapion, n'en sauroit trouver aucun exemple, ni en Orient ni en Occident, ni pour les saints ni pour les malades, que plus de six cents après.

Quant à ce qu'il me prie à son tour de « lui indiquer quelque exemple de la communion d'un malade avant celui de Sérapion [1], » compte-t-il donc pour si peu de chose que dans le petit nombre d'écrits que nous avons des trois premiers siècles, il s'y trouve un exemple si authentique, avec l'approbation d'un aussi grand homme que saint Denys d'Alexandrie ? Un évêque aussi éclairé, aussi soigneux de la discipline, aura-t-il donné son approbation à une chose inouïe et sans exemple dans l'Eglise ? Mais pourquoi exiger absolument la communion d'un malade sous une espèce avant ce temps ? La communion domestique, que M. de la Roque lui-même avant cette dernière dispute avoit reconnue de bonne foi sous une espèce, n'est-elle pas suffisante pour établir la tradition de l'Eglise ? Et s'il faut absolument la communion d'un malade pour soutenir celle de Sérapion, la communion de saint Ambroise, qui est du siècle d'après, n'est-elle pas assez authentique ?

CHAPITRE XVI.

De la communion de saint Ambroise mourant.

Il est vrai qu'on fait ici les derniers efforts pour empêcher les avantages que nous en tirons ; mais pour mettre fin aux disputes, il n'y a qu'à lire ce que son diacre Paulin écrit de sa dernière maladie [2]. « Honorat, évêque de Verceil (c'est celui qui l'assista à la mort) s'étant retiré pour se reposer au haut de la maison, il entendit une voix qui lui disoit pour la troisième fois : Levez-vous, hâtez-vous, parce qu'il rendra bientôt l'esprit : alors étant descendu, il présenta au Saint le corps de Notre-Seigneur, il le prit ; et aussitôt après qu'il l'eut avalé, QUO ACCEPTO, UBI GLUTIVIT, il rendit l'esprit, portant avec lui un bon Viatique, afin que son ame fortifiée de cette viande, allât jouir de la compagnie des

[1] La Roq., p. 97. — [2] *Vita S. Amb.*, per Paul. Diac., cap. XXIV, n. 47; Sur., 4 april.

anges. » On ne peut rien voir de plus clair. Saint Honorat, averti d'en haut, porte au Saint ce qu'on avoit accoutumé de porter aux malades à cette heure, car c'étoit dans le milieu de la nuit. Dans cet empressement, car le Saint alloit mourir, il n'y avoit pas assez de temps pour offrir le sacrifice, et c'étoit le cas de porter ce qu'on avoit accoutumé de réserver, c'est-à-dire le corps seul, ce qu'en effet nous avons vu qu'on avoit porté à Sérapion. C'est aussi ce corps divin qu'Honorat porta à saint Ambroise. C'est pourquoi l'historien dit distinctement « qu'il présenta au Saint le corps de Notre-Seigneur, que le Saint le prit » de la main, comme c'étoit la coutume : « qu'aussitôt après qu'il l'eut avalé, » UBI GLUTIVIT, terme qui convient naturellement aux choses solides, « il rendit l'esprit, » muni de ce Viatique et fortifié de cette viande, ESCA ; de sorte que tout détermine au corps seul. Si saint Ambroise étoit mort aussitôt après avoir pris le sang, il eût fallu se servir d'un autre tour, et dire qu'à peine eut-il avalé la sainte liqueur il expira ; mais non : c'est aussitôt après *qu'il eut englouti le corps*, comme une viande dont on est avide. Que M. de la Roque, que l'auteur de la seconde *Réponse*, à l'exemple de leurs confrères, ramassent, tant qu'il leur plaira, des exemples de la synecdoque et de la partie prise pour le tout. Qui jamais a douté qu'il n'y en eût ? Mais c'est l'erreur perpétuelle de ces Messieurs, de conclure qu'il y a figure dans un endroit, parce qu'il y en a dans d'autres ; ce qui est confondre tout le langage humain. Il faut voir si la figure convient au lieu : si, par exemple, la synecdoque peut être placée en cet endroit de l'histoire de saint Ambroise. Ces Messieurs le sentent bien ; et s'ils parlent encore un peu de la synecdoque [1], c'est pour ne se pas ôter tout à fait cette échappatoire. Mais au fond, ils sentent bien qu'il n'y a rien ici de supprimé : l'action est toute expliquée. On voit distinctement le corps présenté : le corps pris dans la main : le corps avalé et aussitôt après la mort. C'est pourquoi M. de la Roque nous dit le premier avec Calixte, que saint Ambroise prévenu de la mort, après avoir reçu le corps du Seigneur, n'eut pas le temps de recevoir l'autre symbole : « que le récit de Paulin nous conduit là directement,

---

[1] La Roq., p. 108, 109 ; Anonyme, p. 143.

puisqu'il dit expressément que le malade n'eut pas plutôt reçu le corps du Seigneur, qu'il rendit l'esprit. Il ne pouvoit, poursuit-il, mieux faire voir qu'on n'eut pas le temps de lui faire avaler le vin sacré [1]. » Et l'auteur de la seconde *Réponse :* « Je veux que saint Ambroise ne reçût que le pain. M. Bossuet eût-il voulu qu'on eût fait avaler le vin sacré à un homme mort, puisque Paulin dit qu'aussitôt qu'il eut avalé le pain, il expira [2] ? » Il est donc enfin avéré que saint Ambroise ne communia que sous l'espèce du pain. Mais si l'autre ne lui eût manqué que parce que la mort ne lui laissa pas le temps de la prendre, de bonne foi l'historien n'auroit-il pas naturellement marqué cette circonstance ? N'auroit-il pas dit que la mort suivit de si près la réception du corps, qu'il n'y eut pas même de temps pour lui faire prendre le sang qu'on lui avoit apporté selon la coutume, supposé qu'en effet ce fût la coutume ? Mais au contraire il nous représente son saint évêque comme n'ayant plus rien à désirer, après avoir reçu le corps du Sauveur. Saint Honorat est averti par une voix céleste, et trois fois de suite, d'aller vite, parce que le saint homme alloit expirer. Dieu ne vouloit pas qu'il manquât des consolations que les chrétiens avoient accoutumé de désirer, et de recevoir en cet état. Les œuvres, dont Dieu se mêle d'une façon si miraculeuse, s'accomplissent, et il paroît que saint Ambroise n'attendoit que l'effet de ce dernier soin pour aller à Dieu.

L'auteur de la seconde *Réponse* s'en prend à saint Honorat, « qui attendit trop à communier le malade [3], » et qui fut cause par son retardement « que saint Ambroise n'eut pas le temps de recevoir le calice. » Il ajoute qu'il ne doute pas « que Dieu n'eût bien voulu le conserver jusqu'à ce moment-là, afin de lui donner la consolation de mourir dans la communion de son Sauveur; mais que c'étoit aussi tout ce qu'il pouvoit légitimement désirer, et que Dieu dût faire un miracle pour le conserver en vie jusqu'à ce qu'il eût pris le calice, il ne le croit pas. » Que veut-il dire ? A la rigueur saint Ambroise n'avoit pas besoin de ce miracle; et quand il seroit mort sans communier, sa bonne volonté lui eût servi devant Dieu. Mais puisque Dieu vouloit faire un miracle, afin que cette

---

[1] La Roq., p. 110, 111. — [2] Anonyme, p. 142. — [3] *Ibid.*

bonne volonté eût son effet, son œuvre ne devoit pas demeurer imparfaite. Pourquoi inquiéter ici saint Honorat, dont la mémoire doit être vénérable pour cela même que saint Ambroise le choisit, parmi tant de saints évêques de la province, pour mourir entre ses bras? Au lieu, dit-on, « de veiller et de prier auprès de son malade, et en tous cas de dormir dans une chaise auprès de son lit, il dort dans une chambre haute. Une voix céleste n'est pas capable de le réveiller, non pas même une seconde fois : il faut qu'elle éclate une troisième pour le tirer du lit, et il attend le dernier moment de la vie d'un malade pour lui donner la communion, au lieu de la lui donner dans le temps qu'il est encore dans son bon sens [1]. » Ne diroit-on pas à l'entendre que saint Ambroise avoit perdu la connoissance, quand son saint confrère lui apporta la communion? Mais doit-on accuser un homme épuisé par les veilles précédentes si, pour amasser de nouvelles forces, il va prendre un peu de repos; Dieu même le permettant ainsi, afin de montrer qu'il veille toujours sur ses serviteurs, pendant que ceux qui les gardent accablés de l'infirmité de la nature, sont contraints de céder au sommeil? Mais quel excès de chagrin fait dire à cet auteur emporté que saint Honorat, *paresseux et endormi,* se laisse à peine *tirer de son lit* par une voix divine, et *se fait tirer l'oreille par trois fois* [2]? Si notre auteur est embarrassé dans une difficulté où il ne voit point de sortie, il ne faut pas qu'un saint évêque en porte la peine. Dans les choses extraordinaires, on est surpris d'abord: on ne sait encore ce que c'est. Saint Pierre même, quand l'ange le vient éveiller pour le tirer de prison, en mettant ses habits, en suivant l'ange qui le remenoit à sa maison, ne sait s'il veille ou s'il dort encore; et il « s'imagine, que ce qu'il voit si réellement, n'est qu'un songe [3]. » Qu'y a-t-il donc à s'étonner, si le saint évêque de Verceil, étonné d'une voix extraordinaire, ne sait pas d'abord ce que c'est, et si Dieu le permet ainsi pour ensuite se faire sentir d'une manière plus vive et plus puissante? Mais puisque Dieu s'en mêle si visiblement, tout s'accomplira dans le temps. Le monde aura un exemple d'une Providence qui sait donner à ceux qu'elle honore

[1] Anonyme, p. 152. — [2] *Ibid.*, p. 142. — [3] *Act.*, XII, 9.

d'un regard particulier, tout ce que leur piété leur fait désirer.

Faisons ici un peu de réflexion sur les deux exemples que nous venons de voir, je veux dire sur celui de Sérapion et sur celui de saint Ambroise, et comparons-les avec les autres que nous avons considérés dans les chapitres précédens. Souvenons-nous du passage de saint Justin et des messes que l'on disoit exprès, quand on le pouvoit, pour communier les malades, et que les malades disoient eux-mêmes, s'ils étoient prêtres, comme le fit saint Paulin évêque de Nole, dans l'âge même de saint Ambroise. Nous avons vu dans saint Justin l'Eucharistie portée aux absens sous les deux espèces; mais nous avons vu aussi que c'étoit en sortant du sacrifice. Les deux espèces nous ont paru aussi distinctement marquées dans quarante ou cinquante exemples de communions de malades; mais il ne nous a pas paru moins clairement que c'étoit à l'heure de la messe qu'on les distribuoit ainsi. C'en est assez pour nous convaincre que lorsqu'on les trouvoit distribuées toutes deux, c'étoit aussi la coutume de les exprimer l'une et l'autre. Si donc il n'en est parlé, ni dans la communion de Sérapion, ni dans celle de saint Ambroise; et si nous voyons clairement au contraire qu'ils n'ont reçu que le corps, c'est que les circonstances étoient différentes : c'est que Sérapion et saint Ambroise furent pressés de la maladie dans un temps où l'on ne pouvoit offrir le sacrifice, au milieu de la nuit, comme Eusèbe le dit distinctement de Sérapion, et le diacre Paulin de saint Ambroise; et ce qu'il y a de plus remarquable, c'est que les choses étoient dans une extrémité où il n'y avoit pas un moment à perdre, où l'on n'avoit pas le temps d'offrir ni de consacrer, où constamment on ne le fit pas, où par conséquent on ne put donner que l'Eucharistie réservée. C'est alors qu'on ne voit paroître que le corps seul; et l'on ne veut pas que nous voyions dans ces deux exemples la coutume dont il s'agit!

On a beau dire que nous ne citons que deux exemples. Car pour ne point encore parler de tous les canons, de toutes les observances, et enfin de tous les passages dont ces deux exemples sont soutenus : ces deux exemples, sans aller plus loin, nous sont donnés comme n'ayant rien que de très-commun et de très-reçu dans l'Eglise. Saint Denys d'Alexandrie, homme très-versé dans les canons, raconte celui de Sérapion comme une chose ordinaire, dans une lettre qu'il écrit à un grand évêque de son temps, sans qu'il paroisse en effet que ni cet évêque, ni Eusèbe de Césarée, qui a transcrit cette lettre dans son histoire, ni enfin qui que ce soit, y ait rien remarqué d'extraordinaire. Quant à l'autre exemple, Honorat, un saint évêque averti de Dieu, donne l'Eucharistie en cette forme : saint Ambroise, un si grand homme et si régulier, la reçoit. Ni l'église de Milan ni les autres églises du monde ne s'en étonnent. Le diacre Paulin, témoin oculaire, en écrit l'histoire à saint Augustin dans la Vie qu'il lui dédie, sans crainte d'être repris. Plus on combat ces exemples, sans en pouvoir renverser l'autorité, plus on montre qu'on en est pressé au dernier point; et l'on voit qu'il n'y a rien de plus accablant que ce qui fait employer, pour s'en dégager, tant de foibles et impuissantes machines.

Au reste j'ai rapporté le passage du diacre Paulin, comme il est dans les manuscrits, comme il se trouve dans les éditions les plus exactes de saint Ambroise, et entre autres dans celle d'Erasme, dans Surius, dans Monbritius, le plus correct des collecteurs de vies, et qui étant Milanois, a pu voir des exemplaires plus fidèles de la Vie de saint Ambroise, et comme les Bénédictins, dont les travaux et l'exactitude sont loués dans toute l'Europe se préparent (car je m'en suis informé) à nous le donner dans la nouvelle édition qu'ils achèvent de saint Ambroise : ce que je suis bien aise de remarquer, parce qu'encore que le changement qu'on voit dans les éditions moins soignées n'ait rien de fort considérable, ni qui donne atteinte à ma preuve, il m'importe que le lecteur voie le soin que je prends dans les moindres choses, de lui donner tout bien digéré et poussé jusqu'au dernier éclaircissement. Il ne faut pas plaindre ses peines, quand il s'agit de soulager des infirmes et de combattre des chicaneurs. C'est pourquoi je ne veux rien oublier, dussé-je en devenir ennuyeux; et comme je prévois que nos adversaires en reviendront toujours à leur synecdoque, il faut une bonne fois la renverser jusqu'au fondement.

CHAPITRE XVII.

Les ministres abusent de la synecdoque : deux raisons d'exclure cette figure des passages où le corps de Notre-Seigneur est nommé seul, et en particulier dans ceux où il s'agit de la communion des mourans.

Lorsque je trouve le corps de Notre-Seigneur nommé seul en tant de rencontres, et en particulier lorsqu'il s'agit de la communion des mourans, outre les raisons particulières qu'on tire de chaque passage, deux raisons générales me persuadent qu'il faut entendre à la lettre le corps seul, et non pas le corps et le sang par la figure qui exprime le tout par la partie.

La première raison que j'en ai, c'est qu'on ne se sert de cette figure que lorsque ces deux parties sont inséparables et ne vont jamais l'une sans l'autre. Ainsi dans le langage figuré, on prend la bouche pour tout le visage, *ora;* le seuil de la porte, ou la porte même, ou le toit, pour toute la maison, *tectum, limina;* la poupe pour tout le vaisseau, et ainsi du reste. Et la raison en est évidente, parce que ces choses étant, comme je viens de dire, inséparables et ne paroissant jamais qu'ensemble, l'une ramène nécessairement l'idée de l'autre. C'est pourquoi dans le langage abrégé, qui est la source de la plupart des figures, et particulièrement de celle-ci, en nommant une des parties, par exemple la plus importante ou la plus apparente, et celle qui se montre la première, on fait nécessairement entendre l'autre. Afin donc qu'on pût user de cette figure dans l'occasion présente, il faudroit qu'il fût véritable qu'on ne prît jamais le corps sans le sang, ni l'une des espèces sans l'autre. Or, loin que cela soit véritable, le contraire est très-certain ; et la seule communion domestique en est un exemple si convaincant, que M. de la Roque en est naturellement demeuré d'accord dans son *Histoire de l'Eucharistie;* et que mon autre adversaire, qui s'est efforcé de le nier, n'a osé pousser la négative jusqu'à la communion des solitaires. Mais sans avoir égard à leurs sentimens, que l'envie seule de disputer a fait naître, un homme de bon sens et de bonne foi n'a qu'à lire les choses sans prévention, pour être entièrement convaincu que la communion domestique s'est faite sous une espèce : ce qui étant établi, loin qu'on puisse dire que la communion se fît toujours nécessairement sous les deux symboles, il paroît au contraire, du moins dans les premiers siècles, qu'elle étoit plus ordinaire sous un seul que sous les deux, puisque durant les persécutions, la communion domestique, qui se faisoit tous les jours, étoit sans comparaison plus fréquente que la communion dans les assemblées, que la persécution rendoit plus difficiles et plus rares.

Ainsi quand je verrai dans les Pères que l'on offre, que l'on consacre, que l'on fait le corps de Notre-Seigneur, sans parler du sang, j'entendrai nécessairement par la figure synecdoque l'un des symboles exprimé par l'autre, parce qu'on ne vit jamais aucune occasion ni aucun exemple où l'on ait offert et consacré le sacrement, sans en offrir et consacrer les deux parties, et que selon toute la tradition c'est précisément dans les deux espèces que consiste le sacrifice. Mais comme il n'en est pas de même de la communion et que dès les premiers siècles, il s'en faisoit tous les jours, et des milliers, sous une espèce, il paroît qu'en cette occasion l'une des espèces ne ramène pas l'idée de l'autre ; et par conséquent que la figure dont il s'agit n'y convient pas ; et je prie qu'on remarque bien ce principe, parce qu'il en naîtra bientôt de merveilleuses conséquences et un entier éclaircissement de la vérité.

Ma seconde raison est tirée de ce que, dès l'origine du christianisme, je trouve perpétuellement et constamment la partie solide du sacrement nommée seule sous le nom de pain ou de corps, ou d'autres termes équivalens dans un certain cas déterminé, qui est le cas de la réserve, et en particulier de celle qu'il falloit faire nécessairement pour les malades, pour qui le temps ne permettoit pas qu'on offrît le sacrifice, ni qu'on en attendît l'heure. Car c'est ce qui fait paroître que l'expression que l'on fait dans le discours de cette partie solide du sacrement, ne vient pas d'une figure arbitraire, mais d'un usage réglé, qui étoit né d'une difficulté particulière, c'est-à-dire de celle qu'on trouvoit à garder longtemps l'autre espèce ; difficulté si véritable, qu'il a fallu enfin en convenir, comme je l'ai déjà marqué. Car l'Anonyme, qui paroît le plus difficile sur ce sujet, ne laisse pas d'avouer, ce qui est aussi trop visible pour être nié, « que le pain se pouvoit mieux et plus longtemps conserver que le vin [1] ; » ce qui l'oblige aussi à rejeter, « sur une espèce de nécessité, » la coutume de ne prendre que le pain sacré dans les communions domestiques, du moins « en plusieurs rencontres, » parce que « les deux espèces ne se pouvoient ni si bien ni si aisément garder [2]. » Il ne s'agit donc pas de chercher ici une nécessité absolue, et il suffit qu'il y ait une *espèce de nécessité :* il ne s'agit pas non plus de savoir si, absolument parlant, on peut garder le vin : c'est assez qu'on ne le peut garder, *ni si longtemps, ni si bien, ni si aisément.* L'Eglise, qui vouloit rendre la communion facile à ses enfans, se contente *de cette espèce de nécessité ;* et si elle s'en contentoit pour accorder la réserve de l'Eucharistie sous une espèce à ceux qui se portoient bien, à plus forte raison doit-on croire qu'elle s'en sera contentée pour faciliter la communion des malades, qui dans de plus grands besoins avoient moins de commodité de s'ajuster aux heures du sacrifice.

Ce n'est donc qu'à ce besoin qu'il faut attribuer la différence qu'on trouve entre la communion de tant de mourans, et celle de Sérapion et de saint Ambroise. Ce n'est point par une bizarrerie du style, ni par l'usage arbitraire d'une figure, qu'on trouve les deux espèces exprimées dans les communions des premiers, au lieu qu'on n'en trouve qu'une seule dans la communion des autres. C'est, comme je l'ai déjà dit, que les uns ayant communié sans être surpris ni pressés, à l'heure du sacrifice, on leur a pu donner naturellement ce qu'on y venoit de consacrer ; et qu'au contraire les autres pressés de communier au milieu de la nuit, sans qu'on eût un moment à attendre, on ne leur a pu donner que la partie du sacrement, qu'une espèce de nécessité obligeoit à réserver seule, c'est-à-dire le pain sacré. Ce n'est point par hasard, ni par négligence, ni pour abréger le discours, que dans ces communions on n'a fait mention que du pain ; au contraire c'est avec dessein, et pour exprimer ce qui se faisoit ordinairement dans l'Eglise.

[1] Anonyme, p. 169. — [2] P. 215.

CHAPITRE XVIII.

Examen des endroits où il est parlé de la Réserve.

Ce raisonnement paroîtra d'autant plus fort, qu'en examinant toute la suite où il est parlé de la réserve, nous n'y voyons partout que le pain sacré. Cette recherche se peut faire, ou selon les vrais principes, ou selon les suppositions de nos adversaires. Selon les vrais principes, la réserve est aussi ancienne que l'Eglise. La communion domestique, que personne ne révoque en doute, rend cette vérité incontestable; et nous avons remarqué qu'après une réserve si universelle pour ceux qui se portoient bien, c'est trop abuser le monde que de vouloir chicaner sur celle qu'on faisoit pour les malades. Il est pourtant véritable que nos adversaires ont porté leur chicane jusque-là. Quoique la communion de Sérapion et de saint Ambroise, où la réserve est si manifeste, nous soient montrées comme des choses usitées et auxquelles tout le monde étoit accoutumé, ces Messieurs les veulent faire passer pour extraordinaires. Il est vrai qu'ils n'ont pu nier que les canons de Nicée et de Carthage n'ordonnassent la communion pour les malades comme une chose ordinaire; mais plutôt que d'admettre la réserve, M. de la Roque a prétendu malgré toute l'antiquité, qu'autant de fois qu'on donnoit l'Eucharistie aux malades on la consacroit dans leur maison; et enfin après avoir parcouru tous les siècles l'un après l'autre, pour chercher le commencement de la réserve pour les malades, il ne trouve de point où la fixer que *peut-être à la fin du septième siècle*[1].

Nous avons déjà montré qu'une telle prétention est une illusion manifeste, et la suite découvrira davantage combien ce ministre abuse le monde par une recherche apparente de l'antiquité. Mais afin que la vérité paroisse en toute manière et en toute supposition, on suppose avec lui que la réserve, qu'il a voulu nous contester dans les premiers siècles, a commencé à la fin du septième. Si je prouve que dans ces temps et dans les suivans on ne la trouve que sous la seule espèce du pain, ce sera une convic-

[1] La Roq., p. 64.

tion que le vrai esprit de l'Eglise étoit de le faire de cette sorte ; et cette preuve jointe à celle qu'on tire de la communion domestique, et de celle de Sérapion et de saint Ambroise, où l'on ne voit pareillement que le pain sacré, achèvera la démonstration de la pratique de tous les siècles, et fera voir la chaîne entière de la tradition. Or la chose me sera facile, en suivant M. de la Roque dans la recherche qu'il a faite de cette matière.

Il dit donc que ce qu'il n'a pu trouver dans les six premiers siècles, nous le trouverons infailliblement dans les suivans [1] ; » et qu'en effet, vers la fin du septième siècle, il lui paroît « quelques acheminemens à la réserve de l'Eucharistie, quoiqu'il n'y ait rien de formel ni de positif pour les malades. » Il en allègue deux exemples : l'un dans l'institution de l'office des Présanctifiés, qu'il attribue faussement, comme nous verrons ailleurs, au concile tenu à Constantinople *in Trullo*, dans le dôme du palais impérial, en 692; l'autre en l'an 693, dans le concile XVI de Tolède [2].

Notre auteur remet à parler de l'office des Présanctifiés à un lieu plus propre [3], où nous en traiterons aussi avec lui. Pour le concile de Tolède, le ministre avoue qu'il y est réglé que le pain sacré sera d'une moyenne grandeur, « afin que ce qui en restera puisse être gardé plus facilement, sans qu'il y soit fait aucun tort, ABSQUE ALIQUA INJURIA, en quelque petit endroit, ou dans quelque sachet moyen. » Voilà comment ce ministre traduit le mot *modico loculo*, qui se trouve dans le canon ; et il omet ce qu'on y trouve aussi, *absque aliquâ injuriâ*, ce qui est mis pour exclure toute négligence et toute irrévérence.

Ce ministre remarque qu'il n'est point dit dans ce canon à quelle fin on gardoit ces restes sacrés, et qu'on n'y parle non plus ni de boîte, ni d'autre vaisseau destiné à le garder. Je ne sais s'il ne voudroit pas insinuer qu'on ne faisoit pas grand cas de ces restes du pain consacré, puisqu'on les mettoit *dans un sachet* ou *dans un petit endroit*. Mais pour ce qui est du petit endroit, il pouvoit être très-orné ; et l'on ne peut douter qu'il ne fût très-propre, puisque le concile explique si bien que le corps de Notre-

---

[1] La Roq., p. 61. — [2] *Conc. Tolet.* XVI, can. 6; vid. *Conc.*, Labb., tom. VI, col. 1340. — [3] La Roq., p. 62, 63.

Seigneur y doit être gardé *sans irrévérence*, ABSQUE INJURIA. Pour les sachets, ils sont employés dans l'*Ordre romain* à rompre dedans l'oblation sainte, ou le pain sacré qu'on alloit distribuer au peuple. On empêchoit par ce moyen les particules de tomber à terre ; et puisque c'étoit par respect qu'on se servoit de ces sachets, on voit bien qu'on les faisoit dignes d'un si saint usage. Enfin de quelque manière qu'on veuille traduire le mot *loculus*, soit un sachet, soit une bourse, ou quelque autre réceptacle que ce soit, on ne peut douter qu'on n'y désirât toute la bienséance requise.

Que si le concile n'exprime pas à quel usage devoient servir ces restes si soigneusement conservés, ce ministre devoit entendre que c'est qu'il n'y avoit là rien de nouveau, et qu'on savoit dans l'Eglise à quoi il falloit employer l'Eucharistie réservée. Ainsi loin de s'imaginer que c'étoit là un commencement, ou quelque acheminement vers la réserve, il devoit juger au contraire que c'en étoit une suite. Et en effet le concile ne se propose pas ici d'ordonner quelque chose de nouveau touchant l'usage des oblations moyennes, mais de faire observer l'ancienne coutume de l'Eglise, *sicut ecclesiastica retentat consuetudo*. Il falloit juger de même de la réserve, et ne pas imaginer des nouveautés, comme notre ministre fait, sans fondement. Au surplus il est aisé de juger, sans faire de grandes recherches, que ces restes étoient gardés pour les malades. La coutume de les communier étoit si constante, qu'on ne peut en imaginer un usage plus naturel. M. de la Roque ne s'y oppose pas ; et puisqu'il consent lui-même à mettre la réserve de l'Eucharistie pour les malades *vers la fin du septième siècle*, il nous indique tacitement le canon de ce concile de Tolède, tenu à l'extrémité du même siècle en 693.

Que si c'est par là que commence selon M. de la Roque la réserve pour les malades, on ne peut assez remarquer qu'on ne réserve que le pain seul. D'où vient cela, je vous prie, si ce n'est de l'ancien esprit de l'Eglise, qui de tout temps n'avoit réservé que le pain sacré ? C'est ce pain que l'on reçoit dans la communion domestique : c'est ce pain que Sérapion et saint Ambroise mourans reçoivent des mains de l'Eglise : c'est ce pain qu'on a vu partout dans la réserve. Ce que font les Pères de Tolède, lorsqu'ils commencent à faire garder par un soin public le pain sacré tout seul, vient du même esprit; et à vrai dire, ce n'est pas là un commencement, c'est une suite du même dessein qu'on a toujours vu dans l'Eglise, et de cet inviolable respect qui lui a fait conserver toujours l'Eucharistie sous l'espèce où elle pouvoit la conserver avec plus de sûreté et de décence.

On voit clairement le même dessein dans les décrets du pape Léon IV, au neuvième siècle, répétés par le célèbre Rathier de Vérone, dans le dixième. On « y ordonne aux prêtres de célébrer dévotement la messe, de prendre avec crainte le corps et le sang de Notre-Seigneur. » Voilà les deux espèces à l'endroit où il s'agissoit du sacrifice; mais quelques lignes après, où il s'agit de la réserve de l'Eucharistie pour les malades, on ne parle plus que du corps : « Qu'on ne mette rien sur l'autel, si ce n'est les coffrets avec les reliques des saints, CAPSÆ (le mot de *châsses* est venu de là); on peut y mettre les quatre Evangiles, ou la boîte avec le corps de Notre-Seigneur, PYXIS, pour le Viatique des malades [1]. » Qui ne voit que c'est de dessein, et pour dire ce qui se faisoit effectivement, qu'on exprime ici le corps ? C'est pourquoi le reste suit de même, et la boîte nous détermine au même sens. Osera-t-on persister à dire qu'on ait gardé le vin consacré dans une boîte, *in pyxide* [2]? Etoit-ce dans de tels vaisseaux qu'on conservoit les liqueurs? J'y vois l'encens, j'y vois les reliques, j'y vois le corps de Notre-Seigneur; je n'y vois jamais le sang : et si l'on veut s'imaginer quelque fiole qu'on y renfermât, il seroit parlé de la fiole comme de la boîte, ce qui ne se trouve nulle part; au contraire on trouve toujours ce mot avec le corps, et jamais une seule fois avec la liqueur sacrée; et sans sortir du siècle de Léon IV, on y trouve encore la boîte dans les *Capitulaires* d'Hincmar, mais on n'y trouve que la sainte oblation; c'est-à-dire manifestement le corps de Notre-Seigneur. Il faut, dit Hincmar, « demander au prêtre s'il a une boîte où il puisse renfermer décemment l'oblation sainte pour le Viatique des malades [3]. »

---

[1] *Traité de la Commun.*, p. 460; *Decret. Leon. IV.* — [2] La Roq., *Rép.*, p. 80, 81; Anonyme, p. 165. — [3] *Capit.* Hincm., *ad Presb.*, cap. VIII.

C'est une chose surprenante que l'Anonyme, qui examine avec soin les passages que l'on vient de voir de Léon IV et d'Hincmar, auteurs du neuvième siècle, où la boîte de la réserve est si clairement exprimée [1], ne laisse pas de dire au même chapitre « que le premier qui parle de ces boîtes est Burchard, auteur latin de l'onzième siècle [2]; » tant il avoit de penchant à reculer, autant qu'il le pouvoit, la mention d'un vaisseau où, quelque semblant qu'il fasse, il reconnoît trop distinctement la réserve sous une seule espèce.

Quant à ce mot : *Oblation sacrée*, je pensois que d'habiles gens ne me contesteroient pas que dans le langage ecclésiastique, il signifie en particulier le pain que l'on offre et que l'on consacre à l'autel; mais puisqu'ils n'ont pas pris garde à cet usage et qu'ils m'en demandent des exemples [3], je leur ai marqué les endroits où ils les peuvent trouver en très-grand nombre. S'ils en veulent du siècle d'Hincmar même, le docte du Cange leur en fournira [4]. Ils pouvoient, sans aller plus loin, en trouver dans les endroits mêmes qu'ils examinoient. On trouve parmi les préceptes de Léon IV, cette ordonnance adressée aux prêtres : *Faites un signe de croix bien droit*, c'est-à-dire bien formé selon l'usage ecclésiastique, *sur le calice et sur l'oblation* [5], c'est-à-dire sur le calice et sur le pain. On voit ici l'oblation distinguée manifestement du calice, encore qu'il fût aussi offert; mais l'usage l'avoit emporté, comme en d'autres passages on appelle hostie le seul pain sacré; usage qui dure encore parmi nous, encore que le saint calice fasse partie du sacrifice. On entendoit donc par le mot d'*oblation*, ce qu'on entend encore à présent par celui d'*hostie*. M. de la Roque produit le canon vi du concile XVI de Tolède [6], où l'on voit la même chose. Le titre porte « qu'il faut offrir une oblation entière, et préparée avec soin [7]; » c'est-à-dire, non pas un morceau de pain à sa fantaisie, mais un pain préparé exprès d'une certaine figure et d'une moyenne grandeur, comme il paroît par les termes du canon, qui l'appellent pour cette raison *une oblation*

---

[1] Anon. p. 164, 165. — [2] P. 177. — [3] La Roq., p. 102; Anon, p. 164, 165. — [4] Du Cange, verbo *Oblatio, Oblata*, etc. — [5] *Decret. Leon. IV*, sup. — [6] La Roq., p. 62. — [7] *Conc. Tolet.* xvi, can. 6, ann. 693.

moyenne, comme ce ministre le reconnoît. Nous en trouverons bien d'autres naturellement et sans les chercher dans la suite de ce discours, que nos Messieurs ont cité sans y faire de réflexion. Mais à présent c'est perdre trop de temps à prouver une chose évidente, dont aussi tous ceux qui ont tant soit peu considéré ces matières sont d'accord.

On ne peut donc plus douter qu'on ne voie dans le temps d'Hincmar, la réserve sous une seule espèce. On la voit dans l'*Ordre romain*, qu'il faut bien mettre, quoi qu'en puisse dire l'Anonyme [1], au-dessus du onzième siècle (a) puisqu'il est interprété et suivi par des auteurs de huit à neuf cents ans. Cet auteur demeure d'accord sur ce vénérable cérémonial [2]; Amalarius [3] qui l'interprète au neuvième siècle, et le *Micrologue* [4] qui fait la même chose dans l'onzième, « parlent tous deux d'une troisième partie de l'hostie que l'on réservoit pour les malades; » mais l'Anonyme ajoute « qu'on réservoit aussi du vin sacré. » Si cela étoit, il le trouveroit quelque part dans ces livres, où tout ce qui se fait, tant à l'égard du corps qu'à l'égard du sang, est marqué jusque dans le plus petit détail. Ce ne sera qu'en ce qui regarde la réserve qu'il faut sous-entendre le sang, sans qu'il en soit dit un seul mot, et la figure synecdoque a le privilège qu'on la peut mettre partout où l'on veut. Amalarius dit expressément, au lieu cité par l'auteur [5], que « *par la particule de l'oblation* que l'on met dans le calice, il faut entendre le corps de Jésus-Christ ressuscité; par celle qui est mangée par le prêtre et par le peuple, on entend Jésus-Christ marchant sur la terre et conversant avec les hommes; par celle qu'on laisse sur l'autel, on entend Jésus-Christ enseveli, et la sainte Eglise l'appelle le *Viatique* des mourans. » Il n'est pas dit un seul mot du sang réservé. L'auteur objecte que le *Micrologue* dit que cette « troisième partie se donnoit à ceux qui dévoient communier et aux infirmes [6] : » je le veux. « Donc, poursuit-il, on communioit encore publiquement sous les deux espèces : » oui, ceux qui étoient présens, je le veux encore. Donc

---

[1] Anonyme, p. 166. — [2] P. 167. — [3] Amal., lib. III, 35. — [4] *Microl.*, 17. — [5] Amal., lib. V, 35. — [6] *Microl.*, 17.

(a) Mabillon le met au-dessus du huitième siècle, le faisant remonter à saint Grégoire le Grand, même jusqu'au pape Gélase.

on communioit aussi les infirmes qui n'y étoient pas. Pour tirer cette conséquence, il faudroit trouver dans le *Cérémonial*, l'endroit où l'on réservât le sang pour eux, comme on y trouve partout l'endroit où on leur réserve le corps. Que s'il ne paroît nulle part, on voit bien qu'il n'y en avoit aucun.

Mais, dit-on, dans l'*Ordre romain* de saint Grégoire, au rapport du docte Ménard, on communie les malades sous les deux espèces. Qui doute qu'on ne le fît dans les cas dont nous avons vu tant d'exemples? La question est de la réserve du sang précieux, qu'on trouveroit dans l'*Ordre romain*, dans Amalarius, dans le *Micrologue,* aussi bien que celle du corps, si elle eût été en pratique.

On peut rapporter au même temps le chapitre *Pervenit, de consecratione*, *distinctione* II, qui est un canon d'un concile de Reims, où il est porté que « quelques prêtres font si peu d'état des divins mystères, qu'ils donnent à des laïques, ou à des femmes, le sacré corps de Notre-Seigneur pour le porter aux malades [1], » ce que le concile défend sous de grandes peines, et ordonne que le prêtre communie lui-même le malade. On ne reprend pas ces prêtres de n'avoir envoyé aux malades qu'une seule espèce, mais de ce qu'ils ne la donnoient pas eux-mêmes, comme leur charge les y obligeoit, et l'on voit clairement dans ce canon la coutume de la réserve et de la communion des malades sous la seule espèce du pain.

CHAPITRE XIX.

Suite de la même matière.

Pour ne point avoir de querelles avec les ministres sur des questions de critique, j'ai rangé parmi les preuves du huitième ou neuvième siècle [2] l'auteur grec de la *Vie de saint Basile,* sous le nom d'Amphilochius, où nous voyons comme dans l'*Ordre romain* le pain sacré divisé en trois parties, dont on suspend *la troisième sur l'autel dans une colombe d'or* [3]. Cela montre la pra-

---

[1] Grat., *de Cons.*, dist. II, cap. XXIX. — [2] *Traité de la Commun.*, I Part. n. 2 p. 257. — [3] *Vit. S. Basil.*, per Amphil., cap. VI.

tique de l'Eglise grecque, du moins au neuvième siècle, puisque ce livre grec se trouve traduit, et en particulier l'endroit de l'Eucharistie suspendue dans une colombe d'or, par Enée, évêque de Paris sous Charles le Chauve, dans son excellent ouvrage *Contre les Grecs*[1].

Je laisse à part la vaine critique de l'auteur de la seconde *Réponse*[2], qui veut par des conjectures contraires, de son aveu propre, au sentiment du docte Daillé, qu'on attribue à un auteur latin cette vie grecque, et qu'on l'ait crue traduite du grec en latin par Eveimius, Grec, et Ursus, Latin[3]. Laissons ces vaines remarques, qui assurément ne seront suivies de personne. Et s'il faut ici conjecturer, cette Vie ressent tout à fait le siècle même de saint Basile, ou au plus tard le suivant, à cause principalement d'une certaine *apathie, ou impossibilité et imperturbabilité*[4], plus stoïcienne que chrétienne, qu'on y trouve mentionnée : dogme introduit en ce temps parmi les solitaires d'Orient, par Evagrius, dont on n'entend plus parler dans la suite, et surtout depuis que cet Evagrius eut été condamné au cinquième siècle, avec son maître Origène, dans le concile sous Justinien. On peut voir sur ce dogme l'*Histoire Lausiaque* de Palladius[5], disciple d'Evagrius, qui a écrit au cinquième siècle, et les réflexions qu'on y a faites. Quoi qu'il en soit, on trouve dans cette Vie la réserve du pain sacré dans une colombe d'or. Notre ministre demande « d'où l'on peut tirer cette conséquence, qu'elle ne renfermoit que l'espèce du pain[6]? Ne pouvoit-elle pas être, poursuit-il, d'une juste grandeur et assez capable de contenir une petite coupe, ou bien une petite fiole, du sang de Jésus-Christ? » Qui doute de la possibilité? Il est question du fait. On voit ici le pain sacré partagé en trois : on voit la troisième partie mise dans une de ces colombes et aussitôt après suspendue : on n'y trouve nulle mention ni de ces coupes ni de ces fioles; non-seulement on n'en trouve pas en ce lieu, mais on n'en trouve nulle part; et bien qu'on trouve partout dans l'*Ordre romain* et ailleurs, des fioles qu'on appeloit *amæ* ou *amulæ*, pour

---

[1] Æn. Par., *Tract. adv. Gr.*, tom. VIII; *Spicil.*, p. 80, 81. — [2] Anonyme, p. 172. — [3] Æn., *ibid.*; Sur., 1 jan. — [4] *Vit. S. Basil.*, cap. III; Sur., cap. VII. — [5] Pall., *Hist. Lausiaque*, *Bib. PP. G. L.*, tom. II, part. II, p. 898, 915. — [6] Anonyme, p. 70.

présenter le vin de l'oblation, on n'en trouve jamais pour le réserver après qu'il est consacré.

M. de la Roque sort de cette difficulté d'une autre façon[1]; et voyant qu'il n'y avoit que le pain sacré dans ces colombes, il se sauve en répondant, qu'*il n'est pas dit que ce fût pour les malades.* J'en conviens; mais j'ai toujours ce que je demande, savoir que lorsqu'il s'agit de réserve on ne trouve qu'une seule espèce. Et de plus, à quoi M. de la Roque veut-il que cette réserve ait servi sur l'autel? Dira-t-il que c'étoit pour adorer l'Eucharistie ainsi suspendue? J'y consens; mais cet usage s'accorde parfaitement avec celui dont il s'agit, et qui ne se trouve pas moins parmi les Grecs que parmi nous; et ce qui montre la conformité des deux églises, c'est qu'on trouve au cinquième siècle, dans le *Testament* de Perpétuus, évêque de Tours, « des colombes d'argent pour la réserve, » AD REPOSITORIUM [2]. Ces Messieurs, qui sont remplis d'érudition, ne manquent pas ici de nous faire des colombes pour d'autres fins que pour la réserve de l'Eucharistie, comme celles qu'on suspendoit dans les baptistères (c'étoit alors de grands lieux séparés du reste des églises, où étoient les fonts baptismaux). Il y avoit donc là de ces colombes; ce qui fait voir, dit M. de la Roque, « qu'elles n'étoient pas destinées pour la garde du sacrement[3]. » Mais qui lui a dit que le sacrement n'étoit par gardé dans le baptistère, comme plusieurs doctes l'estiment? Quoi qu'il en soit, il ne s'agit pas de savoir si l'on avoit des colombes pour plusieurs usages, et même pour le simple ornement, comme le prétend l'auteur de la seconde *Réponse* : il est question de ces colombes, AD REPOSITORIUM, *pour la réserve*, dont on se servoit dans les églises, comme le montre Perpétuus dans son *Testament*. « Je donne et lègue, dit-il, au prêtre Amalarius, une colombe d'argent pour la réserve, si mon église n'aime mieux lui donner celle dont elle se sert et retenir la mienne. » M. de la Roque observe, que « REPOSITORIUM, parmi ceux qui entendent la langue latine, est proprement un vaisseau où on ramasse les restes des viandes, et les instrumens ou ustensiles qui servent à table[4]; » d'où il conclut

---

[1] La Roq., p. 43. — [2] *Test.* Perp., tom. IV, *Spicil.*, p. 106. — [3] La Roq., p. 45. — [4] P. 43.

que la colombe de Perpétuus étoit destinée « à la garde, non de l'Eucharistie, mais des vaisseaux et des instrumens qu'on employoit en la célébrant. » Mais pourquoi non de l'Eucharistie, puisque c'est la vraie viande des chrétiens? Et d'où vient que M. de la Roque ne s'est servi que de la moitié de sa remarque? Songe-t-il combien monstrueuses et éloignées du naturel eussent dû être ces figures de colombes, pour contenir seulement les patènes, qu'on faisoit si grandes, quand on les auroit séparées du calice et des autres instrumens sacrés; ce qui n'étoit pas? D'ailleurs que voudroit dire la figure de la colombe, pour y renfermer les vaisseaux? Il n'en est pas de même de l'Eucharistie, que le Saint-Esprit figuré par la colombe, consacre, d'où le Saint-Esprit se répand pour vivifier les ames et les corps. Aussi ne trouve-t-on nulle mention, nul vestige de ces colombes pour renfermer les vaisseaux, pendant qu'on voit encore dans des anciennes églises, comme dans celle de Saint-Maur-des-Fossés, l'Eucharistie suspendue sur l'autel dans une colombe. Qu'on ne méprise pas ces petites choses, qui sont autant de preuves muettes de la tradition. Tout parle dans l'Eglise : tout y sert à en expliquer les canons, à éclaircir les antiquités, à établir la vérité dont l'Eglise est la dépositaire. Les ampoules, vaisseaux destinés dès le temps de saint Optat à conserver le saint chrême, rendent témoignage à l'onction sainte de la Confirmation : les colombes pour la réserve rendent encore sensible celle qu'on a faite de tout temps de l'Eucharistie. Les calices et les patènes précieuses, dont les églises sont enrichies, font voir à l'œil le respect profond avec lequel on l'offroit et la sainte magnificence du sacrifice chrétien. Tous ces instrumens sacrés du ministère ecclésiastique, sont aussi des instrumens et des preuves de la tradition. Mais revenons aux instrumens et aux preuves animées.

On n'a fait aucune réplique au passage que j'ai rapporté d'un concile d'Orléans [1], sous le roi Robert, en l'an 1017 (a). Là, par trois fois en trois ou quatre pages, lorsqu'il est parlé de l'usage

---

[1] *Traité de la Commun.*, 1 part. n. 2, p. 258; *Spicil.*, tom. V, p. 670.

(a) Le Père Pagi, *Crit. in Annal. Baron.*, tom. VI, p. 112 et 113, an 1017, prouve très-bien que ce concile s'est tenu en 1022, et non en 1017, comme il est ici placé, et dans l'*Histoire des Variations*, liv. IX, n. 17. (Edit. de Déforis.)

commun de l'Eucharistie, on explique distinctement le corps et le sang ; mais y ayant occasion de parler de la réserve, on remarque que certains hérétiques gardoient les cendres d'un enfant brûlé, « avec la même religion dont on a accoutumé de garder le corps de Jésus-Christ pour le Viatique des malades[1], » sans aucune mention du sang par une visible distinction de la réserve d'avec l'usage commun.

Si l'on pense que c'est pour nous, après tout, un médiocre avantage de trouver au neuvième siècle, ou aux environs, la réserve d'une seule espèce pour les malades, je réponds premièrement que ce qu'on trouve si établi dans ce siècle vient d'une tradition plus haute que nous avons remarquée, et en général dans toutes les communions domestiques, et en particulier pour les malades, dans les exemples de Sérapion et de saint Ambroise, pour ne pas parler encore des autres preuves que nous trouverons entre deux. Quand mes adversaires ne verroient ici que des preuves du neuvième siècle et des environs, elles seroient plus que suffisantes pour découvrir leur erreur. Nous les avons vus triompher sur ce grand nombre d'exemples qu'ils nous ont produits de malades communiés sous les deux espèces. Mais comme la plupart de ces exemples sont du neuvième siècle, ou des environs, si l'on est forcé d'avouer que dans ce siècle on gardoit l'Eucharistie sous une espèce pour le commun des malades, il paroîtra plus clair que le jour que ces communions sous les deux espèces, qu'ils font tant valoir, ne regardoient pas les malades en général, mais seulement ceux d'entre eux qui pouvoient communier à l'heure du sacrifice, selon la remarque que nous en avons faite.

Et pour appliquer cette réponse à quelques exemples particuliers, on nous apporte un décret du concile de Reims tenu sous Hincmar, en l'an 879, où il est dit de certains incestueux que s'ils se repentent de leurs crimes, « on leur donnera la communion du corps et du sang de Jésus-Christ[2]. » Cela montre qu'en certains cas on pouvoit donner l'un et l'autre, ce qu'on ne conteste pas; mais

---

[1] *Spicil.*, tom. V, p. 673. — [2] La Roq., p. 74; *Suppl. Conc. Gall.*, p. 297; Labb., tom. IX *Conc.*, col. 336.

qu'en d'autres cas on ne donnât que le corps seul, la réserve, que le même Hincmar et d'autres conciles de Reims ordonnoient pour les malades, ne permet pas d'en douter.

Il faut dire la même chose de l'exemple qu'on nous produit du saint homme Pierre de Damien [1]. Il raconte qu'un prêtre de Cumes « ayant porté l'Eucharistie à un malade, laissa dans le calice un peu du sang de Notre-Seigneur, et que l'ayant remarqué étant de retour à l'église, il ne le voulut pas boire, mais qu'il lava le calice, et qu'on vit paroître deux grosses gouttes de sang dans le vaisseau où il jeta la liqueur [2]. » Cela prouve qu'encore dans l'onzième siècle on communioit les malades sous les deux espèces. Qui en doute pour le matin et à l'heure du sacrifice, comme il paroît dans cette occasion, où le prêtre est repris de n'avoir pas avalé les précieuses gouttes qui restoient dans le calice : ce que la coutume constante de l'Eglise ne lui auroit pas permis après le repas; mais que de là il s'ensuive qu'en d'autres heures et en d'autres cas on ne communiât pas les malades avec le pain seul réservé exprès, il n'y a pas moyen de le soutenir, sans combattre la coutume constante de ce siècle et la propre autorité de Pierre de Damien.

On trouve en effet un opuscule de même auteur [3], où il traite de la négligence des prêtres, et où ce grave censeur les reprend « de conserver trop longtemps, et jusqu'à devenir moisi, le pain qu'on doit changer en hosties salutaires, et de ne pas consumer le mystère même tous les huit jours; mais de le réserver souvent un mois entier. » Et dans un autre opuscule, il marque assez ce qu'on réservoit, puisqu'il raconte qu'après un long temps, on ne trouva « dans la boîte que de la vraie et solide chair, qui fut vue de tout le monde [4]; » de même qu'il nous a fait voir miraculeusement changées en sang les gouttes de vin consacré, restées dans le calice du prêtre de Cumes.

Pour les anciennes coutumes de Clugni recueillies par saint Udalric, il y a bien six cents ans, par lesquelles il est constant que les moines de ce monastère célèbre par toute la terre ne commu-

---

[1] La Roq., p. 76; Anonyme, p. 165. — [2] Lib. VI, ep. XXI. — [3] *Opusc.* XXVI. — [4] *Opusc.* XLVII.

nioient à la mort que sous une espèce [1], M. de la Roque nous répond qu'il n'approuve pas cette coutume; et qu'en tout cas elle ne fait rien pour la communion sous une espèce, à cause que ces moines la détrempoient dans du vin commun, qui étoit consacré par ce mélange, « selon que le croyoient, dit-il, les anciens chrétiens grecs et latins [2]. » Nous détruirons ailleurs cette chimère d'une manière, s'il plaît à Dieu, qui ne soufrira aucune repartie ; mais nous disons, en attendant, qu'il n'en paroît rien dans ces coutumes de Clugni : qu'il y paroît au contraire que ce vin commun qu'on donnoit au malade, n'étoit que pour lui aider à avaler le pain sacré ; et enfin qu'il est constant par ces coutumes, que dans un si célèbre monastère on ne réservoit que le corps pour les malades.

Pour l'auteur de la seconde *Réponse*, il répond, que « depuis l'établissement de l'erreur de la transsubstantiation, ces moines ont accommodé leurs coutumes à l'abus autorisé dans l'Eglise [3], » en renonçant, comme il le prétend, à l'ancienne discipline de l'ordre de Saint-Benoît, dont ils sont une branche. Pour la même raison, il fait peu de cas des conciles que nous produisons du onzième siècle et des suivans [4], et des précautions qu'on y prescrit pour garder le corps, sans jamais parler de celles qu'il auroit fallu avoir beaucoup plus grandes pour garder le sang précieux. Mais si M. de la Roque croit la réserve du pain seul une suite de la transsubstantiation, et qu'il soit forcé de la reconnoître dès le temps où il trouvera cette réserve, nous la lui avons fait voir dès l'origine du christianisme : ainsi la transsubstantiation ne sera pas de plus fraîche date. Et quant à ce que dit ce même ministre, qu'on ne parloit pas des précautions pour garder le sang, quoique renfermé sous une espèce plus capable d'altération, « à cause, dit-il, qu'il y a apparence qu'à chaque fois qu'on communioit publiquement, on renouveloit l'espèce du sang [5], » c'est ce qu'il y a de merveilleux, qu'on n'en trouve jamais rien et que malgré tant d'ordonnances et tant de passages pour la réserve du corps, sans

---

[1] *Traité de la Commun.*, 1 part. n. 2, p. 260 ; *Antiq. Cons. Clun.*, lib. III, p. 28, tom IV ; *Spicil.*, p. 217. — [2] La Roq., p. 105 et seq. — [3] Anonyme, p. 168. — [4] *Traité de la Commun.*, 1 part. n. 2, p. 361. — [5] La Roq., p. 169.

qu'on n'entende jamais parler de celle du sang, on veuille nous persuader qu'on réservoit également l'un et l'autre.

Il faudroit encore dire un mot de la tradition de l'Eglise grecque, où il est constant que l'on ne consacre l'Eucharistie pour les malades que le Jeudi saint sous la seule espèce du pain, et que le pain consacré à ce saint jour sert pour toute l'année. Cette coutume n'est pas contestée par nos adversaires [1]. Aussi est-elle indubitable; et dès le septième siècle, nous avons vu quelque chose de semblable dans Jean Moschus, où il paroît que l'on donnoit le pain consacré à tous les fidèles, pour le garder d'un Jeudi saint à l'autre. Tout ce qu'on peut dire ici, c'est que les Grecs mettent à présent quelques gouttes du sang précieux en forme de croix sur le pain sacré : mais on n'a pas répondu, ni on ne peut répondre à ce que j'ai dit, qu'outre que ce n'est pas donner à boire le sang de Notre-Seigneur, comme on prétend qu'il l'a commandé, ni marquer la séparation du corps et du sang, qui est le principal fondement de nos réformés pour la nécessité des deux espèces, on voit assez qu'au bout d'un an il ne reste rien de ces gouttes, ni autre chose pour le malade que la seule partie solide du saint Sacrement.

CHAPITRE XX.

Suite : examen d'un canon du deuxième concile de Tours.

Je me suis réservé à examiner quelques passages que j'avois produits dans le *Traité de la Communion*, où mes adversaires semblent se flatter d'une victoire plus assurée ; mais j'espère que la vérité paroîtra bientôt. Il s'agit en premier lieu du canon III du II⁰ concile de Tours, en l'an 567, que j'ai traduit en ces termes : « Que le corps de Notre-Seigneur soit placé sur l'autel, non dans le rang des images, NON IN IMAGINARIO ORDINE, mais sous la figure de la croix, SUB CRUCIS TITULO [2]. » Il falloit traduire mot à mot : *Sous le monument de la croix*, qu'on appelle *titulus crucis*, comme le trophée de Jésus-Christ, la marque de son triomphe, le monument éternel de sa victoire. Mais il ne s'agissoit

---

[1] La Roq., p. 57. — [2] *Conc. Tur.* II, can. 3; Labb., tom. V, col. 853.

pas alors de l'exacte signification de ce mot. Le canon porte en latin : *Ut corpus Domini in altari, non in imaginario ordine, sed sub crucis titulo componatur.* Ces deux Messieurs, tout d'un accord, me reprennent d'avoir pris l'adjectif *imaginarius* pour ce qui appartient aux images, et non pas, comme ils veulent qu'on l'entende, pour une chose « qui ne subsiste que dans l'imagination [1]. »

C'est ici que M. de la Roque déplore « qu'une personne aussi éclairée que M. de Meaux, n'ait pas entendu ce canon. » Encore, s'il y avoit *imaginosus ordo*, il croit « que quelque frère eût pu parler ainsi dans les cloîtres latins, parce que IMAGINOSUS veut dire ce qui appartient aux images. » Mais de prendre *imaginarius* dans ce sens, il ne croit pas qu'on « puisse montrer une expression semblable dans aucun auteur latin, même dans aucun de ceux qui ont écrit long temps après que cette langue a été corrompue. » Il allègue pourtant lui-même le mot *imaginarii*, pour signifier ceux qui *portoient les enseignes militaires où étoient les images des empereurs ;* signification bien éloignée de ce qui s'appelle parmi nous imagination ou fantaisie. Mais pour venir au sens de notre canon, on trouve dans les auteurs, et surtout dans ceux de la basse latinité, *imaginare* pour dire peindre, représenter. De là est venu dans Grégoire de Tours, auteur de ce temps-là, *imaginata pictura* [2], pour exprimer les peintures qu'on faisoit autour des autels et dans les églises ; de là vient aussi le mot *imaginariè*, pour dire représentativement. Dans le livre d'Ethérius et de Béatus contre Elipandus, archevêque de Tolède, il est dit que Melchisédech est le premier qui dans le pain et dans le vin qu'il a offerts, a exprimé *imaginairement*, IMAGINARIÈ, *le mystère du sacrifice que nous célébrons* [3] ; par où il veut dire que Melchisédech nous en a donné une véritable image, et non pas à sa fantaisie une représentation imaginaire. Et dans l'ancienne version du concile IIe de Nicée, qui est d'Anastase le Bibliothécaire [4], nous lisons, *imaginariam picturam ;* c'est-à-dire non une peinture imaginaire, mais une véritable peinture. Ainsi *l'ordre*

---

[1] La Roq., p. 49. — [2] Lib. *de Gloria Martyr.*, LXV. — [3] Æth. et Beat., lib. I, Bib. Pat., tom. XII, p. 371. — [4] Tom. XII *Conc.*, Labb., col. 845.

imaginaire ne sera pas, comme le veulent ces Messieurs, un ordre fantastique, qui aussi, comme nous verrons, n'a aucun sens dans ce canon; mais ce sera en effet l'ordre des images; et par là le sens du canon sera très-clair. Personne ne doute que les églises ne fussent pleines d'images. M. Daillé les y reconnoît de tous côtés dès le quatrième siècle, et nous venons de voir, sans aller plus loin, ce qu'en dit Grégoire de Tours. Le même auteur nous fait voir en divers endroits des croix érigées et des croix suspendues sur les autels [1] : la chose est incontestable, non-seulement par ces témoignages, mais par beaucoup d'autres. Le mot de *titulus* n'a rien de nouveau. Il signifie partout dans la *Vulgate*, où les auteurs ecclésiastiques ont formé leur style, un monument posé en mémoire de quelque chose. Ainsi cette pierre sur laquelle Jacob répandit de l'huile, est appelée un titre ou un monument élevé à la gloire de Dieu. Il ne faut donc pas s'étonner que la croix s'appelle ainsi, comme la marque et le monument des victoires du Sauveur. Le Père Mabillon nous produit ici, dans un auteur du huitième siècle, la croix signifiée par ce mot : *Titulus crucis* [2]. Qu'y a-t-il de plus clair, que d'ordonner « qu'on place le corps de Notre-Seigneur sur l'autel, non dans le rang des images, » mais au milieu, dans la place la plus honorable « et sous le monument de la croix, » SUB TITULO CRUCIS ?

Mais les explications de nos adversaires n'ont rien que d'embarrassé. M. de la Roque prétend que l'intention du canon est de « défendre de faire, ou de mettre sur l'autel, » selon le caprice et la fantaisie d'un chacun, « le pain qu'on doit consacrer pour être le corps de Notre-Seigneur [3]. » Mais s'il s'agissoit de l'Eucharistie qu'on devoit consacrer, ou que l'on avoit consacrée, pourquoi ne parler que du corps ? Ne consacroit-on pas aussi le sang ? Et d'où vient qu'il est toujours supprimé dans les endroits où la réserve est si bien et si naturellement entendue ? L'auteur de la seconde *Réponse* a bien vu qu'un sage lecteur attendroit qu'on lui rendît raison de cela. Il remarque donc « que le pain de la communion se coupoit autrefois en morceaux, et se mettoit ainsi sur l'autel.

---

[1] Loc. cit., cap. xx, xliii. — [2] *Sæc.* ii, *Ben.*, p. 856, *de Litur. Gall.*, lib. I, cap. x, n. 21. — [3] La Roq., p. 49.

De cette sorte, dit-il, le sens des paroles du concile est qu'on doit placer et ranger l'Eucharistie préparée pour le sacrifice et la communion, non dans un ordre tel quel et selon la fantaisie de celui qui la disposoit, non dans ordre arbitraire, IMAGINARIO ORDINE, mais EN FORME DE CROIX, comme font encore aujourd'hui les Grecs [1]. » Il n'y a rien de mieux inventé, mais par malheur les paroles ne s'accordent pas avec cette ingénieuse invention ; et ces mots : *Sub titulo crucis*, ne veulent dire en aucune langue *en forme de croix*. TITULUS naturellement veut dire *une inscription* et comme nous l'avons dit, dans le style de la *Vulgate*, *un monument* élevé à la gloire de quelque grande action. Il n'y en a point de plus illustre, ni de plus cher aux chrétiens, que celui de la croix. C'est pourquoi ils ne trouvent point de place plus convenable pour y garder le corps du Sauveur autrefois immolé dessus.

On sait au reste que les canons se font à l'occasion de quelque chose qu'on veut corriger ou perfectionner. Or jamais personne ne se sera avisé d'aller consacrer l'Eucharistie, et après l'avoir consacrée de la placer avec les images hors de dessus l'autel, pour la distribuer au peuple. Mais pour la réserve, il est assez naturel de la faire aux environs de l'autel, ou en quelque autre endroit, quel qu'il soit, où l'on voudra placer les images. C'est ce que le concile ne veut pas qu'on fasse ; il trouve le milieu de l'autel plus propre à conserver ce précieux dépôt. Notre auteur nous chicane trop, lorsqu'il dit qu'il ne falloit pas séparer la croix du rang des images, puisqu'elle-même en étoit une [2]. Mais il sait bien que la croix étoit regardée comme une image d'une dignité singulière, qu'on plaçoit seule sur l'autel, et qu'on jugeoit digne d'un honneur particulier.

Il ne faut pas dissimuler que mes adversaires tâchent de tirer quelques avantages d'une leçon de ce canon, où les prépositions *in* et *sub* sont supprimées. Mais outre qu'un seul manuscrit (a)

---

[1] Anon., p. 159, 160. — [2] P. 161.

(a) Dom Mabillon et les PP. Labbe et Sirmond font mention de plusieurs manuscrits où ces deux prépositions sont supprimées. Sans parler de quelques autres, il en est un au Vatican et un à la Bibliothèque du Roi, coté n° 1455, du dixième siècle, où elles n'existent pas. (Edit. de Déforis.)

où elles le sont, ne doit pas l'emporter sur tous les autres, on sait assez qu'on supprime souvent ces particules sans intéresser le sens ; de sorte que cette remarque n'auroit pas mérité d'être relevée, si ce n'étoit que je n'ai pas cru devoir rien omettre dans un endroit si important de cette dispute. Mais puisque nous sommes tombés sur les diverses leçons du canon de Tours, il y en a une fort ancienne, où il est porté, « qu'on doit placer le corps de Notre-Seigneur, non dans une armoire, mais sous le titre de la croix, NON IN ARMARIO, VEL IMAGINARIO, SED SUB TITULO CRUCIS. Cette leçon ne laisseroit aucun doute sur le sujet de la réserve. On la soutient, en disant que l'on réservoit autrefois le corps de Notre-Seigneur dans une armoire aux côtés de l'autel ; et que bien que cette coutume ait été presque abolie après le deuxième concile de Tours, on la voit encore dans quelques églises fort anciennes, même dans la France. Le Père Mabillon estime et à mon avis avec raison, que cette leçon : *In armario*, est un glossème de l'autre : *In imaginario ordine*, c'est-à-dire une interprétation que quelque copiste ancien a substituée à la place de la vraie leçon : *in imaginario ordine*, que plusieurs n'entendoient pas. Quoi qu'il en soit, puisque cette armoire se plaçoit aux environs de l'autel et du côté des images, tout revient au même ; et de quelque sorte qu'on lise ce canon de Tours, nous y avons vers la fin du sixième siècle, un témoignage authentique de la réserve de l'Eucharistie, mais du corps seul, comme dans les autres passages, et de la seule espèce du pain.

Il y en a encore une autre preuve dans saint Grégoire de Tours. Ce saint évêque raconte qu'un diacre, dont la vie étoit impure, « comme l'heure du sacrifice fut arrivée, prit la tour où étoit *le ministère du corps du Seigneur*. Il commença de la porter vers la porte ; et étant entré vers le temple pour la poser sur l'autel, elle lui échappa de la main, et étoit portée en l'air ; de sorte qu'elle approcha de l'autel, sans que le diacre la pût jamais reprendre ; et l'on crut que cela n'étoit arrivé que parce qu'il étoit souillé en sa conscience ; car on disoit qu'il avoit souvent commis adultère [1]. » M. de la Roque prouve doctement [2] une chose

---

[1] *De Gloria Mart.*, lib. I, cap. LXXXVI. — [2] La Roq., p. 63.

qui ne lui sera jamais contestée ; c'est que par le mot de *ministère* on entend les vaisseaux sacrés qu'on employoit dans le sacrifice : mais pourquoi est-il ici parlé seulement du ministère du corps, s'il s'agissoit de préparer le saint sacrifice, où l'on consacroit également les deux espèces (*a*) ?

Quand on alloit préparer le sacrifice, je trouve qu'on préparoit le ministère de l'autel. Nous venons de le lire ainsi dans la Vie de Louis le Débonnaire, à l'endroit où il se faisoit dire la messe pour y recevoir le Viatique [1]. M. de la Roque nous produit lui-même les passages, où il est parlé du *ministère de tous les jours* [2]; c'est-à-dire *de la patène et du calice*, et ainsi du reste. Pourquoi vois-je ici seulement le ministère du corps, si ce n'est parce qu'on vouloit désigner le vaisseau, ou le ministère dans lequel le corps étoit renfermé dès avant le sacrifice ? Ce sens est si naturel, qu'on l'a entendu ainsi il y a six à sept cents ans ; et saint Odon abbé de Clugni, rapportant ce même miracle qu'il a tiré de saint Grégoire de Tours, dit expressément que ce diacre infâme portoit « le coffret ou la boîte avec le corps de Notre-Seigneur, » CAPSAM CUM CORPORE DOMINI [3]. On demandera peut-être pourquoi l'apporter sur l'autel ? Mais il pouvoit y en avoir beaucoup de raisons, et entre autres celle de renouveler les hosties, comme on faisoit de temps en temps. M. de la Roque objecte [4] que si c'eût été le corps de Notre-Seigneur, ce diacre ne l'auroit pas apporté de dehors dans le temple, comme le raconte Grégoire de Tours, mais

[1] Vid. sup. *Vit. et act.* Duch., tom. II, p. 319. — [2] La Roq., p. 52-54. — [3] *Coll.*, lect. 2, cap. XXXII. — [4] La Roq., p. 52.

(*a*) Une ancienne exposition de la liturgie, autrefois en usage dans les Gaules avant que le rit romain y fût introduit, détermine clairement le vrai sens du texte de saint Grégoire de Tours. Cette exposition que dom Martène a tirée d'un ancien manuscrit de l'église de Saint-Martin d'Autun, fut composée au moins vers le milieu du sixième siècle, comme le fait voir dom Martène. Or elle nous apprend qu'alors dans les églises des Gaules, le diacre au commencement de la messe solennelle, apportoit à l'autel dans une tour le corps de Jésus-Christ, qui avoit été réservé dans le sacrifice du jour précédent. Nous transcrirons ici les paroles de cette exposition : *Nunc autem* PROCEDENTEM AD ALTARIUM CORPUS CHRISTI, *non jam tubis irreprehensibilibus, sed spiritualibus vocibus præclara Christi magnalia dulci modulâ psallet ecclesia.* CORPUS VERO DOMINI IDEO DEFERTUR IN TURRIBUS, *quia monumentum Domini in similitudinem turris fuit scissum in petrâ, et intùs lectum ubi pausavit corpus Dominicum, undè surrexit Rex gloriæ in triumphum. Expos. Brev. antiq .Liturg. Gallic., Thesaur. Anecd.,* tom. V, p. 95, (Edit. de Déforis.)

qu'on l'auroit gardé dans le temple. Il ne songe pas qu'il y avoit auprès des églises le baptistère ou la sacristie, *sacrarium*, qui pour n'être pas le temple même, n'en étoient pas moins des lieux sacrés. Mais enfin, dira-t-on, nous venons de voir que par le concile de Tours ce vaisseau, où l'on gardoit le sacré corps, devoit déjà être sur l'autel au-dessous de la croix, puisqu'il n'étoit plus permis de le réserver ailleurs. Il est vrai ; mais il faut prendre garde que Grégoire de Tours fut fait évêque dix ans environ après le second concile de Tours ; et que ce miracle étoit arrivé, comme il le dit lui-même, *dans sa première jeunesse*, IN ADOLESCENTIA MEA [1]. C'étoit donc beaucoup d'années avant que cet ordre eût été donné par le concile. Mais si nous considérons comment parle Grégoire de Tours, nous ne douterons nullement que son dessein n'ait été de faire voir que le corps de Notre-Seigneur s'étoit retiré des mains impures de ce diacre. Car il soutient cet exemple de celui d'un prêtre, qui ayant osé sacrifier indignement, n'eut pas plutôt commencé de profaner l'Eucharistie avec une bouche indigne en prenant le corps du Fils de Dieu, que la vengeance divine se fit sentir [2] ; et avant que de raconter ces deux terribles histoires, ce Saint avoit déclaré que son intention étoit de faire voir le malheur qui arrive à ceux qui abusent du corps et du sang de Notre-Seigneur.

Je ne dois pas oublier que dans l'endroit du *Traité de la Communion*, où j'ai rapporté cette histoire, il est arrivé une chose assez ordinaire à l'imprimerie ; c'est que le rapport des mots de *ministère* et de *mystère* a fait qu'on a mis ce dernier pour l'autre ; et le sens étoit si parfait des deux manières, que d'abord je n'ai pas pris garde à cette bévue (a). Je l'ai pourtant fait corriger, il y a longtemps, dans la version angloise (b). On a mis aussi dans

[1] *De Glor. Mart.*, lib. I, cap. LXXXVIII. — [2] *Ibid.*

(a) Bossuet signale cette substitution de termes, non-seulement dans les paroles qu'on vient de lire, mais aussi dans la *Revue de quelques-uns de ses ouvrages* : nous l'avons fait disparoître, en remplaçant le mot *mystère* par celui de *ministère* dans le *Traité de la Communion sous les deux espèces*. Effectivement les anciennes éditions de Grégoire de Tours portent *ministerium* ; mais voilà que D. Ruinart, après avoir consulté tous les manuscrits, a rejeté le mot *ministerium* pour rétablir le mot plus simple et plus naturel de *mysterium*. L'édition de Ruinart parut longtemps après le *Traité de la Communion* : Bossuet n'eut pas l'occasion de la consulter. — (b) Probablement cette version fut faite par le Père

cette version que le diacre apportoit le vaisseau sacré où étoient les saintes hosties, afin de les renouveler; et cette raison convient si visiblement à la discipline du temps, que j'ai mieux aimé m'y arrêter qu'à celle de l'adoration, qui pourroit être contestée. Je dirai, dans la suite, de l'adoration ce qu'il en faudra dire en peu de mots par rapport à ce *Traité*. Je ne veux pas perdre le temps à accuser ma mémoire, ni à défendre ma bonne foi. Sur de telles accusations, il ne faut faire son apologie que par sa conduite; et je me trouve en cette occasion si heureusement soutenu par la vérité, que rien n'a pu affoiblir ma preuve.

Au reste quelques auteurs de grand nom et de grand savoir s'étant servis des ciboires mentionnés dans les anciens livres pour établir la réserve, leur autorité avoit fait que je n'avois pas entièrement rejeté cette preuve, et que j'avois cru pouvoir m'en servir en disant : « On peut rapporter à la même chose les ciboires marqués parmi les présens, etc. (*a*). Mais y ayant mieux pensé, je ne vois rien de semblable à nos ciboires dans aucun exemple de ce mot que j'aie trouvé dans les anciens livres, par les soins de mes amis ou par les miens, et la bonne foi m'oblige à le reconnoître. Dans la multitude des preuves que nous avons de la tradition, nous n'aurons pas beaucoup à regretter celle-ci; et en tout cas, j'en rapporterai que nous pouvons mettre à la place.

J'y mettrai premièrement, au sixième siècle, saint Gal évêque de Clermont, dont saint Grégoire de Tours écrit ces mots : « Venons enfin au temps où Dieu le retira de ce monde. Pendant qu'accablé de sa maladie, il étoit couché sur son lit, la fièvre qui dévoroit ses entrailles, lui fit tomber la barbe et les cheveux. Sachant donc qu'il devoit mourir dans trois jours, il assembla le peuple, et leur rompant le pain à tous, il leur donna la communion avec une sainte et pieuse volonté [1]. » Il ne parle point de dire la messe; ce que Grégoire de Tours sait bien exprimer, et même dans ce chapitre, quand on l'a dite en effet. On voit que l'extrémité de la maladie ne permettant pas au saint vieillard de se lever

[1] Greg. Tur., *de Vit. PP.*, cap. IV; Sur., 1 jul.
Johnston, bénédictin anglois qui avoit déjà traduit l'*Exposition de la doctrine catholique*. — (*a*) Nous avons retranché ces mots dans le *Traité de la Communion*.

pour la dire à tout son peuple, il ne laisse pas de l'assembler autour de son lit ; et que pour ne rien omettre de ce qu'il pouvoit, *il leur rompt* et leur distribue *le pain sacré*, sans doute celui qu'on tenoit toujours réservé selon la coutume ; et cette action fait voir combien étoit libre la communion sous une espèce, puisqu'un si saint évêque n'hésite pas à la donner de cette sorte à tout un peuple, sans aucune nécessité pressante ; mais seulement afin qu'il eût la consolation de communier, pour une dernière fois, de la main de son évêque.

Et pour montrer qu'il ne falloit pas de bien pressantes raisons pour communier sous une espèce, nous avons vu au septième siècle sainte Opportune vierge, qui sentant approcher sa fin, « fit célébrer la messe, où elle ordonna que toutes ses religieuses présentassent leur offrande [1] : » et cependant sans demander les deux espèces, qu'il eût été facile de lui apporter, l'auteur de sa Vie dit expressément qu'elle « se fit apporter et se fit donner le corps de Notre-Seigneur ; et que lorsqu'elle l'eut reçu, elle dit : Que votre corps, ô Seigneur, me profite pour le salut de mon ame : » sans que dans une description si distincte de la communion de cette sainte, il soit fait aucune mention du sang.

La même chose arriva au jeune Saxon, à qui selon le récit que nous en a fait le Vénérable Bède [2], au même siècle septième, les apôtres étoient apparus, pour lui dire qu'il ne mourroit pas sans avoir reçu après la messe le Viatique du corps et du sang ; et néanmoins il se trouve qu'on ne lui donna que le corps ; tant on croyoit tout donner avec le corps seul. Bède écrit expressément que le prêtre fit « dire la messe, fit communier tout le monde, et envoya au malade une particule du sacrifice de l'oblation de Notre-Seigneur. » Jamais on ne trouvera ce mot *particule* employé pour une autre espèce que pour le solide. On n'envoya donc au malade que la seule partie solide, et par là on crut satisfaire à tout ce qui lui avoit été promis dans cette miraculeuse apparition, à cause que sous le corps seul on reçoit, non-seulement toute la vertu, mais encore toute la substance du corps et du sang.

Nos ministres me demandent des exemples où l'on emploie le

---

[1] Sur., 22 april.; Mabil., *Sæc.* II *Ben.*, p. 230. — [2] *Hist. Ang.*, lib. IV, cap. XIV.

corps et le sang, en ne donnant que l'un des deux [1]. En voilà un bien exprès, et bientôt ils en verront d'autres qui le seront peut-être davantage. En attendant, demeurons d'accord qu'encore que, lorsqu'on donnoit la communion aux malades à l'heure du sacrifice, on la donnât ordinairement sous les deux espèces, on ne s'en faisoit pas une loi tellement indispensable, que la moindre nécessité n'en pût exempter. Comme il y avoit des malades qui ne pouvoient pas aisément avaler la partie solide, et comme on ne faisoit point de difficulté de leur donner le vin seul, comme M. de la Roque le prouve par un canon d'un concile de Tolède au sixième siècle, et par un décret de Pascal II dans l'onzième [2], il y en avoit aussi à qui l'on ne pouvoit présenter la coupe sacrée sans un péril évident d'effusion ; et ce pouvoit être une raison de ne pas donner le calice à ceux dont nous venons de voir la communion sous une espèce à l'heure du sacrifice.

Au reste les auteurs n'ont pris aucun soin de nous apprendre pourquoi ces communions avoient été faites sous une espèce plutôt que sous les deux, parce qu'après les exemples des siècles passés, l'une et l'autre manière de communier paroissoit si indifférente, qu'on ne s'avisoit point de demander pourquoi on avoit donné la communion sous une seule espèce, et que la moindre raison étoit jugée plus que suffisante pour y obliger.

Ainsi voyons-nous au sixième siècle saint Carilèfe abbé, « qui rend l'esprit après avoir reçu le corps de Notre-Seigneur [3]. » Au septième, saint Swibert évêque de Verde, dont nous avons déjà parlé, « après s'être fait célébrer la messe, se munit de la réception du corps de Notre-Seigneur [4]. » Le moine Agibode, dans la *Vie de saint Bertulphe* abbé de Bobie, mourut après avoir reçu le corps très-sacré de Jésus-Christ [5]. Saint Serenède confesseur, « après avoir reçu le sacrement du corps de Notre-Seigneur, rend à Dieu son ame innocente [6]. » Saint Claude archevêque de Besançon, « reçoit avec vénération et avec larmes les sacremens de pénitence et du corps de Jésus-Christ [7]. »

[1] P. 86. — [2] *Hist. de l'Euchar.*, I part., chap. XII, p. 150, 160; *Rép.* p. 90, 91; *Conc. Tol.* XI, can. 11; Pasc. II, ep. 32, *ad Pont.* — [3] Sur., 1 jul. — [4] *Idem*, 1 mart. — [5] *Idem.*, 5 febr. — [6] *Sæc. Ben.* II, tom. II, p. 165. — [7] *Idem*, p. 169.

Au commencement du huitième siècle, sainte Austreberte abbesse de Poliac, reçoit en mourant « les sacremens du corps de Notre-Seigneur [1]. » Au commencement du dixième siècle, nous avons vu saint Géraud comte d'Aurillac, après qu'on se fut pressé de dire la messe, « recevoir le corps du Seigneur, qu'il attendoit [2]. » Au même siècle, saint Volfangue évêque de Ratisbonne, « offrit le sacrifice de la messe, et envoya par un prêtre le corps de Notre-Seigneur à un malade [3]. » Saint Oswalde archevêque d'York, prie ses frères « de lui donner le ministère de l'onction sacrée, avec le Viatique du corps de Notre-Seigneur [4]. » Sainte Adélaïde impératrice, dont la Vie a été écrite par saint Odilon abbé de Clugni, « reçoit en mourant, le sacrement du corps de Notre-Seigneur [5]; » et saint Thibaud prêtre et solitaire, « le Viatique du corps [6]. »

Dans l'onzième siècle, on voit saint Othon évêque de Bamberg, communier de même [7]. Au commencement du douzième et dans la dernière maladie de saint Hugues abbé de Clugni, comme la vue « commençoit à lui manquer, on lui demanda s'il reconnoissoit la chair vivifiante de son Sauveur : Je la connois, dit-il, et je l'adore [8]. » Ensuite prêt à expirer, il se fit porter dans l'église pour y mourir sur la cendre; et voilà quelle fut la fin de ce grand homme. Sa mort fut révélée à saint Godefroi évêque d'Amiens, qui étoit alors à Rome. Ce saint évêque se vit en esprit à Clugni, où les moines le prioient de célébrer une messe pontificale, pour donner à leur saint abbé le Viatique du corps et du sang de Notre-Seigneur [9] : marque que les deux coutumes, et celle de dire une messe pour communier le malade quand on en avoit le loisir, et celle de lui porter le corps seul de Notre-Seigneur hors l'heure du sacrifice et quand le temps pressoit, duroient encore.

Nous avons au treizième siècle les exemples de saint Edmond de Cantorbéry [10], de saint Louis roi de France [11], de saint Louis son

---

[1] Sur., 10 febr. — [2] Sur., 13 oct.; *Sæc.* v *Ben.*, tom. V, p. 9. — [3] Sur., 31 oct.; *Sæc. Ben.* III, part. I, tom. III, p. 39. — [4] *Sæc. Ben.* v, tom. VII, p. 732. — [5] Sur., 16 dec.; Canis., tom. V *Ant. Lect.* — [6] Sur., 30 jun. — [7] *Vit. Oth., Bamb.*, lib. III, cap. XLV; Canis., *Antiq. Lect.* — [8] *Vit. Hug. Clun.*, per Hild. Cenom., cap. LI. — [9] *Ibid.*, cap. XXIII. — [10] Sur., 16 nov. — [11] *Ibid.*, 25 aug.

neveu, archevêque de Toulouse¹, de saint Thomas d'Aquin² et de plusieurs autres, qui reçoivent le saint Viatique sous la seule espèce du pain; ce qui n'empêche pas qu'en ce même siècle on ne le donnât aussi sous toutes les deux, comme l'Anonyme le prouve très-bien³ par le témoignage de Luc, évêque de Tuy en Galice, auteur du temps. La même chose paroît encore par l'exemple de sainte Élisabeth, femme du landgrave Louis de Thuringe⁴, et par beaucoup d'autres exemples.

Nos adversaires prétendent que les exemples qui suivent le onzième siècle et la condamnation de Bérenger ne sont plus de pareille force, parce que la transsubstantiation, établie alors, avoit introduit avec la concomitance l'usage d'une seule espèce. Mais j'ai rapporté tout de suite les exemples de tous les siècles, pour montrer que devant l'onzième siècle, comme après, la communion tant sous une que sous deux espèces paroît également en usage. C'est une consolation pour les catholiques, en ce qui regarde la doctrine, de n'avoir à se défier ni à se plaindre d'aucun siècle. Jésus-Christ n'a terminé par aucun temps les promesses de secourir son Église. En l'assurant d'être avec elle jusqu'à la consommation du monde, il a également consacré tous les siècles par cette parole. Aussi dans cette matière, comme dans toutes les autres, nous voyons partout la même foi, qui est que la communion, très-sainte sous les deux espèces, est suffisante sous une seule. Voilà le dogme qui ne change point, que nous avons vu établi dès l'origine du christianisme, et dans lequel nous persistons. Le reste ne peut plus être qu'une affaire de police ecclésiastique, et dans une chose libre un pur changement de discipline.

CHAPITRE XXI.

Réflexions sur la prodigieuse opposition qui se trouve entre les premiers chrétiens et les protestans.

Avant que de passer outre, un peu de réflexion nous va faire voir le prodigieux éloignement de l'ancien christianisme et des

---

¹ Sur., 19 aug., — ² *Ibid.*, 7 mart. — ³ Anonyme, p. 166, 167; Luc. Tuy., lib. III, cap. VII. — ⁴ Sur., 19 nov.

protestans. Ceux-ci posent comme une maxime fondamentale de la doctrine de l'Eucharistie, qu'elle n'est que dans l'usage comme les autres sacremens, et entièrement passagère ; de sorte qu'elle n'est pas le sacrement de Jésus-Christ, quand on ne la reçoit pas dans l'assemblée des fidèles et avec le reste de ses frères. Selon cette maxime, ils ont toujours constamment soutenu et soutiennent encore que tout ce qui reste après la communion n'est plus le sacrement de Jésus-Christ : et quoique quelques-uns d'eux, comme ceux de la Confession d'Augsbourg, aient peine à croire que ce soit une chose tout à fait profane, les calvinistes, qui se piquent d'être les plus purs de tous ces puristes, traitent de superstition ce respect tel quel que les luthériens de la Confession d'Augsbourg ont pour les restes de l'Eucharistie, et n'y veulent plus rien reconnoître de sacré. Mais les anciens chrétiens loin d'être dans ce sentiment, l'ont traité de folie, comme on l'a vu par le témoignage de saint Cyrille. Ils ont porté l'Eucharistie dans leur maison : ils l'y ont reçue en particulier ; et n'ont pas cru recevoir moins dans cette communion domestique que dans celle de l'église.

Nous avons vu M. de la Roque embarrassé de la communion que l'on donnoit aux malades, insinuer, sans vouloir recourir à la réserve, que l'on consacroit l'Eucharistie chez les malades toutes les fois qu'on les communioit. Il n'a voulu se laisser vaincre, ni par la communion de saint Ambroise, où il ne paroît autre chose qu'une simple réception, ni par celle de Sérapion, où le prêtre, loin de donner la communion lui-même et de l'aller consacrer chez le malade, la lui envoie toute consacrée et toute faite de chez lui, par un jeune homme qui n'avoit aucun caractère pour la consécration. Ce ministre n'a pas voulu voir qu'on étoit si éloigné de croire qu'il faut consacrer l'Eucharistie exprès, pour la donner aux malades, qu'on étoit venu jusqu'à la leur envoyer par des laïques et par des femmes : coutume par laquelle les conciles, loin de trouver à redire qu'on ait cru la consécration une chose permanente, autorisent manifestement cette croyance, puisqu'ils n'obligent les prêtres qu'à faire par eux-mêmes la distribution qu'ils commettoient aux autres, mais toujours en regardant la consécration comme faite.

Pour ne plus parler de ces exemples, voudra-t-on, quand on lira les canons du grand concile de Nicée et du concile de Carthage, où il est porté si expressément qu'on donnera l'Eucharistie aux malades; voudra-t-on, dis-je, sans jamais en rien trouver ni dans les canons ni dans aucun auteur ecclésiastique, qu'à chaque fois qu'on leur aura donné la communion, le prêtre, à quelque heure que ç'ait été du matin ou du soir, devant ou après le repas, malgré la coutume de l'Eglise universelle, ait offert le sacrifice où il aura fallu nécessairement qu'il ait communié avec le malade? Une si grande absurdité n'entrera jamais dans les esprits. Mais en voici une bien plus grande où nos adversaires sont réduits. C'est que passé l'heure de la messe, on ne donnoit plus aux malades la communion que sous une seule espèce qu'on leur apportoit de l'église. Tous ne sont pas assez hardis pour nier absolument une vérité si constante; et un docte ministre allemand, qui vient d'écrire très-amplement sur cette matière, n'a point trouvé de meilleur moyen de se défendre des conséquences qu'on tire de là, en faveur de la communion sous une espèce, qu'en disant « qu'encore qu'on ne gardât que le pain seul, il ne s'ensuit point qu'on le donnât seul sans la coupe, puisqu'on consacroit de nouveau le vin qu'on ne pouvoit pas si aisément garder[1]. » Prodige inconnu à l'Eglise chrétienne, de consacrer l'un des symboles sans l'autre; car si l'on vouloit consacrer, pourquoi en réserver l'un et ne pas consacrer les deux ensemble? Prenoit-on plaisir à faire les choses contre toute règle, et à renverser tout l'ordre des mystères? Non sans doute; mais les ministres, qui ne peuvent pas accommoder leur doctrine avec celle des canons, sont contraints pour tirer par force les canons à eux, d'y introduire les absurdités les plus inouïes.

Cependant je ne puis comprendre à quoi leur servent leurs raffinemens, ni pourquoi, à quelque prix que ce soit, ils veulent qu'on ait toujours consacré et offert le sacrifice chez les malades. Car enfin il est certain de leur aveu propre, que ceux même qui se portoient bien et qui pouvoient communier à l'église, en emportoient l'Eucharistie consacrée et la prenoient dans leurs mai-

[1] *Act. rei amotæ August.*, Pfeiff. *ss. Th. D.*, etc., part. III, cap. X, n. 9.

sons. On ne peut pas ici amuser le monde par une consécration imaginaire. Il faut avouer, malgré qu'on en ait, que les fidèles croyoient l'Eucharistie consacrée une chose permanente, qu'ils prenoient en particulier, sans aucune diminution de la grace qu'elle contenoit en elle-même.

Ici on ne trouve point de sortie, qu'en disant que tout cela étoit un abus. C'est ce que disent tous les ministres, sans respecter le siècle des martyrs et les temps les plus purs du christianisme. M. de la Roque en particulier le répète plusieurs fois[1]; et l'auteur de la seconde *Réponse* nous explique en ces termes les raisons qu'on a de le croire ainsi dans sa communion : « Je dis que cette coutume étoit un abus du sacrement, non-seulement en ce que l'on n'emportoit souvent que le pain; mais aussi en cela même que, quoiqu'on emportât toutes les deux espèces, en les emportant, on faisoit dégénérer la communion, qui n'est établie par Jésus-Christ que pour célébrer la mémoire de sa mort, et marquer l'union des fidèles entre eux, en une pratique irrégulière et superstitieuse. » Il poursuit : « Je ne blâme pas la coutume de porter l'Eucharistie aux absens dans le temps de la communion, ou aussitôt après; car cela pouvoit fort bien marquer alors qu'ils avoient part à la communion de l'Eglise, et la proximité du temps les faisoit réputer comme présens à la table même. Mais la garder plus longtemps, c'étoit se persuader qu'il y avoit quelque vertu secrète renfermée dans le pain consacré[2]. » Voilà dire nettement qu'il n'y a aucune vertu dans l'Eucharistie réservée; et les pasteurs, qui le croyoient avec tous les peuples, sans en excepter les plus saints et les martyrs mêmes, étoient dans l'erreur.

Sur cela j'avois objecté « que le parti étoit aisé à prendre, quand il ne s'agit plus que de savoir si les martyrs sont des profanes, ou si les ministres qui les accusent sont des téméraires[3]. » A cette pressante objection notre auteur répond seulement que ce n'est pas cela dont il s'agit; mais qu'il s'agit de savoir « si M. Bossuet peut, sur l'autorité et l'exemple seul des martyrs, nous démontrer que cette coutume est conforme à l'institution de

---

[1] *Hist. de l'Euch., Id. Rép.*, p. 174, 176. — [2] Anonyme, p. 211. — [3] *Traité de la Commun.*, I part. n. 4, p. 280.

l'Eucharistie [1]. » Ainsi sans se mettre en peine des martyrs, il se contente de décider malgré toute l'antiquité, que leur coutume n'étoit pas conforme à l'institution de Jésus-Christ. Tout ce qu'il fait pour leur défense, c'est de répondre que cette coutume étoit, à la vérité, *un abus*, mais non pas *une profanation*. Qu'est-ce donc que profaner les mystères, sinon prendre pour l'Eucharistie et pour sacré ce qui ne l'est pas, et changer la sainte Cène de Notre-Seigneur, mystère terrible et vénérable, contre sa propre institution, *en une pratique irrégulière et superstitieuse*? Voilà comment ces Messieurs défendent les saints martyrs : voilà comment ils sont jaloux de l'honneur du christianisme.

C'est une chose étrange et abominable qu'on ait pu accoutumer les chrétiens à entendre dire que l'erreur avoit gagné dans toute l'Eglise, dès les siècles les plus purs, et à écouter sans frémir un si grand opprobre de la religion chrétienne. Mais nos réformés ne s'en étonnent pas. Tous les jours nous leur entendons dire de sang-froid que « le mystère d'iniquité commençoit déjà à se mettre en train dès le temps de saint Paul. » Mais quand ils auroient prouvé, ce qu'ils ne feront jamais, que ce *mystère d'iniquité* étoit les erreurs conçues dans le sein de l'Eglise, pourroit-on penser sans horreur que dès le temps de saint Paul elles y fussent approuvées? On est donc forcé d'avouer que ce *mystère d'iniquité*, dont parle saint Paul [2], n'emporte pas avec lui l'approbation de l'Eglise. Que si pour l'honneur de l'apostolat et de la religion chrétienne, on est obligé d'avouer que les erreurs pouvoient bien naître dans l'Eglise, mais qu'elles y étoient rejetées du temps des apôtres, ne tremble-t-on pas quand on ose dire qu'elles y ont été établies sans aucune contradiction incontinent après leur mort? Car ici il ne s'agit pas de quelques abus particuliers que l'Eglise réprouvât : il s'agit d'une coutume universelle, pratiquée par les plus saints du peuple et autorisée par les pasteurs, par un Tertullien lorsqu'il étoit le plus respecté dans l'Eglise, par un saint Cyprien, par un saint Basile, en un mot par tous les Pères. Si le mystère d'iniquité avoit déjà entraîné les plus grands hommes de l'Eglise, que doit-on penser du reste? Et si « la

---

[1] Anonyme, p. 112. — [2] II *Thess.*, II, 7.

lumière, qui étoit en nous, n'étoit que ténèbres, que sera-ce des ténèbres mêmes [1] ? »

Mais, dira-t-on, il n'est pas vrai que cette coutume ait été approuvée. Le docteur allemand, dont nous venons de parler, objecte que saint Jérôme, en parlant de cette coutume, a dit « qu'il ne la blâmoit ni ne l'approuvoit [2]. » Lisons les paroles qu'il produit : « Je sais, dit saint Jérôme, que c'est la coutume à Rome de communier tous les jours, ce que ni je ne blâme, ni je n'approuve [3]. » Sans doute de communier tous les jours ; car cela dépend des dispositions, et c'est chose qu'on ne peut ni blâmer ni approuver en général. Mais pour ce qui est de porter la communion dans sa maison, saint Jérôme l'approuve si expressément, qu'il demande le même respect pour la communion de la maison que pour celle de l'église, et que même il fait cette demande à ceux qui y mettoient de la différence : « N'est-ce pas le même Jésus-Christ qu'on reçoit dans la maison et dans l'église ? » Nous en avons vu autant dans saint Basile, dans saint Cyrille, et en un mot dans tous les Pères ; et on y trouve une approbation universelle de cette coutume, loin qu'on puisse trouver le moindre endroit où elle soit blâmée le moins du monde.

On allègue deux conciles d'Espagne, celui de Sarragosse et le premier de Tolède, où ceux qui « n'avaient pas l'Eucharistie reçue des mains de l'évêque, sont chassés comme sacriléges et frappés d'anathème [4]. » Tous les docteurs allemands ne manquent pas de nous opposer ces deux canons, après Calixte ; mais grace à la miséricorde divine, on ne pousse pas toujours la contradiction jusqu'à l'extrémité. Mes adversaires abandonnent cette preuve. Celui de tous les ministres qui a le mieux examiné cette matière, en un mot, M. de la Roque avoue et prouve invinciblement dans son *Histoire de l'Eucharistie* [5], que ces canons de Sarragosse et de Tolède n'ont pas été faits pour condamner la coutume *d'emporter l'Eucharistie et de la garder*. Je me suis servi de son aveu, et j'ai établi cette même vérité en trois pages du *Traité de la Commu-*

---

[1] *Matth.*, VI, 23. — [2] *Act. rei amot.*, part. III, cap. IX, n. 8, p. 170. — [3] Hier., ep. XXX ; *Apol., pro lib. adv. Jovin.*, tom. IV. — [4] *Conc. Cæs. August.*, can. 3 ; *Tolet.* I, cap. XIV. — [5] *Hist. de l'Euchar.*, I part., cap. XIV, p. 174.

nion ¹, d'une manière à ne laisser aucun doute aux gens raisonnables. En effet M. de la Roque entreprend ce livre, il m'attaque de tous côtés, comme nous avons vu; dans l'embarras où il est, il se dédit de beaucoup de choses qu'il avoit très-bien établies dans son *Histoire de l'Eucharistie ;* mais il persiste dans celle-ci, et demeure d'accord avec moi ² que « les anathèmes de ces conciles ne s'adressoient que contre des impies, des profanes et des hérétiques, tels que pouvoient être les priscillianistes, en un mot contre ceux qui, après avoir reçu l'Eucharistie, la jetoient par infidélité, selon l'explication de l'onzième concile de Tolède ³. » Bien plus, il oppose un nouveau passage, un capitulaire de Charlemagne, qui veut « qu'on chasse comme des sacriléges tous ceux qui reçoivent l'Eucharistie et qui ne la mangent pas; » et il répond « que ce capitulaire n'étant qu'une répétition du xiv⁰ canon du concile de Tolède, il ne croit pas que cela regarde l'abolition de la coutume dont il s'agit ⁴, » c'est-à-dire de la réserve de l'Eucharistie et de la communion domestique.

Ainsi il doit maintenant passer pour constant que durant mille ans que cette coutume a duré dans l'Eglise, loin que jamais on l'ait blâmée, elle n'a jamais été tenue pour suspecte. Si elle a été abolie dans d'autres temps, ç'a été, comme on a changé beaucoup d'autres choses bonnes en elles-mêmes, à cause que l'on commençoit à en abuser, et sans jamais cesser de respecter la pratique des siècles précédens. On nous objecte ⁵ le Père Pétau, qui ne craint point de dire « qu'emporter l'Eucharistie chez soi et la garder seroit une action punissable et tenue pour une profanation du sacrement ⁶. » Il ne falloit pas oublier ici un mot essentiel. C'est que ce savant auteur ne dit pas absolument qu'une réserve approuvée durant tant de siècles soit une action punissable; mais il dit *qu'elle est aujourd'hui une action punissable,* et le reste ; et loin qu'on puisse conclure de son discours qu'elle fût blâmable par elle-même, son dessein est de prouver, ce qui est certain, que l'Eglise n'a pas dessein de rétablir toutes les coutumes bonnes et

---

¹ *Traité de la Commun.*, 1 part. n. 4, p. 280. — ² La Roq., *Rép.*, p. 171. — ³ *Conc. Tolet.* XI, can. 11. — ⁴ La Roq., p. 177, 178. — ⁵ La Roq., p. 177. — ⁶ Pét., *de la Pénitence publ.,* liv. I, chap. vii, n. 3, p. 95.

louables par elles-mêmes, parce que devenues mauvaises par les circonstances, elles ont perdu l'avantage qu'elles avoient dans leur origine ; et il pousse la chose si avant, qu'il range cette coutume parmi celles « qui marquent une grande sainteté et une vertu de tout point accomplie, à laquelle elles étoient attachées dans la primitive Eglise ; » c'est-à-dire une si profonde et si sûre vénération des fidèles pour les mystères, qu'on n'en craignoit aucune sorte de profanation entre leurs mains. Que si aujourd'hui on pense autrement, ce n'est pas, comme le dit M. de la Roque, que la nature des choses soit changée ; mais c'est qu'après tant d'abus qu'on a vus du sacrement, on ne pourroit plus en attribuer la réserve qu'à de très-mauvais desseins. Voilà ce que dit le Père Pétau ; et c'est trop visiblement tromper le monde que de le produire comme un auteur qui juge blâmable la coutume des premiers siècles. On ne se donne pas de ces sortes de libertés parmi nous. C'est un privilége dont nous croyons que nos adversaires eux-mêmes ont de la honte ; et malgré tout ce que leurs préjugés les obligent à écrire, ils ne peuvent pas s'empêcher d'être peinés en secret d'avoir à défendre une cause qu'ils ne peuvent soutenir, sans condamner tout ce que le christianisme a eu de plus pur.

Que si à la fin on en rougit, et qu'on soit contraint d'avouer que ce qui est approuvé dans toute l'Eglise dès l'origine du christianisme ne peut être que très-bon, qu'on me réponde à cet argument. Il n'est point parlé de la réserve de l'Eucharistie, ni de la communion domestique, dans l'Evangile ni dans toute l'Ecriture ; au contraire, à ne regarder que les termes, Jésus-Christ a dit seulement à ceux qui étoient présens : *Prenez et mangez,* et ils l'ont fait ; et néanmoins sans qu'il y paroisse autre chose, toute l'Eglise a pratiqué la réserve de la communion domestique : donc elle l'a prise autre part que dans l'Evangile : donc elle a cru que la tradition étoit la seule interprète de l'Evangile même.

Poussons encore plus avant. Ces paroles de Jésus-Christ : *Prenez et mangez,* et : *Buvez-en tous,* n'expriment pas plus la communion sous les deux espèces, qu'elles expriment la consomption actuelle de l'Eucharistie dans le temps que Jésus-Christ l'a consacrée et présentée à ses disciples : or nonobstant ces paroles, la tradition de réserver l'Eucharistie consacrée, pour communier à la maison plusieurs jours après sans la consumer aussitôt, s'est soutenue dès les premiers temps : elle s'est donc soutenue, encore qu'on lui pût opposer des paroles de l'Evangile, aussi expresses que celles qu'on nous allègue pour la communion sous les deux espèces.

Il a dû suivre de là qu'on ne fît pas plus de difficulté de communier sous une espèce que de communier en particulier dans sa maison, après la consécration faite dans l'église. La chose est en effet arrivée ainsi. On n'a non plus hésité à l'un qu'à l'autre; et nous avons vu clairement que la communion sous une espèce a accompagné la communion domestique. Elles vont donc d'un même pas : l'une est aussi établie, aussi ancienne, et aussi bonne que l'autre.

Ouvrez les yeux, nos chers Frères, et voyez qui sont ceux que vous condamnez en condamnant l'Eglise romaine. C'est l'Eglise des premiers temps. Vous ne pouvez sans blasphème réprouver la communion domestique : vous ne pouvez l'approuver sans approuver la communion sous une espèce.

Qu'ont dit en effet tous ceux qui étant forcés d'avouer la communion domestique, ont cru après cela pouvoir nier la communion sous une espèce? Qu'ont-ils dit, mes Frères, que de visibles absurdités et des choses plus difficiles et plus incroyables que ce qu'ils vouloient éviter? Ecoutez le plus savant de ceux qui ont traité cette matière, je veux dire M. de la Roque, et voyez comment il concilie la communion sous les deux espèces avec la communion domestique. C'est, dit-il, « qu'il falloit que les fidèles participassent au calice, après avoir mangé une portion du pain qu'on leur avoit distribué; ou s'ils réservoient tout le pain pour le prendre et pour le manger à la maison, quand ils le jugeoient à propos, après avoir bu de la coupe dans l'église, la communion aura toujours été sous les deux espèces, quoique l'une ait été reçue un temps assez considérable après l'autre [1]. »

M. de la Roque nous donne le choix de deux suppositions :

[1] La Roq., p. 179.

l'une, que les fidèles, qui devoient communier dans leur maison sous la seule espèce du pain tout le long de la semaine, aient premièrement communié sous les deux espèces dans l'assemblée des fidèles ; et cela ne fait rien du tout à la question, puisque cette première communion faite sous les deux espèces, n'empêcheroit pas que les suivantes ne fussent faites sous une seule. Reste donc l'autre supposition que les fidèles, prenant dans l'Eglise le dimanche, si l'on veut, la coupe seule, et le reste de la semaine le pain réservé, tout cela ne soit qu'une seule et même communion. Mais est-ce là se sauver de la communion sous une espèce? N'est-ce pas plutôt ajouter à la communion qui se fera six jours durant, sous la seule espèce du pain, une autre communion faite le dimanche sous la seule espèce du vin? Mais si l'on continue la communion avec le pain réservé plusieurs mois et un an entier, comme le faisoient les solitaires et les autres que nous avons vus, faudra-t-il dire encore, pour sauver la communion sous les deux espèces, que tout cela ne seroit qu'une seule et même communion ; de sorte qu'au lieu de dire que les premiers chrétiens communioient souvent et même tous les jours, il faille dire, pour s'ajuster au système de nos adversaires, qu'ils ne communioient qu'une seule fois? Ne vaudroit-il pas mieux avouer de bonne foi la communion sous une seule espèce? Et n'est-ce pas l'avouer, que de ne pouvoir s'en défendre que par de semblables extravagances?

Voilà néanmoins où sont réduits les plus doctes de nos adversaires : un Calixte, un du Bourdieu, un la Roque. Mais, dira-t-on, vous leur imposez, du moins au dernier : il a une autre réponse et il soutient même, en supposant *que les fidèles n'emportoient que le pain seul,* qu'ils ne laissoient pas de communier sous les deux espèces, parce qu'on croyoit dans l'Eglise orientale et dans l'occidentale, que le mélange et l'attouchement du pain consacré sanctifioit et consacroit le vin qui ne l'étoit pas; de sorte que « les fidèles, qui étoient imbus de cette opinion, ne manquoient pas, selon toutes les apparences, de faire ce mélange du pain consacré avec du vin commun [1], » afin de communier sous les deux espèces. Voilà comment on résout les difficultés dans la

[1] La Roq., p. 184.

nouvelle Réforme. On impute à l'Eglise orientale et occidentale, c'est-à-dire à l'Eglise universelle, un sentiment qu'elle n'eut jamais, comme on le verra en son lieu : lorsqu'on n'a aucune preuve d'une chose de fait qu'on avance, on se contente de dire que les fidèles *n'y manquoient pas selon toutes les apparences ;* et cela enfin pour établir une chose du moins aussi difficile que celle qu'on veut éviter, c'est-à-dire la consécration par le mélange, pour éviter la communion sous une espèce.

Oui, mes Frères, je vous le répète encore, la consécration par le mélange a deux inconvéniens, plus grands et plus invincibles que la communion sous une espèce : le premier, est de consacrer et de faire un sacrement sans paroles, qui est la chose du monde la plus inouïe; le second, de prendre ensemble le corps et le sang que Notre-Seigneur a donnés séparément en mémoire de sa mort violente, et de son sang séparé du corps par tant de plaies.

En effet si nos adversaires parlent franchement, ils avoueront que la consécration par le seul mélange, et la communion des deux espèces unies, ne leur paroissent pas moins nulles, ni moins opposées à l'Evangile, que la communion sous une espèce. Ils s'en expliquent assez pour peu qu'on les presse. Le docteur allemand, dont on a parlé, décide que selon les sentimens de ceux de la *Confession d'Augsbourg,* la communion par le mélange est directement contre l'Evangile : les calvinistes sont de même avis; et enfin tous les protestans ont le malheur de ne pouvoir éviter la communion sous une espèce, sans mettre des choses autant ou plus difficiles de leur aveu propre.

Pour ce qui est de l'Eglise catholique, elle se suit parfaitement elle-même. Elle n'approuve en aucune sorte la consécration sans parole, par le seul mélange parce qu'elle la trouve également contraire à l'Ecriture et à la tradition : elle approuve la communion sans réserve et avec réserve, sous une ou sous deux espèces, mêlées ou prises séparément, parce que trouvant toutes ces manières de communions dans la tradition de tous les siècles, soit qu'elles soient écrites ou non écrites, elle ne peut croire qu'elles viennent d'une autre source que de Jésus-Christ.

Et pour pousser la chose encore plus loin, la communion qu'on faisoit dès les premiers temps en particulier dans la maison, lui persuade que les messes, où le prêtre seul communie, ne laissent pas d'être bonnes, n'y ayant pas plus d'inconvénient d'admettre la communion des fidèles sans l'oblation précédente, que d'admettre l'oblation sans que le peuple communie, puisqu'après tout il ne tient qu'au peuple de communier : que le concile de Trente les y invite, et que Jésus-Christ même les convie à son banquet ; semblable à un père de famille dont la table est toujours prête et toujours dressée, encore que ses enfans n'y mangent pas toujours. Mais reprenons le fil de notre discours, et écoutons ce que nous objectent nos adversaires sur la réserve de l'Eucharistie.

CHAPITRE XXII.

Réponses aux objections des ministres contre la réserve de l'Eucharistie.

Les détours que l'erreur fait prendre et les contrariétés où elle fait tomber les hommes, sont inexplicables. Les mêmes auteurs qui s'obstinent à nier dans les premiers siècles la réserve du saint Sacrement pour les malades, quand ils pensent être sortis de cette difficulté, étourdis de celle de la communion domestique qui n'est pas moins grande, tâchent alors d'établir la réserve sous les deux espèces. Voyons par ordre leurs preuves. La prévention commence par leur faire dire que la réserve de l'Eucharistie commence à peine au septième siècle [1] : qu'auparavant loin de la réserver après la distribution qu'on en faisoit dans l'assemblée des fidèles, on en brûloit tous les restes et jusqu'aux moindres parcelles dans l'Eglise de Jérusalem, comme le témoigne le prêtre Hésychius [2]. On les donnoit aux enfans dans celle de Constantinople au rapport d'Evagrius le Scholastique [3] ; et on en usoit de même parmi nous, conformément au canon du second concile de Mâcon [4] assemblé en 585. On soutient tous ces passages par un autre d'Origène, qui dit « que Notre-Seigneur ne différa pas et

---

[1] La Roq., p. 56. — [2] *In Lev.*, lib. II, cap. VIII. — [3] *Hist.*, lib. IV, cap. XXXVI. — [4] Can. 6, vid. *Conc. Gall.*, tom. I, p. 384; Labb., tom. V, col. 982.

ne garda pas au lendemain le pain qu'il donnoit à ses disciples, en disant : *Prenez et mangez*[1]. »

Il n'est pas possible que ces Messieurs croient ce qu'ils disent. Car pour commencer par ce dernier passage, prétendent-ils que sous prétexte qu'Origène a dit, ce qui est très-vrai, que Notre-Seigneur a fait consumer par ses apôtres tout ce qu'il avoit consacré de pain, la réserve nous soit défendue, et qu'en effet l'antiquité n'en ait jamais fait? Ils savent bien le contraire, puisque dans le temps d'Origène, c'est-à-dire au troisième siècle, et même dès le second, de leur aveu propre, les fidèles gardoient la communion, non-seulement pour le lendemain, mais encore pour les jours suivans. Si donc nous trouvons cette coutume, non-seulement dans les six premiers siècles, mais encore dans le septième et jusqu'au dixième : si d'ailleurs il est constant, comme nous l'avons démontré, qu'on réservoit l'Eucharistie pour les malades, quand ce ne seroit que pour les malades qui étoient en pénitence, ce qu'on a détruit par tant de preuves, c'en seroit assez pour conclure la réserve. Car de dire avec M. de la Roque, qu'en communiant les malades on consacroit toujours pour eux, de sorte que le prêtre communioit aussi à quelque heure que ce fût, nous avons vu combien cette prétention est insoutenable, et combien il est ridicule que pendant que les fidèles prenoient tous les jours à leur maison l'Eucharistie consacrée à l'église, les malades fussent les seuls pour qui l'on fît scrupule d'en user de même ; et quand on auroit prouvé, ce qui se dit gratuitement et ce qui se détruit par tant de preuves, que la réserve établie par les canons de Nicée et de Carthage ne regardoit que les malades pénitens, la cause de nos adversaires n'en deviendroit pas meilleure, puisque c'en seroit assez pour conclure plus clair que le jour que lorsqu'on parle de consumer en diverses sortes les restes du sacrifice, il faut entendre les restes après toutes les réserves accoutumées, puisque manifestement ces réserves faisoient partie de la distribution ordinaire.

Mais, dit-on[2], saint Optat Milévitain dit que le corps et le sang de Notre-Seigneur *habitent sur les autels par certains mo-*

[1] Homil. v *in Levit.*, n. 8. — [2] La Roq., p. 58.

mens[1] : donc on ne réservoit pas l'Eucharistie sur les autels. Car c'est tout ce que M. de la Roque a conclu de ce passage. Mais qu'importe à notre question que ce fût alors sur les autels, ou en quelque autre endroit de l'église, ou même chez les évêques, ou chez les prêtres, qu'on réservât l'Eucharistie? Toujours est-il bien certain même par saint Optat, comme nous l'avons prouvé, qu'on la réservoit; et ce que rapporte M. de la Roque, touchant la consomption des restes du sacrifice, étoit sans préjudice de cette réserve.

Le passage qu'il produit de saint Augustin n'est pas plus à propos. Ce grand homme dit, dans sa lettre à Janvier, *qu'on célébroit l'Eucharistie* (c'est ainsi que traduit M. de la Roque[2], au lieu de ce qu'a mis saint Augustin, *qu'on offroit;* mais ces Messieurs n'aiment point ce mot qui sent trop le sacrifice : il faut pourtant bien qu'ils s'y accoutument, puisqu'ils le trouvent à toutes les pages des saints Pères). Saint Augustin dit donc « qu'on offroit deux fois le Jeudi saint : le matin pour ceux qui ne jeûnoient pas, et le soir pour ceux qui jeûnoient; » d'où ce ministre conclut « qu'on ne réservoit rien de l'Eucharistie, parce qu'autrement cette dernière célébration n'auroit pas été nécessaire, et qu'on eût pu communier ceux qui jeûnoient, des restes de la communion du matin [3]. » Il ne songe pas que les chrétiens, autant qu'il étoit possible, vouloient en communiant, assister au sacrifice entier, surtout dans le jour sacré où il avoit été institué, et participer à toutes les prières dont cette sainte action étoit accompagnée. D'ailleurs l'heure naturelle et ordinaire du sacrifice, étoit dans les jours de jeûne l'heure du soir; et cette heure devoit d'autant plus être gardée le Jeudi saint, que c'étoit celle où Jésus-Christ avoit offert lui-même la première fois. Enfin ce n'étoit pas la coutume d'Occident, excepté peut-être le Vendredi saint, de donner dans l'assemblée publique le sacrement réservé. On disoit toujours plusieurs messes, quand on donnoit plusieurs fois la communion dans l'église; ce qui ne préjudicie en aucune sorte aux réserves accoutumées, tant pour la communion domestique

---

[1] Opt. Milev., lib. VI, p. 92. — [2] La Roq., p. 59. — [3] Epist. CXVIII, cap. VII, nov. édit. LIV, n. 9.

que pour celle des malades, qui étoit comme une suite de la domestique.

. Mais parmi de si foibles preuves, ce que M. de la Roque nous oppose de plus apparent [1] est un passage de Pélage, chef de l'hérésie des pélagiens. Avec la permission de ces Messieurs et sans dessein de les offenser, on pourroit ici leur répondre qu'outre les grandes erreurs qui ont fait condamner ces dangereux auteurs de sectes, on remarque dans leurs écrits un certain travers secret et des singularités qu'on n'a pas toujours pris la peine de relever. C'est pourquoi on ne voit point que l'ancienne Eglise se serve des autorités des gens condamnés. Quoi qu'il en soit, écoutons Pélage : « Ceux, dit-il, qui s'assembloient dans l'église offroient séparément leurs oblations ; et tout ce qui leur restoit des sacrifices après la communion, les fidèles le consommoient ensemble dans l'église en prenant un repas commun [2]. » Si l'on veut se donner la peine d'expliquer le sentiment d'un tel homme, on pourra dire que les fidèles portoient à l'autel leurs oblations et leurs sacrifices, qu'on en prenoit ce qu'il en falloit pour la communion du peuple, qu'on séparoit le reste, et qu'après la communion on en pouvoit manger une partie dans un repas ordinaire qu'on faisoit au commencement dans l'église. Mais si l'on pense établir par là qu'il n'étoit pas permis ni de porter l'Eucharistie aux absens, comme le raconte saint Justin, ni de la réserver pour quelque cause que ce fût, ou, ce qui est encore pire, qu'après l'avoir consacrée on la mangeoit, comme on auroit fait du pain commun dans un repas ordinaire : un seul auteur, et encore un auteur aussi reprochable qu'un hérésiarque, ne suffit pas pour établir une coutume d'ailleurs si mauvaise, et dont on ne trouve aucun exemple.

[1] La Roq., p. 60. — [2] *Comm. in* I *Cor.*, XI, 20 ; in *App.* Aug., edit. Antuerp., 1703, p. 371.

CHAPITRE XXIII.

Qu'on n'a jamais réservé l'Eucharistie sous l'espèce du vin : réponse aux preuves que les ministres prétendent tirer de l'antiquité.

Voyons maintenant les preuves par lesquelles ceux qui ont rejeté avec tant d'effort la réserve ordinaire de l'Eucharistie pour les malades, l'établissent sous les deux espèces pour les sains. J'avois remarqué quatre témoignages [1], dont les ministres ont accoutumé de s'appuyer; et il est clair par mes réponses qu'ils leur sont manifestement inutiles. Mais la chose va paroître dans une plus grande évidence, en examinant les répliques de mes adversaires [2].

Songeons bien qu'ils ont à prouver, non pas simplement la distribution ou la participation, mais la réserve ordinaire du sang aussi bien que du corps, comme des choses inséparablement unies dans l'usage. Dès lors le premier passage, qui est celui de saint Justin, doit d'abord être retranché, puisque ce martyr nous apprend seulement qu'au jour de l'assemblée des fidèles, « après l'oblation du pain et du vin consacrés, on en fait la distribution aux présens, et qu'on en envoie aux absens par les diacres [3]. » Sur quoi M. de la Roque observe lui-même dans son *Histoire de l'Eucharistie* [4], qu'on envoyoit le sacrement *au même temps qu'on l'avoit célébré dans l'église*. Nous avons vu qu'en répondant au *Traité de la Communion sous les deux espèces*, il persiste dans ce sentiment, et déclare qu'il n'a pas voulu se servir du passage de saint Justin pour prouver la réserve des deux symboles, parce que cela « se faisant incontinent après la communion des fidèles dans l'assemblée, ce fait ne regarde pas la garde du sacrement dont nous traitons [5]. »

En effet l'intention de saint Justin est ici manifestement de faire voir comment les absens participoient à leur manière au sacrifice commun de toute l'Eglise, puisqu'aussitôt après qu'on l'avoit offert, on leur en portoit les hosties, c'est-à-dire le corps et le sang

---

[1] *Traité de la Commun.*, I part. n. 4, p. 282. — [2] La Roq , p. 162; Anonyme, p. 217. — [3] Just., *Apol.*, II, n. 65.— [4] La Roq., I part., chap. xv, p. 176. — [5] P. 170.

de Notre-Seigneur, de même que dans l'Eglise on les avoit données aux fidèles. Ce qui regardoit la réserve n'est pas traité en ce lieu ; car on ne trouve pas tout dans un seul passage, et il en faut chercher les preuves ailleurs.

Quand donc l'Anonyme nous demande [1] qu'est-ce qui pouvoit empêcher les absens de garder l'Eucharistie qu'on leur portoit, comme les autres fidèles en gardoient la portion qu'ils emportoient eux-mêmes de l'Eglise, il sort visiblement de la question. Car on ne doute pas qu'ils ne pussent, comme les autres, garder l'Eucharistie sous l'espèce du pain, parce qu'on en voit ailleurs, et dès la première antiquité, beaucoup d'exemples. Mais quant à la réserve, soit du pain, soit du vin consacré, M. de la Roque lui dira toujours qu'elle ne paroît point dans ce passage, et que si l'on veut la trouver, il faut que ce soit ailleurs, puisqu'ici manifestement on ne voit que l'Eucharistie portée aux absens incontinent après l'oblation, afin qu'ils participassent au sacrifice commun de toute l'Eglise.

Mais voici un second exemple qui paroît plus fort, et où mes deux adversaires se joignent ensemble. Il s'agit de ce passage célèbre des *Dialogues* de saint Grégoire le Grand, où il raconte ce qui étoit arrivé à Maximien, « maintenant, dit-il, évêque de Syracuse et alors Père de mon monastère. Ce vénérable homme, continue-t-il, m'étoit venu joindre à Constantinople, où j'étois par ordre de mon pontife (c'étoit le pape Pélage second), pour y rendre dans le palais les réponses ecclésiastiques [2]. » On appeloit celui qui faisoit cette fonction de la part du Pape son *Apocrisiaire* ou, ce qui est la même chose, son *Responsal*, celui qui répondoit en son nom à l'Empereur sur les affaires de l'Eglise. « Pendant donc, poursuit saint Grégoire, que Maximien retournoit à Rome, en mon monastère, il fut battu d'une furieuse tempête dans la mer Adriatique ; et comme le vaisseau entr'ouvert de toutes parts alloit périr, ceux qui étoient dessus se donnèrent mutuellement la paix et reçurent le corps et le sang de Notre-Seigneur. » Saint Grégoire raconte ensuite que leur piété leur attira une visible et miraculeuse protection de Dieu, puisqu'il les conserva huit jours

[1] Anonyme, p. 217. — [2] Lib. III *Dial.*, cap. XXXVI.

durant dans un si extrême péril, et qu'à peine furent-ils abordés que le vaisseau fut englouti par les flots. Il est ici question de savoir si Maximien étoit prêtre, parce que s'il se trouvoit qu'il le fût, il auroit pu célébrer la messe, non pas dans le plus fort de la tempête, comme M. de la Roque veut croire qu'il le faudroit dire en cette occasion, mais dès qu'on en vit paroître les commencemens ou même, si l'on veut, dès le matin; de sorte qu'il n'y auroit point de conclusion à tirer pour la réserve qu'on voudroit établir durant tout le temps du voyage. Il n'est pas nécessaire que nous prouvions que ce saint homme étoit prêtre. Ce seroit à nos adversaires à prouver qu'il ne l'étoit pas; et pour nous, en supposant seulement qu'il a pu l'être, lui qui étoit constamment le Père d'un monastère, nous serions entièrement à couvert de la conséquence que l'on tire pour la réserve des deux espèces. Aussi voit-on que mes adversaires, pour ne point laisser échapper de leurs mains un argument qu'ils croient si fort, décident nettement que Maximien n'étoit pas prêtre. M. de la Roque n'en rend aucune raison; mais après m'avoir objecté que j'ai tort de supposer qu'il l'étoit, ou qu'il y en avoit quelqu'un dans ce vaisseau, il finit décisivement cette question en cette manière : « Par là il est aisé de juger de la foiblesse du raisonnement et de la conjecture de ce prélat, qui supposant d'ordinaire ce qui n'est pas, ne manque jamais de conclure mal [1]. »

Laissons là ce donneur d'arrêts qui veut en être cru sur sa parole; et voyons si l'Anonyme, qui prétend prouver positivement que Maximien n'étoit pas prêtre, réussira mieux. Il conclut donc qu'il ne l'étoit pas, « parce que saint Grégoire n'en dit rien; et, poursuit-il, c'est deviner que d'avoir recours à cette fuite : Maximien pouvoit être prêtre, puisqu'il étoit Père d'un monastère. Cela même prouve qu'il ne l'étoit pas; car dans ce temps-là les moines n'étoient point prêtres, mais soumis aux curés et aux prêtres des lieux de leurs monastères. » Etrange raisonnement, comme s'il étoit impossible que des prêtres fussent soumis à d'autres prêtres, à qui l'évêque avoit donné son autorité! Au reste si l'Anonyme avoit seulement ouvert l'*Histoire religieuse,* il

[1] La Roq., p. 166.

y trouveroit à toutes les pages, dès le quatrième et le cinquième siècle, c'est-à-dire près de deux cents ans avant saint Grégoire, des moines et des abbés qui constamment étoient prêtres. Sans sortir de l'*Histoire Lausiaque*, écrite au cinquième siècle, il trouveroit pour le moins dix ou douze endroits où il est parlé de ceux qu'on appeloit dès ce temps-là, les prêtres des monastères ; et il est aisé de prouver tant par saint Grégoire pape, que par saint Grégoire de Tours son contemporain, que la plupart des abbés étoient prêtres, de leur temps. Mais pourquoi s'arrêter ici à ces raisons générales, puisqu'il est certain que Maximien étoit prêtre dans le temps dont il s'agit? Pour en être convaincu, il ne faut que lire ces mots d'une lettre du pape Pélage II à saint Grégoire, alors diacre, pendant qu'il faisoit à Constantinople et auprès de l'Empereur les affaires de l'Eglise. « Hâtez-vous, dit-il, de nous envoyer le prêtre, parce qu'il est très-nécessaire à votre monastère et à l'ouvrage que nous lui avons commis [1]. » Tous les doctes sont d'accord qu'il lui parle du prêtre Maximien ; et le rapport de cette lettre du pape Pélage, avec l'endroit des *Dialogues* de saint Grégoire dont il s'agit, ne permet pas d'en douter. Il paroît dans les *Dialogues* que Maximien, qui étoit Père du monastère qu'il avoit à Rome, l'étoit venu visiter à Constantinople, pendant qu'il y résidoit par l'ordre du pape Pélage II son prédécesseur. Il paroît par la lettre de Pélage que ce pape rappeloit Maximien pour les affaires du monastère dont il étoit le Père ; et il paroît enfin par les *Dialogues* de saint Grégoire qu'en effet *il retournoit à ce monastère*, où saint Grégoire le renvoyoit selon l'ordre qu'il en avoit reçu. C'est donc alors qu'il fut accueilli de la tempête, où arriva le miracle dont nous avons vu le récit. Il ne faut plus contester que Maximien ne fût prêtre, et l'argument de nos adversaires s'en va en fumée.

Car de répliquer maintenant avec M. de la Roque que quand Maximien auroit été prêtre, « il n'y a point d'apparence qu'il eût osé célébrer les divins mystères en un lieu non consacré, et qui pis est, dans la mer [2], » où Thomas Valdensis et Cassandre assurent qu'il n'étoit pas permis de le faire, c'est sur la foi des deux

[1] Pelag. II, ep. III, *ad Greg. Diac.* — [2] La Roq., p. 164.

auteurs du siècle passé, décider trop hardiment de la pratique du siècle de saint Grégoire; et pour démontrer la fausseté des conjectures de ce ministre, auroit-il trouvé de l'inconvénient à la célébration des mystères *dans un lieu non consacré*[1], s'il avoit seulement songé à ce qu'il a remarqué lui-même, « qu'on célébroit les sacremens chez les malades, comme nous l'apprenons d'Abyton, évêque de Bâle, » afin de leur donner la consolation de mourir avec ce divin Viatique? Pourquoi dans une semblable nécessité n'auroit-on pas célébré pour nos voyageurs? Et si l'on veut des exemples plus anciens, on verra dans Théodoret[2] que, pour donner la consolation à un solitaire d'assister aux divins mystères, ce saint évêque les célébra en sa présence et dans sa cellule, ayant pour tout autel les mains de ses diacres; et plus haut nous trouverons dans saint Augustin que ses prêtres offrirent le saint sacrifice dans une maison particulière, pour la délivrer de l'infestation des malins esprits; et plus haut encore le diacre Paulin nous fait voir saint Ambroise, son évêque, « dans la maison d'une femme de qualité, pour y offrir le sacrifice.[3] » On voit dans saint Grégoire de Tours, contemporain de saint Grégoire pape, que les prêtres portoient dans les voyages les vaisseaux sacrés; témoin le prêtre Maxime, qui passant la Saône, fut jeté par la tempête dans la rivière, « ayant à son cou, avec le livre de l'Evangile, le ministère quotidien[4], » c'est-à-dire, « une petite patène avec un calice. » M. de la Roque, qui a rapporté ce passage, n'a-t-il pas vu dans cette *petite patène*, un vaisseau portatif et accommodé à l'usage des voyageurs? Pourquoi ce prêtre est-il si soigneux de porter sur lui tous les instrumens du sacrifice, si ce n'est pour le célébrer durant le voyage dans les lieux où il n'y auroit point d'église, puisqu'il auroit trouvé dans les églises tout ce qui lui eût été nécessaire? C'est à cela que servoient dès le huitième ou neuvième siècle, ces tables d'autel consacrées, que nous appelons autels portatifs, *tabulæ itinerariæ, tabulæ altaris consecratæ,* que l'on avoit pour célébrer dessus le saint sacrifice, non-seulement *dans les chapelles,* mais encore *à l'air, ou sous les tentes*[5]. Je ne trouve

---

[1] La Roque, p. 213. — [2] Vide *Hist. Relig.*, edit. Sirm. — [3] *Vita Ambr.*, per Paul., cap. IV. — [4] Lib. *de Glor. Confess.,* cap. XXII. — [5] *Conc. Trib.*, cap. IV,

dans tout le Droit aucune défense d'en faire autant sur la mer, loin qu'on en trouve les moindres vestiges dans le siècle de saint Grégoire et dans les siècles suivans. Qu'est-ce donc qui eût pu empêcher Maximien de dire la messe tous les jours, comme c'étoit constamment alors la coutume des saints évêques et des saints prêtres, ou si on aime mieux de cette sorte, quand il se vit menacé de la tempête? L'heure y convient, et la communion fait voir qu'on étoit à jeun. L'on se souvient de ce que nous avons vu dans saint Ambroise [1], de saint Satyre son frère. On trouvera dans une tempête le corps de Notre-Seigneur, mais le corps seul, que saint Satyre, encore catéchumène, demanda aux fidèles. Il n'est point parlé de prêtres; mais seulement de ceux *que Satyre connoissoit pour initiés*. Aussi n'y voit-on que le corps; au lieu qu'ici, où il est constant qu'il y avoit un prêtre, on voit le corps et le sang. D'où vient cette différence, si ce n'est de la consécration qu'on en avoit faite et de la célébration du sacrifice?

Et il faut bien que M. de la Roque l'avoue avec nous, s'il ne veut se démentir lui-même. Car lorsqu'il recherche dans l'antiquité le commencement de la réserve de l'Eucharistie, il déclare « qu'il ne la trouve pas dans les six premiers siècles [2], » ni avant la fin du septième. Je remarque, dit-il, « vers la fin du septième siècle, quelques acheminemens à la réserve de l'Eucharistie. » Voilà donc le commencement vers la fin du septième siècle, encore n'etoit-ce qu'un simple acheminement. Or saint Grégoire est mort en l'an 605, au commencement du septième siècle, lorsque selon le ministre il n'y avoit pas même de disposition ni d'acheminement à la réserve. Il y en avoit encore moins durant son pontificat qui a duré treize ans et demi, et sur la fin du siècle où ce miracle arriva, saint Grégoire n'étant que diacre. Par conséquent cette communion ne se put faire, selon ce ministre, de l'Eucharistie réservée; et il faut nécessairement qu'on ait célébré le sacrifice pour la consacrer, ce que ce ministre nie avec tant d'effort.

in *Decr.*, art. 3, dist. 1, cap. xxx; Mabill., *de Lit. Gal.*, cap. vIII, n. 7; vide ejus Præfat. sæc. III, n. 78, 79. — [1] *De obit. Satyr.*, loco sup. cit. — [2] La Roque, p. 61.

Ainsi de quatre témoins qu'on nous produisoit pour la réserve ordinaire du corps et du sang, en voilà d'abord deux inutiles. Les deux autres ne sont pas plus forts; l'un est saint Grégoire de Nazianze, et l'autre est le prétendu Amphilochius dans la Vie de saint Basile. Dans le passage de saint Grégoire de Nazianze, on voit que sa sœur sainte Gorgonie, affligée d'une maladie inconnue aux médecins, « se jeta aux pieds de l'autel. Là, dit-il, après qu'elle eut oint son corps du remède qu'elle avoit en sa puissance; et si sa main avoit quelque part gardé quelque chose des symboles du corps ou du sang, après l'avoir mêlé avec ses larmes, elle se sentit tout à fait guérie [1]. » Voilà donc le corps ou le sang en la puissance de cette sainte vierge, et le voici dans l'autre passage en la puissance d'un Juif, qui s'étant mêlé parmi les fidèles, selon le prétendu Amphilochius, reçut de la main de saint Basile le corps et le sang de Notre-Seigneur, « et emporta dans sa maison les restes de l'un et de l'autre [2]. »

Il est certain que nos adversaires n'ont rien de plus apparent que ces deux passages; mais ni l'un ni l'autre ne conclut pour la réserve ordinaire des deux espèces comme choses inséparables. Le premier, parce qu'on ne lit pas dans saint Grégoire de Nazianze, que sa sœur eût réservé les symboles du corps et du sang, comme choses qu'on réservât toujours ensemble; mais *les symboles du corps ou du sang,* comme ne sachant lequel des deux elle avoit gardé, à cause que la coutume n'étoit pas de les garder l'un et l'autre, ou enfin parce que c'étoit une chose libre.

L'Anonyme trouve fort mauvais qu'on lui enlève un passage qu'il trouve si clair, par la seule remarque qu'on fait que saint Grégoire de Nazianze a dit *le corps ou le sang.* « Misérable défaite, dit-il, pour un docteur qui ne peut ignorer que la particule grecque est employée une infinité de fois au lieu de la conjonction [3]. » Et moi je dis au contraire, et plus raisonnablement : Misérable instance pour un docteur, puisqu'il ne peut ignorer que la particule grecque signifie naturellement notre *ou* françois et l'alternative qui y est jointe : que cette signification est la

---

[1] Greg. Naz., orat. XI *in Gorg. sor.* — [2] *Vita Basil.,* cap. VII. — [3] Anonyme, p. 221.

propre et la véritable, et plus régulière sans comparaison et plus commune que l'autre, quelque infinité qu'on lui attribue; et qu'elle est si naturelle en ce lieu, qu'elle saute pour ainsi dire aux yeux de ceux qui le lisent; étant clair par la suite des paroles mêmes que saint Grégoire de Nazianze, en mettant non pas le corps et le sang, comme il seroit naturel, si la réserve en étoit inséparable, mais de dessein, *le corps ou le sang*, veut exprimer une chose libre et indifférente, c'est-à-dire qui pouvoit être aussi bien d'une façon que d'une autre, sans qu'il importât en rien de s'en informer davantage.

Quoi qu'il en soit, quel secours peuvent espérer nos adversaires d'un passage qui ne conclut rien en le prenant dans sa propre et naturelle signification, ou plutôt qui pris en ce sens, conclut contre eux? Ainsi de quatre passages dont ils font leur fort, il ne leur reste plus que celui du prétendu Amphilochius, qui va leur échapper comme les autres, puisqu'on y voit clairement que si ce Juif emporta le corps et le sang, ce fut pour une raison particulière. Il ne faut que lire le passage de cet auteur, quel qu'il soit : « Un Juif, dit-il, se mêla parmi les fidèles, pour voir l'ordre du ministère sacré et le don de la communion. Il vit entre les mains de saint Basile un petit enfant, dont on partageoit les membres. Après que tout le monde en eût pris, il s'approcha comme les autres; et ce qu'on lui donna étoit de la vraie chair. Il vint au calice, qui étoit aussi plein de sang, et il y participa; et ayant gardé les restes de l'un et de l'autre, il retourna dans sa maison pour les montrer à sa femme, qu'il vouloit convaincre par ce moyen, et lui raconta ce qu'il avoit vu de ses yeux [1]. » La suite de l'histoire amène ce Juif avec toute sa famille à saint Basile, pour tous ensemble être baptisés de sa main. On voit donc qu'il y a ici une raison particulière de confier les deux espèces à ce Juif, puisqu'il vouloit s'en servir à convaincre sa femme d'un miracle qui la devoit convertir.

Au reste on n'a jamais prétendu qu'en soi il y eût plus de difficulté de confier aux fidèles une des espèces que l'autre. « Car aussi, comme je l'ai dit dans le *Traité de la Communion* [2], pour-

[1] *Vita S. Basil.*, per Amphil., cap. VII. — [2] *Traité de la Comm.*, I part. n. 4, p. 283.

quoi refuser aux fidèles le sang de Notre-Seigneur s'ils le demandoient, et croire que le corps sacré qu'on leur confioit fût plus ou moins précieux? » Je ne doute donc nullement qu'on ne confiât le sang, comme le corps, à ceux qui avoient la dévotion, ou quelque raison particulière de le désirer. Telle étoit apparemment sainte Gorgonie, sœur de saint Grégoire de Nazianze. L'espérance qu'elle avoit conçue de se guérir des inflammations dont son corps étoit tout rempli, en le frottant de la sainte Eucharistie, lui avoit pu faire désirer l'espèce liquide, qui paroissoit plus propre à cet usage. On voit bien aussi que ce Juif, qui vit un si grand prodige dans les deux espèces, dut les désirer toutes deux pour les porter à sa femme, et la convaincre par ses propres yeux. Mais que ce fût la coutume de les emporter toujours avec soi, ou ce qui est plus, de les réserver, soit dans l'église, soit dans les maisons particulières, un temps tant soit peu considérable, il faudroit plus de deux exemples, et il les faudroit du moins dans des occasions moins particulières, pour le prouver, vu même que nous avons tant de preuves du contraire.

M. de la Roque objecte, que « si on ne refusoit pas aux fidèles l'espèce du vin pour l'emporter avec eux, s'ils la demandoient, on n'en craignoit pas la corruption, puisqu'on ne pouvoit pas prévoir combien de temps ils la garderoient [1] : » comme si l'on n'eût pas pu leur prescrire ce qu'ils auroient à en faire, ou que la coutume établie de ne la garder que très-peu de temps, et la crainte de laisser corrompre ce qui leur étoit donné pour leur satisfaction, n'eût pas été pour eux, sans qu'on leur dît rien, une instruction suffisante.

Ce qu'ajoute ce ministre est admirable : « On ignoroit, dit-il, alors la maxime de M. de Meaux, que la nature même résistoit à cette garde. » Sans doute, c'est une invention des derniers siècles, que le pain se garde plus aisément et plus longtemps que le vin ; les anciens ne le savoient pas, ni que le vin s'aigrit dans une fiole, quand pour en prendre tous les jours, on est contraint de le laisser éventer. Or comme il a plu à Notre-Seigneur d'attacher son sang à cette espèce si capable d'altération, il falloit bien,

[1] La Roq., p. 169.

malgré qu'on en eût, suivre la nature à laquelle le Fils de Dieu ne dédaignoit pas d'assujettir son mystère. Ainsi l'on ne réservoit ordinairement, et pour un temps tant soit peu considérable, que l'espèce qu'on pouvoit réserver sans péril ; et la communion sous une ou sous deux espèces parut si indifférente à toute l'Eglise, que cette seule difficulté la déterminoit à une seule en tant de rencontres, c'est-à-dire en toutes celles où l'on usoit d'une longue et ordinaire réserve.

Quand donc M. de la Roque nous objecte qu'il étoit « aisé d'emporter le pain et le vin dans les vaisseaux mêmes où on les avoit apportés selon la coutume, afin de les offrir pour la célébration du sacrement[1], » il ne veut qu'amuser le monde. Car qui doute qu'il ne fût aisé de les emporter ? Mais qu'il fût également aisé de les garder l'un et l'autre, ou que ce fût la coutume de les emporter, comme il le prétend ; c'est de quoi il s'agissoit, et ce qu'il ne prouve pas. Qu'on ait emporté le corps, qu'on l'ait réservé, on n'en peut douter ; et nous avons vu partout le coffret, la boîte et les linges qui servoient à ce saint usage. Mais le ministre, qui a vu dans l'*Ordre romain* que les fidèles en approchant de l'autel, y présentoient du vin dans une fiole pour le sacrifice, y a-t-il vu quelque part, ou a-t-il vu en quelque autre endroit de l'antiquité qu'on emportât ces fioles pleines de vin consacré? Jamais, et il n'en est fait mention dans aucun endroit. On voit bien, lorsque les fidèles présentoient chacun leur fiole pleine de vin, qu'on en versoit dans un grand calice autant qu'on avoit besoin d'en consacrer pour la communion du peuple ; mais que jamais on ait rempli ces fioles, ou quelque autre vaisseau que ce fût, de vin consacré pour le réserver, on n'en voit rien du tout ; et au contraire on a vu clairement dans l'*Ordre romain*, et partout ailleurs, qu'on réservoit seulement la partie solide, qu'on pouvoit garder plus aisément et plus longtemps. Après tant de preuves, peut-on encore douter de notre doctrine ?

Jusqu'ici nous avons ôté tout refuge à nos adversaires, en leur ôtant les quatre endroits où ils avoient mis leur confiance. Mais j'ajoute, par abondance de droit, que quand ils auroient

[1] La Roq., p. 167.

montré par ces endroits que l'on emportoit souvent le vin consacré, ils n'en pourroient rien conclure contre nous, puisque d'ailleurs il est si constant que très-souvent on emportoit le pain seul, ce qu'ils n'ont pu désavouer tout à fait, comme nous l'avons fait voir ; de sorte qu'il faudroit toujours conclure que c'étoit une chose libre, et c'est tout ce que nous prétendons.

CHAPITRE XXIV.

Réponse aux preuves que les ministres prétendent tirer des modernes.

Les preuves que mes adversaires ont tirées de l'antiquité sont soutenues du consentement, qu'ils prétendent avoir prouvé, de trois auteurs catholiques, du cardinal Baronius, du savant l'Aubespine évêque d'Orléans, et de Cassander [1]. A cela je pourrois répondre que le sentiment de ces auteurs ne fait pas une loi. Mais afin de ne refuser à ceux qui cherchent la vérité aucune sorte d'éclaircissement, je veux examiner ces trois auteurs. Commençons par les deux derniers, et réservons pour la fin le cardinal Baronius, qui demande un peu plus de discussion.

Quant à l'évêque d'Orléans, voici ses paroles, comme les traduit M. de la Roque : « Comment pourroit-on prouver qu'il ait été permis aux laïques de porter l'Eucharistie dans leurs maisons sous l'espèce du pain, et qu'il ne leur eût pas été permis de la porter sous l'espèce du vin [2] ? » Mais que fait cela contre nous ? Ce docte évêque a raison de dire qu'en soi il n'est pas plus défendu d'emporter le sang que le corps ; mais qu'on l'ait toujours fait ainsi, et qu'on pût également réserver les deux symboles, qui est précisément notre question, ni cet évêque ne le dit, ni la chose n'est véritable ; et dans ce lieu il ne s'agissoit point d'entrer plus avant dans cet examen.

M. de la Roque m'oppose souvent Cassander [3], savant auteur du siècle passé. Il me reproche d'avoir le malheur de n'être pas conforme à ses sentimens. Le malheur en tout cas ne sera pas grand, puisqu'il sait bien que cet auteur assez ambigu est parmi nous

---

[1] *Première Rép.*, p. 162, 179, etc. — [2] *Observ.*, lib. I ; *Observ.*, lib. IV, *de Comm. Laicor.* — [3] La Roq., p. 180, 187, 194, 268, 289.

d'une médiocre autorité. Mais pour n'y plus revenir, je suis bien aise de lui rapporter une bonne fois le sentiment de cet homme, afin qu'il voie s'il s'en accommode. « Il faut confesser, dit-il, que les anciens n'ont pas estimé l'union des deux espèces si fort nécessaire, que si on les séparoit pour quelque nécessité ou quelque grave raison, ils pensassent que la vraie raison et essence du sacrement ne pût consister dans une seule espèce. Ils pensoient au contraire que pour recevoir l'efficace du sacrement, si le temps le demandoit ainsi, une seule espèce étoit suffisante, principalement si cela se faisoit extraordinairement, lorsqu'on prenoit le sacrement, non pour la représentation, mais pour l'efficace, comme il est constant qu'on le faisoit dans la communion domestique et dans celle des malades, encore qu'il soit certain que quelquefois on les communioit sous les deux espèces. Ceux donc qui pressent de telle sorte l'usage des deux espèces, qu'ils rejettent comme un sacrilége la distribution d'une seule pour quelque cause que ce soit, et qui disent que ce n'est pas un sacrement, n'ont pas assez d'égard à l'autorité de l'Eglise et à la paix. » Sur ce fondement, il ne permet pas de « condamner la coutume de communier le peuple sous une espèce, introduite en Occident depuis quelques siècles, ni d'accuser d'impiété ceux qui s'en contentent ; mais il veut qu'on enseigne au peuple que le fruit de ce sacrement ne consiste pas à recevoir une espèce ou deux, mais à communier dignement [1]. »

Plut à Dieu que nos adversaires fussent capables d'entrer dans des sentimens si équitables ! Il ajoute : « qu'il faut suivre ici le conseil de l'Apôtre : « Que celui qui boit ne méprise pas celui qui ne boit pas ; et que celui qui ne boit pas ne juge pas celui qui boit. » C'est aussi ce qu'on pratique parmi nous. Nous laissons aux églises orientales, qui se réunissent à nous, leur usage de communier sous les deux espèces, comme elles ne nous chicanent pas sur le nôtre ; et si l'on n'a pas usé toujours de la même condescendance, nous en dirons ailleurs les raisons. En attendant, il paroît que ce Cassander tant vanté par nos adversaires, traite la chose d'indifférente. Voilà ce qu'a fait dire une grande connoissance de l'anti-

---

[1] *Consult.*, art. 22, *de Comm. sub utr. spec.*

quité, à un homme qui a tant voulu rétablir la communion sous les deux espèces, qu'il s'en est rendu suspect. Et néanmoins à la fin et dans le dernier ouvrage où il a parlé de cette matière, il revient en substance à notre doctrine ; en quoi il est d'autant plus croyable qu'il écrit ce que nous venons de voir dans une occasion où il étoit expressément consulté par l'empereur Ferdinand, et après y avoir autant pensé qu'une si grande occasion le méritoit.

Venons au cardinal Baronius. Il est vrai que, dans le cours de son histoire, à l'occasion du désordre arrivé à Constantinople, quand on y déposa si violemment saint Chrysostome, il dit qu'autrefois « on avoit coutume de garder l'Eucharistie, non-seulement sous l'espèce du pain, mais encore sous les deux espèces[1]. » Il avoit dit dans un autre endroit, où il traite expressément cette matière, « qu'encore que les fidèles reçussent autrefois l'Eucharistie sous deux espèces dans le temps du sacrifice, toutefois, lorsqu'ils communioient, ou dans leur maison, ou même dans l'église hors de ce temps, ils recevoient la seule espèce qu'on réservoit, qui étoit celle du pain ; et, poursuit-il, on ne lit nulle part qu'on en ait jamais réservé une autre[2]. » Ces deux passages sont assez contraires. Que si ce savant cardinal, dans un travail aussi grand que celui des *Annales de l'Eglise,* n'a pas pu examiner toutes les choses avec une égale exactitude, et que pour n'avoir pas pris des principes assez fermes en cette matière, il ne soit pas bien d'accord avec lui-même ; ou que dans un ouvrage si vaste, il lui arrive quelquefois d'oublier en un endroit ce qu'il aura établi en un autre : c'est à nous à ne déférer à ses sentimens qu'autant que nous les trouverons soutenus par de bonnes raisons.

CHAPITRE XXV.

Examen des passages de Baronius.

Pour établir la réserve des deux symboles de l'Eucharistie à l'endroit marqué par le ministre, ce cardinal produit deux passages : l'un est tiré de saint Chrysostome, dans le temps qu'il fut

[1] *Ann.,* tom. V, an. 404, p. 194. — [2] *Ann.,* tom. I, an. 57, p. 174.

déposé ; et l'autre de saint Grégoire, à l'endroit de ses *Dialogues,* où il parle de l'histoire de Maximien, que nous avons rapportée.

Quant au dernier passage, Baronius fait dire positivement à saint Grégoire, « que les voyageurs portoient dans le vaisseau le corps et le sang de Notre-Seigneur [1]. » Or nous avons vu que saint Grégoire ne dit nullement ce que ce cardinal lui fait dire ; et c'en est assez pour nous faire voir qu'accablé de tant de recherches qu'il avoit à faire, il ne s'est pas donné tout le temps qu'il falloit pour bien considérer ce passage ; peut-être aussi n'avoit-il pas remarqué alors ce qu'il a écrit dans les tomes suivans [2], que Maximien étoit prêtre, circonstance si nécessaire que, comme nous avons vu, elle lève entièrement la difficulté. Un ouvrage composé de tant de volumes, que l'on donne l'un après l'autre et dans des temps si éloignés, peut n'avoir pas toujours toute la justesse et la suite nécessaires. Il faut prendre les choses en gros et profiter des lumières que nous donne un savant auteur, pour assurer davantage les faits et pousser plus avant les recherches.

Quant au fait de saint Chrysostome, il mérite d'être approfondi ; et il n'est pas moins utile qu'agréable d'éclaircir ces antiquités. Voici donc ce qu'a écrit ce grand homme, dans une lettre qu'il adresse au pape saint Innocent, pour se plaindre à lui des violences qu'on avoit exercées contre sa personne et contre son clergé et tout son peuple : « Vers le soir du grand samedi (c'est ainsi que les Grecs appellent le Samedi saint), une nombreuse troupe de soldats se jeta dans l'église : ils chassèrent le clergé qui étoit avec nous : ils environnèrent l'autel ; et les femmes qui s'étoient déshabillées dans le lieu sacré, afin de recevoir le baptême, effrayées d'un si grand tumulte, prirent la fuite toutes nues : il y en eut même de blessées : les piscines (c'est-à-dire les fonts baptismaux où l'on plongeoit les fidèles) furent remplies de sang, et les ondes sacrées en étoient toutes rouges. La violence n'en demeura pas là ; mais les soldats ayant pénétré jusqu'au lieu où les choses saintes étoient réservées, encore qu'il y en eût parmi eux qui n'étoient pas initiés aux mystères, ils virent tout ce qui

[1] Tom. V, an. 404, p. 94. — [2] An. 584.

étoit dedans ; et dans un si grand désordre, le sang très-saint de Notre-Seigneur fut répandu sur leurs habits [1]. »

Le cardinal Baronius, qui transcrit toute cette lettre, s'arrête en cet endroit pour y faire la remarque qu'on nous objecte, et semble conclure de là qu'on réservoit ordinairement les deux espèces ; mais cela ne paroît point dans ces paroles ; et si l'on y regarde de près, on n'y verra d'autre réserve que celle qu'il falloit faire du corps et du sang, après les avoir consacrés dans le sacrifice, pour ensuite les donner selon la coutume aux fidèles nouvellement baptisés. C'est aussi ce qu'on apprend clairement du récit de Palladius, dans la Vie de saint Chrysostome. Il raconte que « sur le minuit un officier païen, que l'on envoya avec quarante (a) soldats, vint fondre l'épée à la main sur le peuple, à la manière d'un loup, pénétra jusqu'aux saintes eaux pour en empêcher l'approche à ceux qu'on baptisoit ; et se jetant sur le diacre, répandit à terre les symboles [2], » c'est-à-dire le corps et le sang de Notre-Seigneur, qu'on donnoit aux baptisés.

Il est aisé maintenant, en comparant ce récit avec la lettre de saint Chrysostome, d'entendre toute la suite de cette tragique histoire. Les soldats effrayèrent ceux qui étoient déjà dépouillés pour le baptême ; et leur officier païen à leur tête, ils entrèrent dans le lieu où l'on baptisoit déjà ; car l'action fut longue, puisque, comme dit Pallade en deux endroits, on y baptisa jusqu'à trois mille hommes. Il étoit minuit ; et les mystères que l'on commençoit à l'entrée de la nuit selon la coutume, les jours de jeûne, et d'un jeûne si solennel, étoient achevés : on avoit porté les dons consacrés, c'est-à-dire le corps et le sang de Notre-Seigneur dans le baptistère, pour communier les nouveaux enfans de l'Eglise. Ce fut donc alors que les païens virent ce qu'ils ne devoient pas voir : ce fut alors qu'ils pénétrèrent jusqu'au lieu sacré, où reposoient les choses saintes et où ces trois mille hommes les venoient prendre à mesure qu'on les baptisoit. Là, dans un si grand désordre, les sacrés symboles et le sang de Notre-

[1] Epist. Chrysost., *ad Inn. Pap.*, n. 3 ; tom. III, p. 518 ; Palladius, *de Vitâ Chrys.*, tom. XIII, p. 34, edit. Bened. — [2] Palladius, *ibid.*

(a) *Quatre cents*, et non *quarante*; τετραχοσίους : quadringentos. (Edit. de Déforis.)

Seigneur furent versés à terre et sur les habits, entre les mains des diacres qui les distribuoient aux nouveaux baptisés. Quand Baronius et même encore Bellarmin [1] (car je ne veux pas dissimuler qu'il n'ait fait la même remarque que Baronius); quand, dis-je, ces deux grands hommes et d'autres encore auroient cru voir une réserve ordinaire du sang, ainsi que du corps de Notre-Seigneur, le contraire nous paroît par la chose même : et l'on n'aperçoit ici d'autre réserve que celle qu'il falloit faire nécessairement depuis la consécration jusqu'à ce qu'on eût communié, avec tout le peuple, trois mille nouveaux baptisés.

Je vois pourtant, ce me semble, ce qui peut avoir trompé ces grands hommes. Ils n'avoient point le texte grec de Pallade, que le docte M. Bigot vient de donner, ni la lettre de saint Chrysostome à saint Innocent, qui y est insérée. La version latine de cette lettre qu'ils avoient entre les mains, portoit « que les soldats pénétrèrent au lieu où les choses saintes étoient serrées et mises en réserve, UBI SACRA CONDITA SERVABANTUR, qu'ils virent ce qui étoit serré ou enfermé au dedans : SPECTABANT INTUS RECONDITA [2]. » Accoutumés à voir dans les Pères et dans les canons l'Eucharistie réservée et serrée dans les églises pour la communion des malades, ils rapportèrent à cette réserve le passage de saint Chrysostome; mais il n'est parlé dans le grec ni de renfermer ni de garder ou de réserver; il y est dit seulement que les soldats *virent ce qui étoit au dedans,* ἑώρων τὰ ἔνδον. Le *recondita*, qui est ajouté dans la version de Baronius ne se trouve pas dans l'original; au lieu que le latin porte qu'on entra « où les choses saintes étoient serrées et mises en réserve, » UBI SANCTA CONDITA SERVABANTUR [3]. Le grec porte qu'on entra « où reposoient les choses saintes, ἔνθα τὰ ἅγια ἀπέκειντο, *ubi sancta erant posita;* à peu près au même sens que saint Chrysostome dit ailleurs [4], qu'après la consécration on voit « posé sur l'autel, » ou si l'on veut « gisant sur l'autel, κειμένου, l'Agneau qui ôte les péchés du monde; » ce qui ne marque aucune réserve particulière. Et quand le docte Bigot a traduit *ubi sancta erant reposita,* il a bien su la signification de ce mot latin,

---

[1] Lib. IV, *de Euch.*, cap. IV. — [2] Baron., *ibid.* — [3] Pall., *ibid.*, p. 8. — [4] Hom. XLI, in 1 *ad Cor.*

qui ne veut pas dire *serré, renfermé,* mais seulement *posé,* ou, si l'on veut, *mis à part.* Et je ne refuserai pas le terme *réservé,* pourvu qu'on reconnoisse, ce qu'aussi on ne peut nier, qu'il ne paroît ici d'autre réserve que celle que je viens de dire, depuis la consécration jusqu'à la communion de tous les fidèles tant anciens que nouvellement régénérés : ce qui ne regarde en aucune sorte notre question.

Je me rappelle en cet endroit (car autant que je le puis, je ne veux laisser aucune difficulté à ceux qui veulent comprendre cette importante matière) ; je me rappelle, dis-je, que nous lisons dans la *Vie de sainte Marie Egyptienne* [1], que le saint abbé Zozime porta sur le soir, de son monastère jusqu'au désert voisin, le corps et le sang de Notre-Seigneur à cette sainte pénitente; ce qui pourroit faire croire que, contre ce que j'ai répété souvent, l'on avoit ordinairement les deux espèces à des heures fort éloignées de l'heure du sacrifice. Mais toute la difficulté cessera, si l'on considère que la Sainte avoit désiré « que Zozime lui apportât les sacrés mystères au jour et à l'heure que Notre-Seigneur les avoit donnés à ses disciples. Il fut aisé au saint abbé de la satisfaire. Le soir du Jeudi saint (c'étoit l'heure où l'on sacrifioit les jours de jeûne), il mit dans un petit calice une partie du corps et du sang de Notre-Seigneur. » Il le donna à la Sainte pendant la nuit : ainsi tout s'accomplit selon son désir, sans rien faire d'extraordinaire, et sans réserver le sang précieux plus qu'on n'avoit accoutumé.

Ceux qui objectent saint Exupère de Toulouse, « qui portoit, selon saint Jérôme, le corps de Notre-Seigneur dans une corbeille et son sang dans un vaisseau de verre [2], » se peuvent ressouvenir de ce qu'on a déjà vu dans cet ouvrage, qu'il le portoit, et non pas qu'il le gardoit; et cela convenant si bien à l'heure du sacrifice, on n'en peut non plus tirer de conséquence pour la réserve que du passage de saint Justin, d'où M. de la Roque avoue qu'il n'y a rien à conclure.

---

[1] *Vita S. Mar. Ægypt.,* cap. xx-xxii; Sur., 2 apr. — [2] *Epist. ad Pamm.,* loco sup. cit.

CHAPITRE XXVI.

Examen de quelques autres endroits où M. de la Roque a cru trouver la réserve de l'Eucharistie sous les deux espèces pour la communion des malades.

Il nous reste à examiner quatre ou cinq endroits où ce ministre trouve la communion des malades sous les deux espèces. Nous avons vu les exemples qu'il nous a rapportés. Afin que rien ne paroisse manquer à sa preuve, il les soutient par d'autres passages; mais tout cela devient inutile, en se souvenant seulement de ce que nous avons dit tant de fois, que l'on communioit les malades et sous une espèce et sous deux, suivant les diverses circonstances que nous avons remarquées.

Si M. de la Roque y avoit pensé, il se seroit épargné la peine de nous objecter un *Sermon* de saint Augustin, ainsi qu'une *Instruction* de saint Eloi, où les fidèles sont exhortés « à recevoir dans leurs maladies le corps et le sang de Jésus-Christ [1]. » Ce prétendu sermon est de saint Césaire évêque d'Arles, et les doctes Bénédictins, qui nous ont donné une si exacte édition de saint Augustin, n'en ont pas douté [2]. N'importe; nous en recevons l'autorité. Dans la *Vie de saint Eloi*, on remarque que ce saint évêque enseignoit aux malades à ne pas recourir aux enchanteurs, « mais à recevoir le corps et le sang de Jésus-Christ [3]. » Mais que servent ces deux passages et tous les autres de cette nature? Ils ne font rien du tout contre nous, puisque nous ne nions pas, et qu'au contraire nous avons montré par tant d'exemples, que c'étoit l'esprit de l'Eglise de communier les malades, autant qu'on pouvoit, à l'heure du sacrifice; et dans cette circonstance, de leur donner les deux espèces, s'il n'y avoit quelque autre empêchement. Mais nous avons vu tant d'autres passages où l'on en usoit autrement quand l'heure n'étoit pas propre, qu'il n'y a pas moyen de le nier; et c'est, non de quelques-uns, mais de tous ces passages pris ensemble qu'il faut recueillir les

[1] La Roq., *Rép.*, p. 78, 79. — [2] August., serm. CCXV, *de temp.*; nov. edit. in App., serm., CCLXV, n. 3. — [3] *Vita S. Eligii*, tom. V; *Spicil.*, p. 116.

coutumes, et voir pour ainsi dire l'ame entière de la tradition de l'Eglise.

Le ministre en revient encore aux exemples, et il nous raconte [1] « qu'Arnulphe étant sur le point d'expirer, reçut les mystères vivifians [2]. » Ce n'est pas à dire qu'il ait reçu les deux symboles, et il y a beaucoup d'apparence qu'il ne reçut que le corps, puisqu'il est dit aussitôt après qu'il rendit graces seulement d'avoir été « uni au corps du salut éternel; » et nous avons vu très-souvent qu'on parle indifféremment au pluriel ou au singulier des sacremens ou des mystères, soit qu'on en reçoive les deux parties ou une seule, à cause de l'union inséparable tant de la substance que de la vertu qu'ils renferment. Mais quand on avoueroit en cette occasion la communion sous les deux espèces, rien n'empêche de croire qu'elle n'ait été donnée, comme tant d'autres, à l'heure du sacrifice; et cet exemple ne décideroit rien.

Par cette même raison, M. de la Roque ne devoit alléguer ici [3], ni un concile de Reims tenu sous Hincmar en 879, qu'il cite en un autre lieu et auquel nous avons aussi déjà répondu, ni un concile du palais de Pavie en 850. Le premier ordonne que deux personnes qui avoient contracté un mariage incestueux, si elles font pénitence, puissent à la fin de leur vie « être reçues à la communion du corps et du sang de Notre-Seigneur [4]; » en certain cas et à l'heure du sacrifice, je l'ai avoué cent fois : en tout cas et à toute heure, d'autres conciles du même temps, et sous le même Hincmar, où l'on voit la communion des malades sous une espèce, ne permettent pas de le dire.

Le concile du palais de Pavie prouve encore moins, puisqu'il y est dit seulement qu'on ne pourra donner l'Extrême-Onction aux malades, « qui étoient dans la pénitence publique, s'ils n'avoient été premièrement réconciliés pour être rendus dignes de la communion du corps et du sang de Jésus-Christ [5], » c'est-à-dire que l'absolution devoit précéder : autrement ces pénitens, qui pouvoient être en péché mortel, n'eussent pas été dignes de rece-

---

[1] La Roq., p. 79. — [2] *Chronol. Met.*, tom. VI; *Spicil.*, p. 687. — [3] La Roque, p. 74, 80, 81. — [4] *Concil. Rem.*, *Suppl. Conc. Gall.*, p. 997; Labb., tom. IX, col. 336. — [5] *Conc. in Regia Tic.*, cap. VIII.

voir, ni le sacrement de l'Extrême-Onction, ni celui du corps et du sang; ce qui est indubitable. Savoir maintenant si étant par l'absolution rendus dignes du corps et du sang, ils recevoient l'un et l'autre, ou l'un des deux seulement, il a été démontré que la chose dépendoit du temps et des autres circonstances : tant au fond elle étoit tenue pour indifférente.

Le chapitre *Officium* dans les *Décrétales* [1], sous le nom du pape Léon, sans dire lequel, ne conclut pas davantage. M. de la Roque estime [2] qu'il est de Léon IV, et j'en suis d'accord; puisqu'il revient parfaitement au style du temps, et aux autres décrets que nous avons de ce pape. Nous lisons aussi dans sa *Vie*, que ce grand homme fut très-zélé pour « rétablir les anciens usages et les ordres du sacré palais [3]. » Il n'y a rien qui convienne mieux à ce dessein, que de régler l'office et la fonction de chaque ministre ecclésiastique. Ainsi ce que nous lisons dans ce titre des *Décrétales*, sous le nom du pape Léon, touchant l'office de l'archiprêtre, doit être un extrait du règlement général que fit ce grand pape, des devoirs de tous les officiers de l'Eglise. Mais enfin, que dit ce chapitre? « L'archiprêtre, dit-il, doit ordonner au coustre ou au sacristain de l'église, CUSTODI, que l'Eucharistie ne manque pas pour les malades. » J'en conviens, et nous avons vu que ce pape ordonne qu'on y garde le corps seul dans une boîte. Voilà donc une première partie de l'ordonnance de Léon IV, qui s'accommode parfaitement à notre sentiment pour la réserve. Dans la seconde, ce pape ajoute, touchant le même archiprêtre : « Il doit pourvoir aux malades; et en y pourvoyant, commander aux prêtres qu'ils ne meurent pas sans confession, et sans être fortifiés du corps et du sang de Notre-Seigneur. » C'étoit en effet l'esprit de l'Eglise, comme nous l'avons dit souvent et comme nous le verrons plus amplement dans la suite, de pourvoir de bonne heure aux malades; en sorte qu'on leur pût dire la messe pour les communier, auquel cas ils recevoient le corps et le sang, et c'est de quoi ce pape charge l'archiprêtre. Ainsi en distinguant deux parties de l'ordonnance de ce pape, que M. de la Roque, peu

---

[1] Lib. I *Decret.*, tit. XXIV, *de Off. Arch.*, cap. III. — [2] La Roq., p. 80, 81. — [3] Anast., *Vit. Leo. IV*.

instruit du style et des coutumes de l'Eglise, a confondues, tout y revient manifestement aux deux manières de communier les malades que nous avons observées. Mais la suite fera mieux connoître la vérité de notre remarque.

Je passe aux *Sacramentaires* du P. Ménard, d'où nos ministres tirent plusieurs argumens, qui tous vont tomber sur leurs têtes.

CHAPITRE XXVII.

Examen des Sacramentaires *du Père Ménard.*

Le premier est que, selon ce Père, il faut lire en cette manière le concile de Clermont, sous Urbain II, en l'an 1095, « qu'on ne doit recevoir de l'autel que le corps séparément, ou le sang aussi séparément, si ce n'est par nécessité ou par précaution [1] : » d'où le Père Ménard conjecture, « qu'on pouvoit donner le corps mêlé au sang, dans une cuiller, aux malades qui pouvoient à peine avaler le corps, ou prendre le sacré calice sans danger de le répandre [2]. » Quand cette conjecture seroit véritable, qu'en voudroit-on inférer? Qu'il y avoit des occasions où l'on donnoit la communion aux malades sous les deux espèces? Ce n'est pas là notre question. Il s'agit de savoir si on le faisoit toujours; ce que ce Père ni le canon qu'il cite ne décident pas, et le contraire est certain, principalement en ce siècle, par les témoignages du temps que nous avons rapportés.

Il faut faire la même réponse à ce qu'ajoute le Père Ménard pour fortifier sa conjecture, que dans un *Sacramentaire* de Saint-Remy de Reims, de l'an mil ou environ, comme ce Père le remarque dans sa préface, il y a deux formules de communion : l'une, pour ceux à qui il reste quelque force; et à ceux-là on leur dit séparément : « Le corps de Jésus-Christ vous conserve pour la vie éternelle; le sang de Jésus-Christ vous rachète pour la vie éternelle : » l'autre, pour ceux qui n'ont plus de force, auxquels on dit : « Le corps et le sang de Jésus-Christ conservent votre ame

---

[1] *Conc. Clar.*, can. 28; Labb., tom. X, col. 508. — [2] *Not. in lib. Sacr.*, p. 379, 380.

pour la vie éternelle; » à cause, conclut ce Père, encore qu'il n'en soit rien dit dans son manuscrit, qu'on leur donnoit les deux espèces mêlées *dans une cuiller*.

Quand la conjecture de ce Père seroit véritable (et nous allons voir par son propre manuscrit qu'elle ne l'est pas), on n'en pourroit rien conclure, si ce n'est que vers la fin du dixième siècle on communioit les malades sous les deux espèces, dans les cas tant de fois marqués : qu'on les communiât sous les deux espèces, en tout cas et à toute heure, le contraire est démontré surtout dans ce siècle même, par des preuves si concluantes que je doute qu'on ose jamais les contester.

Les autres *Sacramentaires*, où l'on trouve les deux espèces données aux malades [1], doivent pareillement être rapportés à la coutume qu'on observoit de dire la messe dans leur maison ou dans l'église pour eux, quand on en avoit le loisir, afin de les communier dans le sacrifice, ou incontinent après. Les messes *pro Infirmo*, qu'on trouve dans tous les *Sacramentaires*, étoient destinées à cet usage. On ajoutoit à la messe des prières propres pour les autres sacremens, c'est-à-dire pour la Pénitence et pour l'Extrême-Onction : on faisoit même tout l'Office de l'Eglise chez le malade; et l'on voit distinctement qu'on y disoit matines, vêpres et enfin tout le Service du matin et du soir, « avec des hymnes, des leçons, et des antiennes convenables [2]. » On s'y prenoit de bonne heure pour administrer le malade, afin d'avoir tout le loisir de faire ces choses, et on les continuoit *sept jours durant, et davantage s'il le falloit* [3]. Qui doute qu'en administrant les malades de si bonne heure et avec tous ces soins, il ne fût aisé de prendre le temps de dire la messe, afin de leur donner le saint Viatique à la suite du sacrifice, à peu près comme aux autres fidèles? Mais quand on étoit surpris à des heures éloignées du sacrifice, ou qu'on craignoit une mort trop prompte, on abrégeoit la cérémonie, ainsi qu'il est porté dans ces *Rituels*. C'étoit le cas de donner l'Eucharistie réservée, dont il est tant parlé dans les canons et ailleurs, sous la seule espèce du pain; et c'est aussi ce

---

[1] Mén., lib. *Sacr.*, *Greg.*, p. 253; aliàs, *Sacr.*, p. 335, 342, 344, etc. — [2] Mén., *ibid.*, p. 253, 354. — [3] *Ibid.*

que nous voyons dans ce vénérable *Sacramentaire* de Reims, dont parle le Père Ménard [1].

Il le transcrit tout entier dans ses notes sur le *Sacramentaire* de saint Grégoire, et il remarque lui-même deux formules abrégées dont on pouvoit se servir quand le temps pressoit [2]. Il y a dans la première : « Qu'on fasse la réconciliation par l'oraison qui commence : Deus misericors, ô Dieu miséricordieux ! et par celle qui commence, Majestatem tuam : Nous prions votre Majesté : qu'on récite le Symbole, comme ci-devant, et puis la communion du corps [3]. » Or il faut ici remarquer que dans tous les autres endroits où tout se fait à loisir, et où il paroît par la suite qu'on a pu dire la messe, on voit toujours le corps et le sang, et que le dernier n'est jamais omis une seule fois. Il n'y a que ce seul endroit où il n'est parlé que du corps. Pourquoi ? Si ce n'est à cause de l'empressement qui ne laissoit pas le temps de dire la messe, comme nous l'avons souvent dit ; de sorte qu'on ne pouvoit donner alors autre chose que le corps réservé, et que selon la remarque du Père Ménard [4] on usoit de la formule abrégée.

Mais ce qu'il y a de plus remarquable, c'est que dans une seconde formule qui suit immédiatement, *pour abréger,* quand le malade est pressé, encore qu'il soit remarqué dans la précédente qu'on ne donnoit que le corps seul dans l'empressement, on ne laisse pas de dire en communiant le malade : « Que le corps et le sang de Jésus-Christ gardent votre ame pour la vie éternelle. »

C'est sur cela que le Père Ménard a conjecturé que, dans cet état pressant, on donnoit « dans une cuiller, le corps trempé dans le sang, » à cause que le malade ne pouvoit « ni avaler le corps seul, ni prendre le sacré calice sans péril d'effusion. » Mais il n'est parlé dans son manuscrit ni de calice, ni de sang, ni d'effusion, ni de mélange, ni de cuiller. Ces cuillers n'étoient pas connues en Occident, au temps que ce *Sacramentaire* a été écrit, c'est-à-dire sur la fin du dixième siècle. Bien avant dans l'onzième et sous Léon IX, on voit dans la *Conférence* du cardinal Humbert avec Nicétas Pectoratus, que l'Occident ne les connoissoit pas encore,

---

[1] Mén., *ibid.*, p. 356. — [2] P. 356-358. — [3] Not. 16, 17. — [4] Mén., *ibid.*, p. 358.

puisque ce cardinal en reproche l'usage, comme celui du mélange à l'Église grecque [1]. Pour ce qui est du mélange, la défense attribuée à Jules I et celle du concile IV de Brague tenu au septième siècle [2], subsistoit encore, et n'avoit nulle exception en faveur des malades : au contraire elle étoit fondée sur des raisons générales, tirées de l'institution de Notre-Seigneur, qui avoit donné séparément les deux espèces. Et quand on voudroit supposer que le concile de Clermont avoit dérogé au concile de Brague en l'an 1095, le manuscrit du Père Ménard le devance de cent ans. Ainsi on n'y a dû imaginer ni de cuiller ni de mélange, comme en effet il n'en paroît rien ni dans cet endroit, ni dans tout le *Sacramentaire*, quoique tout le rit de la communion, même des malades, y soit exprimé dans la dernière exactitude. Il y paroît seulement par la formule qui précède celle que nous discutons ici, qu'à cause de l'empressement qui ne permettoit ni de dire la messe selon la coutume, ni d'apporter au malade autre chose que le corps qu'on réservoit seul, on ne donnoit aussi que la communion du corps ; et que cependant on n'en usoit pas moins de la formule ordinaire, en exprimant le corps et le sang : tant on étoit persuadé de la liaison actuelle, ou plutôt de l'unité parfaite tant de la grace que de la substance de l'un et de l'autre.

C'est pour la même raison que dans un ancien Rituel manuscrit, qu'on croit être de six à sept cents ans, il est expressément marqué, « que l'on communie les enfans avec une feuille ou avec le doigt, en le trempant dans le sang de Notre-Seigneur, et qu'en le mettant dans leur bouche, le prêtre leur dit : Le corps avec le sang de Notre-Seigneur vous garde pour la vie éternelle. »

Et pendant que nous en sommes sur ces anciens *Sacramentaires*, il y en a un qu'on appelle le *Sacramentaire* ou le *Missel de Gélase*. Ce grand pape gouvernoit l'Eglise au cinquième siècle, plus de cent ans avant saint Grégoire. Le savant Père Joseph-Marie Thomasi, clerc régulier, a tiré ce livre à Rome de la riche bibliothèque de la savante Christine reine de Suède. Il a été vu en ce pays-ci, puisqu'il vient de la fameuse bibliothèque de M. Pétau. Tous les savans lui donnent plus de neuf cents ans, et il n'y en a

[1] *Resp. Card. Humb.*, tom. XI Bar., p. 744. — [2] *Conc. Brac.* IV, cap. II.

point de plus vénérable par son antiquité et par les choses qu'il contient. Nous y avons une formule pour baptiser les catéchumènes mourans, qui nous peut aider à entendre la manière d'administrer les fidèles qui étoient dans le même état. Là on commence par l'exorcisme : on y confesse distinctement par trois fois qu'on croit au Père, qu'on croit au Fils et qu'on croit au Saint-Esprit : à chaque fois on plonge l'enfant dans les eaux [1], soit qu'il faille entendre par ce mot d'*enfant*, ou en effet un enfant dans le berceau, ou tout fidèle nouvellement régénéré, que l'Eglise appeloit enfant à cause de la nouveauté de sa renaissance. Je raconte ces cérémonies, afin qu'on remarque l'antiquité de ce précieux *Rituel* par celle du rit; mais ce qu'il y faut observer plus que tout le reste, ce sont ces mots de la rubrique : « Après ces choses, si l'on fait l'offrande, il faut dire la messe et il communie; sinon, vous lui donnerez seulement le sacrement du corps et du sang de Notre-Seigneur, en disant : Le corps de Jésus-Christ vous soit donné pour la vie éternelle [2]. » La formule fait voir qu'on ne disoit pas la messe, et aussi qu'on ne donnoit que le corps, et néanmoins la rubrique parle du corps et du sang : ce qui confirme de nouveau ce que j'ai dit plusieurs fois dans le *Traité de la Communion* et dans celui-ci, qu'à cause de la naturelle union de vertu et de substance des deux symboles, on donnoit souvent à un seul le nom de tous les deux.

Avant que de passer outre, je ne puis m'empêcher de témoigner la joie secrète que je ressentois, en racontant ces saintes pratiques de nos pères, ce zèle de l'Eglise, cette patience et cette piété de ses enfans jusqu'à l'agonie. Si l'on pratiquoit à présent auprès d'un malade une petite partie des observances que nous avons vues, on s'écrieroit qu'on l'étourdit et qu'on lui avance ses jours. Mais alors on n'avoit pas ces foibles égards. L'Eglise par ses prières et par le pieux travail qu'elle ressentoit pour les mourans, inculquoit et à eux et aux spectateurs l'importance de ce terrible passage, et le soin qu'on devoit avoir de s'y préparer. Ceux qui s'épargnoient si peu dans la prière et dans l'assiduité

---

[1] Lib. I *Sacr. Eccl. Rom.*, cap. LXXV, p. 107. — [2] Posteà si fuerit oblata, agendæ sunt Missæ et communicat.

qu'ils avoient auprès des malades, sans doute ne plaignoient pas leur peine à leur donner à propos les instructions nécessaires ; et c'en étoit déjà une grande de les tenir sous le joug de la discipline, et depuis le commencement de leur maladie jusqu'à la fin toujours occupés de la piété. Si ceux qui ont pris dans ces derniers siècles le beau titre de *Réformateurs*, au lieu de mettre la réformation à changer ce que nos pères avoient fait passer jusqu'à nous dès les premiers siècles, et à introduire avec le mépris de l'antiquité toutes sortes d'illusions dans l'Eglise, avoient tourné leur zèle au rétablissement de telles pratiques, que leur ouvrage seroit béni de Dieu et des hommes ! Mais au contraire ils semblent n'avoir travaillé qu'à effacer les vestiges de ces belles antiquités, à en éteindre jusqu'aux moindres restes, et ce qu'il y a de plus déplorable, à les faire passer pour superstitieuses.

CHAPITRE XXVIII.

Examen d'un canon d'un concile de Tours.

Il nous reste à examiner ce canon tant vanté par nos adversaires [1] : « Il me semble, dit l'Anonyme en le rapportant, que je vois tomber un carreau de foudre sur Rome [2]. » Mais pour nous, sans perdre le temps en de si vaines menaces, prions seulement le lecteur de se défaire de ses préjugés, et de regarder avec attention sur qui tombera cette foudre.

Le canon dont il s'agit est d'un concile de Tours, qui ne se trouve pas chez les compilateurs, dont on n'a rien, que je sache, que ce seul chapitre. M. de la Roque souhaite que nous le rapportions, comme il se trouve dans la *Collection* de Réginon, auteur du dixième siècle ; et le voici, pour le satisfaire, tel qu'il est : « Que chaque prêtre ait une boîte et un vaisseau digne d'un si grand sacrement, où il mette avec soin le corps de Notre-Seigneur pour le Viatique des mourans ; et cette oblation sacrée doit être trempée dans le sang de Jésus-Christ, afin que le prêtre puisse dire véritablement au malade : Que le corps et le sang de Jésus-Christ vous profitent ; qu'il soit toujours sur l'autel, et qu'on

[1] La Roq., *Rép.*, p. 84, 85. — [2] Anonyme, p. 178, 179.

y prenne garde à cause des souris et des hommes méchans, et qu'on le change de trois jours en trois jours; c'est-à-dire que l'oblation soit consumée par le prêtre, et qu'une autre consacrée le même jour soit mise à sa place; de peur, ce qu'à Dieu ne plaise, qu'elle ne se moisisse, si elle étoit gardée plus longtemps[1]. » Ce canon peut avoir été fait vers la fin du onzième siècle. Il est unique dans sa disposition; et l'on ne trouve rien de semblable dans aucun canon, ni des temps qui précèdent, ni des temps qui suivent. On n'en voit non plus aucune exécution; et il est rapporté de même chez les collecteurs, puisqu'il se trouve dans la collection de Burchard, et dans le Décret d'Ives de Chartres[2], avec cette seule différence que le renouvellement est ordonné chez les deux derniers tous les huit jours, et tous les trois jours seulement chez Réginon.

A la lecture de ce canon, nos Frères (j'en suis assuré) s'arrêteront plutôt aux altérations qu'on appréhende dans l'Eucharistie qu'à la question dont il s'agit. Ames infirmes, pour ne pas dire charnelles et grossières, qui ne peuvent comprendre d'un côté, que ces altérations font partie de la hauteur du mystère que Dieu veut cacher à nos sens, et de l'autre que Jésus-Christ supérieur à ces changemens par sa propre majesté, n'y est blessé par aucun endroit; de sorte que les précautions que l'on prend pour les empêcher, sont une marque de nos respects pour ce sacrement, et non l'effet d'une appréhension qu'on ait pour la Personne du Fils de Dieu. Laissant donc ces terreurs paniques, qui embarrassent la plupart de nos adversaires et sont un si grand obstacle à la connoissance de la vérité, venons à ce qui regarde la réserve, puisqu'aussi bien c'est uniquement de quoi il s'agit, et commençons par expliquer ce que c'est que ce canon veut établir, parce que M. de la Roque aussi incommodé de cette ordonnance qu'il veut que nous le soyons, l'a étrangement obscurcie.

Le dessein du canon est que le prêtre en réservant le corps pour les malades, le trempe dans le sang, et qu'il réserve en cette sorte les deux espèces mêlées. Quoique les paroles du canon y soient expresses, M. de la Roque n'en veut pas demeurer d'accord,

---

[1] Lib. I *de Eccl. Disc.*, cap. LXX. — [2] *Decr.*, II part., cap. XIX.

à cause qu'il voit par là ses prétentions détruites en trop de manières, comme on le va démontrer. Il veut donc, non pas qu'on mêlât les espèces dès le temps de la réserve, mais qu'on les gardât toutes deux *à part* et qu'on les mêlât *dans le moment même de la communion* [1].

Mais si ce canon vouloit établir ce que prétend M. de la Roque, on y auroit dit : Que le prêtre ait un vaisseau digne d'un tel sacrement, où il garde le corps et le sang de Notre-Seigneur, et qu'il trempe le corps dans le sang en communiant le malade, In communione intinguatur. Or on y dit au contraire : « Que le prêtre ait un vaisseau où il mette soigneusement, » non pas le corps et le sang, mais « le corps seul; » et l'on n'y dit pas qu'on doive tremper l'oblation réservée au temps de la communion, *intinguatur*; mais qu'elle doit l'avoir été, *intincta esse debet*, dès le temps de la réserve. Si donc on parle de garder le sang, ce n'est pas *à part*, comme le veut M. de la Roque; mais c'est que *la sainte oblation*, c'est-à-dire le sacré corps *devoit être trempé*, ou plutôt, *devoit avoir été trempé dans le sang*, et conservé en cette sorte; et le concile ordonnoit que ce fût en cette sorte qu'on la conservât.

Dès lors donc il paroît premièrement, qu'on n'avoit pas accoutumé de conserver à part l'espèce liquide, puisqu'ici, où on la conserve, c'est dans la partie plus solide : ce qui loin de nous accabler selon les menaces de l'Anonyme, confirme tout ce que nous avons dit de la réserve, et détruit les prétentions de nos adversaires.

Secondement, il est vrai que le corps qu'on réservoit devoit par ce canon être trempé dans le sang; mais c'en est assez pour montrer que le malade ne recevoit en effet aucune liqueur, puisque soit qu'on la renouvelât tous les huit jours selon Burchard et Ives de Chartres, ou tous les trois jours selon Réginon, il y avoit assez de temps pour la dessécher.

Troisièmement, il s'ensuit que cette communion étoit bien éloignée de celle que nos adversaires prétendent expressément commandée par Notre-Seigneur, puisque non-seulement on n'y prend pas le corps et le sang séparément, comme Jésus-Christ le

[1] La Roq., p. 89, 113.

fit faire, mais qu'en effet on n'y boit pas, ce que nos adversaires pressent tant et qu'au fond on n'y reçoit aucune liqueur.

De là suit, en quatrième lieu, une pleine confirmation du fondement principal de notre doctrine, qui est que la manière de communier ne dépend pas si précisément de ce qu'on voit dans l'institution de l'Eucharistie, qu'il ne faille y joindre nécessairement l'interprétation de l'Eglise, ainsi qu'il a été dit tant de fois.

Cinquièmement, il paroît que ce canon ne regarde pas l'usage d'une seule espèce, mais la formule dont on usoit en la donnant, puisque, comme nous venons de le voir dans le *Sacramentaire* du Père Ménard, en donnant *la communion du corps*, on disoit : *Le corps et le sang vous gardent,* etc.

Pour bien entendre ceci, il faut remarquer en sixième lieu, qu'on peut exprimer le corps et le sang en deux manières, ou pour marquer leur liaison inséparable tant en substance qu'en vertu, qui est ce qu'on appelle concomitance, ou pour dénoter ce que chaque espèce contient spécialement et en vertu de l'institution.

De là il paroît en septième lieu, que lorsqu'en ne donnant qu'une seule espèce on exprimoit le corps et le sang, la formule se vérifioit seulement en un certain sens, qui étoit celui de la concomitance, qu'on peut appeler le *sens matériel;* mais que lorsqu'on donnoit les deux, elle se vérifioit en tout sens, même dans le sens formel : et c'est ce que les Pères du concile ont eu en vue.

D'où il s'ensuit en huitième lieu, qu'ils ne songeoient pas à condamner la réserve et la communion sous une espèce, usitée jusqu'alors en tant de manières, mais seulement à vérifier dans un sens plus formel et plus exprès la formule dont on usoit en la donnant aux malades.

Reste une difficulté : Comment ils croyoient pouvoir vérifier cette formule dans ce sens formel et exprès, puisqu'enfin au bout de trois jours et encore plus au bout de huit, la liqueur devoit être desséchée. Mais il est aisé de répondre que c'est aussi en cela qu'ils se trompoient, et que c'est aussi pourquoi leur canon est demeuré sans observance.

En effet comme avant ce temps on ne trouve dans aucun canon, dans aucune décrétale, dans aucun auteur ecclésiastique, rien de semblable à la disposition de ce concile, on ne trouve rien non plus dans les siècles suivans qui y ressemble, si ce n'est peut-être parmi les Grecs, mais seulement depuis le schisme, comme nous l'avons démontré [1], c'est-à-dire longtemps après ce canon de Tours. En un mot devant et après, on trouve toujours le corps réservé sans aucune mention du sang, ou séparément, ou dans le mélange même. Ce concile de Tours doit avoir été peu célèbre, puisqu'on n'en a pas recueilli les autres canons, qu'on ne lui a pas donné rang parmi les autres conciles tenus en cette ville, et qu'on ne trouve nulle exécution de ce seul canon qui en reste, en ce qu'il a de particulier. Que si les compilateurs le mettent parmi les autres, ou c'est seulement pour confirmer la réserve de l'Eucharistie en général pour les malades, ou c'est un effet du peu de choix qu'ils font souvent des canons dans leurs recueils. Quoi qu'il en soit, un seul canon d'un concile obscur ne détruira pas tous les autres, ni toute la suite de la tradition, où nous voyons constamment dès l'origine du christianisme, et la réserve et l'usage d'une seule espèce, sans aucune mention de l'autre, tant dans la communion domestique que dans celle des malades. Celle des enfans et les autres dont nous allons faire la discussion, confirmeront cette vérité d'une manière invincible ; mais avant que d'entrer en ces matières, il faut, pour contenter les esprits et ne laisser aucun doute sur la communion des malades, éclaircir encore une objection qui paroît d'abord assez plausible.

CHAPITRE XXIX.

Les pénitens n'étoient pas les seuls qu'on communioit dans la maladie, il étoit ordinaire de donner la communion à tous les malades.

Les ministres veulent croire qu'avant saint Ambroise, c'est-à-dire qu'avant l'an 397, aucun malade n'avoit communié, si l'on en excepte les pénitens ; et voici comment raisonne M. de la Roque : « Eusèbe raconte la mort d'Hélène, mère du grand

---

[1] *Traité de la Commmun.*, 1 part. n. 6, p. 294.

Constantin : saint Athanase, celle de saint Antoine : Grégoire de Nazianze, celle de saint Athanase, dont il représente les vertus et les principales actions ; celle de son père Grégoire, celle de Gorgonie sa sœur, et enfin celle de saint Basile son intime ami, comme fait aussi Grégoire de Nysse son frère ; mais ni les uns ni les autres n'ont rien dit de l'Eucharistie reçue.[1] » On voudroit insinuer par là que la communion de saint Ambroise étoit extraordinaire et nouvelle, mais il n'y a rien de plus vain que cette preuve ; et il est bon de démontrer une bonne fois la foiblesse de ces argumens négatifs, quand on les fait indiscrètement et sans choix.

Premièrement, de tous ces discours qu'on nous objecte, où il n'est point parlé de communion, il n'y en a que deux qui soient vraiment historiques ; savoir, l'*Histoire* d'Eusèbe et la *Vie de saint Antoine* par saint Athanase. « Saint Grégoire de Nazianze raconte, dit-on, la mort de saint Athanase, dont il représente les vertus et les principales actions, celle de son père saint Grégoire, celle de Gorgonie sa sœur, et celle de saint Basile, comme fait aussi Grégoire de Nysse son frère. » Ce ne sont point des histoires, ce sont des éloges funèbres, où l'on représente les grandes, et comme le remarque M. de la Roque, *les principales actions,* sans s'arrêter aux choses communes, à moins qu'il n'y soit arrivé quelque événement particulier : et s'il falloit rejeter de la *Vie de saint Athanase,* de saint Basile et de saint Grégoire le père, tout ce qu'on ne trouve pas dans le discours de saint Grégoire de Nazianze, il faudroit nier tout d'un coup toutes leurs occupations les plus ordinaires. Ils n'auroient ni administré le baptême, ni donné la Confirmation ou la Pénitence, ni offert le sacrifice, ni distribué l'Eucharistie, puisqu'à peine trouvera-t-on qu'il soit parlé de tout cela ; et que si quelquefois il en est parlé, ce n'est qu'incidemment et par hasard. Mais loin qu'on relève ces choses communes dans les discours panégyriques, ou dans les histoires générales, telle qu'étoit celle d'Eusèbe, on ne les raconte même pas dans les vies. Aussi ne saurions-nous pas la communion de Sérapion, ni celle de saint Ambroise, sans les circonstances particulières et les miracles visibles dont elles furent accompagnées. Qu'ainsi ne soit ;

---

[1] La Roq., *Rép.*, p. 39.

nous avons des Vies de saint Basien et de saint Gaudence, comprovinciaux et contemporains de saint Ambroise : nous avons celles de saint Augustin, de saint Fulgence, de saint Germain de Paris et de saint Germain d'Auxerre, de sainte Geneviève, de saint Grégoire, de Gontran, de Sigebert, rois de France, de Sigismond roi de Bourgogne, de saint Perpétuus évêque de Tours, de saint Faron évêque de Meaux, de sainte Fare sa sœur, de saint Eustase abbé de Luxeuil. Mais pourquoi perdre le temps à en nommer d'autres? Nous en avons une infinité, où il n'est point parlé qu'ils aient reçu la communion à la mort, quoique leur mort soit décrite et circonstanciée autant qu'on le peut désirer. En conclura-t-on qu'on ne communioit pas de leur temps? Selon M. de la Roque, saint Augustin aura négligé cet acte de piété, lui dont le même M. de la Roque nous a produit un *Sermon* où il y exhorte tous les fidèles. Et sans s'arrêter à ce *Sermon*, qui en effet n'est pas de saint Augustin, ne savoit-il pas la communion de saint Ambroise, qui l'avoit régénéré en Jésus-Christ, et ne l'avoit-il pas vue dans une Vie qui lui étoit dédiée? Etoit-ce une chose si peu commune de communier en mourant, puisque saint Paulin évêque de Nole, son intime ami, le fait ainsi en 431, un an après la mort de saint Augustin : et tant d'autres dans les temps voisins (*a*)? Mais le pape saint Grégoire, dont nous tenons tant d'exemples de communions des mourans, n'aura-t-il pas pratiqué ce qu'il a loué dans les autres? D'où vient donc que Jean Diacre n'en dit rien, lui qui a écrit avec tant de soin la vie et les actions de ce saint pape? Peut-être que du temps de saint Eloi ce n'étoit pas la coutume en France de communier les malades : mais le ministre loue une *homélie*, où il en enseigne la pratique : et cependant saint Ouen, ce grand archevêque de

(*a*) Ce n'est pas seulement dans l'Eglise latine qu'on voit les plus grands Saints recevoir l'Eucharistie dans leur dernière maladie; l'Eglise grecque en fournit aussi des exemples. Saint Chrysostome épuisé des fatigues de son exil, et averti pendant la nuit par le martyr saint Basilisque qu'il lui seroit réuni le lendemain, se revêtit à jeun d'habits blancs; et après avoir pris les divins symboles, il fit devant les assistans sa dernière prière, et alla se joindre à ses pères : *Et sumptis Dominicis symbolis coram adstantibus ultimam orationem facit... extendit speciosos pedes... appositus ad patres suos.* Pallad. *De Vit. S. Joan. Chrysost.*, ejusd. Oper. (Edit. de Déforis.)

Rouen, qui a écrit en deux livres la Vie de cet illustre évêque son intime ami, ne nous dit pas qu'il ait fait ce qu'il a prêché, encore qu'il parle amplement de sa fin bienheureuse. Ceux qui ont écrit la *Vie de saint Ouen* lui-même et qui ont admiré sa sainte mort, ne parlent pas du saint Viatique : deux récits exprès de la mort du Vénérable Bède n'en font non plus nulle mémoire, quoique nous en ayons vu une si fréquente mention dans ses écrits ; et le saint homme Pierre Damien, qui nous marque si distinctement la communion des mourans, ne parle ni de celle de saint Romuald, ni de celle de Dominique Loricat, dont il a écrit la Vie. Ce n'est pas que tous ces saints hommes aient été surpris de la mort : au contraire ils l'ont vue venir, et ils l'ont reçue avec des soins particuliers. Mais on ne prend pas toujours la peine de remarquer des choses si communes. C'est pourquoi plus bas encore, et dans le temps que la réception du saint Viatique étoit le plus établie, on ne trouve la communion ni du dévot saint Bernard, ni de sainte Hildegarde, ni même, si je ne me trompe, de saint François, dans la belle Vie qu'a écrite saint Bonaventure son religieux, ni de saint Bonaventure lui-même, ni de sainte Brigitte, ni de sainte Marguerite fille du roi de Hongrie, de l'ordre des Prédicateurs, ni de tant d'autres dont la mémoire ne me revient pas, et dont aussi je n'ai pas dessein de parler, ni d'affecter de l'érudition dans une matière si vulgaire. J'ajouterai seulement que dans toutes les *Vies des Saints* de l'Eglise orientale, à peine y en a-t-il une ou deux où je me souvienne d'avoir remarqué le saint Viatique, bien qu'il ne soit pas moins commun parmi les Orientaux que parmi nous de le recevoir. C'en est trop pour nous faire voir qu'il n'y a rien à conclure de ce que souvent on n'écrit pas des choses communes. Ce qui donne lieu à les écrire, c'est lorsqu'il y est arrivé quelque circonstance remarquable, comme dans la mort de la plupart des Saints, la grace d'en avoir été avertis, et d'avoir sur ce céleste avertissement demandé ou reçu leur saint Viatique, et quand d'autres occasions particulières, qui ont relevé les choses communes, ont donné lieu de les remarquer. Il arrive aussi qu'on les remarque même hors de ces occasions : il arrive aussi qu'on les tait souvent ; et entreprendre de rendre raison des diverses vues des écrivains, c'est un travail insensé et infructueux. Finissons et concluons en un mot, qu'on ne doit pas dorénavant nous objecter le silence de saint Athanase sur saint Antoine, ou celui des autres sur saint Athanase, puisque même il est assuré qu'à Alexandrie, dont il étoit patriarche, et dans tout le pays dont elle étoit capitale, la coutume de garder l'Eucharistie pour communier dans sa maison étoit en vigueur de son temps; et qu'on ne peut pas croire que dans les approches de la mort, on y négligeât un secours dont on étoit si soigneux de se munir dans la meilleure santé.

CHAPITRE XXX.

Communion des enfans sous la seule espèce du vin : chicanes des ministres sur le passage de saint Cyprien : passages de saint Augustin, de saint Paulin, de Gennade.

L'exemple que nous tirons de saint Cyprien pour la communion des petits enfans, souffre si peu de réplique, qu'à vrai dire mes adversaires n'y en font aucune. Pour faire voir que saint Cyprien, et de son temps l'Eglise d'Afrique, dont il étoit le primat, ne donnoit pas la communion aux enfans sous la seule espèce du vin, M. de la Roque commence par des passages d'autres siècles et d'autres pays. Nous verrons dans la suite ce qu'il en faut croire; mais, en attendant, il est clair que tout cela ne fait rien à saint Cyprien. Car dans une affaire de discipline indifférente, comme je prétends qu'est celle-ci, on peut en d'autres temps et en d'autres lieux montrer d'autres observances, sans détruire celle que j'établis, et sans qu'on puisse conclure autre chose de cette variation, sinon, ce qui me suffit, que la chose est indifférente. Il faut donc enfin parler de saint Cyprien. M. de la Roque y vient le plus tard qu'il peut; et quand il y est, il s'amuse encore à me reprocher vainement que pour couvrir le foible de l'argument que j'en ai tiré, je le propose selon ma coutume, et à l'exemple du cardinal du Perron, « par de belles paroles, afin d'éblouir les simples et de jeter de la poussière aux yeux des lecteurs [1]. » Pour désabuser

[1] La Roq., *Rép.*, p. 144.

une fois nos frères errans de l'opinion qu'ils pourroient avoir que je sois capable d'user d'un artifice si grossier, aussi bien que si criminel, pour les surprendre, je proposerai le fait avec une entière simplicité, et l'on verra qu'il n'en est que plus décisif. Commençons par la lecture de saint Cyprien. « On avoit fait prendre à une petite fille, dit ce Père, une parcelle du pain offert aux idoles, trempée dans du vin. La mère qui n'en savoit rien, la porta au saint sacrifice; mais dès que cet enfant fut dans l'assemblée des saints, elle fit voir par ses pleurs et par son agitation, que nos prières lui étoient à charge; et au défaut de la parole, elle déclara par ce moyen, comme elle pouvoit, le malheur dans lequel elle étoit tombée. Après les solennités accoutumées, le diacre, qui présentoit aux fidèles la coupe sacrée, étant venu au rang de cet enfant, elle détourna sa face, ne pouvant supporter une telle Majesté, elle ferma la bouche, elle refusa le calice. Le diacre lui fit avaler par force quelques gouttes du précieux sang; mais la sainte Eucharistie ne put rester dans un corps et dans une bouche impure : la petite fille fit des efforts pour vomir, et vomit en effet le sang de Jésus-Christ qu'elle avoit reçu dans ses entrailles souillées : tant est grande la puissance et la Majesté de Notre-Seigneur [1]. »

Sur ce passage de saint Cyprien, après avoir remarqué [2], ce qui est visible, que ce saint martyr n'attribue cette émotion extraordinaire qu'à la présence et à la réception du sang de Notre-Seigneur, j'ai formé ce raisonnement très-simple : « Le corps de Jésus-Christ n'eût pas dû faire de moindres effets, et saint Cyprien qui nous représente avec tant de soin et tant de force tout ensemble, le trouble de cet enfant durant toute la prière, ne nous marquant cette émotion extraordinaire que l'Eucharistie lui causa qu'à l'approche et à la réception du sacré calice, sans dire un seul mot du corps, montre assez qu'en effet on ne lui offrit pas une nourriture peu convenable à son âge. »

Mais de peur qu'on ne crût que je voulois dire qu'un petit enfant fût entièrement incapable d'avaler une nourriture solide, si on la détrempoit, je remarque « qu'il paroît dans cette histoire

[1] Cypr., *de Laps.*, p. 189. — [2] *Traité de la Commun.*, I part. n. 3, p. 267.

que la petite fille dont il s'agit, avoit pris de cette manière du pain offert aux idoles; » loin que cela nous nuise, je conclus que « c'est au contraire ce qui fait voir combien on étoit persuadé qu'une seule espèce étoit suffisante, puisque n'y ayant en effet aucune impossibilité à donner le corps aux petits enfans, on se déterminoit si aisément à ne leur donner que le sang. »

Je ne vois pas qu'on puisse proposer les choses ni en tirer les conséquences d'une manière plus simple. Ces éblouissantes paroles que me reproche M. de la Roque, ne paroissent ici nulle part, et je me suis contenté de faire voir clairement ce qu'il y avoit à expliquer pour me répondre. Tout se réduit à nous dire d'où vient, si cet enfant a reçu le corps, que le miracle et l'émotion que lui causa l'Eucharistie ne paroît qu'au sang. C'est sur quoi M. de la Roque ne dit pas un mot. Et pour qu'on ne pense pas que je veuille ici surprendre le lecteur, je rapporterai mot à mot toutes ses réponses. Elles commencent ainsi : « Je viens maintenant, dit-il, au passage de saint Cyprien, sur lequel j'ai, poursuit-il, plusieurs choses à dire : premièrement que quand il seroit tel que le prétend M. de Meaux, ce qui n'est pas, il ne devroit pas l'emporter sur sept ou huit témoignages formels et positifs que j'ai allégués pour prouver la communion des petits enfans sous les deux espèces [1]. » Le lecteur remarque déjà de lui-même et sans que je parle, que quelque formels que soient ces passages qu'on oppose à celui de saint Cyprien, ils ne nous feront pas connoître ce que nous cherchons, ni pourquoi la petite fille n'est si extraordinairement agitée qu'à l'approche du sang de Notre-Seigneur, si elle en a auparavant reçu le corps. Aussi M. de la Roque ne conclut autre chose de ces passages, sinon que celui de saint Cyprien a besoin « de commentaire et d'interprétation [2], » et il ajoute, que pour le bien faire, « il faut rassembler et peser exactement les circonstances. » Oui, celles qui font au fait, et non celles qui ne feroient que détourner l'attention du lecteur de son objet principal, qui doit être de rechercher la cause de ce grand trouble, plutôt à l'égard du sang qu'à l'égard du corps, si l'enfant a reçu l'un et l'autre. Voyons donc quelles circonstances remarquera

[1] La Roq., p. 150. — [2] Ibid., p. 151.

M. de la Roque : « Je dis, poursuit-il, en second lieu, qu'on ne peut nier que la chose que saint Cyprien raconte ne soit arrivée dans l'assemblée des fidèles. » D'accord ; et je conclus de là qu'elle n'en est que plus authentique, et qu'il n'en est que plus assuré que la coutume de communier les petits enfans avec le sang seul n'avoit rien d'extraordinaire. M. de la Roque continue : « On ne peut nier non plus que dans les assemblées publiques on ne communiât sous les deux espèces. » Pour les adultes, comme on parle, peut-être, et je n'en veux pas ici disputer : pour les enfans, c'est la question, qu'il ne falloit pas supposer, comme fait M. de la Roque, lorsqu'il ajoute ces mots : « On ne peut pas nier que les diacres ne présentoient jamais le calice qu'à ceux qui avoient déjà reçu le pain. » Car c'est ce qu'on peut si bien nier à l'égard des petits enfans, que c'est en effet ici précisément de quoi l'on dispute. Que le lecteur juge maintenant qui des deux veut surprendre le monde, ou de moi qui propose si nettement en quoi consiste la difficulté, ou de M. de la Roque qui jusqu'ici ne fait autre chose que de supposer pour certain ce qui est tout le sujet de la dispute.

Mais peut-être que dans la suite il viendra enfin au point. Nullement ; car voici par où il finit : « Enfin on ne peut nier que le diacre de saint Cyprien n'ait présenté la coupe à cet enfant, après l'avoir présentée aux fidèles, qui étoient présens dans l'assemblée et qui la reçurent ; saint Cyprien ne mettant point de différence, pour ce qui est de la présentation du calice, entre les fidèles et l'enfant, et ne remarquant pas des adultes, non plus que de la petite fille, qu'ils eussent reçu le pain [1]. » Je le crois bien, puisqu'il n'y avoit aucune raison de parler ici des adultes, auxquels il n'étoit rien arrivé de miraculeux. Mais à l'égard de cette petite fille, si le miracle avoit commencé au pain, comme il auroit dû arriver en cas qu'elle l'eût reçu, c'est aussi par là que saint Cyprien auroit dû commencer l'histoire, et il faudroit nous rendre raison d'où vient qu'il ne le fait pas. Au lieu de nous dire enfin cette raison, le ministre conclut ainsi : « Cependant M. de Meaux ne disconviendra pas que les fidèles n'eussent reçu le pain avant

[1] La Roq., p. 152.

que de participer à la coupe. Il n'en sauroit donc disconvenir à l'égard de l'enfant, bien qu'il n'ait fait les efforts qu'on représente que quand on lui présenta le calice. » Voilà le fait bien avoué. Il est constant que l'enfant ne fit ses efforts qu'au calice. Elle n'avoit donc pas reçu le pain ; car alors de semblables efforts fussent arrivés; et quand on veut faire accroire qu'à cause que je ne nie pas que les autres l'eussent reçu, je ne le puis nier de cet enfant, on suppose contre l'évidence du fait qu'il n'y a rien de particulier à son égard; et c'est au lieu de résoudre la difficulté, la dissimuler au lecteur.

Enfin M. de la Roque me fait raisonner en cette sorte : « Si je suis persuadé, dira peut-être ce savant évêque, que les fidèles avoient déjà reçu le pain, c'est parce que c'étoit l'usage ordinaire de l'Eglise ; et je lui dirai à mon tour : La petite fille l'avoit aussi reçu, parce que c'étoit une pratique constante et universellement établie dès les premiers siècles. » C'est ainsi qu'on donne le change au lecteur crédule. Il s'agit de trouver dans saint Cyprien pourquoi il ne rapporte qu'au sang un miracle qui auroit dû arriver au corps: on allègue d'abord d'autres Pères ; et comme on voit que saint Cyprien n'est pas expliqué par là, on se propose de l'expliquer par les circonstances du fait qu'il raconte. On rapporte les circonstances qui ne font rien à l'affaire et ne regardent que les adultes ; et au lieu de rendre raison du miracle arrivé à l'enfant, on coupe tout court, et l'on passe aux anciens auteurs où il n'y a pas un mot de ce qu'il falloit éclaircir.

Cependant M. de la Roque, comme s'il avoit épuisé la difficulté qu'il n'a pas seulement effleurée, continue en cette sorte : « A toutes ces preuves, j'en ajoute une nouvelle qui m'étoit presque échappée de la mémoire [1]. » A la bonne heure; peut-être qu'enfin il y dira quelque chose qui regarde saint Cyprien et le miracle arrivé à cet enfant; non : « Cette preuve est tirée de l'onzième concile de Tolède, qui fut assemblé l'an 675, » quatre cents ans après ou environ, et sans assurément qu'il y soit parlé ni de saint Cyprien, ni de l'enfant, ni du miracle. Remettons donc ce concile à une autre fois, et voyons si l'Anonyme réussira mieux.

[1] La Roq., p. 163.

« Je réponds, dit-il, en premier lieu que comme M. Bossuet nous avoue que dans ces premiers siècles la communion ordinaire des fidèles étoit sous les deux espèces, *il y a toute apparence* que cette petite fille avoit déjà pris le pain [1]. » Nous voici dans les apparences et les conjectures contre un passage formel et décisif. Mais enfin quelles sont ces conjectures? Les mêmes qu'a déjà faites M. de la Roque, et que nous avons réfutées. Ce que celui-ci fait de mieux, c'est qu'il fait ce que n'a osé faire M. de la Roque ; il propose mon raisonnement, que cet autre ministre avoit dissimulé : et après avoir dit comme lui que le diacre ayant présenté la coupe à l'enfant à son rang comme aux autres, il y a la même raison de croire d'elle que des autres, qu'elle avoit auparavant, selon la coutume, reçu le pain ; il rapporte ce que je dis pour y mettre de la différence, qui est que saint Cyprien fait ici commencer au sang le miracle, qu'on auroit vu dès la communion du corps, si l'enfant l'avoit reçu. L'Anonyme reconnoît franchement que la chose en effet devoit arriver de cette sorte, et il ne voit de ressource pour lui qu'en disant qu'aussi est-elle arrivée. Mais voyons combien foiblement il le prouve : « Je réponds, dit-il, que saint Cyprien nous donne assez à entendre que cette petite fille ne prit qu'avec peine le pain sacré, quoiqu'il ne le dise pas expressément, en nous marquant que dès qu'elle fut dans l'église, elle se mit à pleurer et crier et troubler toute l'assemblée, et qu'elle prit ainsi le sang précieux. » Mais ce ministre qui étoit entré plus franchement que l'autre dans la difficulté, dissimule à son tour où en est la force. C'est que saint Cyprien nous représente la petite fille agitée à la vérité durant toute la prière, mais particulièrement, et d'une manière bien plus terrible, à la présence de l'Eucharistie, comme si elle eût senti Jésus-Christ présent ; mais ce redoublement du trouble ne parut qu'à la présence du sang précieux : c'est devant la coupe sacrée, qui le contenoit, qu'elle détourna sa face, comme ne pouvant supporter une telle Majesté : elle ferma la bouche : elle refusa le calice : elle ne put retenir la goutte de sang précieux qu'on lui mit par force dans la bouche : ce sang ne put demeurer « dans des entrailles souillées ;

[1] Anonyme, p. 192.

tant est grande le puissance et la Majesté du Seigneur ! » Or sa puissance et sa Majesté n'est pas moins grande dans son corps que dans son sang : nous aurions donc vu à la présence du corps les mêmes émotions, les mêmes convulsions dans l'enfant, et dans ce corps sacré la même force.

En effet considérons un autre miracle, que le même saint Cyprien raconte dans le même endroit et incontinent après celui-ci : Il se fit en la personne, non plus d'un enfant, mais d'une femme ; et voici comment le raconte saint Cyprien : « Une autre, qui, déjà avancée en âge, s'étoit coulée en secret au milieu de nous pendant que nous offrions le sacrifice, y reçut non pas une viande, mais une épée tranchante ; et comme si elle avoit pris un poison mortel entre la gorge et l'estomac, elle se sentit aussitôt oppressée et étouffée avec une extrême violence [1]. » Cette adulte devoit recevoir, non-seulement le sacré breuvage, mais encore la viande, *cibum,* comme parle saint Cyprien, et la partie solide du sacrement. C'est aussi en recevant cette viande qu'elle en ressentit la force, funeste aux indignes et aux sacriléges. Suivons encore saint Cyprien : « Une autre reçut dans ses mains profanes la chose sainte de Notre-Seigneur, » c'est le corps que l'on mettoit dans les mains ; « mais ayant ouvert ses mains, elle n'y trouva que de la cendre. On connut par expérience que le Seigneur se retire quand on le renie ; et le Seigneur se retirant, la grace salutaire est changée en cendre. » Partout où le corps paroît comme reçu indignement, la vengeance commence par là : la petite fille est la seule où elle commence par le sang ; c'est donc qu'elle ne reçut que le sang seul, malgré les chicanes et les vains efforts des ministres. Ils ont voulu nous faire accroire que saint Cyprien ne parloit pas en ce lieu de la communion du corps donné aux adultes. Ils se trompent ; saint Cyprien en a parlé comme on vient de voir, mais c'est quand il y a été obligé par quelque événement extraordinaire. Si donc il n'en parle pas dans le miracle arrivé à l'enfant, qui ne voit plus clair que le jour que c'est qu'elle ne l'avoit pas reçu ; et que dans l'Eglise de Carthage, la mieux instruite, la mieux policée de toute l'Eglise, où présidoit un

[1] S. Cypr., *De Laps.,* loco sup. cit.

évêque aussi éclairé et aussi saint que saint Cyprien, on ne communioit les enfans qu'avec le sang seul?

Les autres réponses que fait l'Anonyme ne servent qu'à nous faire voir l'embarras où il a été : « Il faut, dit-il, remarquer que le pain se donnoit dans la main des communians. Il s'étoit donc pu faire que cet enfant, à qui on l'avoit donné en la main, l'avoit pris à la vérité, mais ne l'avoit pas mangé, ou même l'avoit jeté sans qu'on y prît garde [1]. » Sans doute on ne prit pas garde à ce que fit cet enfant de ce gage divin. Sans se soucier si elle en faisoit l'usage pour lequel on le lui donnoit, c'est-à-dire de le manger, on le mit à la discrétion d'un enfant à la mamelle : on le lui laissa en sa main pour aussitôt le jeter par terre. Les sacrificateurs des idoles qui, comme dit saint Cyprien, lui avoient mis à la bouche du pain souillé de leurs sacrifices, étoient plus soigneux à faire participer les enfans à leurs offrandes impures que les chrétiens à leur faire prendre le corps de Notre-Seigneur. Où en est-on quand on a recours à de tels prodiges? Mais voici le comble de l'illusion : « M. Bossuet a vu qu'on pouvoit dire que le diacre qui présentoit la coupe aux fidèles, quand il la présentoit aux petits enfans que leur âge ne permettoit pas encore de pouvoir manger du pain, en mêloit un peu dans le calice afin de le leur faire avaler plus aisément. » Il s'abuse en me prenant ici à témoin. Jamais je n'aurois pensé qu'on pût imaginer de telles choses dans un passage où paroît tout le contraire, si je ne les avois vues dans les écrits des ministres. Car pour ne pas ici répéter que du temps de saint Cyprien le mélange dont on nous parle étoit inconnu, il suffit que saint Cyprien n'attribue le miracle qu'au sang tout seul. C'est le sang qui ne peut demeurer dans ces entrailles souillées : c'est le breuvage sanctifié (a) par le sang de Notre-Seigneur, qui cause ces convulsions à cet enfant. Le calice dont on lui fit prendre quelques gouttes, lui fut présenté comme aux autres pur et sans mélange. C'est ce calice qui fit ce terrible effet

[1] Anonyme, p. 194.

(a) Sanctifié dans le sang de Notre-Seigneur qui le composoit. C'est le sens des expressions de saint Cyprien, que Bossuet a voulu rendre par cette phrase *Sanctificatus in Domini sanguine potus de pollutis visceribus erupit.* (Édition de Déforis.)

dont le récit nous fait encore trembler ; et nous ne pouvons pas douter que du temps de saint Cyprien, la communion sous une espèce ne fût non-seulement établie dans la sainte Eglise d'Afrique, mais encore n'y ait été confirmée par un miracle.

Il y a plus : saint Augustin a transcrit dans une de ses lettres tout ce passage de saint Cyprien [1], sans y rien trouver d'extraordinaire; et la communion sous une espèce, qu'on y voit très-expressément, ne lui a point paru étrange. Pourquoi, si ce n'est, comme je l'ai dit dans le *Traité de la Communion* [2], qu'on ne peut nullement douter que « l'Eglise d'Afrique, où saint Augustin étoit évêque, n'eût retenu la tradition que saint Cyprien, un si grand martyr, évêque de Carthage et primat d'Afrique, lui avoit laissée ? » A ce passage de saint Augustin, par où j'avois démontré si clairement la suite de la tradition, les ministres se sont tus, et leur silence confirme que ce raisonnement est sans réplique.

Il est vrai qu'ils nous objectent des passages de saint Augustin [3], où ce grand homme nous représente les petits enfans baptisés, comme ayant accompli dans leur communion le précepte de manger et de boire le sang de Notre-Seigneur; mais c'est ce qui achève de les confondre. Car saint Cyprien en dit bien autant, lui qui constamment, comme on vient de voir, dans son Traité *de Lapsis* [4], ne leur donnoit que le sang seul. Il ne laisse pas de dire dans le même Traité qu'on les privoit *du corps et du sang de Notre-Seigneur*, en les amenant aux idoles; et il dit ailleurs [5] que tous ceux dont Jésus-Christ est la vie, ce qui sans difficulté comprend les enfans baptisés, ont accompli ce précepte de son Evangile : « Si vous ne mangez ma chair et ne buvez mon sang, vous n'aurez pas la vie en vous [6]. » C'est par où nous démontrons que ces grands hommes croyoient qu'on satisfaisoit au précepte de prendre le corps et le sang, en ne mangeant ou en ne buvant que l'un des deux, à cause que la vertu et la grace, aussi bien que la substance des deux, est répandue sur un seul. Des passages

---

[1] Ep. XCVIII *Ad Bonif. Episc.*, aliàs. XXIII, n. 3, col. 264. — [2] *Traité de la Commun.*, II part. n. 9, p. 344. — [3] La Roq., *Rép.*, p. 119; Anonyme, p. 198; August., epist. CCXVII *ad Vit.*, al. CVII; *de Prædest. Sanct.*, cap. XIII; *de pecc. meritis*, cap. XXIV.— [4] S. Cypr., *de Laps.*, loc. cit. — [5] *Testim.*, lib. III, n. 25, 26. — [6] *Joan.*, VI, 54.

formels et précis, où un fait est expliqué clairement dans toutes ses circonstances, sont le naturel éclaircissement de tout ce qui se dit ailleurs en termes plus généraux ; et la pratique des Pères ne permet pas de douter du sens que nous donnons à leurs paroles.

Il ne sert de rien d'objecter aux passages de saint Cyprien et de saint Augustin ceux de saint Paulin évêque de Nole, et de Gennade prêtre de Marseille. Car quand on auroit trouvé dans ces deux auteurs la communion donnée aux enfans sous les deux espèces, de leur temps, et dans d'autres églises que celle d'Afrique ; l'autorité de l'Eglise d'Afrique, ou même de l'Eglise de Carthage, quand on la voudroit réduire au seul temps de saint Cyprien, est pleinement suffisante pour prouver en cette matière l'indifférence que nous soutenons. Mais au fond ces deux passages ne prouvent rien. M. de la Roque objecte [1] des vers que saint Paulin envoie à son ami Sulpice Sévère, pour mettre au bas des images dont il avoit orné son baptistère. Là, dit-il, saint Paulin représente le prêtre retirant de la fontaine baptismale « les enfans blancs comme de la neige dans leur corps, dans leur cœur et dans leurs habits ; » ensuite de quoi « il range ces nouveaux agneaux autour des autels sacrés, et il remplit leur bouche des alimens salutaires, SALUTIFERIS CIBIS [2]. » Mais de là quelle conséquence? Ce ministre ignore-t-il le langage commun de l'Eglise, qui à l'exemple de saint Pierre [3], appeloit tous les nouveaux baptisés, et les adultes autant que les autres, des enfans nouvellement nés? Saint Paulin a suivi ce sens, en continuant ainsi sa pieuse poésie : « La troupe des anciens fidèles se réunit avec la nouvelle qu'on lui associe : le troupeau bêle à la vue de ce nouveau chœur, et lui chante, *Alleluia* : » par où ce saint homme, nous représentant d'une manière si tendre la joie commune des anciens et des nouveaux baptisés, montre assez qu'il veut parler principalement des adultes capables de joie et touchés de *l'Alleluia* de leurs frères ; et encore qu'on mêlât les petits enfans avec les nouveaux baptisés, il ne faudroit pas s'étonner que saint Paulin désignât le nouveau troupeau par les adultes, qu'on y voyoit principalement éclater

---

[1] La Roq., p. 118. — [2] Paulin., ep. XII *ad. Sev.*, al. ep. XXXII, n. 5. — [3] 1 *Petr.*, II, 2.

plus'encore par un transport de leur joie que par la beauté de leurs habits blancs ; ni qu'il eût attribué aux uns et aux autres *les alimens salutaires,* en entendant néanmoins, sans avoir besoin d'exprimer tout ce détail dans sa poésie, qu'on les donnoit à chacun convenablement et selon que la coutume les y admettoit.

Quand le prêtre Gennadius que M. de la Roque objecte encore [1], nous fait voir les petits enfans « fortifiés par l'imposition des mains et par le chrême, et admis aux mystères de l'Eucharistie [2], » il ne dit rien contre la pratique dont nous parlons. C'est être admis aux mystères que de recevoir le sang de Notre-Seigneur ; on le prend du même autel que le corps, et on participe à tout le sacrifice. Ainsi l'on ne voit rien jusqu'ici dans l'Eglise d'Occident qui s'éloigne de la tradition dont nous avons vu le témoignage dans saint Cyprien. L'Eglise grecque n'avoit pas une autre pratique, et le passage de Jobius va le faire voir clairement.

CHAPITRE XXXI.

Passage de Jobius, auteur grec.

Nous n'avons rien de ce savant auteur que dans Photius, qui nous en donne d'amples extraits [3]. Mais il ne faut pas pour cela me dire avec l'Anonyme, que j'allègue *je ne sais quel Jobius* [4]. Photius, dont la critique est si juste, l'appelle partout un bon auteur, un homme pieux et exact, attaché aux saintes études et versé dans l'intelligence des Ecritures. M. de la Roque me demande sur la foi de qui je le place au cinquième ou au sixième siècle (a). C'est sur la foi du livre même, où l'on attaque souvent les sévériens, hérétiques de ce temps-là, sans qu'on y parle des hérésies de l'âge suivant, encore qu'à ne regarder que le dessein de l'auteur, il y eût autant de lieu de les attaquer que les autres. Ce savant homme nous représentant l'ordre dans lequel on reçoit

---

[1] La Roq., p. 119. — [2] Gennad., *de Dogm. Eccl.*, cap. LII. — [3] Phot., *Biblioth.*, cod. 222. — [4] Anonyme, p. 197.

(a) Albert Fabricius le place au commencement du sixième siècle : *Jobii monachi, in Oriente clari post synodum Chalcedonensem ante Heracliana ac Monothelitarum tempora, ideoque circa sexti initia sæculi.* (Biblioth. græca, tom IX, p. 474.)

les mystères, décide notre question en trois mots, et jamais un si court passage ne causa tant d'embarras aux ministres : « Nous sommes baptisés, dit-il, nous sommes oints, nous sommes jugés dignes du sang précieux[1]. » Il auroit plutôt nommé le corps que le sang, s'il eût parlé des adultes à qui l'on donnoit l'un et l'autre, et toujours le corps le premier ; mais par rapport à ces temps, où la plupart de ceux que l'on baptisoit étoient enfans des fidèles qu'on baptisoit dans l'enfance, il montre qu'on recevoit le sang le premier, parce qu'on ne donnoit que le sang dans le baptême, et qu'on ne prenoit le pain céleste que dans le progrès de l'âge.

Sur cela nos ministres se brouillent entre eux. M. de la Roque dit d'une façon, et l'Anonyme de l'autre, aussi peu d'accord avec lui-même qu'avec M. de la Roque. Ecoutons premièrement celui-ci. Après avoir récité ces paroles de Jobius : « *On nous baptise, on nous oint, on nous juge dignes du sang précieux :* que M. de Meaux, dit-il, ne triomphe point ; qu'il écoute ce qui suit : *Moïse figurant ces choses, lave premièrement d'eau ceux qu'il consacre* (pour le sacerdoce), *puis il les habille, il les oint, il les arrose de sang et les conduit à la participation des pains*[2]. » Je confesse que ces paroles suivent celles que j'ai rapportées, et que Jobius y veut faire voir quelque sorte de ressemblance entre la consécration des sacrificateurs de l'ancienne loi décrite dans l'*Exode*[3], et la nôtre ; ce qui n'est pas déraisonnable, puisque nous sommes tous par le baptême des sacrificateurs spirituels, comme dit saint Pierre[4]. Or Jobius fait consister cette ressemblance en ce qu'à l'exemple des sacrificateurs que Moïse consacroit, ceux qui parmi nous ont reçu l'eau, l'habit blanc, l'onction et la communion du sang, reçoivent ensuite le pain de l'Eucharistie. Je le confesse, ils le reçoivent en leur temps et dans le progrès de l'âge ; mais il faut, pour accomplir la figure, qu'ils aient selon Jobius reçu le sang avant le pain : ce qui ne seroit pas arrivé, si à cette première fois on eût donné l'un et l'autre. Car enfin pourquoi eût-on renversé l'ordre, et dans une même communion donné le sang avant le corps ? On ne donnoit donc que le sang à la première

---

[1] Lib. III, cap. xviii, Phot., p. 596. — [2] La Roq., p. 136. — [3] *Exod.*, xxix. — [4] I *Petr.*, ii, 5.

communion, qui étoit celle des petits enfans nouvellement baptisés; et dans cette suite de passage, Jobius ne fait qu'appuyer ce qu'il avoit avancé d'abord.

Mais, dit M. de la Roque, « il traite visiblement des adultes [1]. » L'Anonyme lui répondra bientôt qu'il parle des petits enfans. Voyons donc sur quoi se fonde M. de la Roque, pour assurer avec tant de confiance que *Jobius traite visiblement des adultes*. Pour cela il produit ces paroles de notre auteur : « Ceux qui ont été illuminés (c'est-à-dire baptisés, comme le ministre l'explique lui-même) portent des habits blancs durant sept jours. » Est-ce là un caractère d'adultes? Les petits enfans baptisés n'étoient-ils pas appelés comme les autres *illuminés?* Comme les autres ne portoient-ils pas un habit blanc durant sept jours? Le ministre ne l'ignoroit pas; et c'est pourquoi, après avoir lui-même traduit Jobius, comme je viens de le rapporter, il se fonde sur la version *du jésuite Schottus*, qui tourne ainsi : « Les catéchumènes qui ont été baptisés marchent sept jours durant avec des habits blancs. » Mais enfin ni le grec ne parle de catéchumènes, ni il ne dit que les baptisés marchent avec des habits blancs : il dit simplement qu'ils les portent, Λαμπροφοροῦσι, *ils portent des habits éclatans;* et le ministre lui-même reconnoît qu'il falloit traduire ainsi. Pourquoi donc alléguer cette traduction, si ce n'est pour embrouiller une chose claire? Quoi? parce que M. de la Roque ne trouve rien dans l'original de ce qu'il prétend, faudra-t-il que la version l'emporte sur le texte? Mais quelle misère d'opposer ici, comme fait ce ministre, *les catéchumènes aux petits enfans;* comme si les petits enfans qu'on exorcisoit, qu'on bénissoit, qu'on oignoit pour le baptême, n'avoient pas toujours été appelés *catéchumènes*, et ne l'étoient pas encore dans nos *Rituels!* Mais enfin de quelque manière qu'on le veuille prendre, toujours faut-il nous rendre raison pourquoi dans la communion, dont nous a parlé Jobius, il n'a nommé que le sang, qui n'ayant aucun sens dans la communion des adultes, n'a de lieu que dans celle des petits enfans.

Que sert aux ministres que Jobius ait voulu confirmer cette coutume par des passages de l'Ecriture peut-être mal appliqués,

[1] La Roq., *Rép.*, p. 134.

et par des subtilités que Photius *ne juge pas dignes de la gravité de la théologie* [1]? Je n'ai pas besoin de soutenir tous les raisonnemens de Jobius : je n'ai besoin que d'un fait, d'un point de coutume qu'il rapporte ; coutume que Photius ne contredit pas, qui étoit donc très-constante et qui ne peut plus être contestée.

Voilà pour ce qui regarde M. de la Roque. L'Anonyme paroît procéder plus sincèrement, et il avoue contre M. de la Roque qu'il s'agit du baptême des petits enfans. Mais dans la suite il ne fait que brouiller ; et forcé de rendre raison pourquoi Jobius n'a exprimé que le sang, il a voulu sans en apporter la moindre preuve, imaginer une différence entre les enfans et les adultes, en ce que donnant le corps et le sang aux uns et aux autres, aux adultes on commençoit par le corps, et aux enfans par le sang ; ce qu'il prétend suffisant pour donner lieu à Jobius de nommer le sang tout seul. Mais jamais il n'y eut réponse plus visiblement illusoire que celle-là. Car si, comme l'Anonyme le suppose, on vouloit donner aux enfans, non-seulement le sang, mais encore le corps du Sauveur, quelle finesse trouvoit-on à commencer par le sang et à renverser l'ordre de l'institution ? L'Anonyme tombe ici dans le trouble ; et la manière dont il s'explique est si pleine de contradictions, qu'elle montre bien qu'il ne sait où il en est. « L'on commençoit, dit-il, la nourriture mystique des enfans par le breuvage du sang de Jésus-Christ, mais qui n'étoit jamais séparé du pain que l'on donnoit devant ou après, ou même dans le vin [2]. » Qui vit jamais une confusion semblable ? Le même homme dire en trois lignes qu'on donnoit le vin le premier, et néanmoins qu'on donnoit le pain devant ou après ou dans le vin ! Combien faut-il être frappé d'un passage, quand on tombe pour y répondre dans un désordre si visible ? Mais laissons à part le désordre et les contradictions de l'auteur. Voyons la chose en elle-même. Donnoit-on le corps devant le sang ? Cela ne se peut, puisqu'on demeure d'accord que c'est par le sang que l'on commençoit. Le donnoit-on après ? mais quelle raison de renverser l'ordre ? Le donnoit-on avec et mêlé dedans ? Mais pourquoi donc nommer le sang et non le corps ? Toutes les fois qu'on fait cette question à

---

[1] La Roq., *Rép.*, p. 134 ; Anonyme, p. 203. — [2] Anonyme, p. 202.

l'Anonyme, il retombe dans le trouble. « Jobius, dit-il, ne parle que du sang, parce que c'étoit le sang qu'on donnoit le premier, et que le pain ne se donnoit qu'en petite quantité, et encore selon toute apparence détrempée et dissoute dans le vin. » Que de suppositions bâties en l'air, et qui pis est, discordantes ! Car comment est-ce que le sang, qu'on suppose donné le premier, se trouve tout d'un coup mêlé avec le corps ? Mais quel vestige trouve-t-on alors de ce mélange, que l'Église grecque n'a connu que plusieurs siècles après (a) ? Ce n'est pas assez à l'Anonyme de mettre ici sans

(a) Ce rit de l'Eglise grecque, de mêler les deux espèces dans le calice pour la communion des fidèles, ne paroît pas s'être introduit vers le temps de son schisme, comme Bossuet l'a cru. Dans tous les projets de réunion entre les églises grecque et latine, on n'a jamais exigé que la première abandonnât sa pratique sur ce point ; et les théologiens de Rome, fort attentifs jusque sur les moindres choses et qui ne pardonnoient rien aux Grecs, ne formèrent aucune objection sur ce sujet. (*Perpétuité de la foi*, tom. V, pag. 570.) La réunion se fit sans que le Pape entreprît d'y donner atteinte : les Grecs réunis l'ont conservé en Grèce et en Italie sans aucune opposition. Aussi le cardinal Bona désapprouve-t-il la vivacité avec laquelle le cardinal Humbert reprenoit cette discipline (*Rer. Liturg.*, lib. II, c. XVIII, n. 3), qui méritoit d'être respectée. Mais écoutons M. Renaudot (*Rer. Liturg.*, pag. 554) : « Pour commencer par les Grecs, dit ce savant abbé, ils ont cette coutume si ancienne qu'on n'en peut certainement marquer le commencement, que pour la communion des laïques, ils rompent plusieurs particules du pain consacré, qu'ils mettent dans le calice. Ensuite ils ont une petite cuiller avec laquelle le prêtre prend une de ces particules trempées dans le sang précieux, et il la donne ainsi aux communians. Il n'y a que les prêtres et les diacres assistans à la liturgie, auxquels on donne le calice. Les Grecs prétendent que saint Jean Chrysostome établit l'usage de cette cuiller ; mais il n'y en a aucune preuve certaine dans les auteurs ecclésiastiques. Cependant on doit reconnoître que cet usage est fort ancien, et au moins avant le concile d'Ephèse, parce que les nestoriens, qui s'étant séparés de l'Eglise catholique dans ce temps-là, conservèrent la discipline qui subsistoit alors, donnent la communion de cette manière, qui est aussi en usage parmi les Jacobites Syriens et Cophtes, les Ethiopiens, les Arméniens et tous les chrétiens du rit oriental. Il s'ensuit donc d'abord, qu'avant le cinquième siècle le calice a été retranché aux laïques, sans aucun trouble et sans aucune plainte de leur part, personne ne croyant que cette nouvelle discipline fût contraire à l'institution de Jésus-Christ Il ne paroît pas que les uns ni les autres aient eu sur cela le moindre scrupule, ni que les laïques se soient plaints des ecclésiastiques ; et on n'en peut imaginer aucune raison, sinon que tous étaient persuadés qu'on recevoit également l'Eucharistie entière selon son institution, quoiqu'actuellement on ne reçût pas le calice. On ne trouve pas que, pendant plus de douze cents ans, ces paroles : *Buvez-en tous*, que les calvinistes croient si claires pour établir la nécessité de boire le calice, aient été entendues dans le sens qu'ils leur donnent, puisqu'on ne peut nier que recevoir avec une petite cuiller une particule trempée n'est pas boire le calice. Il est vrai qu'en cette manière les Grecs et les Orientaux reçoivent les deux espèces, quoiqu'autrement que selon la première institution ; mais on n'y peut trouver une entière conformité avec cette Cène apostolique dont les protestans parlent toujours, et sur laquelle ils n'ont jamais pu s'ac-

aucun témoin, sur une simple apparence, comme il le confesse, le pain dans le vin sacré ; il faut qu'il y soit *dissous* et comme réduit en liqueur. On ne le peut trouver dans ce passage qu'en le rendant insensible. Est-ce ainsi qu'on mange le corps du Seigneur ? Les ministres ne pressent-ils si violemment la rigoureuse observance de ces paroles évangéliques, *Mangez et buvez*, que pour en venir à ces minuties ? On a peine à souffrir aux Grecs modernes ces extravagantes subtilités : faudra-t-il pour expliquer Jobius les placer dans les premiers siècles ?

Que si tout ce qu'on répond à cet auteur, de quelque côté qu'on le tourne, est visiblement ridicule, on ne peut plus contester que la coutume de communier les enfans sous la seule espèce du vin, ne se trouve très-clairement établie dans l'Eglise orientale. Quand Théodore de Mopsueste nous feroit voir une autre pratique en quelques églises [1], comme l'Anonyme le prétend, tout ce qu'on en pourroit conclure seroit quelque diversité dans une chose indifférente ; ce qui suffit pleinement pour notre dessein, puisque les églises qu'on supposeroit avoir eu sur ce sujet différentes pratiques, n'en vivoient pas moins dans une parfaite unité, et ne songeoient pas seulement à s'inquiéter l'une l'autre : d'où résulte, sinon la pratique, du moins l'approbation de la communion sous une espèce dans toute l'Eglise. Car de conclure avec l'Anonyme qu'il faut suppléer par Théodore de Mopsueste ce qui manque à Jobius, c'est un raisonnement visiblement faux, puisqu'il ne peut rien manquer à Jobius, qui expliquant de dessein formé l'ordre des mystères, assure positivement que l'on commençoit par le sang, et suppose par conséquent qu'on ne donnoit point le corps,

[1] Theod. Mops., *Ap. Phot.*, cod. 117.

corder: tant de formes si différentes de l'administration de leur Cène faisant assez voir qu'ils ont une idée fort confuse de l'original. Les Grecs conviennent que la manière dont ils administrent la communion aux laïques, a été établie afin de prévenir l'effusion du calice : donc ce ne sont pas les Latins seuls qui ont eu de pareilles précautions, pour empêcher la profanation de l'Eucharistie ; et si elles sont une preuve certaine de l'opinion de la présence réelle, comme les ministres en conviennent,…. il faut que la présence réelle ait été crue plusieurs siècles avant toutes les époques qu'ils ont inventées d'un prétendu changement de créance, dont on leur a démontré l'impossibilité. » *Perpétuité de la foi*, tom. V, liv. VIII, ch. I, p. 548, 549. Voyez aussi du même auteur, *Liturg. Orient. Collect.*, tom. 1, pag. 282, 283, et Goar., *Not. ad Eucholog.*, pag. 152 et seq. (Edit. de Déforis.)

puisque si l'on eût eu à le donner, on auroit constamment commencé par là. Il n'y a donc rien à suppléer dans Jobius ; et tout ce qu'on peut accorder à Théodore de Mopsueste, c'est peut-être qu'il aura vu d'autres pratiques en d'autres églises : ce qui ne fait rien contre nous. Je dis *peut-être*, parce qu'après tout il se pourroit faire que les enfans dont il parle, à qui selon lui on donne le *corps sacré*, ne seroient pas des enfans nouvellement nés, mais des enfans un peu plus avancés en âge et qui commençoient à manger. A ceux-là il est véritable qu'on leur donnoit, comme nous verrons, le pain sacré ; et cela suffit pour vérifier ce que Théodore dit en passant. Car il n'avoit pas besoin, comme Jobius qui explique de dessein l'ordre des mystères, d'entrer davantage dans le détail, et le corps lui étoit aussi bon que le sang pour ce qu'il vouloit. Mais au fond cela n'importe point du tout, et je donne le choix aux ministres des deux réponses que je leur propose.

Pour ce qui est du prétendu Denys Aréopagite allégué par M. de la Roque [1], le passage qu'il en rapporte, visiblement ne décide rien, puisqu'il nous dit seulement par une expression générale, qu'on admettoit les enfans aux sacrés symboles. Les symboles, les sacremens, les mystères sont, comme nous avons vu, des termes généraux qu'on mettoit indifféremment au pluriel ou au singulier. Pour savoir précisément ce qu'ils signifient, si c'est le corps seulement ou le sang seulement, ou tous les deux, c'est la suite du discours ou la coutume du temps et des lieux qui en décident. Jobius n'est pas éloigné du temps où les écrits de saint Denys ont commencé à paroître, et l'on sait qu'il en est parlé pour la première fois à l'occasion des sévériens, c'est-à-dire de ces hérétiques par lesquels nous avons fixé la date de Jobius. Ainsi les expressions générales de saint Denys peuvent être déterminées par celles de Jobius, qui nous montre les enfans communiés avec le sang seul, sans que Photius, sévère censeur qui critique expressément cet endroit, l'en ait repris ; de sorte qu'on peut conclure que la pratique en duroit encore du moins dans une partie de l'Eglise grecque, où en effet nous ne voyons pas qu'elle ait jamais été changée.

[1] La Roq., p. 118; Dion. Areop., *de Eccl. Hier.*, cap. VII, § 11.

Il n'en a pas été ainsi dans l'Eglise latine. Au huitième et au neuvième siècle on donnoit aux petits enfans, ou les deux espèces, ou quelquefois même le corps seul ; ce qui n'est pas moins pour nous que si on leur eût donné le sang sans le corps. Témoin le *Livre des divins Offices* (n'importe qu'il soit d'Alcuin ou d'un autre auteur du même âge), où l'on communie l'enfant avec cette formule : « Le corps de Notre-Seigneur vous garde pour la vie éternelle [1]. » Nous avons vu la même formule usitée envers les enfans qu'on baptisoit dans la maladie, à qui l'on disoit simplement : « Le corps de Notre-Seigneur vous garde. » Et on lit aussi dans l'*Ordre romain,* comme M. de la Roque et l'Anonyme le reconnoissent [2], « qu'on ne doit pas sans une extrême nécessité donner la mamelle aux enfans, avant qu'ils aient reçu le corps du Seigneur. » M. de la Roque prétend [3], en vertu de la synecdoque, que par le corps on désigne ici *le sacrement entier.* Mais il le dit sans raison. On ne voit point dans ces *Rituels* de ces choses sous-entendues : on y explique les choses nettement et tout du long, parce qu'on y veut instruire de tout l'ordre des cérémonies ceux qui avoient à les pratiquer ; et toute cette diversité concourt à faire voir, ce que nous voulons, une parfaite indifférence dans toutes ces choses.

Que sert donc à l'Anonyme de nous alléguer Charlemagne, Théodulphe, Jessé d'Amiens et les autres du huitième et du neuvième siècle, avec les *Sacramentaires* de saint Grégoire, pour nous dire comment on en usoit en ce temps-là ? Pour défendre notre croyance, je n'ai pas besoin de soutenir qu'on ait toujours communié les petits enfans sous la seule espèce du vin. J'ai même montré qu'il n'étoit pas impossible de leur faire prendre du pain, si l'on eût voulu [4]. Si dans une chose indifférente l'Eglise a varié au huitième siècle, loin de vouloir détruire par là ce qu'on a trouvé établi dans les premiers siècles et dès le temps de saint Cyprien, au contraire on revient dans la suite à l'ancienne coutume. M. de la Roque assure que le pape Paschal II permit de « communier les enfans aussi bien que les malades avec le vin

---

[1] Alc., *de div. Off.*, *Bibl. PP.*, tom. X, p. 259, tit. *de Sabb. Pas. Miss. Gal.* jam. cit. — [2] La Roq., *Rép.*, p. 123 ; Anonyme, p. 159 ; *Ord. Rom.* tit. *de Bapt.*, tom. X, *Bibl. PP.*— [3] La Roq., p. 123.— [4] *Traité de la Comm.*, I part. n. 3, p. 267.

seul[1]. » Et quoi qu'il en soit, il est certain que dans le siècle où mourut Paschal, c'est-à-dire dans le douzième, Guillaume de Champeaux, évêque de Châlons, dont j'ai produit le passage entier dans le *Traité de la Communion* [2], et Hugues de Saint-Victor enseignent « qu'il faut donner la communion aux enfans avec le calice seul ; » ou comme dit Hugues de Saint-Victor, l'un des plus célèbres théologiens de son temps, « sous la seule espèce du sang au bout du doigt, parce qu'il leur est naturel de sucer, » et cela, dit ce grave auteur, « selon la première institution de l'Eglise [3]. »

M. de la Roque prétend [4] que *cette première institution* dont parle Hugues de Saint-Victor, regarde le décret de Paschal ; mais il se moque. Appelleroit-on la première institution de l'Eglise un décret donné seulement au douzième siècle et peu d'années auparavant ? Il paroît donc au contraire que l'expérience ayant appris que les enfans rejetoient le peu qu'on leur donnoit de pain sacré, on crut qu'il étoit mieux d'en revenir à la *première institution*, qui avoit été en vigueur dès le temps de saint Cyprien, encore qu'elle eût été interrompue durant quelques siècles : et ce qu'il y a de plus remarquable, c'est que Hugues de Saint-Victor, quoiqu'on ne donnât que le sang, ne laisse pas d'enseigner après saint Cyprien et saint Augustin, qu'on satisfaisoit à ce précepte, qui ordonne de « manger la chair et de boire le sang pour avoir la vie [5] : » tant cette tradition étoit constante.

Nous avons donc une claire démonstration de la vérité dans la pratique des premiers siècles, qu'on voit revivre dans les derniers ; et tout ce qu'on peut conclure de la variation qu'on voit entre deux, c'est l'indifférence que nous prétendons.

Pour les Grecs, si nos adversaires n'en veulent pas croire les auteurs catholiques, je les renvoie à M. Smith, prêtre protestant de l'église d'Angleterre [6], qui, en expliquant les rites de l'église grecque moderne avec beaucoup de sincérité et d'exactitude, a écrit naturellement qu'on y communioit les enfans sous la seule

---

[1] Pasch. II, ep. xxxii, tom. X, *Conc.*, col. 656 ; La Roq., *Rép.*, p. 90 ; *Hist. de la Comm.*, p. 25. — [2] *Traité de la Comm.*, I part. n. 3, p. 272. — [3] Lib. I, *de Sac.*, cap. xx, tom. X ; *Bibl. PP.*, p. 1376. — [4] La Roq., p. 129. — [5] *Joan*, vi, 54. — [6] *Traité de la Commun.*, I part. n. 3, p. 271, 272 ; Th. Smith, *de Eccl. Græc. stat. hod.*, p. 104, I edit.

espèce du vin (a). Il est vrai qu'il a depuis changé d'avis dans la seconde édition de son livre; et je ne m'en étonnerois pas, s'il avoit apporté des preuves capables de faire changer un homme comme lui : mais puisqu'il nous donne pour toute raison des auteurs grecs, suspects autant que récens, on peut craindre qu'il n'y ait eu plus de complaisance que de raison dans son changement; et ce qui nous confirme dans cette pensée, c'est qu'il se fonde principalement sur le témoignage d'un archevêque de Samos, qui nous disoit le contraire pendant qu'il étoit ici. M. Smith reconnoît lui-même l'insigne duplicité de son auteur, dans un livre qu'il vient de publier sous le titre d'*Œuvres mêlées*. « L'archevêque de Samos, dit-il, a eu honte d'avoir par une trompeuse fiction corrompu la vérité quand je la lui avois demandée à Paris, lorsqu'il y étoit dans le dessein de s'établir en France. Mais depuis étant arrivé à Londres, ne pouvant excuser sa dissimulation, il a reconnu qu'il m'avoit trompé par la précipitation de sa langue et faute d'attention, et il a volontairement corrigé son erreur [1]. »

Mais enfin quelles paroles nous a-t-il rapportées de cet auteur? Celles d'une lettre où cet archevêque lui écrit qu'après le baptême, le prêtre « tenant le calice où est le sang de notre Sauveur avec le corps réduit en petites particules, y prend dans une petite cuiller une goutte de ce sang ainsi mêlé : de sorte qu'il se trouve dans cette cuiller quelques petites miettes du pain consacré, ce qui suffit à l'enfant pour participer au corps de Notre-Seigneur [2]. »

Nous confessons ce mélange, et en cela l'archevêque n'a pas trompé M. Smith. Il ne l'a pas trompé non plus en lui disant « qu'on voit nager dans la liqueur sainte des particules dont on communie les adultes; » c'est ce que les Grecs appellent *des marguerites* ou *des perles:* et M. Smith demeure d'accord que ce n'est pas de celles-là qu'on donne aux enfans; ce qu'il faudroit faire toutefois, si l'on vouloit leur donner aussi bien le corps que le

---

[1] *Miscel.*, Lond., an. 1686, Prooem., *de Infant. Com. ap. Gr.*— [2] Præf., II edit. Smith.

(a) Ils font moins encore : « Ils se contentent, dit Renaudot, de mettre dans la bouche des enfans la cuiller avec laquelle on administre la communion, ou de leur toucher la langue avec le doigt trempé dans le calice. » (*Liturg. Orient. Collect.*, tom. 1, p. 291.)

sang. On se contente de présumer qu'il s'attache à la cuiller de l'enfant *quelques particules* du pain consacré, comme M. Smith les appelle. Voilà comment, selon lui, on communie les enfans sous les deux espèces.

Il persiste dans ce sentiment; et dans l'*Avertissement* de son dernier ouvrage, où, après avoir vu ce que j'avois dit sur son changement[1], il s'explique définitivement sur la coutume de l'Eglise grecque, voici ce qu'il écrit : « Le pain consacré, brisé avec grand soin en petites parties, est mêlé avec le vin consacré, afin de communier les laïques de ce mélange. Dans le calice ainsi préparé selon la coutume, le prêtre prend avec la cuiller ce qu'il doit donner aux communians, et ce n'est point d'un autre calice où il n'y ait point de marguerites qu'on communie les enfans. Qu'on suppose donc, afin que mon argument soit plus fort, que le creux de la cuiller soit humecté du sang seul, sans qu'il s'y attache aucune miette, quoiqu'il y en puisse avoir d'insensibles et que cela puisse facilement arriver, lorsqu'on brise du pain levé. Si c'est le sentiment de l'Eglise grecque qu'on puisse communier sous une seule espèce, qu'est-il nécessaire de les mêler toutes deux, et de ne donner la communion que de ce seul mélange[2]? » Voilà tout l'argument de M. Smith. Mais je lui demande à mon tour : Si c'est l'intention de l'Eglise grecque de donner aux enfans les deux espèces du sacrement, et aussi bien ce qu'on y mange que ce qu'on y boit, pourquoi, dis-je, choisit-on pour eux la liqueur seule, pendant qu'on donne aux adultes les particules sensibles du pain sacré? Que ne coule-t-on dans la bouche de l'enfant quelqu'une de ces marguerites, comme ils les appellent? Et en un mot que ne les fait-on manger aussi bien que boire, si l'on regarde ces deux choses comme inséparables? Le lecteur peut maintenant juger, si je n'avois pas raison de dire dans le *Traité de la Communion*[3], que M. Smith eût aussi bien fait de demeurer dans son sentiment que de se corriger de cette sorte sur des fondemens si légers, et pour ne dire au fond que la même chose.

Au reste je me sens obligé de répéter encore une fois ce que

---

[1] *Traité de la Commun.*, 1 part. n. 3, p. 272. — [2] *Miscel.*, Proœm., *de Infant. Com.* — [3] Loc. cit.

j'ai dit et ce que je prouverai en son lieu, que dans le septième siècle le mélange n'étoit pas encore connu parmi les Grecs. Il s'y est coulé insensiblement, sans que dans une chose si indifférente on se soit opposé au changement, ou qu'on ait pris soin de le remarquer. Pour moi du moins, je n'en sais autre chose, si ce n'est qu'il y étoit établi au dixième siècle, et que je n'en trouve rien, ni à l'égard des adultes, ni à l'égard des enfans dans tous les siècles précédens : ce qui montre que le mélange qu'on a voulu imaginer pour se sauver de Jobius, est absolument chimérique.

Il nous reste encore à résoudre une légère objection de l'Anonyme [1]. Cet homme peu attentif à ce que je dis, suppose que je reconnois qu'on réservoit le sang pour les enfans; et prétend détruire par là ce que je soutiens, que la réserve ne se faisoit qu'avec le seul pain. Mais il n'a pas considéré que si la petite fille dont j'ai rapporté l'exemple, reçut le sang de Notre-Seigneur, ce fut dans le sacrifice et qu'il n'y avoit aucun lieu à la réserve. Les autres enfans communioient de même. Le baptême leur étoit donné à la messe le Samedi saint, comme tous les *Sacramentaires* le font voir; et s'il n'y avoit quelque autre empêchement, on pouvoit alors leur donner le sang sans qu'il eût été réservé, ou même les deux espèces nouvellement consacrées. Mais quand ils étoient malades, et qu'il les falloit baptiser à la maison sans avoir le temps de dire la messe, nous avons vu que, comme aux autres malades, on ne leur donnoit que le corps; ce qui achève de démontrer que la réserve ordinaire ne se faisoit qu'avec l'espèce solide. Que si dans quelques endroits, après qu'on eut pris la résolution de ne leur jamais donner le pain sacré, on les attendoit quelque temps avec le sang de Notre-Seigneur, de peur de les priver tout à fait de la communion, Hugues de Saint-Victor, qui seul parle de cette courte réserve, ajoute que « s'il y a du péril ou à garder le sang, ou à le donner, il faut surseoir, » c'est-à-dire ne communier pas les enfans : de sorte que, quelque désir qu'eût l'Eglise de leur donner la communion, elle aimoit mieux les en priver que d'exposer le sang de Notre-Seigneur au péril, ou d'être altéré en le

[1] Anonyme, p. 102.

gardant trop longtemps, ou d'être répandu à terre en le donnant à l'enfant. Voilà toutes les objections des ministres parfaitement éclaircies ; et enfin j'ai démontré dès les premiers siècles de l'Eglise la solennelle communion des petits enfans sous la seule espèce du vin : coutume si peu blâmée parmi les fidèles, que l'Eglise latine la reprit vers le douzième siècle, et que l'Eglise grecque y persiste encore dans le fond.

CHAPITRE XXXII.

De la nécessité de la communion des petits enfans : si elle a été crue dans l'ancienne Eglise, et si en tout cas elle fait quelque chose contre nous en cette occasion.

C'est à nos adversaires une malheureuse nécessité de joindre toujours leur défense avec l'accusation de l'antiquité chrétienne. Ainsi M. du Bourdieu cité dans le *Traité de la Communion* [1], n'a pas craint de traiter d'abus l'ancienne coutume de communier les petits enfans [2] : ainsi M. de la Roque, dans son *Traité de l'Eucharistie* [3], a dit que cet abus étoit fondé *sur la grande et dangereuse erreur* de la nécessité de l'Eucharistie, qu'il attribue à presque tous les Pères, à commencer par saint Cyprien et saint Augustin, et qu'il appelle l'erreur non-seulement de *plusieurs Pères*, mais encore *de plusieurs siècles*. Il soutient dans sa *Réponse* la même accusation de l'antiquité [4] : l'Anonyme se joint à lui, et il appelle une erreur, si faussement attribuée aux Pères, l'erreur des six premiers siècles et *l'erreur de l'ancienne Eglise.*

C'eût été m'éloigner trop de mon dessein que d'entreprendre de justifier sur ce point l'ancienne Eglise dans le *Traité de la Communion sous les deux espèces*, dont le titre seul faisoit voir qu'il avoit un autre but ; et toutefois pour ne pas laisser nos réformés dans des sentimens si préjudiciables à la piété et à l'honneur de l'antiquité chrétienne, je leur avois indiqué un endroit de saint Fulgence [5], où l'on trouve un si parfait dénouement de toute la

---

[1] *Traité de la Commun.*, I part. n. 3, p. 269.— [2] *Du Bourd.*, I *Rép.*, p. 36.— [3] *Hist. de l'Euch.*, I part., chap. II, p. 136 et suiv. — [4] *Rép.*, I part., chap. V, p. 114 ; II part., chap. IV, p. 197.— [5] *Traité de la Commun.*, I part. n. 3, p. 274.

difficulté, qu'il n'y a plus après cela qu'à se taire. Que fait ici M. de la Roque [1]? Entêté qu'il est de ses préventions contre saint Augustin et l'ancienne Eglise, il dissimule un passage que j'avois si expressément marqué; et sans faire seulement semblant d'y avoir pris garde, il me répond froidement « qu'il eût souhaité qu'en parlant de ceux qui ont combattu la nécessité de l'Eucharistie, M. de Meaux ne fût pas descendu si bas que Hugues de Saint-Victor, le seul auteur qu'il nomme; car il vivoit au douzième siècle [2]. »

J'avoue que Hugues de Saint-Victor très-propre à prouver le sentiment de son siècle, pour lequel aussi je l'avois produit, ne l'étoit pas à prouver celui du pape saint Innocent I et celui de saint Augustin; mais saint Fulgence, ce savant disciple de saint Augustin, et saint Augustin lui-même si fidèlement rapporté par saint Fulgence, n'étoient-ils pas suffisans pour faire entendre saint Augustin et les auteurs du même âge? Pourquoi donc dissimuler l'endroit de mon livre où j'avois expressément cité saint Augustin et saint Fulgence, et oser dire que Hugues de Saint-Victor *est le seul auteur que je nomme?*

Afin donc que ceux de nos frères qui liront cet écrit, ne tombent pas dans la même faute, et qu'ils se désabusent de la mauvaise opinion qu'on leur a voulu donner de l'ancienne Eglise; je veux bien leur épargner le travail d'aller chercher saint Fulgence, et je transcrirai ici de mot à mot tant ce que dit ce grand homme que ce qu'il a copié de saint Augustin. Il faut donc savoir avant toutes choses qu'un Ethiopien qui avoit reçu le baptême étant mort sans qu'on eût eu le loisir de lui donner l'Eucharistie, le diacre Ferrand, célèbre par ses écrits, consulta saint Fulgence à l'occasion de ce baptême, pour savoir ce qu'il falloit croire du salut de ceux qui, prévenus de la mort incontinent après leur baptême sans avoir été communiés, sembloient être condamnés par cette sentence de Notre-Seigneur : « Si vous ne mangez la chair du Fils de l'homme et ne buvez son sang, vous n'aurez pas la vie en vous-mêmes. » Voilà donc précisément notre question, et voici la réponse de saint Fulgence : « Si quelqu'un qui aura reçu le

---

[1] La Roq., p. 110. — [2] *Ibid.*, p. 115.

baptême est prévenu de la mort avant que d'avoir mangé le corps et bu le sang du Sauveur, les fidèles ne doivent pas en être émus, sous prétexte que Notre-Seigneur a prononcé cette sentence : *Si vous ne mangez la chair*, etc. Car quiconque regardera ces paroles, non pas selon les mystères dont la vérité est enveloppée, mais selon la vérité même, qui est enfermée dans le mystère, il verra que cette parole de Notre-Seigneur est accomplie dans le baptême. Que fait-on en effet dans le baptême, si ce n'est de faire de tous les croyans autant de membres de Jésus-Christ, et de les incorporer à l'unité ecclésiastique? Car c'est à eux que saint Paul écrit : *Vous êtes le corps de Jésus-Christ et un de ses membres :* et le même Apôtre fait voir non-seulement qu'ils participent au sacrifice, mais encore qu'ils sont eux-mêmes le sacrifice, lorsqu'il leur adresse ces paroles : *Je vous conjure, mes Frères, que vous fassiez de votre corps une hostie vivante* [1]. » Ce grand homme fait voir ensuite par d'autres passages que nous devenons un seul corps, un seul esprit et un seul pain de Jésus-Christ, son sacrifice, son temple, et un membre de son corps, « quand nous sommes unis à Jésus-Christ comme à notre chef dans le baptême. Celui donc, continue-t-il, qui est fait un membre de Jésus-Christ dans le baptême, peut-il ne recevoir pas ce qu'il devient? Puisqu'il est fait le vrai membre du corps dont le sacrement se trouve dans le sacrifice, il devient donc par la régénération du saint baptême ce qu'il doit recevoir ensuite dans le sacrifice de l'autel. »

Saint Fulgence démontre par là qu'il ne faut pas être en peine du salut d'un homme baptisé, quand il mourroit sans communier, puisqu'il a reçu par avance dans le baptême ce qu'il y a de principal dans la communion, qui est d'être incorporé à Jésus-Christ, et par conséquent participant du salut que trouvent en lui ceux qu'il fait les membres de son corps. Mais afin qu'on ne pensât pas que cette doctrine lui fût particulière, il insère dans sa lettre un *Sermon* de saint Augustin aux enfans, c'est-à-dire aux fidèles nouvellement baptisés, où cet incomparable docteur leur enseigne « qu'ils sont le corps de Jésus-Christ, qu'ils sont un seul pain, » et que cela leur est donné par le baptême : qu'ils y

[1] Fulg., ep. XII, *ad Ferr. de Bapt. Æth.*, cap. II, n. 24.

sont moulus comme le grain : « qu'ils y sont comme pétris par l'eau baptismale : qu'ils y sont cuits par le feu du Saint-Esprit : » que par là ils sont ce qu'ils voient sur l'autel, et « qu'ils y reçoivent ce qu'ils sont. » Que nos adversaires n'aillent pas ici sortir de la question, et songer aux difficultés qu'ils se forgent dans ce passage contre la présence réelle, pendant qu'il s'agit de vider celle de la nécessité de l'Eucharistie. On ne peut ni on ne doit tout dire à toute occasion et en tout lieu; et tout ce que je prétends ici, c'est de conclure avec saint Fulgence : « qu'il s'ensuit indubitablement de ces paroles de saint Augustin, que chaque fidèle participe au corps et au sang de Jésus-Christ, quand il est fait membre de Jésus-Christ par le baptême; et qu'il n'est pas privé de la communion de ce pain et de ce calice, encore qu'il meure sans en avoir ni mangé ni bu. Car il ne perd point la communion et le fruit de ce sacrement, puisqu'il se trouve être déjà ce que ce sacrement signifie; » c'est-à-dire qu'il est lui-même le corps de Jésus-Christ à sa manière, comme étant un membre vivant du corps de l'Eglise dont Jésus-Christ est le Chef (a).

Il faut donc conclure de là que selon la doctrine de saint Augustin, tout baptisé, qui a reçu le fruit du baptême, a reçu au fond dans le même temps la grace du sacrement de l'Eucharistie, et par conséquent avec la vie nouvelle le gage du salut éternel.

Saint Fulgence auroit pu conclure la même chose de cent autres passages de saint Augustin, où il enseigne après l'Ecriture que par le baptême nous sommes régénérés, renouvelés, justifiés, adoptés et enfans de Dieu : que la rémission de tous nos péchés nous y est donnée, l'image de Dieu réformée en nous, sa grace répandue dans nos cœurs, et d'autres choses semblables qui font voir que le baptême est suffisant par lui-même pour assurer notre salut, puisqu'il n'est pas possible, je ne dis pas que saint Augustin et les autres Pères, mais qu'aucun homme, quel qu'il soit, ait pu s'imaginer qu'on fût damné avec tous ces dons. Tout cela n'em-

---

(a) Bossuet remarque, à la marge de son manuscrit, que saint Augustin parle dans son *Sermon* CCCXXIV d'un enfant mort catéchumène, et ressuscité à la prière de sa mère, et que le saint docteur, en racontant tous les sacremens qu'on donna à cet enfant ressuscité, ne dit pas un mot de l'Eucharistie. (Edit. de Leroi.)

pêche pourtant pas que sur le fondement de cette parole : « Si vous ne mangez la chair du Fils de l'homme et ne buvez son sang, vous n'aurez pas la vie en vous, » les Pères n'aient pu dire que l'Eucharistie étoit nécessaire, et même abso ument nécessaire, au même sens qu'on dit que la nourriture l'est aussi ; mais non pas absolument de la même sorte et au même sens que le baptême. Le baptême nous est nécessaire pour nous donner la vie ; la nourriture céleste de l'Eucharistie est nécessaire pour l'entretenir. Ainsi elle la suppose ; et l'on peut vivre du moins quelque temps, sans l'Eucharistie, comme on peut vivre quelque temps sans nourriture. N'importe que la ressemblance ne soit peut-être pas tout à fait exacte. Pousser à bout l'exactitude de la ressemblance, et la prendre en toute rigueur dans ces matières morales, c'est faire dégénérer la théologie en chicane. Il suffit qu'en général il soit vrai de dire que le baptême donne la vie, comme l'Eucharistie l'entretient ; et que, toutes proportions gardées, elle est aussi nécessaire pour l'entretenir que le baptême pour la donner. C'en est assez pour vérifier ce que les Pères ont dit de la nécessité de l'Eucharistie. Ils n'ont pas eu besoin de descendre au degré de nécessité, ni à l'exacte comparaison de la nécessité des deux sacremens, à cause que de leur temps on les donnoit tous deux ensemble. Mais cinq raisons démontrent invinciblement qu'ils ont eu en tout et partout la même croyance que nous. La première, qui seule seroit décisive, c'est que lorsque la question leur est expressément proposée, ils répondent comme nous faisons sur les principes de la tradition, ainsi qu'on vient de le voir dans saint Fulgence : la seconde, qu'ils ont posé si clairement la parfaite justification et rémission des péchés par le seul baptême, qu'ils n'en ont pu ignorer une conséquence aussi claire que celle du salut de ceux à qui tous les péchés étoient pardonnés : la troisième, qui revient à la même chose, mais que nous pouvons distinguer pour un plus parfait éclaircissement, qu'ils supposent si bien avec nous tous les péchés pardonnés dans le baptême, que comme nous ils enseignent qu'on reçoit l'Eucharistie indignement, quand on la reçoit dans le crime : la quatrième, qui dépend aussi du même principe, qu'ils conviennent avec nous dans la commune notion de l'Eucharistie comme nourriture, qui par conséquent suppose la personne déjà vivante, puisqu'elle ne fait qu'entretenir la vie : la cinquième, qui est une suite de tout le reste, qu'en effet lorsqu'ils ont parlé de ce qui est absolument et indispensablement nécessaire, ils n'ont marqué que le baptême; ce qui paroît en ce que le baptême, comme absolument nécessaire, a été mis dans le cas de nécessité entre les mains de tous les fidèles, dont il y a, comme on sait, une infinité de témoignages dans les Pères, et en particulier beaucoup de très-exprès dans saint Augustin. Or jamais ils n'ont mis la consécration et la distribution de l'Eucharistie entre les mains de tous les fidèles; mais ils l'ont toujours réservée à l'ordre sacerdotal. Ils n'ont donc jamais connu le cas où l'Eucharistie fût d'une même nécessité que le baptême.

C'en est assez pour une question qui n'est pas de notre dessein, et dont nous avons à dire d'autres choses en un autre lieu. J'ajouterai seulement que, de quelque manière qu'on décide la question de la communion des petits enfans, l'argument que nous en tirons est toujours également invincible. Car comme je l'ai déjà dit dans le *Traité de la Communion* [1], « lorsque l'Eglise a communié les petits enfans sous la seule espèce du vin, » et en d'autres occasions sous celle du pain, « ou elle jugeoit ce sacrement nécessaire à leur salut, ou non : si elle ne le jugeoit pas nécessaire, pourquoi se presser de le donner pour le donner mal? Si elle le jugeoit nécessaire, c'est une nouvelle démonstration qu'elle croyoit tout l'effet du sacrement renfermé sous une seule espèce. »

Voilà en effet une parfaite démonstration, ou jamais il n'y en aura en matière de théologie. Aussi vois-je que mes adversaires n'ont rien à y répondre; de sorte que ce qu'ils disent du sentiment des anciens sur la nécessité de l'Eucharistie, n'est qu'un pur amusement pour détourner les esprits de la question principale, ou plutôt et à dire vrai, c'est l'effet du malheureux intérêt qu'ils ont à décrier l'ancienne Eglise, qui les condamnant en tant de choses, les condamne en particulier dans la matière que nous

[1] *Traité de la Commun.*, 1 part. n. 3, p. 275

traitons, par la communion qu'elle a donnée aux enfans, tantôt sous la seule espèce du pain, tantôt sous celle du vin aussi toute seule. C'est ce qui attire aux anciens les mépris que les protestans leur témoignent tout ouvertement, et ce qui fait dire à ces Messieurs avec un air presque triomphant ces odieuses paroles : *C'est l'erreur des six premiers siècles, c'est l'erreur de l'ancienne Eglise.*

CHAPITRE XXXIII.

De la communion donnée sous la seule espèce du pain aux enfans plus avancés en âge : histoire rapportée par Evagrius et par Grégoire de Tours : second concile de Mâcon.

J'ai fait voir dans le *Traité de la Communion,* que l'Eglise qui approuvoit la communion sous une espèce en donnant le sang tout seul aux petits enfans dans le berceau, ne lui donnoit pas une moindre approbation en donnant le corps seul aux autres enfans un peu plus avancés en âge ; et je me souviens d'avoir promis tout à l'heure de confirmer clairement cette vérité. Il me sera maintenant aisé de tenir parole, en faisant voir les foibles réponses de mes adversaires.

Je leur avois proposé [1], « l'ancienne coutume de l'Eglise de Constantinople, » comme l'appelle Evagrius [2], de donner à de jeunes enfans « ce qui restoit des sacrées parcelles du corps immaculé de Notre-Seigneur, s'il y en avoit un grand nombre. » C'est qu'après la consécration, et pour faire la distribution du pain, on le partageoit en morceaux ou en parcelles. Si après la communion il n'en restoit que très-peu, le clergé suffisoit pour le consumer ; que s'il en restoit beaucoup à consumer, on y appeloit les enfans ; et comme il ne pouvoit manquer d'arriver souvent qu'il y en eût beaucoup de reste, cette sorte de communion sous une espèce étoit très-fréquente et très-ordinaire. Elle doit aussi être regardée comme très-ancienne, et Evagrius la remarque déjà comme *ancienne* dès le temps de Justinien et du patriarche Mennas, c'est-à-dire au sixième siècle. On ne peut nier non plus

[1] *Trait. de la Comm.,* I part. n. 3, p. 275. — [2] Evag., *Hist. Eccl.,* lib. IV, cap. XXXVI.

qu'elle ne fût très-célèbre et connue par toutes les églises, à cause du miracle arrivé à un enfant juif, qu'Evagrius raconte dans le même endroit. Ce jeune enfant ayant communié en cette manière avec les autres enfans de son âge, en haine de cette action, fut jeté par son père, vitrier de profession, dans la fournaise brûlante, où il fut miraculeusement conservé ; et ce miracle écrit en Orient par Evagrius est rapporté en Occident à peu près dans le même temps, par saint Grégoire de Tours [1].

A cette occasion j'ai rapporté une coutume semblable de l'Eglise de France [2], marquée dans le célèbre canon du second concile de Mâcon en 585, où il est porté « que tous les restes du sacrifice, après la messe achevée, seroient donnés, arrosés de vin, le mercredi et le vendredi à des enfans innocens, à qui on ordonneroit de jeûner pour les recevoir [3]. » Par où l'on voit combien étoit ordinaire cette communion, et qu'elle avoit ses jours réglés à chaque semaine, c'est-à-dire le mercredi et le vendredi.

Il est bon de considérer ce que disent ici les protestans. Premièrement, le docte Saumaise, dans le Traité qu'il a composé contre Grotius *de la Transsubstantiation* [4], sous le nom de Simplicius Verinus, décide de son autorité, et sans en alléguer aucun témoignage, qu'en général on pourroit montrer que l'Eucharistie se donnoit quelquefois aux catéchumènes et aux pauvres. Il ajoute au sujet des enfans dont Evagrius a parlé, « que leur âge ne leur permettant pas de communier au corps de Jésus-Christ, ils recevoient des morceaux de l'Eucharistie comme du pain commun, et non pas du moins comme étant le sacrement de son corps.

M. de la Roque semble avoir suivi ce sentiment, et quoi qu'il en soit, il assure qu'en donnant ces restes aux enfans, « on ne songeoit à rien moins qu'à les communier ; » ou comme il s'explique un peu après, que ce n'étoit « rien moins qu'une communion légitime, » ne craignant pas même de l'appeler *une communion imaginaire* [5].

---

[1] Lib. *de Glor. Mart.*, I, cap. x.— [2] *Traité de la Commun.*, I part. n. 3, p. 276.
— [3] *Conc. Matisc.* II, can. 6, Labb., tom. V, col. 982.— [4] *De Transsubst.*, an. 1646.
— [5] La Roq., p. 156, 158.

Toute la raison qu'il en allègue [1], c'est premièrement que, selon Evagrius, on ne donnoit aux enfans ces parcelles du corps de Notre-Seigneur qu'en cas qu'il y en eût beaucoup de reste ; d'où ce ministre conclut qu'on n'avoit donc pas dessein de communier ces enfans, mais de consumer ces restes ; et secondement, qu'on les leur donnoit arrosés de vin.

Par cette dernière remarque, on pourroit croire que l'on n'avoit pas dessein de communier les malades, à qui l'on donnoit le pain sacré détrempé de la même sorte dans du vin ou dans quelque liqueur commune : chose ridicule et qui tombe par elle-même. Mais en général on va voir que le dessein de consumer les restes s'accordoit très-parfaitement avec celui de communier les enfans.

C'est ce qui paroît en premier lieu par les paroles d'Evagrius, qui appelle ces précieux restes *les particules sacrées du corps de Notre-Seigneur*, du même nom dont on appeloit ce qu'on donnoit aux fidèles pour leur communion, comme on l'a pu voir en divers passages que nous avons cités, et entre autres dans celui de la lettre de saint Basile à Césarius. C'étoit donc une véritable et parfaite communion.

Secondement, loin qu'il faille croire qu'elle fût extraordinaire, elle étoit si ordinaire et si fréquente, qu'on lui assignoit des jours réglés, et encore deux jours par semaine, à savoir le mercredi et le vendredi, comme il paroît par le canon de Mâcon.

Troisièmement, il paroît encore par ce canon que ces parcelles étoient *restées du sacrifice ;* et par conséquent qu'elles avoient été consacrées avec celles dont on avoit communié les autres fidèles. Or que la consécration eût un effet permanent dans la croyance de l'ancienne Eglise, la communion domestique et la communion des malades ne permettent pas d'en douter ; et loin qu'on puisse montrer que le pain une fois consacré pût perdre sa consécration, nous avons vu saint Cyrille qui traite d'insensés ceux qui le croient. Ces parcelles dont il s'agit étoient donc véritablement consacrées et la matière d'une véritable communion.

Quatrièmement, on voit la même chose par la précaution qu'on

[1] La Roq., p. 157.

prend dans le canon de Mâcon, de ne donner aux enfans ces restes sacrés que lorsqu'ils seront à jeun, qui étoit la précaution ordinaire et universelle dans la communion véritable.

Cinquièmement, la suite du même canon le démontre d'une manière à ne laisser aucune réplique. Car voici comme il commence : « Nous ordonnons que nul prêtre n'ose célébrer la messe après avoir mangé ou bu ; car il est juste que l'aliment corporel aille après le spirituel. La chose a déjà été définie dans le concile de Carthage, et nous joignons notre décret à cette définition, ordonnant avec ce concile que le sacrement de l'autel soit toujours célébré à jeun, si ce n'est au jour du Jeudi saint[1]. » Après quoi ils ajoutent, comme un accessoire de ce décret, ce que nous venons de dire des enfans, qu'il leur faut donner les restes du sacrifice *en leur ordonnant d'être à jeun*, INDUCTO JEJUNIO : ce qui montre qu'ils regardoient cette communion comme de même nature que toutes les autres, et comme devant être prise avec la même vénération et la même préparation.

Sixièmement, la même chose paroît encore par la précaution que l'on prend de ne donner ces restes sacrés qu'à *des innocens*, c'est-à-dire de ne les donner qu'à ceux dont l'âge innocent et exempt de crime conservoit la grace du baptême entière ; de peur « qu'ils ne mangeassent leur jugement, faute de discerner le corps du Seigneur, » comme dit saint Paul.

En septième lieu, ce sens est confirmé manifestement par le dix-neuvième canon du troisième concile de Tours[2] : « Il faut avertir les prêtres, qu'après avoir achevé la messe et communié, ils ne donnent pas indifféremment le corps de Notre-Seigneur aux enfans ou aux autres personnes présentes ; de peur qu'au lieu d'un remède, ils ne s'acquièrent la damnation, s'ils se trouvent coupables de grands péchés : » précaution qui revient, en ce qui regarde les enfans, à celle du concile de Mâcon, où, pour consumer ce qui restoit après le sacrifice et la communion, on choisit des enfans *innocens*. Et c'est à quoi regardoit ce second concile de Tours, lorsqu'il défendoit de donner, après le sacrifice et la com-

---

Conc. Matisc., can. 6, ubi sup. — [2] Tom. III Concil. Gall., an. 813 ; Labb., tom. VII, col. 1264.

munion, le corps de Notre-Seigneur, *indifféremment* à toutes sortes d'*enfans* ou à toute autre personne qu'on présumoit n'être pas innocente.

En huitième lieu, le miracle même raconté par Evagrius, répété par saint Grégoire de Tours et célébré par toutes les églises, fait bien voir qu'on y regardoit cette communion comme véritable et parfaite, puisqu'on lui attribue un aussi grand miracle que celui de conserver un enfant dans une fournaise ardente : effet que les chrétiens n'auroient jamais attribué à une *communion imaginaire,* comme M. de la Roque ose la nommer.

En neuvième lieu, il paroît de là que ce ministre ne peut tirer aucun secours du doute qu'il veut répandre sur un fait si miraculeux et si célèbre. Il suffit que les chrétiens l'aient cru, pour faire voir qu'ils regardoient ces sacrées parcelles comme le corps de Notre-Seigneur : et quand les ministres voudroient répondre que, pour croire un si grand miracle, il suffit qu'ils regardassent ces parcelles comme le simple sacrement du corps, c'en est assez pour conclure que c'étoit donc selon eux le vrai sacrement, et que jamais on n'auroit attribué une pareille vertu à des parcelles retournées à leur simple nature de pain commun, ou qui auroient perdu leur consécration.

En dixième lieu, il ne sert de rien de dire avec le même ministre que ce miracle est attribué, non à cette *communion imaginaire,* mais à *une femme vêtue de pourpre,* c'est-à-dire à la sainte Vierge [1]. En effet Evagrius le raconte ainsi ; et Grégoire de Tours rapporte que l'enfant interrogé sur sa conservation miraculeuse, répondit « que cette femme qu'on voit assise sur une chaise avec un petit enfant sur son bras dans l'église où il avoit pris le pain avec les autres enfans à la table, l'avoit enveloppé de son manteau pour le défendre des flammes. » Mais c'est trop visiblement se moquer de nous que de nier, sous ce prétexte, que les auteurs dont nous apprenons ce merveilleux effet, ne l'aient pas attribué principalement à la communion, puisqu'ils le posent au contraire comme le fondement de tout le miracle, le reste n'étant récité que comme le moyen de l'exécution.

[1] La Roq., p. 157.

Onzièmement, et quand M. de la Roque dit que « cette circonstance que j'ai tue, » de la femme vêtue de pourpre, « détournera de cette narration toutes les personnes raisonnables, » je vois bien ce qui l'a piqué. C'est qu'il est fâché de voir avec la communion sous une espèce tant d'autres choses qui le blessent ; comme, par exemple, l'intervention de la sainte Vierge dans un tel miracle. Il y faut encore ajouter qu'il arriva dans la basilique qui portoit son nom ; car c'est aussi ce que remarque Grégoire de Tours : que son image y étoit en lieu éminent, d'où la vue en avoit frappé le jeune enfant, quand il s'approcha de la table : qu'elle y étoit revêtue de pourpre, et que tout cela paroît au cinquième siècle. Si j'ai omis ces circonstances, qui n'étoient assurément guère nécessaires à mon dessein, je ne suis pas fâché maintenant que M. de la Roque m'ait obligé à les dire.

Enfin Grégoire de Tours ne nous permet pas de douter qu'il ne s'agisse en ce lieu d'une véritable communion, puisque répétant ce que raconte Evagrius de cet enfant juif, qui reçut avec les autres enfans « les parcelles du corps immaculé de Notre-Seigneur, « il dit qu'il reçut avec eux « le glorieux corps et le sang de Notre-Seigneur ; » où il ne faut pas s'imaginer qu'il ait voulu parler des deux espèces, car jamais on n'entend parler dans l'antiquité des restes du sang précieux. Si l'on en demande la raison, nous la dirons peut-être en lieu plus propre ; mais enfin le fait est constant. C'est du corps seul qu'on consumoit dans le feu les précieux restes dans l'église de Jérusalem selon Hésychius : c'est du corps dont on donnoit aux enfans les sacrées parcelles dans les conciles de Mâcon et de Tours : c'est du *corps immaculé* dont parle Evagrius ; et les protestans qui fourrent partout, si l'on me permet de parler ainsi, leur synecdoque, ne se sont pas avisés de l'employer en ce lieu. On peut donc tenir pour certain que c'est le corps seul, ou plutôt la seule espèce du pain que cet auteur appelle le corps et le sang, par une locution dont nous avons déjà vu plusieurs exemples ; mais celui-ci est formel et incontestable. C'est pourquoi Grégoire de Tours fait dire à l'enfant « qu'il avoit pris le pain à la table avec les autres enfans ; » et il est digne de remarque, qu'en faisant parler un enfant juif, ignorant des mystères aussi bien que du langage de l'Eglise, il lui fait nommer simplement le pain. Mais lui qui étoit évêque et qui nomme naturellement, non le signe, mais la chose même, parle selon la phrase ecclésiastique, et l'inséparable union du corps et du sang lui fait joindre les noms de tous les deux par rapport à une seule espèce.

Il est donc plus clair que le jour qu'on croyoit véritablement communier ces enfans, encore qu'on ne les communiât que sous une espèce. C'est une erreur insensée, selon les Pères, de croire que la consécration eût cessé dans les précieuses parcelles qu'on leur donnoit; et les paroles que nous avons rapportées de M. Saumaise nous font bien voir ce que c'est que ces grands savans, lorsqu'enflés des sciences humaines, ils entreprennent de décider par leur propre sens de la tradition de l'Eglise. Ce docte Saumaise ne dit pas un mot qui ne soit, je ne dirai pas à un tel homme, une ignorance grossière, mais la marque d'une pitoyable prévention. Croiroit-on qu'un tel docteur, qui sans cesse feuilletoit les livres, où l'on trouve partout la communion des petits enfans, ait pu dire que les petits enfans n'avoient pas la permission de communier, et qu'on leur donnoit à la place des morceaux de l'Eucharistie réduite à n'être plus que du pain commun? Mais quelle audace d'appeler du pain commun, ou en tout cas quelque chose qui ne fût pas regardé comme le sacrement du corps, ce que l'auteur qu'il produit appelle les *sacrées parcelles du corps immaculé de Notre-Seigneur!* Quelle précipitation à un homme qui dévoroit et retenoit dans sa mémoire tant de livres, de ne songer pas seulement aux canons de Mâcon et de Tours, où sa prétention est si visiblement condamnée! Et quel prodige enfin de dire qu'on donnoit l'Eucharistie aux catéchumènes et aux pauvres, faute d'avoir distingué l'ordre des mystères! Car il est vrai, comme il est porté dans l'*Ordre romain*, qu'avant la consécration, « le pontife ou l'officiant regardoit ce qu'il y avoit d'oblation dans les vaisseaux qui servoient à cet usage, afin que s'il y en avoit trop on la mît en réserve[1], » pour en faire le pain bénit, comme il est porté en d'autres endroits, et pour être employée à la subsistance du clergé et du peuple; mais

[1] *Ord. rom.*, tom. X *Bibl. PP.*, col. 9.

qu'après la consécration on en ait jamais fait un tel usage, c'est un prodige inouï à tous ceux qui ont quelque idée des antiquités ecclésiastiques.

CHAPITRE XXXIV.

De la communion sous une espèce dans l'office public de l'Eglise.

A mesure que nous avançons dans ce *Traité*, nos preuves se fortifient visiblement, et celle que nous allons rapporter est tout ensemble la plus importante et la plus claire. J'ai soutenu aux ministres avec tous les auteurs catholiques, que la communion étoit si indifférente sous une ou sous deux espèces, que dans l'église même et dans l'office public où l'on présentoit l'une et l'autre, il étoit libre de n'en prendre qu'une seule ; et la chose va maintenant paroître si claire après les réponses de mes adversaires, qu'il n'y aura plus moyen d'en douter.

Il s'agit avant toutes choses d'un passage de saint Léon et d'un autre de saint Gélase, son disciple et son successeur. Mais avant que de rapporter celui de saint Léon, *et pour en bien pénétrer le sens*, il sera bon de remarquer avec M. de la Roque, « que Léon parle contre les manichéens, qui avoient en horreur le vin, qu'ils regardoient comme une production du diable, et qui nioient que le Fils de Dieu eût versé son sang pour notre rédemption, croyant que ses souffrances n'avoient qu'une illusion et une apparence trompeuse [1]. » C'étoit pour ces deux raisons que ces hérétiques ne communioient pas au sang de Notre-Seigneur, et qu'ils le retranchoient de l'Eucharistie ; ce que je prie le lecteur de bien remarquer. « Cependant, poursuit M. de la Roque, pour n'être pas découverts, ils se mêloient avec les fidèles dans l'église et approchoient de la sainte table ; mais après avoir reçu le pain, ils évitoient adroitement la communication du calice. » C'est contre ces hérétiques que saint Léon parle en ces termes : « Pour couvrir leur impiété, ils ont la hardiesse d'assister à nos mystères, et voici comment ils se gouvernent en la communion des sacremens. Pour se cacher plus sûrement, ils reçoivent avec une bouche in-

[1] La Roq., II part., chap. VII, p. 188.

digne le corps de Jésus-Christ; mais ils évitent absolument de boire le sang de notre rédemption. C'est pourquoi nous voulons que votre Sainteté le sache, afin que ces sortes d'hommes vous soient manifestés par ces marques, et que ceux dont la dissimulation sacrilége aura été découverte, soient marqués et chassés de la société des Saints par l'autorité sacerdotale [1]. »

Pour accommoder le discours de ce grand pape à la discipline de son temps, il faut de nécessité faire concourir ces deux choses à l'égard des manichéens : la première, qu'ils aient pu se cacher dans l'assemblée des fidèles en n'y communiant que sous une espèce; la seconde, qu'ils aient pu être découverts avec le temps. J'ai parfaitement satisfait à ces deux besoins, en disant d'un côté, que dans l'assemblée des fidèles, il étoit libre de communier sous une ou sous deux espèces, sans quoi les manichéens n'auroient pas pu s'y cacher; et de l'autre, que la perpétuelle affectation d'éviter la communion du sang de Notre-Seigneur ne pouvoit manquer dans la suite de les faire découvrir.

M. de la Roque perd ici beaucoup de paroles, pour me plaindre du malheur que j'ai de faire « des réflexions si peu solides; et j'avois, dit-il, attendu toute autre chose de M. de Meaux [2]. » Je reconnois ici la méthode ordinaire des ministres. C'est quand ils sont aux abois qu'ils tâchent d'amuser le monde par ces belles et éblouissantes figures. Au lieu de ces vains discours, il falloit songer à mettre l'espèce d'une si grave ordonnance de saint Léon. Ce grand pape, qui selon M. de la Roque *étoit un homme de mérite* [3] (car c'est la fade louange que lui donne ce ministre), ne discouroit pas en l'air; et il faut trouver un cas conforme à la discipline du temps, qui s'ajuste avec son discours. Je l'ai posé clairement ce cas nécessaire, puisqu'en supposant qu'il étoit libre de prendre ou de ne pas prendre le sang de Notre-Seigneur, je suppose en même temps qu'il étoit pris très-souvent, et même ordinairement par ceux qui n'y entendoient pas la même finesse que les manichéens. Que le ministre ne travailloit-il à poser de son côté un cas qui convînt avec sa croyance ? Il n'y songe seulement pas, tant il a désespéré de le trouver : il ne dit pas un seul

[1] Serm. IV. *de Quadr.*, cap. v. — [2] La Roq., *Rép.*, p. 190. — [3] *Ibid.*, p. 192.

mot, ni pour expliquer comment les manichéens auroient pu, en ne prenant qu'une espèce, se cacher dans une assemblée où tout le monde prenoit nécessairement toutes les deux, ni comment ils auroient pu s'empêcher d'être découverts à la longue par une perpétuelle affectation d'éviter une chose, non-seulement bonne, mais encore très-commune dans l'Eglise. C'est ce que j'avois objecté ; c'est à quoi ce ministre ne réplique rien ; et après avoir dit sans preuve « qu'il ne pouvoit accorder à M. de Meaux une liberté qui ne fut jamais et une difficulté imaginaire et sans fondement [1], » encore que le fondement en soit dans les paroles de saint Léon même, il passe insensiblement au passage de saint Gélase, où il espère trouver plus d'avantage.

L'Anonyme selon sa coutume entre plus franchement dans la difficulté; mais aussi selon sa coutume il découvre plus clairement et plutôt le foible de sa cause [2]. Premièrement, il me fait dire que dans l'assemblée des fidèles, plusieurs « ne communioient ordinairement que sous la seule espèce du pain. » Mais encore qu'il le répète deux et trois fois, je ne l'ai pas dit une seule. J'ai dit seulement qu'il étoit libre de communier sous une espèce ou sous deux ; et j'avouerai même, si l'on veut, ce que je crois aussi le plus raisonnable, qu'on recevoit plus communément les deux espèces qu'une seule. Mais si on les recevoit nécessairement toutes deux, où se cachoient les manichéens, et comment n'étoient-ils pas découverts d'abord ? *C'est aussi ce qui arriva*, réplique l'Anonyme. Il se trompe. Saint Léon dit bien qu'ils furent découverts; mais il paroît par tout son discours, qu'ils ne le furent ni aisément ni d'abord. Que si l'on veut supposer que la communion d'une espèce ne fut jamais libre, encore un coup, où se cachoient ces hérétiques, et pouvoient-ils un seul jour tromper les yeux de toute l'Eglise ?

« Plusieurs se cachoient, dit l'Anonyme, parce que ce n'étoit pas une même personne qui donnoit le pain et le vin ; mais l'évêque ou le prêtre donnoit premièrement le pain; ensuite un diacre portoit à chacun en son rang la coupe sacrée [3]. » Je l'avoue,

---

[1] La Roq., *Rép.*, p. 193. — [2] Anonyme, II part., chap. vi, p. 233, 234. — [3] P. 234, 235.

et je ne sais plus dans cette supposition où l'Anonyme pourra cacher les manichéens. Car enfin ce diacre voyoit bien d'abord si quelqu'un refusoit la coupe. C'étoit fait d'eux aussitôt, et les voilà découverts dès le premier jour. L'Anonyme ainsi convaincu par ses propres mots, tâche ici de faire passer doucement une autre manière de communier, où le fidèle qui avoit reçu le pain sacré « alloit prendre la coupe à une autre table ; ce qui faisoit, poursuit-il, qu'on ne pouvoit pas toujours si bien observer ceux qui refusoient le calice. » Mais cette double table est clairement une pure fiction, que les ministres ont prise dans leur Cène. L'Eglise ancienne n'en connoissoit qu'une d'où l'on donnât aux fidèles le corps et le sang qu'on y avoit consacrés. La communion se donnoit, comme l'Anonyme l'a dit, d'abord naturellement. On le voit dans l'*Ordre romain*, où ceux à qui l'officiant venoit de porter le pain, reçoivent la coupe sacrée du diacre qui le suivoit. Ainsi quelque confusion que l'Anonyme ait voulu ici se figurer dans la multitude, le diacre, soit qu'il n'y en eût qu'un, soit que dans les églises nombreuses plusieurs se partageassent comme par cantons, en allant de rang en rang, ne permettoient à personne d'échapper à la vue, et la réception du sang n'étoit pas moins éclairée que celle du corps. Or l'Anonyme suppose qu'on remarquoit distinctement tous ceux qui recevoient le corps ; et en effet saint Léon reconnoît que les manichéens le prenoient tous. On remarquoit donc aussi distinctement ceux qui recevoient le sang ; et si tous étoient obligés de le recevoir, il ne restoit plus d'évasion aux manichéens.

Plus l'Anonyme avance, plus il s'embarrasse ; car voici sa dernière fuite : « Il pouvoit encore y en avoir qui ne faisoient pas difficulté de s'approcher de la communion du calice, et ou faisoient semblant d'en boire, ou en buvoient un peu qu'ils retenoient à la bouche pour le rejeter, ou lorsqu'on leur présentoit la coupe, s'excusoient sur l'impossibilité naturelle de boire du vin, ce qui paroissoit une légitime excuse [1]. » Tout le monde voit assez où l'on en est, quand on a recours à ces subterfuges. Car premièrement, pour ceux qui n'auroient fait pour ainsi dire que toucher

[1] Anonyme, p. 235.

la coupe du bout des lèvres sans rien avaler, leur artifice trop grossier n'auroit jamais imposé aux diacres, qui levoient eux-mêmes la coupe pour en faire boire, et qui dans la distribution d'un si grand mystère étoient très-attentifs à ce qu'ils faisoient. Pour les autres, qu'on veut supposer avoir pris du vin dans la bouche et l'avoir ensuite secrètement rejeté, si c'eût été de ceux-là qu'on eût à la fin découverts, saint Léon n'auroit pas manqué de leur reprocher ce nouveau genre de sacrilége. Ce n'est donc point de tels gens qu'il veut qu'on remarque, puisqu'aussi bien on se seroit trop vainement tourmenté à les remarquer. C'est, comme disoit saint Léon, « ceux qui recevoient avec une bouche indigne le corps de Notre-Seigneur, et évitoient absolument de boire son sang. » Il est clair qu'on leur voyoit aussi ouvertement laisser le sang, qu'on leur voyoit ouvertement recevoir le corps ; et s'il eût été question de la secrète profanation dont l'Anonyme les accuse, il eût été aussi aisé de la leur imputer à l'égard du corps qu'à l'égard du sang, puisqu'il n'eût rien paru de l'une non plus que de l'autre. Ainsi tout ce que dit l'Anonyme est imaginaire. Car pour ce qui est du dernier refuge qu'il s'imagine trouver dans ceux qui auroient pu prétexter l'impossibilité de prendre du vin, qui ne voit qu'un cas aussi rare et dont à peine on trouveroit un ou deux exemples dans les assemblées les plus nombreuses, auroit paru une excuse trop visiblement affectée pour tous les manichéens? Il n'y a donc visiblement aucune ressource dans toutes les suppositions de nos adversaires, pendant que tout est clair dans la nôtre ; puisque la liberté de communier sous une ou sous deux espèces cachoit d'abord les manichéens, et que l'affectation de n'en prendre qu'une les découvroit dans la suite.

Le décret tant vanté du pape Gélase confirme notre sentiment. En voici les propres paroles : « Nous avons été informés que quelques-uns, après avoir seulement pris une parcelle du corps sacré, s'abstiennent du calice du sacré sang ; lesquels certes, puisqu'on sait qu'ils sont attachés à je ne sais quelle superstition, NESCIO QUA SUPERSTITIONE DOCENTUR ADSTRINGI ; ou qu'ils prennent les sacremens tous entiers, ou qu'ils en soient tout à fait privés, parce que la division d'un seul et même mystère ne se peut faire sans un grand sacrilége [1]. »

Tous les protestans triomphent de ce passage, et M. de la Roque en particulier triomphe des paroles de Cassander, « qui, dit-il, ne nous permet pas de douter du vrai sens du témoignage de Léon, ni du décret de Gélase [2]; » comme si dans la recherche que nous faisons de la tradition ancienne, les paroles d'un auteur si récent et si ambigu étoient une loi pour nous. Quelle illusion ! Mais puisqu'il estime tant cet auteur, qu'il écoute ce qu'il a dit sur le décret de Gélase dans le dernier ouvrage où il a parlé de la matière des deux espèces : « Ce qu'on objecte de Gélase, » que la division d'un seul et même mystère ne se peut faire sans un grand sacrilége, « regarde ceux qui refusoient dans la communion publique le calice qu'on leur présentoit, parce qu'ils croyoient que le corps de Notre-Seigneur n'avoit point de sang [3]. » Ainsi ce refus du sang qui fait un même mystère avec le corps, faisoit qu'on nioit en Jésus-Christ un vrai sang naturel; ce qui étoit sans doute un grand sacrilége.

Ce n'est point par l'autorité d'un auteur moderne, mais par l'évidence de sa raison, qu'on est forcé de mettre *la division du mystère* que saint Gélase a réprouvée, non pas à prendre le corps sans prendre le sang, ce qui se faisoit innocemment en tant de rencontres que nous avons vues; mais à nier le sang de Jésus-Christ, et à le retrancher du mystère, comme ne pouvant en faire aucune partie et comme n'appartenant pas à l'institution de Notre-Seigneur.

En effet le pape Gélase fonde la condamnation de ces hérétiques, qu'il accuse de diviser le corps et le sang, non sur une raison générale, mais sur leur particulière superstition; « lesquels certes, dit ce grand pape, puisqu'on sait qu'ils sont attachés à je ne sais quelle superstition, ou qu'ils prennent les sacremens tous entiers, ou qu'ils en soient tout à fait privés. » La question est décidée en notre faveur par ce *puisque* du pape Gélase. Aussi M. du Bourdieu l'ôte-t-il de sa traduction, et voici comment il

---

[1] Apud Grat., *de Consecr.*, dist. II, cap. XII. — [2] La Roq., p. 193-195. — [3] *Consult. Cass.*, art. 22, de utraq. spec.

traduit : « Je ne sais à quelle superstition ils sont attachés : qu'ils prennent les sacremens entiers, ou qu'ils soient privés des sacremens entiers. » La liaison l'incommodoit, et il ne pouvoit souffrir que la condamnation de ce grand pape se trouvât seulement fondée sur une superstition, qui assurément ne nous convient pas. Cependant quand je lui reproche une si honteuse et si manifeste corruption du texte, M. de la Roque le trouve mauvais : « En un autre, dit-il, que M. de Meaux, j'appellerois cela vétiller et chicaner ; mais le respect que j'ai pour lui m'empêchera toujours d'user de ces termes à son égard. J'aime mieux dire qu'il y a dans ses remarques un peu trop de délicatesse et de subtilité [1]. » Malgré son fade compliment, on voit bien qu'il me veut traiter de vétillard et de chicaneur ; et moi, sans m'en émouvoir, je rapporte ce passage entier, afin seulement qu'une bonne fois on apprenne à connoître les ministres, qui n'insultent jamais davantage que lorsque leur tort est plus visible. Car le moyen de défendre une fausseté si complète ? Si le *puisque* ne faisoit rien dans le texte de saint Gélase, pourquoi M. du Bourdieu l'eût-il ôté ? N'est-ce rien faire dans un corps humain que d'en ôter les nerfs et les ligamens ? C'est un pareil attentat d'ôter à un discours les particules qui en font la connexion. Que la superstition qui fait ici le sujet particulier de l'ordonnance du pape Gélase soit celle des manichéens ou non, comme le veut l'Anonyme après Calixte et du Bourdieu, il ne nous importe : il nous suffit que le *puisque* restreigne la condamnation à ce cas particulier, quoiqu'au fond il n'y ait pas lieu de douter que ces superstitieux, dont parle Gélase, ne fussent les manichéens. On les voit dans la même erreur et dans la même pratique que saint Léon avoit remarquée dans ces hérétiques. Du temps du pape saint Gélase, ces hérétiques continuoient à se cacher dans Rome ; et il est expressément marqué dans sa vie, « qu'il découvrit à Rome des manichéens, qu'il les envoya en exil, et qu'il fît brûler leurs livres devant l'église de Sainte-Marie. » C'étoit l'un des caractères des manichéens de se mêler secrètement parmi les fidèles, pour les infecter insensiblement de leur erreur. Le terme de *superstition*, dont se sert le

[1] La Roq., p. 197, 198. — [2] Anast., *Bibl.*, *Vit. Gelas.*

pape Gélase, convient manifestement à cette hérésie pleine d'observances et. d'abstinences superstitieuses; et c'en étoit l'un des caractères, que saint Augustin et les autres Pères ne cessent de leur reprocher. Les ariens, les pélagiens, les nestoriens et les autres hérésies de ce temps-là n'avoient point ce caractère. Si saint Gélase l'appelle *je ne sais quelle superstition,* ce n'est point par ignorance, comme nos ministres le veulent croire; c'est par mépris, ou parce qu'il n'étoit pas nécessaire de l'expliquer davantage dans un court décret.

Personne ne doutera donc, comme je l'avois remarqué [1], que ces superstitieux de Gélase n'aient été des restes cachés de ces manichéens que saint Léon avoit découverts; et soit que son ordonnance qui ne tendoit, comme on a pu voir, qu'à faire que l'on prît garde aux manichéens, ne fût pas encore assez précise; soit que durant trente à quarante ans qui s'écoulèrent depuis son pontificat jusqu'à celui de Gélase, l'observance s'en fût relâchée, ou qu'on crût avoir extirpé la maudite secte, il en fallut venir à un décret plus exprès et à un ordre plus particulier de refuser absolument la communion à ceux qui obstinément et par des raisons sacriléges en rejetoient une espèce. Alors on ne peut douter que, pour éviter tout soupçon, les fidèles n'aient reçu les deux espèces; mais pour en faire une loi, il fallut et une ordonnance et un motif particulier; et quelle que fût la secte qui donna lieu à cette ordonnance, soit celle des manichéens, soit celle des encratites ou abstinens, que l'Anonyme distingue en vain du manichéisme [2], puisqu'ils en étoient une branche, ou celle des aquariens, ou enfin des superstitieux, tels que voudront les ministres, *qui fuyoient le vin comme une chose dangereuse* [3] : toujours demeurera-t-il pour indubitable, et que nous ne sommes pas de ces gens-là, et qu'en tout cas il falloit que la communion sous la seule espèce du pain fût permise même dans les assemblées, puisque, pour l'en exclure tout à fait, on a eu besoin d'une occasion et d'une défense particulière.

Qu'il me soit ici permis de faire observer à nos Frères les artifices dont on s'est servi pour leur cacher une chose claire. D'abord

[1] *Traité de la Comm.,* 1 part. n. 5, p. 287.— [2] Anonyme, p. 237.— [3] P. 238.

leurs ministres triomphent de l'autorité de deux papes, qui pourtant sont contre eux. M. de la Roque, pour leur faire accroire que la chose est décidée contre nous, emploie comme un moyen péremptoire, la plus mince autorité qui fut jamais ; et c'est celle de Cassander. Ce Cassander, dans le fond et dans son dernier ouvrage, est contraire à ses prétentions. Pour faire valoir contre nous le passage de saint Gélase, M. du Bourdieu le tronque, et M. de la Roque excuse une fausseté si manifeste. Malgré tous leurs vains efforts, ces ministres ne peuvent trouver aucun cas où les paroles de ces deux grands papes cadrent à leurs hypothèses. Elles conviennent parfaitement avec la nôtre, et nous rendons une raison très-claire tant de la dissimulation que de la découverte des manichéens. On se jette après tout cela dans des discussions inutiles, pour rechercher l'hérésie que saint Gélase réprouve ; et enfin, quelle qu'elle soit, notre cause demeure toujours également bonne ; et la communion sous une espèce paroît tellement permise en elle-même, qu'on ne la blâme qu'en ceux qui s'y engageoient par des erreurs particulières que nous détestons. Voilà quelle est la doctrine dont on nous veut faire à présent le principal motif de séparation et le principal objet de toute la Réforme.

Que si pour achever de se convaincre, on veut voir dans d'autres exemples la liberté que nous soutenons de communier sous une ou sous deux espèces, même dans les assemblées de l'église, en voici un du temps de saint Chrysostome, c'est-à-dire du quatrième siècle et près de cent ans avant saint Léon. Il est célèbre, et le voici comme il est rapporté par Sozomène : « Un homme de la secte des macédoniens (c'est celle où l'on nioit la divinité du Saint-Esprit) avoit une femme de sa religion. Converti par les sermons de saint Chrysostome, il la menaça de se séparer d'avec elle, si elle ne communioit avec lui aux saints mystères. Elle le promit, et le temps des mystères étant arrivé (les fidèles entendent ce que je veux dire), la femme retint ce qu'on lui avoit donné, (c'étoit le pain consacré), et prit en cachette ce que sa servante lui avoit secrètement apporté de la maison (c'étoit du pain commun qu'elle vouloit prendre à la place du sacré corps) ; mais elle n'y eut pas plutôt enfoncé la dent, qu'il devint dur comme une pierre. La femme s'approche en tremblant du saint prélat : elle lui montre la pierre avec la marque de la morsure [1]. » L'artifice de cette femme pouvoit réussir à l'égard du pain sacré qu'on mettoit entre les mains des fidèles pour le prendre quand on vouloit ; mais qu'eût-elle fait pour se garantir du calice, que le diacre portoit lui-même dans leur bouche, si l'on suppose la nécessité de communier sous les deux espèces ?

Ces cas arrivés en différens temps et en lieux divers à ces trois grands hommes, saint Chrysostome, saint Léon, saint Gélase, nous font voir en Orient et en Occident, dès les premiers siècles, la liberté que nous soutenons, même dans les assemblées des fidèles. Mais ce qui étoit libre pour les deux espèces se déterminoit à la seule espèce du pain dans les pays où il ne croît point de vin, comme en Angleterre. La terre n'en produisoit pas, le commerce étoit languissant ; et comme on avoit à peine ce qu'il en falloit pour le sacrifice, la communion du peuple se faisoit avec le pain seul. De là vient ce que nous voyons dans l'histoire du Vénérable Bède [2], touchant les trois fils du roi Sabareth, prince chrétien, mais dont les enfans n'avoient pas suivi l'exemple : ils assistoient à la messe de saint Mellitus, archevêque de Cantorbéry ; et lui voyant distribuer l'Eucharistie au peuple, ils lui demandèrent avec un orgueil et une ignorance brutale : « Pourquoi ne nous donnez-vous pas ce pain blanc et propre que vous donniez à notre père, et que vous continuez de donner au peuple? Le saint homme leur répondit : Si vous voulez être purifiés de l'eau salutaire dont votre père a été lavé, vous pourrez participer comme lui au pain sacré ; que si vous refusez ce sacré lavoir, vous ne pourrez pas recevoir ce pain de vie. A quoi ils lui repartirent : Nous ne voulons point entrer dans cette fontaine dont nous n'avons pas besoin : mais nous voulons être nourris de ce pain ; mais l'évêque ne cessoit de les avertir que sans cette sacrée purification, ils ne pourroient avoir part à l'oblation sacrée. » Je ne sais si l'on peut voir le pain sacré, ou ce qui est la même chose, l'oblation sacrée, continuellement inculquée et répétée à toutes les lignes sans au-

[1] *Hist. eccles.*, cap. v. — [2] *Hist.*, lib. II, cap. v.

cune mention du vin, et s'imaginer cependant qu'on distribuoit également l'un et l'autre. Au contraire on voit que ces barbares, comme les appelle Bède, sans songer à la synecdoque, parloient naturellement de ce qu'ils avoient vu donner et de ce qui avoit frappé leurs sens, qu'on leur répondit de même, et ainsi qu'on supposoit avec eux que le pain seul étoit distribué dans les assemblées de l'église. Ce n'est pas qu'il fût impossible d'avoir du vin pour la communion, puisqu'il falloit bien en faire venir pour le sacrifice; mais c'est qu'on ne croyoit pas avoir besoin d'une impossibilité absolue pour se dispenser de prendre l'espèce du vin, et que la seule difficulté étoit jugée suffisante : d'où aussi il est arrivé que le cardinal Hosius, Polonois, homme docte et de bonne foi, dit qu'on n'a pas de mémoire qu'on ait communié dans son pays autrement que sous l'espèce du pain, depuis que le christianisme y a été établi.

Une autre sorte de nécessité, qui n'étoit pas plus invincible que les précédentes, n'a pas laissé de faire établir la communion sous une espèce dans l'église et dans la province de Jérusalem; tant il est vrai, encore un coup, que la chose étoit réputée libre. La preuve que nous avons d'un fait si illustre est tirée de la célèbre conférence tenue à Constantinople entre les Latins et les Grecs, au commencement du onzième siècle, et à la naissance du schisme sous le pape saint Léon IX et le patriarche Michel Cérularius. Les tenans dans cette importante conférence étoient de notre côté le cardinal Humbert, évêque de la Forêt-Blanche, légat du pape, et pour les Grecs Nicétas Pectoratus, député par le patriarche et par l'empereur. On ne peut voir une action plus célèbre et où l'on connoisse mieux les rits et les sentimens des deux églises. On accourt à Jérusalem, de tous les côtés du monde chrétien, pour y honorer les mystères de Notre-Seigneur, et principalement celui de sa passion et de sa résurrection, dans des temples aussi augustes que magnifiques, qu'on avoit bâtis dans les propres lieux où ces ouvrages divins s'étoient accomplis. L'abord étoit si grand et le nombre des communians étoit par conséquent si peu réglé, qu'il n'étoit pas possible d'y proportionner la quantité des hosties qu'il falloit consacrer pour cette immense multitude qu'on y communioit tous les jours : car la communion étoit le sceau d'un si saint pèlerinage. Cette dévotion, qu'on vit commencer aussitôt que les chrétiens affranchis de la tyrannie des persécuteurs, jouirent de la liberté de leur culte, loin de s'affoiblir avec le temps, s'augmentoit et s'échauffoit tous les jours. Les parcelles qui restoient de la communion étoient infinies : il ne fut plus question de les brûler, comme on faisoit autrefois lorsqu'il en restoit moins : en faire consumer par le clergé ou même par les enfans, comme on le faisoit ailleurs, un si grand nombre, ce n'étoit pas une chose possible. On les réservoit donc pour la communion du lendemain ; et sans mêler les espèces, comme on avoit commencé de faire dans les autres églises d'Orient, on donnoit la communion sous la seule espèce du pain. C'est ce que le cardinal Humbert posoit en fait, comme la coutume ancienne et constante de l'église et de la province de Jérusalem : c'est ce que son adversaire ne lui nie pas : c'est ce qui par conséquent demeura pour avéré d'un commun accord ; et la conjoncture fait voir combien cet aveu est décisif en cette cause. Le cardinal Humbert, après avoir essuyé les vains reproches des Grecs sur les azymes, leur reproche de son côté leur mélange, *leur Eucharistie broyée dans le calice, leur cuiller* pour la distribuer au peuple : choses en effet très-nouvelles, et que l'Eglise d'Occident ne connoissoit pas. Le cardinal appuyoit les coutumes des Latins par celle de l'Eglise et de la province de Jérusalem. Ses paroles sont remarquables : « Dans ces églises, dit-il, on met les oblations saintes, saines et entières sur les saintes patènes : on ne les perce pas avec une lance de fer comme font les Grecs :... on y élève la sainte oblation avec la sainte patène :... on ne se sert point de cuillers pour donner la communion, parce qu'on ne mêle point l'oblation sainte ; mais on y communie le peuple avec l'oblation seule. » Je ne pense pas qu'à cette fois il prenne envie de chicaner sur la signification du terme d'*oblation sainte*. La suite fait assez voir qu'il signifie le pain seul, comme nous l'avons démontré par tant d'autres exemples. C'étoit donc avec le pain seul que l'on communioit tout le peuple. Le cardinal met encore en fait que la coutume en étoit si ancienne dans ces églises, qu'on n'en voyoit pas le commencement ; de sorte que les chrétiens *de ce pays-là l'attribuoient aux saints apôtres*. N'importe qu'à cet égard ils poussassent peut-être les choses trop avant; c'est assez qu'en cet exemple nous ayons pour nous une coutume immémoriale de l'église de Jérusalem, toute la chrétienté pour témoin, et les Grecs mêmes pour approbateurs, puisqu'ils ne blâment non plus la conduite d'une église si vénérable qu'ils contredisent le fait avancé par le cardinal.

Mes adversaires, qui ont vu cette preuve illustre très-amplement expliquée dans le *Traité de la Communion* [1], n'y ont pas répondu un seul mot; de sorte que je pourrois en demeurer là et regarder le fait pour avoué, si la bonne foi ne m'obligeoit à proposer de moi-même ce qu'on y pourroit répondre. On pourroit donc dire que le cardinal, en disant que l'on communioit le peuple avec le pain seul, ou pour me servir de ses paroles, *avec l'oblation seule*, entendoit qu'on la donnoit sans la mêler, comme font les Grecs, avec l'autre espèce, et non pas qu'on la donnoit toute seule, comme nous faisons à présent, sans donner le sang après. Mais si quelqu'un se servoit ou se contentoit de cette réponse, il feroit voir peu d'attention au fond de la chose. Car dans cette immense multitude, il eût été aussi peu possible de se mesurer pour le vin que pour le pain consacré; et s'il eût été absolument nécessaire que tout le monde prît également des deux espèces, comme on voit des restes du pain consacré, on en verroit aussi du sacré breuvage. Le cardinal auroit parlé de ceux-ci comme il a parlé des autres. D'ailleurs on verroit aussi clairement comment on donnoit le sang, que l'on voit comment on donnoit le corps. Car l'un et l'autre servoit également à l'intention du cardinal, qui étoit et de rejeter la coutume de l'Eglise grecque, et de confirmer la coutume de l'Eglise romaine, par la pratique de l'Eglise de Jérusalem. Quand donc le cardinal a dit que par l'ancienne coutume de l'Eglise et de la province de Jérusalem, on ne distribuoit au peuple que *l'oblation seule*, c'est-à-dire le seul pain consacré, ou comme nous appelons, la seule hostie, c'est pour dire qu'en effet on la donnoit seule, et sans donner le sang après.

Voilà donc l'Eglise de Jérusalem, et avec elle toute la chrétienté

[1] *Traité de la Commun.*, II part. n. 7, p. 330 et suiv.

qui ne cessoit d'y aborder de toutes parts, dans la pratique de la communion sous une espèce. Les Romains le posent en fait, et les Grecs en demeurent d'accord : mais pendant que les Romains blâment dans les Grecs le mélange des espèces, ils approuvent expressément la communion sous une seule, et enfin ils aiment mieux qu'on prenne une seule espèce à part que de prendre les deux mêlées ensemble.

Que si l'on vient maintenant à considérer en quel temps se disent ces choses, la preuve sera encore plus convaincante. Bérenger n'avoit pas encore paru; et selon les protestans, la présence réelle, qu'ils regardent comme la source de la communion sous une espèce, n'étoit pas encore décidée dans l'Eglise. Et quand ils voudroient supposer, selon leur vaine hypothèse, que depuis Paschase Radbert, c'est-à-dire depuis cent cinquante ans, elle avoit commencé à prévaloir en Occident, ils ne veulent pas qu'on croie qu'elle ait jamais eu aucun lieu en Orient, et moins encore en ces temps-là, où il n'y avoit point de ces gens latinisés et nourris dans les séminaires ou dans les colléges de Rome, que les ministres ne cessent de nous alléguer pour toute défense, quand nous leur montrons tant d'auteurs, tant d'évêques, tant de patriarches qui parlent et qui enseignent comme nous, même dans des conciles. Voilà néanmoins la communion sous une espèce approuvée des Grecs, et par l'ancienne coutume d'une église qu'on n'accuse pas d'avoir varié, sans que personne y ait jamais rien trouvé d'étrange. Quelle preuve plus manifeste peut-on apporter d'une tradition constante?

CHAPITRE XXXV.

De l'Office des Présanctifiés parmi les Grecs : définition de cet office par M. de la Roque, et ses deux différences d'avec le sacrifice parfait.

L'Office des Présanctifiés, célèbre durant le Carême dans l'Eglise grecque, nous est ainsi représenté par M. de la Roque : « Les Grecs, dit-il, qui regardoient le Carême comme un temps de tristesse et de mortification, et la célébration de l'Eucharistie comme un sujet de joie, ne célébroient et ne consacroient durant tout le Carême que deux jours de la semaine, le samedi et le dimanche ; de sorte qu'on gardoit pour la communion des autres jours les dons qu'on avoit consacrés le dimanche, et qu'on appeloit à cause de cela la liturgie des Présanctifiés[1]; » c'est-à-dire, comme il paroît par le mot même, sanctifiés et consacrés auparavant. Voilà comment M. de la Roque explique la liturgie *des dons présanctifiés ;* et il ajoute dans un autre endroit, « que les Grecs appeloient ainsi cette liturgie, à cause qu'on n'y faisoit pas de nouvelle consécration[2] : » parole que le lecteur doit soigneusement observer. En effet elle fait très-bien entendre ce que c'est que cet office, et pour en donner une pleine idée, il ne falloit qu'ajouter que c'étoit dans les jours de jeûne que l'on ne consacroit pas ; et que si durant le Carême l'on consacroit le samedi aussi bien que le dimanche, c'est à cause qu'en Orient ce n'étoit pas la coutume de jeûner en ces deux jours.

Il importe de remarquer en ce lieu, avec M. de la Roque, que ce n'étoit pas la communion, mais *la consécration* de l'Eucharistie que l'Eglise orientale trouvoit peu convenable à la *mortification et à la tristesse du Carême.* On voit en effet que l'on communioit en ces jours destinés à la tristesse et au jeûne ; mais qu'on n'y *consacroit* pas, parce que c'étoit la consécration qui attiroit avec elle dans la parfaite célébration du sacrifice, la célébrité et la joie que l'on vouloit éviter durant ces jours. Le sacrifice de l'Eucharistie est un sacrifice d'action de graces, et le mot même l'emporte, puisque c'est là ce que veut dire *Eucharistie.* L'Eglise donc dans son Sacrifice offre à Dieu avec le corps et le sang de Jésus-Christ des actions de graces pour tous ses bienfaits; et ces actions de graces demandent une allégresse et des cantiques de joie que l'Eglise orientale jugeoit peu conformes avec les gémissemens de la pénitence et du jeûne. C'est donc pour cette raison que l'on ne consacroit pas, c'est-à-dire que l'on n'offroit pas, et que l'on donnoit la communion avec les dons offerts et consacrés au samedi ou au dimanche.

Je ne veux pas disputer encore avec M. de la Roque de l'antiquité de cette observance. Je me contente de mille ans que ce mi-

[1] La Roq., II part., chap. VIII, p. 217, 218. — [2] P. 61.

nistre accorde aux Grecs [1], et qu'aussi l'on ne peut pas leur disputer, puisqu'il est fait mention de l'office des Présanctifiés au concile tenu *in Trullo* [2], en l'an 707, comme d'une chose déjà établie dans toute l'Eglise orientale (a). Sur ce fondement et sans attribuer quant à présent une plus grande antiquité à cet office, j'y remarquerai seulement deux choses considérables, qui en font la différence d'avec le sacrifice qu'on nomme parfait : l'une, que l'oblation ou la consécration y manque ; et l'autre, que l'on y communie sous une seule espèce.

Il n'y a personne qui ne voie d'abord combien ces deux choses sont favorables à notre doctrine, puisque la première fait voir l'action du sacrifice comme distinguée de celle de la communion ; et la seconde fait voir par tout l'Orient, il y a au moins mille ans, la communion sous une espèce, dans un office public et dans l'assemblée des fidèles cinq jours de la semaine durant tout le temps de Carême. La liaison de ces deux choses paroîtra claire dans la suite ; mais il faut premièrement établir le fait par des preuves incontestables.

J'ai dit que la première chose qui manquoit à l'office des Présanctifiés étoit, comme l'a expliqué M. de la Roque [3], la célébration et la consécration de l'Eucharistie. Encore un coup, je prie le lecteur de se bien mettre cela dans l'esprit, parce que la remarque en sera de conséquence dans la suite. « Les Grecs, dit ce ministre, ne célébroient et ne consacroient que deux jours de la semaine [4] ; » de sorte qu'aux cinq autres jours de la semaine il n'y avoit ni célébration ni consécration. C'est ce que les anciens avoient appelé, et ce que nous appelons après eux, l'*Oblation* et le *Sacrifice*. Mais comme M. de la Roque n'a pas voulu se servir de ces mots, et qu'il est d'une extrême conséquence pour toute cette matière qu'ils soient bien entendus, nous trouverons un autre

---

[1] La Roq., p. 218. — [2] Can. 52; Labb., tom. VI, p. 1165. — [3] La Roq, p. 61. — [4] P. 218.

(a) Le Père Pagi, qui discute les différentes opinions sur l'année de la tenue de ce concile, regarde comme une chose certaine, d'après les preuves qu'il apporte, que ce concile a été commencé l'an 691. Bossuet qui le place ici en 707, le met plus bas, pag. 620, en 682. Mais Pagi nous paroît bien prouver que l'un et l'autre sentiment sont aussi mal fondés. Voyez *Critiq. in Annal. Baron.*, tom. III, p. 129 et seq. (Edit. de Déforis.)

ministre qui nous le dira. Ce sera M. le Sueur dans son *Histoire ecclésiastique,* où nous avons une explication de la célébration de l'Eucharistie dont on verra résulter de grandes choses, et en général pour toute notre croyance, et en particulier pour la question dont il s'agit.

Voici donc par où commence ce ministre : « C'étoit, dit-il, la coutume ancienne des fidèles d'apporter sur la table eucharistique, du pain et du vin et d'autres choses, pour prendre une partie de ce pain et de ce vin qui avoient été offerts, afin d'en faire le sacrement de l'Eucharistie. Ces choses présentées et offertes par le peuple, étoient nommées *Oblations, Offrandes, Sacrifices,* et quelquefois *Holocaustes* [1]; » mais de peur qu'on ne croie que le sacrifice de l'Eucharistie ne consistât dans ces offrandes du peuple, ce ministre ne tarde pas d'ajouter ces mots : « Après cette première oblation que nous avons représentée (qui étoit celle du peuple lorsqu'il apportoit sur l'autel du pain et du vin), on faisoit une seconde oblation en les présentant et CONSACRANT A DIEU [2] » par la prière qu'on lui adressoit, afin qu'il lui plût de répandre sa vertu dessus, pour les rendre salutaires, comme on peut le voir au huitième livre des *Constitutions apostoliques,* chapitre XII. La troisième oblation se faisoit, quand après la consécration des symboles on les présentoit à Dieu, comme on le peut voir par toutes les anciennes liturgies, et « particulièrement par celles de l'Eglise romaine. » Il cite ici les paroles de notre canon ; et sans disputer avec lui, puisque ce n'est pas de quoi il s'agit, si ce qu'on présentoit à Dieu étoit le vrai corps et le vrai sang, je me contente quant à présent de ce qu'il avoue « que le pain et le vin consacrés sont le sujet et la matière de cette oblation et de ce sacrifice qu'on présentoit à Dieu [3]. » Enfin il est donc constant qu'on présentoit à Dieu le pain et le vin pour les consacrer, et qu'après qu'on les avoit consacrés, on les lui présentoit encore comme nous faisons ; de sorte qu'on ne peut rien disputer pour l'action que nous appelons l'*Oblation* et le *Sacrifice.*

Mais on va voir ici les artifices des ministres, lorsqu'ils paroissent agir avec le plus de sincérité. M. le Sueur, qui semble en effet

[1] La Roq., tom. IV, p. 156. — [2] P. 170. — [3] P. 171.

nous accorder de si bonne foi tout ce que nous pouvons souhaiter sur le sacrifice, dissimule ce qu'il y a de plus fort. Car en marquant les paroles du livre des *Constitutions apostoliques*, il dit seulement qu'on y présentoit et qu'on y consacroit à Dieu le pain et le vin, « afin qu'il répandît sa vertu dessus pour les rendre salutaires à son peuple. » Mais voici ce qu'il falloit dire, et ce que nous lisons tout du long à l'endroit que ce ministre a coté*:* « Nous vous offrons, ô Seigneur, ce pain et ce calice, en vous rendant graces de ce que vous nous avez faits dignes d'assister en votre présence, pour exercer cette sacrificature; et nous vous prions, ô Dieu, qui n'avez besoin de rien, que vous regardiez favorablement ces dons qui sont mis devant vous, et que vous y preniez votre plaisir à l'honneur de votre Christ, et que vous envoyiez sur ce sacrifice votre Saint-Esprit témoin de la passion du Seigneur Jésus, pour faire ce pain le corps de votre Christ, et ce calice son sang, afin que ceux qui y participent soient confirmés dans la piété et obtiennent la rémission de leurs péchés[1]. » De peur qu'on ne me chicane sur la version, j'avertis que je transcris celle de M. de la Roque. En bonne foi M. le Sueur qui vouloit décrire le sacrifice de l'Eucharistie, comme il étoit offert par les anciens, et qui citoit pour cela les *Constitutions apostoliques*[2], devoit-il en omettre les principales paroles? Et puisque pour confirmer ce qu'il disoit du sacrifice, il alléguoit comme un monument digne de croyance, les anciennes liturgies, et en particulier celles de l'Eglise romaine, falloit-il taire qu'on trouve partout dans ces liturgies, comme dans les *Constitutions apostoliques*, cette prière de faire le pain et le vin le corps et le sang de Jésus-Christ, ou comme porte une de ces anciennes liturgies, « d'en faire le propre corps et le propre sang de Jésus-Christ, » et encore : « En les changeant par le Saint-Esprit[3], » c'est-à-dire par une efficace et une opération également sainte et toute-puissante? Si ce ministre avoit rapporté toutes ces choses, peut-être n'auroit-il pas dit avec autant d'assurance qu'il a fait, que les paroles de la liturgie ne *se peuvent dire du propre corps*

---

[1] *Const. Apost.*, lib. VIII, cap. XII. — [2] *Hist. Eccles.*, I part., chap. VII, p. 75. — [3] *Liturg. Basil.*, Oper., tom. II, append., p. 679.

de Jésus-Christ. Mais enfin demeurons-en à ce qu'il nous donne, et reconnoissons la consécration ou oblation de l'Eucharistie comme une action distinguée de la communion.

Et de peur qu'on ne veuille croire que ce qu'avoue M. le Sueur du quatrième et du cinquième siècle, ne se trouve pas dans les siècles précédens, un autre docteur protestant va nous aider à le faire remonter plus haut. C'est l'Anonyme lui-même qui, dans l'espérance de s'appuyer de l'autorité de saint Cyprien, a traduit toute la lettre de ce grand martyr à Cécile [1]. Le sujet en est important. Ce saint homme entreprend ceux qui au lieu d'offrir du pain et du vin dans le Sacrifice, pour en faire le corps et le sang de Notre-Seigneur, y offroient du pain et de l'eau, et il les confond par ces paroles : « Qui est celui qui mérite mieux d'être appelé le souverain Sacrificateur de Dieu que Notre-Seigneur Jésus-Christ, qui offrant un sacrifice à son Père, a offert la même chose que Melchisédech, à savoir du pain et du vin, c'est-à-dire son corps et son sang [2] ? » Encore une fois, Messieurs, ce n'est pas de la réalité que nous disputons ; et s'il en falloit disputer, nous vous ferions voir que Jésus-Christ lui-même, qui venoit être notre victime, n'a pu offrir à son Père seulement du pain et du vin : d'où il s'ensuit qu'il ne lui a offert le pain et le vin, qu'en tant qu'il les a changés en son corps et en son sang pour les lui offrir. C'est ce qui paroît clairement dans les paroles de saint Cyprien, que le ministre a un peu déguisées, mais que nous allons traduire de mot à mot : « Car si Jésus-Christ Notre-Seigneur et notre Dieu est lui-même le souverain Pontife de Dieu le Père; *si Jesus Christus Dominus noster ipse est summus Sacerdos Dei Patris;* et s'il s'est offert lui-même le premier en sacrifice à son Père, et s'il a commandé de faire la même chose en sa mémoire; *et sacrificium Patri scipsum primus obtulit, et hoc fieri in sui commemorationem præcepit :* certainement le vrai sacrificateur qui fera la fonction de Jésus-Christ, sera celui qui imitera ce qu'il a fait; *utique ille sacerdos vice Christi verè fungitur, qui id quod Christus fecit imitatur :* et alors il offre dans l'Eglise à Dieu le Père un vrai et plein sacrifice, s'il offre selon qu'il voit que Jésus-Christ a

---

[1] Anonyme, II part., p. 271. — [2] Cypr., ep. LXIII, *ad Cæcil.*

offert; *et sacrificium verum et plenum tunc offert in Ecclesiâ Deo Patri, si sic incipiat offerre secundùm quòd ipsum Christum videat obtulisse.* » Saint Cyprien pose donc pour fondement, que pour offrir comme il faut à Dieu le Père le sacrifice de l'Eucharistie, il faut y offrir ce que Jésus-Christ y a offert et ce qu'il nous a commandé d'y offrir à son exemple. Or ce qu'il y a offert selon saint Cyprien, « c'est lui-même, *sacrificium Patri seipsum obtulit;* et c'est aussi ce qu'il nous a commandé d'offrir, *et hoc fieri in sui commemorationem præcepit.* » Il paroît donc, comme nous venons de le dire, qu'il n'a offert à son Père du pain et du vin, que parce qu'en les changeant en son corps et en son sang, en les offrant à son Père, il s'y est aussi offert lui-même. Voilà qui est convaincant sans doute : mais en attendant que nos adversaires reconnoissent cette vérité, du moins seront-ils forcés d'avouer que dès le temps de saint Cyprien on croyoit que le Fils de Dieu, en instituant l'Eucharistie, n'avoit pas seulement présenté un don céleste à ses disciples, mais encore qu'il avoit offert un sacrifice à son Père; et qu'ensuite, lorsqu'on célébroit l'Eucharistie dans l'Eglise, il falloit observer, comme deux actions distinguées, le sacrifice offert à Dieu et la communion donnée au peuple.

Or c'étoit cette oblation en laquelle, comme on a vu, consistoit la consécration, qu'on omettoit dans l'office des Présanctifiés; et c'est en quoi on le distinguoit du sacrifice parfait, où l'on faisoit la consécration et l'oblation avec la communion de l'Eucharistie. Car, comme nous venons de le voir, dans le sacrifice parfait, lorsqu'on apportoit d'abord les dons à l'autel, ils n'étoient pas encore consacrés, et on les y consacroit. Mais dans le service des Présanctifiés, le mystère étoit déjà consommé et parfait, c'est-à-dire qu'on apportoit le pain déjà consacré; et c'est pourquoi on lui rendoit une adoration parfaite, comme l'explique Cabasilas [1], célèbre interprète de la liturgie parmi les Grecs. Telle étoit donc la première différence de l'office des Présanctifiés d'avec le sacrifice qu'on nommoit *entier* ou *parfait*.

De cette première différence il en naissoit une seconde, qui fait davantage à notre sujet : c'est que dans l'office des Présanctifiés

[1] Nic. Cabas., *Exp. Lit.*, cap. XXIV, tom. II *Bibl. PP. Gr., et Lat.*

et cinq jours de la semaine durant tout le Carême, on communioit dans l'église même et à l'assemblée des fidèles, sous la seule espèce du pain. J'ai dit que cette seconde différence venoit de la première, et la raison en est assez aisée à entendre. Car selon toute la tradition, le sacrifice de l'Eucharistie dépend tellement de la consécration des deux espèces, qu'on ne lit jamais aucun exemple où l'on n'y en voie qu'une seule. Si donc l'office des Présanctifiés eût été un sacrifice parfait, il eût fallu nécessairement qu'on y vît paroître les deux espèces, puisqu'on les y auroit nécessairement consacrées. Mais parce qu'on n'y consacroit pas, et qu'à vrai dire on n'y offroit pas le sacrifice, on n'y étoit pas astreint aux deux espèces; de sorte qu'on y communioit comme dans la communion domestique, comme dans celle des malades, en un mot comme dans les communions qui se faisoient ordinairement par la réserve avec la seule espèce du pain. De là vient, comme il a été remarqué dans le *Traité de la Communion* [1], et comme on le peut voir dans l'*Eucologe* des Grecs [2], que la première chose qu'on voit dans l'office des Présanctifiés, est la manière dont les pains qu'on y employoit doivent avoir été consacrés dans un sacrifice précédent. On voit donc qu'on ne conserve et qu'on ne réserve que le pain : on apporte ce qui s'appelle Ἀρτοφόριον, c'est le vaisseau où l'on réserve le pain sacré, et on y met ces pains consacrés, qui doivent servir dans les jours suivans. Quand on commence l'office des Présanctifiés, il est dit qu'on apporte « le pain consacré sur la patène sacrée avec grande vénération [3] : » on l'encense : on le couvre selon la coutume : on l'élève sans le découvrir : le prêtre en « approche sa main avec grande révérence, et prend le pain sacré avec beaucoup de vénération et de crainte [4]. » Et après : « Mettant la main sur les dons divins qui sont couverts, il touche le pain vivifiant avec grande révérence et tremblement, et ensuite le découvrant il achève la communion des dons divins. »

Il est vrai qu'on voit aujourd'hui dans la rubrique de l'office des Présanctifiés, qu'en consacrant les pains qu'on doit réserver,

---

[1] *Traité de la Comm.*, I part. n. 6, p. 291. — [2] *Euchol. Græc.*, Goar., *Bibl. PP. Gr., et Lat.* tom. II, p. 190. — [3] *Ibid.*, p. 191. — [4] *Ibid.*, p. 192.

« on met avec la cuiller du sang précieux en forme de croix sur chaque pain ¹. » C'est ce que je n'ai pas dissimulé dans le *Traité de la Communion* ². Car s'il faut écrire, ce doit être pour rendre témoignage à la vérité, et non pas pour remporter la victoire à quelque prix que ce soit. Mais j'ai fait voir clairement qu'avec ces gouttes de sang sur chaque pain qu'on réservoit, notre argument n'en est pas moins fort, pour deux raisons.

La première, c'est que quelques gouttes de sang sur un pain entier sont un trop foible secours pour donner la communion sous les deux espèces après la réserve de quelques jours, et après encore que, selon la coutume des Grecs, on a fait passer les pains consacrés sur le réchaud pour y dessécher entièrement ce qu'il y auroit de liqueur. Il paroît donc clairement, comme je l'ai remarqué, que les Grecs n'ont pas eu « vue dans ce mélange, la communion sous les deux espèces, qu'ils eussent données autrement s'ils les avoient crues nécessaires, mais l'expression de quelque mystère, tel que pourroit être la résurrection de Notre-Seigneur, que toutes les liturgies grecques et latines figurent par le mélange du corps et du sang, parce que la mort de Notre-Seigneur étant arrivée par l'effusion de son sang, ce mélange du corps et du sang est très-propre à représenter comment cet Homme-Dieu reprit la vie. »

Mais la seconde raison est encore plus décisive, puisque j'ai prouvé clairement que cette légère infusion du sang de Notre-Seigneur sur son sacré corps n'est pas ancienne parmi les Grecs ³. Car Michel Cérularius, patriarche de Constantinople, qui vivoit dans le milieu du onzième siècle, écrivoit encore dans la Défense de l'office des Présanctifiés, « qu'il faut réserver pour cet office les pains sacrés qu'on croit être, et qui sont en effet le corps vivifiant de Notre-Seigneur, sans répandre dessus aucune goutte du sang précieux. » Et l'on trouve dans Harménopule, célèbre canoniste de l'église de Constantinople, « que selon la doctrine du bienheureux Jean, » patriarche de Constantinople (soit que ce soit saint Jean Chrysostome, ou saint Jean l'Aumônier, ou saint Jean le Jeûneur, ou quelque autre), « il ne faut point répandre

¹ *Euchol.*, p. 190. — ² *Traité de la Commun.*, I part. n. 6, p. 292. — ³ *Ibid.*

le sang précieux » sur les Présanctifiés qu'on veut réserver ;
« et c'est, dit-il, la pratique de notre église [1]. » Ces deux passages
cités dans le *Traité de la Communion*, sont demeurés sans réplique. Comme donc ni M. de la Roque ni l'Anonyme, de si
rigoureux censeurs, n'ont rien eu à y opposer, le fait demeure
pour avéré. Ainsi, quoi que puissent dire les Grecs modernes,
leur tradition est contre eux, et il doit passer pour constant que
le pain sacré se réservoit seul dans l'office des Présanctifiés.

Aussi le patriarche Cérularius a-t-il pris une autre méthode,
pour trouver les deux espèces dans cet office; et M. de la Roque
produit avec moi un passage de ce patriarche dans l'ouvrage que
nous venons de citer, où il dit « qu'on met le pain saint présanctifié, et auparavant devenu parfait, » c'est-à-dire déjà consacré,
« dans le calice mystique ; et ainsi le vin qui y est, est changé au
sacré sang du Seigneur, » et l'on croit « qu'il y est changé, »
sans qu'on ait dit sur ce vin, de l'aveu de ce patriarche et de
M. de la Roque, « aucune des oraisons mystiques et sanctifiantes; »
par où il paroît clairement que Michel Cérularius ne mettoit pas
la communion des deux espèces dans l'infusion, qu'on fait à
présent parmi les Grecs, de quelques gouttes de sang sur un pain
consacré.

De dire qu'il la failt mettre dans la consécration du vin, qui
se feroit par le mélange du corps, c'est ce que nous détruirons
bientôt par des raisons si démonstratives, que j'espère qu'il n'y
aura aucune réplique ; observant seulement en attendant que le
premier qui ait écrit que le vin est changé au sang par le mélange
du corps, est le patriarche Michel, environ en l'an 1050 de
Notre-Seigneur, sans que M. de la Roque, qui nous vante ici
l'antiquité grecque et latine, ait pu nommer un seul auteur ni
grec ni latin qui ait dit la même chose avant ce temps.

Et sans aller plus avant ni approfondir davantage la question,
on voit déjà l'absurdité de cette doctrine, puisque par une telle
imagination le patriarche Michel détruit l'office des Présanctifiés,
qu'il avoit dessein d'établir. Car cet office consiste à donner sans
consécration les mystères déjà consacrés dans le sacrifice précé-

---

[1] Harm., *Epist. Can.*, sect. II, tit. 6.

dent. M. de la Roque en est convenu, comme on l'a vu; et c'est même la définition qu'il nous a donnée de cet office, disant en termes formels qu'on l'appelle l'office ou la « liturgie des dons présanctifiés, à cause qu'on n'y faisoit pas de NOUVELLE CONSÉCRATION. » Or pour conserver cette notion des mystères présanctifiés, il ne falloit non plus consacrer le sang que le corps, et l'on ne voit pas comment la consécration de l'un s'accommodoit mieux que celle de l'autre à la sainte tristesse du jeûne ; outre qu'on ne voit aucun exemple dans toute l'histoire ecclésiastique, où l'on ait jamais consacré une des espèces de l'Eucharistie, sans en même temps consacrer l'autre. C'est donc une illusion contraire à toute la tradition, et contraire en particulier au dessein des Présanctifiés, que de s'imaginer ici la consécration du vin par le mélange du pain consacré; et M. de la Roque, qui croit se sauver par une si mauvaise défaite, se contredit ouvertement lui-même.

Concluons donc que le service des Présanctifiés étoit un service où publiquement et dans l'assemblée des fidèles, comme nous l'avons déjà dit, à chaque semaine du Carême tout le clergé et le peuple communioit cinq fois sous la seule espèce du pain, il y a pour le moins mille ans.

CHAPITRE XXXVI.

Antiquité de l'Office des Présanctifiés.

J'ai dit (a) : *Il'y a pour le moins mille ans*. Car au reste on ne peut douter qu'il n'y ait beaucoup davantage que l'office des Présanctifiés est en usage dans l'Eglise d'Orient; et c'est une erreur manifeste que d'en attribuer l'institution, comme fait M. de la Roque [1], au concile tenu *in Trullo*. C'est une faute perpétuelle de tous les ministres de mettre l'origine d'une chose à l'endroit où ils s'imaginent en avoir trouvé la première mention. Par exemple, ils ne craignent pas d'établir la date de la prière des Saints au temps de saint Grégoire de Nazianze, parce qu'ils veulent qu'il soit le premier à en parler. Mais sans rapporter les

[1] La Roq., p. 61, 218.
(a) A la dernière ligne du chapitre précédent.

autres preuves qu'on en a dans les siècles précédens, il ne falloit pas oublier que saint Grégoire de Nazianze en parle comme d'une chose déjà établie et qui est venue de bien plus haut. Quand donc M. de la Roque a trouvé dans le concile *in Trullo* l'office des Présanctifiés, il devoit faire voir qu'on y en parle comme d'une chose nouvelle que l'on institue ; mais voici au contraire ce qui en est dit : « Que dans tous les jours du jeûne du saint Carême, on fasse l'office sacré des Présanctifiés, excepté le dimanche et le samedi et le jour de l'Annonciation [1] : » où l'on parle visiblement de cet office, comme d'une chose connue, dont on détermine les jours, mais dont on suppose le fond déjà établi. Aussi M. de la Roque n'apporte-t-il aucune raison de son sentiment. « Je rapporterai, dit-il, volontiers l'origine de cet office au concile *in Trullo* [2]. » Je vois bien qu'il le feroit *volontiers*, et que *volontiers* il reculeroit le plus qu'il pourroit une pratique qui lui est contraire ; mais le canon qu'il rapporte ne le souffre pas ; et une chose déjà établie dans toute l'Eglise orientale, sans doute ne commençoit pas alors. Bien plus on voit cet office plus de soixante ans avant ce concile, sous le patriarche Sergius, qui mourut en l'an 639, plus de quarante ans avant le concile qui, comme nous avons vu, a été célébré en 682. C'est dans la chronique d'Alexandrie à l'olympiade 348, et cinq ans après l'empire d'Héraclius, c'est-à-dire vers l'an 648, que nous trouvons le service des Présanctifiés, mais comme une chose établie. Car il y est dit : Qu'en ce temps sous Sergius, patriarche de Constantinople, « pendant qu'on porte les dons présanctifiés de la sacristie sur l'autel, incontinent après la prière : *Dirigatur : Que nos vœux soient dirigés*, et après que le prêtre a dit : *Par le don de votre Christ*, le peuple commence à chanter ces mots : *Maintenant les puissances célestes vont adorer invisiblement avec nous ; car voilà que le Roi de gloire fait son entrée : voilà que le sacrifice mystique est porté en don :* et le reste. C'est la prière que l'on dit encore dans le même endroit de cet office ; et pour le remarquer en passant, dès ce temps-là on disoit en apportant le pain consacré : *Voilà le Roi de gloire qui fait son entrée* : et le peuple joignoit alors ses adora-

---

[1] *Conc. in Trul.*, can. 52 ; Labb., tom. IV, col. 1166. — [2] La Roq., p. 218.

tions à celles des anges. Mais ce qui fait à notre sujet, c'est que dans une si grande antiquité, on nous parle de l'office des Présanctifiés comme étant déjà tout formé, puisqu'on marque seulement l'endroit où l'on commença alors à placer une certaine prière. La *Chronique* d'Alexandrie est écrite au huitième siècle, et lorsque la mémoire de cette pieuse introduction étoit encore récente. Ainsi l'office des Présanctifiés ne nous paroît, il y a déjà tant de siècles, que comme ancien et formé, sans que personne en marque le commencement. Et en effet je ne comprends pas la difficulté que peut trouver M. de la Roque à le reconnoître dès les premiers temps, puisqu'après tout, cet office, selon ce ministre, n'est autre chose que la communion avec l'Eucharistie consacrée dans les jours précédens ; chose que la communion domestique et celle des malades nous fait voir dès les premiers siècles du christianisme. Aussi voyons-nous cet office fondé manifestement sur le concile de Laodicée, dont l'année (*a*) est incertaine ; mais qui fut tenu constamment au quatrième siècle. Voici donc ce que dit ce saint concile : « Qu'il ne faut pas offrir le pain durant le Carême, si ce n'est le samedi et le dimanche [1]. » On y voit donc dès ce temps la défense *d'offrir* et de consacrer aux jours de jeûne. Mais nous avons déjà vu que ce n'étoit que l'oblation et le sacrifice, ou ce qui est la même chose, la consécration, et non pas la communion, que l'on jugeoit répugnante à la tristesse du jeûne. Encore donc qu'on s'abstînt de consacrer, rien n'empêchoit qu'on ne communiât ; et c'est pourquoi nous voyons dans le concile de Laodicée qu'il est défendu *d'offrir*, et non pas de communier : *Il ne faut pas*, dit-il, *offrir le pain.* En défendant seulement de l'offrir, il approuve tacitement qu'on le mange, comme nous voyons en effet qu'on le faisoit ; et il ne parle que du pain, pour montrer qu'en communiant sous cette espèce sacrée on le mangeoit à la vérité les jours de jeûne, mais sans l'offrir ni le consacrer : chose qui se rapporte si bien à l'office des Présanctifiés que

[1] Can. 49.

(*a*) Pagi se fondant sur Godefroid, et sur les raisons que cet auteur tire de Philostorge pour appuyer ses conjectures, pense qu'il est très-probable que ce concile a été assemblé l'an 363. Voyez Pag., *Crit. histor. chronol.*, tom. I, p. 377. (Edit. de Déforis.)

les Grecs conservent encore, qu'on ne peut douter qu'il ne vienne de cette source. Que dis-je, de cette source ? Le concile de Laodicée n'institue rien de nouveau, et il ne fait qu'affermir ou renouveler ce qu'il trouvoit établi. Ainsi, et le sacrifice des Présanctifiés, et la communion que l'on y faisoit sous une espèce, sont de la première antiquité dans l'Eglise grecque.

Contre de si solides fondemens, M. de la Roque n'oppose rien que trois témoignages [1] : l'un de Nicétas Pectoratus au milieu du onzième siècle ; l'autre de Michel Cérularius du même temps ; et le dernier de Siméon de Thessalonique, *qui vivoit,* dit ce ministre, *il y a plus de trois cents ans.* Voilà toute l'antiquité qu'il a pu donner à sa consécration par le mélange. L'Anonyme y ajoute Cabasilas, auteur encore plus récent : et il est vrai que ces quatre auteurs, dont le plus ancien passe à peine six cents ans, pour trouver dans leur office des Présanctifiés la communion sous les deux espèces, ont dit que sans aucune des paroles sanctifiantes, le vin étoit consacré par le seul mélange du corps. Mais c'est par leur nouveauté que nous prouvons invinciblement l'ancienne tradition de la communion sous une espèce. Car tous ces auteurs reconnoissent qu'on ne réservoit que le pain pour célébrer l'office des Présanctifiés, et c'étoit sans contredit l'ancienne pratique. C'est aussi ce qu'on voit encore dans l'*Euchologe* des Grecs. L'infusion de quelques gouttes de sang, qu'on y a depuis ajoutée, n'est de l'aveu de ces auteurs ni suffisante ni ancienne. Elle n'est pas suffisante, puisque quelques gouttes sur un pain ne suffisent pas pour sauver les deux espèces. Elle n'est pas ancienne, puisque Michel Cérularius en a reconnu la nouveauté. La consécration par le mélange n'est pas moins nouvelle, puisque déjà, sans aller plus loin, il paroît que Michel Cérularius ou les auteurs de son temps sont les premiers qui l'ont avancée, et nous verrons qu'elle est opposée à toute la tradition précédente. Il ne reste donc rien d'ancien dans l'office des Présanctifiés, selon la propre tradition de l'Eglise grecque, que la réserve du pain et la communion sous une espèce.

Il faut néanmoins répondre à quelques difficultés que nous font

[1] La Roq., p. 220.

nos adversaires. La première est tirée de l'office même et du nom même des *Présanctifiés*. Car on les appelle *Présanctifiés* au nombre pluriel. On crioit avant la communion : « Les choses saintes présanctifiées, » ou « les saints dons présanctifiés sont pour les saints : » donc il y en avoit plusieurs : donc on donnoit les deux dons, c'est-à-dire le corps et le sang.

Cette objection est trop foible pour être tant répétée et tant exagérée par d'habiles gens. Car les dons présanctifiés ne sont visiblement autre chose que les pains déjà consacrés que l'on avoit réservés du dimanche, ou les particules de ces pains qu'on alloit distribuer au peuple. Ces particules s'appeloient les dons, et de l'aveu des ministres on ne peut entendre autre chose par les dons présanctifiés, puisque selon eux et selon les anciens Grecs qu'ils allèguent, le vin qu'on alloit mêler avec le corps n'étoit pas présanctifié ou consacré auparavant; mais qu'il l'alloit être, s'il les en faut croire, par ce mélange. Il n'y a donc rien de plus vain que cette objection. Mais il y a une autre chose qui paroît plus digne de remarque, et qu'aussi je n'ai pas voulu oublier dans le *Traité de la Communion* : c'est qu'encore qu'il paroisse assez, comme on a vu dans toute la liturgie des Présanctifiés, que c'est le pain seul qu'on réserve, qu'on apporte de la sacristie, qu'on élève, qu'on encense et qu'on distribue, néanmoins on ne change rien dans la formule ordinaire des prières, et on nomme le corps et le sang, comme on fait quand on donne également l'un et l'autre. C'est de quoi on ne peut rendre de raison que par la doctrine de l'Eglise catholique et par les exemples dont nous avons déjà vu un si grand nombre, où on ne laisse pas de nommer le corps et le sang, quoiqu'en effet on ne donne qu'une seule espèce, par la puissante impression qu'on a toujours eue, que leur substance comme leur vertu sont inséparables.

CHAPITRE XXXVII.

Le corps et le sang nommés, quoiqu'il n'y ait qu'une espèce, parce que leur substance et leur vertu sont inséparables.

L'Anonyme ne peut souffrir cette réponse, et il veut que je l'appuie par quelque bon témoignage [1]. Il en a déjà vu plusieurs des plus authentiques, et celui-ci n'est pas des moindres. Mais l'Anonyme le tourne d'une autre manière; et pour ne rien oublier, il ne faut pas laisser passer sa conjecture sans examen.

Voici donc comment il fait l'histoire de l'office des Présanctifiés : « Il est vrai, dit-il, que les Grecs (durant le Carême) consacroient seulement le samedi et le dimanche; mais il est constant aussi qu'ils réservoient suffisamment du pain et du vin pour la communion des autres jours. » Voilà ce qu'il pose pour constant; et il conjecture que dans la suite « peu à peu on a gardé peu de vin; et enfin par une sotte crainte que le vin ne s'aigrît ou ne se gâtât, ils se sont contentés de mêler quelques gouttes de ce vin sacré sur le pain qu'ils vouloient réserver. Mais quoique leurs rits aient changé, on n'a rien changé dans ces *Rituels* anciens de l'Eglise, et on reconnoît encore aujourd'hui dans leur langage quelle étoit la foi et la pratique ancienne [2]. »

La conjecture est ingénieuse, et pourroit avoir quelque vraisemblance, si ce n'étoit que ce que cet auteur pose d'abord *pour constant*, par malheur, selon lui-même, n'est pas sûr, et qu'absolument il est faux. « Il est constant, dit-il, que les Grecs réservoient suffisamment du pain et du vin pour la communion des autres jours; et c'est, poursuit-il, ce que nous apprend en termes formels Nicétas Pectorat, moine grec, dans sa dispute contre les Latins environ l'an de grace 1053. » Voilà un fait bien articulé : voilà ce que l'Anonyme donne pour constant. Mais c'est sans en être trop assuré, puisqu'aussitôt après il varie. « Il est, dit-il, évident que les Grecs gardoient autrefois le pain et le vin sacrés, ou bien s'ils ne gardoient que le pain, comme M. Bossuet assure qu'ils font maintenant, qu'en le mêlant au vin non consacré, ils

---

[1] Anonyme, p. 246. — [2] P. 249.

le consacroient par ce mélange : ce qui fait dire à Cérularius, patriarche de Constantinople, que le vin dans lequel on mêle le corps réservé, est changé au sang précieux par ce mélange. »

Voilà manifestement assurer ce qu'au fond on sent bien qu'on ne sait pas. *Il est constant qu'on réservoit du pain et du vin*, témoin Nicétas : *il est évident* que si l'on ne réservoit que le pain, on s'en servoit pour changer au sang le vin qu'on ne réservoit pas, témoin Cérularius. Et ce qu'il y a de plus important, c'est que l'un de ces faits visiblement détruit l'autre. Car si sans réserver le vin, on le consacroit *par le corps réservé*, selon Cérularius, on ne réservoit pas le pain et le vin selon Nicétas : et ce qu'il y a encore de pire, c'est que Cérularius étoit le patriarche de Nicétas, et que c'étoit sous les ordres de ce patriarche que Nicétas disputoit contre les Latins. C'étoit donc dans le même temps et dans la même église de Constantinople, que *constamment*, selon Nicétas, on réservoit le vin consacré, et que *constamment*, selon Cérularius, on ne réservoit que le pain avec lequel on changeoit le vin au sang précieux. Quelle plus grande confusion peut-on jamais imaginer dans un auteur? Et que diroit l'Anonyme, s'il trouvoit de pareilles contradictions dans nos écrits?

Mais enfin au fond, dira-t-on, peut-être se trouvera-t-il que Cérularius et Nicétas, le patriarche et le moine à qui il a confié la défense de son église, assurent des faits contraires. Pour le voir une bonne fois, et n'y jamais revenir, il faut encore répéter l'endroit où l'Anonyme cite Nicétas. « Il est constant, dit-il, que les Grecs réservoient suffisamment du pain et du vin pour la communion des autres jours. C'est ce que nous apprend en termes formels Nicétas Pectorat, moine grec, dans sa dispute contre les Latins environ l'an de grace 1053 [1]. Nous sanctifions, dit-il, les dons le samedi, desquels nous en gardons suffisamment pour toute la semaine; et dans les autres jours, nous élevons le pain présanctifié, donnons les choses saintes aux saints par la communion du pain et de la coupe des mystères de Jésus-Christ [2]. »

Deux choses sont ici certaines : l'une que Nicétas parle de son temps : « Nous sanctifions, dit-il, nous gardons, nous élevons,

[1] Anonyme, p. 245. — [2] Nicet., *disp. cum Latin.*

nous donnons. » Voilà visiblement un homme qui parle de son temps. L'autre chose, également certaine, est que l'Anonyme produit ce passage pour prouver *qu'il est constant* que l'Eglise grecque réservoit le vin aussi bien que le pain consacré ; de sorte qu'il sera vrai qu'à la face de l'univers, le patriarche et son religieux déposeront en même temps de deux faits contraires à l'égard de la même église de Constantinople. Mais comme c'est une absurdité qu'on ne peut pas soutenir, aussi n'y a-t-il rien de plus facile que de concilier ces contemporains sur un fait qu'ils voyoient tous deux tous les jours. Car Nicétas ne dit pas qu'on garde le pain et le vin, mais seulement qu'on garde *les dons ;* c'est-à-dire les pains réservés et les parcelles qu'on en faisoit pour les distribuer : ce que la coutume appeloit les *Dons*. Il ne dit pas qu'on élève le pain et le vin présanctifiés ; mais qu'on élève *le pain présanctifié* comme la partie du sacrement qu'on réservoit seule, et que seule on consacroit le jour précédent ; et s'il parle de la coupe des mystères, c'est qu'il suppose avec Cérularius son patriarche, selon l'erreur que l'on commençoit d'établir alors, qu'elle devenoit sacrée, et *la coupe des mystères* par le mélange.

Mais comme cette doctrine ne remonte pas au-dessus de Cérularius et de Nicétas, et qu'avant ce temps il est impossible de trouver un seul homme qui l'ait enseignée, ce qui reste pour constant, c'est que la tradition que ces auteurs ont trouvée dans l'Eglise, est celle de réserver et de ne donner qu'une espèce dans l'Office des Présanctifiés, et cette tradition devoit nécessairement venir de plus haut. Car si l'on avoit ici changé quelque chose de ce qui se pratiquoit au commencement, ce changement seroit marqué comme les autres. Lorsque l'on a ajouté dans cet office, entre les autres prières, cette hymne d'adoration : *Maintenant les puissances célestes*, et le reste que nous avons rapporté, on a marqué cette addition, et il est marqué qu'elle a été faite sous le patriarche Sergius. On a introduit dans ce même Office la coutume de mettre quelques gouttes du sang précieux sur le corps que l'on réservoit. La nouveauté en est observée ; et l'on doit croire par cet exemple, que si l'on avoit innové quelque autre chose de considérable dans cet Office, on auroit remarqué cette innovation.

Puis donc qu'on n'a point marqué que jamais on ait réservé ni donné au peuple autre chose que le pain sacré, on doit croire qu'il est ainsi de tout temps immémorial. Le concile de Laodicée, où il n'est parlé que du pain, confirme l'antiquité de cette tradition : d'où il s'ensuit que l'Office des Présanctifiés, à la réserve des innovations que nous venons de marquer, est le même qu'il a été dans son origine : qu'on n'y donnoit que le corps ; et que si l'on y parle du sang, ce n'est pas à cause des deux espèces, puisqu'on ne les y donnoit pas ; mais c'est à cause que la substance avec la vertu du sang se trouvoit effectivement dans le corps.

Et c'est de quoi, sans aller plus loin, nous avons la preuve assurée dans cet Office, puisque nous y avons vu l'adoration qu'on rendoit à l'Eucharistie, lorsque de la sacristie on la portoit sur l'autel. Car c'est alors qu'on disoit : « Maintenant les vertus célestes vont adorer avec nous; » et : « Voilà le Roi de gloire qui fait son entrée. » Il y a constamment plus de mille ans qu'on a fait cette prière. Ni les *Paschases* n'avoient paru, ni Bérenger n'avoit été condamné; et l'Eglise orientale chantoit déjà en voyant passer l'Eucharistie : « Voilà le Roi de gloire qui fait son entrée, et les puissances célestes l'adorent avec nous. » Ce Roi de gloire n'étoit pas un cadavre sans ame et sans sang : c'étoit Jésus-Christ entier, Dieu et Homme, et par conséquent son sang avec son corps. Mais c'en est assez sur le service des Présanctifiés comme on le faisoit dans l'Eglise grecque. Voyons de quelle sorte on le célébroit parmi nous et dans l'Eglise latine.

CHAPITRE XXXVIII.

De l'Office des Présanctifiés parmi les Latins.

On ne célèbre parmi les Latins l'Office des Présanctifiés que le seul jour du Vendredi saint. La coutume est donc de consacrer le Jeudi saint le corps de Notre-Seigneur, non-seulement pour ce jour-là, mais encore pour le jour suivant. On le réserve avec soin : on l'apporte le lendemain à l'autel avec révérence, où on le prend avec le vin non consacré. Comme cette coutume est ancienne, j'en ai tiré une preuve de l'ancienne tradition de la communion sous une espèce¹; et parce que je trouve dans les anciens livres que ce n'étoit pas le seul prêtre, comme à présent, mais tout le peuple qui communioit de cette sorte, j'ai conclu que la communion sous une espèce étoit publique et générale le Vendredi saint.

Au reste, comme il faut en toutes choses agir de bonne foi et défendre la vérité sans prendre sur son lecteur de faux avantages, je n'ai pas voulu dire que cette coutume ait toujours été établie dans toutes les églises d'Occident ². J'ai cru que je ne devois rien assurer que de l'Eglise gallicane, dont étoient les auteurs que j'ai allégués; et j'ai expressément marqué que la date de ces auteurs n'étoit pas au-dessus du huitième siècle, me contentant d'assurer que la coutume dont ils parloient étant alors établie sans qu'on en marquât le commencement, elle devoit nécessairement venir de plus haut. Au reste c'en étoit assez pour établir ma preuve, et j'ai cru que l'autorité de l'Eglise gallicane et les témoignages du huitième siècle pouvoient contenter les sages.

Les réponses de mes adversaires semblent maintenant demander que je m'explique plus précisément sur l'antiquité de cette coutume et sur les lieux où elle étoit établie. Je dirai donc avant toutes choses qu'il ne me paroît pas qu'elle le fût dans l'Eglise romaine. J'accorde sans peine à M. de la Roque ³ que du temps du pape saint Innocent, qui est mort au cinquième siècle, cette Eglise, comme dit ce Pape, *ne célébroit en aucune sorte les sacremens* ⁴; et encore que ce mot de *célébrer* ait été pris dans la suite, comme nous verrons, en divers sens, j'accorde encore au ministre ⁵ que selon qu'on l'entendoit du temps d'Innocent, il excluoit non-seulement la consécration, mais encore *la distribution du sacrement*; de sorte que l'Office des Présanctifiés, que nous faisons à présent le Vendredi saint, n'étoit pas en usage à Rome. Ce qui me le persuade, c'est que plusieurs siècles après, pendant qu'on célébroit parmi nous l'Office des Présanctifiés le Vendredi saint, les Romains ne le faisoient pas. Alcuin y est exprès au hui-

---

¹ *Traité de la Commun.*, I part., n. 6, p. 288. — ² *Ibid.* 289 et suiv. — ³ La Roq., I part., chap. VIII, p. 203. — ⁴ Innoc. I, ep. *ad Decent.; Ep. Roman. Pontif.*, col. 859. — ⁵ La Roq., *ibid.*, p. 204.

tième et neuvième siècle. « Le jour du Vendredi saint, dit-il, on ne consacre pas le corps du Seigneur; et si l'on veut communier, il faut avoir du sacrifice du jour précédent, ce que les Romains ne font pas [1]. » Amalarius, dans le même siècle, n'est pas moins clair. Il assure qu'à Rome, le Vendredi saint, « dans la station où le Pape saluoit la croix, personne ne communioit. » Ce que cet auteur dit avoir appris de l'archidiacre de Rome; et il ajoute « que selon cet ordre, après avoir salué la croix, chacun devoit retourner dans sa maison, » par conséquent sans communier, puisque la communion ne se faisoit qu'après la salutation ou l'adoration de la croix. On voit même, par la dispute du cardinal Humbert contre Nicétas, dans l'onzième siècle, que l'Office des Présanctifiés n'étoit pas encore en usage à Rome, puisque s'il eût été en usage, ce cardinal ne l'auroit pas ignoré, et n'auroit pas repris si sévèrement dans les Grecs, comme contraire à toute raison, cet Office des Présanctifiés, ou comme il parle, *la messe imparfaite*, ou *la messe sans consécration* [2], dont il auroit vu à Rome même un exemple si solennel le Vendredi saint.

C'est donc ici de ces choses où les églises varient, puisque même l'Eglise romaine ne les a faites que tard. Et il ne faut pas objecter que cette coutume de communier le Vendredi saint avec le pain consacré la veille, se trouve dans l'*Ordre romain* et même dans le *Sacramentaire* de saint Grégoire; d'où il semble qu'on doive conclure qu'elle étoit dans l'Eglise romaine avant le temps que nous disons. Car il faut avouer de bonne foi que ce que l'on appelle l'*Ordre romain,* ne dit pas toujours ce qui se pratiquoit à Rome. Depuis que selon la liberté qui est donnée aux églises de varier dans les choses indifférentes, la France eût quitté son ancien usage pour prendre celui de Rome, ce qui fut fait, comme on sait, sous Charlemagne, les églises transcrivirent l'*Ordre romain* pour leur usage; et comme elles retenoient beaucoup de leurs anciennes cérémonies, elles les inséroient dans ce livre. De là vient que ces anciens interprètes de l'*Ordre romain*, comme Alcuin et Amalarius, y remarquent beaucoup de choses, et entre autres la Messe

---

[1] Tom. X, *Bibl. PP.*, cap. *de Cœnd*, col. 249. — [2] Humb., *Repreh. Nic.*, apud Baron., App., tom. XI, p. 771, 772.

des Présanctifiés qu'on ne faisoit pas à Rome [1]. D'où il est aussi arrivé que l'on trouve l'*Ordre romain* en tant de manières. Nous en avons en effet divers exemplaires dans la *Bibliothèque des Pères*, tous sous le titre de l'*Ordre romain*, dans l'un desquels nous trouvons : « Après les bénédictions pontificales, comme on a coutume de les donner en ce pays-ci[2], » en distinction de celles qu'on donnoit à Rome; en un autre endroit : « Que nous ne faisons pas; » et dans un autre exemplaire : « On ne bénit pas ainsi à Rome [3]; » et un peu après, dans l'office du Samedi saint [4] : « Ici, le diacre dit, *Ite, missa est*, selon l'*Ordre romain ;* mais l'usage de l'Eglise ne le permet pas à cause des vêpres. En cette nuit on ne parle point chez les Romains de l'office des vêpres, ni devant ni après la messe; mais parmi nous un de l'école, » c'est-à-dire un des chantres, « commence *Alleluia*, pour vêpres, » et le reste comme on le fait encore parmi nous. On trouve encore ce titre dans ce même livre, au commencement de l'office de Pâques : *Encore selon les Romains* [5]. En un autre endroit : « On allume sept lampes, » ou comme un autre *Ordre* veut, « deux cierges [6]. » Tout est plein de choses semblables, qui montrent combien on diversifioit l'*Ordre romain ;* et qu'enfin ce livre de l'*Ordre romain* n'est pas toujours l'ordre romain selon qu'il se pratiquoit à Rome, mais que c'est souvent l'ordre romain selon que les églises l'approprioient à leurs usages en conservant le nom d'*Ordre romain*, parce que l'*Ordre romain* en étoit le fond, et qu'on en gardoit ordinairement les principales observances.

Selon cette notion de l'*Ordre romain*, il ne faut pas croire que tout ce qui en porte le titre soit toujours d'une même antiquité. Ce n'est pas que ce livre ne soit très-ancien considéré en lui-même, puisque des auteurs du huitième ou du neuvième siècle l'ont rapporté. Mais comme de temps en temps les églises l'accommodoient à leur usage, et qu'on y faisoit des gloses, la règle la plus assurée pour fixer l'antiquité des usages que nous voyons, c'est d'en établir la date par celle des volumes où on les trouve, ou des au-

---

[1] Alc., *de Div. Offic.*, cap. *de Cœn. Dom.;* Amalar., lib. I, cap. XII, tom. X *Bibl. Patrum*, col. 249. — [2] *Ibid.*, col. 5. — [3] *Ibid.*, col. 79. — [4] *Ibid.*, col. 84. — [5] *Ibid.*, col. 86. — [6] *Ibid.*, col. 71.

teurs qui les rapportent, ou en tout cas par le rapport de ce qu'on y trouve avec des Actes d'une antiquité certaine. C'est aussi selon cette règle que je n'ai donné à l'*Ordre romain* dans l'office du Vendredi saint, que l'antiquité d'Alcuin et d'Amalarius, qui sont les premiers auteurs où il soit produit.

Il faut dire la même chose du *Sacramentaire* de saint Gélase ou de saint Grégoire, lequel *Sacramentaire* étoit l'*Ordre romain* suivant que ces grands papes l'avoient rédigé. Le *Sacramentaire* de saint Grégoire, que le docte Ménard nous a donné et qu'on appelle la *Messe de saint Eloi*, est le plus ancien que nous ayons ; et selon les savantes remarques de cet auteur [1], il paroît accommodé aux usages de l'Eglise de Noyon aux environs du huitième siècle.

Voici donc ce que nous lisons dans ce livre pour l'office du Jeudi saint : « Cela fait, après avoir lavé les mains, le pontife va devant l'autel, et tout le peuple communie en son rang, et on garde de ce même sacrifice pour le lendemain, afin qu'on en communie [2]. » Et pour montrer qu'on ne gardoit que le corps, on voit dans l'office du Vendredi saint : « Les deux premiers prêtres, après avoir salué la croix, s'en vont incontinent dans la sacristie, ou à l'endroit où l'on aura posé le corps du Seigneur, qui a été réservé de la veille, le mettant sur la patène : un sous-diacre tient devant eux le calice avec du vin non consacré, et un autre porte la patène avec le corps du Seigneur ; l'un des prêtres prend de leurs mains la patène et l'autre le calice, et les portent sur l'autel nu [2], » c'est-à-dire sans aucun parement ; car on les ôtoit à ce jour comme on fait encore : « Le pontife cependant se tient assis jusqu'à ce que le peuple ait achevé de saluer la croix, et pendant que le pontife ou le peuple salue la croix, on répète toujours l'antienne : Voila le bois de la croix, » qui est celle que nous chantons encore aujourd'hui, à la fin de laquelle il y a ces mots : *Venez, et adorons-le*. Aussi ce qu'on appelle en ce passage *salutation de la croix*, s'appelle *adoration* en d'autres endroits, du temps même d'Alcuin. Cet auteur, en interprétant dans l'*Ordre romain* la salutation de la croix, dit : « Quand nous adorons la croix, il faut

[1] *Præf. Men.* — [2] *Lit. Sac. Men.*, p. 69.

que tout notre corps s'attache à la terre, et que nous ayons dans l'esprit celui que nous y adorons comme y étant attaché ; et nous adorons la vertu qu'elle a reçue du Fils de Dieu. Ainsi, poursuit-il, selon le corps nous sommes prosternés devant la croix, mais selon l'esprit devant le Seigneur [1]. » Revenons au *Sacramentaire :* « Après avoir salué la croix et l'avoir remise à sa place, le pontife descend à l'autel, et dit : *Oremus : Præceptis salutaribus ;* jusqu'à ces mots, *et ab omni perturbatione securi :* » qui sont les mêmes prières dont nous accompagnons encore aujourd'hui l'*Oraison dominicale* au Vendredi saint comme aux autres jours. « Après qu'on a dit : *Amen,* le pontife prend de la sainte hostie et la met dans le calice sans dire mot, et tout le monde communie en silence ; et ainsi tout l'office est accompli : *et expleta sunt universa :* les autels demeurent nus depuis le soir du Jeudi saint, jusqu'au matin du Samedi. »

Les catholiques liront ici avec une singulière consolation l'antiquité de leur office ; et je crois que les gens de bien souhaiteroient seulement que tout le peuple communiât comme autrefois à ce saint jour. Si l'on en avoit la dévotion, il ne tiendroit pas à l'Eglise qu'on ne le fît. Mais sans entrer dans cette matière, contentons-nous de demander à nos réformés s'ils veulent condamner depuis neuf cents ans nos pères, qui après avoir adoré la croix, communioient avec le corps seul réservé du jour précédent.

Le *Sacramentaire* de saint Grégoire, tiré du Vatican, dit de mot à mot la même chose [2]. L'*Ordre romain* y est conforme, et nous y lisons ces mots le Jeudi saint : « Le pontife venant à l'autel, divise les oblations afin qu'on les rompe ; et tout le peuple communie en son rang ; et il prend des oblations entières parmi les autres, pour les garder jusqu'au matin du Vendredi saint, afin qu'on communie sans le sang de Notre-Seigneur, et le sang se consume entièrement à ce jour-là [3]. » Après quoi le Vendredi saint, comme dans le *Sacramentaire* de saint Grégoire, on va querir dans la sacristie « le corps de Notre-Seigneur, on l'apporte

---

[1] *De Div. Offic.*, cap. *de Offic. Parasc.*, col. 252. — [2] Greg., tom. III, p. 69. — [3] Tom. X, *Bibl. Patr.*, col. 67.

sur la patène : on dit l'*Oraison dominicale*. Le prêtre prend de la sainte hostie et en met dans le calice sans dire mot, si ce n'est qu'il veuille dire quelque chose secrètement [1]. » La même chose se trouve dans Alcuin, et dans tous ces deux endroits on lit ces mots : « Or le vin non consacré est sanctifié, et tout le monde communie en silence, et ainsi s'achève tout l'office[2]. »

Pour peu qu'on eût de bonne foi, le sens de ces paroles seroit aisé à entendre, et on demeureroit d'accord que le mot de *sanctifier* se peut prendre en plusieurs manières. Il se prend en premier lieu pour tout ce qui est dédié aux saints usages. Ainsi « le pain qu'on donnoit aux catéchumènes, » selon saint Augustin [3], « devenoit saint, encore qu'il ne fût pas le corps de Notre-Seigneur; » ainsi les linges qui servent à l'Eucharistie, le corporal où l'on pose le corps de Notre-Seigneur et qui est le sacré symbole du linceul où Jésus-Christ fut enseveli, le calice et les autres vaisseaux sacrés sont sanctifiés par l'attouchement du corps de Notre-Seigneur, ou parce qu'ils sont employés à son ministère; et sans sortir du pain de l'Eucharistie, dès qu'on l'offre à Dieu pour le sacrifice, qu'il est posé sur l'autel, qu'on l'a béni, il cesse d'être regardé comme profane, encore qu'il n'ait pas été encore consacré pour être le corps de Notre-Seigneur. Mais outre cette sanctification plus générale, où les choses de profanes deviennent saintes et sacrées, il y a une autre sanctification du pain et du vin, lorsqu'ils sont consacrés et sanctifiés pour être le corps et le sang de Notre-Seigneur.

Il est donc aisé de comprendre qu'ici le vin est sanctifié de la première manière, dans la signification la plus étendue du terme de *sanctifier;* et qu'encore qu'on se serve du même terme pour le pain sanctifié le jour précédent, c'est-à-dire véritablement consacré, que pour le vin qui est sanctifié par l'attouchement de ce pain sacré, on peut aisément connoître qu'il y a une sainteté d'un autre ordre dans le pain qui communique la sainteté que dans le vin qui la reçoit. Voilà une explication simple et naturelle, qui parmi des gens de bonne foi, devroit faire cesser d'abord toute la

[1] Tom. X *Bibl. Patr.*, col. 75. — [2] *Ibid.*, col. 76 et 253. — [3] Lib. II, *de Peccat. mer. et remiss.*, cap. XXVI, n. 42.

difficulté : mais comme nous avons affaire à des esprits contentieux, il ne faut pas espérer qu'ils se rendent si facilement, et nous allons écouter leurs raisons.

CHAPITRE XXXIX.

Que le vin n'est point consacré par le mélange du corps.

Les paroles de l'*Ordre romain* que nous avons récitées, font conclure à M. de la Roque et à l'Anonyme qu'on croyoit alors la consécration du vin par le mélange [1]; et pour agir en tout de bonne foi, je veux bien leur avouer que quelques-uns le croyoient ainsi, déçus par l'autorité de cette rubrique mal entendue. Mais que ce fût l'intention de l'*Ordre romain,* ni de l'Eglise romaine, ni des auteurs tant soit peu instruits des sentiments de l'Eglise, je démontre que cela n'est pas possible : premièrement par Alcuin même, qui le premier nous a rapporté ces paroles de l'*Ordre romain.* Car lui-même dans ce même ouvrage, en continuant l'explication du divin service et expliquant le canon de la messe, en vient enfin à ces paroles : *Qui pridiè quàm pateretur, etc.,* c'est-à-dire : « La veille de sa passion Jésus-Christ prit du pain en ses mains sacrées, » etc., « et dit : Ceci est mon corps : puis prenant ce sacré calice, » etc., « il dit : Ceci est mon sang, » etc., « faites ceci en mémoire de moi. » Après quoi Alcuin poursuit ainsi : « Les apôtres ont usé de ces paroles incontinent après l'ascension de Notre-Seigneur, afin que l'Eglise sût par où elle peut célébrer la perpétuelle mémoire de son Rédempteur. Jésus-Christ l'a montré à ses apôtres, et les apôtres à toute l'Eglise par ces paroles, sans lesquelles nulle langue, nul pays, nulle ville, nulle partie de l'Eglise ne peut consacrer ce sacrement. » Et incontinent après : « C'est donc par la vertu et par les paroles de Jésus-Christ qu'on a consacré au commencement le pain et le calice, qu'on le consacre à présent et qu'on ne cessera de le consacrer, parce que Jésus-Christ prononçant encore par les prêtres ces mêmes paroles, fait son saint corps et son saint sang par une céleste bénédiction. »

[1] La Roq., *Rép.*, II part., chap. VII, p. 241. — [2] Alc., *de Div. Offic.*, cap. *de celebr. Missæ,* col. 287.

C'est donc croire que l'on consacre le sang aussi bien que le corps; et Alcuin n'a pas entendu qu'on pût consacrer le sang par le seul mélange sans prononcer aucune parole, ni que ce fût le sens de la rubrique qu'il rapportoit.

Ici M. de la Roque se tait : il ne dit pas un seul mot à ce passage d'Alcuin, quoique je l'eusse rapporté : sentant bien en sa conscience qu'il n'y a point de meilleur interprète d'Alcuin, ni de la rubrique qu'il nous a rapportée le premier, qu'Alcuin même. Il s'ensuit donc clairement que si l'on prend le pain sacré dans du vin, c'est une espèce d'ablution pour en faciliter le passage et entraîner toutes les parcelles de l'Eucharistie qui pourroient rester dans la bouche; et que s'il est dit que le vin soit sanctifié par le mélange du pain sacré, c'est de cette sanctification extérieure, où les choses qui ne sont pas saintes par elles-mêmes, le deviennent en quelque façon par l'attouchement des choses sacrées, comme le calice, le corporal et les autres vaisseaux sacrés sont sanctifiés et cessent d'être profanes par l'attouchement du corps et du sang. C'est ainsi, dit saint Bernard, « que le vin mêlé avec l'hostie consacrée, quoiqu'il ne soit pas consacré de cette manière solennelle et particulière qui le change au sang de Jésus-Christ, ne laisse pas d'être sacré en touchant le corps de Notre-Seigneur [1]. »

Quand j'explique de cette sorte avec saint Bernard cette sanctification du vin mêlé avec le corps de Notre-Seigneur, l'Anonyme contre la coutume des autres ministres, qui témoignent peu de déférence pour ce saint dévot à la Vierge, dit que « quand Bernard de Clairvaux auroit été dans le sentiment de l'Eglise romaine d'aujourd'hui, il faut voir ce qu'en croyoit l'Eglise romaine d'alors [2]. » Que ne répondoit-il donc à l'autorité si expresse d'Alcuin, auteur du temps, qui nous a le premier parlé de la rubrique dont ils abusent? Pouvoit-il décider plus clairement qu'on ne peut consacrer le sang sans la parole qu'en disant, comme il vient de faire, que sans ces paroles : CECI EST MON CORPS, CECI EST MON SANG, nulle ville, nulle partie de l'Eglise n'a jamais pu consacrer? »

Qu'on ne m'aille pas chicaner sur ce qu'on prétend que cet Alcuin n'est pas l'Alcuin, précepteur de Charlemagne. C'est tout

[1] Epist. XLIX, n. 2, tom. I, col. 71. — [2] Anonyme, p. 242, 253.

ce que l'Anonyme a su répondre à ce passage. Mais que ce soit cet Alcuin ou un autre, quoi qu'il en soit, il est constant que c'est un auteur du temps : que c'est le premier dont nous avons cette rubrique de l'*Ordre romain :* que Remi d'Auxerre, auteur du temps, a transcrit de mot à mot ce chapitre de la célébration de la messe dans l'ouvrage qu'il a composé sur la même matière [1] : que Florus, autre auteur du temps très-célèbre par sa piété et par son savoir, en a fait autant [2] ; et qu'il n'y a rien de plus constant que cette doctrine.

Amalarius n'égale pas le savoir de Florus ni d'Alcuin ; mais soutenu par le même esprit de la tradition, il assure en expliquant le canon, que la consécration s'y fait par le prêtre, en faisant ce qu'a fait Jésus-Christ, en prenant comme lui du pain et une coupe pleine de vin et d'eau, en les bénissant à son exemple, en répétant ses paroles : *Verba dominica*, à l'endroit où nous les répétons encore : « C'est, dit-il, ici que la nature simple de pain et de vin est changée en une nature raisonnable; c'est-à-dire au corps et au sang de Notre-Seigneur [3] : » paroles si expresses et si convaincantes, que ni M. de la Roque ni l'Anonyme n'ont pas seulement tenté d'y répondre. L'Anonyme dit seulement : « Cela peut être : j'aurois seulement souhaité que M. Bossuet nous eût rapporté les termes d'Amalarius [4]. » Aussi l'avois-je fait [5] ; et outre cela, j'avois expressément marqué l'endroit où il les auroit pu trouver ; mais il ne fait pas semblant de voir tout cela, et voilà ce qu'on appelle répondre à un livre.

Quand nous n'aurions que ces deux auteurs, qui dans toute l'antiquité eussent seuls fait mention de l'*Ordre romain*, c'en est assez pour détruire cette consécration faite le Vendredi saint par le mélange. Mais il faut encore ajouter qu'elle répugne à l'esprit de cet office. Car le dessein qu'on a eu, en le faisant, est d'éviter dans la tristesse où l'on est à cause de la mort de Notre-Seigneur, la célébrité de la consécration. Les ministres de l'Eglise interdits et comme dissipés avec les apôtres, frappés d'étonnement et plongés dans la douleur, semblent avoir oublié la plus divine de leurs

---

[1] Tom. VI, *Bibl. PP.*, col. 450. — [2] *Ibid.*, col. 170. — [3] Amal., lib. III, col. 24. — [4] Anonyme, p. 153. — [5] *Traité de la Commun.*, 1 part. n. 6, p. 295.

fonctions, qui est la consécration des saints mystères. Que si celle du corps sacré n'est pas de ce jour, celle du sang n'en est pas davantage; et si l'on eût fait la dernière, l'autre n'eût pas dû être omise. Aussi voyons-nous que tous les auteurs nous disent unanimement, que l'on ne faisoit ni l'une ni l'autre; et Raban, archevêque de Mayence, le plus savant homme d'alors, dit « qu'en ce jour du Vendredi saint, on ne célèbre en aucune sorte les sacremens; mais, dit-il, après avoir achevé les leçons et les oraisons avec la salutation de la croix, on reçoit l'Eucharistie consacrée au jour de la Cène de Notre-Seigneur [1]. » Il est donc clair, quand il dit qu'on ne célèbre les sacremens *en aucune sorte*, qu'il ne l'entend pas de la communion, comme on le faisoit du moins à Rome du temps de saint Innocent, puisqu'il raconte la manière dont on communioit avec l'Eucharistie consacrée la veille; mais de la consécration, qui par conséquent selon lui ne se faisant *en aucune sorte* le Vendredi saint, celle qu'on imagine par le mélange demeure tout à fait exclue. Amalarius marque aussi comme une chose qui répugne à la tristesse de ce jour, *d'y faire le corps de Notre-Seigneur* [2]; et comme il n'y répugne pas moins de faire le sang, il dit que ceux *qui consacrent*, c'est-à-dire qui croient consacrer *par le mélange;* car pour lui nous venons de voir combien il est éloigné de ce sentiment : « Ceux-là, dit-il, n'observent pas la tradition de l'Eglise dont parle le pape Innocent, qui défend de célébrer en aucune sorte les sacremens [3]; » c'est-à-dire de les consacrer, comme Raban de Mayence nous l'a fait entendre.

CHAPITRE XL.

Réponses aux preuves des ministres : Ordre romain.

On pourra voir maintenant combien M. de la Roque abuse le monde lorsqu'il dit que les anciens Grecs et Latins ont admis la consécration par le mélange. Il ne le dit pas seulement à l'occasion de l'Office des Présanctifiés, ou de celui du Vendredi saint; il le dit à l'occasion de la communion des malades : « Les anciens

---

[1] *De Instit. Cler.*, lib. II, cap. XXXVII. — [2] Lib. I, cap. XII. — [3] Amal., lib. I, cap. XV.

chrétiens grecs et latins croyoient, dit-il, que le mélange du pain sanctifié consacroit par son attouchement et par son union le vin qui ne l'étoit pas [1] ; » et un peu après parlant du même sujet : « Enfin les chrétiens étoient persuadés que l'attouchement et le mélange du pain sacré, consacroit le vin qui ne l'étoit pas. » C'est les *anciens Grecs et les Latins*, c'est les *chrétiens* sans limitation, enfin c'est partout l'idée d'une pratique ancienne et universelle. Il s'explique avec la même force touchant la communion domestique, où il a vu par tant de preuves qu'on n'emportoit de l'église que le pain seul. Il s'en sauve en disant sans preuve qu'on le mêloit dans le vin à la maison, et qu'on le consacroit par ce moyen. « Car, dit-il, on croyoit dans l'Eglise orientale et occidentale que le mélange et l'attouchement du pain sanctifioit et consacroit le vin qui ne l'étoit pas [3]. » Il promet de « prouver par plusieurs témoignages, dans les chapitres suivans, que c'étoit la croyance de l'Eglise grecque et latine. »

Au reste comme il fait servir la consécration par le mélange de dénouement universel, même dans la communion domestique, qu'il avoue dès les premiers siècles et dès le temps des persécutions, il faut que les anciens Grecs et Latins qu'il nous promet partout, soient de la première antiquité. Aussi ne cesse-t-il d'alléguer *les anciens* [4] indéfiniment, comme ayant été unanimement dans cette doctrine ; mais quand il vient à nous vouloir dire quels sont *ces anciens Grecs et Latins* qu'il vante partout, pour tous anciens parmi les Grecs, il nous allègue Nicétas Pectoratus, auteur du onzième siècle, Michel Cérularius du même temps, et Siméon de Thessalonique, « qui vivoit, dit-il, il y a plus de trois cents ans [5]. » Voilà ce qu'il appelle *les anciens Grecs*. Au lieu de nous produire les Basiles, les Grégoires, les Chrysostomes que nous espérions d'entendre, quand il nous a promis les anciens Grecs : au lieu de produire au moins, s'il vouloit descendre plus bas, quelque auteur avant le schisme, il nous produit ceux qui l'ont commencé au milieu du onzième siècle, un Michel Cérularius qui en est l'auteur, un Nicétas qui le défendoit alors, un Siméon de Thessalonique qui a vécu tant de siècles après la rup-

[1] La Roq., p. 108. — [2] P. 114. — [3] P. 184. — [4] P. 215, 223. — [5] P. 220.

ture ouverte. Ceux-là ont dit que par l'union du corps sacré « le vin est changé au sang. » Qu'ils l'aient dit tant qu'on voudra, puisqu'ils l'ont dit les premiers, c'est une conviction contre ceux qui, ayant promis de produire les anciens, ne peuvent pas remonter plus haut.

Voilà pour ce qui regarde les anciens Grecs. Pour ce qui est des anciens Latins, il est vrai qu'il cite trois fois un canon du premier concile d'Orange de l'an 441. Mais à la réserve de ce canon, dont nous traiterons à part avec M. de la Roque, auquel nous démontrerons par lui-même que ce canon ne fait rien à la question dont il s'agit, le premier ancien qu'il cite est l'*Ordre romain* rapporté dans des auteurs du neuvième siècle : le second est Amalarius, du même temps et qu'on lui conteste : le troisième est le *Micrologue*, dans le siècle onzième : le quatrième est, dans le douzième, l'abbé Rupert qui n'en dit mot ; et il n'en sait pas davantage touchant l'antiquité latine.

Pour commencer par l'*Ordre romain,* il est vrai que dès le neuvième siècle on y lisoit ces paroles dans l'office du Vendredi saint : « Que le vin non consacré est sanctifié par le pain sanctifié. » Mais je ne trouve déjà plus ici ce que disoit Michel Cérularius, que le vin par cette union est *changé au sang.* Je trouve le mot de *sanctifié*, qui tout au plus est équivoque. Mais quand il faudroit l'entendre, comme le disent mes adversaires, pour la véritable et parfaite consécration, il faudroit encore remonter plus haut pour établir la tradition, et l'autorité de l'*Ordre romain* n'est pas suffisante.

Mais, me dira-t-on, vous avez vous-même recommandé l'autorité de ce livre comme étant l'ancien cérémonial de l'Eglise romaine la Mère des églises, et du Pape qui en est le chef. Il est vrai ; mais j'ai démontré que cette cérémonie du Vendredi saint ne regardoit en aucune sorte l'Eglise romaine ; et que loin de consacrer le Vendredi saint par le mélange du pain consacré qu'on réservoit de la veille, elle n'usoit pas même de cette réserve, et ne faisoit point l'Office des Présanctifiés. On ne peut donc alléguer ici l'autorité de l'Eglise romaine ni du pape.

Et après tout il faudroit encore distinguer dans ce livre de l'*Ordre romain,* ce qui est de fait d'avec ce qui est de dogme. Quand un auteur qui compose un cérémonial me rapporte un fait, je le crois dans une chose d'usage dont il a ses yeux pour témoins, et pour garant la foi publique. Ainsi sur la parole de celui qui a écrit les rubriques de l'*Ordre romain,* je ne nie point du tout qu'on ait mêlé le pain sacré dans du vin qui ne l'étoit pas. Mais si le rubricaire sortoit de ses bornes, et que, devenant docteur, il décidât de son autorité que la parfaite consécration se peut faire par le mélange, comme si l'on ne pouvoit pas prendre le vin par forme d'ablution, il n'auroit plus la même autorité, et je voudrois qu'on me montrât la tradition par d'autres preuves.

Respectons néanmoins ce rubricaire quel qu'il soit, à cause de l'autorité des auteurs qui l'ont rapporté au huitième ou neuvième siècle. J'ai démontré clairement par ces auteurs, que la sanctification du vin, dont il parle, ne peut pas être la consécration de l'Eucharistie, puisqu'ici constamment on n'en dit mot, et que la consécration selon ces auteurs ne se peut faire que par la parole ; et quand je n'aurois pas ces auteurs, j'aurois pour moi l'office même dont on excluoit la consécration, et par conséquent celle du sang aussi bien que celle du corps : et quand je n'aurois pas toutes ces raisons, le mot de *sanctifier,* qui est équivoque, devroit être déterminé par toute la tradition précédente ; et jamais on ne prouvera par aucun passage que le vin soit changé au sang par le mélange, ou enfin qu'un sacrement soit fait sans parole.

L'Anonyme s'élève ici contre nous, en disant qu'autrefois par le commun sentiment des Grecs et des Latins, « la consécration ne se faisoit pas par la prononciation des paroles de Jésus-Christ, mais par la prière ; et, poursuit-il, M. Aubertin et M. Daillé l'ont prouvé si clairement et si fortement, que je m'étonne qu'on veuille encore chicaner sur un sujet si éclairci [1]. » Je le veux : j'ai lu M. Aubertin et M. Daillé, et j'y ai vu mille beaux passages (car ces Messieurs prouvent admirablement ce que personne ne leur conteste) pour prouver que les sacremens, et entre autres l'Eucharistie, et le sang aussi bien que le corps, se consacrent

---
[1] Anonyme, p. 252.

par la prière; ce qui aussi est indubitable en un certain sens, comme nous le verrons. M. de la Roque parle de même dans son *Histoire eucharistique* [1]. M. le Sueur en dit autant dans son *Histoire de l'Eglise* [2], comme nous l'avons déjà vu. Tous en un mot prouvent très-bien que l'on consacre par une *prière mystique,* qui sans doute ne se fait pas sans parler. Mais que l'on consacrât par le mélange et sans dire mot, ce qui est pourtant ici notre question, ni Aubertin n'a entrepris de le prouver, ni Daillé n'y a songé, ni M. le Sueur ne l'a dit, ni même M. de la Roque ne l'a établi dans son *Histoire eucharistique;* et c'est la nécessité de se sauver de la communion trop certaine sans cela sous une espèce, qui l'a jeté dans ce sentiment sur de trop foibles témoignages.

CHAPITRE XLI.

Suite des Réponses aux preuves des ministres: premier concile d'Orange.

Il est vrai qu'il a d'abord ébloui le monde par le nom du premier concile d'Orange tenu en 441, sous le pontificat de saint Léon [3]. Comme durant neuf cents ans il n'a que ce témoignage, il tâche de le faire valoir de toute sa force, et le fait passer par trois fois devant nos yeux [4]; comme ces rusés capitaines, qui pour effrayer l'ennemi par l'idée d'une nombreuse armée, font faire de grands mouvemens au peu de troupes qu'ils ont, et les montrent coup sur coup en plusieurs endroits. Mais par malheur, de son aveu propre, ce canon qu'il a tant vanté ne fait rien à la question. Le voici comme le traduit M. de la Roque, peu exactement comme on verra : « Qu'on doit offrir le calice, afin qu'il soit consacré par le mélange de l'Eucharistie. » Cette version peut donner l'idée qu'il n'est point parlé dans ce canon de l'oblation du pain sacré, mais de la seule oblation du calice; et encore la version fait-elle paroître que le calice n'est offert que pour être consacré par le mélange. Mais sans m'arrêter à toutes ces petites finesses que ce ministre peut avoir entendues dans sa version imparfaite,

---

[1] La Roq., *Hist. de l'Euchar.,* I part., chap. VII. — [2] Le Sueur, tom. IV, p. 170; tom. VI, p. 119, 449, 604. — [3] *Conc. Araus.* I, can. 17; *Conc. Gall.,* tom. I; Labb., tom. III, col. 1450. — [4] P. 108, 185, 214.

voici comment il faut traduire de mot à mot : « Avec le vase, » ou la boîte, ou enfin le réceptacle tel qu'il soit, CUM CAPSA, « il faut aussi offrir le calice, et il le faut consacrer par le mélange de l'Eucharistie : » CUM CAPSA ET CALIX OFFERENDUS EST, ET ADMIXTIONE EUCHARISTIÆ CONSECRANDUS. Le mot *capsa* vient de contenir et de recevoir, *à capiendo* : et c'est dans Odilon, abbé de Clugny [1], et dans un très-ancien exemplaire de l'*Ordre romain*, le vaisseau ou le réceptacle tel qu'il soit, où l'on mettoit l'Eucharistie. On peut bien s'être servi d'un vaisseau semblable pour présenter au pontife l'hostie qu'il devoit consacrer. Voilà donc la *capse* bien entendue pour ce qui contient le pain qu'on devoit offrir : et le dessein du canon d'Orange est très-clair en ce qu'il ordonne qu'on offre d'abord le pain et le vin ensemble, chacun dans son vaisseau propre, comme on fait encore aujourd'hui ; et qu'ensuite on les mêle ensemble, comme on a fait de tout temps dans la liturgie latine, un peu devant la communion en disant ces mots : « Ce mélange et cette consécration du corps et du sang de Notre-Seigneur nous donne en le prenant la vie éternelle : » où il est clair que le mot de *consécration* ne signifie pas la consécration à faire, puisqu'on la suppose déjà faite, et le corps déjà corps comme le sang déjà sang, ainsi que les paroles le démontrent. Il n'est donc pas ici parlé de la consécration proprement dite, où le pain est changé au corps et le vin au sang ; mais de la consécration dans une signification plus étendue, qui comprend avec le canon toutes les prières mystiques.

La chose est trop assurée pour pouvoir être révoquée en doute par d'habiles gens. Mais M. de la Roque a bien vu qu'il avoit affaire à des lecteurs peu versés pour la plupart en ces matières, et qu'il pouvoit leur dire tout ce qu'il voudroit. Dans le désir qui me presse de leur rendre la vérité aisée à connoître, et tout ensemble de leur faire sentir les artifices dont on se sert pour les amuser, je n'ai qu'à leur produire l'*Histoire de l'Eucharistie* de ce même M. de la Roque, qui les a voulu tromper dans sa *Réponse*.

Donc dans l'*Histoire de l'Eucharistie*, à l'endroit où il est traité de la consécration et de l'oblation, ce ministre fait deux choses,

[1] *Bibl. PP.*, tom. X, col. 13.

qui toutes deux convainquent de faux le sens qu'il donne au canon d'Orange.

La première, c'est qu'en expliquant la consécration, il raconte qu'elle se fait en l'Eglise grecque, lorsqu'après avoir récité les paroles de l'institution : « Ceci est mon corps, ceci est mon sang, » etc., on dit ces mots : « O Seigneur, envoyez votre Saint-Esprit, afin qu'il fasse ce pain le sacré corps et ce vin le sacré sang de Jésus-Christ[1]. » Il ne se contente pas de nous montrer cette prière dans les *Constitutions apostoliques :* il en trouve de toutes semblables dans la liturgie de saint Jacques et de saint Marc : « et ainsi, poursuit-il, en celles de saint Basile, de saint Chrysostome, et généralement en toutes, à la réserve de la liturgie latine : je dis en celle d'aujourd'hui, car je ne saurois dissimuler qu'il n'en étoit pas ainsi anciennement ; et que selon toutes les apparences on a retranché de cette liturgie, je veux dire du canon de la messe, les prières qui suivoient, comme dans les autres, les paroles de l'institution, et par lesquelles prières *les chrétiens faisoient la consécration pendant l'espace de mille ans.* » Ils ne la faisoient donc pas par le mélange, sans paroles : ils la faisoient par des prières, et celle du sang comme celle du corps ; car il s'agit ici de l'une comme de l'autre, et l'on ne dit pas moins à Dieu : « Faites de ce vin le sang du Sauveur, » qu'on lui dit : « Faites de ce pain son corps. »

Il dira qu'il a décrit en ce lieu la consécration accoutumée, de la manière qu'elle se fait dans toutes les messes de l'année avec *ses cérémonies ordinaires*[2]. Car c'est ce qu'il insinue dans la *Réponse* qu'il a faite contre moi ; mais c'est par où je le prends. Car dans le canon d'Orange ce n'est pas d'une messe du Vendredi saint, d'une Messe des Présanctifiés, ou d'une messe imparfaite qu'il s'agit : c'est de la messe à l'ordinaire, où l'on offre le *calice avec le pain ;* ce qui ne se faisoit pas le Vendredi saint, ni dans la Messe des Présanctifiés. Donc à la messe dont il est parlé dans ce canon, la consécration même du calice se faisoit à l'ordinaire *par la prière,* et non sans paroles par le mélange ; et en ce lieu le mot *consécration* nécessairement veut dire autre chose que la

[1] *Hist. de l'Euchar.*, I part., chap. VII, p. 73. — [2] La Roq., p. 215.

consécration proprement dite, où le vin est changé au sang ; donc M. de la Roque abuse le monde.

N'importe qu'il favorise les Grecs d'aujourd'hui, et qu'en avouant qu'on trouve dans toutes les liturgies, avec les paroles de l'institution : « Ceci est mon corps, ceci est mon sang, » les prières pour changer les dons, il aime mieux attribuer un si merveilleux effet à la prière des hommes qu'à la parole de Jésus-Christ : n'importe qu'il accuse à faux l'Eglise romaine d'aujourd'hui d'omettre la prière où l'on demande que « le pain soit fait le corps, et le vin le sang, » puisque nous le faisons encore aussi bien que les Grecs, et que la seule différence qu'il y ait entre eux et nous, c'est que nous la faisons devant, et eux après les paroles de l'institution : n'importe qu'envenimé contre l'Eglise romaine, il l'accuse sans fondement d'avoir tronqué son ancienne liturgie au préjudice de la pratique qu'elle avoit suivie durant mille ans. Tout cela est vain, tout cela est faux ; la liturgie de l'Eglise romaine se trouve de mot à mot comme on la dit aujourd'hui, dans des volumes et dans des auteurs qui ont neuf cents ans et mille ans d'antiquité, qui devoient donc, selon lui, avoir précédé ce retranchement qu'il prétend avoir été fait. Mais enfin quand tout cela seroit aussi vrai qu'il est visiblement faux, ceci nous demeurera toujours, que *dans l'Occident* comme dans l'Orient, durant mille ans, on a fait la consécration, du moins ordinaire, tant celle du sang que celle du corps, par des paroles : donc les Pères d'Orange, qui vivoient en 441, la faisoient ainsi, et ne la faisoient pas conséquent par le mélange : donc la consécration dont ils parlent n'est pas celle dont il s'agit, où le vin est changé au sang : donc, encore une fois, M. de la Roque abuse de la foi publique.

La seconde chose par où il s'est lui-même convaincu de faux, c'est ce qu'il dit de l'oblation. Car voici comment il raconte l'ordre de la messe et les oblations qui se font dans les anciennes liturgies[1]. La première est celle du peuple qui présente ses dons à l'autel, c'est-à-dire son pain et son vin ; la seconde, selon lui, est l'oblation « qu'on faisoit à Dieu de ces mêmes dons dans le propre moment qu'on les consacroit ; » et ici il rapporte encore

[1] *Hist. de l'Euchar.*, I part., chap. VIII, p. 88, 89.

une fois les paroles consécratoires. Continuant à nous raconter la suite de la liturgie [1], il dit qu'après cette oblation où la consécration se faisoit, on venoit à la fraction, qui par ce moyen supposoit la consécration déjà faite. Or le mélange dont il est parlé dans le concile d'Orange suit la fraction, puisque sans doute on ne mettoit pas un pain entier dans le calice, mais la parcelle d'un pain rompu. Ce mélange donc, qui supposoit la fraction, supposoit à plus forte raison la consécration au sens dont il s'agit en ce lieu. Et voilà, pour la troisième fois, M. de la Roque qui abuse des mots contre sa propre science et contre ce qu'il a lui-même enseigné, quand il a écrit la chose à fond. Il ne fait donc qu'éblouir les simples et les ignorans, et il attire sur lui la malédiction de celui qui dit : « Maudit l'homme qui fait errer l'aveugle dans son chemin, et qui lui met un empêchement devant ses pieds pour le faire trébucher [2]. »

Qu'est-ce donc que cette consécration dont parle le canon d'Orange, et que M. de la Roque fait tant valoir ? D'un côté je ne suis pas obligé de m'en mettre en peine, puisque déjà, de l'aveu de M. de la Roque, ce n'est pas ce que M. de la Roque prétend ; mais d'autre côté la chose est si aisée et si triviale, que j'aurois tort de la taire à nos Frères. Personne n'ignore les divers sens que les anciens interprètes de la liturgie donnent au mot *consécration*. Il se prend ordinairement et dans sa propre signification pour l'endroit précis où les dons sont changés au corps et au sang : il se prend aussi quelquefois pour ce qu'on fait dans la liturgie envers le corps et le sang, pour honorer les mystères de Jésus-Christ et signifier la sanctification de son corps mystique. Le corps et le sang mêlés ensemble dans l'Eucharistie, comme nous l'avons déjà dit, représentent dans leur union celle qui fut faite à la résurrection de Notre-Seigneur : le sang est uni au corps, comme à la source d'où il est sorti pour notre salut, et découvre au peuple fidèle un nouveau principe de grace dans la résurrection de Notre-Seigneur. Voilà le sacré mystère et la consécration que ce mélange contient. Que les ministres disent ce qu'il leur plaira de ce lan-

---

[1] *Hist. de l'Euchar.*, I part., chap. IX, p. 109. — [2] *Deuter.*, XXVII, 18; *Levit.*, XIX, 14.

gage mystique : il est certain qu'il est ecclésiastique et bien connu des anciens ; et s'ils veulent quelque chose de plus simple, Alcuin leur dira que ce mélange du corps et du sang s'appelle *consécration* par cette raison particulière, « à cause que par ce moyen le calice de Notre-Seigneur contient toute la plénitude de son sacrement [1]. » Mais, quoi qu'il en soit, toujours demeurera-t-il pour constant qu'en ce lieu le mot *consécration* ne peut signifier ce que M. de la Roque a prétendu. Tout ministre de bonne foi interrogé par un protestant, l'avouera sans peine. Ainsi après nous avoir vanté les anciens Grecs et les anciens Latins, M. de la Roque, destitué du canon d'Orange où il avoit mis sa principale confiance et la seule *preuve authentique* qu'il ait rapportée, n'aura pour tout ancien parmi les Grecs que Michel Cérularius, qui commença le schisme en 1050, et n'aura parmi les Latins qu'une parole équivoque de l'*Ordre romain*, neuf cents ans après les apôtres.

CHAPITRE XLII.

Ce que signifie le mot sanctifié *dans l'*Ordre romain.

Mais M. de la Roque prétend qu'il n'y a point d'équivoque dans l'*Ordre romain*, et il tâche de le prouver par le texte même qu'il rapporte ainsi : « Le vin non consacré est sanctifié par le pain consacré, et tous communient avec silence ; c'est-à-dire, poursuit le ministre, comme chacun voit, sous les deux espèces [2]. » Cette glose pourroit passer, si l'on avoit oublié ce qui précède immédiatement, qui est, comme nous l'avons déjà rapporté, que c'est *le corps* qu'on a réservé, et que c'est *le corps* qu'on pose sur l'autel ; de sorte qu'il faut entendre que c'est avec le corps que l'on communie. Et ce qui est dit entre deux, de la sanctification du vin par le corps, n'est pas pour dire que le vin soit changé au sang, ce qui ne s'est jamais fait que par la parole ; mais pour avertir l'officiant que cette ablution n'est pas comme à l'ordinaire, puisqu'on y a mis le corps de Notre-Seigneur, si essentiellement saint et sacré que non-seulement tout ce qui le touche, mais encore tout ce qui sert à son ministère ne peut plus être profane.

[1] Tom X, *Bibl. PP.*, col. 294. — [2] La Roq., p. 213.

Mais je veux que ce terme de *sanctifier* soit équivoque et puisse recevoir un double sens. Par où faut-il déterminer un terme ambigu, si ce n'est, comme nous faisons, par toute la tradition? Il est question de savoir si ç'a jamais été l'esprit de l'Eglise de consacrer par le seul mélange et sans paroles. C'est de quoi on ne trouve rien neuf cents ans durant, et le ministre en convient; si ce n'est qu'on veuille compter pour quelque chose le canon d'Orange, qui selon le ministre même dans son *Histoire de l'Eucharistie*, ne regarde pas cette question. Au contraire on trouve toujours la consécration par la parole. Aubertin, Daillé, le Sueur, en un mot tous les ministres en conviennent, et M. de la Roque même avec eux tous. Mais peut-être qu'au neuvième siècle on aura changé cette doctrine? Non, Alcuin y persiste, comme on vient de voir : elle est dans Amalarius, on l'a vu aussi : Isaac de Langres leur contemporain l'a enseignée, et il attribue la consécration aux paroles de Jésus-Christ répétées dans le canon : « Paroles, dit ce grand évêque, qui ont toujours leur effet, parce que le Verbe, qui est la vertu, dit et fait tout à la fois; de sorte qu'il se fait ici à ces paroles, contre toute raison humaine, une nouvelle nourriture pour l'homme nouveau, un nouveau Jésus né de l'Esprit, une hostie venue du ciel [1]. » On a vu le sentiment de Remi d'Auxerre : on a vu celui de Florus, tous auteurs du temps : et afin qu'on n'ignorât pas celui des siècles suivans, j'ai produit Hildebert du Mans [2], depuis transféré à Tours, qui explique formellement « que par les paroles de Jésus-Christ répétées, le pain et le vin acquièrent de nouvelles forces : que la nature est changée sous le signe de la croix et sous la parole : que le pain honore l'autel en devenant corps, et le vin en devenant sang [3]. » Tout ceci a été produit dans le *Traité de la Communion* et a passé sans contredit. Mais, dit M. de la Roque, tous ces Pères parloient de la consécration à l'ordinaire. Mais cette consécration extraordinaire, où paroît-elle? Est-ce dans l'Ecriture sainte? M. de la Roque ne songe pas seulement à l'y trouver. L'Ecriture ne nous marque pas une autre manière de consacrer le baptême que par les paroles

---

[1] *Spicil.*, tom. I, p. 351.—[2] *Traité de la Comm.*, I part. n. 6, p. 296.—[3] Tom. X, *Bibl. PP.*, col. 844, 845.

évangéliques. Elle nous apprend de même qu'il faut bénir l'Eucharistie, et non-seulement le pain, mais encore le calice, puisque même c'est du calice que saint Paul a dit spécialement : « Le calice de bénédiction que nous bénissons. » Il faut donc ici des paroles, quelles qu'elles soient; car ce n'est pas de quoi nous avons ici à disputer. L'Eglise n'en a jamais douté, et je n'ai pas besoin de le prouver à M. de la Roque, puisqu'il en convient. Pourquoi donc inventer ici une manière de consacrer extraordinaire, et d'où vient que cette nouvelle consécration ne se trouve que le Vendredi saint? Que diroit-on de celui qui s'iroit imaginer qu'il y auroit quelque jour de l'année où l'on pourroit baptiser sans les paroles solennelles? Une telle absurdité est-elle jamais entrée dans l'esprit? Cette vertu de changer le vin en sang par son attouchement, ne se trouve-t-elle qu'un seul jour dans le corps de Jésus-Christ? Et d'où vient que dans tout le cours de l'année on ne se sert jamais de cette formule muette? Si c'est à cause que le sacrement ne se doit régulièrement consacrer que par la parole, où a-t-on vu que l'Office du Vendredi saint ait été dispensé de cette règle? Qui empêchoit de réserver le vin consacré, comme on réservoit le pain du jour précédent, puisqu'aussi bien il ne s'agissoit de le réserver qu'un seul jour? S'il est vrai, comme le prétendent nos adversaires, que la réserve du sang fût dans l'Eglise aussi ordinaire que celle du corps, d'où vient qu'on n'aimoit pas mieux s'en servir dans l'Office du Vendredi saint, que d'y introduire une manière de consacrer dont jusqu'alors on n'avoit point trouvé d'exemple?

Mais enfin, dit le ministre, c'est un fait. C'est un fait, qu'il se trouve dans l'*Ordre romain,* que « le pain sanctifié sanctifie le vin [1]. » Mais que cette sanctification signifie ce qu'on lui veut faire dire, ou qu'elle doive être prise dans un autre sens, ce n'est plus un fait constant; c'est une question à décider. Mais par où expliquera-t-on une expression ambiguë, si ce n'est par ce qui a toujours passé pour constant? Il y a des singularités si absurdes et des choses si inouïes, qu'on ne doit pas présumer qu'elles tombent dans la pensée de l'Eglise. Mais pénétrons ce que veut dire M. de

[1] La Roq., p. 215.

la Roque, lorsqu'il prétend ici nous réduire au fait : « Il ne s'agit pas ici, dit-il, du droit, mais du fait ; il ne s'agit pas ici de la consécration en elle-même, il s'agit de la croyance et de la pratique des anciens [1]. » Je l'entends : il ne veut pas garantir *cette croyance et cette pratique,* qu'il attribue aux anciens, puisqu'en effet il n'en peut trouver aucun fondement dans l'Ecriture. Suivons-le dans son raisonnement. C'est un fait, dites-vous, que « les anciens ont cru que cette consécration sans parole et par le mélange, a la même vertu que celle qui se faisoit avec toutes les cérémonies accoutumées. » Nommez-nous donc ces anciens. L'*Ordre romain* au neuvième siècle, est-ce là tout ce qu'on appelle les anciens? Mais c'est de cet *Ordre romain* que nous disputons ; et c'est de cet *Ordre romain* dont il faut déterminer le sens ambigu par la tradition constante. Car enfin, quel que soit celui qui a composé l'*Ordre romain,* il n'a pas prétendu être novateur : ce n'est pas le dessein de ceux qui travaillent à de tels ouvrages. Et puisqu'on nous parle ici du fait, c'en est un qu'on ne peut nier, que le mot de *sanctifier* et celui de *consacrer,* se peuvent prendre en divers sens. Nous venons de voir un de ces sens dans le concile d'Orange, qui n'est pas celui dont nous parlons ici. Sans sortir de la matière de l'Eucharistie, nous trouverons le terme de *sanctifier* cent fois employé pour les linges, pour les vaisseaux et pour tous les autres ministères, sans que par là on veuille dire *faire un sacrement.* Ce fait est indubitable. Que la sanctification, qui fait du pain et du vin le corps et le sang de Notre-Seigneur, se fasse par la parole et par la parole seule, c'est un autre fait si constant, que neuf cents ans durant on n'apporte pas seulement une conjecture pour prouver le contraire. Que maintenant au neuvième siècle on s'avise tout d'un coup de croire autrement, il n'y a ni vérité ni vraisemblance ; d'autant plus que dans ce temps même et dans tous les âges suivans, on convient qu'on trouve toujours la même doctrine de la consécration par la parole. Il n'y a donc rien de plus raisonnable que d'interpréter avec nous cet endroit douteux du neuvième siècle, d'une manière conforme à la doctrine de tous les temps et de tous les âges.

[1] La Roq., p. 215.

CHAPITRE XLIII.

La nouvelle manière de consacrer, imaginée par les ministres, est sans fondement, et ils n'en peuvent tirer aucun avantage.

Les ministres croient aisément que l'Eglise peut varier dans sa doctrine, et il ne leur faut pas donner pour principe qu'elle n'a pu en changer au neuvième siècle sur la manière de consacrer l'Eucharistie. Ainsi pour ne refuser aucune sorte d'éclaircissement à nos Frères, et pour tourner de toutes les sortes une prétention où ils mettent le dénouement de toute la question des deux espèces, examinons avec eux s'il est vrai qu'au neuvième siècle on trouve une manière nouvelle de consacrer l'Eucharistie, dont on n'ait jamais entendu parler dans les siècles précédens. Je dis qu'elle ne s'y trouve pas : je dis que quand même on l'y trouveroit, elle ne seroit d'aucun secours à nos adversaires.

Le dernier est indubitable. Car il s'agit, non-seulement d'expliquer l'Office du Vendredi saint, ce qui est la moindre partie de nos disputes ; mais ce qui est bien plus important, la communion domestique, et ce qui en est une suite, celle des malades : choses que l'on voit paroître universellement dès les premiers siècles. Quand donc on supposeroit que la manière de consacrer auroit varié au neuvième siècle, ce changement arrivé si tard ne pourroit pas servir aux temps précédens, ni avoir pour ainsi parler un effet rétroactif jusqu'à l'origine du christianisme. C'est donc se débattre en vain et vouloir amuser le monde, que de se tant travailler pour établir qu'un tel changement s'est fait au neuvième siècle.

Que si l'on prétend sauver par ce moyen du moins l'Office du Vendredi saint, on se trompe encore; car il faudroit pour cela qu'on pût faire voir cette manière de consacrer par le mélange comme reçue et établie dans toute l'Eglise, du moins dès le temps dont nous parlons. Or démonstrativement cela n'est pas : premièrement, parce que nous avons ouï Alcuin, Remi d'Auxerre, Florus, non-seulement persister à reconnoître la consécration par les paroles répétées de Notre-Seigneur, mais encore nier constamment qu'on pût consacrer d'une autre sorte, et nous dire d'un commun accord, « que nulle ville, nulle langue, nulle partie de l'Eglise n'a jamais ni consacré ni pu consacrer sans ces puissantes paroles : secondement, nous avons vu qu'il s'ensuit de là que ces auteurs entendoient l'*Ordre romain* comme nous, et qu'Alcuin, qui est le premier où nous le trouvons rapporté, rejette le sens que les ministres lui donnent : troisièmement, nous avons vu que Raban, le plus savant homme de ce temps, a dit positivement que la consécration ne se faisoit en aucune sorte le Vendredi saint; d'où il s'ensuit qu'il étoit donc bien éloigné d'y reconnoître la consécration par le mélange : quatrièmement, Amalarius dit la même chose; et non content d'avoir mis avec tous les autres la consécration par la parole, comme nous l'avons démontré par un texte exprès, nous avons encore fait voir qu'il a nié que l'on consacrât le Vendredi saint[1]. En effet nous avons vu, en cinquième lieu, que le même Amalarius met entre les marques de deuil que l'Eglise fait paroître au jour de la Passion, « qu'elle réserve du Jeudi saint le pain céleste, c'est-à-dire le corps du Seigneur, et qu'elle ne le fait pas le Vendredi saint[2]. » Or est-il que par la même raison elle ne devoit pas non plus faire le sang, dont la consécration n'est pas moins célèbre que celle du corps. J'ajoute que, pour confirmer cette pensée, le même auteur expliquant comment on prend le Vendredi saint la nourriture céleste, dit qu'à ce jour solennel, « le peuple qu'on y doit nourrir, a pour son soutien le corps du Seigneur[3], » sans parler du sang; ce que cet auteur pousse si loin, qu'il raconte même parmi les tristesses, si l'on peut parler de la sorte, du jour de la Passion, qu'on s'y abstient de la communion du sacré calice en mémoire de ces paroles de Notre-Seigneur : « Je ne boirai plus de ce fruit de la vigne[4]. » Tant s'en faut donc qu'il ait cru qu'on le consacrât en ce jour pour le donner au peuple fidèle, qu'au contraire il a enseigné qu'il s'en falloit abstenir par une raison spéciale. J'ajoute le témoignage de l'ancien *Sacramentaire* de Corbie, qui a plus de huit cents ans, lequel dans l'Office du Vendredi saint, ne parle que du corps, et

---

[1] Amal., lib. I, cap. xv. — [2] Lib. I, cap. xii, tom. X, *Bibl. PP.*, col. 330. — [3] Lib. IV, cap. xx, tom. X, *Bibl. PP.*, col. 470.— [4] Lib. I, cap. xv, *ibid.*, col. 340.

où il est expressément porté qu'après la communion « on ne doit faire dans l'action de graces aucune mention du sang. » J'ajoute enfin qu'il est si certain que l'Eglise n'a pas varié au neuvième siècle dans la manière de consacrer, que dans les siècles suivans on n'en a point reconnu d'autre : témoin Hildebert que j'ai cité : témoins Hugues de Saint Victor et saint Bernard, que nos adversaires nous abandonnent : témoins tous les scholastiques, parmi lesquels on n'en trouvera pas un seul qui ait mis la consécration en autre chose que dans la parole. C'est pourquoi on a toujours conservé dans les églises le *Sacramentaire* de saint Grégoire, où il n'est parlé que du corps au Vendredi saint, sans y faire nulle mention de cette sanctification par le mélange dont on abuse. Elle ne se trouve pas non plus dans l'Office du Vendredi saint, comme il est rapporté par l'ancien *Coutumier* de Clugny [1], qui a plus de six cents ans d'antiquité; ni par celui des Chartreux, qui n'est guère moins ancien, ni par celui de Cîteaux ou de saint Bernard; ni enfin par Jean II, archevêque de Rouen, communément nommé Jean d'Avranches [2], à cause qu'étant évêque de cette ville, il dédia son livre des *Offices ecclésiastiques* à Maurille, son archevêque, dont il fut le successeur. Il florissoit dans l'onzième siècle. Enfin tous les auteurs ecclésiastiques dont nous avons les ouvrages, à la réserve du seul *Micrologue*, auteur de ce même onzième siècle, que j'abandonne à mon tour à nos adversaires, persistent unanimement à établir la consécration dans la seule prononciation des paroles mystiques, et le *Micrologue* lui-même, qui déçu par l'équivoque de l'*Ordre romain*, a mis la consécration en partie dans le mélange, n'a osé s'en tenir à cette formule muette; mais y voulant joindre quelque parole, il a dit que « l'*Ordre romain* ordonnoit de consacrer le Vendredi saint, avec l'*Oraison Dominicale* et le mélange du corps du Seigneur [3] : » où il impose manifestement à l'*Ordre romain*, qui ne parle en aucune sorte de l'*Oraison Dominicale* comme servant à la sanctification du vin. Et nous verrons qu'en mettant la consécration dans l'*Oraison Dominicale*,

---

[1] *Consuet. Clun.*, lib. I, cap. XIII, *de Parasc.*, tom. IV ; *Spicil.*, p. 58. — [2] Joan. Abrinc., Rothom. Arch., p. 43, 47.— [3] *Microl., de Eccl. Observ.*, cap. XIX, tom. X, *Bibl. PP.*, col. 742.

il montre une parfaite ignorance de la tradition. Maintenant je laisse à penser à nos adversaires si un auteur de cette qualité suffit seul pour rompre la chaîne d'une tradition qui commencée avec l'Eglise et continuée de leur aveu neuf cents ans durant, sans qu'on puisse pendant tant de siècles alléguer un seul témoignage, au contraire est enfin venue jusqu'à nous et y subsiste encore dans toute sa force.

CHAPITRE XLIV.

Amalarius et l'abbé Rupert n'autorisent pas la consécration par le mélange.

Mais enfin, dira-t-on, M. de la Roque prétend avoir pour lui Amalarius au neuvième siècle, et l'abbé Rupert au douzième. Quand cela seroit, deux auteurs d'un si bas âge, qui n'auroient pour eux que le *Micrologue*, que peuvent-ils dans l'Eglise contre tous les autres? Mais encore M. de la Roque se flatte en vain de leur témoignage.

Pour ce qui est d'Amalarius, voici les paroles que produit M. de la Roque : « J'ai trouvé écrit dans ce livre (c'est le livre de l'*Ordre romain* dont il parle) que deux prêtres, après la salutation de la croix, doivent aller chercher le corps du Seigneur qu'on avoit réservé du jour précédent, et le calice avec du vin non consacré, afin qu'on le consacre et qu'on en communie le peuple [1]. » Il faut avouer de bonne foi qu'Amalarius, comme quelques autres, déçu par le terme ambigu de *sanctifier*, ne l'a pas entendu comme Alcuin et les autres savans auteurs du temps, et qu'il a cru que l'intention de ce livre étoit que l'on consacrât par le mélange. Mais la question seroit de savoir, si en effet il a cru cette autorité décisive. Or manifestement cela n'est pas, puisqu'il dit dans ce même lieu, comme nous l'avons déjà vu, que ceux qui suivent ce livre, « n'observent pas la tradition de l'Eglise, » ni la pratique du pape même, puisqu'il a marqué dans ce même lieu qu'il y a une raison spéciale de ne pas recevoir le sang; puisque, suivant la même règle, il ne donne que le corps seul pour toute nourriture

[1] La Roq., p. 213; Amal., lib. III, cap. xv, tom. X, *Bibl. PP.*, col. 340.

aux fidèles qui jeûnent le Vendredi saint; et qu'enfin en expliquant son sentiment propre sur la consécration, il l'a établie comme les autres dans la prononciation des paroles sacramentales.

La doctrine de l'abbé Rupert n'est pas moins claire dans le second livre de l'*Office divin*. Là, en expliquant le canon, quand il en vient à l'endroit où l'on récite l'institution de l'Eucharistie et les paroles de Notre-Seigneur, il remarque qu'on vient alors « au sommet du souverain sacrement et au véritable esprit du saint sacrifice ; » de sorte que « la langue devient inutile et qu'on ne trouve plus de paroles pour s'expliquer [1] : » nous montrant que c'est alors que se fait cette opération ineffable par laquelle l'Eucharistie est consacrée ; ce qu'il confirme en disant « que Jésus-Christ le souverain Pontife, prêt à retourner au ciel, sacrifie d'une manière admirable selon son ordre, » selon l'ordre de Melchisédech, et « selon le rit du sacrifice céleste. » Là, pour montrer comment se fait la consécration, il rapporte les paroles de notre canon, et nous montre que Jésus-Christ sacrifie, « en prenant du pain, poursuit-il, en ses saintes et vénérables mains : » IN SANCTAS ET VENERABILES MANUS SUAS ; comme porte notre canon ; « et disant : Ceci est mon corps ; et prenant ce glorieux calice de vin : » *hunc præclarum calicem ;* comme porte le même canon ; « et disant : Ceci est mon sang. » C'est donc en cela qu'il met le sacrifice de Jésus-Christ et le nôtre, sa consécration et la nôtre, et la consommation du saint mystère.

Mais voyons s'il prendra un autre principe, quand il s'agira d'expliquer l'Office du Vendredi saint. Il dit qu'à ce jour la joie nous est ôtée, parce « qu'encore que nous devions nous réjouir de la bonté de Dieu qui livre son Fils, et de la charité du Fils qui se livre lui-même, nous devons aussi nous affliger de ce que nous avons causé tant de tourmens et la mort à un maître si grand et si bon [2]. » C'est pour cela qu'il dit qu'on nous a ôté la joyeuse célébrité de la messe, et qu'on ne nous permet pas de nous réjouir, pendant que les Juifs seuls étoient en joie. En poursuivant, il enseigne « que nous devons différer nos joies jusqu'au troisième

---

[1] Amal., lib. II, *de div. Offic.*, tom. X, *Bibl. PP.*, cap. VIII, col. 874. —
[2] Amal., lib. VI, cap. II, col. 958.

jour, où Jésus-Christ ressuscita [1]. Mais, » continue-t-il, en ce jour de la passion de Notre-Seigneur, « prenons part à ses souffrances, afin d'avoir part à sa gloire : ne sacrifions point, parce qu'on nous arrache celui qui est notre victime : que ses amis ne le sacrifient pas pendant que ses ennemis le tuent. » On ne sacrifie donc pas ; c'est-à-dire, comme il l'a lui-même expliqué, on ne consacre point en ce jour. Car que ce soit la seule consécration et non pas la communion dont nous devions être privés en ce saint jour, il le déclare dans la suite par ces paroles : « Aujourd'hui, au Vendredi saint, à ce sixième jour de la semaine, on ne fait point le corps de Notre-Seigneur, mais on réserve de la veille ce que nous devons prendre le lendemain ; » et encore : « Aujourd'hui donc que Jésus-Christ, notre hostie salutaire, est tué par ses ennemis, c'est avec beaucoup de raison qu'on ensevelit en quelque manière parmi nous l'honneur du sacrifice ; » c'est-à-dire, comme on a vu, qu'on n'y fait point de consécration ; et « parce qu'on ne trouve plus parmi nous la manne céleste, on réserve du jeudi ce que nous devons prendre en ce jour. » D'où il s'ensuit, pour deux raisons, qu'on n'y prend pas le sang de Notre-Seigneur : la première, parce qu'on ne la réserve pas, et qu'on ne prend, comme on voit, que ce qu'on réserve ; la seconde, parce qu'on ne le consacre pas de nouveau, puisqu'à ce jour, comme il vient de le dire, la consécration est interdite.

C'est pourquoi, en continuant l'explication de l'office, il fait mention des deux prêtres, « qui apportent à l'autel le corps du Seigneur qu'on avoit réservé de la veille. Après, poursuit-il, on couvre le calice où est le corps, pour montrer qu'il a été enseveli : les deux prêtres qui portent le corps à l'autel, représentent le juste Joseph d'Arimathie et Nicodème, qui demandèrent le corps de Jésus pour l'ensevelir [2]. » Et après avoir tant parlé du corps, il ajoute incontinent après, et sans dire rien davantage : « Nous communions en silence, » nous montrant que la communion se faisoit avec le corps seul, lequel aussi on a consacré et réservé seul de la veille.

---

[1] Amalar., lib. VI, cap. III. — [2] *Ibid.*, cap. XXII, col. 966. — [3] *Ibid.*, cap. XXIV, col. 967.

Quand donc aussitôt après tout ce discours qu'il fait du corps, et sans rien mettre entre deux, il ajoute ce que nous objecte M. de la Roque : « Ce sang que nous prenons crie à Dieu de notre bouche comme il est écrit : *Le sang de ton frère Abel crie à moi de la terre* : car nous, c'est-à-dire l'Eglise, nous sommes cette terre qui ouvre la bouche et qui boit fidèlement le sang d'Abel, c'est-à-dire le sang de Jésus-Christ, que Caïn, c'est-à-dire le peuple juif, a cruellement répandu [1] : » c'est encore ici visiblement un de ces exemples dont nous avons déjà vu un si grand nombre, où l'on dit qu'on reçoit le sang, encore qu'on ne reçoive le sacrement que sous l'espèce du corps, à cause que leur substance, comme leur grace et leur vertu, sont inséparables.

Et visiblement il n'est pas possible de l'entendre d'une autre sorte, puisqu'il est certain par toute la suite qu'on ne réservoit pas le sang de la veille, et qu'on ne le consacroit pas le jour où le sacrifice et la consécration ne se faisoient pas. De dire qu'il veuille parler de la consécration solennelle, comme s'il y en avoit de deux sortes ; c'est se moquer et lui faire dire ce qu'il ne dit pas, ni en ce lieu, ni en aucun autre : et au contraire tournant tout d'un coup au sang, après avoir durant deux chapitres et dans toute la suite du discours parlé du corps seul, c'est une preuve certaine que ce n'est aussi que dans le corps qu'il a trouvé ce sang, *qui crie de nos bouches.*

CHAPITRE XLV.

La coutume de mêler le sang de Notre-Seigneur avec du vin n'a jamais été approuvée : dans les églises où l'on communioit le Vendredi saint sous les deux espèces, elles étoient toutes deux réservées de la veille.

Au reste, quoique le vin dans lequel on met le corps de Notre-Seigneur demeure toujours du vin et ne puisse devenir le sang par ce mélange, c'est avec beaucoup de raison que l'*Ordre romain* nous avertit de la *sanctification* qu'il a contractée. Car si les fidèles prennent avec respect le pain que l'Eglise leur bénit en signe de communion et en mémoire de l'Eucharistie ; si les linges

[1] Amalar., lib. VI, cap. XXIII, col. 967; La Roq., *Rép.*, p. 209.

et les vaisseaux qui servent à ce saint ministère ont de tout temps été réputés saints et sacrés ; si nous apprenons de saint Ambroise « que le calice qui a reçu dans son or brillant le sang de Jésus-Christ, en reçoit aussi en même temps une impression de la vertu par laquelle nous avons été rachetés [1] : » ne doit-on pas croire que le vin, où le corps de Jésus-Christ est mêlé, devient par cette union quelque chose de saint? Aussi l'a-t-on toujours reçu avec révérence, encore que n'étant pas consacré par les paroles célestes, on ne l'ait pas cru la matière de la communion.

Il n'en est pas de la même sorte du vin consacré qu'on mêle dans d'autre vin qui ne l'est pas, selon qu'il est remarqué dans un exemplaire de l'*Ordre romain* [2]. Car alors à la manière des liqueurs qu'on mêle ensemble, le vin consacré qui ne perd rien de ses qualités ordinaires, se répand et se mêle si parfaitement dans le vin commun, qu'on peut dire avec une certitude morale, que pour petite que fût la goutte de vin qu'on prendroit, il s'y trouveroit infailliblement quelque partie du vin consacré, c'est-à-dire le sang du Sauveur tout entier. Ainsi toute cette masse deviendroit la matière de la communion. C'est pourquoi on ne doit pas s'étonner qu'on lise dans cet exemplaire de l'*Ordre romain :* « que le vin non consacré, mais mêlé avec le sang de Notre-Seigneur, est sanctifié en toutes manières : » SANCTIFICATUR PER OMNEM MODUM. Et il ne faut pas s'imaginer que cette parole : *Est sanctifié en toute manière,* soit mise ici inutilement. Car on ne dit pas la même chose au Vendredi saint, où le solide est mêlé avec le liquide ; et on y dit simplement « que le vin est sanctifié par le pain qui l'est. » Mais lorsque dans l'union du vin consacré avec celui qui ne l'est pas, il se fait un parfait mélange, et des deux liqueurs une même masse, toute cette masse est *sanctifiée en toutes manières ;* c'est-à-dire, non-seulement par cette sainteté extérieure et inférieure que l'attouchement du corps communique au vin ; mais encore à cause que par ce mélange parfait, chaque goutte de vin qui n'est pas consacré entraîne avec elle quelques gouttes du vin qui l'est, dont la moindre est suffisante pour communier au sang de Notre-Seigneur : en sorte

---

[1] Lib. II *Offic.*, cap. XXVIII, n. 138. — [2] *Ord. rom.*, tom. X; *Bibl. PP.*, col. 21 ; La Roq., p. 226.

que toute la masse, *sanctifiée en toutes manières*, devient aussi la matière de la communion. Et quand M. de la Roque en a conclu la consécration par l'attouchement, il n'a pas songé à la nature des liqueurs, ni à cette multiplication qu'on appelle par ampliation, qui va, comme le savent les physiciens, à des divisions incroyables.

Quoique la chose soit ainsi, et que manifestement il n'y ait rien à conclure contre nous de cet endroit de l'*Ordre romain*, la bonne foi ne me permet pas d'avouer que la manière qu'on y remarque de donner le sang de Notre-Seigneur, soit autorisée dans l'Église romaine. Il a été démontré que l'*Ordre romain* n'est pas toujours l'ordre pratiqué à Rome ; mais très-souvent l'ordre mêlé de gloses, ou approprié à d'autres églises particulières. De là nous avons conclu que la date de ce qu'on y lit, ne se peut prendre que de celle du volume où on le trouve, ou des auteurs qui le citent, ou en tout cas du rapport avec d'autres actes d'une antiquité certaine. Or l'endroit où il s'agit à présent de l'*Ordre romain* ne se trouve dans aucun ancien auteur, ni dans Amalarius, ni dans Alcuin, ni même dans le Micrologue, ni dans Hugues de Saint-Victor, ni enfin dans aucun auteur connu. Personne ne nous a dit de quelle antiquité en sont les manuscrits, ni même où ils ont été trouvés (a). On ne sait donc pas en quel temps, ni par où, ni en quelle église cette glose aura été mise dans l'*Ordre romain*. De quatre exemplaires de cet *Ordre*, où la messe est représentée uniformément, il n'y a que le dernier où cette glose se trouve[1] ; et c'est en effet manifestement une glose d'un autre ordre plus simple comme plus ancien, où il est dit seulement que « l'archidiacre ayant versé un peu du calice où le pape a communié, dans la coupe que l'acolyte tient entre ses mains, les évêques viennent au siége du pape pour communier de sa main, et les prêtres après eux selon leur rang ; après quoi le premier évêque prend le ca-

---

[1] Tom. X *Bibl. PP.*, col. 1, 7, 10, 17 ; La Roq., p. 175.

(a) Dom Mabillon nous a indiqué le lieu et la date des manuscrits dont il s'est servi pour former son recueil des *Ordres romains*. Plusieurs de ceux qu'il a consultés ont environ huit cents ans d'antiquité ; et sur l'article dont il s'agit ici, il observe qu'il n'a trouvé aucun exemplaire qui puisse faire distinguer si la glose de la sanctification du vin par le sang, a été insérée après coup dans le troisième des *Ordres romains*. Voyez *Musæi Ital.*, tom. II, p. 52. (Edit. de Déforis.)

lice de la main de l'archidiacre pour confirmer, » c'est-à-dire pour communier avec le sang, « les ordres suivans jusqu'au primicier. Ensuite l'archidiacre prend le calice de la main de cet évêque, et en verse dans la coupe dont nous venons de parler, qui est celle que l'acolyte tenoit; et il rend le calice au sous-diacre, qui lui donne un petit vaisseau avec lequel il confirme le peuple; » c'est-à-dire, qu'il lui donne le sang précieux. On ne voit dans ces paroles de l'*Ordre romain* qu'une division et subdivision du sang contenu dans le calice, dans de plus petits vaisseaux, pour en faire la distribution au peuple. Or l'*Ordre* qu'on nous objecte ne fait que répéter la même chose, si ce n'est que sans rapporter aucun nouveau fait et sans dire qu'on prenne du vin non consacré, mais après avoir seulement récité que « l'archidiacre verse un peu de sang dans le grand calice, ou coupe que tient l'acolyte, afin qu'on en communie le peuple, » il ajoute cette raison : « Parce que le vin non consacré est sanctifié en toutes manières quand il est mêlé au sang : » ce qui est manifestement, non un fait du cérémonial, mais une réflexion du copiste, qui a cru qu'il y avoit déjà du vin dans le calice où l'on versoit du sang. Mais on ne voit ni ce fait ni cette réflexion dans les autres *Ordres*, ni dans les *Sacramentaires* de saint Grégoire; c'est-à-dire ni dans celui du Père Ménard, ni dans celui du Vatican, ni dans aucun autre; et enfin le premier auteur certain où je trouve cette coutume de mêler le sang du Sauveur avec le vin (a), est Durand, évêque de Mende, auteur du quatorzième siècle, qui encore l'a remarquée comme étant, non de l'Eglise universelle, mais seulement *de quelques lieux* [1], sans dire quels sont ces lieux, ni si cette coutume est autorisée. Mais clairement il rejette dans le même endroit l'opinion de ceux « qui croient que le vin est changé au sang du Sauveur par ce mélange [2]; » ce qu'il montre entièrement impossible en d'autres endroits par des raisons manifestes [3]. Et certainement,

[1] Dur., Mim., lib. IV, cap. XLII, n. 1. — [2] *Ibid.*, n. 8. — [3] Lib. VI, cap. LXXVI, n. 11, 12.

(a) Il est fait mention de cet usage dans les deux premiers des *Ordres romains*, comme dom Mabillon le montre dans son *Commentaire*, où il rapporte des extraits de plusieurs *Sacramentaires* beaucoup plus anciens que Durand, qui attestent cette pratique. Voyez D. Mabill., *Comment. in Ord. rom.*, p. 47, 48, 93 et seq. (Edit. de Déforis.)

sans aller plus loin , si l'on eût cru que le vin eût pu être changé au sang par le contact, c'eût été la dernière des absurdités, comme le remarque le même auteur, d'en prendre par ablution, comme on le fait par toute l'Eglise, puisque ce vin de l'ablution, loin d'emporter, comme on en a le dessein, ce qui auroit pu rester du sacrement dans le calice ou dans la bouche, n'eût fait que le consacrer de nouveau jusqu'à l'infini. Mais je n'ai pas besoin de rapporter toutes les raisons de Durand, après qu'on a vu si clairement que jamais la tradition de l'Eglise n'a connu de consécration que par les paroles sacramentales.

Il résulte de ces raisons qu'il n'y a aucune coutume approuvée de donner le sang de Notre-Seigneur, par le moyen de ce mélange avec de simple vin, et qu'au contraire la coutume étoit de distribuer seulement pour communion le vin qui étoit dans le calice au temps de la consécration. Car il paroît qu'on avoit soin, autant qu'on pouvoit, d'en mettre, comme des hosties, une quantité suffisante; et on ne lit pas que jamais il en restât, comme on le lit si souvent du pain consacré. Que s'il manquoit quelquefois, il n'y a nulle difficulté que ceux pour qui il n'en restoit plus, ne se dussent contenter du corps, de la suffisance duquel il y avoit, comme on a vu, tant d'exemples et publics et particuliers, également connus dans toute l'Eglise.

Il ne reste plus qu'une objection de M. de la Roque, mais elle ne nous fera pas beaucoup de peine. C'est qu'il montre qu'en quelques endroits, même en France et selon quelques *Sacramentaires,* on communioit sous les deux espèces le Vendredi saint. C'est ce que je n'ai pas nié. Afin que la communion paroisse libre sous une espèce, qui est tout ce que je prétends, il suffit que je la trouve bien autorisée à la vue de tout l'univers dans la plus grande partie de l'Eglise gallicane ; et que cette coutume l'ayant emporté dans tout l'Occident, elle soit venue jusqu'à nous sans être blâmée ni suspecte : personne ne pouvant croire qu'on ait choisi le Vendredi saint et le jour de la Passion de Notre-Seigneur, pour en profaner le mémorial sacré, ni qu'on se soit préparé à la communion pascale par un sacrilége.

Et je me trouve si peu incommodé de quelques exemples qu'on

pourroit trouver de communions sous les deux espèces le Vendredi saint, que je veux bien alléguer ici avec respect un ancien et vénérable *Sacramentaire* de l'Eglise romaine, sans néanmoins pouvoir garantir, pour les raisons que j'ai dites, à l'usage de quelle église il a été fait. J'y ai donc remarqué ces mots dans l'office du Vendredi saint : « Après ces prières achevées, les diacres marchent dans la sacristie et viennent avec le corps et le sang de Notre-Seigneur, qui est resté du jour précédent, et ils le mettent sur l'autel; et l'officiant vient à l'autel adorant et baisant la croix : il dit, *Oremus præceptis salutaribus moniti*, etc. Ce qui étant achevé, tout le monde adore la croix et communie [1]. » Je vois donc ici le corps et le sang; mais je le vois réservé de la veille et porté de la sacristie, pour montrer qu'on ne songeoit pas à cette consécration par le simple mélange, que nos ministres allèguent ici comme un dénouement universel : encore que, de leur aveu, il ne s'en trouve aucun vestige, neuf cents ans durant, qu'on n'en trouve au neuvième siècle qu'une très-fausse conjecture, et enfin que dans tous les siècles elle ne se trouve suivie en Occident que d'un seul auteur, et d'aucun en Orient que depuis le schisme. Voilà ce qu'on nous donnoit, avec une incroyable confiance, pour la doctrine des anciens Grecs et Latins, et pour celle des chrétiens indéfiniment de l'Eglise orientale et occidentale.

CHAPITRE XLVI.

Absurdités et excès de l'Anonyme pour trouver la consécration du vin dans l'office du Vendredi saint.

Ne nous lassons pas de démêler les chicanes de nos adversaires, quelque ennuyeux que soit ce travail. Ils nous donneront occasion d'expliquer nos saints mystères, et d'en inspirer le respect à ceux à qui Dieu ouvrira le cœur pour les entendre. Outre les objections qui sont communes à l'Anonyme avec M. de la Roque, il en a de particulières. Nous avons vu qu'il a prétendu que les Grecs réservoient autrefois les deux espèces pour l'office des Présanctifiés, et il a été convaincu du contraire par les mêmes au-

[1] *Cod. S. R. E.* Thomas, lib. I, cap. XLI, p. 76.

teurs qu'il a produits. Comme il a eu peu de confiance en cette preuve, et qu'il n'y avoit aucune apparence à dire qu'on eût jamais réservé le vin, il a vu qu'il en falloit venir à dire qu'on le consacroit sans parole, et que la consécration n'en demandoit pas; ou bien qu'on le consacroit par le mélange, en vertu de la parole prononcée dans les jours précédens; ou bien que le jour même, on le consacroit par les prières qu'on disoit dans cet office, et que pour consacrer l'Eucharistie, toute prière indéfiniment, et même l'*Oraison Dominicale* étoit suffisante. Enfin il a osé avancer tant de choses en cette matière, qu'il peut servir d'exemple aux protestans de ce que leurs écrivains sont capables d'entreprendre pour les éblouir ou pour les lasser. En effet si fatigués par tant de questions qu'on remue pour leur embrouiller les matières, ils aiment mieux abandonner tout et demeurer comme ils sont que de chercher davantage, leur salut est désespéré : mais si au contraire ils veulent entendre la vérité, et que pendant que nous tâchons de leur en faciliter la recherche, ils ne se lassent point de nous suivre, la lumière leur paroîtra bientôt. C'est ce qu'on va voir, en examinant chacune des propositions de cet auteur. Commençons par la plus hardie : la voici : « A n'examiner que l'Ecriture, je dis hardiment qu'il ne faut point de paroles pour faire un sacrement, c'est-à-dire qu'il n'y a aucune nécessité de prononcer tels et tels formulaires de prières ou de discours en faisant un sacrement [1]. »

Que veut-il dire? Quoi? que tous les chrétiens ont tort d'attacher la sainteté du baptême à une formule fixe; ou peut-être qu'ils ont raison, mais que cette raison n'est pas fondée sur l'autorité de l'Ecriture? Car c'est ce qu'il insinue dans ces mots par où il commence : *A n'examiner que l'Ecriture.* Il seroit bon que ces gens hardis dissent franchement leurs pensées, et que nous vissions une bonne fois qu'*à n'examiner que l'Ecriture,* ils ne savent comment établir une chose aussi nécessaire à la religion que la forme du baptême. Mais peut-être qu'il se veut restreindre à l'Eucharistie, et qu'il prétend que c'est à ce sacrement que la parole n'est pas nécessaire. Il ne falloit donc pas être si hardi, ni

[1] Anonyme, p. 255.

prononcer indéfiniment que « la parole n'est pas nécessaire à un sacrement. » Mais pourquoi l'Eucharistie n'aura-t-elle pas ses paroles comme le baptême ? Dans cette nouvelle supposition de l'Anonyme, que devient l'analogie de la foi dont ces Messieurs parlent tant, et le rapport des mystères ? Et pour laisser maintenant à part les autres preuves, que veut dire cette parole de saint Paul : « Le calice de bénédiction que nous bénissons ? » L'Anonyme ne s'en embarrasse pas : « Ne vois pas, dit-il, que cette bénédiction se doive nécessairement expliquer d'une prière faite sur le pain [1]. » Non sans doute, puisque l'Apôtre parle du calice. Mais au fond les chrétiens grecs et latins, qui dès l'origine du christianisme, ont cru que le pain comme le vin devoit être consacré par la parole, ou si l'Anonyme l'aime mieux ainsi, par la prière, se sont-ils trompés ? Car enfin le fait est constant de son aveu. Pour les Grecs, « il est constant, dit-il, qu'ils font tous consister la consécration dans les prières qui suivent et qui précèdent les paroles de l'institution [2]. » A la bonne heure : il faut donc des prières, et pour le dire en passant, des prières où les paroles de l'institution soient insérées. Ce fait est constant, et l'Anonyme l'avoue maintenant, comme a fait tout à l'heure M. de la Roque. Voilà pour l'Eglise grecque : et pour l'Eglise romaine, « je soutiens, poursuit l'Anonyme, que l'Eglise romaine elle-même a cru pendant plus de mille ans que la consécration se faisoit par la prière. » Ne parlons pas des paroles de l'institution. Je ne crois pas que l'Anonyme ose nier qu'elles ne se trouvent dans la liturgie romaine, et dans tout ce que nous avons de liturgies latines ; mais contentons-nous de prendre ce qu'il nous donne. Un homme qui reconnoît le consentement de l'Eglise universelle, et des Romains comme des Grecs, à consacrer par la prière, ose dire après cela qu'il ne voit pas que la prière faite sur le pain ou sur le vin y soit nécessaire.

S'il n'a pas encore compris à ma voix sa prodigieuse témérité, qu'il écoute M. de la Roque, qui après avoir établi dans son *Histoire de l'Eucharistie* la consécration avec la parole par le témoignage unanime des Grecs et des Latins, nous avertit gravement

[1] Anonyme, p. 258. — [2] P. 252.

avec Vincent de Lérins, « qu'il faut suivre le consentement des grands docteurs qui sont d'accord entre eux, et qu'il n'est pas permis de se séparer de l'autorité d'un sentiment communément, publiquement et généralement reçu. »

Il est vrai que l'Anonyme lui pourra répondre qu'il s'en est séparé lui-même, lorsque malgré ce consentement si universel durant mille ans, il se voit forcé avec tous les autres et avec l'Anonyme même, d'établir une consécration extraordinaire et une formule muette dont jamais on n'avoit entendu parler, et encore de l'établir dans cette partie de l'Eucharistie où la parole est le plus expressément requise par saint Paul; c'est-à-dire dans le calice, dont cet Apôtre a dit avec tant de force : « Le calice de bénédiction que nous bénissons². »

Mais l'Anonyme a trouvé un nouveau moyen de se tirer de ce mauvais pas. Il suppose que ceux qui ont cru la consécration par les paroles de Jésus-Christ même et tout ensemble sans parler, par le seul mélange, « pouvoient croire que cette nouvelle sanctification étoit de même ordre que la première, parce que c'étoit toujours en vertu de la première consécration qu'elle étoit opérée : qu'ainsi la première étant faite par la force des paroles de Jésus-Christ prononcées sur le pain qu'on mêloit au vin non consacré, la dernière étoit aussi faite par ces mêmes paroles, puisqu'elle n'étoit rien qu'une suite de la première³. »

De quel embarras de paroles est-on obligé de se charger, quand on veut embarrasser une chose claire? L'Anonyme veut dire en un mot, que dans cette supposition, le vin seroit consacré par cette parole : *Ceci est mon corps.* Mais s'il avoit ainsi parlé tout court, l'absurdité manifeste de la supposition auroit d'abord frappé tous les esprits. Car où veut-il qu'on allât rêver que le vin est changé en sang, en disant : *Ceci est mon corps ?* Comme le corps avoit sa parole, le sang n'avoit-il pas la sienne? Et pourquoi l'une eût-elle paru plus nécessaire que l'autre ? Que sert d'avoir de l'esprit, quand on l'emploie à inventer de tels prodiges?

Le malheureux Anonyme « poussé par mes puérilités et

---

[1] Anonyme, p. 83. — [2] 1 *Cor.*, x, 16. — [3] Anonyme, p. 254.

mes chicanes d'écolier et de petit écolier ¹ » (car c'est ainsi qu'il me traite dans sa colère), ne trouve plus de ressource que de dire enfin que dans l'office des Présanctifiés, comme dans celui du Vendredi saint, on consacroit par la parole, puisqu'on y disoit plusieurs prières, et entre autres le *Pater noster*, avec lequel les apôtres, au dire de saint Grégoire, ont consacré ². Là-dessus il nous cite Valafridus Strabo, auteur du neuvième siècle, et il croit s'être échappé par ce moyen. Mais son erreur est visible, et il ne faut plus pour la découvrir qu'un moment de patience.

CHAPITRE XLVII.

Il est absurde de prétendre que la consécration se fait dans l'office du Vendredi saint par le Pater.

Remarquons avant toutes choses la conduite de ces Messieurs les protestans. Si nous entreprenions de leur prouver que les apôtres ont consacré l'Eucharistie en disant l'*Oraison Dominicale*, qui sans doute n'a pas été dictée pour cette fin, et que nous leur alléguassions pour le prouver l'autorité de saint Grégoire ou de Strabo qui le suit, ils nous diroient que ces auteurs sont venus bien tard pour nous exposer les sentimens des apôtres, dont nous ne trouvons rien dans leurs écrits. Puis donc qu'ils font tant valoir des autorités auxquelles eux-mêmes ils ne croient pas, on voit bien qu'ils n'ont d'autre but que d'embrouiller la matière ou d'éblouir les ignorans. Que s'ils répondent qu'ils nous les opposent, parce que nous les recevons, qu'ils apprennent donc avec quel soin il les faut produire, quand on en veut faire un usage sérieux.

La première chose qu'il faut faire est de bien établir le fait. Par exemple, à l'occasion de saint Grégoire, qui dans une de ses lettres dit que « les apôtres consacroient à la seule *Oraison Dominicale* ³, » il falloit dire que ce saint pape a écrit ces mots pour répondre au reproche qu'on lui faisoit d'avoir pris dans la coutume des Grecs beaucoup de choses qu'il avoit ajoutées à la litur-

---

¹ Anonyme, p. 248, 251. — ² P. 244, 245, 252, 254. — ³ Lib. VII, ind. II, epist. LXIV; nunc lib. IX, epist. XII.

gie. Parmi ces choses qu'on lui reprochoit d'avoir ajoutées de nouveau, on y mettoit celle-ci, « qu'incontinent après le canon, *mox post canonem*, il avoit fait dire l'*Oraison Dominicale*. On voit donc qu'auparavant l'Eglise romaine ne la disoit pas, puisqu'on accuse saint Grégoire d'avoir introduit à Rome cette nouveauté (a). En passant, on peut voir ici combien on étoit attentif aux moindres innovations qu'on faisoit dans la liturgie ; et combien on se seroit élevé, si l'on y eût ajouté quelque chose de douteux ou de suspect, puisque même ce fut un chef d'accusation contre saint Grégoire d'y avoir ajouté l'*Oraison Dominicale*.

Ce grand pape ne nie pas le fait, et ne se défend pas de cette addition ; mais il soutient qu'il avoit eu raison de le faire, et voici

(a) Toutes les liturgies attestent qu'avant saint Grégoire, c'étoit une coutume de l'Eglise universelle de dire le *Pater* pendant la célébration de la messe. Tertullien, saint Cyprien, saint Cyrille de Jérusalem, saint Ambroise, saint Augustin, saint Optat et plusieurs autres, font mention de cet usage commun aux Eglises grecques et latines. Saint Jérôme en fait remonter l'institution aux apôtres, qu'il dit avoir appris du Seigneur à oser dans la célébration du sacrifice parler à Dieu, en l'appelant notre Père : *Sic docuit apostolos suos, ut quotidie in corporis illius sacrificio credentes audeant loqui :* PATER NOSTER (Lib. III, *advers. Pelag*. Et saint Augustin nous apprend qu'on disoit tous les jours à l'autel l'Oraison Dominicale : *In ecclesiâ enim ad altare Dei quotidie dicitur ista Dominica Oratio* (Serm. LVIII). Il nous assure que presque toute l'Eglise termine dans l'action du sacrifice, ses demandes et ses prières par cette oraison : *Precationes accipimus dictas, quas facimus in celebratione Sacramentorum, antequàm illud, quod est in Domini mensâ, incipiat benedici :* Orationes, *cùm benedicitur et sanctificatur et ad distribuendum comminuitur, quam totam petitionem ferè omnis Ecclesia Dominicâ Oratione concludit* (Epist. CXLIX, *ad Paulin*., n. 16). Personne ne doute, selon l'observation de l'abbé Renaudot (*Liturg. Orient*., tom. I, p. XII), qu'une discipline si générale, *ubique observata*, appuyée de l'exemple de tous les siècles, ne soit fondée sur le précepte même de Jésus-Christ : *Cùm nemo dubitet quin praecepto Christi et omnium saeculorum exemplo hæc disciplina stabiliatur* (*Liturg. Orient*. pag. XXIV). Or est-il probable que l'Eglise romaine si attentive à observer les traditions apostoliques, eût omis dans sa liturgie l'*Oraison Dominicale*, qui tenoit, au rapport de saint Grégoire, la principale place dans celles des apôtres ? Tout ce qu'on peut donc conclure des paroles de ce saint pape, c'est qu'il avoit changé l'ordre de la prière en transposant l'*Oraison Dominicale*, qui se récitoit dans quelques églises ou avant la consécration ou après la communion. En effet le reproche auquel saint Grégoire répond, ne tomboit pas sur ce qu'il avoit introduit l'*Oraison Dominicale* dans la liturgie, mais sur ce qu'il la faisoit dire immédiatement après le canon : *Quia* Orationem Dominicam *mox post canonem dici statuistis*. Et saint Grégoire ne se justifie pas d'avoir inséré l'*Oraison Dominicale*, mais seulement d'avoir établi qu'on la réciteroit aussitôt après la prière qui forme le canon : Orationem *verò* Dominicam *idcircò mox post precem dicimus*, etc. Vid. not. *ad Epist. S. Greg.*, nov. Edit. et D. Hug. Men., not. *ad Sacram. S. Gregor. ejusd. Oper.*, tom. III, col. 291 ; *Liturg. Rom., vet. Dissert.* p. 55. (*Edit. de Déforis.*)

comment il le prouve : « Incontinent après la prière, nous disons l'*Oraison Dominicale,* parce que ç'a été la coutume des apôtres de consacrer l'hostie que nous offrons, à cette seule oraison. » Il ajoute les paroles suivantes : « Il m'a semblé fort déraisonnable de dire sur l'oblation la prière qu'un scholastique (c'est-à-dire un homme savant) avoit composée, et de ne point réciter sur le corps et sur le sang de Notre-Seigneur l'Oraison que Notre-Seigneur a lui-même composée. Ces paroles de saint Grégoire démontrent clairement d'abord, qu'il étoit infiniment éloigné de mettre la consécration dans l'*Oraison Dominicale :* premièrement, parce qu'on a vu qu'il la faisoit dire « incontinent après la prière, » MOX POST PRECEM ; c'est-à-dire, comme il avoit dit auparavant, « incontinent après le canon, » MOX POST CANONEM, qui est encore l'endroit où nous la disons. Ce n'étoit donc pas son intention de la faire dire pour consacrer les mystères, puisqu'il la faisoit dire après le canon, où la consécration est comprise. En effet, et c'est une seconde raison qui n'est pas moins démonstrative, saint Grégoire remarque expressément que l'*Oraison Dominicale se disoit sur le corps et sur le sang.* Ainsi loin d'en faire la consécration, elle les supposoit déjà consacrés. Enfin on mettoit si peu la consécration dans l'*Oraison Dominicale,* qu'il paroît même, comme on vient de voir, qu'avant saint Grégoire l'Eglise romaine ne la disoit pas à la messe, puisqu'il avoue que c'est lui qui l'y a ajoutée. Ce n'étoit donc pas la tradition de l'Eglise romaine, que les apôtres eussent fait la consécration proprement dite de l'Eucharistie avec la seule *Oraison Dominicale,* que saint Grégoire y venoit d'ajouter : et ainsi la consécration dont parle ici ce grand pape, n'est pas la consécration proprement dite, en tant quelle renferme les paroles par lesquelles le pain et le vin sont consacrés et changés ; mais c'est la consécration dont nous avons déjà parlé, en tant qu'elle est répandue dans toutes les oraisons et dans toutes les cérémonies de la liturgie mystique.

Il est maintenant aisé d'entendre les paroles de Valafridus Strabo, lorsque, suivant saint Grégoire, il parle ainsi : « Ce que nous faisons maintenant par tant de prières, par tant de chants et par tant de consécrations, TOT CONSECRATIONIBUS, les apôtres et ceux qui furent les plus proches de leur temps le faisoient, comme on croit, simplement par des prières et par la commémoration de la mort de Notre-Seigneur, ainsi qu'il l'a ordonné... Et nous avons appris par la relation de nos ancêtres, que dans les premiers temps on disoit les messes à la manière dont maintenant nous avons accoutumé de communier au jour du Vendredi saint, auquel jour l'Eglise romaine ne dit point de messe; c'est-à-dire qu'en disant auparavant l'*Oraison Dominicale*, et comme Notre-Seigneur l'a commandé, en employant la commémoration de sa mort, on reçoit la communion du corps et du sang de Notre-Seigneur, quand on devoit selon la raison y être admis [1]. » Cela veut dire en un mot qu'afin de rendre facile la célébration des sacremens, dans un temps où les églises persécutées et les apôtres accablés du soin de l'instruction, avoient si peu de temps et de liberté, on se contentoit « de l'essentiel, qui étoit la commémoration de la mort de Notre-Seigneur » renfermée, comme on le verra bientôt, dans le récit de l'institution, en y joignant seulement peu de prières et peut-être la seule *Oraison Dominicale*. Mais que la consécration consistât dans l'*Oraison Dominicale*, c'est à quoi Strabo n'a jamais songé, non plus que saint Grégoire, dont il nous a rapporté la relation. Et cela paroît clairement par ces paroles du même chapitre : « Le canon s'appelle l'action, » comme on l'appelle encore aujourd'hui dans notre Missel, « parce que c'est là que se font les sacremens de Notre-Seigneur : et on l'appelle canon, c'est-à-dire règle, parce que c'est là que se fait la légitime et régulière consécration des sacremens [2]. » Pour ce qui est de l'*Oraison Dominicale*, il observe « qu'on la met avec raison à la fin de l'action très-sacrée; » par conséquent, non pour faire la consécration déjà faite; « mais afin, dit-il, que ceux qui doivent communier soient purifiés par cette prière, et participent dignement aux choses déjà saintement faites; » c'est-à-dire *aux sacremens* et au sacrifice dont il venoit de parler. C'est donc abuser le monde et vouloir éblouir les simples, que de faire considérer l'*Oraison Dominicale* dans la messe du Vendredi saint, comme devant faire, selon cet auteur, la consécration proprement dite,

---

[1] *De Reb. Eccles.*, cap. XXII, tom. X *Bibl. PP.*, col. 680. — [2] *Ibid.*, col. 684.

puisqu'il explique si clairement qu'elle la suppose déjà faite. J'ai dit *la consécration proprement dite;* car comme il vient de reconnoître dans la liturgie *plusieurs consécrations,* TOT CONSECRATIONIBUS, rien n'empêche que, suivant l'expression de saint Grégoire, nous ne disions que l'*Oraison Dominicale* appartient à la consécration au sens que nous venons d'expliquer. Mais on voit manifestement qu'outre *ces consécrations* prises dans une signification plus étendue, il y avoit dans le canon et avant l'*Oraison Dominicale* une consécration proprement dite, laquelle par conséquent ne pouvoit pas être l'*Oraison Dominicale* elle-même.

Que si l'on demande d'où vient donc que cet auteur fait mention de la communion du Vendredi saint, à l'occasion de la messe comme les apôtres la disoient, c'est qu'il en paroît quelque idée dans cet office, où pour préparer à la communion, on ne dit que l'*Oraison Dominicale,* sans y employer tous les chants et toutes les prières des autres jours.

Voilà clairement tout le dessein de Valafridus Strabo. Amalarius, qui tient un langage semblable [1], doit être entendu de même; et l'un et l'autre, après saint Grégoire, ont suivi la tradition que nous voyons dans saint Augustin, lorsqu'il explique aux nouveaux baptisés l'ordre de cet endroit de la liturgie que nous appelons à présent le canon : « Vous savez, dit-il, l'ordre des sacremens : après la prière, » que nous appelons aujourd'hui *Secrète,* « on dit le SURSUM CORDA, » et la suite : on fait la « sanctification du sacrifice : » et après que « la sanctification du sacrifice est achevée, nous disons l'*Oraison Dominicale;* après on donne la paix, le saint baiser, et la communion [2]. » Nous faisons encore à présent toutes ces choses dans le même ordre; tant il est vrai que dans l'Eglise tout est animé de l'esprit de l'antiquité : et nous suivons distinctement ce que rapporte saint Augustin, qui est de réciter « l'*Oraison Dominicale* après la sanctification du sacrifice. »

Si maintenant on veut savoir ce que c'étoit que cette sanctification, le même saint Augustin l'explique dans le même *Sermon*

---

[1] Lib. IV, cap. xx; tom. X *Bibl. Patr.*, p. 470. — [2] Serm. *ad Infant.*, CCXXVII, *in die Pasc.*, tom. V, col. 974.

par ces paroles : « Le pain que vous voyez sur l'autel sanctifié par la parole de Dieu, est le corps de Jésus-Christ; le calice, ou plutôt ce qui est contenu dedans, sanctifié par la parole de Dieu, est le sang de Jésus-Christ. » Voilà une double *sanctification*, l'une du pain et l'autre du vin; l'une pour faire que le *pain soit corps*, l'autre pour faire que le *vin soit sang ;* l'une et l'autre avant l'*Oraison Dominicale*, mais l'une et l'autre *par la parole de Dieu*. Qu'on nous dise ce que c'étoit que cette *parole de Dieu*, par où le pain distinctement est *sanctifié* pour être *le corps*, et le vin distinctement *sanctifié* pour être le *sang*, si ce n'est celle que nous employons encore aujourd'hui distinctement à la consécration proprement dite : *Ceci est mon corps* sur le pain : *Ceci est mon sang* sur le calice.

C'est ce qui paroîtra bientôt avec une entière évidence. Mais pour ne rien embrouiller, il nous paroît que saint Augustin, qui fait précéder la consécration et suivre l'*Oraison Dominicale*, ne fait que la même chose que saint Grégoire a suivie, et que Valafridus Strabo suit encore en suivant saint Grégoire.

Que si nous voyons dans saint Grégoire l'*Oraison Dominicale* omise dans la liturgie de l'Eglise romaine, cela sert encore à confirmer ce que dit le même saint Augustin, lorsque parlant en un autre endroit de la bénédiction de l'Eucharistie, il observe que « presque toute l'Eglise la termine par l'*Oraison Dominicale*, » FERÈ OMNIS ECCLESIA [1] : par où il fait assez entendre qu'il y avoit quelques églises où cela ne se faisoit pas; et saint Grégoire nous apprend que l'Eglise romaine elle-même étoit de ce nombre.

C'étoit en effet une chose indifférente de dire ou de ne pas dire dans la liturgie l'*Oraison Dominicale*. Mais quand on avoit à la dire, de la mettre, comme a fait saint Grégoire, dans une place où elle fût manifestement distinguée de la consécration proprement dite, ce n'étoit pas une chose indifférente : c'étoit la commune et ancienne tradition de toutes les églises.

Concluons donc qu'on ne peut pas dire sans une manifeste absurdité, que le *Pater* se dit dans l'Office du Vendredi saint, pour consacrer l'Eucharistie; et puisque notre adversaire ne trouve

---

[1] Epist. LIX, *ad Paulin.*, n. 16.

point dans cet office d'autres paroles consécratoires que l'*Oraison Dominicale*, concluons encore que cela confirme ce que nous avons déjà démontré, qu'en ce jour-là il n'y avoit point de consécration ; de sorte qu'on n'y prenoit que le corps déjà consacré dès la veille.

CHAPITRE XLVIII.

Dans l'office des Présanctifiés des Grecs, il n'y a aucune prière à laquelle on puisse attribuer la consécration : la doctrine constante des Grecs et des Latins est que la consécration du calice, comme celle du pain, se fait par les paroles de Jésus-Christ.

A l'égard de ce que dit l'Anonyme [1], que les Grecs dans l'Office des Présanctifiés consacrent véritablement, parce qu'ils disent une partie « des prières qui précèdent et qui suivent dans leur liturgie le récit de l'institution du sacrement, » il ne pouvoit pas nous montrer par une preuve plus claire, que sans rien connoître du tout dans leur doctrine, il jette au hasard ce qui lui vient dans l'esprit, pour s'échapper comme il peut. Car tous ceux qui ont traité de cette matière parmi les Grecs, et entre autres le patriarche Cérularius, dont l'Anonyme fait son fort, aussi bien que M. de la Roque, enseignent positivement que dans l'Office des Présanctifiés « on ne dit aucune des oraisons mystiques et sanctifiantes [2]. » Le passage en a été cité dans le *Traité de la communion* [3], et il a passé sans réplique. Aussi la chose parle-t-elle d'elle-même ; et il est clair que si l'on avoit besoin de ces prières sanctifiantes, ce ne seroit plus l'Office des Présanctifiés. Mais afin de le mieux entendre, il faut savoir que parmi ces prières mystiques et sanctifiantes, il y en a de préparatoires, il y en a de consécratoires, il y en a qu'on peut appeler consommatives et applicatives. Ces trois genres de prières se trouvent également dans les liturgies grecques et latines. Les préparatoires sont celles qu'on fait lorsque les fidèles présentent leurs oblations, lorsqu'on les met chez les Grecs sur la prothèse ou sur la crédence, lorsqu'on les

---

[1] Anonyme, p. 252. — [2] Mich. Cerul., *de Offic. Præs.* — [3] *Traité de la Commun.*, I part. n. 7.

apporte à l'autel et que le pontife commence à les bénir : les consécratoires comprennent deux choses, dont l'une est le récit de l'institution de l'Eucharistie et la répétition des paroles de Notre-Seigneur ; et l'autre est la prière où l'on demande que le pain soit changé au corps et le vin au sang. Or, soit que cette prière se fasse devant ou après les paroles de l'institution, et soit que les paroles de l'institution soient tenues essentielles ou non, je n'ai pas besoin de m'en enquérir pour convaincre l'Anonyme, puisqu'il est certain qu'il ne se dit rien de tout cela dans l'Office des Présanctifiés, ni parmi les Grecs durant tout le Carême, ni parmi les Latins le Vendredi saint : d'où il s'ensuit qu'il ne se dit aucune des paroles consécratoires. Je n'ai pas besoin de parler des consommatives ou applicatives, puisque, quand on les diroit, elles ne font rien à notre propos, et que loin d'opérer la consécration, elles la supposent déjà faite.

C'est donc une erreur grossière à l'Anonyme, sous prétexte que l'antiquité grecque et latine aura mis la consécration dans la prière, de croire que toute prière, et l'*Oraison Dominicale* comme une autre, y soit également bonne. Car il y avoit dans l'Eucharistie, comme dans le baptême, une formule déterminée et de certaines paroles affectées à la consécration. C'est ce que dit saint Augustin en termes formels, lorsque parlant du pain de l'Eucharistie : « Notre pain, dit-il, n'est pas mystique et sacré ; mais il est fait tel par une certaine consécration, CERTA CONSECRATIONE[1]. » Saint Grégoire de Nazianze n'est pas moins formel à l'endroit où il représente la messe que saint Grégoire, évêque de Nazianze, son père, vint dire quoique malade, la nuit de Pâques. « Il célébra, dit-il, les mystères en peu de paroles et autant qu'il en pouvoit proférer[2]. » Mais il ajoute distinctement qu'il dit, « selon la coutume, les paroles de l'Eucharistie. » Par là nous apprenons à la vérité, ce qui paroît encore ailleurs, que toutes les églises n'avoient pas alors peut-être des prières fixes qui composassent la liturgie, et que les évêques les composoient suivant qu'ils étoient poussés par l'esprit de Dieu, ce qui leur donnoit la liberté de les étendre ou de les abréger selon leur prudence. Mais nous appre-

[1] *Cont. Faust.*, lib. XX, cap. XIII.— [2] *Orat.* XIX.

nons en même temps que pour la consécration il y avoit une formule fixe et des paroles expresses, qu'on appeloit *les paroles de l'Eucharistie*, τὰ τῆς εὐχαριςίας ῥήματα, qu'une coutume inviolable ne permettoit pas d'omettre. De ces paroles mystiques, s'il y en avoit pour le corps, il y en avoit pour le sang, selon ce que nous disoit saint Augustin : « Le pain que vous voyez sur l'autel, sanctifié par la parole de Dieu, est le corps de Jésus-Christ ; le calice, ou plutôt ce qui est dedans, sanctifié par la parole de Dieu, est le sang de Jésus-Christ [1]. » Et afin de faire toujours marcher l'Eglise grecque avec la latine, saint Isidore de Damiette, à peu près dans le même temps, disoit aux ennemis de la divinité du Saint-Esprit : « Comment osez-vous dire que le Saint-Esprit n'est pas égal aux deux autres personnes, lui qui dans la table mystique fait d'un pain commun le propre corps de l'incarnation » qu'il a opérée [2] ? Et ailleurs il en dit autant du sang : « Gardez-vous bien, dit-il, de vous enivrer, et souvenez-vous que c'est des prémices du vin que le Saint-Esprit fait le sang de Notre-Seigneur [3] : » ce que ce grand homme a dit par un manifeste rapport à l'invocation du Saint-Esprit, que font toutes les liturgies grecques dans la consécration du corps et du sang. Il ne falloit donc pas s'imaginer, ni que le sang pût être consacré d'une autre manière que le corps, c'est-à-dire sans paroles, ni que toutes les paroles y fussent bonnes ; mais croire qu'il y falloit employer les paroles spécialement destinées à cette sainte action.

Quelles étoient ces paroles? Saint Basile l'explique assez dans cet excellent discours où il recommande si gravement les traditions non écrites : « Lequel des Saints nous a laissé par écrit les paroles d'invocation, dont nous nous servons en consacrant le pain de l'Eucharistie et le calice de bénédiction? Car nous ne nous contentons pas de celles dont l'Apôtre et l'Evangile font mention ; mais nous en ajoutons devant et après, comme faisant beaucoup au mystère, et c'est de la tradition que nous les avons reçues. » Tout parle pour nous dans ce discours. Il y paroît que la substance, et pour ainsi dire le fond de la consécration est dans les

---

[1] Vid. sup. — [2] Lib. I, epist. CIX; edit. 1638, p. 33 et seq. — [3] *Ibid.*, epist. CCCXIII, p. 83 et seq.

paroles *dont l'Apôtre et l'Evangile font mention ;* c'est-à-dire manifestement, les paroles de l'institution : et c'est cette commémoration de la mort de Notre-Seigneur, dont, selon Valafridus Strabo, les apôtres faisoient la célébration de l'Eucharistie ; mais on y joignoit d'autres paroles apprises par la tradition, dont saint Basile se contente de dire *qu'elles font beaucoup au mystère.*

Produisons encore deux témoins, saint Chrysostome pour l'Orient, et saint Ambroise pour l'Occident, qui tous deux ont illustré le même siècle. Le premier parle en ces termes : « Ce n'est point l'homme qui fait des dons proposés le corps et le sang de Jésus-Christ, mais c'est ce même Jésus-Christ qui a été crucifié pour nous. Le pontife en accomplit la figure, en disant ces paroles ; mais la vertu et la grace en vient de Dieu : *Ceci*, dit-il, *est mon corps :* par ces paroles sont changées les choses posées sur la sainte table [1]. » Visiblement ce n'est pas seulement par ces paroles une fois proférées de la bouche de Jésus-Christ, mais encore c'est par ces paroles répétées à l'autel par le pontife, comme accomplissant la figure de Jésus-Christ et représentant sa personne. Il tient toujours constamment le même langage [2] ; et si les Grecs d'aujourd'hui s'éloignent de cette doctrine, ils sont convaincus par celui de tous leurs Pères qu'ils ont le plus en vénération.

Qui veut voir combien est accablant ce passage de saint Chrysostome, n'a qu'à entendre M. de la Roque, lorsqu'il dit que saint Chrysostome et ceux qui ont parlé comme lui, « n'ont attribué la consécration à ces paroles : *Ceci est mon corps*, que comme à des paroles déclaratives de ce qui *étoit déjà arrivé* au pain et au vin de l'Eucharistie [3]. » Quoi ! ces paroles sacrées, que saint Chrysostome nous représente comme accompagnées de « grace et de vertu, comme faisant tout le changement, comme donnant toute la force au sacrifice, » ainsi que le même Père l'ajoute encore, ne seront que déclaratives, et il y aura dans la célébration des mystères quelque chose de plus efficace que les paroles de Jésus-Christ? C'est ainsi qu'on élude tout, et qu'on trouve tout ce qu'on veut dans tous les discours.

[1] *De prodit. Judæ*, hom. I, n. 6. — [2] Hom. II, *in Timoth.*, n. 81 ; *in Matth.* etc. — [3] *Hist. de l'Euchar.*, 1 part., chap. VII, p. 83.

Ecoutons maintenant saint Ambroise, dans l'instruction admirable qu'il donne aux initiés, ou à ceux qui avoient été baptisés nouvellement. Il dit que dans le mystère de l'Eucharistie, « c'est par la bénédiction plus forte que la nature, que la nature même est changée; que dans cette divine consécration, c'est la parole de Notre-Seigneur qui opère : *que cette parole de Jésus-Christ,* qui a pu faire ce qu'il lui a plu de ce qui n'étoit pas, a bien pu changer ce qui étoit en ce qu'il n'étoit pas [1]. » Il ajoute aussitôt après, que *par ces paroles célestes,* et par cette bénédiction de Notre-Seigneur, le *sang* autant que le pain est consacré; et par ce moyen, il nous apprend à ne chercher pas pour le vin une autre sorte de consécration.

L'Anonyme répond que, lorsque saint Ambroise dit que tout se fait « par la parole de Jésus-Christ, c'est à dire par sa vertu et selon son institution [2]. » Mais il n'a pas voulu songer que constamment, selon saint Ambroise, on répétoit ces paroles de Jésus-Christ : *Ceci est mon corps; ceci est mon sang;* et que c'est à ces paroles, ainsi répétées, que ce Père attribue la consécration et le changement. « Jésus-Christ crie : Ceci est mon corps : devant la bénédiction de ces paroles célestes, on nomme une autre espèce, » c'est-à-dire du pain : « après la consécration, on exprime que c'est le corps de Jésus-Christ; il dit que c'est son sang : devant la consécration on nomme une autre chose, » c'est-à-dire on nomme du vin : « après la consécration on nomme du sang; et vous dites : Amen, il est vrai. Que votre esprit confesse au dedans ce que votre bouche prononce [3]. »

Qui ne voit donc qu'il parle ici de ce qui se fait dans l'Eglise à la célébration des mystères, et que c'est aux paroles de Jésus-Christ qu'on y répète, qu'il attribue la vertu? Et cependant l'Anonyme s'emporte ici contre moi, comme si j'avois falsifié les paroles de saint Ambroise : « Hé donc! faut-il après avoir corrompu la foi des Pères, corrompre et falsifier leurs témoignages [4]? » Laissons-lui passer son exclamation, pourvu du moins qu'on reconnoisse la coutume perpétuelle des protestans, de faire la con-

---

[1] *De iis qui init. seu de Myst.,* cap. IX, n. 50. — [2] Anonyme, p. 257. — [3] Ambr., *De iis,* etc. — [4] Anonyme, p. 257.

tenance la plus triomphante quand ils savent le moins où ils en sont.

Notre auteur montre bien la confusion où il est, lorsqu'il fait semblant d'ignorer le passage du livre *des Sacremens;* et il dit qu'il y répondra quand j'en aurai marqué l'endroit. Je l'avois marqué à la marge; et s'il avoit seulement ouvert les yeux, il y auroit vu l'endroit que j'y ai marqué; il y auroit lu ces paroles : « Voulez-vous savoir comment la consécration se fait par des paroles célestes? Le prêtre dit : Rendez-nous cette oblation approuvée, raisonnable, ratifiée, qui est la figure du corps et du sang [1]. » Le ministre a cru peut-être que le mot de *figure* me feroit peur, et que je n'oserois jamais produire ces paroles. Il se trompe; car la suite va faire voir que si avant la consécration l'oblation n'est encore qu'une figure, elle devient la vérité aussitôt après. Car cet excellent auteur expliquant la suite de la consécration, en attribue la vertu aux paroles de Jésus-Christ qu'on répète : « Devant, dit-il, qu'on ait consacré, c'est du pain; mais quand les paroles de Jésus-Christ sont prononcées, c'est le corps de Jésus-Christ. » Il en dit autant du sang, afin qu'on ne s'aille pas imaginer qu'il puisse être consacré d'une autre sorte : « Devant les paroles de Jésus-Christ, poursuit ce Père, c'est un calice plein de vin et d'eau : quand les paroles de Jésus-Christ ont fait leur opération, là est fait le sang de Jésus-Christ, qui a racheté le monde. Voyez donc, conclut-il, en combien de manières la parole de Jésus-Christ est puissante pour tout changer. »

Qu'importe que cet auteur soit un autre que saint Ambroise, ou saint Ambroise lui-même (a), puisqu'il est constant d'ailleurs que c'est un auteur ancien, qui n'a fait qu'étendre et expliquer, mais toujours avec la même douceur et un semblable génie, ce que saint Ambroise a compris en moins de paroles dans l'instruction des nouveaux baptisés. Nos adversaires ne gagnent rien dans ces disputes, et en divisant les auteurs, ils ne font que multiplier les témoins qui déposent contre eux. Pour l'Anonyme, qui fait ici

[1] Lib. IV, cap. v.

(a) Le livre *des Sacremens* a été attribué à saint Ambroise pendant huit ou neuf siècles, sans aucune contestation; les hypocrites des temps modernes en ont seuls contesté l'authenticité.

semblant de douter de l'instruction des nouveaux baptisés [1], et qui ne veut pas sentir saint Ambroise dans un style si coulant, si doux et si plein d'une solide et tendre piété, il sait bien en sa conscience qu'un tel doute est méprisé de tous les savans; et que la froide critique de quelques auteurs de la religion pour contester ce livre à saint Ambroise, n'a servi qu'à faire voir qu'ils en étoient terriblement incommodés. Et après tout, qu'y a-t-il ici de nouveau? On trouve dans ces deux livres ce qu'on trouve dans tous les auteurs de ce temps : ce que les auteurs de ce temps ont reçu de plus haut. Saint Justin a dit dès le commencement du second siècle, que les alimens ordinaires dont nos corps sont sustentés, deviennent l'Eucharistie « par la prière de la parole qui vient de Jésus-Christ [2]. » L'Anonyme chicane ici sur le mot de *prière*, parce qu'il ne veut pas entendre qu'il y a une intention de prière dans les paroles qu'on récite pour obtenir de Dieu un certain effet. Mais enfin il faut céder à ces termes de saint Justin; qui met la consécration de l'Eucharistie « dans la parole qui vient de Jésus-Christ. » C'est en ce sens que saint Irénée a répété par deux fois, que le calice « mêlé de vin et d'eau, et le pain rompu, en recevant la parole de Dieu, deviennent l'Eucharistie du corps et du sang de Jésus-Christ [3]. » Quelle parole de Dieu reçoit l'Eucharistie, si ce n'est celle que Jésus-Christ a proférée? Mais de quelque manière qu'on le veuille prendre, toujours est-ce une parole prononcée sur l'Eucharistie, et autant sur le vin que sur le pain, qui les fait devenir le corps et le sang. Les Pères de tous les siècles le disent également; et avant eux tous saint Paul avoit dit : « Le calice de bénédiction que nous bénissons : » et le Maître même a été l'original de ces paroles consécratoires, en ce qu'il a dit séparément sur le pain : *Ceci est mon corps*, et sur le vin : *Ceci est mon sang*, sanctifiant chacun de ces alimens par sa consécration particulière. Qu'on ne dise plus que ces paroles : « Ceci est mon corps, ceci est mon sang, » sont des paroles énonciatives et déclaratives. Car nous avons démontré cent et cent fois, et tous les siècles l'ont cru avant nous, qu'à celui qui est tout-puissant, dire et opérer c'est la même chose, et que

---

[1] Anonyme, p. 257. — [2] Just., *Apol.*, I, n. 66, p. 83. — [3] Iren., lib. V, cap. II, n. 2 et seq.

sa parole qui est la vérité même, se vérifie toujours par sa propre force. Ainsi à cette parole : *Femme, tu es guérie* [1], la maladie disparoît ; ainsi à ces mots puissans : *Enée, le Seigneur Jésus vous guérit* [2], le mouvement et la force reviennent à ce paralytique ; et pour montrer qu'il y a une vertu de commandement dans ces énonciations de Jésus-Christ et des hommes lorsqu'ils agissent par sa puissance, c'est qu'en même temps qu'il dit : *Vos péchés vous sont remis* [3], on entend que c'est lui qui les remet et qu'il exerce sa toute-puissance par ces paroles. Selon cette sainte doctrine, comme il y a une intention de commandement dans ces paroles : *Ceci est mon corps, ceci est mon sang,* lorsque Jésus-Christ les prononce, de même il y a aussi une intention de prière, lorsque nous les répétons en mémoire du premier effet qu'elles ont eu, afin d'avoir encore la même grace. Quand donc l'Anonyme dit qu'on ne peut croire « que le récit de l'institution de l'Eucharistie soit invoquer Dieu, et qu'il faut avoir la cervelle troublée pour croire une telle extravagance [4], » j'entends un froid grammairien, qui servilement attaché au son des paroles, dit des injures à ceux qui en prennent l'intention et l'esprit. Mais qu'il dise ce qu'il lui plaira : qu'il traite d'extravagance la doctrine de tous les siècles, il ne nous échappera pas par ce moyen, puisqu'enfin, soit que les paroles de Jésus-Christ répétées opèrent par elles-mêmes tout le mystère, soit qu'il faille pour en appliquer la vertu, user d'une prière plus expresse, toujours demeurera-t-il pour certain que la parole y est nécessaire, que le calice comme le pain a sa bénédiction et sa consécration particulière ; et que cette vérité est si manifeste, qu'il n'y a pas seulement un auteur ecclésiastique où on ne la trouve très-clairement exprimée. De sorte que l'Anonyme semble avoir entrepris de joindre ensemble toutes les absurdités imaginables, lorsqu'il a dit que l'on consacroit sans paroles, ou avec des paroles prononcées la veille, ou enfin avec des paroles qui n'ont aucun rapport avec l'Eucharistie, soit qu'il ait voulu y faire servir l'*Oraison Dominicale* ou d'autres prières générales et indéfinies ; et qu'enfin tous les protestans montrent la dernière foiblesse, lorsque pressés non-seulement par l'Office

---

[1] *Luc.,* XIII, 12. — [2] *Act.,* IX, 34. — [3] *Luc.,* VII, 48. — [4] Anonyme, p. 258.

des Présanctifiés, mais encore par la communion domestique et par celle des malades, ils nous apportent pour tout dénouement à une telle difficulté, une chose aussi pitoyable et aussi inconnue à l'antiquité que leur consécration par le mélange.

Jusqu'ici j'avois dédaigné de rapporter une solution de l'Anonyme, qui ne m'avoit paru digne que de mépris. C'est que les catholiques romains pourroient croire, par l'exemple de l'eau bénite, que le sang peut être également consacré et par la parole et par le mélange, « puisque, dit-il, pour faire l'eau bénite, il faut dire certains mots et certains formulaires, et qu'on en fait néanmoins autant de nouvelle qu'on veut en la mêlant avec de nouvelle eau, sur laquelle cependant on ne dit aucun formulaire [1]. » Mais encore que cette grossière imagination durant l'ignorance des derniers siècles semble en effet être entrée dans quelques têtes, tout ce qu'il y a eu de gens un peu éclairés, ont bien vu qu'elle ne pouvoit s'accommoder avec la doctrine catholique, pour deux raisons : la première, parce que l'Eucharistie ne se fait pas par une simple bénédiction extérieure, mais par un très-véritable et très-réel changement dans les substances; la seconde, parce que ce changement, qui ne peut venir que par une opération et institution divine, demande aussi qu'on se serve du moyen précisément institué de Dieu, et qu'il n'est pas libre à l'Eglise d'en disposer comme il lui plaît, ainsi qu'elle peut faire de ses cérémonies. J'ai honte qu'il faille descendre à ces minuties; mais la charité le veut, puisque des esprits prévenus s'y laissent quelquefois embarrasser. La suite sera plus claire; et après que nous sommes sortis des chicanes et des incidens qu'on nous faisoit sur les faits, la vérité de notre doctrine va paroître avec toute sa lumière, comme la clarté d'un beau jour, quand le soleil a percé les nuages.

[1] Anonyme, p. 254.

FIN DU SEIZIÈME VOLUME.

TABLE

DES MATIÈRES CONTENUES DANS LE SEIZIÈME VOLUME.

L'ANTIQUITÉ ÉCLAIRCIE

SUR L'IMMUTABILITÉ DE L'ÊTRE DIVIN ET SUR L'ÉGALITÉ DES TROIS PERSONNES.

SIXIÈME ET DERNIER AVERTISSEMENT CONTRE M. JURIEU.

I. Exposition des emportemens et des calomnies du ministre. 1
II. Etat de cette dispute remis devant les yeux du lecteur. Division de ce discours en trois questions. 3

PREMIÈRE PARTIE.

Que le ministre renverse ses propres principes, et le fondement de la foi par les variations qu'il introduit dans l'ancienne Eglise.

III. Que le ministre renonce à la solution de quinze ou vingt difficultés essentielles, et ne s'attache qu'à la dispute de la Trinité, où il tombe dans de nouvelles erreurs. 7
IV. Ancienne et nouvelle doctrine du ministre également pleine de blasphèmes. 10
V. Que le ministre a changé son système de 1689 : les vaines distinctions qu'il a tâché d'introduire: son prétendu développement du Verbe divin. 11
VI. Qu'en 1689 le ministre ne faisoit du Fils de Dieu qu'un germe imparfait, et non une personne. 12
VII. Que le ministre se dédit, et que ce qu'il dit de nouveau ne vaut pas mieux : sa double génération attribuée au Verbe divin. 13
VIII. Le Fils de Dieu dans le sein du Père comme un enfant avant sa naissance : que le ministre entend cela au pied de la lettre : que sa doctrine est contraire selon lui à l'immutabilité de Dieu. 14
IX. Que le ministre introduit un Dieu muable et corporel. 15
X. Démonstration que Dieu et le Verbe dès les trois premiers siècles sont muables, imparfaits et corporels, selon la supposition du ministre. . . 15
XI. Que le ministre, en s'expliquant en 1690 et dans son Tableau, met le comble à ses erreurs : passage plein d'impiété et d'absurdité. . . . 17
XII. Etrange idée du ministre sur l'immutabilité de Dieu, que la foi en est nouvelle dans l'Eglise, et que nous ne l'avons point par les Ecritures, mais par la seule philosophie. 18
XIII. Passage des trois premiers siècles sur la parfaite immutabilité de Dieu : que le ministre ne connoît rien dans l'antiquité. 18
XIV. Que les anciens ont vu dant l'Ecriture la parfaite immutabilité de Dieu. 21
XV. Que l'immutabilité du Fils de Dieu paroît aussi dans l'Ecriture . . . 21
XVI. Que le ministre rejette sa propre Confession de foi, lorsqu'il ne veut pas reconnoître l'immutabilité de Dieu dans l'Ecriture. 22

XVII. Que les passages qui prouvent l'immutabilité de Dieu, la prouvent parfaite : chicane du ministre. 22
XVIII. Si c'est faire Dieu immuable, que de ne le faire changer que dans les manières d'être : que le ministre tombe dans les mêmes erreurs qu'il reprend dans les sociniens. 23
XIX. Vanteries du ministre, qui défie ses adversaires de gager contre lui. 25
XX. Que le Dieu des premiers siècles étoit, selon le ministre, un Dieu qui s'étendoit et se resserroit, et véritablement un corps. 25
XXI. Suite de cette matière. 26
XXII. Que les erreurs que le ministre attribue aux Pères ne sont pas des conséquences qu'il tire de leur doctrine, mais leurs propres propositions, selon lui-même. 27
XXIII. Que les enveloppemens et développemens que le ministre attribue aux Pères, ne se trouvent point dans leurs écrits. 27
XXIV. Que la foi de la Trinité a été informe, selon le ministre, durant plus de trois siècles entiers, et que ses propres excuses achèvent de l'abîmer. 28
XXV. Que la Trinité est informe en elle-même, selon le ministre, et ne s'est formée qu'avec le temps. 29
XXVI. Que le ministre rend les Personnes divines véritablement inégales. . 30
XXVII. Que leur inégalité est une inégalité en perfection et en opération. 30
XXVIII. Que le ministre renverse sa propre Confession de foi. 31
XXIX. Que, selon lui, l'inégalité des trois Personnes divines ne peut être réfutée par l'Ecriture. 32
XXX. Que, selon les anciens docteurs, la primauté d'origine n'emporte point d'inégalité entre les Personnes divines. 32
XXXI. En quel sens le Fils de Dieu est la sagesse et la raison de son Père, et que ce sens exclut l'inégalité 34
XXXII. Il est aussi parfait d'être le terme, que d'être le principe des émanations divines. 35
XXXIII. L'inégalité de nos idées ne conclut pas l'inégalité dans leurs objets. 35
XXXIV. Si l'on a pu dire que le Fils étoit engendré par le conseil et la volonté de son Père, sans détruire l'égalité de l'un et de l'autre. . . 36
XXXV. Si l'on a pu dire que le Fils de Dieu est le conseiller et le ministre de son Père, sans le faire inférieur et inégal. 37
XXXVI. Ce que signifie le nom de *ministre* attribué au Fils de Dieu. . . . 38
XXXVII. Que les Pères qui se sont servis du mot de *ministre* ont bien su en bannir l'imperfection qui l'accompagne naturellement. 39
XXXVIII. Pourquoi on ne se sert plus de ce terme, et quel en a été l'usage contre ceux qui nioient que le Fils de Dieu fût une personne. 39
XXXIX. Comment Dieu commande à son Fils. 40
XL. En quel sens on a pu dire que le Fils de Dieu étoit une portion de la substance de son Père; et si ce terme induisoit l'inégalité : comment et en quel sens le Père est le tout. 41
XLI. Puissance de l'unité, et que les Personnes divines devoient toutes se rapporter à un seul principe. Sublime théologie de saint Athanase. . . 42
XLII. Pourquoi le Père est appelé Dieu avec une attribution particulière, et d'où vient qu'ordinairement la prière et l'adoration s'adresse au Père. . 42
XLIII. Pourquoi dans les choses divines on se sert de similitudes tirées des choses humaines. 43
XLIV. Comment il faut prendre les comparaisons tirées des choses créées : deux excellentes comparaisons des saints Pères sur la génération du Fils de Dieu. 44
XLV. Qu'en se servant des comparaisons tirées des choses corporelles, les Pères ont toujours présupposé que Dieu étoit un pur esprit. 46

XLVI. Que les Pères ont su épurer toutes les expressions tirées des choses humaines, et établir l'égalité du Père et du Fils. 47
XLVII. Que le ministre prétend trouver l'inégalité du Père et du Fils dans ces paroles du symbole de Nicée : *Dieu de Dieu, lumière de lumière.* . 48
XLVIII. Combien le ministre abuse de Tertullien, et combien son raisonnement est tiré par les cheveux. 48
XLIX. Le ministre veut trouver dans le concile de Nicée tout le contraire de ce que les Pères qui y ont assisté y ont compris : passages de saint Athanase, de saint Hilaire, d'Eusèbe de Césarée. 50
L. Que la comparaison du soleil et du rayon vient originairement de saint Paul, qui a expressément établi l'égalité. 52
LI. Anathématisme du concile de Nicée, où le ministre prétend trouver deux nativités dans le Verbe. 53
LII. Comment saint Athanase et saint Hilaire ont entendu l'anathématisme du concile de Nicée, dont le ministre abuse. 53
LIII. Pourquoi on s'attache ici à réfuter des absurdités qui ne méritoient que du mépris. 55
LIV. Que le ministre fait dire au concile de Nicée que le Fils de Dieu est muable, et que le concile dit formellement tout le contraire. 55
LV. Que saint Athanase dit aussi très-formellement que le Fils de Dieu est immuable comme son Père. 56
LVI. Suite du raisonnement de saint Athanase, et combien il est ruineux aux prétentions du ministre. 57
LVII. Que le Fils de Dieu comme Dieu est incapable d'être exalté, selon saint Athanase, tout au contraire du ministre, qui le fait croître en perfection. 57
LVIII. Saint Alexandre d'Alexandrie, autre Père du concile de Nicée, raisonne sur les mêmes fondemens que saint Athanase. 58
LIX. Que le concile de Nicée a suivi saint Jean, et n'a reconnu en Jésus-Christ que deux naissances suivant ses deux natures. 59
LX. Prophétie de Michée, qui s'accorde avec saint Jean : que le Fils de Dieu seroit imparfait, s'il naissoit deux fois comme Dieu. 60
LXI. Que la doctrine des deux naissances est formellement rejetée par saint Alexandre d'Alexandrie. 60
LXII. Que le ministre rejette sa propre Confession de foi, en accusant d'erreur le concile de Nicée. 61
LXIII. Que le ministre s'emporte sans aucunes bornes. 61
LXIV. Qu'en l'état où le ministre représente la théologie des Pères, la foi de l'Eglise ne pouvoit subsister. 62
LXV. Qu'il y a de la mauvaise foi à nous obliger à la discussion de ces passages. 63
LXVI. Vraie méthode de la dispute, où l'on ne doit jamais s'obliger à prouver les vérités dont on est d'accord. 64
LXVII. Que cette méthode de supposer dans les disputes les choses dont on convient, est celle de l'Apôtre. 65
LXVIII. Passage de saint Hippolyte, évêque et martyr, objecté par le ministre ; mais qui sert de dénouement à tous les autres qu'il produit. . . 66
LXIX. Passage d'Athénagore embrouillé et falsifié par le ministre. . . . 68
LXX. Suite du passage d'Athénagore qui en fait tout le dénouement, et que le ministre supprime. 71
LXXI. Dessein d'Athénagore dans ce passage, qui fait un nouveau dénouement de la doctrine des Pères. 72
LXXII. Comment le Fils de Dieu est créé selon quelques Pères : autre dénouement de leur doctrine. 73

LXXIII. Témérité du ministre, qui accuse les anciens Pères de sortir de la simplicité de l'Ecriture : quel a été le platonisme de ces saints docteurs.   74

LXXIV. Mauvaise foi du ministre, qui attribue sa double nativité à des auteurs d'où il n'a pu tirer aucun passage : saint Justin, saint Irénée, saint Hippolyte.   75

LXXV. Mauvaise foi du ministre sur le sujet de saint Cyprien.   76

LXXVI. Mauvaise foi du ministre sur le sujet des autres Pères.   76

LXXVII. Injustice du ministre, qui veut qu'on lui montre dans les premiers siècles la réfutation expresse d'une chimère qui n'y fut jamais.   77

LXXVIII. Autre faux raisonnement du ministre sur Tertullien et saint Cyprien.   77

LXXIX. Avec quelle mauvaise foi le ministre a rangé parmi les errans saint Clément d'Alexandrie : passages de ce saint prêtre.   78

LXXX. Mauvaise foi du ministre sur le sujet de Bullus, protestant anglois, qu'on lui avoit objecté dans le premier Avertissement.   81

LXXXI. Prodigieuse différence entre la doctrine de Bullus et celle de M. Jurieu, qui veut lui être semblable.   82

LXXXII. Que le caractère de comparaison qui se trouve dans les passages dont le ministre abusoit, ne lui permettoit pas de les prendre au pied de la lettre.   82

LXXXIII. Que visiblement les comparaisons tirées des opérations de notre ame n'étoient encore qu'un bégaiement en les comparant à la naissance du Verbe.   83

LXXXIV. Que toute la suite du discours des Pères conduisoit naturellement l'esprit au sens figuré et métaphorique.   83

LXXXV. Démonstration manifeste que tout ici se devoit entendre par similitude.   85

LXXXVI. S'il est possible que Tertullien et les autres Pères aient pensé les extravagances que le ministre leur impute.   86

LXXXVII. Que l'explication qu'on a donnée à Tertullien sert à plus forte raison pour les autres Pères.   86

LXXXVIII. Aveu du ministre, qu'on ne peut entendre Tertullien et les autres Pères sans avoir recours au sens figuré.   86

LXXXXI. Que toutes les locutions des Pères déterminoient l'esprit au sens figuré.   87

XC. Principe du ministre, qui ne veut pas qu'on prenne les Pères pour des insensés; qu'avec sa double génération il les fait plus insensés que ceux qui les font ariens.   87

XCI. Que l'erreur que le ministre attribue aux Pères est la folie la plus mafeste qu'on pût jamais imaginer, et que le socinianisme ou l'arianisme ne sont rien en comparaison.   88

XCII. Que dans les passages de Tertullien, objectés par le ministre, la métaphore saute aux yeux à toutes les lignes.   89

XCIII. Mauvaise foi du ministre qui objecte des passages de Tertullien, que lui-même il ne peut prendre au pied de la lettre.   89

XCIV. Mauvaise foi du ministre évidemment démontrée par la réponse qu'il fait lui-même à Tertullien.   90

XCV. On indique le vrai dénouement du passage de Tertullien contre Hermogène; et on démontre manifestement la mauvaise foi du ministre.   91

XCVI. Raisons du ministre pour exclure la métaphore de Bullus : absurdité manifeste de la première raison.   92

XCVII. Faux axiome du ministre, qui dit qu'on ne se sert pas de métaphores avec les païens ni avec les hérétiques : il détruit lui-même ce faux principe.   93

xcviii. Que le ministre, pour éviter de faire dire des absurdités aux anciens, leur en fait dire de plus outrées. 94
xcix. Le ministre a senti lui-même que ses sentimens étoient outrés. . . 94
c. Le ministre, en accusant l'évêque de Meaux de fourberie et de friponnerie, trompe visiblement son lecteur, et lui dissimule ce qui ôteroit d'abord toute la difficulté. 95
ci. Que le ministre objecte en vain le Père Pétau, qui s'est parfaitement expliqué dans la préface de son second tome des *Dogmes théologiques*. 96
cii. Mauvaise foi du ministre, qui accuse le Père Pétau d'avoir établi dans sa préface la foi de la Trinité, comme auroient fait les ariens et les sociniens. 96
ciii. Que ce que le ministre objecte du Père Pétau et de M. l'abbé Huet, nommé évêque d'Avranches, ne l'excuse pas. 98
civ. Que le ministre se distingue de tous les auteurs qui accusent les Pères d'arianiser, en ce qu'il met cette doctrine au-dessus de toute censure; ce que ni catholiques ni protestans n'avoient osé faire avant lui. . . . 100

SECONDE PARTIE.

Que le ministre ne peut se défendre d'approuver la tolérance universelle.

cv. Avantages que les tolérans tirent de la doctrine du ministre. 102
cvi. Trois réponses du ministre pour montrer que la doctrine, qui étoit tolérable dans les Pères, ne l'est plus à présent. 102
cvii. Que le ministre se contredit, lorsqu'il avance que cette matière est maintenant plus éclaircie, que durant les premiers siècles. 103
cviii. Qu'en tolérant les erreurs qu'il attribuoit aux trois premiers siècles en l'an 1689, le ministre est contraint de tolérer une partie très-essentielle de l'arianisme et du socinianisme. 104
cix. Que le ministre en se corrigeant dans ses lettres de 1690, laisse les erreurs qu'il attribue aux trois premiers siècles également intolérables. . 104
cx. Que le ministre poussé par les catholiques et les tolérans ne peut se défendre contre eux que par des principes contradictoires. 105
cxi. Illusion du ministre, et démonstration plus manifeste de ses contradictions. 106
cxii. Etrange constitution des trois premiers siècles, où, selon le sentiment du ministre, la foi du peuple demeuroit pure, pendant que celle de tous les docteurs, sans en excepter aucun, étoit corrompue. 106
cxiii. Autres illusions du ministre : comme il fuit la difficulté : son mépris pour les premiers siècles, en faisant semblant de les honorer. . . . 108
cxiv. Que le ministre permet tout aux tolérans, en approuvant qu'on ait dit que le Fils de Dieu a été fait. 109
cxv. Que le ministre, qui n'en peut plus, substitue les calomnies aux bonnes raisons. 112

ÉTAT PRÉSENT DES CONTROVERSES,

ET DE LA RELIGION PROTESTANTE.

TROISIÈME ET DERNIÈRE PARTIE DU SIXIÈME AVERTISSEMENT CONTRE M. JURIEU.

i. Dessein de ce discours. 116
ii. Fondement de la Réforme, que l'Église n'est pas infaillible, et que ses décrets sont sujets à un nouvel examen. 117

III. On prédit d'abord à la Réforme que ce principe la mèneroit à l'indifférence des religions. 117
IV. L'expérience a justifié cette prédiction : le socinianisme a commencé avec la Réforme, et s'est accrue avec elle. 118
V. L'expérience découvre de plus en plus ce mal de la Réforme : preuve par M. Jurieu : état de la religion prétendue réformée en France. 118
VI. Combien les prétendus réformés de France élevoient mal leur jeunesse. 120
VII. Témoignage de M. Jurieu sur l'état de la religion en Hollande. . . 120
VIII. Le ministre contraint de reconnoître le mal qu'il tâchoit de déguiser. 121
IX. Progrès de l'indifférence dans les États protestans, selon M. Jurieu, et premièrement en Angleterre. 122
X. Progrès de ce même mal dans les Provinces-Unies, selon le même ministre. 123
XI. Liaison de la tolérance civile avec l'ecclésiastique et avec l'indifférence des religions, selon M. Jurieu. 123
XII. Nombre immense des défenseurs de la tolérance civile, selon M. Jurieu. 124
XIII. Preuve de la même chose par une lettre des réfugiés de France en Angleterre au synode d'Amsterdam de l'année dernière. 125
XIV. Preuve de la même chose par le décret du synode, et par ce que M. Jurieu a écrit depuis. 126
XV. Rapport du socinianisme avec l'indifférence des religions selon M. Jurieu ; le socinianisme, selon lui, est une religion de plain-pied. . . . 127
XVI. Que la constitution de l'Église catholique s'oppose à toutes ces nouveautés : vaine réponse du ministre, qui tâche de faire croire qu'elle est attaquée du même mal que la Réforme. 128
XVII. Que l'indifférence des religions doit l'emporter, selon les principes de la Réforme : trois règles des indifférens. 130
XVIII. Première règle des indifférens, tirée de l'autorité de l'Ecriture : que la Réforme ne peut la nier, et qu'elle les met à couvert de ce que les trente-quatre réfugiés proposent contre eux. 130
XXI. Que la même règle des indifférens les met à couvert de la décision du synode d'Amsterdam qui les condamna l'année passée. 131
XX. Que l'autorité des Confessions de foi de la Réforme, selon M. Jurieu, ne lie point les consciences et n'emporte pas la perte du salut. . . . 131
XXI. La même chose se doit dire des synodes, et de celui de Dordrecht ; et tout cela n'est pas une loi pour les prétendus réformés qui embrassent l'indifférence. 132
XXII. Seconde règle des indifférens, tirée de la même Ecriture : que cette règle les met à couvert des attaques de la Réforme : la discussion de l'Ecriture impossible aux simples, selon le ministre Jurieu. 132
XXIII. Quel examen M. Jurieu laisse au fidèle, et qu'au fond ce n'est rien moins qu'un examen : sa doctrine et celle de M. Claude sur l'évidence de goût et de sentiment. 133
XXIV. Que ce goût et ce sentiment sont une illusion manifeste, et un autre nom qu'on donne à la prévention et à l'autorité. 134
XXV. Troisième principe des indifférens, qu'il faut tourner l'Ecriture au sens le plus plausible selon la raison : que la Réforme ne peut éviter ce piége. 135
XXVI. Que par la croyance du calviniste sur la présence réelle, le socinien lui prouve qu'il élude la règle qu'il lui propose. 136
XXVII. Que les réponses du ministre sur cette objection sont insoutenables dans la bouche d'un calviniste. 136
XXVIII. Si les calvinistes sont reçus à dire que le mystère de la Trinité et les autres sont moins opposés à la raison que celui de la présence réelle. 137

xxix. Si les calvinistes sont reçus à dire qu'ils ont pour eux les sens . . . 138
xxx. Que ce qui détourne les calvinistes de la présence réelle est précisément la même chose qui détourne les sociniens des autres mystères; c'est-à-dire la raison humaine. Preuve par M. Jurieu. 139
xxxi. Qu'en alléguant l'Ecriture, le calviniste ne fait qu'imiter le socinien, et qu'il retombe dans la discussion dont M. Jurieu vouloit le tirer. . . 140
xxxii. Que visiblement le calviniste est déterminé contre la présence réelle par le principe socinien. 140
xxxiii. Autre argument des sociniens sur les articles fondamentaux, dont ils demandent qu'on leur fasse voir la distinction par l'Ecriture ; ce que le ministre avoue qu'il ne peut faire. 141
xxxiv. De trois moyens proposés par le ministre pour distinguer les articles fondamentaux, deux d'abord lui sont inutiles : son aveu qu'on ne peut faire ce discernement par l'Ecriture. 141
xxxv. Démonstration manifeste de l'illusion qu'on fait aux prétendus réformés, en les renvoyant à leur goût pour distinguer les articles fondamentaux. 143
xxxvi. Suite de la même démonstration ; les calvinistes n'ont point de règle pour tolérer Luther et les luthériens plutôt que les autres. Semi-pélagianisme des luthériens. 143
xxxvii. Que le semi-pélagianisme est et n'est pas une erreur fondamentale. Contradiction du ministre et des calvinistes. 144
xxxviii. Que le goût des calvinistes et du ministre varie sur le semi-pélagianisme et sur la nécessité de l'amour de Dieu et des bonnes œuvres. 145
xxxix. Le ministre et les protestans réduits à compter les voix, et à se faire infaillibles contre les indifférens et les tolérans. 146
xl. Troisième moyen de discerner les articles fondamentaux, où le ministre montre sa foiblesse contre les sociniens. 147
xli. Que le ministre est à bout sensiblement dans la preuve qu'il entreprend des articles fondamentaux. 148
xlii. Quelle preuve les tolérans demandoient à M. Jurieu sur l'évidence des articles fondamentaux, et que ce ministre n'a rien eu à leur répondre. 149
xliii. Preuve de l'inévidence des articles fondamentaux selon les principes des calvinistes. 150
xliv. Toutes les preuves du ministre sur les articles fondamentaux tombent d'elles-mêmes au seul exemple de la doctrine de la grace et de celle de la présence réelle. 151
xlv. Suite de la même matière ; chicane du ministre. 151
xlvi. Suite de l'insuffisance de la preuve des points fondamentaux ; et la Réforme forcée encore une fois de recourir à l'autorité et à la pluralité des voix. 153
xlvii. Le ministre encore une fois sensiblement forcé à demeurer court sur les points fondamentaux. 154
xlviii. Vaine tentative du ministre pour prouver par l'Ecriture les articles fondamentaux. 156
xlix. Si le ministre a mieux établi les articles fondamentaux dans le Traité de l'Unité où il nous renvoie : qu'il y met la nécessité de la grace au rang des conséquences non fondamentales. 157
l. Autre conséquence non fondamentale, que la satisfaction de Jésus-Christ soit ou ne soit pas d'une absolue nécessité : importance de cet aveu du ministre. 158
li. Suite de cette matière : sur quoi est fondé le prétendu goût et le prétendu sentiment des articles fondamentaux; absurdité manifeste de cette doctrine par la seule exposition. 158

LII. Que le sentiment prétendu du besoin qu'on a d'une satisfaction infinie, visiblement est insuffisant pour établir les points fondamentaux. . . . 159
LIII. Témérité de mettre au nombre des articles fondamentaux l'opinion qui a réduit Dieu à n'avoir qu'un seul moyen de sauver les hommes. . 160
LIV. Autre preuve de l'absurdité manifeste du prétendu sentiment de M. Jurieu. 160
LV. Que le ministre détruit en termes formels sa prétendue évidence des articles fondamentaux dans celle de nos besoins. 161
LVI. Le goût et le sentiment où le ministre réduit la Réforme est un aveu de son impuissance à établir les points fondamentaux par la parole de Dieu. 162
LVII. Autre moyen de reconnoître les articles fondamentaux, proposé par le ministre, et la Réforme rappelée enfin à l'autorité de l'Eglise. . 162
LVIII. Le ministre donne pour loi le consentement des chrétiens, et suppose l'Eglise infaillible. 163
LIX. Le ministre dit clairement que le consentement actuel des chrétiens est dans chaque temps la marque certaine d'une vérité fondamentale. . 163
LX. Que cet aveu du ministre démontre que l'accusation qu'il nous fait sur l'idolâtrie est une manifeste calomnie : aveu formel du ministre sur l'universalité du culte qu'il prétend idolâtre. 164
LXI. Le ministre, contraint de se dédire de l'infaillibilité qu'il accordoit au consentement actuel de tous les chrétiens, retombe dans les mêmes embarras, en proposant pour règle infaillible le consentement des siècles passés. 165
LXII. Le ministre voudroit se dédire d'avoir donné pour règle au peuple le consentement de tous les siècles : mais il est contraint d'y revenir et de ramener la Réforme à la voie d'autorité. 166
LXIII. Deux erreurs du ministre : première erreur, de rendre infaillibles les sociétés schismatiques, et même les hérétiques, comme celle des ariens. 167
LXIV. La cause de cette erreur est d'étendre l'effet de la promesse hors du sein de l'unité catholique. 167
LXV. Seconde erreur du ministre, de restreindre arbitrairement les promesses de Jésus-Christ et les vérités qu'il a promis de conserver dans son Eglise. 168
LXVI. Le ministre abuse de l'autorité de l'Eglise romaine. 168
LXVII. La Réforme combien éloignée de ses premières maximes : elle reconnoît expressément l'infaillibilité des conciles : passage du synode de Delpht, proposé dans l'*Histoire des Variations*. 169
LXVIII. Chicanes de M. Basnage, et pleine démonstration de la vérité. . . 170
LXIX. Passage de Bullus pour l'infaillibilité des conciles et pour la voie d'autorité. 171
LXX. M. Jurieu, contraint d'établir l'autorité des conciles, la détruit en même temps : comment et pourquoi. 172
LXXII. Preuve, par l'exemple de M. Jurieu, de M. Burnet et de M. Basnage, que tout tend dans la Réforme à l'indifférence et au socinianisme. . . 175
LXXII. M. Basnage autorise le grand principe des sociniens. 176
LXXIII. De tous les ministres protestans celui qui tient le plus du socinianisme, c'est M. Jurieu. 177
LXXIV. Que les excuses de ce ministre, sur ce qu'il a dit contre l'immutabilité de Dieu, achèvent de le convaincre. 177
LXXV. La tolérance effroyable qu'on a pour M. Jurieu. 179
LXXVI. On tolère à ce ministre de dire qu'on se peut sauver dans une communion socinienne : aveu du même ministre. 180
LXXVII. La tolérance expressément accordée aux ariens : passage de M. Jurieu qu'il a laissé sans réplique. 182

LXXVIII. Les nestoriens et les eutychiens tolérés par ce ministre. . . . 182
LXXIX. La Réforme est obligée de passer à M. Jurieu ses erreurs sur le goût et le sentiment. 183
LXXX. Erreur de M. Jurieu et de toute la Réforme sur le mariage : exception à la loi évangélique reconnue par ce ministre. 183
LXXXI. Raisons qu'on a dans la Réforme de tolérer tous les excès de M. Jurieu. 186
LXXXII. Que le ministre qui a besoin d'autorité n'espère plus qu'en celle des princes, et qu'il est contraint de leur rendre le droit de persécuter dont il les avoit privés. 189
LXXXIII. Bornes chimériques que le ministre veut donner au pouvoir des princes. 190
LXXXIV. Le ministre ôte lui-même les bornes qu'il vouloit donner à la puissance publique. 191
LXXXV. Le ministre produit un passage de l'*Apocalypse* qui fait contre lui. 192
LXXXVI. Les réformés tolérans et intolérans se poussent de part et d'autre à l'absurdité : les tolérans commencent et tournent contre le ministre toutes les raisons dont il se sert contre les catholiques. 193
LXXXVII. Suite des contradictions du ministre : exemple des sadducéens. . 194
LXXXVIII. Irrévérence du ministre contre Jésus-Christ. 195
LXXXIX. Les tolérans objectent au ministre Jurieu un passage exprès du ministre Claude. 195
XC. Les tolérans prouvent au ministre qu'il ne doit pas plus épargner les sociétés entières que les particulières. 195
XCI. Le ministre détruit lui-même le vain argument que la Réforme tiroit de ses persécutions. 196
XCII. Le ministre de son côté pousse à bout les tolérans, et leur démontre qu'ils sont obligés à tolérer les mahométans et les païens, aussi bien que les hérétiques de la religion chrétienne. 196
XCIII. Le ministre force les tolérans à l'indifférence des religions. . . . 197
XCIV. Démonstration du ministre que la tolérance civile entraîne l'autre. . 197
XCV. Les deux partis de la Réforme se convainquent mutuellement. . 198
XCVI. Que, selon M. Jurieu, le magistrat de la Réforme ne peut punir les hérétiques. 198
XCVII. L'exemple des empereurs catholiques allégué par le ministre Jurieu, ne prouve rien dans la Réforme, dont la constitution est contraire à celle de l'ancienne Eglise. 199
XCVIII. Le ministre démontre aux tolérans qu'ôter à la religion la force employée par le magistrat, c'est anéantir la Réforme qui n'a été établie que par ce moyen. 201
XCIX. La rebellion et la force nécessaires aux protestans de France, selon le ministre. 203
C. Le ministre démontre aux tolérans que les princes de la Réforme décident des matières de foi : décret des Etats généraux. 204
CI. Les tolérans et les intolérans se poussent à bout mutuellement : les uns en prouvant que les princes ne doivent pas être les arbitres de la foi, et les autres en démontrant que dans le fait ils le sont parmi les réformés. 205
CII. Les tolérans sont en droit de nier que les magistrats soient les chefs de la religion, et M. Jurieu les autorise dans cette pensée. 206
CIII. Le même ministre leur ferme la bouche par des actes authentiques de la Réforme. 207
CIV. Conclusion : que les deux partis opposés triomphent mutuellement dans la Réforme. 207
CV. L'indifférence des religions dans l'Allemagne protestante : principes de

Strimésius et des autres, qu'on ne peut exiger d'aucun chrétien que la souscription à l'Ecriture. 208
CVI. Horribles inconvéniens de cette doctrine et des principes des protestans, d'où elle est tirée. 21
CVII. Démonstration que cette doctrine est inséparable du protestantisme, et ne peut être détruite que par les principes de l'Eglise catholique. . . 212
CVIII. Vaine réponse détruite : preuve, par le témoignage des réformateurs, que la doctrine des indifférens est du premier esprit de la Réforme : le consubstantiel méprisé et les sociniens admis. 213
CIX. Témoignage de Chillingworth, célèbre protestant anglois, en faveur de l'indifférence. 216
CX. Démonstration, par cet auteur, qu'il faut être catholique ou indifférent : croire l'Eglise infaillible ou tomber dans l'indifférence des religions. 219
CXI. Distinction des erreurs fondamentales d'avec les autres, selon cet auteur : nouvelle démonstration qu'on ne peut éviter l'indifférence que par les principes des catholiques. 220
CXII. Par le mépris des principes catholiques, le protestant anglois est plongé dans l'indifférence : M. Burnet dans le même sentiment. nulle sortie de cet abîme que par la foi de l'Eglise catholique. 221
CXIII. L'indépendantisme sorti de cette source : autres sectes : le mépris de l'Ecriture inévitable sans les interprétations de l'Eglise. 225
CXIV. Illusion de ceux qui, faisant peu d'estime des dogmes, ne vantent que les bonnes mœurs. 227
CXV. A quelle condition nos docteurs indifférens s'offrent à tolérer l'Eglise romaine : confiance et fermeté de cette Eglise. 233
CXVI. Conclusion de ce discours : aveu de M. Burnet et des autres sur l'instabilité des églises protestantes. 236
EXTRAITS DE QUELQUES LETTRES DE M. BURNET. 238
DÉNOMBREMENT DE QUELQUES HÉRÉSIES. 242

TRAITÉ DE LA COMMUNION SOUS LES DEUX ESPÈCES.

PREMIÈRE PARTIE.

La pratique et le sentiment de l'ancienne Eglise.

I. Explication de cette pratique. 225
II. Quatre coutumes authentiques pour montrer le sentiment de l'ancienne Eglise. 1re coutume. La communion des malades. 247
III. 2e Coutume. La communion des petits enfans. 266
IV. 3e Coutume. La communion dans la maison. 276
V. 4e Coutume. La communion à l'église et dans l'office ordinaire. . . 285
VI. Suite. La messe du Vendredi saint, et celle des Présanctifiés. . . 286
VII. Les sentimens et la pratique des derniers siècles, fondés sur les sentimens et la pratique de l'Eglise ancienne. 298

SECONDE PARTIE.

Les principes sur lesquels sont appuyés les sentimens et la pratique de l'Eglise : que les prétendus réformés se servent de ces principes aussi bien que nous.

I. 1er Principe. Il n'y a rien d'indispensable dans les sacremens que ce qui est de leur substance. 300

II. 2ᵉ Principe. Pour connoître la substance d'un sacrement il en faut regarder l'effet essentiel. 302
III. Que les prétendus réformés conviennent de ce principe, et ne peuvent avoir d'autre fondement de leur discipline. Examen de la doctrine de M. Jurieu dans le livre intitulé : *Le Préservatif*, etc. 305
IV. 3ᵉ Principe. La loi doit être expliquée par la pratique constante et perpétuelle. Exposition de ce principe par l'exemple de la loi civile. . . 308
V. Preuve par les observances de l'Ancien Testament. 311
VI. Preuve par les observances du Nouveau Testament. 317
VII. La communion sous une espèce s'est établie sans contradiction. . . 330
VIII. Réfutation de l'Histoire du retranchement de la coupe, faite par M. Jurieu. 336
IX. Réflexion sur la concomitance, et sur la doctrine du chapitre VI de l'Evangile de saint Jean. 344
X. Quelques objections résolues par la doctrine précédente. 349
XI. Réflexion sur la manière dont les prétendus réformés se servent de l'Ecriture. 353
XII. Difficultés incidentes : Vaines subtilités des calvinistes et de M. Jurieu. Sentimens de l'antiquité sur la concomitance. Respects rendus à Jésus-Christ dans l'Eucharistie. La doctrine de ce traité confirmée. 356

LA TRADITION DÉFENDUE

SUR LA MATIÈRE DE LA COMMUNION SOUS UNE ESPÈCE, CONTRE LES RÉPONSES DE DEUX AUTEURS PROTESTANS.

AVERTISSEMENT. — I. Des deux Réponses qu'on a faites à ce Traité. . . 365
II. Etat de la question, et division de ce Traité en trois parties. 367

PREMIÈRE PARTIE.

Que la tradition est nécessaire pour entendre le précepte de la Communion sous une ou sous deux espèces.

CHAPITRE PREMIER. Premier argument tiré du Baptême par infusion ou aspersion. 372
CHAP. II. Du Baptême des petits enfans : de celui qui est donné par les hérétiques : de celui qui est donné par les simples fidèles en cas de nécessité. 382
CHAP. III. Second argument tiré de l'Eucharistie. Les protestans n'observent point dans la célébration de la Cène ce que Jésus-Christ a fait, et ils omettent plusieurs choses importantes. 388
CHAP. IV. De la forme de l'Eucharistie : les protestans ne joignent pas la parole à l'action. 396
CHAP. V. Que la seule tradition explique quel est le ministre de l'Eucharistie, et décide de la communion des petits enfans. 399
CHAP. VI. La communion de ceux qui ne peuvent pas boire du vin : M. Jurieu abandonné, quoiqu'il soit le seul qui raisonne bien selon les principes communs des protestans. L'hydromel, et ce qu'on mange au lieu de pain dans quelques pays, peuvent, selon les protestans, servir pour l'Eucharistie. 402
CHAP. VII. De la prière pour les morts. Tradition rapportée dans le Traité de la communion. 414

LIBRAIRIE ECCLÉSIASTIQUE DE L. VIVES, RUE DELAMBRE, 9.

SANCTI BONAVENTURÆ
EX ORDINE MINORUM
S. R. E. EPISCOPI ALBANENSIS
OPERA OMNIA
SIXTI V, PONTIFICIS MAX. JUSSU DILIGENTISSIME EMENDATA,

ACCEDIT SANCTI DOCTORIS VITA,
UNA CUM DIATRIBA HISTORICO-CHRONOLOGICO-CRITICA.

EDITIO ACCURATE RECOGNITA,
ad puram et veriorem testimoniorum biblicorum emendationem denuo reducta cura et studio

A-C. PELTIER,
CANONICI ECCLESIÆ RHEMENSIS.

**12 vol. in-4º à deux colonnes. — Papier vergé à la colle animale.
Prix net : 160 fr.**

Il est glorieux pour la France d'avoir, sinon produit, du moins nourri dans son sein et vu briller, dans tout leur éclat, les deux plus puissants génies dont se glorifie l'Eglise du moyen âge. Saint Thomas, de l'Ordre de Saint-Dominique, et saint Bonaventure de celui de Saint-François, feront à jamais, en dépit même de quelques envieux de leur temps, la gloire la plus pure de l'ancienne Université de Paris.

Il était donc naturel que la France s'empressât, plus que toute autre nation, de publier les œuvres de ces deux grands docteurs. Et cependant, qui le croirait? les presses françaises n'ont donné, jusqu'ici, du moins à partir du XVIe siècle, aucune édition complète des Œuvres du second. Depuis qu'a été publiée, par l'ordre du pape Sixte V, la magnifique édition sortie des presses du Vatican, commencée sous ce pape franciscain et achevée sous son successeur Clément VIII, les bibliothèques publiques et particulières de la France, comme de tous les autres pays du monde, n'ont pu s'enrichir de ces précieux travaux qu'en recourant soit à cette antique source, déjà si loin de nous, soit à l'édition de Venise de 1751-1756, qu'il est difficile de se procurer aujourd'hui, quelque défectueuses qu'elles soient l'une et l'autre, quoiqu'à des points de vue différents : car si la première péchait par défaut du critique, ainsi que le lui ont reproché amèrement les éditeurs de Venise, ceux-ci, à leur tour, paraissent être tombés dans un excès contraire, outre que le texte de leur édition fourmille de fautes de typographie qui en rendent la lecture pénible et souvent même inintelligible.

Il appartenait au libraire-éditeur des Œuvres de saint Thomas d'entreprendre également une édition complète des Œuvres de saint

Bonaventure. Celle-ci, sous le double rapport de la correction comme de la beauté du texte, ne laissera rien à désirer. Confiée pour la préparation du texte à M. l'abbé Peltier, déjà si avantageusement connu pour la belle édition des œuvres complètes de saint François de Sales, et par bien d'autres titres également honorables, elle offrira aux amateurs des beaux livres, comme aux amis de la saine critique et de la plus savante théologie, tout ce qui peut charmer les yeux et tout à la fois satisfaire l'esprit. Les fausses indications des éditions précédentes ont été relevées avec exactitude; et, au moyen des variantes renvoyées au bas des pages ou rejetées dans les marges, on aura, pour ainsi dire, sous la main toutes les facilités désirables pour entrer dans la pleine intelligence des passages les plus obscurs du docteur Séraphique. Les sources, tant sacrées que profanes, où a puisé saint Bonaventure, les passages d'auteurs qu'il a cités seront de même indiqués avec précision et consciencieusement discutés dans des notes distinctes des variantes, qu'on pourra, sans plus de travail, consulter également, sur des lignes parallèles, au bas de chaque page. Une table complète et soignée des matières terminera cette édition : avantage inappréciable que n'offre aucune de celles qui ont paru jusqu'ici. Puis, si Dieu, comme nous l'en prions, nous donne vie et succès, nous entreprendrons, pour couronner notre œuvre, une suite de dissertations où sera discutée et mise dans tout son jour, autant que possible, l'authenticité de plus d'un opuscule contesté au saint docteur, où nous analyserons tous ses ouvrages et vengerons sa doctrine des fausses interprétations de quelques écrivains plus jaloux de faire prévaloir leurs propres opinions que d'avancer le triomphe de la vérité.

ŒUVRES COMPLÈTES
DE
SAINT JEAN CHRYSOSTOME
TRADUITES INTÉGRALEMENT DU GREC EN FRANÇAIS
PAR M. L'ABBÉ BAREILLE
Chanoine honoraire de Toulouse et de Lyon.

20 VOLUMES IN-8° DE 600 A 650 PAGES.

Papier vergé à la colle animale. — **Prix net : 140 fr.**
Papier vélin satiné. . . . . **100 fr.**

L'ensemble des œuvres de saint Jean Chrysostome est l'un des plus beaux monuments que le génie de l'homme ait jamais élevé à la gloire et pour la manifestation de la pensée divine. Il est peu de questions, dogmatiques ou morales, qui ne s'y trouvent développées avec autant de solidité que de magnificence. La science sacrée n'a pas de plus riche trésor; les orateurs chrétiens ne peuvent se proposer de plus parfait modèle.

On a dit avec raison que saint Augustin avait conquis au christianisme la philosophie de Platon, saint Thomas d'Aquin celle d'Aristote, en les faisant servir à l'exposition de la vérité révélée, saint Jean a conquis à cette même vérité l'éloquence et le génie des anciens.

Il avait été l'élève de Libanius, et ce maître célèbre, admirateur passionné et fidèle imitateur des Grecs, dont il voulait ressusciter la littérature en même temps que la religion, disait en mourant que Jean seul eût pu, si les chrétiens ne le lui avaient enlevé, continuer son œuvre. Jean fit mieux, il la transfigura. En gardant la forme grecque, il l'anima d'une nouvelle vie.

Son style, tour à tour plein de grâce et de vigueur, riche d'images, abondant et nombreux, est constamment classique; mais sa pensée, comme l'a dit un auteur allemand, s'élance, neuve et hardie, sous des formes qui la servent sans jamais l'asservir. Il parle la langue de Démosthènes avec une rare perfection, mais les sentiments qu'il exprime sont incomparablement supérieurs à ceux de l'orateur Athénien.

Pour traduire saint Jean Chrysostome, il ne suffit pas de connaître, de posséder même à fond la langue grecque, ce qui déjà n'est pas commun de nos jours. Une traduction exacte pourrait n'être après tout qu'une traduction mauvaise. Ce n'est pas l'idée seulement qu'il s'agit de faire passer dans notre langue, c'est le tour, le mouvement, la physionomie du discours. Il ne suffit pas de mouler en plâtre une figure inanimée; il faut raviver cette grande figure, faire parler encore cette Bouche d'or en lui donnant un autre idiome.

Au sens littéral il faut donc unir le sens littéraire et tout à la fois le sens oratoire, puisque l'auteur a toujours été regardé comme le plus éloquent des Pères de l'Eglise. Le sens chrétien n'est pas moins nécessaire à cette traduction; on n'aurait sans cela qu'un Chrysostome amoindri, défiguré, privé de la meilleure partie de son âme, tel qu'on le voit dans les fragments qu'en ont donnés les universitaires. L'expérience de la prédication n'est pas chose inutile enfin, pour interpréter le grand prédicateur d'Antioche et de Constantinople. Ces conditions réunies formeraient, à plusieurs égards, un travail original, un vrai monument français.

Voilà le but que nous nous sommes proposé dans la publication des œuvres complètes de saint Chrysostome, traduites pour la première fois intégralement en français; voilà l'œuvre que nous avons l'espoir légitime de donner au public. Grâce à une longue correspondance que nous tenons à la disposition du lecteur, à la suite de nombreuses tentatives infructueuses, après cinq années d'essais rejetés par les juges les plus compétents, nous avons eu le bonheur de trouver un prêtre connu par de brillants succès dans l'enseignement, dans la chaire et la littérature : **M. Bareille**, l'habile directeur de l'école de Sorèze, le célèbre prédicateur de la capitale et de Lyon, enfin l'auteur si justement estimé d'*Emilia Paula*, de la *Vie de saint Thomas d'Aquin*, de la *Traduction du P. Louis de Grenade*, etc.

Nous ne négligerons rien pour mériter à notre œuvre la faveur du public. A côté de chaque traité ou série de discours, nous placerons la traduction des savantes préfaces que le P. Montfaucon a mises dans l'édition des Bénédictins. Ce sont là comme des phares allumés de distance en distance et qui servent admirablement soit à guider le lecteur, soit à faciliter les recherches.

La publication que nous entreprenons aujourd'hui est du petit nombre de celles qu'on accueille avec bonheur et qui trouvent naturellement leur place à toutes les époques ; mais il nous semble qu'elle répond aux aspirations de la nôtre, aussi bien qu'à ses besoins, d'une manière toute spéciale.

Cette opportunité tient principalement à deux causes. Dans la nécessité de combattre les tendance du protestantisme et de relever la tradition, ou s'était peut-être depuis longtemps un peu trop éloigné de l'Ecriture sainte. On y revient maintenant avec une sorte d'activité. Eh bien, de tous les Pères, saint Chrysostome est certainement celui qui montre la connaissance la plus complète et fait l'usage le plus heureux des Livres saints. Il les explique avec une merveilleuse clarté. La sûreté de son exégèse ne le cède pas à l'éclat de son éloquence.

Un second trait qui distingue l'illustre docteur, c'est que tous ses écrits, sans exception, sont éminemment pratiques. Des hauteurs de la spéculation où sa belle intelligence jette de si vives clartés, il se hâte de descendre à la science du devoir, à la direction des âmes. Il n'expose la vérité que pour mieux faire connaître et persuader plus efficacement la vertu. Or c'est là ce que l'on demande encore de nos jours aux hommes chargés d'enseigner la religion. Ils ne peuvent donc pas adopter un guide plus sûr que saint Jean Chrysostome. Aucun ne saurait mieux les conduire dans les voies de la morale et de la piété.

Nous avons fait connaître, nous, sans équivoque ni détour, l'auteur de la traduction que nous offrons à nos clients. Savant helléniste, écrivain distingué, théologien profond et pieux, l'interprète de saint Jean Chrysostome réunira dans son travail, il en a déjà fourni des preuves, l'étude à la science, la constance à l'art et l'onction chrétienne au bon goût littéraire. Nous sommes si convaincu du succès de son œuvre, que nous prenons l'engagement d'annuler les souscriptions, si l'opinion publique et ses organes ne lui donnent pas la préférence sur tous les travaux semblables qui pourraient paraître pendant la publication.

TABLE.

SECONDE PARTIE.

Qu'il y a toujours eu dans l'Eglise chrétienne et catholique des exemples approuvés, et une tradition constante de la communion sous une espèce.

CHAPITRE PREMIER. Que l'examen de la tradition est nécessaire, et qu'il n'est ni impossible ni embarrassant : Histoire de la communion sous une espèce. Que de l'aveu de nos adversaires, elle s'est établie sans contradiction. 418
CHAP. II. Décret du concile de Constance : Équité de ce décret. . . . 424
CHAP. III. Il n'y a que contention dans les discours des ministres : ils rejettent l'argument dont Pierre de Dresde et Jacobel se servoient, pour autoriser leur révolte. 430
CHAP. IV. Mépris de Luther et des premiers Réformateurs, pour les défenseurs de la communion sous les deux espèces. 433
CHAP. V. La communion sous une ou sous deux espèces reconnue indifférente dans la Confession d'Ausbourg. 435
CHAP. VI. La communion sous une ou deux espèces jugée égale, dès la première antiquité, du consentement unanime de tous les chrétiens. . . 438
CHAP. VII. De la communion domestique. 443
CHAP. VIII. Pourquoi l'on a fait la réserve de l'Eucharistie plutôt sous l'espèce du pain que sous celle du vin : que les solitaires ne recevoient que l'espèce du pain. 445
CHAP. IX. La réserve de l'Eucharistie aussi nécessaire pour tous les fidèles, surtout dans les temps de persécution, que pour les solitaires : on ne réservoit que l'espèce du pain : preuves tirées de Tertullien et de l'histoire de saint Satyre. 450
CHAP. X. Suite des preuves de la réserve sous la seule espèce du pain : saint Optat; Jean Moschus. 454
CHAP. XI. Suite : Sacramentaire de Reims; dispute du cardinal Humbert avec les Grecs. 455
CHAP. XII. Suite : Actes de saint Tharsice et des martyrs de Nicomédie. 456
CHAP. XIII. Suite : Vie de sainte Eudoxie. 458
CHAP. XIV. Communion des malades. 460
CHAP. XV. De la réserve. 474
CHAP. XVI. De la communion de saint Ambroise mourant. 480
CHAP. XVII. Les ministres abusent de la synecdoque : deux raisons d'exclure cette figure des passages où le corps de Notre-Seigneur est nommé seul, et en particulier dans ceux où il s'agit de la communion des mourans. 486
CHAP. XVIII. Examen des endroits où il est parlé de la réserve. . . . 489
CHAP. XIX. Suite de la même matière. 495
CHAP. XX. Suite : Examen d'un canon du deuxième concile de Tours. . 502
CHAP. XXI. Réflexions sur la prodigieuse opposition qui se trouve entre les premiers chrétiens et les protestans. 513
CHAP. XXII. Réponses aux objections des ministres contre la réserve de l'Eucharistie. 524
CHAP. XXIII. Qu'on n'a jamais réservé l'Eucharistie sous l'espèce du vin : réponse aux preuves que les ministres prétendent tirer de l'antiquité. . 528
CHAP. XXIV. Réponse aux preuves que les ministres prétendent tirer des modernes. 538
CHAP. XXV. Examen des passages de Baronius. 540
CHAP. XXVI. Examen de quelques autres endroits où M. de la Roque a

cru trouver la réserve de l'Eucharistie sous les deux espèces pour la communion des malades. 545
CHAP. XXVII. Examen des Sacramentaires du Père Ménard. 548
CHAP. XXVIII. Examen d'un canon d'un concile de Tours. 553
CHAP. XXIX. Les pénitens n'étoient pas les seuls qu'on communioit dans la maladie, il étoit ordinaire de donner la communion à tous les malades. 557
CHAP. XXX. Communion des enfans sous la seule espèce du vin : chicanes des ministres sur le passage saint Cyprien : passages de saint Augustin, de saint Paulin, de Gennade. 561
CHAP. XXXI, Passage de Jobius, auteur grec. 571
CHAP. XXXII. De la nécessité de la Communion des petits enfans : si elle a été crue dans l'ancienne Eglise, et si en tout cas elle fait quelque chose contre nous en cette occasion 583
CHAP. XXXIII. De la communion donnée sous la seule espèce du pain aux enfans plus avancés en âge. Histoire rapportée par Evagrius et par Grégoire de Tours : second concile de Mâcon. 589
CHAP. XXXIV. De la communion sous une espèce dans l'Office public de l'Eglise. 596
CHAP. XXXV. De l'Office des Présanctifiés parmi les Grecs : définition de cet Office par M. de la Roque, et ses deux différences d'avec le sacrifice parfait. 609
CHAP. XXXVI. Antiquité de l'Office des Présanctifiés. 619
CHAP. XXXVII. Le corps et le sang nommés, quoiqu'il n'y ait qu'une espèce ; parce que leur substance et leur vertu sont inséparables. 624
CHAP. XXXVIII. De l'Office des Présanctifiés parmi les Latins. 627
CHAP. XXXIX. Que le vin n'est point consacré par le mélange du corps. 634
CHAP. XL. Réponses aux preuves des ministres. Ordre romain. . . . 637
CHAP. XLI. Suite des Réponses aux preuves des ministres : premier concile d'Orange. 641
CHAP. XLII. Ce que signifie le mot *sanctifié* dans l'Ordre romain. . . . 646
CHAP. XLIII. La nouvelle manière de consacrer, imaginée par les ministres, est sans fondement, et ils n'en peuvent tirer aucun avantage. 650
CHAP. XLIV. Amalarius et l'abbé Rupert n'autorisent pas la consécration par le mélange. 653
CHAP. XLV. La coutume de mêler le sang de Notre-Seigneur avec du vin n'a jamais été approuvée. Dans les églises où l'on communioit le Vendredi saint sous les deux espèces, elles étoient toutes deux réservées de la veille. 656
CHAP. XLVI. Absurdités et excès de l'Anonyme pour trouver la consécration du vin dans l'office du Vendredi saint. 661
CHAP. XLVII. Il est absurde de prétendre que la consécration se fait dans l'office du Vendredi saint par le *Pater*. 665
CHAP. XLVIII. Dans l'Office des Présanctifiés des Grecs, il n'y a aucune prière à laquelle on puisse attribuer la consécration : la doctrine constante des Grecs et des Latins est que la consécration du calice, comme celle du pain, se fait par les paroles de Jésus-Christ. 671

FIN DE LA TABLE DU SEIZIÈME VOLUME.

BIBLE
NOUVEAU COMMENTAIRE LITTÉRAL, CRITIQUE ET THÉOLOGIQUE
AVEC RAPPORT AUX TEXTES PRIMITIFS
SUR TOUS LES LIVRES DES DIVINES ÉCRITURES
PAR M. LE Dr J.-F. D'ALLIOLI,
Prévôt de la cathédrale d'Augsbourg, ancien doyen de la faculté de Théologie, ancien professeur de langues orientales à l'Université de Munich, etc.,

AVEC L'APPROBATION DU SAINT-SIÉGE
ET LES RECOMMANDATIONS DES RR. ET ILL. ARCHEVÊQUES ET ÉVÊQUES D'ALLEMAGNE.

TRADUIT DE L'ALLEMAND EN FRANÇAIS SUR LA SIXIÈME ÉDITION
PAR L'ABBÉ GIMAREY
Chanoine d'Autun, ancien professeur de Dogme, d'Écriture sainte, etc.

TRADUCTION AVEC LE TEXTE LATIN EN REGARD, REVUE ET APPROUVÉE PAR L'AUTEUR,
avec l'approbation de Mgr Villecourt, évêque de la Rochelle et de Saintes.

TROISIÈME ÉDITION
augmentée de notes considérables et approuvée par Monseigneur l'évêque d'Autun, de Châlon et de Mâcon.

8 VOLUMES IN-8º. — PRIX NET : 35 FRANCS.

Revêtu de l'approbation du Saint-Siége, le COMMENTAIRE du Dr d'Allioli devait recevoir en France comme en Allemagne, le plus favorable accueil. Aussi deux éditions se sont-elles écoulées en peu d'années.

La clarté et la solidité des notes faisaient toutefois regretter qu'elles ne fussent pas plus nombreuses et plus étendues pour les livres de l'Ancien Testament, surtout pour les livres historiques. Le besoin de ces notes se faisait d'autant plus sentir en France que nous possédons moins de traités élémentaires sur cette partie de l'Ecriture que nos voisins d'Outre-Rhin. Cette lacune a été heureusement comblée par M. l'abbé Gimarey. Un savant ecclésiastique qui a professé avec succès pendant dix-huit ans l'enseignement de l'Ecriture sainte, M. l'abbé Péronne, actuellement curé-doyen, apprécie ainsi dans LE MONDE (25 octobre 1861) notre nouvelle édition : « Le commentaire du Dr d'Allioli, ainsi augmenté et complété, nous paraît appelé à prendre place dans toutes les bibliothèques ecclésiastiques..... Disons-le hautement, ce commentaire laisse loin derrière lui la BIBLE dite de MENOCHIUS ET DE CARRIÈRES..... C'est comme le CODEX JURIS DIVINI, qu'il faut toujours avoir sous la main, soit pour trouver le sens exact et fidèle d'un texte ou d'une citation, soit pour éclairer sur-le-champ et sans travail une de ces mille difficultés que le texte incompris des Ecritures soulève à chaque page. Ce ne sont point ici des dissertations qui effrayent par leur étendue le commun des lecteurs. Ce sont des traits de lumière, c'est-à-dire des réponses nettes, précises, logiquement coordonnées et dont chacune renferme de plus des principes de solutions pour les questions les plus difficiles à résoudre. »

Malgré toutes les augmentations qui portent à un tiers de plus les notes répandues dans cette nouvelle édition, pour nous conformer aux intentions qui nous ont été exprimées par plusieurs directeurs de grands séminaires, nous avons réduit de plus d'un tiers le prix de l'ouvrage, afin d'en faciliter l'acquisition aux élèves du sanctuaire.

Plusieurs évêques français ont approuvé la traduction de M. l'abbé Gimarey. Mgr l'évêque d'Autun a fait examiner et approuver les notes ajoutées à cette troisième édition. Nous rapportons ici l'approbation de Mgr Villecourt pour la traduction.

Nous soussigné, évêque de La Rochelle et de Saintes, après avoir examiné avec attention les *Commentaires du docteur d'Allioli sur l'Ancien et le Nouveau Testament, traduit en français par M. l'abbé Gimarey*, croyons pouvoir attester qu'il n'a rien été publié jusqu'ici dans notre langue, *et sur la Bible entière*, d'aussi pur en fait d'orthodoxie, d'aussi savant et d'aussi complet *dans son ensemble*. Les commentaires sur la sainte Ecriture n'ont pas manqué en France ; il y en a eu même beaucoup trop, si l'on considère *l'esprit de secte* qui animait la plupart des interprètes de nos Livres saints : car, sans parler du *Nouveau Testament de Mons*, flétri si justement par le Saint-Siége, ni des *Réflexions morales sur le nouveau Testament* par le P. Quesnel, lesquelles, à chaque page, sont infectées du venin de l'erreur et dignes de tous les anathèmes dont elles ont été frappées, il n'est que trop certain qu'on ne pouvait lire qu'avec précaution et défiance la *Traduction de la Bible, par Sacy*, et les éclaircissements qu'il y a joints, et dans lesquels les autorités des docteurs de l'Eglise sont pliées et accommodées aux sentiments particuliers du traducteur. On peut dire la même chose, à plus forte raison, des observations souvent fanatiques de Mésenguy, et même du travail d'ailleurs remarquable du P. Mauduit, où, parmi une infinité de choses savantes et d'un grand intérêt, se rencontrent parfois des opinions peu sûres. Le docteur d'Allioli a su éviter tous ces écueils.

BESANÇON. — IMPRIMERIE D'OUTHENIN CHALANDRE FILS.

www.ingramcontent.com/pod-product-compliance
Lightning Source LLC
Chambersburg PA
CBHW061957300426
44117CB00010B/1381